KB152195

경성 백화점 상품 박물지

경성 백화점 상품 박물지

백 년 전「데파-트」각 층별 물품 내력과 근대의 풍경

최지혜 지음

책을 펴내며

몇 년 전 방영한 TV드라마 「응답하라 1994」에 서울로 유학 온, 순천과 여수 출신 대학생들의 고향 자랑 배틀 장면이 나왔다. 인구, 교통, 유명인사, 먹거리 등을 내세우며 팽팽한 경쟁을 이어가지만 결국 백화점이 없는 여수는 순천에 밀리고 만다. 내가 자란 도시 울산에는 주리원 백화점이 있었다. 백화점은 도시 규모의 척도이자 랜드마크로, 백화점이 있는 거리가 바로 그 도시의 중심이었다. 모든 유행의 집결지이자 세련된 이들의 집합소였다. 이 '자랑스러운' 공간 안에 들어서면 독특한 향기가 온몸을 감쌌다. 후각을 자극하는 그 향기는 눈앞에 펼쳐지는 고급스러운 물건들로 인한 시각적 향연과 더불어 피부에 와닿으며 모든 감각을 일깨웠다.

*

근대 모더니즘의 대표 주자로 꼽히는 시인이자 문학평론가인 김기림은 수필 「공분」에서 현대인의 신경증에 대해 "갖고 싶은 것이 무수하게 번식하고 또 그 자극이 쉴 새 없이 연달아 오니까 거기 따라서 사람들의 욕망의 창고에는 빈구석만 늘어갈 밖에 없다"고 했다. 그는 또한 "그 빈구석을 메꾸고 타오르는 것은 울화의 불길"이라고 했다. 그의 말대로 백화점 각 층마다의 물건 속에 조심스레 감춰진 가격표를 뒤집어 볼 때면 울화가 치밀기도 한다. 곧이어 이어지는 감정은 상대적 박탈감 그리고 주눅 비슷한 것들이다. 어쩌다 욕망을 채우기라도 한 날에는 묘한 쾌감과 자신감, 우월감에 사로잡힌다. 이 양가적 감정은 예나 지금이나 백화점이라는 공간에서 누구나 비슷하게 느껴봤음직하다.

프랑스 문학비평가 가스통 바슐라르Gaston Bachelard, 1884~1962는 『불의 정신분석』에서 '인간은 필요의 피조물이 아니라 욕망의 피조물'이라고 정의했다. 욕망이 인간의 본성이라고 한다면, 그것이 극명하게 발현되고 감각적으로 느낄 수 있는 공간 중 하나가 바로 백화점이다. 사회학자 루디 레만스Rudi Laemans는 백화점은 상품을 '문화화'한 공간이고 전통적 소비자를 근대적 소비자로 변모시키는 데 선구적 역할을 함으로써 "근대 문화의 주춧돌을 놓았다"고 말했다.[1] 근대 문화에 관심 있는 이들이 백화점에 주목하는 것도 그런 이유일 것이다.

*

식민지기 경성의 백화점을 대상으로 삼은 이 책은 그러나 백화점의 역사나 공간 혹은 산업적인 측면 대신, 각 층에서 팔았던 구체적인 물건들을 주로 살핀다. 당시의 백화점에 관해서는 상업사, 문화사, 소비문화사 등 여러 측면에서 이미 상당하고도 다양한 고찰과 연구가 축적되어 있다.[2] 특히 소비문화를 다룬 주제에서는 '모던뽀이', '모던껄'의 출현과 함께 백화점은 늘 빠지지 않고 거론되어왔다.

하지만 정작 그때 그 시절 백화점에서는 어떤 물건을 팔았고, 그런 물건들은 언제부터 어디에서 들어와 어떻게 판매되었는지, 또 당시 사람들은 그런 물건들을 어떻게 받아들였는지에 대해서는 잘 알지 못한다. 생각해보면 당시 백화점에서 팔던 물건들은 그 자체로 근대화의 상징이었다. 그런 의미에서 서양의 문물과 문화를 일상 속에서 접하는 접점의 현장 맨 앞에 백화점이 있었다고 한다면 지나친 말일까. 나아가 백화점의 물건들을 구매하는 행위는 서양의 근대 문명을 받아들이는 행위라고 본다면 이 역시도 지나친 의미 부여가 되는 걸까.

나는 백화점이라는 역사와 공간, 산업적이고 문화적인 측면의 크고 거시적인 이야기 대신 그 안에서 팔았던 온갖 물건들에 관한, 그 소소하고 자잘한 역사를 찾아보고 싶었다. 이 책은 너무 시시콜콜해서 누구도 주목하지 않았던 그때 그 시절 일상의 사물과 그 유래를 통해 백여 년 전 시대의 풍경을 그려본 시도라 할 수 있다. 말하자면 백화점이 하나의 숲이라면 물건은 나무인 셈인데, 숲 속 나무를 하나하나 살피고 그 나무들을 통해 숲을 그려보게 하는 것이 이 책의 숨은 의도다.

백화점百貨店은 말 그대로 백 가지 재화가 있는 상점이다. 따라서 그곳에서 판매하던 모든 물건을 다루는 것은 거의 불가능하다. 또한 실제 그 시절 특정 백화점에서 팔았던 걸 대상으로 삼고 있는 건 아니다. 당시 백화점마다 층별 취급 품목은 조금씩 차이가 있었다. 이 책에서는 1920~30년대 경성의 여러 백화점에서 발행한 층별 안내도를 바탕으로 비슷한 점을 취합한 뒤, 백화점에서 팔았을 법한 물건들, 당시 신문과 잡지 등의 광고 지면 등에 활발하게 등장하던 물건들을 두루 포괄하여 각 층의 주요 물품들의 역사를 다루었다. 어찌 보면 빙산의 일각으로 여겨질 수도 있겠으나 적어도 이러한 시도가 앞으로 유사한 미시사 연구에 마중물이 될 수 있지 않을까 기대한다.

*

특별히 이 책의 프롤로그에 대해 언급하고 싶다. 프롤로그는 실존했던 대구의 청년 실업가 이근무李根茂, 1902~?의 시선으로 써내려갔다. 개성 출신인 그는 1920~30년대에 대구에서 서적과 양품을 취급하는 상점 무영당을 운영했고 언젠가 백화점을 세우는 꿈을 품었다. 꿈을 이루기 위해 그는 경성의 여러 백화점을 다니면서 벤치마킹하기도 했는데, 실제로 몇 년 뒤인 1937년에 무영당 백화점을 열었고, 그 건물은 놀랍게도 아직 현존한다. 이곳은 미나카이三中井(1934년 건립, 1984년 철거), 이비시야イビツヤ(1932년 건립, 원형 상실)와 함께 대구 3대 백화점으로 손꼽혔다.[3] 미국 백화점의 왕인 존 워너메이커John Wanamaker, 1838~1922의 책을 탐독한 진지한 청년이기도 했던 그가 1933년 경성의 여러 백화점을 다닌 뒤 적은 일지가 같은 해 10월 잡지『삼천리』에 실리기도 했다.

백화점을 바라보는 당대인의 시선을 생동감 있게 독자들에게 전달하기에 제격이다 싶어 그의 눈으로 프롤로그를 썼는데, 쓰고 나니 거꾸로 백여 년 전 그의 기록을 이렇게라도 독자들에게 전할 수 있어 흡족하기도 하다.

*

이 책의 출발은 2018년부터 2021년까지 진행한 근대 가옥 실내 재현 당시로 거슬러 올라간다. 서울시 서대문구 행촌동에 있는 딜쿠샤가 그것이다. 1923년 경성 한복판에 서양인 부부가 지은 그 집을 복원하는 과정에서 실내 가구며 소품 등의 역사를 톺아 고증하고 재현하는 일을 맡았고, 그 내용을『딜쿠샤, 경성 살던 서양인의 옛집』이라는 책에 담았다. 책을 마무리할 때쯤 출판사에서 '이왕 1920년대 물건에 관해 살펴본 김에 그 영역을 확장해 당대 백화점에서 판매했던 물건들에 관해 써보면 어떻겠냐'고 다음 책 집필을 제안해왔다. 듣고 보니 '솔깃한' 주제에 냅다 그러마고 답을 했다.

이 책은 그렇게 겁도 없이 제안을 덜컥 수락한 결과물이다. 처음 들을 때의 솔깃함에 이끌려 작업에 돌입했지만 얼마 지나지 않아 '잘못 건드렸다'는 후회가 밀려왔다. 깨알 같은 소재를 다루다보니 오히려 다뤄야 할 것들이 너무 방대했다. 물건들의 역사는 끝도 없었고, 그 미로를 따라 헤매다보면 하루에 한 줄도 못 쓰고 넘어가는 날이 허다했다. 광고나 사료를 보는 재미에 흠뻑 빠져 보낸 것도 여러 날이었다. 코로나19 시국으로 인한 자발적·반강제적 칩거는 집필에 몰두할 수 있는 환경이 되어주었고, 그렇게 꼬박 2년을 매달리다보니 미흡하나마 원고가 쌓였고, 드디어 책으로 나올 수 있게 되었다.

*

10년 전쯤 김진송의 『서울에 딴스홀을 허하라』를 읽고 혼자 깔깔대며 '현대성의 형성'에 있어 토대가 된 식민지기 풍경에 매료되어 이후 그 시기 조선의 일상을 다룬 책들을 탐독했다. 신명직의 『모던뽀이, 경성을 거닐다』, 김태수의 『꽃가치 피어 매혹케 하라』 등이 그 대표적인 예다. 또한 당대의 신문 광고를 엮은 『한국 근대 광고 걸작선 100: 1876~1945』, 김명환의 『모던 시크 명랑: 근대 광고로 읽는 조선인의 꿈과 욕망』, 일민미술관의 『황금광 시대-근대 조선의 삽화와 앨범』 등도 이 책을 위한 선행 자료가 되었다. 당대 사람들이 특정 물건을 어떻게 사용했는지는 근대 문학 작품 속에 알알이 박혀 있기에 평소 좋아하는 근대 소설, 수필 등이 사료를 뒷받침하는 역할을 해주었다. 식민지기라는 시대적 한계 속에서 이 땅의 일반인들이 서구 문명을 받아들이는 창구는 일본이었다. 또한 일본어와 한자는 신문, 잡지에서 늘 접한 일상적인 풍경이었다. 그렇기에 책에 수록한 시각 자료 역시 일본의 것이거나 일본어로 된 것이 많을 수밖에 없었다. 국내에서 만들거나 한글로 된 시각 자료를 최대한 찾아 소개하려 했으나 여의치 않았다. 내내 아쉬운 지점이 아닐 수 없다.

그 밖에도 각각의 물품을 조사하면서 각 분야에 놀랄 만한 여러 논문과 연구를 발견하고 탐독하는 과정 역시 집필 과정의 즐거움이었다. 그렇기에 이 책은 주석과 참고문헌에 언급된 모든 연구자들과의 협업이라 해도 과언이 아니다.

*

백여 년 전 백화점을 표현하는 말은 무수히 많았다. 그 가운데 눈에 띄는 건 근대인의 소비력을 고갈시키는 '근래의 요귀妖鬼'라는 표현이다. 그 요귀의 몸집은 더욱 커져 오늘날에도 현대인을 사로잡고 있다. 온라인 쇼핑이라는 새로운 형태의 문화가 일상화되면서 백화점의 미래는 불투명하다고 여겨지기도 하고, 심지어 종말을 예견하는 이도 있다.

과연 그럴까. 예나 지금이나 쇼핑과 문화가 한데 어우러지는 복합공간으로서 백화점은 앞으로도 계속 진화를 거듭할 것이기에 그 미래를 쉽게 예단하기 어렵다. 적어도 프랑스의 사회학자 장 보드리야르Jean Baudrillard, 1929~2007의 말대로 옷이나 물건들을 재생하여 스스로를 최신화하는 '소비사회의 진정한 시민'들이 있는 한 백화점의 역사는 계속될 것이다.

*

곁에서 늘 힘이 되어주는 가족들, 언제나 자신감을 불어넣어주시는 '혜화 1117' 이현화 대표님, 『경성일보』를 비롯한 일본어 사료에 큰 도움을 주신 이은민 선생님께 감사의 말씀을 전한다.

지난 2년여 동안 이 책을 쓰면서 즐거웠다. 내가 누린 그 즐거움이 독자들께도 가 닿는다면 더 없는 기쁨이겠다.

2023년 여름

최지혜

차례

프롤로그

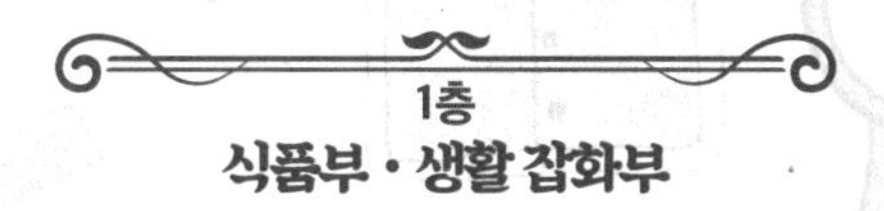

1층
식품부 · 생활 잡화부

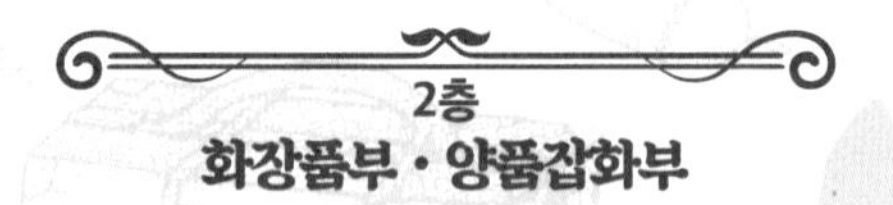

2층
화장품부 · 양품잡화부

3층
양복부

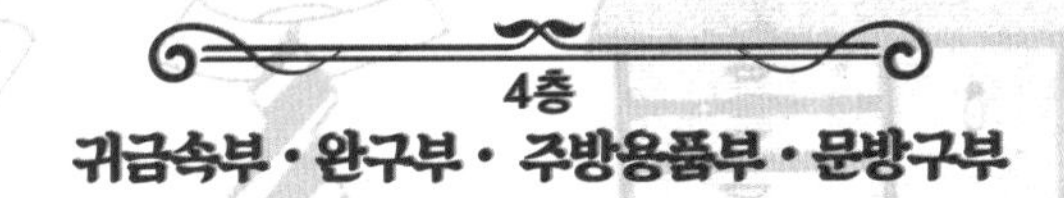

4층
귀금속부 · 완구부 · 주방용품부 · 문방구부

5층
가구부 · 전기 기구부 · 사진부 · 악기부

부록

일러두기

1. 이 책은 미술사학자 최지혜가 1920~30년대 경성의 주요 백화점에서 발행한 층별 안내도를 바탕으로 백화점에서 팔았을 법한 물건들과 당시 신문과 잡지 등의 광고 지면 등에 자주 등장한 물건들을 두루 포괄하여 목록을 취합한 뒤 개별 물품에 관하여 조사, 연구, 서술한 것이다.
2. 이 책의 주요 배경이 되는 지역인 서울의 지명은 1910년부터 1946년까지는 경성으로, 그 전후는 한양 또는 서울로 주로 표시했다.
3. 본문에 등장하는 외래어는 국립국어연구원의 외래어표기법에 따르는 것을 원칙으로 했으나 표기법이 정확하지 않거나 이미 그 표기로 익숙한 경우 발음을 중심으로 표시하고, 필요한 경우 원어를 병기했다. 일본 인명 및 상호명 등의 표시는 당시 문헌에 한자 및 일본식 독음이 있는 경우 일본식 독음을 따랐고, 한자만 있고 독음이 없는 경우 오늘날 잘 알려진 것은 찾아서 일본식 독음을 표시했으나 그렇지 않은 것은 한자의 우리말 독음으로 표시했다. 필요한 경우 한자, 영어 알파벳, 일본어 등을 병기했다.
4. 1920~30년대 신문 및 잡지, 문학 작품 등의 인용문은 본문과 다른 크기로 구분하여 배치하고, 별도의 교정 없이 가급적 당시 문장 및 표기 그대로 실었다. 이는 굳이 오늘날의 문장으로 바꾸지 않아도 의미의 전달이 충분하며, 오히려 오늘날의 문장으로 바꾸지 않는 쪽이 그 시대의 분위기를 잘 전달할 수 있을 것으로 여겼기 때문이다.
5. 그림 작품·영화 제목은 홑꺽쇠표(〈 〉), 전시·대회·화첩 등은 겹꺽쇠표(《 》), 문학 작품·신문 기사·노래 제목·TV프로그램 등은 홑낫표(「 」), 책자 등은 겹낫표(『 』), 간접 인용문이나 당시 표기를 그대로 표시한 경우 작은 따옴표(' '), 직접 인용의 경우 쌍따옴표(" "), 주식회사의 상호는 (주)로 표시했다.
6. 본문 중 '프롤로그'는 1933년 10월 『삼천리』 제5권 제10호에 실린 이근무의 「백화점 비판 기타百貨店批判其他, 젊은 상가 일지商家日誌」를 바탕으로 각색한 것으로, 일기에 없는 내용은 당대 사료와 필자의 상상을 더해 가공한 것임을 밝힌다. 또한 본문 중 '첫 번째 구두 신던 때 이야기'와 '첫 번째 양복 입던 때 이야기'는 1935년 4월 『신가정』 제3권 제4호에 실린 것에서, '말숙한 신사 숙녀 만들기에 얼마나한 돈이 드나'는 1935년 12월 『삼천리』 제7권 11호에 실린 「신사 1인 410여 원, 숙녀 1인 500원 내외 말숙한 신사 숙녀 만들기에 얼마나 한 돈이 드나?」에서 발췌 인용한 것이다.
7. 본문의 이해를 돕거나 출처를 밝히기 위해 작성한 주석과 참고한 문헌의 목록은 책 뒤에 따로 '부록'을 구성하여 실었다. 참고문헌은 사료, 도록, 단행본, 논문, 아카이브 및 자료 순서로 게재하였다. '부록'에는 이외에 찾아보기도 포함했다.
8. 책에 실린 이미지 등은 필요한 경우 관계 기관의 허가를 거쳤으며, 정보가 확인되는 대로 작자· 작품명·출처 및 소장처 등을 밝혔다. 관련 사항이 미상인 경우와 소장처 관련 정보가 없는 위키피디아 공용 도판, 온라인 및 당대 문헌 등의 자료 가운데 작자 및 저작권자를 찾지 못한 경우 표시를 생략했다. 관련한 정보를 밝히기 위해 최선을 다했으나 정보가 확인되지 않아 밝히지 못한 경우 추후 확인이 되는 사항은 다음 쇄에 표시하고, 적법한 절차를 밟겠다.

프롤로그

1933년 9월, 대구 청년사업가 이근무의 경성 백화점 순례

"경성의 백화점을 떠올릴 때마다 가슴이 부풀어오른다"

1933년 8월 18일.

오전 6시. 이근무는 오늘도 자명종 소리에 놀라 잠이 깼다. 위아래 층에 사는 점원들을 깨우고 세면을 했다. 대구에서 사업을 일군 지 어언 10년이 되어가는, 아직 30대 청년인 이근무는 개성 출신으로 1923년 대구에서 서적과 양품을 취급하는 상점 무영당으로 사업을 시작했으며 장차 무영당 백화점의 주인이 될 자였다.

세면을 마친 이근무는 달력에 눈길을 던졌다. 오늘 날짜의 칸에 박힌 양품부 동물 도착洋品部 冬物 到着이라는 글자가 또렷하다. 지난 5~6월 도쿄와 오사카에 주문 넣은 겨울용 물품들이 도착하는 날이다. 창밖에는 비가 내리고 있었다. 책상 위에 꽂아둔 상업 영어 책을 폈다.

오전 7시. 어김없이 가게 문을 열었다. 일본에서 주문한 겨울용 양품부 물건들이 도착했지만 창고는 지난 번 입하된 물건으로 이미 꽉 차버렸기에 지인의 미곡 창고를 빌려 쌓았다. 일본에서 온 출장원들은 몇 달 전 주문했을 때보다 물건값이 2~4할 올랐다며 팔기도 전에 벌써 많이 남긴 거라 호들갑이다. 하지만 결국 팔 때는 싸게 산 원가 표준으로 정찰을 붙이게 되니 큰 이익이라는 건 실없는 말에 불과했다. 그렇게 또 하루가 흘렀다.

오후 10시 반. 점원들을 모아놓고 오래간만에 훈시를 했다.

> 첫째, 언제나 즐거운 마음 명랑한 기분으로 점두店頭에 서라.
> 둘째, 손님에 차별을 두지 말고 누구에게든지 공손하라.
> 셋째, 표면의 친절에 그치지 말고 마음으로 우러나는 친절에 힘쓰라.
> 넷째, 상품에 대한 지식을 늘 연구하고,
> 다섯째, 언제나 정직하고 부지런한 마음을 가져라.

1936년 무렵 백화점 신축 전 무영당 전경과 대구 청년 이근무[1]

대구 중구 경상감영길에
지금도 현존하는
무영당 건물 전경.
대구광역시청 제공.

늦은 시간에 하는 이런 당부를 잔소리로 듣지나 말아야 할 터인데 괜한 걱정이 일었다. 자정 전 세계적으로 유명한, 백화점의 대왕이라고도 일컬어지는 존 워너메이커의 인생훈人生訓을 읽다 잠자리에 들었다.[2]

8월 20일.
오전 6시. 여느 때처럼 같은 시간에 일어났다. 아침에 늘 하던 영어 공부를 접고 점원들과 달성공원에 올랐다. 이근무는 언젠가 한날 서점, 잡화점이 아닌 번듯한 백화점 주인이 되리라 다짐하고 또 다짐했다. 머지않아 대구에 무영당 백화점을 연다면 조선 남쪽에선 유일한 조선인 백화점이 될 터였다.[3] 분명 대구 시장에서 독주하는 미나카이三中井의 대항마가 될 것이라는 생각에 가슴이 찌르르했다.
그런 그인지라 경성의 휘황찬란한 백화점을 둘러볼 때마다 가슴이 부풀었다. 30만 인구가 사는 경성 장안에는 북촌에 화신和信, 남촌에 미쓰코시三越, 조지야丁子屋, 미나카이, 히라타平田 등 백화점이 무려 다섯 개나 있다. 백화점의 경쟁은 날이 갈수록 치열했다. 특히 미쓰코시와 조지야, 양 백화점의 상업 경쟁이 뜨겁다. 미쓰코시가 경성부청 부지에 번듯하게 신관을 지었을 때인 1930년, 당시 두 백화점의 상업전쟁과 북촌 상점들에 대한 우려가 담긴 『조선일보』 기사를 그는 잊지 않고 스크랩해두었다.

> "찬란한 일류미네이순과 쇼윈도, 엘레베이터昇降機, 에스카레이터自働階段와 마네킹과 그러고 옥상정원 이러한 것들이 주출하는 특이한 긔분 이것이 근래의 요귀妖鬼 데파-트멘트가 가지고 잇는 분위긔와 그것은 아메리카니즘과 에로티시즘과 그로테스크가 교류하는 근대 문명의 삼각주며 (…) 이러한 요괴한 존재가 경성시의 남부에 참연히 대두하기 시작하야 신경적인 도회인의 소비력을 고갈식히려고 한다. (…)"[4]

근무는 기사에서 요귀니 마귀니 제아무리 떠들어대고 대자본을 배경 삼아 중소상인의 몰락을 가져온대도 지갑이 쉬 열리는 곳은 백화점뿐이라는 생각이 들었다.

9월 4일.
근무는 도쿄 도코도東光堂에서 온 노트와 스크랩북, 그리고 가을 겨울용 잡화 상자를 뜯고 가격표를 붙이느라 종일 분주했다.

오후 7시. 경성행 기차에 올랐다. 오랜만의 여로에 기분이 들떴다.

오후 9시. 김천에 내려 S를 만나러 집과 사무실을 들렀으나 만나지 못했다. 시내 한 레스토랑에서 식사를 했다. 값도 비싼 데다 맛도 없었으며 여급들이 들락날락해서 불쾌했다.

9월 5일.
오전 0시 24분발 특급으로 경성행 기차에 다시 몸을 실었다. 잠을 깨니 6시 18분 전. 기차는 고도古都 수원을 지나고 있었다.

경성의 백화점 한바퀴, 미쓰코시에서 히라타를 거쳐 미나카이 건너 조지야까지

9월 5일.
오전 6시 45분. 경성역 도착.

오전 10시. 남산 가모가와加茂川 산장에서 열린 조선서적잡지상대회에 참석했다. 서무의 회 보고, 규약, 수정, 건의안, 도서제에 관한 건, 역원 개선 등의 순서로 진행되고 이어서 연회가 이어져 대회는 오후 8시쯤에서야 끝났다.

대구부회大丘部會의 대표라고 회에서 받은 보조금도 있던 터라 번잡한 뇌도 편

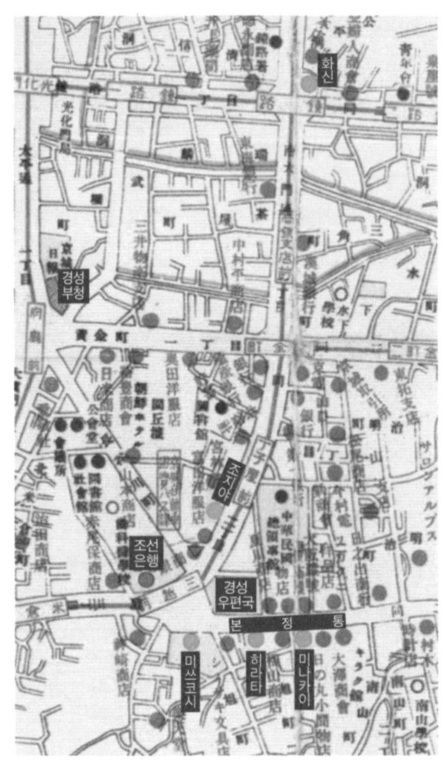

1933년 제작된 「경성정밀지도」에 표시된 경성의 5대 백화점.

히 쉴 겸 근무는 조선 호텔을 숙소로 잡았다. 80호를 배정받고 행장을 풀었다. 목욕을 마친 후 경성의 긴자, 진고개(오늘날 명동 인근)를 느긋이 산책하고 찻집 낙랑에 들러 차 한잔을 하고 호텔로 돌아왔다.

가을 여행 시즌을 맞은 호텔에는 손님이 많았다. 우연히 대구 지인을 홀에서 만나 반가이 인사했다. 호텔 선룸과 로즈 가든을 거닐다 방에 올라와 번화한 밤의 경성, 네온사인의 불야성을 이룬 도회의 밤거리를 내려다보았다. 고요히 깊어가는 밤, 호텔의 정원에는 파란 달빛이 교교했다. 4년 전 잊지 못할 로맨스가 머문 이곳. 추억이 새로웠다.

9월 6일.

아침. 세면을 하고 신문을 좀 들춰본 뒤 아침 식사를 위해 미쓰코시 백화점 식당으로 향했다.

백화점 쇼윈도는 언제 보아도 눈이 즐겁다. 물건들을 내보이는 기술은 꼭 배우고 싶은 부분인데 특히 1930년 새로 단장한 미쓰코시 앞에 서면 묘한 위압감이 느껴졌다. 높이가 8척(2미터 40센티미터), 너비가 15척(4미터 50센티미터)에 10밀리미터나 된다는 두꺼운 유리로 된 쇼윈도는 보기만 해도 눈이 시원했다. 미쓰코시 준공을 상세히 실은 잡지 기사에 따르면 일본 내지에도 이만 한

크기는 없었다.[5]

쇼윈도는 내외 온도가 조절되고 공기 흐름이 자유로워서 유리 안쪽에 습기가 차지 않은 특수한 장치가 있다 했다. 특히 밤이 되면 더욱 멋들어졌다. 천장 안쪽 어디선가 비추는 조명이 바닥에 골고루 퍼져 진열품의 그림자도 지지 않게 밝히고, 밖에는 투광기가 건물을 비추어 오가는 이들의 발길을 잡았다. 하지만 유리 한 장 가격이 무려 420원, 끼우는 공임까지 따지면 600원 가까이 들었다는 대목을 읽었을 때 근무는 입맛을 쩍 다셨더랬다. 그는 "쇼윈도의 화사한 인형과 박래품의 모자와 넥타이에 모여 서고 있는 불건전한 몽유병자의 무리들"[6]에 섞여 내부를 한참 들여다보았다.

1938년 3월 18~19일 경성 부민관에서 개최된 시마즈 마네킹 사의 마네킹 전람회에 출품된 마네킹의 모습이 1938년 3월 17일 『경성일보』에 실렸다.

상업 활동의 도구로서 마네킹은 파리를 건너 도쿄, 그리고 경성의 쇼윈도를 매력적인 공간으로 바꾸고 있었다. 목 없이 몸통만 있는 것도 많지만 신사, 부인, 어린아이의 모습을 빼다 박은 것들은 피부 빛깔이며 머리카락, 표정이 영락없는 사람이다. 근무는 경성의 내로라하는 진열창을 점령한 교토 시마즈 마네킹島津マネキン[7] 사社에다 무영당 쇼윈도를 꾸밀 마네킹도 조만간 주문을 넣어야겠다고 생각했다. 쇼윈도 앞에서 한참 만에 눈을 뗀 그는 식당으로 올라가기 위해 육중한 문을 열고 안으로 들어섰다.

제복을 얌전히 차려 입은 엘리베이터 걸이 근무를 4층에 있는 식당에 내려주었다. 식당 안은 아침인지라 비교적 한산했다. 이곳은 지리적으로 회사와 은행가에 인접해 있어 점심에는 샐러리맨들로 늘 붐비고 1원 50전짜리 런치가

미쓰코시 백화점 전경(오늘날 서울 신세계 백화점 본점). 국립민속박물관.

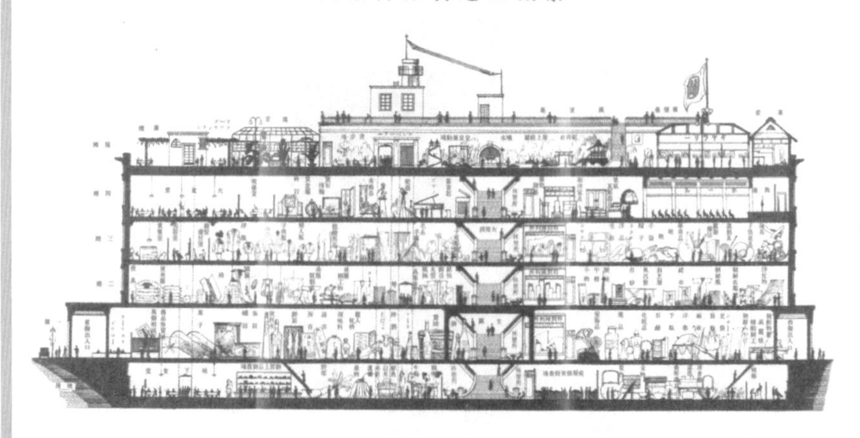

미쓰코시 백화점 층별 안내도. 국립민속박물관.

미쓰코시 백화점 신관 낙성 광고. 스기우라 히스이의 그림이다.

1929년 조선박람회에 나온 미쓰코시 백화점 쇼윈도(왼쪽)와 1930년 『조선박람회기념사진첩』에 실린 미쓰코시 백화점 쇼윈도.

1920년대 일본의 미쓰코시 백화점 광고.

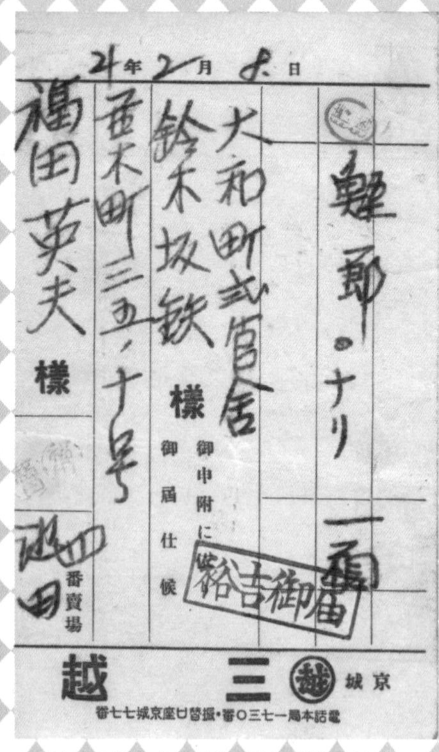

年 月 日

様

様

御申附に御届仕候

番賣場

京城 三越

電話本局一七三〇番・振替口座京城七七番

1929년 2월 8일에 미쓰코시 백화점에서 발행한 영수증.

인기가 있다.[8] 화신 백화점의 70전짜리 한식 세트 메뉴도 좋은 아이디어였다. 이 정도면 20~30원짜리 월급쟁이도 식도락을 누리기에 충분했다.[9]
백화점이라면 가벼운 샌드위치나 양과자를 비롯해 커피와 홍차, 사이다, 칼피스, 아이스크림 같은 음료를 갖춘 끽다점도 갖춰야 했다. 백화점 식당가는 돈가스, 치킨 가쓰레쓰(치킨 커틀릿), 카레라이스, 오므라이스, 함박스테이크 같은 양식[10]은 물론이고 스시를 대표로 하는 화식(일식), 그리고 조선 요리까지 한 공간에 다양한 선택지가 있어 세련된 모던보이, 모던걸의 데이트 명소이자 가족들의 외식 장소로 백화점에서 빼놓을 수 없는 요소였다. 그러니까 장차 무영당 백화점에도 식당과 끽다점을 적용해볼 생각이었다.
5층 갤러리[11]에서 미술 전시회를 둘러보고 분수를 한바퀴 돌고 나서 엘리베이터 대신 계단을 택해 내려오면서 각 층을 유심히 살폈다. 4층에는 대형 홀, 3층에는 응접실이 두 곳에다 부인들만을 위한 사교실도 있다. 특히 2, 3, 4층 중앙 계단 옆에 특별 진열장이라는 이름으로 마련된 쇼윈도[12]를 물끄러미 보았다. 근무는 이곳을 최신 유행의 표본실로 여겼다.

미쓰코시를 나와서 본정 입구(1정목 51-18번지)에 있는 히라타 백화점으로 향했다. 히라타 백화점은 입지가 좋다. 미나카이 코앞에 위치한 히라타는 1906년 무렵 조선에 진출하여 1926년 주식회사로 변경했다.[13] 경성에 있는 백화점 중 가장 적은 자본인 20만 원을 투입해 일용 잡화와 식료품을 저렴하게 판매하는 "염가주의"[14]를 표방했다. 화신이 투자했다는 50만 원의 절반에도 못 미치는 투자금이지만 근무가 생각한 금액과 같았다. 게다가 이곳은 매일 약 1,000원 가량 매출을 올리고 있다.[15] 각종 생활용품을 저렴하게 판매하는 점은 히라타에서 배울 강점이라고 생각했다. 10전짜리 붓 한 자루를 사도 집까지 배송해주는 서비스도 좋고 동네 가게보다 싸다며 비누 하나 사는데도 전철료 10전을 주고 오는 조선인도 있다 한다.[16] 벨기에 제製 리코트 나무르Licot Namur 면도칼을 직수입해 판매[17]하는 전략이나 2층에 끽다점을 신설했을 때 했던 차와 양과자 반값 행사도 참고할 만하다고 기록해두었다.[18]

1937년 『대경성사진첩』에 실린 히라타 백화점 전경.

히라타 백화점 상품 포장용 봉투. 서울역사박물관.

본정 입구에서 바라본 히라타 백화점.

근무는 히라타를 나서 길 건너 미나카이를 들를까 망설였다. 1905년 대구에서 오복점吳服店으로 시작한 미나카이는 1911년 경성의 본정에 들어선 뒤 1929년 백화점의 구성을 갖추더니 1933년에는 신축하여 미나카이 백화점이 되었다.[19] 오복점은 우리로 치면 포목점이다. 일본에서는 기모노를 취급하는 상점을 의미하는데, 일본 백화점 발달은 주로 여기에서 기초한 것으로 알려져 있다. 미나카이 역시 그런 사례 가운데 하나로 꼽을 만하다. 그리고 어느덧 미나카이는 조선과 중국에 가장 많은 지점을 가졌기에 '조선·대륙의 백화점 왕'으로 불린다.

이런 미나카이는 근무에게 부러움과 질투의 대상이었다. 미나카이 경성점은 3년 전인 1929년 5층 건물을 신축했다. 옥상까지 친다면 6층이다. 대구의 미나카이 백화점은 장차 근무가 세울 무영당 백화점의 가장 큰 경쟁사이기 때문에 경성점의 내부 구성 역시 자신의 손바닥을 들여다보듯 훤했다.

구관 1층 : 각종 실용품
2층 : 오복점

신관 1층 : 양품 잡화와 여행용품
2층 : 아동복·부인복
3층 : 신사 양복·가봉실
4층 : 식당·끽연실·연초 매장
5층 : 임시 특별 진열장. 각종 이벤트가 열린다.
• 신관 1~5층 엘리베이터 운행.[20]
• 2~3층이 모두 의복 매장으로 의류 비중이 크다.

근무는 잠시 한길에 서서 미나카이의 옥상에 나부끼는 깃발을 바라보다 곧장 조지야로 향했다.

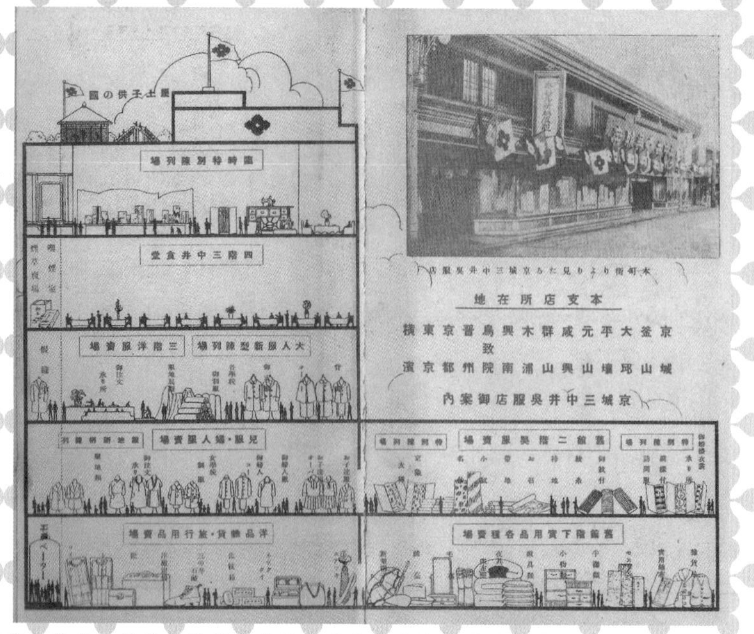

1929년 미나카이 백화점 층별 안내도와 본정 거리에서 바라본 전경.

1929년 미나카이 백화점 팸플릿 표지.

조지야는 1904년 무렵 진출하여 1929년 백화점을 개업했다.[21] 조지야는 정향丁香이라는 뜻으로 그 열매 모양을 도안화한 로고를 쓴다. 여성한테 "정자옥을 무어라고 불러요"하고 묻고는 "조-지야"라는 대답을 받아내 박장대소하는 남성들의 짖궂은 농담[22]도 있기에 여자 앞에서는 정자옥이라 부르는 게 점잖다.
처음에는 군복, 궁내부 예복 등을 납품하면서 규모를 키우다가 1921년 주식회사로 바꾸고 본점을 조선으로 옮겼다. 1925년에는 기존 건물을 양옥으로 리모델링했고 1929년에는 주단 포목부와 용달부가 있던 자리를 헐고 3층 건물을 새로 지었다.[23] 조지야는 판매고가 높고 고답적이지 않은 면이 특색이라고 평한 사람이 있었는데[24] 근무도 조지야의 이런 면모가 좋다고 생각했다. 옥상에 올라가 보니 마침 구경을 온 듯한 시골 사람 두 명이 저편 철책 앞에 가서서 입을 딱 벌리고 연해 눈을 두리번거리며 시가를 내려다보고 있었다.[25]
조지야는 장차 근무가 무영당 백화점을 신축한 지 2년 뒤인 1939년, 지하 1층, 지상 5층짜리 신관을 건축하여 경성에서 가장 큰 면적(구관 포함 약 1만 1,550제곱미터)에 근대식 시설을 빠짐없이 갖춘 근세 부흥식(르네상스) 철근 콘크리트 건물로 거듭날 것이었다.

우리 자본으로 만든 경성 유일, 화신 백화점

화신 백화점은 개점 때부터 경성에 올 때마다 꼭 들르는 곳이다. 유독 더 유심히 보게 되는 것은 우리 자본으로 만든 자랑스러운 백화점일 뿐만 아니라 그가 추진 중인 백화점 사업 구상에 큰 참고가 되기 때문이다. 노트를 꺼내 배울 점과 부족한 점을 적었다. 지난 번 왔을 때보다 4층 식당은 넓고 화려하게 된 것과 날이 갈수록 상품도 충실해지고 진열 정돈도 잘 되어가는 것이 반가웠다.
하지만 언제나 느끼듯 점원의 훈련이 좀 부족한 것 같다. 표정, 언사, 태도가 좀 더 친절했으면 하는 생각이 간절했다. 모두가 그런 건 아니지만 여점원보

1939년 조지야 백화점(미도파 백화점을 거쳐 오늘날 롯데백화점영플라자 명동점 위치) 신관 전경.

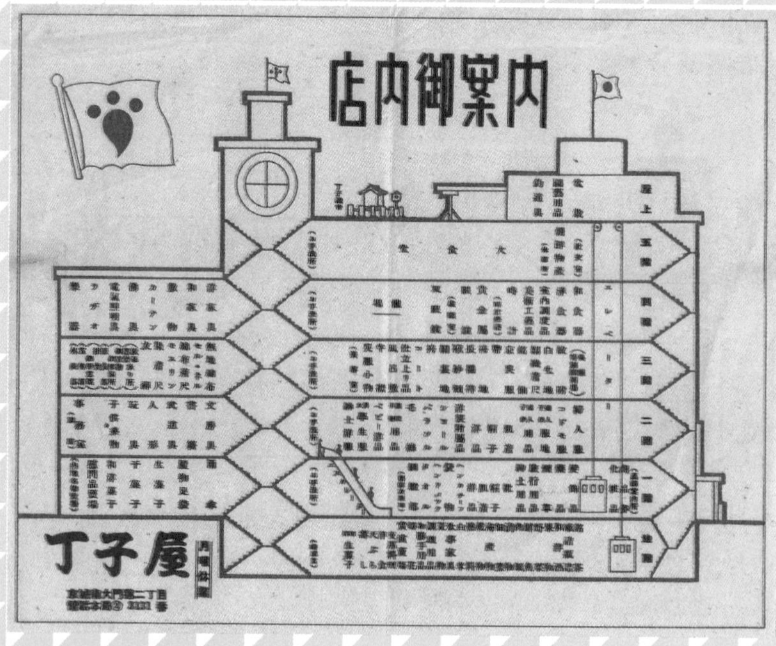

신축 기념 조지야 백화점 층별 안내도.

1939년 조지야 백화점 신축 기념으로 일본 화가 도쿠리키 도미키치로우가 그린 그림 엽서.

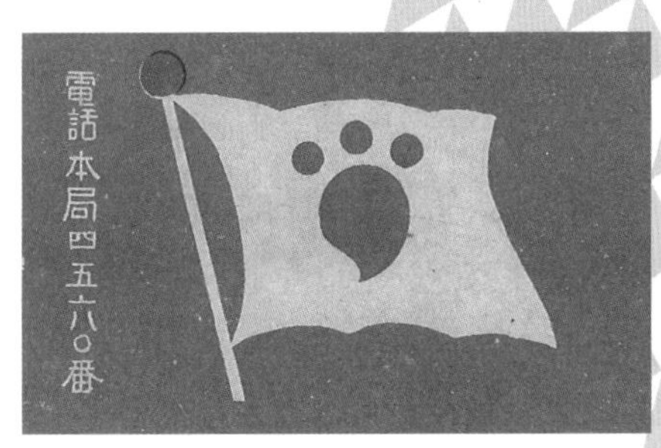

정향 열매를 도안으로 만든 조지야 백화점 로고.

조지야 백화점 식당에서 만든 성냥 레이블.

조지야 백화점 쇼윈도.
서울역사박물관.

다 남점원들이 좀 더 그런 것 같다. 아무리 시설이 훌륭하고 풍부한 상품이 있고 염가로 판매한다 해도 점원들의 태도가 친절하지 못하면 두 번 가기를 주저할 것이다. 일본인 백화점 상점원은 "사람의 간장까지 녹여 없앨 듯 친절하고 정다운" 것이 "마음과 정신이 끌리고 말어 한번 이 같은 유혹의 쾌미를 맛본 후는 한 푼어치도 그리고 두 푼 어치도 그리로" 가게 되는 것이다.[26] 여점원들은 좀 더 인물을 선택할 필요가 있고 제복도 고상하게 입히는 것이 좋을 것 같다는 생각이 들었다. 여점원을 채용할 때 좀 더 예산을 책정해 대우하면 우아한 사람들을 채용해서 매상 능률에 확실한 효과가 있을 것 같다. 그러고 보니 언제 와보아도 볼거리가 별로 없다. 그 방면으로 별로 신경을 쓰지 않는 듯하다. 그다지 큰 경비를 들이지 않더라도 전람회나 음악회 같은 것을 개최하는 것이 좋을 것 같다. 도쿄의 미쓰코시나 마쓰야松屋, 마쓰자카야松坂屋며 오사카의 다이마루大丸나 한큐阪急, 다카시마야高島屋 등이 각기 특징을 발휘해서 고객을 끌고 있듯이 화신도 미쓰코시나 조지야, 미나카이보다 다른 특장으로 연구해나갔으면 하는 마음도 간절하다. 그는 원체 화신에 대한 애착이 두터워 잘 번영하기를 기대하고 또 그 자신의 경영상 참고가 되지 않을까 하여 이런 내용을 빠짐없이 적었다. 여점원들의 외모를 우선시하는 그의 인식이며 이런 인식을 거침없이 드러내는 이근무의 모습은 시대상을 고려하더라도 씁쓸하다.

화신 백화점은 신태화申泰和, 1877~?가 1918년 설립한 귀금속 및 미술품 전문 상점 화신상회에서 출발했다. 이후 1922년 양복부를, 이듬해 잡화부를 설치하여 사세를 키웠다. 그러나 1930년 무렵 무리한 사업 확장으로 경영에 어려움을 겪을 때 (주)선일지물鮮一紙物을 경영하던 박흥식朴興植, 1903~1994이 화신상회를 인수했다. 박흥식이 사업을 확장한 데에는 조선과 만주의 각 신문사가 모두 선일회사의 신문 용지를 구입했고 자매회사인 (주)선광인쇄鮮光印刷가 각 관청의 인쇄물과 정기간행물을 찍어냄으로써 사업의 기반을 마련한 힘이 컸다.[27] 그는 화신상회를 인수한 후에 주식회사를 창립하고 점포를 증축하여 1932년 백화점으로 문을 열었다. 곧이어 같은 해 7월 인근의 경쟁 업체인 동아 백화

화신 백화점이 인수한 동아 백화점 전경과 식당. 1932년『조선과 건축』제11집 2호에 실렸다.

점[28]까지 인수하여 경성 북부의 대표적인 백화점이 되었다. 그리하여 본래 화신 건물을 서관, 동아 백화점 건물을 동관이라 하고, 그 사이를 육교로 연결했다.[29] 화신은 광고에 '여러분의 백화점', '약진하는 화신' 등 민족성을 강조하는 문구를 즐겨 썼다.

층별 상품 구성은 다른 백화점과 비슷했지만, 금·은 제품과 장신구가 서관 1층에 있었다. 근무는 이것이 화신의 모체를 기념한다고 생각했다. 하지만 서점에서 시작한 근무에게 조지야나 미쓰코시에 모두 있는 서적부가 화신이나 동아 백화점에 없다는 점이 유감이었다.[30] 다만 이근무가 다녀간 뒤인 1934년 화신 백화점은 내부 정비를 하면서 도서·잡지를 갖춘 듯도 하다.

노트에 적어본 경성의 백화점 층별 판매 품목 구성 비교

다음 날 근무는 외출하지 않고 호텔에서 느긋하게 독서도 하고 정원을 거닐면서 휴식을 취했다. 그러고는 항상 애독하는 백화점의 대부 존 워너메이커의 전기와 백화점 경영론을 읽었다. 19세기 중반 영국과 프랑스에서 처음 생긴 백화점이란 것이 그가 운영하고 있는 양품점과 크게 다르지 않다는 점에 그는 동질감이 느껴졌다. 그는 계속 읽어 내려갔다.

1849년 영국 뉴캐슬의 베인브릿지Bainbridge's, 프랑스 파리의 봉 마르셰Le Bon

화신 백화점 신관 개점 당시의 엽서로 화신의 상징인 옥상탑 및 건물, 야경의 모습을 담았다. 1935년 1월 27일 발생한 화재로 화신 백화점의 서관이 전소, 동관이 반소되었다. 이를 계기로 신관을 짓기로 하고 1937년 11월 11일 지하 1층, 지상 6층짜리 신관이 낙성되었다. 건축가 박길룡이 지은 이 건물은 이후 종로의 랜드마크가 되었다.

1918~1928년경 배포된 화신상회 전단지. 국립민속박물관.

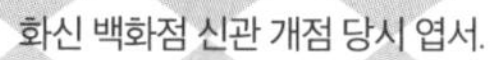
화신 백화점 신관 개점 당시 엽서.

1933년 화신 백화점 안내 팸플릿 표지.

화신 백화점 안내 팸플릿 본문. 서울역사박물관.

Marché가 서로 백화점의 원조임을 주장하고 있었다. 특히 봉 마르셰를 세운, '백화점의 천재'라고 불리는 아리스티드 부시코Aristide Boucicaut, 1810~1877는 부서별 상품 판매, 정가 판매, 현금 판매, 자유로운 반품 제도를 비롯해 바겐세일, 아동용품 매장, 청결한 화장실, 카페, 백화점 전단지, 연간 매출 일정표, 미끼 상품, 계절을 앞서가는 '계절 선취형' 판매 방식, 미술관 설치, 문화 강좌, 자선 활동, 동선의 중요성, 직원들을 위한 식당, 의무실 등 혁신적인 방식을 만들었다.[31] 이 부분을 읽으며 근무는 저절로 입이 벌어질 뿐이었다. 그동안 다녀본 일본 백화점들과 또 언젠가 가보고 싶은 해외 백화점들의 이름에 밑줄을 그었다.

- 영국: 해로즈Harrods와 리버티Liberty
- 미국: 워너메이커Wanamaker's와 마샬필드Marshall Field's
- 일본: 마쓰자카야, 마쓰야, 다카시마야, 시라키야白木屋, 다이마루

미쓰코시를 비롯하여 대부분의 백화점이 처음에는 오복점에서 시작해 규모와 설비를 확충하여 백화점으로 거듭났다는 점에서 자신이 같은 출발선에서 있는 듯 느껴졌다.
책을 읽으면서 백화점을 경영할 때 새겨야 할 점을 적어보았다.

- 현금으로 싸게 사서 현금으로 싸게 팔며,
- 상품을 팔기 전에 먼저 인격과 친절을 팔라.
- 자유로이 상점과 상품을 구경케 하고,
- 사지 않는 손님에게도 극히 친절히 하라.
- 손님이 사간 물품이 부합하지 않아 도로 가져오는 때는 오염되지 않은 경우면 친절한 태도로 바꾸어 드리거나 돈을 돌려 드려라.
- 처음부터 남기려 하지 말고 먼저 상점 자체를 널리 세상에 알려라. 그 다음 박리다매로써 길게 남기려 하라.

1930년 도쿄 미쓰코시 백화점 전경.
도쿄도립중앙도서관.

1929년 마쓰자카야 백화점
도쿄 우에노 지점 전경.

도쿄 긴자의 마쓰야 백화점 전경(위)과
아사쿠사 지점 안내도. 도쿄도립중앙도서관.

1922년 다카시마야 백화점 오사카 지점 전경.
다카시마야 사료관.

BAINBRIDGE & CO., Drapery and House Furnishing Warehousemen,
BAINBRIDGE & CO'S PREMISES EXTEND FROM MARKET ST TO BIGG MARKET, ACROSS THE REAR OF 16 OTHER BUSINESS ESTABLISHMENTS.
BAINBRIDGE & CO
MARKET ST
GRAINGER ST
TO THE CENTRAL STATION
JOHN LEWIS
PARTNERSHIP
ARCHIVES
29, 31, 33, 35, & 37, Market Street, and 26 & 28, Bigg Market, Newcastle.

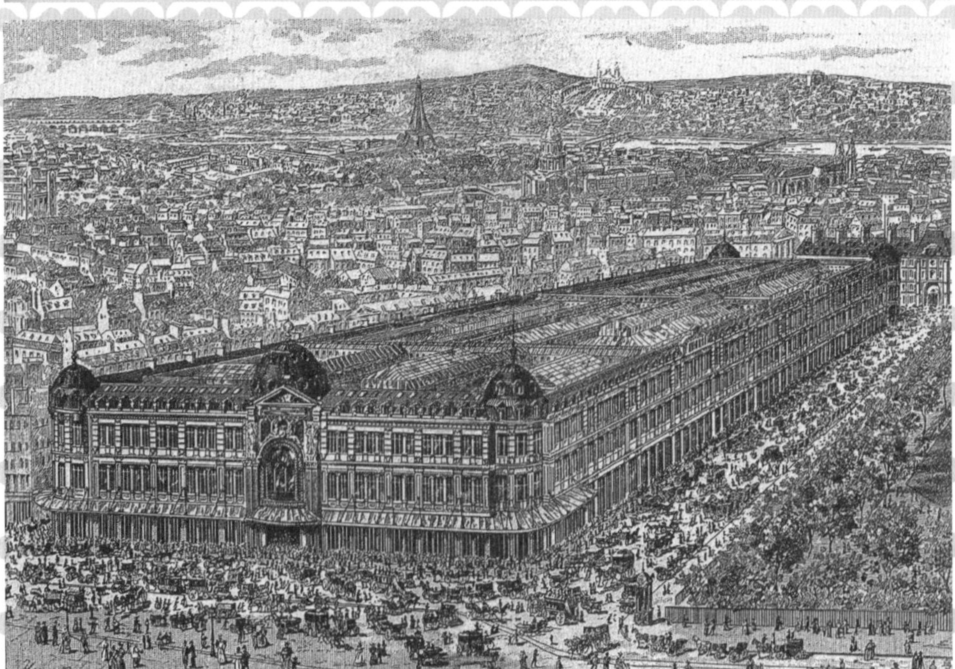

백화점 원조임을 주장하는 영국 베인브릿지 백화점 1890년대 모습(위)과 프랑스 봉 마르셰 백화점(아래).

미국 워너메이커 백화점(위)과 마샬필드 백화점(아래) 전경을 담은 기념엽서.

19세기 초 런던의 하딩, 하우웰 상점 모습. 이근무가 읽은 책에는 1849년 영국 뉴캐슬의 베인브릿지, 프랑스 파리의 봉 마르셰가 서로 백화점의 원조임을 주장하고 있었다지만 그보다 반 세기나 앞선 1790년 무렵 런던 폴 몰 거리에 설립된 하딩, 하우웰은 이미 오늘날의 백화점 형태의 격식을 갖추고 있었다.

· 선조의 영업을 이어받는 것을 부러워 말고 내 자신이 상업상 황야를 개척해 나감으로써 존귀한 시련을 얻고 크게 성공할 수 있는 자랑을 스스로 가지고 나가라.
· 상업은 사회에 봉사함이 근본 취지인 줄 알라. 상인은 고객의 구매계購買係에 불과하다. 그러므로 상인은 언제나 사회에 봉사하는 방법을 연구해나가야 한다.
· 점원을 될 수 있는 대로 우대하고 사랑하라. 그리해야 항상 성실과 노력으로써 일을 하게 되고 상점의 발전과 능률을 올릴 수 있을 것이다.
· 정직한 경영은 재능보다 나은 자본이 된다.

300여 항이나 되는 책자를 쉬엄쉬엄 다 읽고 바에 가서 차를 마시며 축음기에서 흘러나오는 아름다운 멜로디에 몸을 맡겼다. 음악을 들으며 문득 무영당 백화점을 지으면 각 층을 어떻게 만들까 생각하다 노트를 꺼냈다. 어제 여러 백화점을 돌며 적었던 층별 품목 구성을 비교해봐야겠다 싶었다. 그리고 근무는 이윽고 오후 9시경 기차에 몸을 싣고 대구로 향했다.

백화점은 경성에만? 전국 크고 작은 도시들마다 생겨난 백화점들

30대 청년 이근무의 꿈, 대구 무영당 백화점은 앞서 말했듯이 개성 출신인 그가 1923년 차린, 무영당이라는 서적과 양품을 취급하는 상점에서 시작했다. 대구 본정(오늘날 대구 중구 경상감영길 8)에 지은 무영당 백화점 5층 건물은 1936년 11월 말 준공되었다. 당시 대구 안에서 최대 경쟁사였던 미나카이 백화점 외관과 흡사하게 지었고 그는 드디어 "고추씨 서 말을 들고 대구로 내려와 거상이 된" 것이었다.[35]
무영당 백화점은 원래 취급하던 서적과 잡지, 문방구부, 운동구부, 액연회구부(액자와 그림도구), 양품잡화부, 악기부에 더해 12월부터는 여행구부, 양가구부, 식료품부, 완구부, 도자기, 식기부, 사진부, 식당 등을 새로 열었다.[36] 그밖

경성 백화점 층별 주요 품목[32]

	미쓰코시	조지야	화신	
			동관	서관
지층	구두닦이, 양식기, 칠기, 부엌용품, 철물, 소쿠리·빗자루 등 황물, 기모노용 잡화, 특매장, 화장실, 휴게소, 닭고기·소고기·생선·쌀·과일·야채 등 신선식품, 상품 인도장, 지하 식당 등			
1층	고려 자기·나전세공·조선 선물 등 조선 물산, 숄, 일본 버선, 핸드백, 우산, 양산, 게다, 비누, 화장품, 약품, 머리 장식품, 특별 진열소, 휴게소, 술, 쇼유, 소스, 양주, 담배, 건어물, 조미료, 명차, 해초, 가다랭이포, 음료수, 통조림, 과자, 상품권 매장, 주문 상담소, 여행안내소 등	상품권, 연초, 약품, 화장품, 과자, 화양주, 선어·육류, 과일·야채, 넥타이, 와이셔츠, 칼라, 손수건, 모자, 메리야스, 신발, 핸드백, 구두, 가방류, 양산, 부엌용품, 주단 포목 등	화양과자, 사탕, 과일, 통조림류, 정육 돈육, 화양주, 음료류, 선어, 차류, 가다랭이포, 절임, 김, 조림식품, 내외 연초, 연초 도구, 상품권, 안내계 등	조선의복부, 본견, 인견, 교직, 모직, 세루, 네루, 면포, 면, 각종 화장품, 약품, 의료기, 금제품, 은제품, 장신구, 안경, 시계, 내외 연초, 상품권, 안내계 등
2층	서양 옷감, 조선 옷감, 조선복, 면포, 앞치마, 욕실 보자기, 비단보, 허리끈, 장식용 깃, 부속품, 특별 진열소, 휴게소, 일본 옷감, 하오리, 코트, 기성 기모노, 국기, 면, 방석, 이불 등	양복부, 기성복, 오바, 톤비, 혼례용품, 예복, 하카마, 오비, 부사견, 모슬린, 면직물, 기성 기모노, 침구, 방석, 이불, 일본 버선, 예물, 부인 코트 등	양복부, 오바, 모피, 아동복, 부인복, 양복 부속품, 모자, 셔츠, 스웨터, 넥타이, 와이셔츠, 장갑·양말, 손수건, 타월, 숄, 스틱, 핸드백, 지갑류 등	양산·우산, 부인용품, 아동용품, 유아용품, 양말, 사무용품, 문방구, 만년필, 모사·면사, 신식 결혼용품, 수예용품, 수예품, 재봉용품, 재봉상자, 재봉기계, 소품, 완구인형, 실내 놀이용품, 미용실 등
3층	완구·놀이기구, 운동구, 도서·잡지, 학용품, 구두, 가방, 핸드백, 모자, 넥타이, 양품, 모포, 특별 진열소, 휴게소, 아동복식품, 모사·수예품, 재봉용품, 부인복, 아동복, 양복, 미용실, 귀빈실 등	전기기구, 시계, 귀금속, 사진기, 가구, 문방구, 완구, 어린이옷, 뜨개실, 학생복, 부인복, 부인 잡화, 아기용품, 수예품 등	구식 혼구류, 혼구 부속품, 혼례 상자, 보료방석, 옛날 악기, 모직물, 양화류, 신사화, 숙녀화, 학생화, 운동화, 아동화, 슬리퍼, 양악기, 축음기, 레코드, 나전칠기, 칠기·사기, 전기기구, 라디오, 양식기, 화식기, 도자기, 유리그릇, 유기, 백동기 등	도서 잡지, 담요, 테이블보, 커튼, 트렁크, 경대, 벽걸이 거울, 양가구, 양복장, 탁자류, 응접세트, 스폰지백류, 책보, 야구, 침구, 베개·모기장, 방석 등
4층	무대 홀, 전기 가스 기구, 화양가구, 단스·경대, 휴게소, 축음기, 피아노, 악기, 미술품, 보석·반지, 귀금속, 시계, 흡연실, 대식당 등	도자기와 칠기, 특매장 등	조선 요리, 화식, 양식, 휴게실 등	
5층·옥상	차실, 갤러리, 이나리 신사, 옥상정원, 분수, 아동운동장, 엘리베이터, 산책길, 온실, 소다 파운틴soda fountain, 등나무 휴게실 등	꽃과 새, 사진부, 치과부 등	홀, 이벤트홀 등	

에 휴게장, 전망대 등 설비를 완비하여 이듬해 1937년 9월 15일 본격적인 백화점 영업을 시작했다. 한 해 전인 1월 26일 발생한 대구 본정 일대의 화재로 무영당 일부가 소실되어 1만 7천 원의 손해를 입은 쓰린 경험도 있었기에 전국에서 일제히 실시된, 12월 1일인 '방화 데이'(불조심 날)를 맞아 신사에서 방화기원제도 올렸다.[37] 2층에 마련한 전시장에서는 전람회나 발표회를 자주 열었고 자연스레 윤복진, 박태준, 이인성 같은 예술가와 지식인 들이 모여들었다.[38]

이 무렵에는 대구뿐만 아니라 여러 지방 중소 도시에 제법 규모 있는 백화점들이 생겨났다. 백화점 가운데 가장 지점이 많았던 것이 미나카이였다. 미나카이는 한반도에만 경성 본점을 포함하여 부산, 대구, 평양, 원산, 함흥, 군산, 목포, 흥남, 조치원, 진주, 대전, 여수, 광주 총 14곳에 점포를 두었다. 교토, 도쿄, 요코하마를 비롯하여 조선과 중국에 가장 많은 지점을 가진 백화점이었다. 부산 미나카이의 경우 1916년 오복점으로 시작, 차차 규모를 키워 1937년 부 청사 인근(오늘날 부산 롯데 백화점 광복점 자리)에 지하 1층 지상 5층(일부 6층)의 신관을 완성했다.[39]

한편 백화점 규모는 아니지만 본사로부터 각종 물품을 싸게 공급받는 상점인 체인 스토어chain store, 이른바 연쇄점도 이 무렵 성행했다. 이 사업을 조직한 이는 화신 백화점의 박흥식이었다. 원래 미국에서 성행한 체인스토어는 호화로운 건물로 고객을 유인하는 백화점과 달리 수백 수천의 촉수를 시장에 뻗으므로 "백화점은 손님을 끌어오는 상점이요 연쇄점은 상점이 손님께로 진출하는 방법"이었다.[40]
박리다매와 정찰제를 시행하여 과거 시장 상점의 관행을 버리고 소비자에게 합리적인 서비스를 제공한 화신 연쇄점은 이른바 "볼런타리 체인"voluntary chain[41] 즉, '자유 연쇄점'이었다. 주로 물건 사입에 곤란을 겪는 지방 중소 상점들이 화신의 가맹점이 되어 본사로부터 저렴하게 물건을 공급받았는데, 이를 통해 비용을 절감할 수 있는 시스템이었다. 도시 규모에 따라 상점을 1~4급으로 나누고 1934년 1천여 개소의 가맹점을 목표로 세운[42] 화신 연쇄점은 1935년 350개소에 달했다.[43] 화신 연쇄점으로 새롭게 점포를 연 곳도 있고, 기존 잡화점을 화신 연쇄점으로 전환하는 이도 많았다.

개성에도, 평양에도, 함흥에도, 원산에도, 청진에도, 괴산에도, 전국 13개 도에 들어선 백화점

지역에 생긴 독자적인 백화점으로 대표적인 곳을 꼽으라면 개성의 김재현 백화점이다. 1921년 3월 김재현, 한성택이 개성 남본정南本町 28번지에서 시작한 포목 소매점이 1930년 개성 최초의 백화점이 되었다. 이후 1936년 화신 연쇄점이 되었다가 이듬해인 1937년 12월 약 1,320제곱미터 규모로 증축하면서 사업을 확장했다.[44]

김재현 백화점은 양말 공장인 선일공업사와 양가구 공장, 편물 공장도 직영했다.[45] 그 외에도 양품부, 도기부, 학용품부, 액연부, 이발 기구, 전기 기구 등을 신설하고 3층에는 균일품 판매 마켓과 자사 제품을 진열했다. 백화점 신축에 대해 김재현과 나눈 인터뷰에 따르면 옥상에는 원숭이나 새 같은 동물들을 모아놓은 작은 동물원과 놀이기구 등을 배치한 아동 유희장을 꾸밀 예정이었다.[46] 낙성 직후인 1938년 광고에 따르면 층별 판매 품목은 다음과 같다. 이후 1939년에는 화식, 양식, 중식 요리점이 있는 식당부를 개설했다.

> 1층: 주단 포목, 귀금속, 고급 화장품, 부인 숄, 와이셔츠·넥타이, 양장 부속품, 소간물류(소품), 연초 세트, 양말·장갑, 메리야스, 타월류, 모사와 그 제품, 알루미늄 제품, 도자기류, 증답품류(선물)
>
> 2층: 화양 가구, 경대류, 악기, 여행용구, 모포류, 문방구, 완구부, 전기 용구, 이발 용구, 아동 용구
>
> 3층: 염매품 일반, 균일품 일반, 액연, 회화

1938년 미나카이 백화점 전국 지점 표시 지도.

미나카이 대구점 성냥 레이블.

미나카이 군산점.

미나카이 대구점.

미나카이 평양점 대식당이 인쇄된 기념엽서.

미나카이 부산점. 개인.

미나카이 부산점 신관 낙성 기념엽서 뒷면, 개인.

미나카이 부산점 신관 낙성 기념 도자기 재떨이. 개인.

개성 김재현 백화점만큼이나 주목을 받았던 곳은 자동차 사업으로 부를 일군 30대 청년 김응수가 주인인 평양의 평안 백화점이었다. 평양 서문통 십자가로에 16만 원의 공사비를 들여 지은 4층 양옥 건물로 1933년 12월 26일 개점한 개장 첫날 1만 몇천 명이 찾아 그야말로 성황을 이루었다. 평양 명소가 된 이곳은 이후에도 매일 7~8천 명의 고객이 방문했고 평균 4천 원의 매상을 올렸다.[47] 남자 100명, 여자 80명 총 180명의 점원이 일했다. 층별 구성은 다음과 같았다.

1층 : 주단포목부, 식료품부, 화장품부, 약품부, 완구부
2층 : 양품잡화부, 여행구부, 수예품부, 양복부, 양화부
3층 : 문방구부, 운동구부, 안경부, 시계 및 귀금속부, 사기부沙器部, 황물부荒物部, 금물부, 악기부, 분재부, 금어부金魚部
•여기에 식당도 운영했다.[48]

1935년 1월에는 고금서화골동전도 4층에서 개최되어 수천 점이 접수되고 즉매도 실시하여 대성황을 이루었다.[49] 그런데 자본금 100만 원에 '서도西道 유일의 조선인 백화점'으로 평양부민들의 자부심이었던 평안 백화점은 불과 2년 만인 1935년에 망하고 말았다. 다음과 같은 원인이 지적되었다.

첫째, 장사에 익숙한 전문가가 없었고,
둘째, 상품 사입을 매우 잘못했고,
셋째, 인사 통제를 잘못했다.[50]

평안 백화점을 인수한 것은 다름 아닌 화신 백화점이었다. 1935년 12월 1일 화신 평양 지점으로 새롭게 문을 열었고, 화신답게 귀금속부가 신설되었다.[51] 화신으로 새 단장을 한 개점일인 일요일, 12시에 문을 열었지만 인파가 몰려 6시간만 영업을 했다.[52] 약 3만 8천 명이 몰리는 바람에 백화점 앞 십자

화신 연쇄점 지점 안내 자료.
평양 지점(1), 진남포 지점(2), 화신 오사카 사입부(3), 화신 연쇄점 회사 배급과(4) 등이 표시되어 있다. 개인.

화신 연쇄점 중 하나였던
오산역 앞 대성 백화점
성냥 레이블, 개인.

1935년 1월 3일 『매일신보』에 실린
화신 연쇄점 광고.

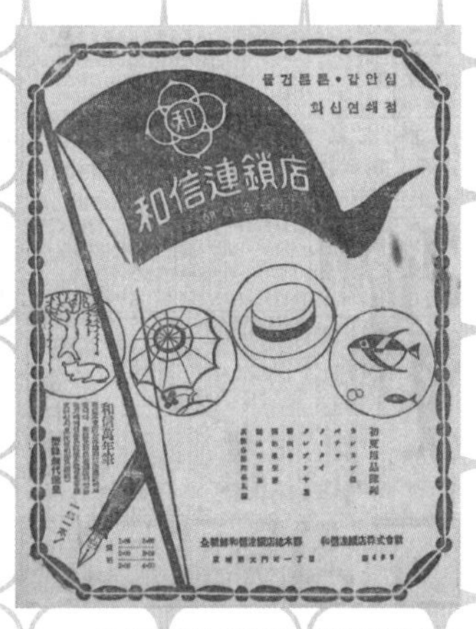

1940년 5월 30일 『매일신보』에 실린
화신 연쇄점 광고.

1933년 12월 28일 『조선중앙일보』에 실린 평안 백화점.

개성의 김재현 백화점 성냥 레이블. 개인.

綿緞布木
各種帽子
メリヤス
既製洋服
洋品附屬
運動用具
化粧品類
文具一式
廉賣
百貨
我帽
忠北槐山 我帽百貨店

충북 괴산의 아모 백화점 성냥 레이블.

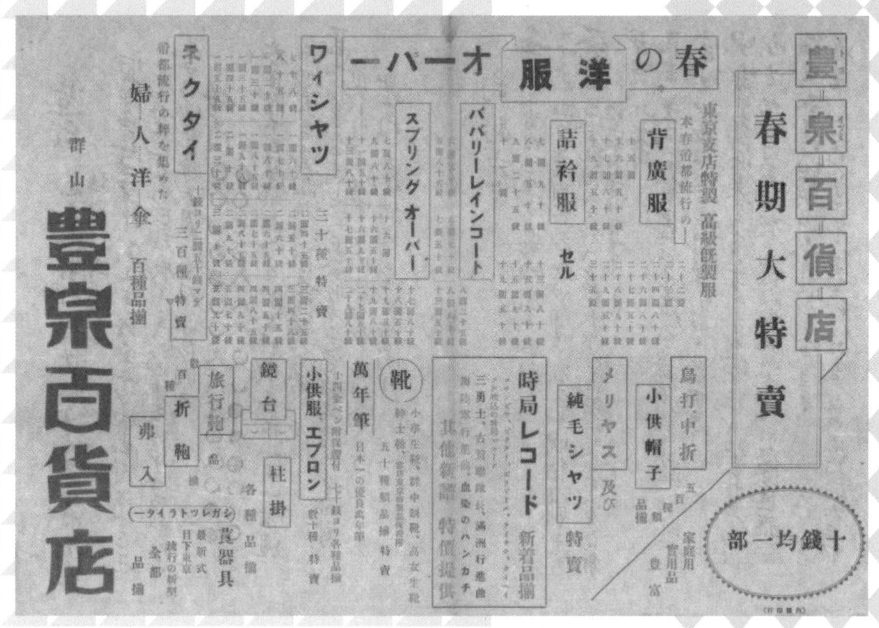

군산 풍천 백화점 봄철 안내 팸플릿.

조선인의 압도적 지지를 받았던
함흥 동양 백화점의 식당 모습.

1938년『함남도시대관』에 실린
원산 기린야 백화점 전경. 사진을 통해
티룸까지 갖춘 걸 알 수 있다.

로가 꽉 막혀 전차 운행이 중단되었고 밀려든 군중으로 인해 백화점 북쪽 쇼윈도가 파손되어 부상자가 나오기도 했다.[53]

1930년대에는 백화점 간판을 단 화신 연쇄점이나, 백화점이라는 이름만 달았을 뿐 의류나 양품을 취급하는 규모 있는 잡화점도 많았다. 1916년 종로2정목에 김윤이 설립한 김윤 백화점, 종로2정목 화신 백화점 옆 덕영德永 백화점[54]과 종로 백화점, 종로5정목의 대천 백화점, 그리고 본정 전차 종점에 위치한(본정4정목) 다무라田村 백화점[55] 등이 있었다.

경기도, 경상남북도, 전라남북도, 충청남북도, 강원도, 황해도, 평안남북도, 함경남북도 등 전국 13개도에도 곳곳에 크고 작은 백화점들이 생겨났다. 예를 들면 함흥의 동양 백화점[56], 원산의 기린야キリンヤ 백화점과 다나카야田中屋 백화점, 청진의 마루미丸見 백화점[57]과 대동大同 백화점,[58] 충북 괴산의 아모我帽 백화점, 군산 풍천豊泉 백화점[59] 등이 그러했다.

함경남도 원산의 기린야 백화점은 1930년대 후반 '유행은 기린야에서…'라는 말이 있을 정도로 함남의 대표적인 백화점으로 자리했다.[60] 직영 끽다점도 갖추고 있어 원산 사람들에게 인기 있는 장소였다. 다나카야 백화점은 주로 금물, 황물(소쿠리, 빗자루 같은 물건), 도기, 가구 등을 취급하는 잡화점이었다.[61]

청진의 대동 백화점은 자본금 30만 원으로 1938년 신축한 지 두 달 만인 12월에 큰 화재를 입었지만 1940년대에도 영업을 계속한 것으로 보인다.[62]

괴산의 아모 백화점은 1936년 『동아일보』의 지역 소식에 따르면 김양수라는 20대 젊은 점주가 운영하는 것으로 괴산 '잡화상계의 왕좌'라고 할 만큼 괴산 사람들이 신용 있고 많이 파는 잡화상으로 손꼽는 곳이었다.[63]

이 무렵 백화점을 찾은 고객들은 안락한 환경 속에서 산책하듯 백화점 곳곳을 천천히 둘러보고 점원의 친절한 응대를 받으며 온갖 신문물을 마음껏 접해볼 수 있었다. 백화점에 머무는 동안에는 잠시나마 바깥 현실을 잊고 최상류층이 된 듯한 착각에 빠지기도 했을 것이다. 물건값을 흥정하지 않아도 되었으며 각종 먹을거리, 볼거리가 넘쳐나는 곳. 백화점은 물 건너온 박래품과 유행하는 온갖 물품, 말 그대로 '백화'가 넘쳐나는 스텍터클한 공간이었다.

여기서 잠시, 이근무가 경성에 들러 벤치마킹한 백화점들은 오늘날 어떻게 되었을까 궁금하다. 서울 종로의 랜드마크였던 화신은 해방 전후 물자 부족과 품귀 현상을 겪은 데다 한국전쟁을 거치면서 운영이 어려워졌다. 1970년대 다시 한 번 도약을 꿈꿨으나 결국 1980년대 들어 문을 닫고 건물마저 철거되어 역사 속으로 사라졌다.
미쓰코시는 해방 이후 서울 명동에 건물을 그대로 유지하고, 동화 백화점이라는 이름으로 영업을 이어가다 1963년 신세계 백화점이 되어 지금까지 그 자리를 지키고 있다.
조지야는 해방 이후 사무실과 임대 백화점으로 운영하다 1966년 미도파 백화점이 되었으나 2013년 문을 닫았다. 오늘날 롯데 영플라자 명동점이 그 자리였다.
미나카이는 밀리오레 명동, 히라타는 고려 대연각 센터 자리였다는 기록으로만 남았다.

자, 그렇다면 과연 이 시절 백화점에는 어떤 물건들이 고객의 선택을 기다리고 있었을까. 이근무는 장차 어떤 물건들로 무영당 백화점을 채웠을까. 이제부터 그 물건들에 대해 한 번 살펴보아야겠다.

권은 물건을 대신할 증답품으로 인기가 높았다. 미쓰코시나 화신에서는 여행객 안내소와 여행객이나 일본인 관광객을 위해 토산품을 판매하는 조선물산 코너도 마련했다. 백화점에서 자주 일어나는 범죄인 만빗기(萬引)와 스리(소매치기) 방지를 위해 청원사복형사 또는 전임 감시원이 배치되기도 했다.[3]

만빗기는 상습적으로 물건을 훔치는 도벽광을 의미하는데 풋내기인 시로토(素人)가 칠 할에 전문가가 삼 할이었으며 성비로는 남성이 삼 할이고 여성이 칠 할이었다. 그들이 주로 훔치는 건 대부분 일용잡화였다.[4] 스리는 엘리베이터 안이나 손님이 물품을 고르는 동안 핸드백이나 보자기 놓은 것을 도적질하는 이들이었다.

백화점 엘리베이터 안은 언제나 콩나물 시루 같았다. 어린애를 등에 업은 채 한 손에는 아이의 손목을 잡은 시골풍의 아낙네며 더벅머리 어린애들과 중학생급의 학생들을 비롯해 땟국물 흐르는 두루마기 입은 노인이며 여학생과 양복 차림 신사 할 것 없이 빼곡히 들어차 온갖 체취와 땀 냄새가 뒤범벅되어 사람들은 숨쉬기가 버거웠다. 엘리베이터가 무슨 놀이기구인 것처럼 오르락내리락 타는 이들도 많았다. 하지만 백화점에 엘리베이터는 필수였고 엘리베이터 걸이 손님들을 각 층으로 안내했다. 그렇게 백화점 일층은 다채로운 물건들과 더불어 다양한 사람들이 북적이는 장소였다.

1층 식품부·생활잡화부

백화점 일 층은 사람이 드나드는 나들목으로 늘 붐빈다. 주로 주머니가 조금은 가벼워도 살 수 있는 품목들이 많다. 지하 층이 있던 미쓰코시를 제외하면 조지야나 화신 등을 비롯한 대부분 백화점들 일 층은 식품부와 일부 생활 잡화 매장으로 이루어졌다. 백화점을 나서는 고객을 걸코 빈손으로 가게 하지 않겠다는 전략 때문일 게다.

식품부에는 신선한 채소와 과일·육류·생선을 비롯하여 각종 소스며 간장·조미료 등이 진열되어 있다. 둥근 양철통이나 사각 상자 안에 담긴 비스킷·캔디·젤리·초콜릿·캐러멜 같은 양과자는 일 원부터 십 원까지 다양한 가격대를 갖추어 증답품 즉 선물용으로 인기가 많았다. 예쁜 상자에 든 통조림이나 병조림 식품은 탑처럼 쌓여 있었다. 특히 연말연시 감사의 마음을 전하는 데 제격이라 세모 대매출 행사에 자주 등장했다. 비싸지 않으면서도 싸구려로 보이지 않고 상대방의 취미에 맞아서 소중히 여길 수 있는 증답품의 삼 박자를 갖춘 것으로 양주·통조림류·김·양과자류·비누세트·옷감 같은 품목이 인기였다.[1] 문화주택이 유행하면서 커피잔 세트·홍차 도구·양식기 등도 주목받는 물품이었다.[2] 총독부에서는 일종의 뇌물인 증답품의 폐지를 꾸준히 외쳤지만 오랜 관행이라 쉽게 없어지지 않았다.

일 층에는 전화나 우편 주문을 한 고객에게 상품을 건네는 판매상품 인도장이나 시내에 상품을 빠르게 배달할 자전거 용달부와 상품권 매장 등 여러 서비스부도 있었다. 상품

완전히 새로운 식품

고급 식품

조선인, 조선에 온 서양인에게도 유용했던 통조림

언제나 사람들로 붐비는 백화점 식료품 매장에는 동네 마트나 시장에서 보기 어려운 새롭고 고급스러운 식자재와 유명 상표의 제품들이 즐비하다. 다른 층의 물건들은 값이 비싸서 큰마음을 먹어야 살 수 있지만, 식품 매장은 누구라도 한 번쯤 들러서 비교적 부담없이 고를 수 있다. 이런 풍경은 1930년대 등장한 백화점에서도 거의 비슷했다. 1930년 경성 한복판에 신축된 미쓰코시나 1937년 낙성된 화신 신관의 식품 매장은 당시에도 마켓이라 불렸고, 이름에 걸맞게 신선 식품은 물론이고, 쇼유·소스·조미료 등 보기 드문 각종 가공 식품이 즐비했다.

이러한 식품들은 주로 이전 시대에는 자연스럽게 각 가정에서 만들었으나 어느덧 공장에서 본격적으로 생산되기 시작한 것들이었다. 겉으로 보기에는 그저 신기하고 편리한 또는 고급스러운 식자재였으나 이는 곧 교역의 세계화와 입맛의 보편화를 가져오는, 이전과는 다른 그야말로 '완전히 새로운' 식품들이었다.

그 가운데 가장 먼저 꼽고 싶은 건 바로 통조림이다. 식품을 오래 보존하려는 노력은 그 역사가 길다. 파리의 제과업자 니콜라 아페르Nicolas Appert, 1749~1841가 1810년 밀폐된 유리병에 식품을 포장하고 고온 가열하여 몇 년 동안 보관할 수 있다는 것을 알아냈고,[1] 이 기법을 바탕으로 영국의 피터 듀랜드Peter Durand가 금속 캔으로 실용화한 것이 바로 오늘날 우리가 흔히 보는 통조림의 시작이다.[2] 이후 미국으로 건너가 남북전쟁 당시 군수용으로 사용되면서 공업화되었다.

일본에서는 1871년 나가사키 외국어 학교에서 근무하던 마쓰다 마사노리松田雅典가 프랑스인의 지도를 받아 기름에 절인 정어리를 만든 것이 통조림의 시작이다.[3] 이후 홋카이도에 설립된 관영 통조림 공장에서 연어 통조림이 만들어졌고 먼 대도시로 유통되었다. 청일전쟁과 러일전쟁 당시 군수품으로도 퍽 요긴했던 통조림은 해산물뿐만 아니라 점차 소고기, 버섯, 과일, 채소 등 다양한 내용물을 담아 생산되었다.

통조림은 조선에 온 서양인들에게도 매우 유용했다. 구하기 어려운 그들 문화권의 식재료를 해결하는 것은 물론 식품을 오래 먹을 수 있었기 때문이다. 실제로 개항 직후부터 가메야 상회龜屋商廛 같은 수입 잡화점에서는 다양한 통조림을 취급했는데 전복 통조림, 캔 우유, 과일 통조림 등이 대표적인 상품이었다.

조선에서의 통조림 제조 사업은 일본인 우에다 가쓰치植田勝治에 의해 시작되었다.[4] 1900년경 대흑산도에 통조림 공장을 세우고 조선산 전복과 소라 통조림을 만든 그는 장어, 소라, 맛조개, 피뿔고동 같은 패류, 꼴뚜기 등을 통조림으로 만들었다. 1915년에는 낙동강 하구에서 뱅어 통조림이 제조된[5] 것을 비롯하여 청산도의 정어리, 영덕 게, 주문진의 민물장어 같은 것들이 이 무렵 통조림으로 제작되기도 했다. 우에다는 1928년에는 완도에서 꼴뚜기, 뱀장어 통조림을 제작해 고베를 거쳐 미국과 하와이 등지로 판로를 넓혀 나갔다.

통조림은 주로 군수품, 수출품으로 출발했지만 시간이 흐르면서 일반 가정에서도 그 사용이 늘어났다. 일반인들의 수요가 늘어나자 『동아일보』를 비롯한 여러 신문에서는 통조림 고르는 법에 대한 기사를 다루기도 했다.[6] 기사에 따르면 겉으로 보아서 내용물을 볼 수 없는 통조림은 고르기가 까다로우므로 통이 불룩 튀어나오지 않고 오목하게 들어간 것, 외관이 깨끗하고 녹이 슬지 않은 것, 겉에 붙은 표의 색이 바래지 않은 것이 좋고, 통을 두드렸을 때 둔탁한 소리가 나는 것은 나쁜 것이라고 되어 있다. 이처럼 신문을 통해 통조림 선택법을 상식으로 알리고 조언

1926년 5월 28일 『조선신문』에 실린 연어 통조림 광고.

1926년 8월 10일 『경성일보』에 실린 소고기 통조림 광고.

1931년 1월 22일 『조선신문』에 실린 소고기 통조림 광고.

1936년 5월 18일 『조선신문』에 실린 복숭아 통조림 광고.

을 해줄 만큼 대중적으로 널리 활용되고 있었음을 알 수 있다.

기사뿐만 아니라 광고에서도 통조림은 자주 등장한다. 당시 신문 등에 실린 통조림 지면 광고를 보면, 그 내용물을 볼 수 없으니 아무래도 겉에 붙인 라벨에 퍽 신경을 쓴 모습이다. 소고기, 생선, 복숭아, 굴, 버섯, 전복, 게와 같은 재료를 대부분 매우 사실적으로 묘사했다.

"문화생활에 필수불가결", 아지노모토

당시 인기를 끈 것으로는 조미료, 그 가운데 특히 아지노모토味の素를 빼놓을 수 없다. 사골처럼 오래 끓이지 않아도 음식에 즉각적으로 감칠맛을 더해주는 획기적인 식품 첨가물 아지노모토는 일본인 화학자 이케다 기쿠나에池田菊苗, 1864~1936가 발명, 1908년에 특허를 받은 MSG(글루타민산 나트륨)다.

독일 유학 중 그는 당시 독일군 양식 중 하나로, 독일의 화학자 리비히Justus Freiherr von Liebig, 1803~1873가 소고기에서 추출한 성분을 조려 엑기스로 만든 비프 엑기스에 주목했다.[7] 세계 최초의 가공 식품으로도 알려져 있는 이 엑기스에서 착안하여 만든 아지노모토는 마침 쌀보다 고기를 먹어야 강한 국민이 될 수 있다는 믿음을 가진 후쿠자와 유키치福澤諭吉, 1835~1901를 비롯한 일본 지도층의 인식과 맞물려 일본인의 식생활 향상에 기여할 마법의 가루로 여겨졌다.

시중에 처음 등장한 1910년대까지만 하더라도 비싼 가격으로 일반 대중들에게 확산되는 데는 다소 어려움이 있었다. 하지만 메이지 시대 최대 베스트셀러로 꼽히는 소설 『식도락』食道樂의 작가 무라이 겐사이村井弦齊, 1864~1927가 '식생활 개선은 우둔한 일본인을 문명으로 이끌어주는 것'이라며 아지노모토를 이상적인 조미료라고 신문과 잡지 등에서 상찬했고,[8] 가정학 교과서에는 아지노모토가 전통적으로 국물맛을 내는 다시마와 가다랑어포의 대용품이라고 소개했다.[9] 또한 아지노모토를 발매한 스즈키 상점은 가격, 노력, 시간이라는 점에서 가장 경제적인 조미료이며 근대적인 문화 생활에 필수불가결한 것이라며 적극적으로 선전했다.[10]

이런 유명인의 언급과 다양한 매체를 통한 홍보에 힘입어 아지노모토를 사용하는 가정집과 점포 들이 점점 늘어가기 시작했다. 물론 유명 요리사들에게는 조미료를 통해 간단히 만들 수 있는 국물맛은 경멸의 대상이었지만 그 인기를 잠재우기는 어려웠다.

특히 당시 대만에서 일본에서보다 더 급속도로 보급이 된 것은 눈여겨볼 만하다. 대만에서 잘 팔린 이유는 왜일까. 무엇보다 대만인들은 자신들의 요리, 즉 중화 요리를 만들 때 깊은 풍미를 위해 다종다양한 분말 스파이스를 이미 많이 쓰고 있었기 때문에 하얀색 가루인 아지노모토로 국물을 만드는 데 거부감이 덜 했을 것이라는 추정이 있다.[11] 또한 대만인들의 식생활에서 큰 부분을 차지하는 포장마차 요리를 만들 때 쉽고 간편하게 풍미를 내는 것이 주효했다는 설명도 설득력이 있다.

조선에서도 아지노모토는 큰 호응을 얻었는데 특히 국물을 만들어야 하는 음식점에서 엄청난 인기를 끌어, 언젠가부터 평양의 국숫집을 비롯한 전국의 국숫집·냉면집·설렁탕집 등에서 아지노모토의 사용이 자연스러워질 지경이었다.

아지노모토의 공세는 더욱 더 거세져 식당만이 아닌 일반 가정집 식탁을 공략하기 위한 신문 광고도 더 적극적으로 펼쳐졌다. 독특한 만화와 간단명료한 카피를 수시로 바꿔가며 게재했고 아지노모토를 이용한 요리법도 상세히 실었다. 예컨대 에그 라이스egg rice, 피쉬볼fish ball, 햄버그스테이크hamburg steak 같은 생소한 서양 요리법을 소개하면서 그 재료나 만드는 법에 아지노모토를 포함시키는 방식이다. 홍보 방식은 광고에 국한하지 않았다. 아지노모토의 발매처인 스즈키 상점은 1934년 한글로 『사계의 조선 요리』를 펴내 홍보용으로 배포했다.[12] 1935년에 나온 이 책의 증보판에는 조선 요리 97종, 서양 음식 11종을 포함하여 총 108종의 요리를 실었는데 여기에 실린 육개장이나 갈비구이 조리법에도 반드시 아지노모토를 사용하도록 되어 있었다. 친절한 설명 속에 묻어둔 교묘한 광고법이었다. 또한 깃발을 든 판촉팀이 장날마다 전국 방방곡곡 장터를 돌면서 축음기로 유행가를 틀거나 악대의 공연, 마술을 보여주면서 눈길을 끌었다.[13]

해방 후 아지노모토는 우리에게 익숙한 미원味元이 되었고, 미원의 아성에 도전한 경쟁품 미풍味豊도 나이 든 이들에게는 익숙한 이름이다. 오늘날까지도 손쉽

1931년 1월 7일 『경성일보』에 실린 아지노모토 광고.

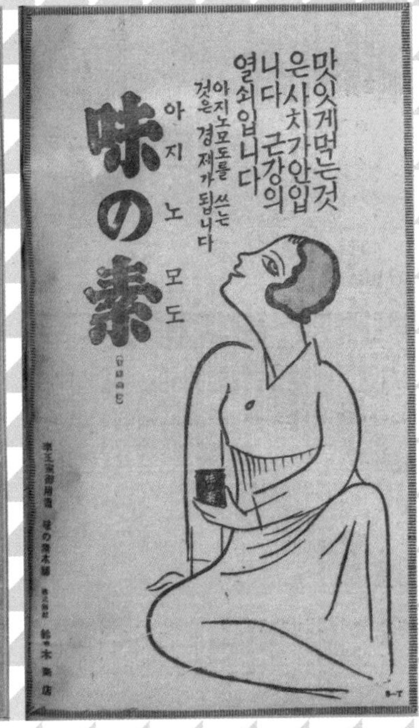

1934년 8월 5일 『조선중앙일보』에 실린 아지노모토 광고.

레트로 아지노모토 캔 용기.

1937년 11월 26일 『매일신보』에 실린 아지노모토 광고.

게 맛을 더해주는 조미료는 여전히 인기를 끌고 있는데, 최근의 경향은 어떻게든 화학의 옷을 벗고 천연을 표방하려 애쓰고 있다. 그렇게 보면 우리 식탁 위의 조미료의 역사가 참 오래도 되었음을 알 수 있다.

조선 간장이냐 왜간장이냐

8세기 무렵 고구려의 메주 말장이 일본으로 전해졌다. 일본에서는 이를 고구려식 발음대로 미소味噌[14]라고 했고, 미소를 만들 때 바닥에 쌓이는 것으로 쇼유醬油를 만들었다. 우리로 치면 미소는 된장, 쇼유는 간장이다. 간장은 값비싼 조미료로 여겨져 무로마치 시대에는 일부 상류층에서만 사용할 수 있었다.[15]

본격적으로 양조 간장의 시대가 열린 것은 에도 시대부터였다. 당시 거의 유일하게 해외와의 무역이 가능했던 나가사키와 데지마에서 이른바 콘프라병コンプラ瓶에 담긴 간장이나 술이 네덜란드 동인도회사를 통해 유럽과 동남아시아 각지로 수출되었다. 콘프라는 중개인, 매판을 의미하는 포르투갈어 'conprador'에서 유래했다.[16] 네덜란드 상인들과 무역을 하는 나가사키의 매판들이 콘프라조합金富良社을 조직, 동인도회사를 통해 간장이나 술 같은 일본 제품을 수출했는데[17] 당시 콘프라 상인들이 이를 담아 유통시킨 것이 바로 콘프라병이었다.

그러다가 메이지 유신 이후 식품 공업의 발달로 여러 공장에서 근대적 생산을 시작하면서 이전까지 도자기 병에 넣어 팔던 간장은 여러 양조장마다 자신들의 브랜드를 붙여 파는 상품이 되었다. 이 가운데 가장 유명한 것 중 하나인 깃코망キッコーマン도 오늘날 치바千葉 현 노다野田 시의 모기 사에이치茂木佐平治 집안에서 사용한 상표이고, 이외에도 마루킹マルキン, 야마사ヤマサ, 히가시마루ヒガシマル, 용표龍票, 히게타ヒゲタ 등 여러 브랜드가 1920~30년대 양조 간장 시장을 두고 경쟁했다.

이 당시 양조 간장을 둘러싼 웃지 못할 해프닝도 빈번했다. 깃코망은 이 당시에도 이미 유명 브랜드였는데, 빈 통에 가짜를 넣어 싸게 파는 이들도 있었고, 심지어 썩은 간장을 넣고 팔다 체포된 자도 있었다.[18]

로고는 보통 원형, 삿갓, 육각형에 양조장 이름 한 글자를 넣은 것이 많은데,

간장을 말로 운반하던 시절 서로 구별하기 위해 붙였던 말 인장馬印에서 유래했다고도 한다.[19]

조선의 각 가정에서 직접 만드는 것이 일반적이던 간장을 공장에서 만들기 시작한 것은 1904년 무렵 오늘날의 서울 청파동에 다카미高見 간장 양조장이 생긴 이후부터였다. 그뒤 점점 늘어나 1924년에는 일본인이 경영하는 간장 공장이 전국에 102개나 되었다.[20] 1910년 12월『매일신보』에 양조 간장을 사용하는 조선인이 늘었고 원료가 일본보다 저렴해 양조 간장 제조업이 유망하다는 기사가 실린[21] 바 있고, 대량 생산 체제를 갖춘 공장이 경성·평양·인천·부산·마산 등지에 들어섰다. 이런 경향을 보여주기라도 하듯 1914년 무렵부터 양조 간장 광고는 부쩍 늘어나기 시작했다.

이후 관련 기사도 꾸준히 등장했다. 기사에 의하면 1928년 조선산 콩으로 제조한 경성 명해옥鳴海屋 양조소 간장은 군용으로 중국 청도로 보내졌고,[22] 1933년에는 만주로 수출되었다.[23] 또한 경남 수산시험장에서는 버리는 생선을 이용하여 소스, 식초, 간장 제조 시험에 성공했는데[24] 이렇게 만들어진 이른바 어간장은 경남 특산품으로 1936년부터 시장에 나온다고 했다. 평안남도에서는 대합조개 즙蛤汁을 발효시켜 조개 간장을 만들었는데 풍미가 매우 좋았다고 한다.[25]

1932년 열린 전全조선장유업자조합연합회에서는 해당 업자 20여 명이 간장 가격을 작은 통은 30전, 큰 통은 1원 20전, 병에 든 것은 50전, 된장(2관 들이=약 7.5킬로그램)은 1원 50전으로 인상했다.[26] 요즘으로 치자면 가격 담합에 해당한다고 볼 수 있으나, 당시에는 조합이나 연합회 회원들이 가격을 협의·결정하는 것이 관행이었다.

그렇다면 당시 사람들은 일본식 간장과 우리의 간장을 어떻게 바라봤을까. 어머니들은 조선 간장을 '집간장'이라고도 불렀는데 '일본장', '왜간장', '진간장' 등으로 불리는 일본식 양조 간장은 그때도 조선 간장에 비해 단맛이 강했던 듯하다. 그 때문인지 "진간장이 우리 조선 사람들의 간장보다 맛이 조흡니다"라는 평가도 실제로 있었다.[27]

일본식 양조 간장은 일제강점기 새로 등장한 음식 가운데 당면잡채나 불고기,

일본의 쇼유 제조 모습. 3대째 우타가와 히로시게의 판화 〈대일본물산도회〉 중 일부다.
1877년경, 일본 국립역사민속박물관.

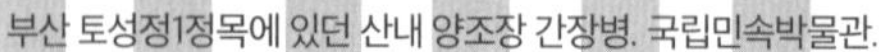
부산 토성정1정목에 있던 산내 양조장 간장병. 국립민속박물관.

콘프라 병.

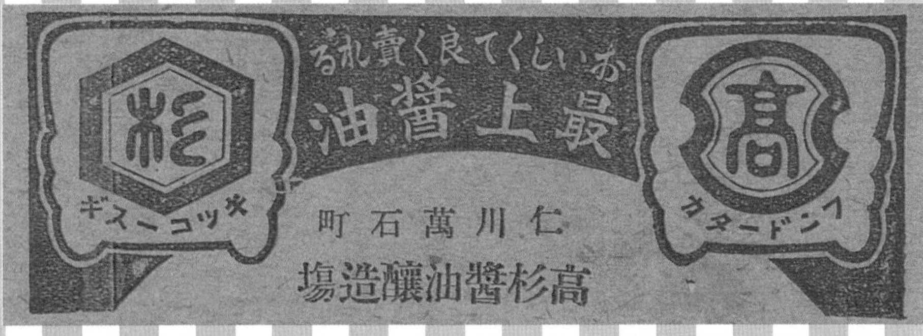

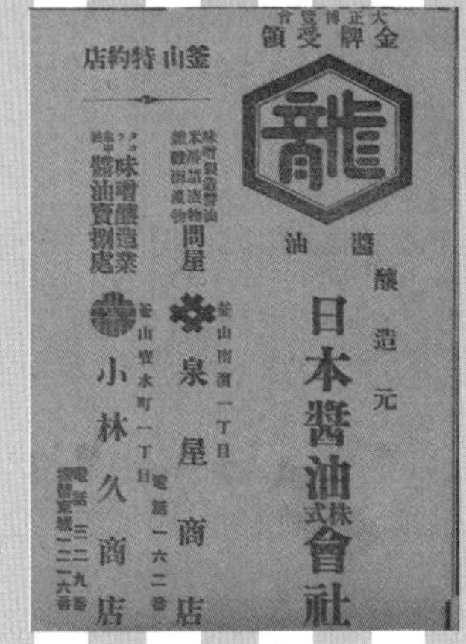

당시 쇼유 제조 업체들의 로고 이미지는 글자 하나를 부각해서 만드는 비슷한 방식을 취했다.
위쪽부터 시계 반대 방향으로
다카스기(『경성일보』 1924. 1. 11.), 일본쇼유주식회사의 용표 쇼유(『조선시보』 1914. 11. 15.),
깃코 야마타(『조선시보』 1915. 8. 26.), 사이죠우(『경성일보』 1926. 12. 30.) 광고다.

1931년 1월 8일 『경성일보』에 실린 깃코망 광고.

그리고 일본이나 중국 음식을 만들 때 주로 사용했다.[28] 불고기라는 용어는 1930년대 이미 평양, 경성 같은 대도시뿐만 아니라 전국에 두루 통용되었는데 너비아니, 군고기·구운고기, 소육燒肉, 야키니쿠라는 말과 혼용되었다.[29] 오늘날에도 일반적으로 나물과 국에는 조선 간장, 고기 양념 등에는 진간장을 쓰는 식으로 음식의 종류에 따라 간장을 달리 쓰는데, 이런 용법이 이미 이때로부터 비롯한 것임을 알 수 있다.

양식 요리에 꼭 필요한 필수품, 소스

고춧가루·소금·장류 같은 전통 양념들이 아닌, 이전에 볼 수 없던 일본 요리와 서양 요리에 쓰이는 새로운 소스 제품들도 백화점 식품 매장에 속속 들어왔다.

메이지 시대 일본에 소개된 영국 우스터 소스는 서양의 쇼유로 여겨졌지만[30] 지나치게 강한 맛으로 처음에는 그다지 큰 인기를 끌지 못했다. 이후 점차 양식이 널리 보급되면서 일본인의 기호에 맞게 개량된 소스가 발매되었다. 1928년 산토리 위스키 사에서 발매한 토리스Torys 소스를 비롯하여 별표星印 소스, 미쓰야三ッ矢 소스, 불독BULL-DOG 소스 등이 인기를 끈 대표적인 브랜드다.

소스를 알릴 때는 양식에 꼭 필요한 필수품임을 강조했고, 별표 소스 광고에 따르면 주 재료는 과일과 야채, 기타 양념이었다. 가만히 두면 내용물이 가라앉기 때문에 얼마나 흔드느냐에 따라 맛의 정취가 달라졌는데, 어떤 광고에는 많이 뿌리면 보기에도 좋지 않고 조금만 써도 깊은 풍미가 나기 때문에 소스가 매우 경제적이라는 점을 강조하기도 했다.[31] 이를 위해 소스가 한꺼번에 나오지 않고, 조금씩 나오도록 병 입구에도 신경을 쓴 것은 물론이다. 재미있는 일화 하나. 1905년에 발매되어 오늘날까지 이어지고 있는 불독 소스의 이름은 1900년 무렵 일본에 전해진 견종 불독이 사람들에게 귀여움을 받는 걸 보고 창업자가 이 제품이 불독처럼 많은 사랑을 받기 바라는 마음으로 붙였다고 한다.[32]

백화점 식품 매장에는 낯선 소스 제품들을 판매하고 있었는데, 소비자들을 사로잡기 위해 제조사들은 소스의 설명부터 사용법까지 다양한 정보를 광고를 통해 안내했다. 위쪽부터 시계 반대 방향으로 별표 소스(『경성일보』, 1927. 2. 17.), 미쓰야 소스(『조선신문』, 1936. 6. 25.), 토리스 소스(『경성일보』, 1930. 3. 2.) 광고다.

불독 소스.

"소화가 잘 되어 아기를 토실토실하게 하는" 분유

1937년도 신문 기사에 따르면 이미 이 당시에 27여 종의 분유가 시중에 유통되고 있었다.[33] 아기들에게 모유를 먹일 수 없을 때 선택하는 가루 또는 액상 형태의 우유가 이 무렵 이미 유통되고 있었다는 의미다. 보통 '밀크' 또는 '우유'라고 부른 이것은 단순히 모유의 대체품이라는 의미만 있는 것은 아니었다. 냉동이나 냉장 같은 식품 보존 기술이 열악한 데다 영양실조로 유아 사망률이 높았던 시대 액상이나 분말 형태의 분유는 그 이상의 기여를 했던 식품이다. 액상 우유는 수분을 60퍼센트 정도 없앤 무가당 우유인 'evaporated milk'와 여기에 설탕을 첨가한 가당 연유인 'condensed milk'가 있었다. 하지만 당시 유통되던 분유는 각 제조사마다 섭취 분량이 각각 다르게 표시되어 있었고 부정 상품에 대한 관리 감독도 거의 없는 실정이었다. 그리하여 분유를 선택할 때는 먼저 먹여 보고 소아의 발육이 나쁘면 다른 것으로 바꾸는 방법밖에는 없었다. 이런 분유라도 누구나 손쉽게 아기들에게 먹일 수 있던 건 아니었다. 1940년 신문 기사에 따르면 조선에서는 매년 2만 5,000상자의 분유를 수입했다고 한다.[34] 과연 얼마나 많은 아기들이 섭취했는지 알 수 없지만 오늘날에 비하면 극소수의 아기들만 먹을 수 있었을 것으로 추정한다.

당시 주로 유통되던 분유로는 캐러멜과 초콜릿으로 유명한 모리나가 사社가 1921년 생산하기 시작한 모리나가 드라이 밀크 분유를 꼽을 수 있고,[35] 이밖에 와시ワシ 밀크, 락구도겐ラクドーゲン, 글랙소Glaxo, 데리고루デリゴール 같은 브랜드가 있었다. 이 가운데 와시 밀크와 락구도겐은 미국 네슬레 사 제품이다. 스위스 화학자 앙리 네슬레Henri Nestlé, 1814~1890가 1867년 미숙아용 모유 대체제를 처음 개발한 이래 비슷한 제품이 여러 회사에서 속속 생산되었다. 와시 밀크는 'Eagle Brand'를 일본식으로 표현한 것인데 1856년 게일 보든Gail Borden이 개발한 미국의 대표적인 가당 연유로, 우리나라에는 1900년대 초부터 세창양행을 통해 유입되었다. 흔히 수리표라고 불렀다.

이들 제품들은 대부분 모유와 같다는 점을 강조했고 약국이나 식료품점, 백화점 등지에서 판매했는데, 광고를 통해 어떤 점을 주력해서 알리려고 했는지를 파악할 수 있다. 모리나가 사는 더운 여름에도 썩지 않는 가루우유로 '누구든 위장이

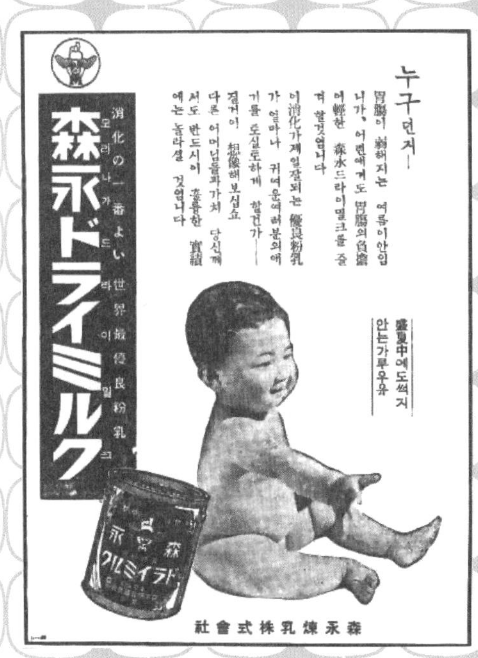

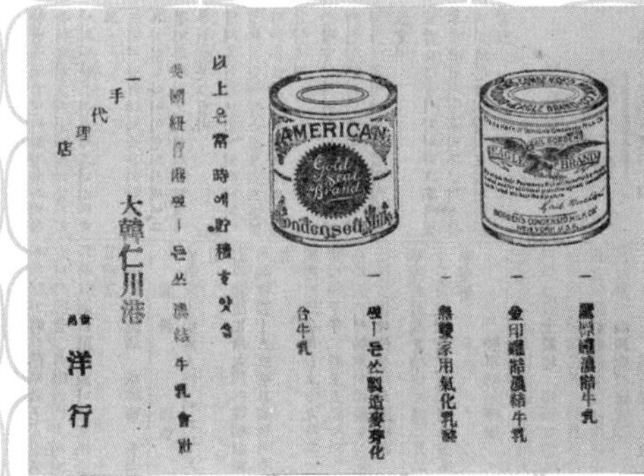

왼쪽 위부터 시계 방향으로
모리나가 드라이밀크(『조선일보』, 1938. 8. 17),
와시 밀크(『경성일보』, 1924. 9. 25.),
'수리표 우유'라고 광고한
와시 밀크(『동아일보』, 1932. 4. 27.),
세창양행 수입 분유(『대한매일신보』, 1906. 2. 15.) 광고다.

약해지는 여름, 소화가 잘 되어 아기를 토실토실하게 한다'고 홍보했고,[36] 와시 밀크는 "세계에서 유명한 넷수루 회사에서 6개년 간에 제조한 연유를 이어서 합하면 지구로부터 달의 세계에 밋침니다"라고 뛰어난 판매량을 강조했다.[37] 한편 락구도겐은 육아용을 넘어 성장기 어린이, 노인, 병약자에게 자양품으로 소개하며 그 소비 대상을 확대하고자 했다.

이렇듯 여러 브랜드가 시중에 선보인 가운데 신문에는 '어머니에게 필요한 가루우유 감별법 5개조'가 실렸다.[38] 그 내용은 다음과 같다.

1. 통이 정하고 녹이 슬었거나 때가 묻었거나 하지 않은 것 그리고 통을 열었을 적에 그 속에 가루우유가 꽉 찬 것이 신선하고 좋습니다.
2. 가루가 잘 마른 것으로 덩어리 같은 것이 없는 것이 좋습니다.
3. 빛은 아주 정한 크림색이요, 통을 열었을 적에 특유의 상쾌한 향내가 나고 지방이 변질한 냄새가 나지 않는 것이 좋습니다.
4. 완전히 물에 풀리고 풀어놓은 것을 얼른 보아서 생우유 같은 것이 좋습니다.
5. 우유 이외의 지방전분 알칼리 또는 기타의 방부제가 들어 있을 때가 있고 때로는 벌레가 난 때도 있으니 주의하셔야 합니다.

다디단 맛의 등장

과자

수입 과자의 뜻밖의 홍보 포인트

예나 지금이나 백화점 식품 매장에 꼭 있는 것이 바로 과자다. 전통적으로 과자는 쌀이나 각종 곡식 가루에 엿을 고아 만드는데 이를 오늘날 보통 한과韓菓라고 부른다. 한과는 서양 과자인 양과洋菓와 대비해 사용한 용어다.[1] 한과라고 부르기 전에는 주로 조과造菓 또는 '과줄'(과즐)이라고 했다. 제사 때 꼭 필요한 것으로, 과일이 나지 않는 계절에 곡식 가루로 과일을 본떠 만들었기 때문에 붙여졌다.[2] 과자의 한자 과일 '과'菓는 과실 '과'果에서 유래했듯 과자는 본래 과일이었다. 일본의 기록에도 잘 나타나 있다. 일본에는 과자의 조상신菓祖 다지마모리田道間守에게 제를 올리는 축제가 있는데, 다지마모리는 일본 『고사기』古事記와 『일본서기』日本書紀에 등장하는 인물이다. 전설에 따르면 그는 신라 왕자 아메노히보코天之日矛[3]의 자손으로 스이닌垂仁 천황의 칙령에 따라 상세국常世国(옛날 사람들이 상상한 불로불사의 이상향)으로부터 10년에 걸쳐 비시향과非時香菓(여름에 열매를 맺고, 가을 겨울이 되어도 서리에 견뎌 향미가 변하지 않는 나무 열매)를 구해 돌아왔는데 천황은 이미 세상을 떠난 후였다. 비탄에 잠긴 그는 결국 천황의 능 앞에서 순사했다고 한다. 다지마모리가 상세국에서 구한 비시향과는 다름 아닌 귤이었고 그 때문에 그를 과자의 신으로 숭배하고

제사에는 최고 우량품의 귤을 올렸다.[4]

고려 시대에는 곡물, 꿀, 기름을 사용해 만든 유밀과油蜜果가 성행했다. 이규경의 『오주연문장전산고』에는 1296년 원 세자의 결혼식에 참석한 충렬왕이 본국에서 가져간 유밀과를 내놓았더니 그곳 사람들이 격찬했다는 기록이 있다.[5] 그리하여 고려의 유밀과가 원나라에서 고려병高麗餠으로 알려지게 되었다고 한다. 조선 시대에는 그 종류가 퍽 다양했고 궁중에서부터 민가의 혼례, 제사, 연회, 그리고 손님 접대에도 빠지지 않았다. 다만 곡물이나 꿀, 조청, 참기름 등 귀한 재료가 들어가는 만큼 작황이 좋지 못할 때는 제조가 금지되기도 했다.

1900년대에 들어서면서 구미 잡화를 취급하는 곳들이 생겼는데, 이곳에서 과자는 인기 품목 중 하나였다. 구미 잡화를 취급하던 한소룡동의 의생성義生盛(오늘날 인천 중구 선린동 11번지), 미동(오늘날 중구 남대문로1가와 을지로1가 일대)의 영태창永泰昌, 정동(오늘날 중구 정동)의 홍원호鴻源號, 그리고 동현 구리개(오늘날의 을지로1~2가)의 광태형廣泰亨 같은 곳에서는 종종 여러 잡화와 함께 수입 과자가 도착했음을 알렸다.[6]

수입 과자들 틈에서 간혹 새로운 과자가 개발되었다는 소식도 전해졌다. 예컨대 남부 죽동(오늘날 수표동)의 광홍상점 점주 이승환은 좋은 재료에 각종 보약을 첨가한 과자를 만들어 노인과 어린이에게 적당하고 각 회사·관청 등에서 일할 때 점심 대용이 되는 것이라고 홍보했다.[7] 남부 대산림동(오늘날 중구 산림동)에 사는 이순명 역시 원기를 보하는 약재를 넣어 이른바 팔선과자를 만들었다.[8] 이처럼 1900년대 초 과자는 입의 즐거움보다는 몸에 좋은 것을 중요시했다.

하지만 몸에 좋다는 광고와 달리 과자들은 대부분 단맛 중심이었다. 근대 이후 이렇게 앞다퉈 들어온 수입 과자와 그 영향으로 점차 늘어난 다디단 과자들의 등장으로 우리나라 사람들은 점차 단맛에 길들여지고, 그 맛을 일상으로 받아들이게 되었다. 그렇다면 당시 백화점 식품 매장에서 소비자들에게 팔았던 과자들은 과연 어떤 것들이 있었을까. 대표적인 것으로 캐러맬, 초콜릿, 껌을 꼽을 수 있다.

반 데르 하멘 이 레온, 〈과자와 도기가 있는 정물〉, 암스테르담 국립미술관

근대 이후 들어온 다디단 과자들의 등장으로 우리나라 사람들은 점차 단맛에 길들여지고, 그 맛을 일상으로 받아들이게 되었다. 그리고 백 년 후를 사는 오늘날 우리는 그림만 봐도 그 맛을 떠올릴 수 있을 정도로 과자에 익숙해졌다..

장 베로, 〈글로프 빵집〉, 1889, 카르나발레 박물관.

근대 이후 조선에 들어온 과자들은 단지 과자 그 자체만을 의미하지 않는다. 과자를 통해 서양의 음식 문화, 나아가 그들의 일상이 조선의 대중들에게 전해졌고, 이는 곧 선진 문명에 대한 동경으로도 이어졌다. 과자와 초콜릿, 빵집 등이 그려진 서양의 다양한 그림들은 바로 당대 사람들이 동경하던 구체적인 풍경을 담고 있다고 할 수 있다.

문화적 자양 과자, 캐러멜

서양이나 일본으로부터 들어온 과자, 즉 양과자 회사 중에 1920년대부터 가장 널리 알려진 곳은 삼영森永 즉, 모리나가였다. 미국에서 서양 과자 제조법을 배운 모리나가 다이치로森永太一郎가 1899년 세운 이 회사의 주요 상품은 밀크 캐러멜, 밀크 초콜릿, 드롭스(사탕), 웨하스, 비스킷 등이었다. 1915년 9월 30일『매일신보』 기자가 모리나가 경성 출장점을 둘러보고 쓴 기사로 미루어볼 때 이미 1910년대부터 조선에 진출했음을 알 수 있고,[9] 1930년 기준 수입액으로 보면 조선에 들어오는 일본 과자 중 모리나가의 비중이 제일 컸다. 그밖에 메이지明治, 경성과자회사 등이 그 뒤를 이었다.[10]

모리나가의 상표는 날개를 편 천사가 창업자의 머리글자 TM을 붙잡고 있는 형상이다. 1905년 등록된 이래 오늘날까지 크게 변함이 없다. 다만 처음에는 긴 머리 천사가 비스듬히 날고 있었지만 다이쇼 중기가 되면서부터 약간 더 통통한 모습으로 일직선으로 내려오는 형상으로 바뀌었다.[11] 모리나가 캐러멜을 일약 히트 상품으로 이끈 건 1914년 출시한 휴대용 포켓 사이즈 캐러멜 포장 덕분이었다.

모리나가는 홍보에도 열을 올렸는데 1930년도에는 "청신한 의장, 순량한 품질"을 내세우며 복날(삼복) 선물로도 신뢰할 수 있는 과자라고 광고를 했고,[12] 1934년 4월 화신 백화점에서는 과자 제작 공정을 실연, 판매하는 전시회도 열었다.[13] 또한 1936년 베를린 올림픽 마라톤에서 손기정 선수가 우승하자 이를 홍보에 활용하기도 했고, 1938년 비스킷 광고에서는 자양이 풍부하고 위생적이어서 발육기 아이들에게는 없어서는 아니 될 필수품이라고 홍보했다.[14] 1928년 밀크 초콜릿 광고에는 재미있는 부분이 눈에 띈다. 자사 초콜릿에 '계란이나 우유의 3배인 2,160칼로리가 들어 있어 추위도 이겨낸다'고 홍보했는데,[15] 오늘날 이 정도 칼로리를 전면에 내세운다면 그 초콜릿은 잘 팔릴 리 만무하다.

캐러멜은 이후로 여러 회사에서 만들었고 모리나가에 버금갈 만큼 유명한 것이 글리코Glico 캐러멜이다. 결승선에 들어오는 마라톤 선수 이미지의 대형 간판으로 우리에게도 익숙한데 오늘날 오사카 도톤보리의 상징으로 여겨질 만큼 대중적으로 널리 알려졌다. 창업자 에자키 리이치江崎利一가 굴을 끓여 추출한 글리코

모리나가 밀크 캐러멜.

1937년 10월 4일 『매일신보』에 실린
모리나가 밀크 캐러멜 광고.
군국주의 시대 답게 '강한 내일의 일본군'이라는 카피와 함께 "어느 한 알에도 무적 공군과 같은 강한 힘을 나게 하는 우수한 자양이 포함되어 있다"고 적었다.

글리코 캐러멜.

1935년 5월 12일 『동아일보』에 실린
글리코 캐러멜 광고.
"원족에는 맛잇는 글리코를 잊지말고 가지고 가십시오. 기운이 나고 유쾌합니다"라고 적었다.

겐glycogen으로 1922년에 만든 것으로,[16] 빨간 캐러멜 상자에 넣은 '문화적 자양 과자', '한 알에 300미터'一粒三百メートル라는 카피는 매우 유명하다. 캐러멜 한 알이면 300미터도 너끈히 뛸 수 있는 에너지를 제공하는 자양 과자라는 의미였다.

"초코레-트는 모-단적 과자! 첨단을 것는 과자니까요"

초콜릿은 원래 메소아메리카에서 유럽으로 전파된 음료였다. 16세기 후반 에스파냐를 거쳐 유럽에 상륙한 뒤로 귀족들은 걸쭉하고 기름진 핫초콜릿을 아침에 즐겨 마셨다. 오늘날 우리가 즐기는 고형 판 형태는 1828년 네덜란드의 반 호텐Coenraad van Houten이 개발한 압착기, 이를 기계화·산업화한 독일 드레스덴의 레만J.M. Lehmann 같은 업체의 역할[17] 덕분이라 할 수 있다. 바로 이 레만 압착기를 사용해 영국 버밍엄의 캐드버리 형제Cadbury Brothers와 J.S. 프라이 앤드 선즈J.S. Fry&Sons, 미국의 허쉬Milton Snavely Hershey 등이 고형 초콜릿을 생산했기 때문이다.

여기에 한발 더 나아가 우리가 알고 있는 밀크 초콜릿은 스위스의 다니엘 페터Daniel Peter가 초콜릿에 앙리 네슬레가 개발한 가루우유를 섞어 탄생시켰다. 이후 스위스의 로돌프 린트Rodolphe Lindt는 콘칭conching이라는 기계화 공정을 개발하여 액상 초콜릿을 서서히 가열하면서 화강암 롤러로 잘 섞어 부드러운 고형 초콜릿을 생산,[18] 린트 사Lindt&Sprüngli는 초콜릿 명가의 반열에 올랐다.

1931년 6월 19일자 『동아일보』는 「쵸코레트는 언제 생겻나」라는 기사에서 콜럼버스가 에스파냐로 카카오를 가지고 간 이야기를 실었다. 그 서두에 "요즈음은 어떠한 시골에서든지 초코레트 모르는 곳이 드뭅니다"라고 밝힌 점이 눈에 띈다. 1933년 2월 잡지 『별건곤』 제60호에도 「초코레트 이야기」가 상세히 실렸다. 여기에서는 일본 초콜릿 제조의 시작을 다이쇼 6년 모리나가 회사라고 소개했다.

> "일본은 사철 습기가 만허 쵸코레트 제조에는 가장 곤란하엿습니다만은 혹은 외국으로부터 우수한 기술자를 초빙하고 정공한 기계를 수입해서 이것을 일본에 적당하게 개량하야 드디어 우수한 쵸코레트를 제출하게 되엿습니다. 이에

아연俄然 쵸코레트의 기호嗜好가 환기喚起되어 점차로 박래품은 모리나가 쵸코레트에게 압도되여 외국품은 근소한 양의 수입에 그치고 말게 된 것입니다." _『별건곤』, 1933. 2.

1930년 9월 30일 『동아일보』에 실린 메이지 제과점의 신장개업 광고.

모리나가 이외에도 메이지의 초콜릿도 유명했다. 메이지 제과는 미국으로부터 전문가를 초빙, 초콜릿 제작 기술을 전수받고 유럽에서 기계를 구입해 1926년부터 밀크 초콜릿을 생산했다.[19] 포장은 초콜릿 색 바탕에 금색 영문자 'Meiji MILK CHOCOLATE'을 큼지막하게 적어넣었는데, 이는 미국의 허쉬 초콜릿을 모방한 것으로,[20] 단순하지만 초콜릿의 본질을 표현한 정통 이미지로 오늘날까지 이어지고 있다.

1928년 오늘날의 서울 용산에 생긴 메이지 제과 경성 판매점은 2년 뒤 본정2정목에 확장, 개업[21]했는데 그곳에서는 과자나 차뿐만 아니라 오늘날 브런치에 해당하는 가벼운 식사도 즐길 수 있었다. '라이트 런치'라고 불린 이 브런치는 매일 메뉴가 바뀌는 미국식 런치로 가격은 35전이었다.[22] 여기에서는 때때로 화가의 개인전[23], 사교댄스 강습회[24]도 열렸으며 당시 인기가 많았던 '베이비 골프' 즉, 미니 골프 시설도 4층 발코니에 갖추고 있어,[25] 하나의 복합문화공간이라 할 수 있었다. 당시에는 주로 이곳을 '명과'라고 줄여 불렀다.

초콜릿 광고는 캐러멜과 비슷하게 주로 어린이의 자양에 방점이 찍혀 있었고 간혹 남성을 내세워 초콜릿이 일의 효율을 높인다고 홍보하기도 했다. 1930년대에는 중산층이 즐기는 레저 활동, 이를테면 골프·등산·야구 관람 등의 활동에 함께 즐기는 것으로 초점이 맞추어졌다.

이처럼 자양이 강조되긴 했지만 초콜릿은 오늘날과 비슷하게 상대방을 향한 사랑이나 관심을 표현하는 모던한 과자이기도 했다. 이토 히로부미도 일찍이 궁녀

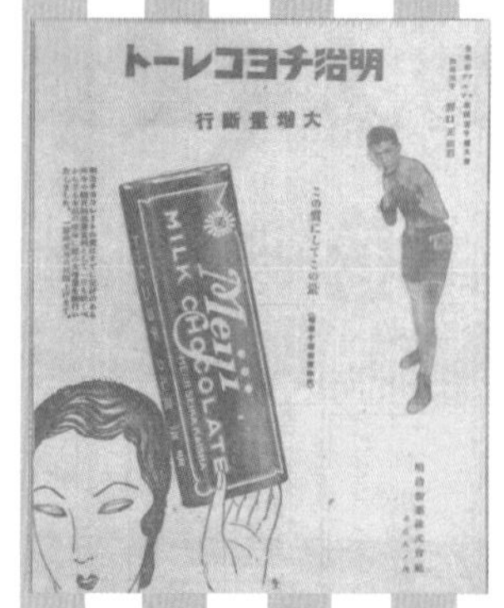

1931년 12월 9일 『조선신문』에 실린 메이지 초콜릿 광고.

1931년 7월 2일 『조선신문』에 실린 모리나가 파라마운트 초콜렛 광고.

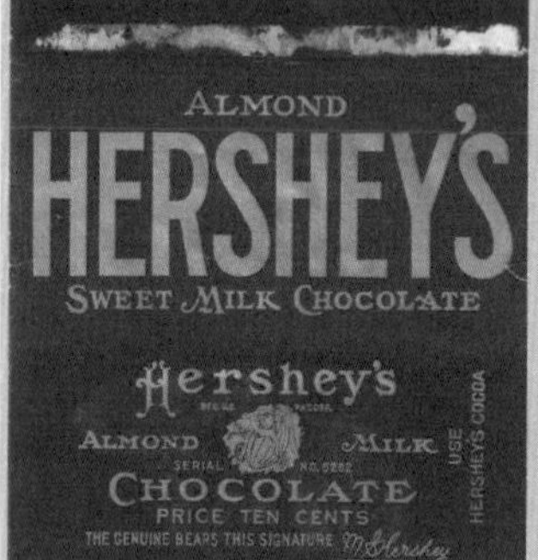

1920년대 미국 허쉬 초콜릿 포장지.

1929년 미국의 위글리 껌 광고.

1928년 9월 24일 『매일신보』에 실린 리구레 츄잉껌 광고.

1917년 위글리 껌 광고. 제1차 세계대전 당시 껌은 군인들에게 활력을 주는 과자였다.

들을 포섭하기 위해 초콜릿을 선물해 환심을 샀다. 아래의 글도 그런 부분을 드러내준다.[26]

> "초코레-트 선물 한 상자에 사랑이라고 생각하는 분이 만습니다. 초코레트는 한 개 두 개 작고 밧고 십흔 것입니다. 여기에 초코레-트에 위험성이 있습니다. 쓸데 없는 말 갓지만 이 점의 초코레-트는 모-단적 과자! 첨단을 것는 과자니까요. 밧는 사람은 십분 주의하시오." _『신여성』, 1931. 6.

이처럼 '한 개 두 개 자꾸 받고 싶은' 첨단의 과자 초콜릿을 당시 이화고보 교수 김창제金昶濟는 '활동사진, 머리 지지기 입설(입술) 칠하기'와 함께 현대 여성의 세 가지 악취미로 꼽기도 했다.[27]

연애의 시대, 달콤한 매개체

지금처럼은 아니지만, 그때에도 이미 캐러멜이나 초콜릿 외에 과자는 다양했다. 모리나가나 메이지 같은 대형 과자 업체 제품뿐 아니라 진고개를 중심으로 일본의 가내수공업식 소규모 업체들이 모찌, 밤과자, 센베이, 요깡, 카스테라 같은 과자를 만들어 팔았다.[28]

경성에 백화점이 들어서기 전, 1920년대 북촌에는 조선 사람이 경영하는 과자점이 많이 생겼다. 과자점이 부쩍 늘어난 이유로는 어린이들의 군것질이 늘어났고, 가정집에서 사탕(설탕) 사용이 증가한 걸 꼽는 이들도 있었다. 또는 특히 북촌 일대에 과자점이 많이 생긴 까닭은 그 근처에 학생들이 많이 살았기 때문이라는 분석도 있었다.[29] 학교 기숙사나 학생 하숙들이 많은 곳에 과자가 많이 팔리는 것은 자유로운 남녀 교제로 인해 이들이 전당을 잡혀서라도 과자를 사가고 서로 대접하기 때문이라는 것이다. 그때나 지금이나 무릇 '연애의 시대'에 과자는 달콤한 매개체였다.

과자점 증가 이유는 또 있었다. 가게를 차릴 때 밑천이 많이 안 들고, 여인들도 조촐하게 운영할 수 있으며 제조 원료를 남모르게 가감하기가 자유로운 점 등이 그것이었다.

껌, "감미가 업서지드래도 될 수 잇는 대로 오래 씹으십시오"

이 시대의 껌은 미국 시카고 출신 윌리엄 위글리William Wrigley Jr.가 1891년에 만든 리구레 츄잉검이 독점하다시피 했다. 원래 아버지의 사업을 도와 베이킹파우더와 가루비누를 팔던 위글리는 베이킹파우더 홍보를 위해 껌을 끼워 팔다 이것이 더 인기를 끌자 아예 껌 제조업으로 방향을 바꿨다. 1892년 발매한 스피아민트Spearmint, 주시 푸르트Juicy Fruit, 더블민트Double Mint가 일본에 이어 오늘날 롯데껌의 같은 맛으로 이어졌다. 광고에서 위글리 껌은 뾰족한 화살맨Spearman이 마스코트로 등장한다.

우리나라에서는 리구레 껌을 교과자嚙菓子라고 홍보했다. 즉, 먹지 않고 씹는 과자임을 알린 것이다. 광고 문구 하나를 보면 이렇다.[30]

> "감미가 업서지드래도 버리지 마시고 될 수 잇는 대로 오래 씹으십시오. 구중을 청결히 하고, 호흡을 상연爽然히 합니다. 특히 식후, 음주 후, 끽연 후는 적당합니다. 갈渴을 지止하고, 과로를 회복식히고 선차船車 멀미를 방防하고 신경을 화和하게 합니다."

> "과자점은 물론, 약점, 연초점 등에서 판매하고 잇슴니다."

이처럼 껌의 효용과 판매처를 알렸는데, 광고 속에서 길게 나열한 껌의 효과는 입 속을 상쾌하게 할 뿐만 아니라 목마름을 멈추고, 피로회복·멀미 예방·신경 안정에 도움을 주는 것으로서 당시 크게 유행했던 인단처럼 과자와 약의 경계에 있었다.

중일전쟁이 본격화되면서 1938년에는 고무신에 쓰는 생고무는 물론이고 껌에 쓰는 고무마저도 여유가 없어 「츄잉껌도 스톱」이라는 기사가 실리기도 했다.[31]

껌은 해방 이후에도 퍽 귀한 과자였기 때문에 씹던 껌을 벽에 붙여두었다가 다시 씹었다는 윗세대들의 경험담도 흔하다.

한편 껌과 초콜릿은 군용 배급품으로서 제2차 세계대전 중 미군이 연합국 아이들에게 건네는 '너그러운 평화의 제스처'였다.[32] 우리나라에서도 한국전쟁 이후 미군들의 트럭을 쫓아가며 '기브 미 껌, 기브 미 쪼꼬렛!'Give me gum, give me chocolate이라고 외치는 아이들에게 건네진 안쓰러운 과자이기도 했다.

모던뽀이들에게 인기 만점

맥주

해를 거듭할수록 인기 급증

개항 이래 물밀 듯이 쏟아져 들어온 외래 상품들 가운데 맥주는 해를 거듭할수록 그 수요가 급증한 품목이었다. 서양 잡화상 가메야 상회는 1901년 인물표 궁내부 어용 에비스惠比須 맥주를 광고했는데 이를 현대어로 쓰면 이렇다.

> "세상에 주류는 여러 가지가 있으나 맥주같이 몸에 해롭지 않고 도리어 효험이 많은 것이 없소. 맥주 중에 이 인물표 에비스 맥주가 제일이며 세계 각국인이 매우 칭찬한 것이요."

광고의 주인공인 맥주 브랜드 에비스는 원래 칠복신七福神의 하나로 오른손에 낚싯대를, 왼손에 도미를 안은 바다·어업·상가商家의 수호신의 이름에서 가져온 것이다.[1] 이처럼 궁권용이었음을 밝혀 그 진가를 강조한 에비스를 비롯하여 맥주는 그 당시 연회나 행사에 단골로 등장하는 고급 술이었다. 1902년부터 2년 간 우리나라에 머문 러시아 학자 세로셰프스키는 '도시인들은 일본 맥주, 유럽과 일본의 보드카, 리큐르, 포도주 등을 많이 마시고 부유층에서는 샴페인이 크게 유행하고

있다'는 글을 남기기도 했다.[2]

맥주는 17세기 남방 무역을 통해 일본에 전래된 이후 1853년 미 해군의 페리 제독이 일본의 개항을 요구할 무렵 일반에 전해졌고, 1869년경 요코하마의 아마누마天沼에서 아마누마 맥주가 제조된 것이 일본 맥주의 시작이었다.[3] 이후 1880년대 후반 개척사맥주양조소의 삿포로(1876), 재팬브루어리컴퍼니의 기린(1885), 일본맥주양조소의 에비스(1887), 오사카맥주회사의 아사히(1889) 등 4개 브랜드를 중심으로 전국 각지에 약 100여 개의 맥주 제조소들이 난립, 경쟁했다.[4] 맥주는 한동안 가게에서만 판매했다가 1899년 본격적으로 비어홀이 등장하면서 수요가 훨씬 늘었다.[5] 시장이 커지면서 제조소들끼리의 이합집산도 일어났다. 앞에서 언급한 주요 4개사 중 기린을 제외한 삿포로, 에비스, 아사히 등을 만드는 3개사가 1906년 합병, (주)대일본맥주가 된 것이다.[6] 이후 1930년대 들어와서는 가부토, 유니온 맥주를 발매한 중견 회사 (주)일본맥주광천과 사쿠라 맥주까지 합병하면서 (주)대일본맥주의 몸집은 더욱 커졌다.

국내에서도 맥주 소비는 급증했다. 맥주를 마신 소비량의 추이를 보면 1923년에는 약 112만 8천 병이던 것이 1928년에는 696만 병으로, 1933년에는 무려 1,254만 병으로 격증했다.[7] 맥주는 주로 요릿집과 음식점에서 소비되었고 가정에서는 손님 접대용 고급 술이었다. 1933년 경성에서 가장 많이 팔린 맥주는 기린이었고 다음으로 삿포로, 사쿠라, 유니온, 아사히 순이었다.[8]

일본 맥주는 처음에는 영국식을 먼저 받아들였으나 일본인들 입맛에는 영국식보다 독일식 맥주가 더 잘 맞는다고 여겨진 뒤에는 독일에서 기사를 초빙하거나 독일로 직접 건너가 양조법을 배워오는 등 독일식 맥주를 구현하기 위해 노력했고, 그 결과 영국식이 아닌 독일식 맥주가 자리를 잡게 되었다. 예컨대 기린, 사쿠라, 가부토는 광고에서 독일식임을 애써 강조했다.[9] 상면 발효식 에일 맥주로, 과일 맛이 강한 영국식보다 보리·호프·물만 사용한 독일식 라거가 더 청량감이 있기 때문일 것이다.

맥주는 보건 음료

1920~30년대 맥주는 보건 음료였다. 이러한 인식은 역시 광고를 통해 엿볼 수 있다. 예를 들어 기린 맥주는 모든 음료 종류 중에서 가장 좋은 것이 맥주라고 하면서 뉴 헬스 소사이어티 회장 레인 경Sir. W. Arbuthnot Lane의 말을 광고에 그대로 실었다.[10]

"Beer is as good a drink as you can possibly have."
(맥주는 당신이 가질 수 있는 최고의 술)

또한 아래와 같이 자양 가치를 강조하는 것도 잊지 않았다.[11]

"대담大壜 1병의 자양 량은 우육 반 근과 갓다."

오늘날로 치면 큰 병 맥주에 들어 있는 영양소가 소고기 300그램과 같다는 말인데, 그야말로 과장 광고가 아닐 수 없다. 하지만 그 당시 술이나 음료에 부여된 가장 중요한 가치가 다름 아닌 자양, 영양이었다는 걸 알 수 있게 해준다. 한편으로 기린은 최고의 역사, 최신의 설비, 최상의 품질이라는 모토를 내걸고 연말 연시 선물용으로도 최적품이라고 광고했다.[12] 선물용 맥주는 보통 12병 묶음의 1다스와 6병 묶음의 반 다스를 나무상자에 각각 넣어 판매했다. 트레이드 마크인 기린 도안은 일본 칠 공예계의 개척자 롯카쿠 시스이六角紫水가 그린 것으로 알려져 있다.[13] 마크 안에는 기린을 의미하는 문자 'キ, リ, ン'이 숨겨져 있다. 그 연유는 명확하지 않지만 재미를 위해서라거나 위조를 방지하기 위해 넣었다는 설이 있다.[14]

여러 브랜드의 합병으로 몸집을 키운 (주)대일본맥주와 기린맥주회사는 일본 맥주계의 양대 산맥이었는데, 이들은 1933년 각각 (주)조선맥주와 소화기린맥주를 우리 땅에 설립했다. 바로 하이트 진로와 오비맥주의 전신이다. 맥주 소비 시장이 커지면서 이를 통해 거두는 세금이 늘어난 데다 만주 일대로 수출하기도 쉬운 품목이라 식민지에 맥주 공장을 설립하는 일은 일제의 전략 산업 중 하나였다. 공장이 들어서기 전 이미 10년 전, 그러니까 1923년부터 여러 언론에서는 그 움직임을 보도하기 시작했고, 공장 부지의 후보로 노량진·영등포·인천 등을 거론했다. 이런 동향을 파악한 인천의 유지들은 기성회를 조직하여 적극적으로 유치 운동을 벌였고 조선총독부 역시 인천에 찬성을 표하기도 했다.[15] 하지만 여러 우여곡절 끝에 노량진과 인천은 탈락하고, 공장 부지는 영등포로 결정되었다.[16]

하지만 1926년 3월 영등포 공장 기공식 거행 기사가 나온 뒤 다시 소식이 전해진 건 그로부터 7년 뒤인 1933년 8월이었다. 기공 소식을 전한 이 기사는 10월경에 준공 예정임을 알렸다.[17] 이 기사와는 별개로 1933년 5월 소화기린맥주의 영등포 공장 건립을 위한 지진제地鎭祭(토목 공사를 할 때 지신에게 올리는 제사)가 거행되었다는 기사, 다시 그해 말 곧 양조에 착수한다는 기사[18]를 통해 진행 과정을 짐작할 수 있다. 영등포에서 두 회사의 맥주가 본격적으로 생산, 수출된 것은 1934년부터인 듯한데 (주)조선맥주는 1936년부터 흑맥주도 제조했다.[19]

일본에서 만든 것도 조선에서 만든 것도 다 국산품?

삿포로와 아사히를 제조한 (주)조선맥주는 1937년 광고에 영등포 공장의 생산 현황을 표시한 지도를 내보였고,[20] 다음과 같은 문구를 적었다.

> "반도의 발전은 우선 조선 산품의 애용으로부터···
> 여름은 조선산의 대표품,
> 삿포로, 아사히를 애용하십시오."

이 문구를 통해 엄연히 일본 브랜드인 삿포로와 아사히를 조선제로 홍보하고 있는 걸 알 수 있다. 그도 그럴 것이 일제강점기 '국산'이라는 의미는 매우 포괄적으로 쓰였다. 일본에서 만든 것도, 조선에서 만든 것도 모두 다 국산이었다. 심지어 일본의 여러 아시아 식민지를 비롯해 점령 지역 토산물품도 모두 포함하여 광범위한 국산으로 여겨졌고, 박래품의 대타자로 제시되었다.[21] 그들이 일컫는 국산은 우리에게 진정한 국산이 아니었고, 그들이 조선제라 부르는 것들 역시 진정한

1939년 6월 21일 『매일신보』에 실린 경성역 플랫폼의 '삐루- 스탠드'.

동양과 서양을 막론하고 맥주는 탄생 이래 수많은 이들의 한결같은 사랑을 받아왔다. 근대 이후 일본의 맥주 회사들이 강조한 자양과는 거리가 멀다는 걸 누구나 알고 있지만 그러하다. 왼쪽부터
마네, 〈카페에서〉, 1879년경, 월터스 아트 뮤지엄., 마네, 〈카페 콘서트의 코너〉, 1878~80년경, 런던 내셔널 갤러리.

삿포로 맥주 광고.

1928년 9월 24일 『매일신보』에
실린 삿포로 맥주 광고.

다다 호쿠우가 그린 기린 맥주 포스터.

조선제가 아닌 것들이 많았다. 서글픈 그때의 사정이 아닐 수 없다.

한편 경성에서 맥주가 제조되면서 그동안 수입되던 맥주 공급은 더 원활해졌고 수요 또한 늘어만 갔다. 비록 광고에서는 자양을 내세웠지만 맥주는 일명 '삐루당'beer黨이라 불리던 '모던뽀이'들에게 인기 만점의 술이었다. 1939년 경성역 플랫폼에 생긴 '삐루-스탠드'는 "주당에게 귀염밧는 경성역 신명물"이었다.[22] 맥주는 물론이고 조선주, 일본주, 포도주, 그리고 양주까지 "생활은 나날이 쪼들리는 경성 시민이 술량만은 해마다 느는 것은 확실히 경성 시민의 퇴폐적 경향을 보여주는 것"이라는 자조 섞인 목소리도 신문 기사를 통해 나오기도[23] 했으나 그때나 지금이나 우리네의 맥주 사랑은 한결같이 뜨겁기만 하다.

일찌감치 조선에 들어온 서양 술

포도주

맛도 좋고 몸에도 좋은 자양강장제

일본에 포도주가 처음 전해진 것은 16세기 포르투갈 선교사들에 의해서라고 알려져 있지만 일반인들이 마시게 된 것은 19세기 막부 말기 이후다.[1] 초기에는 주로 거류지에 사는 외국인들을 위해 해외에서 수입되다가 일본 정부의 식산흥업정책의 하나로 야마나시山梨 지역에서 시작,[2] 1870년대에 이르러 일본산 포도주가 출시되었다.

그런 한편으로 일본에서는 수입산 포도주에 일본인의 기호에 맞게 단맛을 가미하여 만든 재생 포도주를 판매하기도 했다. 대표적으로 일본 와인의 선구자로 알려진 가미야 덴베에神谷伝兵衛가 만든 코잔 포도주Kozan Wine를 꼽을 수 있는데, 수입 와인의 시고 떫은 맛을 줄이고 일본인의 기호에 맞도록 감미료와 알코올을 첨가해 달달하게 만든 와인이었다. 이 포도주에는 달콤함의 상징인 벌과 가미야 아버지의 아호인 코잔香竄을 합쳐 벌표 코잔 포도주라는 이름을 붙였다.[3] '향기를 숨긴다'는 의미를 지닌 '향찬'香竄과 날아드는 벌이 이 포도주의 특성과 잘 맞아떨어진다고도 할 수 있겠다. 이 포도주는 1926년 무렵부터 우리나라에서 활발하게 홍보 활동을 펼쳤다.

벌표 코잔 포도주 못지않게 공격적으로 마케팅을 펼친 포도주는 미쓰와 포도주다. 한자로 '삼륜'三輪 즉, 미쓰와라는 브랜드는 비누로 유명한 회사였는데 1920년대 들어서면서 포도주 양조로까지 사업을 확장했다. 당시 조선총독부는 미와 젠베에三輪善兵衛에게 의뢰, 포항 지역에 프랑스 산 포도나무를 재배하여 와인을 생산토록 했다.[4] 우리나라 최초의 국내산 포도주가 이렇게 만들어진 셈이다.

"규모가 굉걸宏傑한 삼륜포항농장三輪浦項農場
위치를 오천烏川, 동해東海 양면에 과跨하야 둔 삼포항농장三浦項農場은 기其 사업 범위로 보아 동양 제일의 농장이라 한다. 대정 칠년 이월에 개설하야 면적 백팔십여정보내百八十餘町步內에 포도 재배 약용 향료 식물재배, 포도주, 뿌란듸 공타주류등共他酒類等을 양조한다. 현하재배상황現下栽培狀況은 포도 종류 육십여 종으로 공재배면적共栽培面積이 육십여 정보로 착착 증식중에 잇스며 (…)" _『조선일보』 1928. 4. 10.

미쓰와 포도주는 특히 규나철規那鐵 포도주와 인삼 포도주를 주력 상품으로 홍보했는데, 두 종 모두 몸에 좋은 성분을 넣어 마치 자양강장제와 같은 음료로 만들었다. 규나철 포도주에는 말라리아 치료제로도 효과가 알려진 키나きな 즉, 퀴닌(키니네)에다가 빈혈에 좋은 철분까지 섞었고, 인삼 포도주에는 말 그대로 인삼을 섞었다. 그 당시 인삼은 한국 정부가 인삼으로 먹고 산다고 영국인들이 표현할 정도로 우리나라의 제일 중요한 교역품이자 가치 있는 약재였다.[5] 때문에 서구 열강을 비롯해 일본 역시 눈독을 들였다. 급기야 일본은 자본력을 앞세워 개성 인삼을 수매했고, 서양인들의 관심이 얼마나 컸던지 1901년 무렵에는 "인삼밭 전체가 미쓰이三井物産의 소유가 되었다"는 기사가 『타임』 지에 실릴 정도였다.[6] 이렇게 인기를 끈 품목이니 만큼 대자본을 바탕으로 한 미쓰와 사에서 포도주에 인삼을 섞어 하나의 특산품으로 만든 것은 시기 적절한 기획이었던 셈이다.

미쓰와의 규나철 포도주의 홍보 포인트는 "효력무비의 자양강장제"였다. 광고 문구로만 보자면 그 효능은 거의 만병통치약에 가깝다. 빈혈, 영양부족, 안색, 허약, 수족냉증, 식욕부진, 산후 건강, 피로, 정력 감퇴, 폐결핵, 생식기, 히스테리

등등 그 효과가 있다는 증상을 다 열거하기도 어려울 지경이다.[7] 심지어 신문에서는 종종 포도주를 약으로 사용한 기사도 실렸다. 갑자기 졸도한 이에게는 옷을 풀어헤치고 머리를 높인 뒤 포도주나 브랜디를 입에 흘려 넣으라는 구급법이 있는가 하면 한 프랑스 유명 의사의 연구를 인용하여 포도주가 호흡기병과 복막염에도 효험이 있다고도 했다.[8]

이런 미쓰와 포도주와 어깨를 견주며 광고 지면에 활발하게 등장한 것은 오늘날 산토리 사의 전신인 쥬야壽屋 양주점에서 1907년에 발매한 적옥赤玉 포트 와인이다.[9] 적옥 즉, '아카다마'는 포도주의 붉은 방울을 연상케 하는 이름으로 라벨에는 태양의 모티프를 집어넣었는데 마치 붉은 동그라미 즉, 일본 국기 히노마루日の丸의 이미지를 떠올리게 하여, 국수주의적 성격을 다분히 풍기고 있다. 1926년 무렵부터 퍽 많은 광고를 했는데 주로 라인 드로잉을 사용하면서 다른 포도주와 마찬가지로 좋은 맛과 자양 두 가지를 포인트로 내세웠다.

포도주가 아니어도 좋은 맛과 약이 될 만큼 귀하고, 또 약으로 섭취하기도 한 이른바 약주藥酒는 조선 시대부터 퍽 다양했다.[10] 김홍경이 영조에게 반주로 권했다는 홍소주紅燒酒부터, 『규합총서』에 언급된 구기주·오가피주 그리고 육당 최남선이 『조선상식문답』에서 조선의 유명한 술로 꼽았던 감홍로甘紅露·이강고梨薑膏·죽력고竹瀝膏 등을 우선 꼽을 수 있다.[11] 그 밖에도 두견주·과하주過夏酒·송순주松荀酒 등 역시 이름 있는 약주였다.[12] 당시 우미이치 상회海市商會 같은 토산품점이나 백화점에서 판매한 조선명산주朝鮮名産酒에는 금강산 잣술, 마늘인삼 포도주, 삼정蔘精 포도주, 철쭉엑기스 등이 포함되어 있었는데,[13] 1920~30년대 들어와서는 여기에 포도주까지 더해져 백화점을 찾는 이들의 선택의 폭이 한층 더 넓어졌을 듯하다.

우리나라에 포도주는 일제 시대에 처음 들어온 것은 아니다. 그보다 훨씬 이전 즉, 천주교가 전래되었을 때 함께 전해진 것으로 여겨진다. 잘 알려져 있듯 기독교에서 포도주는 예수의 피라는 상징성이 있기 때문에 종교 의식에 포도주가 진작부터 사용되었을 것이고 이를 통해 교인들이 자연스럽게 접했을 것으로 보인다. 또한 조선에 거주하는 외국인들의 수입 물품 중 포도주는 일찌감치 그 목록에 포

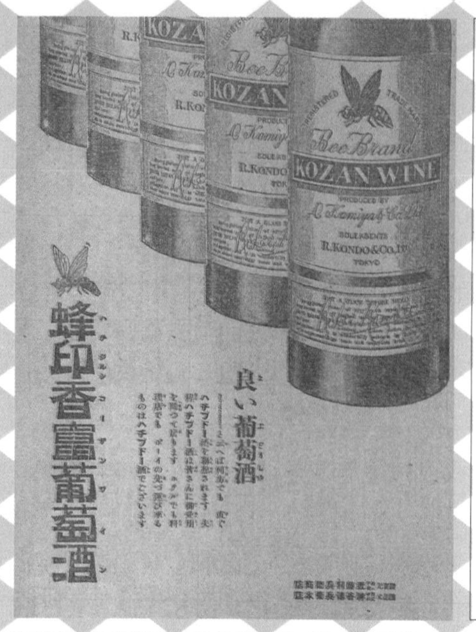

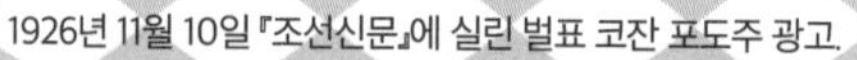
1926년 11월 10일 『조선신문』에 실린 벌표 코잔 포도주 광고.

1925년 6월 20일 『조선일보』에 실린 호시 포트 와인 광고.

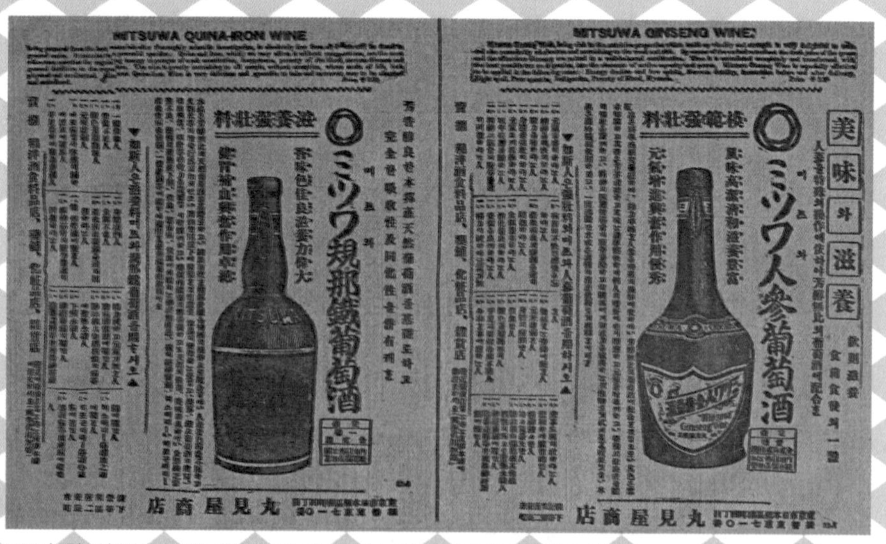

1925년 5월 4일 『매일신보』에 실린 미쓰와 포도주 광고. 왼쪽은 키나테츠, 오른쪽은 인삼 포도주.

1920~30년대 적옥 포트 와인 광고. 오른쪽 위부터 시계 반대 방향으로 『매일신보』(1930. 6. 6.), 『매일신보』(1928. 5. 23.), 『매일신보』(1924. 5. 17).

미쓰와 인삼포도주 병. 적옥 포트 와인 병.

함되어 있었다. 대한제국 시절 궁궐 연회에서도 포도주는 빠지지 않았고 종종 하사품이 되기도 했다.

프랑스에서 시작한 약용주 유행

앞에서 살펴보았듯 1920~30년대 포도주는 약용 성분이 강한 약주이자 자양강장제로 널리 홍보되었는데, 이게 영 엉뚱한 말은 아니었다. 특히 프랑스에서 개발한 퀴닌 성분이 포함된 포도주는 식전주로 애용되었다.

19세기 중엽 유럽에서는 포도나무 뿌리진디인 필록세라의 창궐로 포도주 묘목에 큰 타격을 입었다. 이로 인해 좋은 품질의 포도주를 만들기 어려워지자 각종 향료와 약재를 섞은 아로마 와인 즉, 가향加香 포도주를 만들기 시작했다. 미국과 유럽, 특히 프랑스에서 와인 양조를 배워온 일본은 당시 유행한 아로마 와인 즉, 스위트 와인의 영향을 크게 받았고, 이때 배운 양조법을 바탕으로 와인을 생산하여 "박래품을 능가"한다며 자신 있게 광고하기도 했다.[14]

다시 퀴닌 성분 포도주 이야기로 돌아오자면, 포도주에 퀴닌을 섞은 것은 일종의 제국주의의 산물이다. 퀴닌은 효과적인 말라리아 치료제로서 19세기 식민지 개척에 열을 올린 프랑스 정부가 북아프리카에 주둔한 군인들에게 복용을 권고한 약물이었다. 하지만 쓴맛이 강해서 먹기가 퍽 거북했다. 이를 해결하기 위해 1846년 조셉 뒤보네Joseph Dubonnet가 퀴닌을 포트 와인에 섞어 마시기 좋은 음료로 만들었고,[15] 일명 킨키나 뒤보네는 군인들 사이에 널리 음용되기 시작했다. 처음에는 약국에서 판매하던 것이 점차 카페 등에서 아페리티프Apéritif 즉, 식전주로 각광을 받기에 이르렀다.

뒤보네에 이어 피에르와 레이몽 릴레가 1887년 보르도 와인에 오렌지 껍질에서 침출한 리큐르, 그리고 퀴닌을 혼합하여 만든 키나-릴레Kina-Lillet 역시 식욕을 돋워주는 식전주나 칵테일용으로 인기를 얻었다. 영국에서는 왕실에 탄산음료를 공식 공급하던 슈웹스Schweppes가 1870년 퀴닌 정제를 녹인 탄산수에 설탕과 레몬즙을 첨가한 음료수를 선보이기도 했다.[16]

1895년 킨키나 뒤보네 광고 포스터.

1904년 키나-릴레 광고 포스터.

일본 최초의 누드 포스터로 알려진
1922년 적옥 포트 와인 광고 포스터.

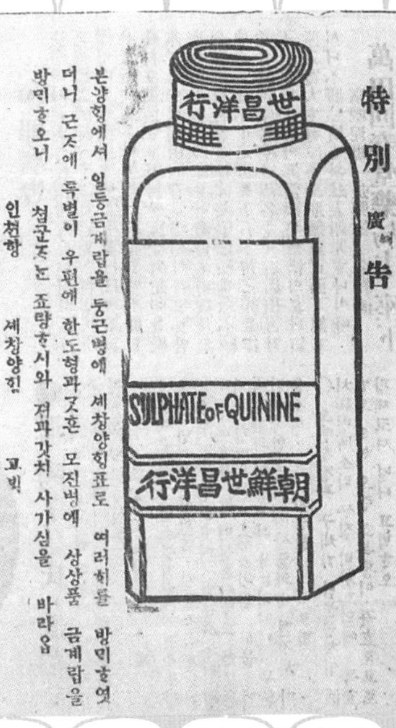

1903년 7월 4일 『제국신문』에 실린
세창양행 금계랍 광고.

도대체 퀴닌이 무엇이기에 이렇게 집중적인 관심을 받았던 걸까. 퀴닌은 기나 나무 껍질을 약재로 사용하는 것인데 유명세만큼이나 전설 같은 이야기도 많이 전해진다.

말라리아는 제국주의 군대만이 아니라 대항해 시대 포교를 위해 아메리카 대륙으로 떠난 선교사들에게도 무서운 적이었다. 그런데 말라리아에 걸린 누군가 심한 갈증에 시달리다 기나 나무 둥치에 고인 샘물을 마신 뒤 마법처럼 열이 내려 병이 나았다고 한다.[17] 이야기는 바티칸으로도 이어진다. 교황을 뽑는 콘클라베는 가톨릭의 최대 행사라 할 수 있는데, 세계 각지에서 모인 추기경들은 교황이 뽑힐 때까지 성당에 틀어박혀 투표를 이어간다. 그런데 바티칸이 늪 지대에 세워진 탓에 모기가 득실대는 것이 문제였다. 이로 인해 콘클라베 때 모기에 물려 말라리아에 희생되는 추기경들이 많았다.[18] 그런데 1655년 콘클라베는 기나 나무 껍질을 가루 형태로 가공하여 사용한 덕분에 단 한 명의 희생자 없이 무사히 끝났고, 그뒤로 이를 두고 '예수회의 가루'라고 불렀다. 이야기는 대륙을 넘나든다. 영국 왕 찰스 2세와 프랑스 왕 루이 14세의 왕자들도 이 가루 덕분에 목숨을 구했으며, 말라리아에 걸린 중국 황제 강희제도 퀴닌을 바친 선교사 덕분에 회복했고, 그걸 계기로 서양 학문에 경도되었다.[19]

퀴닌은 한자로는 금계랍金鷄蠟이다. 우리나라에서도 금계랍은 독일 상인 고샬키A.Goshalki를 비롯하여 세창양행 같은 양행洋行들에 의해 개항 이후 가장 먼저 조선에 수입, 판매한 상품 중 하나였다. 역시 학질 즉, 말라리아에 특효가 있는 것으로 알려져 우리나라 제중원에서도 말라리아와 콜레라 약으로 처방했다.[20]

포도주로 시작해 포도주 주요 성분인 퀴닌까지 살폈다. 근대기 경성에 들어온 모든 물품은 모든 것이 낯설고 새로웠을 뿐만 아니라 흥미진진한 내력도 한가득이었다.

민중의 녀름 친우親友

청량음료

시민이 매일 마시는 음료, 사이다와 라무네

"라무네, 사이다, 시트론, 탄산수와 가튼 알콜 긔운이 업는 것을 청량음료수라고 합니다." _『동아일보』, 1931. 6. 7

당시의 기사가 밝힌 청량음료의 정의다. 이 시절 청량음료는 서민들이 덥고 목이 탈 때 찾는 "민중의 녀름 친우親友"였다.[1]

"(…)사이다는 지금으로부터 백오십 년 전에 독일의학자 '후레데리크, 아도루후스돌프'란 사람이 탄산와사를 함유한 인공광천을 제조한 것이 시작으로 발명되야 점차 구미 각국의 화학발달에 반하야 천연광천을 완전히 분석하고 인공으로 합성함이 보급케된 것이라 한다. 십오 년 전에 외국인의 손으로 비로소 일본에서 제조케 되고 이십 년 전 조선에서 만들게 되어 십 년 내외로 지금과 갓흔 위대한 발달을 보게 되엿다 한다. 내지에는 이천팔백, 조선에는 이십삼개소의 제조회사 우又는(또는) 공장이 있고 경성에만 오개소의 제조회사가 잇서 이 오개소의 회사에서 근일 매일 제조되는 수량은 사이다 약 오만본 라무네 삼만오천 본이라 한다. 기중에 경성에서 매일 소비되는 것이 사이다 삼만본과 라무네 이만본으로 그 남아지는(나머지는) 전부 지방에서 업서진다고 한다.(…)" _『매일신보』 1928. 7. 19.

위의 기사는 독일 의학자가 탄산가스를 함유한 인공 광천을 제조한 것이 탄산음료의 처음이라고 소개하고 있지만 일반적으로는 1767년 영국의 조셉 프리스틀리Joseph Priestley의 공으로 돌린다. 이를 기반으로 쉬베프J. J. Schweppe가 1783년 스위스에서 탄산수를 상업적으로 제조하기 시작했고 이후 런던으로 이전, 그가 만든 탄산음료는 오늘날까지 슈웹스라는 이름으로 널리 알려져 있다.

서양의 음료인 레모네이드, 사이다 같은 탄산수를 일본에서 처음 제조, 판매하기 시작한 것은 외국인 거류지였던 쓰키지에서 중국인 렌창타이蓮昌泰가 1868년에 연 가게를[2] 비롯하여 요코하마에서 영국인이 운영한 노스 앤드 레North&Rae 상회에서였다고 한다.[3] 이후 나가사키의 상인 후지요리 한베에藤賴半兵衛는 영국에서 배운 제조법을 토대로 레몬수라고 이름 붙여 판매했는데 이때 레모네이드를 일본식으로 잘못 발음하여 라무네가 되었다.[4] 그뒤 일본 각지에서 제조되었고 1880년대에는 콜레라 예방에도 효과가 있다는 소문이 돌면서 불티나게 팔렸다.[5] 사이다는 서구에서는 보통 사과 맛이 나는 술, 즉 사과 발효주를 뜻하지만 일본이나 우리나라에서는 앞에서 언급한 대로 알콜 기운이 없는 청량음료의 하나로 여겨진다. 일본인이 최초로 만든 사이다는 1899년에 출시된 긴센金線 사이다로,[6] 사이다라는 이름에 걸맞게 일본 요코하마에서 사과주의 풍미에 파인애플 에센스를 배합, 여기에 탄산수를 더해 만들었다.

1916년도 7월 26일자『매일신보』에 따르면 경성에서는 일본 고베 시 광천소에서 제조한 다이아몬드 시트론 같은 사이다가 많이 팔리고 있었다. 이 무렵 탄산수는 서구에서도 그러했듯이 맥주 회사가 생산에 뛰어들고 있었다. 일본은 (주)대일본맥주가 시토론Citron을, 기린에서는 기린 레몬, 기린 사이다를 만들었다. 1928년 출시된 기린 레몬은 당시로서는 획기적인 투명한 유리병을 사용, "절대 인공 착색

을 하지 않는다"는 점을 광고에 드러내기도 했다.[7] 한편 (주)제국광천사에서 1884년부터 발매한 미쓰야三ッ矢 사이다는 효고 현 광천수에 영국제 향료를 가미한 것으로 오늘날까지 꾸준한 인기를 얻고 있다.

우리나라에서는 사람들 사이에 사이다가 큰 인기를 얻자 이를 쉽게 만들 수 있다고 속여 파는 이도 생겼다. 대구의 한 신사가 조선박람회에서 사이다를 만드는 약품 2원 어치를 사고 그 만드는 방법을 들은 후 집에 돌아와 장사치가 알려준 대로 약품에 찬물을 부어 제조를 해봤지만 탄산수 맛만 약간 날 뿐 허탕이었다. 조선박람회에 모인 여러 사람들 앞에서 사이다를 만드는 약을 팔았던 이는 실제로 탄산 성분의 약에 물이 아니라 사이다를 부어 눈속임을 해 많은 돈을 편취했던 것이다.[8]

1906년 인천에서 일본인이 탄산수와 라무네 제조소를 만들었다는 기록은 있으나 이후 1920년대까지 대부분의 청량음료들은 일본에서 수입되는 것이었고,[9] 조선인이 제조한 사이다는 1930년에 등장했다. 보성고보를 졸업한 고홍찬이 일본에서 사이다 제조법을 배워와 감천사甘泉舍라는 공장을 설립해 만들었다. 감천사의 생산 품목은 감천 사이다, 감천 시토론, 감천 라무네, 감천 탄산수, 감천 소다수, 감천 과실밀果實蜜 등이었다.[10] 같은 해 대구에서는 금봉金鳳 사이다가 유통되었다. 제조소는 알 수 없고, 상표가 태극기로 되어 있어 당국이 불온한 것으로 취급, 그 출처를 엄중 조사한다는 기사가 신문에 실리기도 했다.[11] 민족적 색채를 띤 태극기가 사이다 라벨에 등장하자 화들짝 놀란 것이다.

청량음료는 소자본으로 만들 수 있었기 때문에 1930년대 초반에는 이미 소규모 공장들이 성업 중이었다.[12] 1934년부터는 청량음료세가 부과되었다. 병에 든 음료는 100리터를 기준으로 라무네는 2원 75전, 기타 음료는 5원 50전, 기타 병 이외 다른 용기에 담긴 것은 탄산와사(가스) 사용량 1그램당 5원으로 책정되었다.[13] 1931년 만주사변, 1937년 중일전쟁이 일어나면서 원료 부족으로 인천에서는 사이다가 부족하고, 라무네의 생산이 중단되기도 했다.[14] 1939년에는 청량음료와 설탕에 대한 세금이 늘었다.[15] 우리나라에서 단일 브랜드로 오늘날까지 생산되는 사이다는 1950년 동방청량음료합명회사(오늘날 롯데 칠성)에서 발매한 칠성 사

1872년 《도쿄명소36희선》에 실린 〈스키야 강가〉. 라무네 병을 딸 때 나는 펑 소리에 놀라는 사람들을 묘사하고 있다.

1909년 당시의 미쓰야 사이다 병과
1921~1933년 사용한 라벨.
화살 세 개가 로고다.[17]

1920년대 것으로 추정되는 긴센 사이다 광고.

이다다.[16]

라무네는 1900년대 초에는 '라무녜'라고 표기되었고, 주로 프랑스에서 제조된 것이 정동 대창양행, 종로 한성상회 같은 수입 잡화점을 통해 판매되었다.[18]

사이다와 라무네는 맛보다는 뚜껑의 차이로 구별한다. 맥주병처럼 왕관 뚜껑이 있으면 사이다, 구슬 마개면 라무네였다. 물, 사탕, 산미, 가스, 향료 등을 섞어 만든 라무네는 구슬이 있는 마개를 덮은 유리병에 담겨 있었다. 구슬로 입구를 막은 병을 코드-목 병Codd-neck bottle이라고 부르는데 1872년 런던의 히람 코드Hiram Codd사에서 개발했다. 마블 병이라고도 하는 구슬 병이 일본 전역으로 퍼져나간 데에는 병 입구보다 더 큰 구슬이 속에 들어 있어 신기하고, 구슬을 눌러 병을 따면 펑 소리를 내는 것이 재미있기 때문이었다.[19] 병을 열면 큰소리와 함께 음료가 솟구치는 경우가 많아 이를 처음 접한 사람들은 깜짝깜짝 놀라곤 했다. 1872년 쇼사이 잇케이昇斎一景가 그린 재미난 우키요에 책 《도쿄명소36희선》東京名所三十六戯撰에 실린 〈스키야 강가〉数寄屋河岸에는 이러한 모습이 담겨 있다. 영국에서 들어온 이후 구슬병은 오사카의 도쿠나가 다마키치徳永玉吉가 메이지 25년에 제작했다.[20]

우리나라에서는 1924년 출간된 『조선무쌍신식요리제법』에 라무네가 언급되어 있는데 표기는 '나무네'라고 했고, 그 만드는 법이 다음과 같이 실렸다.

> "나무네라하면 다 아는 바인데 만드는 법은 우물물이나 증류수를 한홉에다가 초석산 여덟돈중과 소다 너돈중과 백사탕 엿돈중을 혼합하면 끄러을으나니 이것을 마시면 가슴속이 화창하나니라."[21]

"상당히 귀중한 미각의 대상물", 칼피스

"(…) 칼피스도 여름에는 상당히 귀중한 미각의 대상물로서 일반에게 애용되는 바 이 『칼피스』란 이름은 몽고 지방에 있는 산유성 음료酸乳性飮料 『쌀피스』에다가 『카르슘』을 가하였기 때문에 이 두 이름을 합하야 『칼피스』라 한 것으로 그 제조법은 원료 우유를 탈취를 시켜 살균을 하여가지고 삼십오 도 가량으로 냉각 시켜 거기다가 락틔·펠멘트를 가하야 같은 온도로 약 삼십 시간을 발효케한 후 거기다가 당액과 칼슘 등을 혼합하야 균질기로 고압하야 각 성분을 균등하게 융합케하여 만든다 한다." _『조선중앙일보』, 1936. 6. 3.

여름철 특히 인기가 많았던 칼피스カルピス의 탄생 연원과 제조법을 소개한 신문 기사다. 기사에서 따로 다룰 정도로 당시 인기 있던 청량음료 가운데 빠지지 않았던 것이 칼피스였다. 칼피스의 고향은 몽고인 셈인데 일본인 무역상 미시마 가이운三島海雲이 내몽골을 방문했을 때 유목민으로부터 대접받은 산유에서 착안,[22] 여기에 자양을 더해줄 칼슘을 첨가해서 1919년에 발매한 것이 시작이었다.

발매 날짜인 7월 7일 즉, 칠월 칠석과 연관 지어 포장지에 은하수 이미지를 형상화한 물방울 모양에 '첫사랑의 맛'이라는 캐치프레이즈를 내걸었던 점이 인상적이다.[23] 모자를 쓴 흑인 아이가 칼피스를 마시는 로고 도안은 제1차 세계대전 이후 미시마 가이운이 개최한 《국제 현상 포스터전》에서 3위를 차지한 독일 화가 오토 둥켈Otto Dunkel의 작품에서 채용한 것이다.[24] 포장지는 처음에 파란색 바탕에 흰색 물방울이었다가 1949년에는 흰 바탕에 파란 물방울로 바뀌었다.[25] 칼피스를 마시는 이들에 대해 위의 신문 기사는 이렇게 마무리된다.

"그러나 이것은 돈푼이나 있는 사람들이 격식 갖후어 마시고 자시는 것이오 거리의 푸로레타리아들은 일전에 한 곱보짜리 아이스크림이나 일전짜리 어름과자에 만족하지 아니하면 아니되니 세상은 실로 고르지도 못하다."

박태원의 1934년 소설 「소설가 구보 씨의 일일」에서 구보와 만난 중학 시대의 열등생이자 전당포집 둘째 아들인 동창은 카페에서 칼피스를 주문한다. 양복 차림에 시계를 차고 여자를 대동하고 온 동창을 보고 "어느 틈엔가 이런 자도 연애를 하는 시대가 왔나"하고 생각한 구보는 칼피스가 "외설한 색채를 갖는" 음료라서 좋아하지 않았다. 또한 사람들이 선택하는 음료를 보면서 그들의 성격, 교양, 취미 혹은

1923년 오토 둥켈의 작품을 채용하여
디자인한 칼피스 광고 포스터.

1928년 칼피스 광고 포스터.

1932년 칼피스 광고 포스터.

1937년 칼피스 광고 포스터.

나카무라 쓰네中村彝, 〈칼피스 포장지가 있는 정물〉, 1923, 이바라키 현 근대미술관.

왼쪽은 초창기, 오른쪽은 1949년 이후 칼피스 음료 디자인.

그때의 기분까지 파악할 수 있다고 그는 생각했다. 구보에게 칼피스는 타락한 연애의 암시이자 외설한 색채를 띠는 황금광 시대에 퍽 어울리는 음료였다. 그는 또 "'첫사랑의 맛'을 잘 알고 있는 나는 '칼피스'를 먹을 마음이 생기지 않소"[26]라고 밝힌 바 있다. 또한 "'파-피스', '세-피스', '오아피스'…웬일인지 나는 '-피스'가 붙은 음료를 의식적으로 취하지 않소"라고 한 것을 보면 칼피스와 유사한 음료들도 많았던 모양이다. 1941년 백난아가 부른 「황하다방」이라는 노래 가사에 등장하는 칼피스에도 이국적인 정취가 물씬 묻어난다.

> "목단꽃 붉게 피는 시라무렌 찻집에
> 칼피스 향기 속에 조으는 꾸냥(…)"

“보지 않고 들이키는 것은 위험천만한 일”

청량음료의 유리병은 보통 재사용했다.[27] 그런데 깨끗이 세척하지 않아 음료에 불순물이 섞이는 경우가 많았으므로 고를 때 주의가 필요했다. 선택법을 보자면 마개를 뺐을 때 잔거품이 계속 일어나는 것이 좋은 것이고 큰 거품이 불컥불컥 생기는 것, 또는 비춰보았을 때 맑지 못한 것은 상태가 나쁜 것이었다. 심지어 병 속에 유리조각이 들어 있거나 독이 들어 있을지도 모르니 컴컴한 극장 속에서 보지도 않고 들이키는 것은 위험천만한 일이라고 경고하기도 했다.[28]

또한 불량 음료들이 시중에 유통되자 당국은 검사를 강화했고 매년 빙수점과 같은 곳에서는 오래 묵은 음료들을 판매하는 일도 있어 사람들에게 주의할 것과 발견하면 신고할 것을 당부했다.[29] 오늘날의 위생 관념과는 달랐던 터라 음료수 하나도 온전히 믿고 마시기는 어려운 시절이었다. 1911년 조선총독부령으로 나온 청량음료수 및 빙설 영업 취체 규칙이 있었지만 위생 관리와 품질은 제대로 이루어지지 않았다. 하지만 1930년대 중반부터 차차 개선되는 모습을 보였다. 청량음료제조업은 1934년 무렵부터 면허를 받아야 영업을 할 수 있게 되어 그동안 무면허로 출시되던 음료들이 정비되기 시작했다. 또한 1939년도 신문 기사에 따르면 청량음료는 보건 음료의 하나로 취체 규칙에 맞도록 공장 설비와 원료 제조 방법, 병 속에 담는 법 같은 것에 대하여 당국의 충분한 감독을 거쳐 시장에 내놓아 대개는 위생상 염려할 것이 없었다.[30] 그러나 간혹 이물질이 섞인 것도 있어서 좋고 나쁜 것을 구별하는 법이 여전히 대중들에게 안내되었다.

청량음료에 든 탄산가스가 위장병, 소화 흡수, 신진대사에 도움이 된다는 효용이 전해지기도 했지만 녹음 밑에 마시는 시원한 사이다, 라무네가 “자양분은 조곰도 없읍니다. 마구 사먹다가는 해”라는 의견도 있었다.[31] 이 역시 식품과 음료에 단골로 자양이 강조되던 시대의 언설이라 할 수 있겠다.

매약전, 누구 누구가 돈 모앗나?

약품

한의사 대신 약국에서, 민중의 복음 매약의 등장

조선 시대까지만 하더라도 약이란 한의사가 처방을 내려 지어주는 조제약이 대부분이었다. 오늘날처럼 약국에서 처방 없이 손쉽게 사먹을 수 있는 약의 등장은 민중에게는 그야말로 복음이 아닐 수 없었다. 이처럼 약국에서 판매하는 '레디메이드 약'인 매약賣藥은 그 수량이나 크기로 볼 때 근대 신문광고에서 압도적 1위를 차지한다. 의약품 광고 가운데는 성병 치료제가 가장 많았고(15.6퍼센트), 자양강장제(13.5퍼센트), 소화기(8.8퍼센트)가 그 뒤를 이었다.[1]

하지만 실제로 당시 사람들이 어떤 병을 가장 많이 앓았는지는 명확하지 않다. 다만 몇 가지 기록으로 짐작은 가능하다. 제중원에서 일한 선교의사 알렌Horace N. Allen과 헤론John W. Heron이 1866년에 남긴 『제중원 일차년도 보고서』에 따르면 그 무렵 가장 흔한 질병은 말라리아였다.[2] 그 다음으로 매독성 질환, 소화불량, 나병, 각종 피부병, 결핵병 등도 적지 않았다. 1920년도 질병별 사망 원인을 보면 1위는 전염병, 2위는 소화기 질환, 3위는 호흡기 질환, 4위는 신경계 질병이었다.[3] 일제강점기 낙원동 보춘의원의 한의사 김영훈이 60년 간 남긴 자료에 따르면 1위는 감모(감기), 2위는 설사, 3위는 복통, 4위는 해수(기침), 5위는 대변에 피가 섞여 나오

는 장벽腸癖(이질)이었다.[4]

각종 질병에 시달리는 사람들에게 약은 반드시 필요했고, 수요가 큰 만큼 광고주에게는 블루오션이나 다름없었다. 또한 약 광고는 "읽는 순간 지극히 정상적인 생리 현상이 특별한 병의 징후처럼 느끼게" 만들어 약 소비는 자꾸만 늘어나게 되었다.[5] 박태원의 소설 「소설가 구보 씨의 일일」에 나오는 주인공 구보는 병약한 룸펜(백수)이다. 구보는 자신의 귀 기능에 의혹을 품고 의학 사전을 뒤적여 스스로 '만성 습성의 중이가답아'라는 진단을 내린다. 이처럼 일제강점기 신문 지면의 약 광고와 각종 의학서는 의료 담론을 확산하고 구보와 같은 건강 염려증 환자를 양산했다.

약은 소비자에게 약을 통해 병이 낫느냐 낫지 않느냐, 병이냐 병이 아니냐보다 낫는다는 느낌을 주는 것이 중요했다.[6] 그리하여 사람들은 약이 아니라 광고를 먹은 셈이 되는 일이 빈번했다. 그럴수록 약을 팔아 돈을 버는 이들도 많을 수밖에 없었다. 이런 현상을 보여주듯 1936년 잡지 『삼천리』에는 「최근 매약전, 누구누구가 돈 모앗나?」라는 기사가 실렸다. 기사에서는 당시 신기한 현상으로 금광열과 매약전을 꼽았다.[7] 또한 당시 매약 전선에서 활약한 것으로는 ㈜조선매약의 영신환, 화평당의 백보환, 신성당의 겡오-, 천일약방의 조고약, 미국인 의사 어을빈이 부산에서 발매한 만병수와 금강제약의 페치날, 자선당의 삼용蔘茸 토닉과 조선상회의 삼용정蔘茸精, 유한양행의 네오톤을 언급했다.

이 밖에도 수백 가지의 매약이 있었다. 이 시기 매약은 근대 서양 의학이 유입, 정착되는 과정에서 근대의 질병을 치료할 만병통치약으로 범람하고 있었다. 그로 인해 역설적으로 몰라도 될 것을 알게 되어 건강에 대해 더 염려하는 소위 건강 염려증 환자들도 급증했다. 그런데 오늘날이라고 다를까. 도처에 약 광고는 더 범람하고 있다. 신문을 거쳐 오늘날에는 건강 식품으로 그 영역을 넓혀 TV를 장악하고 있다. 각종 비타민, 유산균, 콜라겐, 다이어트 약은 물론이고 건강 프로그램과 연계하여 병과 약을 동시에 제시한다. 그러니 현대에는 구보와 같은 건강 염려증 환자가 더 늘어나는 것도 이상한 일이 아닐 수밖에.

그때 그 시절, 백화점의 매약 코너에서 손쉽게 구할 수 있었을 법한 것, 혹은 우리에게 익숙한 이름으로 남아 있는 것 몇 개만 살펴보기로 하자.

소화부터 해독까지 종합보건약, 인단

콧수염에 대례복을 입고 나폴레옹이 썼을 법한 모자를 쓴 남자를 로고로 한 인단仁丹은 매약 중 가장 인기가 많은 제품이었다. 1905년에 발매된 은색 과립 형태로 오늘날의 구취제나 금연 보조제 은단과 비슷하지만 소화, 해독을 비롯한 종합보건약을 표방했다. 일본식 진탄으로 발음하는데 발매처인 모리시타 히로시森下博 약방의 대표 상품이었다.

이 회사는 인단 이전에 매독약 도쿠메츠毒滅로 이미 명성이 자자했다. 독일의 철혈 재상 비스마르크의 옆얼굴을 상표로 내걸었는데 마치 매독을 처단하겠다는 결연한 의지를 표현하는 듯 강렬하다. 비스마르크가 상표로 등장한 것은 메이지 시기 일본 정부가 독일식 의학을 적극적으로 도입한 것과 무관하지 않다.[8] 독일은 나혜석이 베를린에 가서 언급했듯이 "과학 냄새가 나는" 나라였다. 인단 상표 역시 그 모델이 처음에는 비스마르크였다가 이를 차차 변형, 도안화했다고도 하고 어느 외교관이라고도 한다.[9]

창립자인 모리시타가 청일전쟁 참전 당시 대만에서 본 환약에서 아이디어를 얻어 만든 인단은 이름 자체도 유교 덕목인 인의예지신仁義禮智 중 '인'을 따서 붙인 것으로서 중국과 동양 각국으로의 수출을 염두에 둔 것이었다.[10] 처음에는 빨간 큰 환이었다가 복용하기 편하게 작아졌고 1929년에는 오늘날과 같은 생약으로 코팅한 은색 알갱이 형태가 되었다.[11] 매약 광고 중 신문 광고를 가장 맹렬하게 했고 판촉에 다양한 방법을 동원했다. 휴대하기 편하도록 니켈로 만든 작은 용기를 제작해서 구매자들에게 배포했는데 원형, 사각형, 책형 등 케이스 모양도 다양했고 앞뒷면에 일본의 전통 문양이나 계절별 명소 등을 새겨 넣기도 했다. 약이라기보다 신사들이 품고 다니는 일종의 매너 용품으로 회중약懷中藥이라고 광고하기도 했다.

인단은 콜레라나 장티푸스와 같은 전염병이 발병할 때는 마치 예방약이라는 듯 소비자의 불안감을 공략했다. 개항 이후 부산으로 유입되어 전국으로 퍼진 무서운 전염병인 콜레라는 2~3년 간격으로 발병했다.[12] "호랑이가 살점을 찢어내는 듯 고통스럽다"하여 호열자虎裂刺 또는 호역虎疫으로 부른 콜레라가 유행할 때마다 인단은 위장을 튼튼하게 하고 살균력이 좋아서 이를 예방한다고 광고전을 펼쳤다.

1910년 12월 7일 『매일신보』에 실린 매독약 독멸 광고.
비스마르크의 옆 얼굴을 상표로 내세웠다.

일제강점기 인단 간판. 국립민속박물관.

1940년 4월 1일 『매일신보』에 실린 인단 광고.

1932년 2월 16일 『경성일보』에 실린
은색 입자가 보이는 인단 광고.

「이규태 역사 에세이」에는 다음과 같은 독특한 광고법이 소개되었다.

"일제 초기에 인단을 먹고 난 봉지 서른 장을 모아 갖고 요강 가게에 가면 요강 하나를 주었다. 이 요강을 요강이라고 하지 않고 부모에게 바치면 장수한다 하여 '명다리'命橋라 부르게 했다."[13]

밀려드는 일본 매약들, 경쟁 펼치는 국내 약품상

밀려드는 일본 매약들 사이에서 국내 약품도 경쟁을 펼쳤다. 그중에서 신문 광고에 가장 많이 이름을 올린 것 중의 하나가 종로 화평당 약방의 팔보단八寶丹이었다. 팔보단은 양약종상 제1호 면허를 얻은 이응선이 경영하는 화평당의 대표약으로 건위소화제(비·위장의 기능을 보강하는 소화제)였다. "화평당은 약업계의 영광이요, 팔보단은 세계인의 복음"이라는 문구를 내걸고 광고했고, 팔보단 이외에도 자양환·태양조경환·회생수·소생단 등 약藥·단丹·수水·환丸·산散·고膏·정精 등 한약의 형태를 반영하여 붙인 이름으로 알약·가루약·환약·연고와 같은 각종 가정용 의약품을 판매했다.[14] 약국이 번성하자 조선병원을 설립, 운영하면서 빈민들을 무료로 진료해 주기도 했다.

이응선은 1915년 설립된 사립 약학 교육기관 조선약학강습소의 평의원이었다. 조선약학강습소는 이후 경성약학전문학교를 거쳐 서울약학대학, 그리고 서울대 약대로 이어졌으니 화평당이 약업계의 영광이라는 광고는 결과적으로 지나친 말이 아니었던 셈이다.

화평당에 버금가는 광고를 한 곳은 남대문 제생당濟生堂 약방이었다. 이경봉이 경영한 이곳의 대표약은 인단의 인기에 도전장을 낸 청심보명단으로, 인단의 반값 정도인 5~6전에 팔았다.[15] "꽃보다 더 향기로운 것"이라 홍보한 청심보명단은 빨간색으로 용뇌와 박하 등을 넣어 맛이 향긋했다.[16] 인기가 워낙 많다 보니 자혜약방이라는 곳에서는 유사 상품인 청신보명단을 내놨는데, 이 때문에 두 약방 사이에 논쟁이 붙기도 했다.[17]

제생당 역시 청심보명단 이외에도 약·단·수·환·산·고·정 등 20여 종의 의약품을 제조·판매했고, 중국 만주를 비롯하여 펑텐(오늘날의 선양)·다롄·톈진·잉커우와 러시아 블라디보스토크에도 지점을 설치할 정도로 호황을 누렸다.[18] 우리나라 최초로 의약 전문지『중외의약신보』를 발행하기도 했다.[19]

전국을 돌아다닌 약장수, 매약상

청심보명단과 같은 약은 약방 외에도 매약상들이 들고 다니며 팔았다. 이어령은 유년 시절 '빠이롱'(바이올린)을 들고 다니는 "약장수 몸에서는 장꾼들과 다른 도회지 냄새가 났다"고 회상했다.[20]

행매약상을 모집한다는 광고는 20세기 초 신문에 자주 등장했는데 약 외판원인 이들은 전국 각지를 다니면서 약을 팔았다. "애들은 가라, 애들은 가"하면서 사설, 노래, 볼거리를 제공했던 약장수는 대개 허가 없는 제품을 팔았다고 한다.[21] 무면허 매약상들이 활개를 치는 바람에 피해를 보는 이들도 생겼다. 박태원의 소설

本人은賣藥商이올시다
同業諸公의게實情을勸告ᄒᆞ나이다
賣藥은割引이多ᄒᆞ면效力이小ᄒᆞ고割引이小ᄒᆞ면效力이多ᄒᆞ오效力이多ᄒᆞᆫ藥은發賣가多ᄒᆞ고效力이小ᄒᆞᆫ藥은發賣가小ᄒᆞ니效力이確實ᄒᆞ고發賣가多ᄒᆞᆫ藥을販賣코자ᄒᆞ시거던京城南大門內濟生堂藥房으로注文ᄒᆞ야完全ᄒᆞᆫ營業을圖謀ᄒᆞ시오

1915년 5월 20일『매일신보』에 실린 매약상.
청심보명단을 들고 있는 제생당 약방의 매약상이다.

1650년 무렵 게릿 도우가 그린 돌팔이 의사. 배경과 복색은 다르지만 그 분위기는 충분히 짐작할 수 있다.

「낙조」의 주인공 최 주사도 예순넷의 노인 매약상이다. 젊은 시절 도쿄 게이오의숙에서 유학한 엘리트였던 그는 경무청 순검, 경성 감옥 간수를 거쳐 30년 가량 종로의 한 약국에 줄을 대고 매약 행상을 다녔다. "약이 그중 많이 팔리기는 늦은 봄부터 이른 여름 그때였다."[22] 여름 한철도 나쁘지 않았는데 "여름은 언제든 참외와 장마와 함께 배탈과 학질을 가져"오기 때문이었다.[23] 그의 "가방에서는 영신환과 금계랍의 출납이 잦았"[24]고 활명수, 사향 소합환, 청고약, 감기약, 채명산, 능치고, 촌충약 등이 들어 있었다.

유럽에서도 돌팔이 의사와 매약상들이 돌아다니며 사람들을 모으고 진귀한 물품을 보여주면서 현란한 화술에 공연도 하면서 약을 팔았다. 일본에서는 에도 시대부터 매약상들이 활약을 했는데 이들은 버드나무 상자를 어깨에 메고 전국을 다니면서 각 가정에 미리 맡겨둔 각종 상비약 중에서 사용한 약에 대해 나중에 대금을 받는 '선용후리'先用後利 방식을 취했다.[25]

소화제로는 부채표 활명수, 배탈 설사에는 정로환

제중원 초대 원장 알렌이 한국인은 과음·과식이나, 고추를 즐겨 먹는 식습관 때문에 소화불량 환자가 많다고 지적했듯이 소화불량은 이때도 보편적 질환이었고 따라서 소화제는 대표적인 매약이었다.[26] 대표적인 소화제로 꼽혔던 활명수는 '목숨을 살리는 물'이라는 뜻으로, 1897년, 오늘날 동화약품의 전신인 동화약방에서 만들었다.[27] 달인 한약과 맛이 비슷하면서 복용하기 간편한 활명수는 속이 답답하거나 체했을 때 그만이었다. 역시 활명수가 유명세를 타자 재생당再生堂 약방에서 유사 상품 활명액活命液을 출시했고, 이 때문에 동화약방에서는 제품을 살 때 반드시 부채표를 확인하라고 강조하기 시작했다. 오늘날에도 꾸준히 부채표를 확인하라는 당부에는 이런 내력이 있다.

정로환은 배탈 설사에 이름난 약이다. '정로'征露는 한자 그대로 러시아를 정벌한다는 뜻이다. 1902년 오사카의 약종상 나카지마가 충용정로환忠勇征露丸의 발매허가를 받은 뒤 일본 군대에서 러일전쟁을 기념하기 위해 정로환으로 제조, 육해

군에 배포했다고 한다.[28] 1903년에는 육군군의학교 교관이었던 도쓰카가 정로환의 성분 중 하나인 크레오소트가 살모넬라균에 탁월한 효과가 있다는 것을 발견해서 러일전쟁 때 사용했다는 설도 있다.[29] 전쟁터와 식민지의 열악한 환경에 내몰린 군사들의 풍토병과 설사약으로 쓰였는데 폐결핵, 폐렴, 늑막염, 기관지염 등 그 효능의 범위가 방대하고 심지어 건강한 사람도 식후에 한 알 복용하면 좋다고 광고를 통해 홍보했다. 정로환의 명성이 높았던지 다른 약을 정로환이라고 사기를 치는 자가 있으므로 가짜 약에 주의하라는 경고가 신문에서 종종 보인다.[30] 1949년 정벌할 '정'征을 바를 '정'正으로 고쳐 오늘에 이르고 있는데, 크레오소트가 최근 발암 물질로 분류되어 지금은 이 성분을 뺀 것이 유통되고 있다.

요즘으로 치면 목캔디, 만천하 기침 환자의 복음 용각산

흔히 "좋은 약은 입에 쓰다"고 하지만 역설적으로 달게 만들어 인기를 누린 약이 천전이淺田飴 즉, 아사다 아메였다. 물엿에 도라지, 인삼 성분을 넣어 만들어 1887년에 출시하면서 기침에 효과가 있다고 주로 선전했다. 처음에는 물약 형태였다가 휴대하기 편한 캐러멜 제형으로, 그리고 다시 1926년 무렵 녹여 먹는 고형 사탕 형태로 발전했다. 요즘으로 치면 목캔디인데 기침뿐만 아니라 담, 감기, 무기력한 사람을 위한 일종의 자양제로 홍보, 판매했다.

또 하나 빼놓을 수 없는 용각산龍角散은 에도 중기 후지이藤井 가문의 의사가 아키타 번 번주의 지병이었던 천식을 치료하기 위해 만들었다. 용골龍骨,[31] 녹각鹿角霜, 용뇌龍腦[32]를 주성분으로 삼아 이름도 용각산이다. 1893년 무렵 미세한 분말 형태로 제조되어 만천하의 기침·천식 환자에게 복음이라고 홍보했고, 오늘날에도 판매가 이어지고 있다.[33]

안약계의 쌍벽, 대학안약과 로토안약

"몸이 천 냥이면 눈이 구백 냥"이라는 말이 있듯이 눈의 중요성은 상식이다. 오늘

고형 아사다 아메.

해방 이후
활명수 병.
국립민속박물관.

1928년 9월 22일
『조선일보』에 실린
활명수 광고.

1929년 8월 10일 『조선시보』에 실린 정로환 광고.

1931년 1월 17일 『동아일보』에 실린 용각산 광고.

날도 그렇지만 근대기의 사람들도 눈을 혹사하기는 마찬가지여서 각종 안질환에 시달렸고 일상에서도 눈을 보호하는 차원에서 안약은 중요하게 다뤄졌다. 흔한 안질환으로는 도라홈(트랙호마)이 있었다. 결막염의 일종인 도라홈은 껄끄럽다는 뜻의 희랍어 'Tradchoma'에서 비롯되었는데 눈에 먼지가 든 것처럼 깔깔하고 눈곱이 끼는 전염병이다. 나폴레옹의 군대에서 전 유럽으로 전파되었고 중국, 미국 등지에서도 유행했다. 러일전쟁 후에 우리나라에서도 유행, 초등학교 학생들이 많이 걸렸고 전파력이 강했다.[34] 염상섭의 소설 『금반지』에는 은행원인 주인공이 눈이 껄끄러워 어머니로부터 도라홈이 옮았다고 여겨 안과에서 진단을 받는 모습이 그려지기도 했다.

일본에서는 에도 시대에 연고 형태의 안약이 쓰였고 메이지 초기에는 정기수精奇水라는 액체 타입의 안약이 출시되었다.[35] 1920~30년대 대학안약大學目藥과 로토안약ロート目藥은 대중적인 면에서 서로 쌍벽을 이루었다. 1899년 제국대학부속병원 처방에 근거하여 대중용으로 만들어진 대학안약[36] 로고는 메이지 시대 독일에서 초빙된 벨츠Erwin von Bälz 박사의 초상이다. 처음에는 면봉에 약을 스며들게 해서 떨어뜨리는 방식이었지만 이후 병에 든 약을 스포이드로 흡입해 점안하는 방식으로 바뀌었고,[37] 자동 점안 용기도 개발했다. 대학안약의 라이벌인 로토안약은 독일에서 유학한 이노우에 박사가 1909년에 발매한 것으로, 자신의 은사인 로트문트A. von Rothmund 박사의 이름을 따서 제품명으로 삼았다.[38] 눈에 시원해 보이는 청색 유리병을 사용하고 안약을 넣는 서양 여성을 상표로 내세웠으며, 빈 병 다섯 개를 모아 가면 새것 하나를 주는 마케팅 전략도 썼다.[39]

두 가지 안약 모두 도라홈을 비롯하여 유행성 눈병과 각종 안질환은 물론이고 충혈되거나 피곤한 눈, 침침한 눈, 그리고 자외선으로부터 보호하기 위해 스포츠맨들에게 적극 권장했다.[40] 하지만 도라홈 같은 안질환을 빠르고 효과적으로 치료한다고 홍보했지만 사실 치료제와 보호제의 경계가 모호했다.

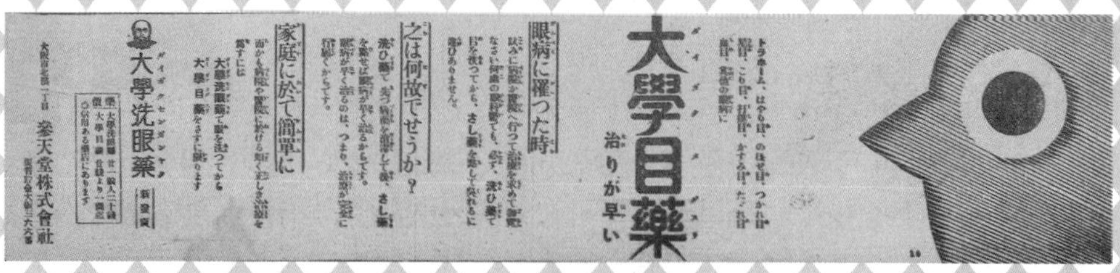

1927년 5월 27일 『조선신문』에 실린 대학안약 광고.

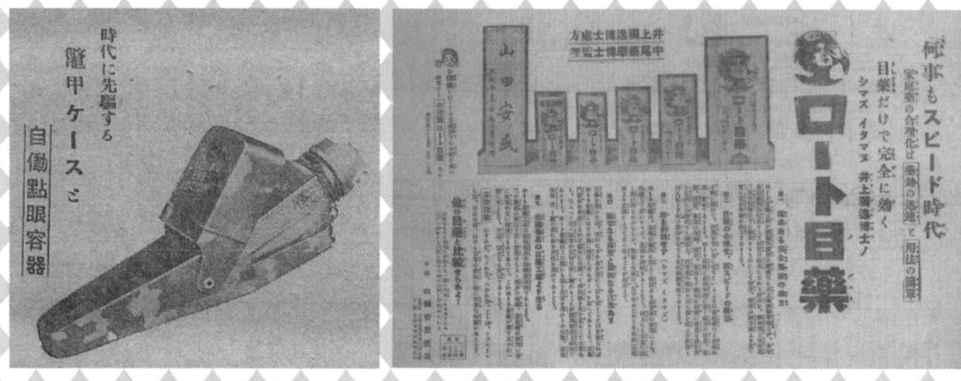

1933년 4월 17일 『조선시보』에 실린 대학안약의 자동 점안 용기.

1931년 4월 25일 『조선신문』에 실린 로토안약 광고.

1931년 7월 18일 『경성일보』에 실린 조고약 광고.

해방 이후의 조고약.
국립민속박물관.

종기에는 조고약

종기는 피부가 부풀어 오르고 곪아 고름이 생기는 증상으로 이는 황색 포도상 구균으로 생긴 염증 때문으로 알려져 있다. 영양과 위생 상태가 불량하거나 면역력이 떨어지면 잘 생기는데 영양, 위생이 모두 열악했던 시대였던 만큼 고생하는 이들도 많았다. 오래전부터 아주 흔한 질병이기도 했다. 중국 남송 시기1127~1279 사대부 홍매洪邁가 편찬한 『이견지』夷堅志에도 당시 중독, 종기, 기생충 질환, 설사 등 당시 흔한 질병과 치료를 담고 있는데 종기는 중독 다음으로 자주 언급된 병증이었다.[41]

20세기 초 우리나라에서 종기에 특효라고 알려진 약이 바로 조고약이었다. 조고약은 조씨 집안의 가전 비약이었는데 이 집안에서 운영하는 한약방 조고약 집에 종기 환자가 찾아오면 조근창은 곪은 상처를 째고 도려낸 다음 그 부위에 조고약을 붙여주었다.[42] 점차 입소문을 타자 조근창의 아들 조인섭이 1913년 천일약방을 설립, 매약 제조 허가를 받아 조고약을 출시했다.[43] 광고에는 '됴'라는 상표를 달아 '조가 비전 영약!!'이라는 문구를 넣었다. 붕대나 절개 수술도 필요 없이 저절로 낫고 흔적이 남지 않는다는 조고약은 골치 아픈 종기에 퍽 유효했던 것 같다. 그래서인지 고약은 해방 이후에도 꽤 오랫동안 가정 상비약으로 쓰였다.

"영원한 행복을 위하야 부인병을 고치라", 중장탕

부인병은 "일신의 행복과 가정의 평화를 좀먹는 못된 병"이라고 규정되었다.[44] 와세돈 구球라는 부인병 약은 부인병을 "자궁 속에 병균이 들어가서 흠집을 만들고 진물느게 만들며 붓게하고 아푸게 만드니 그로 말미암아 대하증이 흘으게 되고 몸전신에 고장을 일으키게"되어 아이를 못 갖는 것으로 규정하기도 했다.[45]

부인약 중장탕은 1893년 쓰무라 준텐도津村順川堂(오늘날 Tsumura&Co.)에서 발매한 생약 제제의 부인용 약이다. 창업자 쓰무라 주우사津村重舍 외가에서 전해오던 비법에 근거해 만들어진 것으로,[46] 이름은 비운의 중장 공주 전설에서 유래했다. 그 때문에 로고도 공주 얼굴이다. 전설은 대략 이렇다. 일본 나라 시대 귀족 후지와라 도요나리藤原豊成와 그 아내는 747년 중장 공주를 낳았다. 공주가 5살 때 어머니가 일찍 세상을 떠났다. 후지와라는 재혼을 했지만 공주는 새엄마로부터 학대를 받았고 결국 쫓겨나 불교에 귀의했다. 다이마 절当麻寺에서 수행하면서 약초를 따다 서민들에게 처방을 했는데 이것이 바로 중장탕이었다. 마케팅에 명민했던 주우샤가 이를 제품에 사용한 것이다.

중장탕 광고의 카피는 매번 다양했다. 1935년 5월 26일자『조선신문』에는 신효한 중장탕의 효능을 다음과 같이 밝혔다.

"자궁병, 두통, 현운, 대하증, 냉증을 고치며, 또 월경할 동안은 병이 나기 쉬운 때니 조섭을 잘해서 몸이 냉하지 안토록 주의하고 임신중에는 특별히 몸조섭을 잘해서 태아가 잘 발육하게 하야 안산되도록 하며, 산후에는 속히 악혈을 빼고 신선한 피를 늘리어서 소복이 잘되게하야, 인생을 질겁게 행복을 누리시도록"

"영원한 행복을 위하야 우선 부인병을 고치라."

또한 아침, 저녁으로 따뜻한 중장탕 한 잔씩을 마시면 각종 부인병과 산전산후, 임신에도 좋다고 적극적으로 광고했다.

남성들을 위한 보혈강장증진제

남성들을 위한 보혈강장장증진제 역시 판을 쳤다. 블루토제ブルトーゼ, 정력소精力素, 네오톤ネオトン, 도쓰카핀トツカピン 등 수많은 강장제가 남성의 정력과 체력을 증진시킨다고 홍보했다. 보약이라는 범주는 같지만 부인약은 월경불순이나 임신 또는 출산에, 남성약은 정력에 초점이 맞춰져 있었다는 점에서는 차이가 있었다.

자양제 성분으로 가장 많이 활용된 것은 역시 인삼이었다. 일본인들이 인삼을 조선의 특산품, 조선적 정서를 내는 상품으로 인식하고 적극적으로 개발했기 때문이다. 엑기스 형태로 만들어지거나 녹용 같은 성분과 결합한 상품으로 출시되었다. 또한 인삼 초콜릿, 인삼 과자, 인삼주, 인삼차, 인삼 시럽, 인삼 드롭스 같은 다양한 상품도 나왔다. 약국을 포함하여 토산품 전문점이나 백화점의 조선물산 코너에서도 판매된 인기 품목이었다.

"수 년 난치의 뇌병을 완치한다", 건뇌환

근대기에 들어와 뇌와 뇌신경에 대한 관심, 뇌에 대한 인식과 관련 담론이 확산되면서 뇌병에 대한 약이 속속 등장했다. 뇌병이란 두통, 광병, 뇌막염, 신경증까지 포함하는 광범위한 증상과 질환을 총칭하는 말이었다. 과거에는 정신이상 관련 치료는 주술이나 민간 의료에서 다루어졌지만 서양 해부학이 도입되고 뇌가 신체 기관의 중심이 되면서 약물로 뇌병을 치료할 수 있다는 인식이 생겼다.[47] 박태원은 "신경쇠약은 20세기 유행병", "일명 문명병", "하이카라 병"이라고도 했다.[48] 뇌병 치료약의 대표적인 것이 1896년 단페이丹平상회에서 발매한 건뇌환이었다. 시기에 따라 광고 문구가 다른 점은 눈여겨볼 만하다.

> "신경을 완화시켜 수 년 난치의 뇌병을 완치한다."
> "역상, 뇌충혈, 두통, 신경증, 뇌막염 등에 가장 좋은 양제이다."

초기에는 이처럼 뇌의 기능적인 문제를 치료하는 약으로 광고했다. 하지만 1920년대 무렵부터는 머리가 무지근한 사람, 두통, 현기증, 혈압, 변비가 있는 사람, 사무를 보는데 바로 권태감을 느끼는 사람, 신경과민이 되기 쉬운 사람, 쉽게 비관하는 사람들이 이 약을 섭취해야 한다고 광고에 적었다.[49]

다시 말해 초기에는 뇌병이나 신경증이 있는 사람들을 주 소비층으로 삼았다가 시간이 지날수록 이해력 부족, 기억력 감퇴, 두통, 변비, 불면증 등 일반인들이 수시로 겪는 증상에 듣는 약으로 홍보[50]하면서 소비층을 달리 했던 것을 짐작할 수 있다. 특히 두통의 원인을 변비와 같은 순환通의 문제로 인식하여, 그 효능은 뇌에서 통으로 전환되었다.[51]

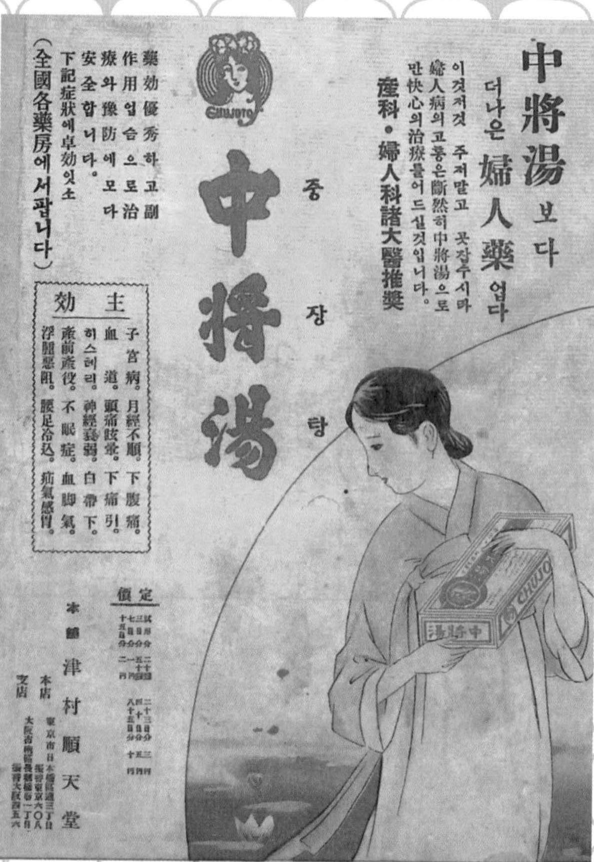

1931년 8월 『신여성』 5권 7호에 실린 중장탕 광고.

1933년 7월 5일 『경성일보』에 실린 후지사와 쇼우노우 살충제 광고.

'건뇌는 성공을 낳는다- 성공한 사람, 뇌가 좋은 사람'이라고 광고한 건뇌환 광고. 1926년 12월 7일 『조선시보』에 실렸다.

이는 애초에 처방 없이 살 수 있는 매약의 특성상 뇌병을 치료할 만큼의 전문약이 아니었기 때문에 약 소비자를 더 확장하기 위한 전략이었던 듯하다. 두통약, 변비약만 하더라도 각각의 증상에 따른 약이 따로 나뉜 오늘날과 달리 건뇌환 같은 20세기 초 매약은 만병통치약에 가까운 두루뭉술한 것이 많았다. 만병통치약은 '만병'을 개발하고 '통치'를 장담하면서 한편으로 사람들로 하여금 모든 병에 대해 염려하게 만들기도 했다.[52]

벌레 잡는 살충제, 구충제, 방충제

살충제는 특히 벌레가 생기기 쉬운 장마철에 많이 사용되었다. 여러 살충제의 효력을 비교한 1930년 5월 13일자『매일신보』기사를 보면 당시 나푸다린(나프탈렌), 장뇌(장뇌), 파라크로르, 벤솔이 상용되었음을 알 수 있다. 이 네 가지 중에서 나프탈렌이 가장 효력이 적었다.

장뇌는 본래 녹나무camphorwood에서 추출한 결정인데 일본에서 1897년 가정용 의복의 방충, 방습, 방취제로 발매되었다.[53] 의복용 방충제로 광고에 단골로 등장한 것이 후지사와 도모키치 상점藤沢友吉商店의 후지사와 쇼우노우藤澤樟脳였다. 옷 사이에 넣어두면 상쾌한 향이 나면서 살충력이 강력하고 습기를 제거한다고 선전했다. 자매품으로 뿌리는 액체 형태의 '간푸라유カンプラ油 즉, 캠퍼 기름도 있었는데 주로 벌레 퇴치, 악취제거, 소독용으로 쓰였다. 이밖에 후지사와 도모키치 상점에서 판매하는 상품 중 널리 알려진 것이 보혈강장증진제 즉, 정력제인 블루토제와 회충구제약 마구닌マクニン이었다. 화학 비료가 본격적으로 생산되기 이전 '똥거름'을 사용함에 따라 회충·십이지장충 같은 기생충이 만연, 이를 죽이는 회충약이 필요했기 때문이다. 마구닌은 알약인 정錠, 또는 젤리 형태로도 판매되었다.

알이 굵은 것은 위생상 조치 안습니다

치약과 칫솔

치마가 치약으로, 치쇄가 칫솔로

오늘날 현대인들은 이 닦고 세수하는 것으로 하루를 시작한다 해도 과언이 아니다. 아주 오래전 중국을 비롯한 여러 고대 문명에서는 나뭇가지를 씹어 이를 닦아내거나 이쑤시개를 사용했다. 19세기에 접어들면서부터 중국과 우리나라, 그리고 일본에서는 주로 가루로 된 것, 예컨대 소금이나 고운 마사 같은 것을 사용하거나 버드나무 가지 즉, 양지楊枝로 이를 닦았다. 이처럼 이를 닦는 데 쓰는 치약을 과거에는 치마齒磨라고 불렀다. 고려 시대 문헌인 『계림유사』에는 칫솔에 해당하는 말이 나온다. 즉, '치쇄 왈 양지齒刷曰養支'라는 부분인데, 칫솔에 해당하는 치쇄가 양지라는 의미다.[1] 양지 끝을 두드려 솔처럼 펴서 칫솔처럼 사용한 것인데 양치질은 이 양지에서 나온 말이다. 일본어에서도 '요지'ようじ라고 발음되는 양지楊枝가 칫솔, 또는 이쑤시개라는 의미로 쓰이고 있는 것으로 보아 나뭇가지 칫솔은 동아시아권에서 두루 사용된 듯하다.

조선 후기 중국 연경의 이채로운 풍속과 풍물을 시로 표현한 김진수金進洙, 1797~1865의 『벽로집』에는 양치법을 묘사한 구절이 있다.

"입으로 빈랑 씹고 코담배 맡으며口嚼檳榔嗅鼻烟

버드나무 가지로 양치하는 비법 전해오네楊枝盥漱秘方傳

째깍째깍 작은 소리 허리춤서 나오니泠泠細響腰間出

동전 크기의 시계가 있는 줄 알겠네知有時標大似錢"

가루에서 크림으로, 사자표 라이온 치약

일본에서는 메이지 시기 중엽 무렵 가루약을 의미하는 '~산'散이라는 이름이 붙은 가루형 치약이 발매되었고,[2] 오늘날 화장품 회사로 널리 알려진 시세이도資生堂에서 1888년 비누 같은 고형 치약 후쿠하라福原 위생치약을 처음으로 만들었다. 이전과 달리 가루가 날리지 않는 크림형으로, 비싼 값에도 불구하고 인기가 높았다.[3]

오늘날과 같은 크림형 튜브 치약은 1911년 무렵에 나왔다. 사자표 라이온 치마다. 1914년에는 어린이용 치약도 출시되었다. 이 치약을 만든 회사는 일본 전역에서 구강위생 강습회를 개최하기도 했고, 화공박람회 금패 수상을 내세워 우량 품질을 강조하며 마케팅에 나섰다. 당시 우리나라 신문 광고에도 지속적으로 등장한다. 이후로 수많은 경쟁사의 제품이 나왔지만 선점 효과 때문인지 1920~30년대 대표적인 치약으로 자리매김했다. 오늘날에도 우리나라에서 CJ라이온이라는 이름으로 친숙한데 2004년 CJ로부터 분사해 나와 치약, 세제, 목욕용품 등을 계속 출시하고 있다.

시세이도에서 1888년 만든 크림형 후쿠하라 치약. 시세이도 자료관.

라이온 치마에 버금갈 만큼 홍보에 자주 등장하는 건 스모카 치마였다. 특히 담배를 피우는 끽연가를 겨냥한 상품으로, "스모카를 사용하면 치아의 검은 진이 쏙 빠진다"는 점을 홍보 포인트로 삼았다.[4] 스모카의 다양한 광고 이미지 중에서 파이프 담배와 칫솔이 교차되고 연기와 치약의 거품이 이름을 형성하는 일러스트레이션이 눈길을 끈다.

1920~30년대 치약은 이처럼 가루형과 크림형으로 나뉘는데 크림형 쪽이 훨씬 편리하지만 가격이 비싸 가루형이 더 널리 쓰인 듯하다. 치마분을 살 때는 되도록 연한 것을 고르라고 추천하는 기사도 보이는데 "알이 굵근 것은 니는 금방 히여지나 위생상 조치안습니다"라고 그 이유를 밝혔다.[5]

라이온 치마분은 광고에 "충치가 되면 공부를 잘 못한다"는 문구를 넣어 학부모의 불안한 심리를 자극하기도 했다.[6]

"매일 사용하고 잇는 칫솔의 털이 어떤 종류인지 아십니까?"

칫솔은 당시 닛솔, 또는 치솔이라고 불렀는데 대나무나 나무에 동물의 털을 붙여 만들었다. 중국 당나라619-907 때부터 이미 사용했다고 알려져 있지만 상품으로 만든 건 1780년 무렵 영국의 윌리엄 애디스William Addis다.[7] 폭동 가담죄로 투옥되었던 그는 검정(그을음)과 소금을 헝겊에 묻혀 이를 닦다 더 나은 방법을 찾기 시작했다. 고심 끝에 먹다 남은 뼈에 구멍을 뚫고 간수에게 부탁해 받은 동물 털을 묶어 부착해 보았고, 이를 계기로 출소 직후 사업화하여 큰돈을 벌었다.

일본에서도 메이지 시기에 고래수염을 자루로 삼아 말털을 심은 칫솔을 만들었고, 1914년에는 소뼈 자루에 돼지털을 사용한 만세칫솔萬歲歯刷子이 상품으로 등장했다.[8] 하지만 처음에는 동물 뼈 같은 소재에 친숙하지 못해 널리 사용되지 않았다 한다. 우리나라에서는 이와 유사한 형태의 칫솔이 1920~30년대 사용되었다. 이 시대에도 칫솔에 사용되는 털의 종류는 퍽 다양했다.

> "우리들이 매일 사용하고 잇는 칫솔의 털이 어떤 종류인지 아십니까? 그것은 대개 말도야지 산도야지 양羊 살기狸(너구리) 등의 털로 만든 것입니다. 그중에서 제일 고급품으로는 살기의 털인바 뿌리가 검고 끗이 히며 정당하게 부드러움으로 잇몸이 약하거나 니가 약한 사람에게는 좃습니다. 그러나 이것에는 이미테-숀이 만히 나와 잇습니다. 이미테-숀은 뿌리를 검게 물들엿슴으로 주의해서 보

면 단번에 알수 잇스니 즉 흑백黑白의 선線이 부자연하게 논하저 잇는 것만 삶히면(살피면) 됩니다. 그러나 이것은 아조 고급품이면 칫솔 한 개에 2원 이상이 가는 것이 잇습니다. 그리고 이것의 특증은 절대로 오그러지거나 하는 일이 업스며 이것으로 만든 면도할 때 수염솔은 45원씩 합니다. 양의 털도 대단히 부들어우며 일반적으로 치과의사가 조타고 추천하는 억센 칫솔은 말산도야지 도야지들의 털입니다. 이것들은 갑시 대개 가터서 보통 시장에서 팔고 잇는 10전 이상 30전 내외 되는 것은 모다 이것들입니다." _『조선중앙일보』, 1935. 4. 13.

칫솔모는 말, 산돼지, 돼지, 양, 너구리의 털로 만들었고 이 가운데 너구리털이 가장 고급품이었고 돼지털이 가장 일반적인 소재였다. 칫솔의 털은 "연하지도 안코 뻣뻣하지도 안흔 것"으로서 "털 모양은 똑바른 것보다 이 모양으로 오틀도틀한 것"을 추천했다.[9] 이와 같은 형태는 일부러 굴곡을 만든 오늘날의 칫솔모와 비슷하다. 당시의 광고를 보면 라이온 사의 만세칫솔 칫솔모는 굴곡이 있어 이 사이사이 틈새가 구석구석 잘 닦이고 보증이 붙은 엄선된 털을 듬성듬성 심어서 칫솔의 청결을 유지하기 좋다고 했고,[10] 니코니코ニコニコ 칫솔은 털이 빠지지 않고 영구히 보존된다고 강조했다.[11]

시대 따라 변하는 칫솔과 치약

위생 담론이 팽배했던 시절에는 기존에 칫솔 자루로 혀를 닦는 기능은 없어졌다. 혀를 닦는 것은 위생상 해롭고 혀의 섬세한 감각을 훼손하여 미각과 소화에도 나쁘다고 알려졌기 때문이다.[12] 대신 무엇보다도 충치를 비롯하여 각종 질병의 예방을 위해 이를 닦아야 한다는 구강 위생이 퍽 강조되었다. 아침과 자기 전, 하루 두 번 3분 간 이를 닦을 것과 1년에 2~3회씩 전문의에게 보여 치석 제거와 소독을 권고했다.[13] 이 닦는 횟수를 오늘날과 같이 세 번으로 추천하는 이도 가끔 있었다. 또한 식후에는 '양추질'을 하는 것이 좋다고도 권고했는데 양추질은 가글을 의미한다. 양추질을 위해 식염수, 중조수, 붕산수를 사용하도록 했는데 이것이 없을 경우

1935년 11월 8일 『매일신보』에 실린 라이온 치약 광고.

1935년 7월 29일 『매일신보』에 실린 라이온 치약 광고.

SMOCA

スモカ齒磨

1936년 3월 2일 『매일신문』에 실린 스모카 치약 광고.

1934년 4월 6일 『매일신보』에 실린 라이온 치약 광고.

쓰키오카 요시토시의 그림 〈눈이 번쩍 뜨일 듯〉에는 이 닦는 여인의 모습이 묘사되어 있다. 1888, 일본 국립국회도서관.

1924년 7월 14일 『경성일보』에 실린 니코니코 칫솔 광고.

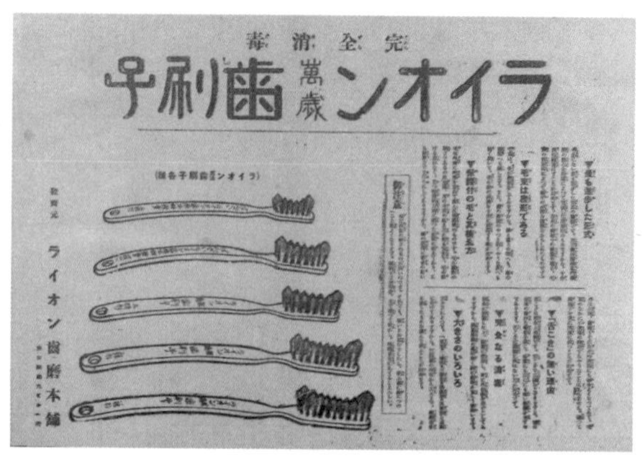

1924년 9월 4일 『경성일보』에 실린 라이온 만세칫솔 광고.

맹물로라도 하는 것을 추천했다.[14]

구강 위생은 예나 지금이나 자주, 그리고 꼼꼼히 관리하는 것이 생명이다. 칫솔의 형태는 태평양전쟁 이후에 뼈의 수급이 어려워지자 대나무나 나무로 대체되었다가 이후 셀룰로이드가 사용되었고 나일론이 개발되어 동물털을 대체해 오늘날과 같은 형태로 바뀌었다. 친환경이 강조되는 오늘날 플라스틱, 나일론 제품 대신 다시금 고체 치약이나 대나무 칫솔 같은 것이 주목받고 있으니 작은 칫솔, 치약 하나에도 시대상이 응집되어 있다.

될 수만 있으면 사철 모기장을 치고 살고 싶다

모기장

"모기장을 발명한 사람은 동상을 세워줄 만하다"

단잠을 괴롭히는 여름의 불청객 모기를 피하기 위해 동·서양을 막론하고 널리 모기장을 썼다. 고대 이집트 상형 문자판에도 캐노피 형태의 모기장이 새겨져 있고 중국 청대, 일본의 무로마치 시대에도 모기장이 사용된 기록이 있다. 18세기 일본의 우키요에는 모기장을 거는 여인이나 모기장 속의 인물들을 섬세하게 묘사했다. 19세기 말 모기가 말라리아 병원균을 옮기는 매개체임이 밝혀진 후에 식민지 개척을 위해 열대 지역에 정주하게 된 유럽인들에게도 모기장 사용은 적극 권장되었다. 아내를 말라리아로 잃은 선교사이자 탐험가 리빙스톤 박사Dr. David Livingstone는 모기장을 발명한 사람은 웨스트민스터 사원에 동상을 세워줄 만하다고 극찬했다.

미국의 인상파 화가로 일컬어지는 존 싱어 사전트John Singer Sargent, 1856~1925의 그림에는 모기장을 뒤집어쓴 두 여인의 모습이 재미나게 그려졌다. 그림 속 주인공은 사전트의 누이 에밀리와 그녀의 친구 엘리자 웨지우드다. 엘리자는 유명한 도자기 회사 웨지우드 가문 사람이다. 사전트를 포함하여 세 사람은 지중해 마조르카 섬에서 휴가를 보냈는데 그림 속에서는 에밀리가 고안해낸 모기장을 쓰고 있다. 통발 같은 망을 뒤집어쓴 우스꽝스런 모습을 마치 스냅 사진처럼 포착했다.

우리나라에서도 일찍이 모기장을 사용했을 것으로 추정되는데 조선 시대 백과사전인 『임원경제지』의 『섬용지』에는 모기장에 대해 다음과 같이 언급되어 있다.

> "피문장辟蚊帳 : 일본에서 만든, 녹색 고치실로 효사(빈 구멍이 있는 비단의 일종)처럼 곱게 짠 것이 좋다. 이것이 없으면 모시베에 쪽물을 들여 만든다."

1912년 8월 14일자 『매일신보』에 따르면 경북 안동에서 모기장 친 집을 조사했더니 안동 읍내 총 1,020호 가운데 모기장을 친 집은 55호, 모기장 대신 발을 치기도 하고 방문에 휘장을 쳐서 모기를 막는 집이 356호였다 한다. "다섯 해 이전으로 말하면 모기장 친 자가 겨우 군수와 기타 몇낫(몇몇) 부자에 지나지 못하더니 근래에는 모두 내지 사람의 본을 떠서 조선 사람도 차차 생활 상태에 미치는 것을 족히 보겠다더라"라고 쓴 걸 보면 20세기 초 모기장은 그리 쉽게 가질 수 있는 물건이 아니었나보다.

색깔도 다채로운 모기장, 신혼 혼수품으로도

1920년대 모기장의 종류는 일망사日網紗·양망사洋網紗·생초生草 등이었고, 색상은 붉은 종류는 홍·분홍·연분홍 약 세 가지, 녹색에는 진한 것과 연한 것 두 가지, 그밖에 황색과 백색이 있었다. 붉은 것에는 자주색 선을 두른 것이 보통이고 푸른색과 황색에는 붉은 선을 둘렀다. 1929년 8~9월 사이 『동아일보』에 연재된 현진건의 소설 「황원행」에서는 모기장에 대한 묘사가 등장한다.

> "그 이튿날 아츰 오정 때가 지나도 애라 또한 잠이 어릿어릿하였다. 분홍 망사 모기장 안으로 햇발은 영롱하게 비치건만 꿈길은 아즉도 그를 끄는 듯."

소설 속에서 분홍 망사 모기장은 마치 주인공 애라가 짝사랑하는 철호에 대한 마음을 표현하는 색처럼 느껴진다. 그의 또 다른 작품 「새빨간 웃음」에는 "연옥색

망사 모기장으로 걸어놓으매 밝고 흰 광선은 푸르게 변하여, 햇발에 비친 바닷속도 이러할 듯"이라는 구절이 등장한다. 1920년대 모기장의 색상이 외려 오늘날보다 더 다양한 듯하다. 당시 모기장 끈은 주로 둥근 황색에 고리는 주석이나 쇠였다.

1925년에는 모기장 조합이 결성되기도 했다. 시내에서 모기장을 취급하는 상점들이 모여 저마다 다른 크기와 가격을 조정하고자 만들어졌다. 당시 이 조합 설립과 관련된 기사들에 따르면 남대문에서 영업하는 김규희는 한사코 가맹을 반대했고, 이를 설득하다 지친 태덕규의 탈퇴로 내분이 일어나기도 했다.[1] 태덕규는 종로2정목 98번지 만물상점의 주인으로 조합이 정한 가격보다 2할이나 싼값에 판매하여 조합으로부터 벌금 50원을 부과받았다. 오늘날의 기준으로 보자면 이러한 모기장 조합은 가격을 담합한 공정거래법 위반에 해당한다. 하지만 당시에는 그러한 법이 존재하지도 않았고 상인들 간의 가격 책정과 조율은 일상적인 관행이었다.

당시 사람들은 모기장을 어떻게 골랐을까. 신문에는 다음과 같은 선택법이 실렸다.

> "첫째로 무게를 보십시오. 무게가 무거운 것일수록 조흔 것입니다.
> 둘째로 조흔 것에는 실에 매듸가 있습니다만은 나진 것(좋지 못한 것)에는 매듸가 업고 풀칠한 것이 보입니다. 이 풀이 실엽헤 부터서 얼른 보면 털이 도든 것 갓고 조흔 것보다도 오히려 나은 것 갓치 보일 적이 잇스니 주의하십시오.
> 셋째로 만저 보서서 구별하십시오. 조흔 것은 한참 쥐고 잇서도 처음 만질때와 똑가치 찬 기운이 남어 잇습니다만은 나진 것은 즉시 손의 더운 긔운이 옴겨저서 미지근해집니다." _『매일신보』, 1935. 6. 20.

한마디로 무게가 무겁고 실에 마디가 있으면서 만졌을 때 차가운 기운이 오래 남는 것이 좋은 것이었다.

1930년대 말 모기장은 신혼 혼수에 포함되었다.[2] 1939년 여름의 모기장 값은 촉감과 통풍, 그리고 내구력 세 가지에 의해 결정되었다. 가장 비싼 것은 생초 모기장이었다. 여기에 사용된 라미ramie 모시는 중국 수입품이었는데 1939년에는 수

우키요에 속 모기장을 거는 여인, 1770, 메트로폴리탄 뮤지엄.

기타카와 우타마로의 〈모기장 안에서 책을 읽는 미인〉, 1798년경, 메트로폴리탄 뮤지엄.

기타가와 우타마로의 〈부인 숙박객도〉에 그려진 모기장, 1806년경.

1908년 존 싱어 사전트가 그린 〈모기장〉, 디트로이트 미술관.

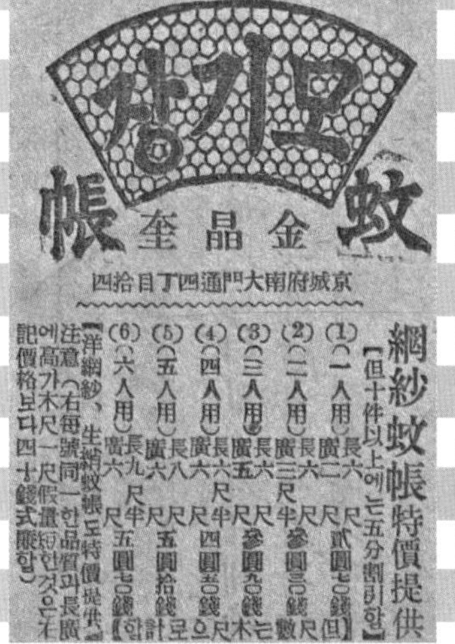

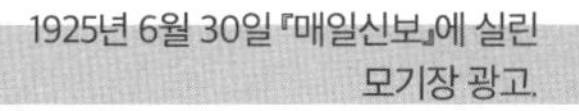

1925년 6월 30일 『매일신보』에 실린 모기장 광고.

1931년 6월 7일 『동아일보』에 실린 계관 모기향 광고.

금조 모기향.

입이 금지되어 구하기가 어려웠다. 생초 대신으로 그동안 천대받던 무명이 새로이 주목을 받았지만 이 또한 당시에는 생산이 여의치 않았다. 그후 신흥 섬유인 스·파 모기장이 생산되었다. 스·파란 스테이플 파이버staple fiber(인조섬유를 짧게 잘라 솜과 같은 모양으로 정제 방사한 섬유 또는 그 섬유로 짠 옷감이나 실)를 가리키는 것으로 당시에 버선이나 치마도 스·파로 제작된 것이 널리 사용되었다.[3] 가볍고 통기성은 좋으나 세탁이 곤란하고 질기지 못한 단점이 있었다. 가격은 생초가 20원, 무명이 7원, 스·파는 9원 9전이었다.

모기장과 함께 쓰던 모기향도 인기

모기장과 함께 많이 쓰인 것이 모기향이었다. 어린 시절 독특한 진한 향을 풍기던 초록색 나선형 모기향은 여름밤에 없어서는 안 될 물품이었다. 살충 성분이 있는 국화류, 제충국이 원료다.

모기향의 효시는 일본 와가야마和歌山 지방이다. 이곳에서 귤 농원을 하는 우에야마 에이이치로上山英一郎가 그의 스승인 후쿠자와 유키치의 소개로 미국 식물회사 사장에게 자신의 귤 농원을 안내한 뒤 답례로 받은 것이 제충국 종자였다.[4] 이를 재배하여 처음에는 분말 형태로 모기 구제용으로 쓰다가 불단의 향에서 힌트를 얻어 가는 봉으로 만들었다. 그렇지만 쉽게 타버리고 연기도 충분치 않았다. 이를 본 그의 아내가 마당에 똬리를 틀고 있는 뱀을 보고 생각해낸 형태가 나선형으로, 처음 만들어진 것이 1902년이다.[5]

제충국 재배가 보급되면서 여러 회사에서 모기향을 출시했다. 우에야마 상점(오늘날 (주)대일본제충국)이 원조로서 닭표 금조金鳥 모기향을 만들었고 같은 상표를 계관鷄冠 모기향으로 이름 붙여 우리나라와 중국, 미국 등지로 수출했다. 계관 모기향은 1920~30년대 우리나라에서 가장 많이 사용된 제품인 듯하다. 일부 제품에 독성이 검출되어 주의를 요했으나 (주)대일본제충국을 포함하여 안가약방安佳藥房, 내외제충국회사內外除虫菊會社 제품은 분석 결과 안전하다고 보도되었다.[6]

모기를 퇴치하기 위해 모기향이나, 전기채, 그리고 포집기 따위의 여러 공격적인 기구들도 많이 생겨났지만 오로지 방어용 도구인 모기장은 그 역사와 생명력이 훨씬 길다. 이태준도 수필 「모기장 속」에서 자신이 모기장을 좋아한다고 고백하면서 "될 수만 있으면 사철 모기장을 치고 살고 싶어 한다"고 했다. "모기장 속은 파리 한 마리 간섭하지 않는 완전히 나의 독차지의 소세계小世界이기 때문"에 그는 "조그마한 모기장 속!", "그러나 얼마나 광대한 천지이랴. 영원을 생각하기에 어찌 산상이나 해변을 비기리오"라고 예찬했다. 비록 말라리아의 원흉인 모기를 피하기 위한 방편이지만 어떤 이에게 한여름 모기장은 퍽 순수하고 아늑한 공간을 선사하기도 했다.

가정에 없어서는 안 될 필수품

이발기

상투 자른 뒤 짧은 머리를 위한 필수품, 바리캉

남성들이 상투를 자르고 단발을 하기 시작하면서 일명 바리캉으로 알려진, 머리 깎는 이발기는 퍽 유용한 도구로, 1900년대 초부터 우리나라에 수입되었다. 영어로는 헤어 클리퍼hair clipper라고 하는데 프랑스 기계회사 바리캉 에 마르Bariquand&Marre의 이발기가 일본에 수입되면서 바바리 코트[1]처럼 회사명이 보통명사가 된 예라고 할 수 있다. 바리캉의 장점은 가위보다 더 바짝 머리를 짧고 빠르게 깎을 수 있다는 것이다. 빗처럼 생긴 이중의 날이 위아래로 겹쳐 있고 손으로 손잡이를 쥐어짰다가 풀면 두 날 사이에 들어온 머리카락이 잘리는 원리다. 세르비아의 이발사 니콜라 비주믹Nikola Bizumić이 처음 고안했다.[2] 수동식 바리캉은 제2차 세계대전 이후 전동식 보급 전까지 널리 쓰였다. 오늘날 사용하는 전기 바리캉은 미국의 월Leo J.Wahl이 1919년 개발했다.

우리보다 앞서 단발령을 시행, 남성들이 짧게 머리를 깎기 시작한 일본은 앞서 말한 대로 초기에는 프랑스에서 들여온 바리캉을 이발소에서 사용하다가, 1888년 무렵 오사카, 요코하마 지역 철포 대장장이들이 프랑스식 바리캉을 모델로 자체 제작하기 시작했다.[3] 이후로 양손을 사용하는 방식에서 손잡이 사이에 용

수철을 넣어 한 손으로 깎을 수 있도록 발전했다. 이토伊藤, 지구잠자리표地球トンボ印, 기쿠히데菊秀, 구보식窪式, R물고기표R魚 등 여러 브랜드가 출시되었지만 품질은 크게 차이가 나지 않았던 듯하다. 이발기구판매점으로 큰 규모를 자랑한 곳은 조준호趙俊鎬가 1931년 종로2정목에 설립한 ㈜동아이발기구였다. 건축가 박길룡의 설계로 3층 철근 콘크리트 건물을 사옥으로 지을 정도로 번영했다.[4]

그때나 지금이나 서양이나 동양이나 비슷한 이발소 풍경

1928년 『별건곤』에 실린 세태 비평에 따르면 이발료는 "하이카라 머리에는 40전, 상고머리에는 35전, 면도에 20전"으로 가격이 균일했고 이발은 "머리를 깎고 면도를 한 다음에 세수하는 곳에 가서 머리를 감겨주고 화장품 같은 것을 발라주"는 식으로 이루어졌다.[5] 오늘날 이발소의 풍경과 거의 같다.

1960~70년대 우리네 이발소에는 프랑스 화가 밀레의 〈만종〉이나 〈이삭 줍는 사람들〉, 또는 물레방아나 폭포가 있는 소위 이발소 그림이라고 불리는 것들이 걸려 있었는데, 이러한 키치적 전통은 1930년대 대중적 취향이 이어져온 것으로 보인다. 그 당시 이발소에는 밀레의 명화 사진(프린트)들이 꽤 걸려 있었던 듯한데 밀레 그림은 비단 이발소에만 걸린 것이 아니었다. 1930년대 일반 가정집에도 "걸지 않은 집이 별로 없을 정도로 인기가 있었는데, 이에 대해 "남이 다-걸었으니까 나도 나도 해서 걸어논 것같이 보이는 점이 없지 않다"[6]고 지적이 나올 정도였다.

잡지 『별건곤』은 1928년 재미있는 행사를 실시했다. 경성을 비롯해 평양·개성·남관(대화정)·원산·대구·인천 등 전국 6개 도시를 대상으로, 독자들이 잡지에 실린 투표 용지에 각자 거주지에서 가본 이발소 중 가장 좋은 곳의 이름과 주소를 적어 보내면 그 가운데서 제비를 뽑아 각 도에서 뽑인 1, 2, 3등에게 면도·비듬약·본사 특별 상품을 증정하는 행사였다.[7]

이전까지만 해도 이발소에서만 주로 쓰던 바리캉은 1920년대에 이르러 가정집으로도 보급이 되었는데 때맞춰 '가정에 없어서는 안 될 필수품'이라는 광고도 등장했다. 당시 이발기 세트 구성품은 바리캉을 기본으로 해서 가위, 면도, 모제솔,

Tondeuse "LA FACILE" pour Chevaux et Moutons Btée s.g.d.g.

MÉCANIQUE DE PRÉCISION

BARIQUAND & MARRE

Succrs de BARIQUAND & Fils

Rue Oberkampf, N° 127

PARIS

Ciseaux BARIQUAND POUR COIFFEURS Btée s.g.d.g.

Monsieur Hurni - Franz

Quincaillerie

à Altorf

Suisse

프랑스 이발기인 바리캉에 마르 엽서.

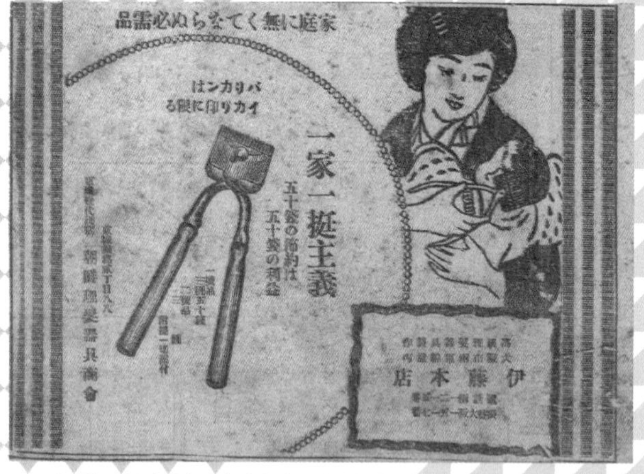

1926년 11월 2일 『경성일보』에 실린 이토 바리캉 광고.

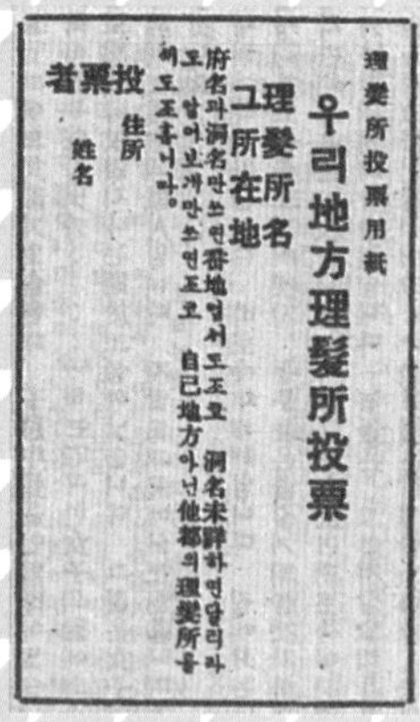
理髮所投票用紙

우리地方理髮所投票

理髮所名

그所在地

府名과洞名만쓰면番地업서도조코 洞名未詳하면달리라도알어보게만쓰면조코 自己地方아닌他都의理髮所를써도조흡니다。

投票者

住所

姓名

1928년 8월 『별건곤』의 '우리 지방 이발소 투표' 용지.

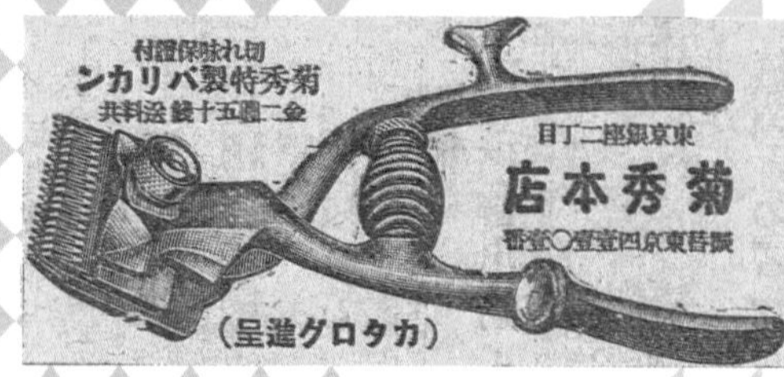

1928년 4월 8일 『경성일보』에 실린 용수철이 달린 기쿠히데 한 손 바리캉.

수동식 바리캉.

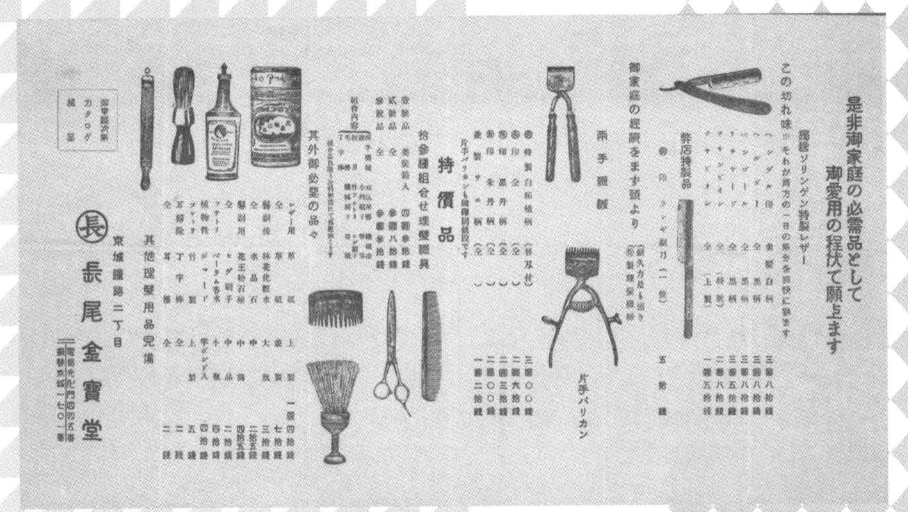

장미금보당 이발기 광고지, 국립민속박물관.

조선이발기구상회 광고지.
국립민속박물관.

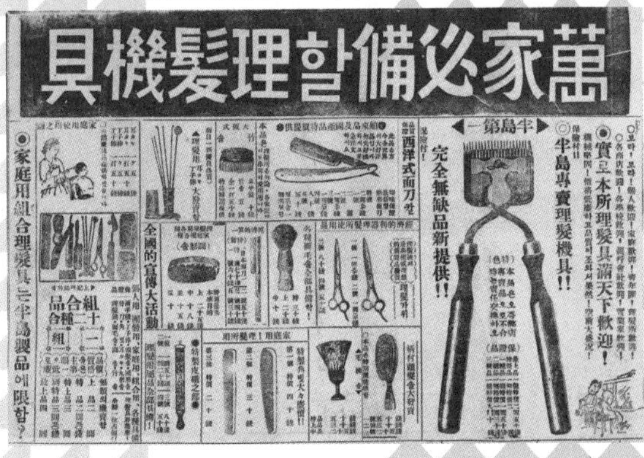

『반도상보』 이발기 광고지.
국립민속박물관.

귀이개, 죽솔, 기계유, 면도솔, 원형솔, 귀솔, 덧빗, 분 등 퍽 다양한 구성으로 이루어졌다. 1935년 이관구는 신체발부身體髮膚는 수지부모受之父母라는 전통적 의식을 고수했던 아버지를 따라 약 30년 전 이발소에 간 경험담을 이렇게 적었다.[8]

"기호흥학회의 발기인이신 동시에 거기서 창립한 기호학교의 한 생도로 신학문을 배우시면서 장려하시던 어른이시었지만 머리만은 어찌 소중하게 생각하셨던지 깎지를 아니하시다가 하루는 우리 몇 종형제를 모으시고 비장한 결심-부모에게서 받은 발부일이지라도 훼상하지 아니할 수 없게 되었다는 일장의 훈유를 나리신 뒤에 사당에 다녀나오시더니 우리들을 데리시고 광교동 쪽 어떤 큰 이발관으로 들어가셨습니다. 그리하야 가친을 비롯하야 34 종형제가 죽 이발대 위에 올라앉게 되었습니다. 위에서부터 깎아내려옵니다. 가위소리 섬벅 한번 집는데 삼단 같은 머리꼬리가 마루바닥에 툭 떨어졌습니다. 바로 그 순간에 내 두 눈에서는 눈물이 걷잡을 수 없이 폭포지었습니다. 한편으로 시원하고 좋으면서도 인습이란 무서워 어린아이의 마음속에까지 뿌리 깊게 얽혀 있었습니다." _『신가정』, 1935. 4.

수시로 머리를 손질해야 하는 이들에게 이발소나 가정에서 퍽 편리하고 경제적으로 쓸 수 있는 도구였겠으나, 학창 시절 일명 '고속도로'를 내면서 머리 단속을 받았던 세대들에게는 언짢은 자국과 기억을 남긴 도구이기도 한 것이 바로 바리캉이다. 한 가지 물건에 깃든 이야기가 참으로 다채롭다.

가격이 저렴하고 향기가 잇고 맛이 좃소

연초

개항 이후 쏟아져 들어온 외국 궐련

우리나라에 담배가 전래된 것은 1618년, 일본으로부터가 통설이다. 하지만 중국, 남양을 거쳐서 들어오는 여러 경로가 있었으며 일부는 미주나 유럽으로부터 들어오기도 했다.[1] 조선에서 담배는 남녀 모두 파이프로 즐겼고 개항 이후에는 종이로 만 외국 궐련이 쏟아져 들어왔다. 타운센드양행, 세창양행, 제물포지권연급연초회사濟物浦紙卷煙及烟草會社 같은 외국계 상회들과 일본 무라이村井형제상회가 미국 담배를 수입한 대표적인 업체였다. 1900년대 초 무라이형제상회에서는 허니Honey, 히어로Hero, 버진Virgin 같은 담배를,[2] 제물포지권연급연초회사에서는 검이표(거미표), SPIDER, 태극표KEY, 원시경표TELESCOPE를 수입, 판매했다. 외국 담배는 영어 이름에 익숙하지 않은 애연가를 위해 보통 해당 상표에 우리말 이름을 붙인 것이 많았다. 무라이형제상회가 『제국신문』에 낸 광고에 "향기 북육, 맛이 좋은 것이 천하에 비할 것이 없을 뿐 아니라 모양이 유미하고 고상하여" 많이 팔린 것이 우연이 아니라고 그 인기의 비결을 장황하게 적은 것이 눈에 띈다.[3]

일본 정부는 1906년 국책기업 (주)동아연초를 설립하고 한성과 다롄에 지점을 두었고,[4] 1900년대 초 일본에서 제조된 벚꽃표CHERRY, 박쥐표GOLDEN BAT, 별

표スター 등을 비롯한 담배들을 광고했는데 1910년대 토끼표兎 담배는 "가격이 저렴하고 향기가 잇고 맛이 좃소"[5]라고 광고했다. 그 밖에도 우즈라QUAIL·바나나BANANA·다리야GOLDEN DAHLIA, 우엘스WEALTH, 아사히朝日, 무사시노武藏野, 시키시마敷島 같은 여러 브랜드를 출시했는데, 이 가운데 아사히는 특히 인기가 높았고 시키시마는 나쓰메 소세키·다니자키 준이치로 같은 일본 문사들도 애용하여 그들의 작품에도 자주 등장했다. 담배 광고를 할 때는 한자로 된 상표는 그대로 표기했지만 영어는 한글 이름을 써넣었다. 영어 상표의 이해를 돕기 위한 배려인 듯하다.

한편 (주)조선연초에서는 백화표 화이트 코스모스WHITE COSMOS, 춘향이를 그려넣은 미인표CHUNHYAN, 화표 파라다이스PARADISE를 제조 판매했다.[6]

다 피우고 난 빈 담뱃갑으로는 영화도 볼 수 있었다. 동대문의 한미전기회사에서 상영하는 활동사진 즉, 영화는 (주)영미연초의 올드골드Old Gold·히로Hero·할노Hallo·호늬Honey·스위헛드Sweetheart 등은 10갑, 드람헤드Drumhead·꼴드피쉬Goldfish 등은 20갑을 내면 입장 가능했다.[7] 빈 담뱃갑이 곧 입장권 쿠폰이었던 셈이다. 이 밖에도 (주)동아연초의 다리야 빈 봉지 10장은 가정박람회 반액 입장권 1장, 공진회 입장권 1장과 맞바꿀 수 있었다.[8]

값이 비싸서 좀처럼 입에 대기 어려운 영국의 칼표, 싸구려 담배의 대명사 일본의 마코

1910년대부터 (주)영미연초가 수입한 영국의 칼표PIRATE 담배는 퍽 인기가 높았다. 이 담배 회사W. D&H. O. Wills에서 생산한 포장지에 칼을 들고 선 해적이 그려져 있어 칼표라고 불렀는데, 극작가 이서구李瑞求, 1889~1981는 "값이 비싸서 좀처럼 입에 대기가 힘들었다"고 회고했다.[9] 또한 1917년 이광수의 소설 『무정』에서 평양으로 향하는 월향에게 노파가 챙겨준 것도 칼표 궐련이었다. 1921년 『개벽』에 실린 논설에서는 '경제 방면으로 우선 할 일'은 "칼표 권연 한 개를 부티고(붙이고) 양목주의洋木周衣 한 벌을 입을지라도 입을 그때에는 반듯이 이것이 우리의 손으로 된 것이냐 혹은 타국으로부터 수입된 것인가를"[10] 깊이 고려해야 한다고 언급했는데 이것으로도 당시 칼표 담배의 인기가 짐작된다.

1898년부터 담배 전매 제도를 실시하여 국가 재정 확충에 짭짤한 재미를 본 일본은[11] 식민지 경영에 필요한 재정 확보를 위해 1921년부터 조선에서도 담배 전매 제도를 시행했다. 담배는 철도차량업과 더불어 관영공업의 한 축을 담당했고, 조선총독부는 이를 인삼·소금과 더불어 식민지 경영의 재원으로 삼았다.[12] 담배 전매 제도를 시행하면서 칼표 담배 수입 근절을 위해 조선총독부가 시중에 이미 들어와 있는 칼표를 모두 사들이기도 했는데,[13] 애연가들 사이에 워낙 맛이 좋기로 유명하여 전매 제도 시행 이후에도 밀수가 근절되지 않았고, 심지어 다음과 같은 기사가 잡지 『별건곤』에 실릴 정도였다.[14] 물론 적발된 밀수입자는 벌금을 물어야 했다.[15]

> "담배 맛 조흔 칼표가튼 것이 지금도 조선에 들어온다면 누구나 그놈을 사 먹지 맛 업는 마코-나 메품을 사 먹을 사람이 업슬 것이요 따라서 연초 전매국이 대타격을 당할 것은 틀림 업는 일이다." _『별건곤』, 1932. 11.

1920~30년대 출시된 담배는 해태, 피죤, 목단, 단풍(메-플), 메론, 금강, 마코, 아사히, 장수연, 시키시마, 마쓰카제松風, 하쿠로白露, 은하, 란, 청지연이 있었다. 청지연은 이광수의 작품에도 종종 등장하는 향기로운 고급 담배였다. 이서구는 '소 몰고 밭 매는 농군에게 여송연이나 청지연이 개똥에 청보격'[16] 이라고 표현하기도 했다.

애연가들의 담배 기호도 1930년대에 이르면 바뀌었다. 입술이 닿는 쪽에 별도로 색깔 있는 종이를 붙인 구부口付(구치즈케) 담배 아사히의 시대가 가고 1930년대에는 피죤이나 은하 같은 양절兩切 담배가 급증했다.[17] 늘 담뱃값이 오르는 데 신경이 쓰일 수밖에 없었는데 1927년 신문에 따르면 당시 인기 있던 담뱃값은 마쓰카제가 10전, 아사히가 15전, 시키시마가 18전, 마코가 6전, 피죤이 12전 등이었다.

박태원은 1930년 신문에 게재한 「기호품 일람표」에서 담배에 관해 다음과 같이 밝혔다.[18]

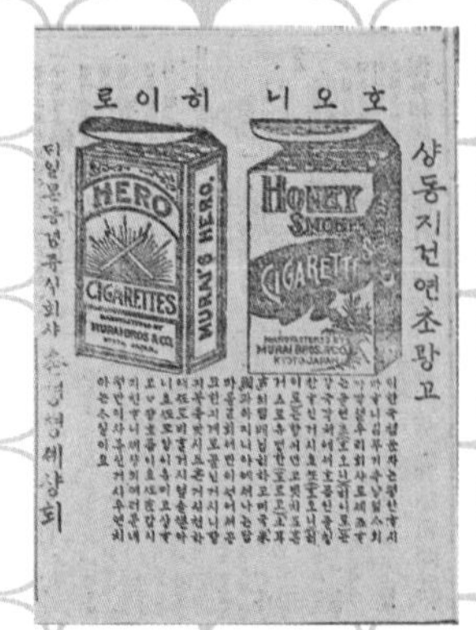

1902년 12월 22일 『제국신문』에 실린 무라이형제상회의 담배 광고.

1905년 8월 11일 『대한매일신보』에 실린 제물포지권연급연초회사 담배 광고.

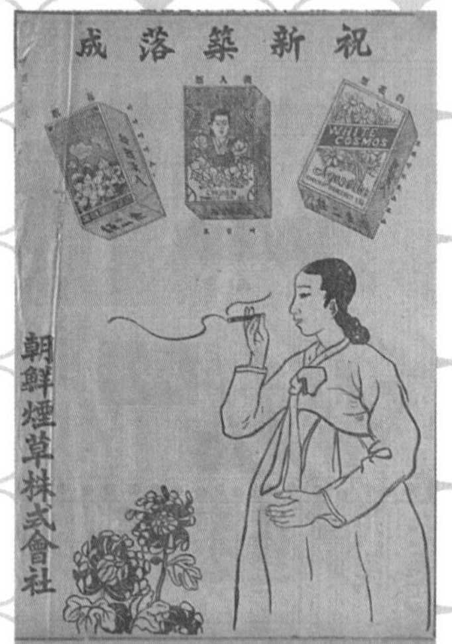

1914년 11월 8일 『매일신보』에 실린 (주)조선연초의 담배 광고.

1908년 1월 24일 『대한매일신보』에 실린 아사히 담배 광고.

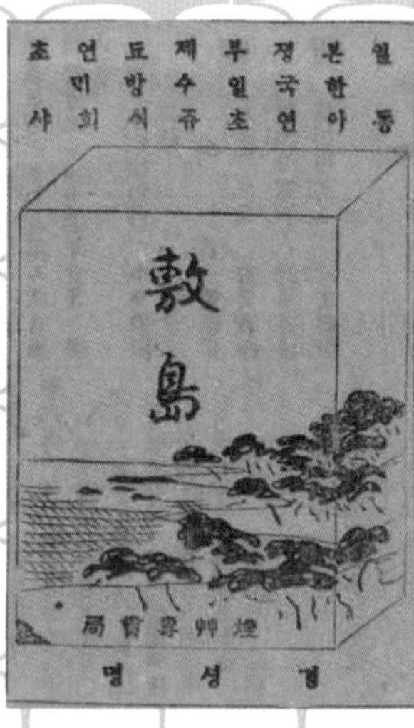

1908년 2월 9일 『대한매일신보』에 실린 시키시마 담배 광고.

아사히 담배.

시키시마와 아사히 담배.

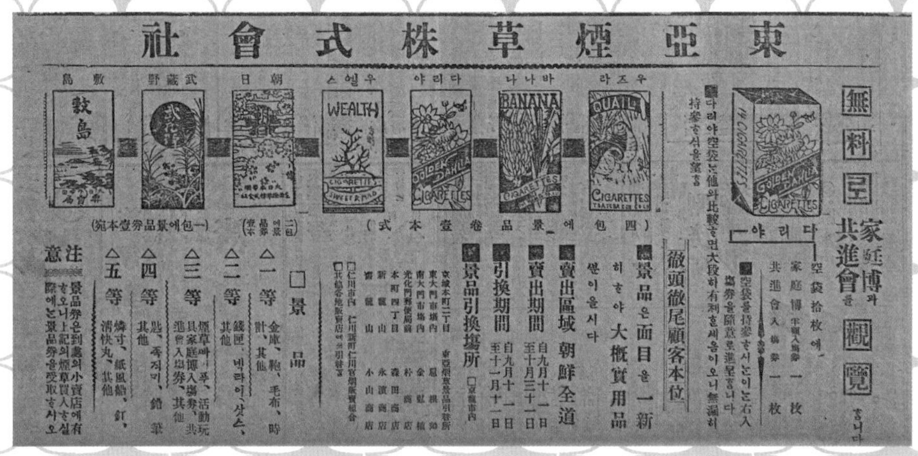

(주)동아연초 골든 다알리아 담배 봉지 10장이면 가정박람회 입장 할인과 공진회 입장권을 얻을 수 있었다.
1915년 9월 29일 『매일신보』에 실린 내용이다.

마코 담배 포장지.

칼표 담배 포장지.

新しい巻煙草

銀 河

近くお目見得

1932년 9월 27일『경성일보』에 실린
도안 응모전에서 1등으로 당선된
은하 담뱃갑 도안과 관련 기사.

1933년 10월 13일『조선신문』에 실린 조지야 백화점의《취미의 연구전》.

1933년 10월 13~18일 조지야 백화점 홀에서 열린
《취미의 연구전》 포스터.

1934년 6월 10~19일 평양 미나카이 백화점 4층에서 열린
《연초 전람회》 포스터.

"물론 사람에 따라서 취미는 다르오마는 아마도 우리 젊은이의 입에는 '피존'이 나 '마코-'가 알맞을까 보오. '카이다'를 좋아하는 사람도 있소. '부도'라든 '조일' 이러한 '구찌쯔게'는 섬나라 사람에게나 맞을까 하오. '프롤레타리아트'는 '마코-'를 입에 물어야만 하는 이야기로 그럴듯하게 들릴 것 같소. 나는 지방으로 여행할 때 가끔 '메-플'의 유혹에 끌리어 그놈을 몇갑 사 가지고 집으로 돌아오는 일이 있소." _『동아일보』 1930. 3. 18

금강앵무새를 뜻하는 마코Macaw는 1930년 담배 매출 1위를 차지했다. 이는 "불경긔 등은 담배당煙草黨에게까지 미치게 되여 싼 담배를 피우게 되어 마-코의 소비량이 현저히 증가"했기 때문이었다.[19] 마코의 인기가 높아 매출이 증가하자 조선총독부 전매국에서는 마코를 종전보다 굵고 길게 만들면서 품질을 개선했다.[20] 길이는 3밀리미터 길어지고 굵기는 2밀리미터 굵어졌다. 하지만 1936년 매출 성적을 보면 마코 담배는 메-플에, 피죤은 란에 밀리는 모습이었다.[21]

근대 문학에서 마코는 싸구려 담배의 대명사로 자주 등장했다. 박태원의 단편소설 「명랑한 전망」[22]은 자유분방한 여주인공 혜경과 그녀의 약혼자 희재의 연애와 갈등을 주요 내용으로 하고 있다. 회사에서 정리해고되어 경제적으로 어려워진 희재는 헤어진 연인 혜경 앞에서 마코를 꺼내는 것이 부끄러워 망설인다. 그러자 혜경은 이를 알아차리기라도 한 듯 핸드백 속에서 최고급 수입 담배인 웨스트민스터를 꺼내며 권한다.

이런 예는 또 있다. 채만식의 소설 「레디메이드 인생」 속 주인공 P는 인텔리 룸펜이다. 방세, 전기세도 밀리고 겨울 외투를 전당잡힌 돈도 주머니에 몇 푼 없는 신세였다. 신문사에서 취직 거절을 당한 그가 담배를 사려는데 허름한 행색을 본 담뱃가게 주인은 으레 "마콥니까" 묻지만 공연한 객기를 부려 "당치도 아니한 해태"를 산다. 1934년 작품인 이 소설 속에서 해태는 한 갑에 15전이었으니 1927년 6전이었던 마코보다 적어도 곱절은 되었을 것이다. 이처럼 당시 담배는 여러 문학 작품 속에서 등장 인물들의 경제적, 심리적 상황을 암시하는 기표였다.

고급품의 수요에 맞춰 만들어낸 은하

마코처럼 저렴한 것은 품질을 높이면서, 한편으로 고급품의 수요를 늘리기 위해 새로이 선보인 것이 은하銀河였다. 1932년 전매국에서는 은하의 출시를 위해 담뱃갑 디자인 현상 모집을 실시했고, 공모전과 함께 당선 디자인 전시, 전국 포스터 배포 등을 통해 홍보에 심혈을 기울였다. 당시 침체한 경기의 불씨를 담배로 되살리려 한 것이다. 1등 상금 300원을 포함하여 총 1천 원 상당의 상금이 걸린 은하 담뱃갑 도안 모집에는 수천 명이 응모하는 등 열띤 호응이 이어졌고,[23] 입상작을 포함하여 약 169종의 도안은 미쓰코시 백화점 갤러리에서 전시되었다.[24] 이벤트는 더 이어졌다. 미쓰코시, 미나카이, 조지야, 화신 백화점 등지에서는 연초 전람회, 유명인들의 소장 파이프와 담배 용구 등을 전시하는《취미의 연구전》등을 열었다.[25] 또한 1937년 화신 백화점에서는 황군을 위문하기 위해 전매국에서 발매한 담배 '가치도키'かちどき(승리의 함성) 발매 기념으로 즉매(현장 판매)와 세계 각국의 담배 관련 용품 약 700여 종을 진열하기도 했다.[26] 오늘날 담뱃갑에 끔찍한 사진을 넣어 흡연율을 낮추려는 노력과는 상반되는 현상이었다. 이는 담배로 벌어들이는 재정 수입이 식민지 조선의 수입 규모에서 차지하는 비율이 상당했기 때문이었다. 국민의 건강보다는 돈에 혈안이 된 식민지 시대의 정책은 이처럼 교묘하고 세련되기까지 했다.

조선적인 것을 손에 쥐고 식민지 조선을 기억하다

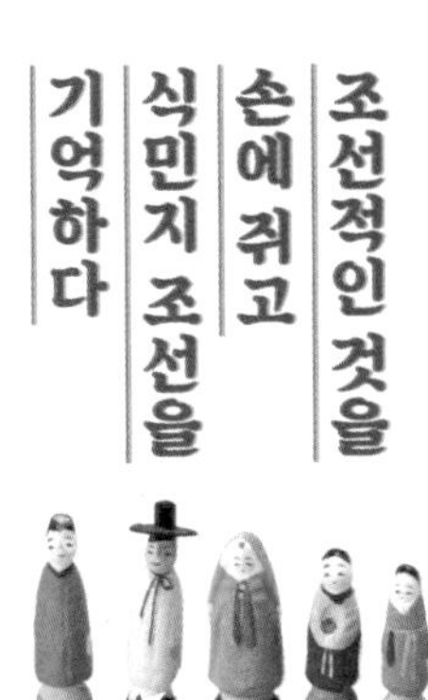

조선물산

일제강점기 적극 장려된 관광 산업

일제강점기 일본은 제국의 힘과 자부심을 국민들에게 각인시키기 위해 관광을 적극 활용했다. 조선이나 만주 같은 외지로의 관광은 러일전쟁에서 승리한 일본인의 제국 의식이 투영된 프로그램이다. 그 시작은 1906년 조선과 만주에 파견된, 일본 최초의 해외 단체 여행단 만한순유단이었다.[1] 나쓰메 소세키도 1909년 가을, 남만주철도(만철) 총재의 초청으로 조선과 만주를 여행했다.[2] 만철은 소세키를 비롯하여 여러 학자, 기자 들을 초청하여 만주에서 일본이 이룬 업적을 홍보했다. 소세키가 남긴 일기와 편지를 통해 알려진 바로는 이 여행은 만철이 주도한 호화 패키지 여행이었으며, 이들은 42일 간의 만한 여행 중 16일 간 경성에 머물면서 남산·경복궁·창덕궁·보신각·석파정·세검정 등을 둘러보았다.[3]

1912년 일본여행협회가 설립되면서 일본인들의 관광은 본격화되었다. 경성에는 여행 안내소가 설치되고 각종 여행 안내서가 발간되었다. 백화점 내 여행 안내소는 투어리스트 뷰로라고 불렸는데 경성의 백화점에는 미쓰코시와 미나카이, 그리고 화신에 있었다.

철도 개통은 일제의 만주 침략을 위한 교두보인 동시에 관광 산업 성장에 큰 역할을 했다. 1905년에 경부선, 이듬해에는 경의선이 완공되었고, 1911년에는 신의주와 만주의 안둥安東을 연결하는 압록강 교량이 완공되어 조선과 만주를 직통하는 철도가 개설되었다. 이로써 일본 관광객들은 시모노세키에서 배를 타고 부산에 도착한 뒤 열차를 타고 북상하여 만주까지 여행이 가능해졌다.

1920~30년대 경성의 대표 관광지로는 경복궁, 창덕궁, 경운궁, 창경원, 동·식물원, 남대문, 보신각, 독립문, 파고다공원, 장충단, 청량리, 석파정, 세검정, 문묘, 북한산 등이 있었다. 이곳을 거쳐 상품 진열관, 박물관, 미술품제작소, 남산공원, 조선총독부, 조선신궁, 상공장려관, 은사과학관 등 일제강점기에 새로이 생긴 시설들도 관광 코스에 포함되었다.[4] 경성 밖 조선 최고의 관광지는 금강산이었다.

여행객을 부르는 백화점 기념품 가게

여행객들이 관광지를 둘러보고 기념품을 구매하는 것은 자연스러운 수순이었다. 여행 안내서는 다양한 관광 기념품이 소개되어 있었다. 기념품은 이른바 토산품 가게와 주요 기차역, 대도시 상점, 온천 등지에서 판매했는데, 가메야 상회·우미이치 상회[5]·도미타 상회[6]·동화상회[7]·조선관·조선물산·명산관 등은 대표적인 토산품 상점에 속한다.[8] 여기에 미술품제작소와 백화점도 빼놓을 수 없는 구매 장소였다. 미쓰코시 백화점 1층에는 '조선 민속품, 고려 도자기, 조선 물산, 나전가공'이라고 세분화하여 토산품을 판매하는 매장이 별도로 있었다. 매장은 기둥이나 문살 등 조선식으로 꾸몄다. 화신 백화점은 5층에서 조선물산을 판매했다.

토산품 상점이나 백화점에서 판매한 상품들은 종류가 비슷했는데 1930년대 우미이치 상회에서 발간한 『경성안내』京城御案內에 따르면 나전칠기, 고려 자기, 백단세공, 조선요리기 신선로, 강화돗자리 및 왕골, 조선 인삼, 잣, 조선 명산주(술), 조선 죽렴(대나무발), 조선 단선(둥근 부채)과 쥘부채, 조선마(삼베), 재떨이, 돌솥 등을 판매했다.[9]

미술품제작소는 공예품 제작과 판매를 겸했고 각종 여행 안내서에 경성 여행에서 꼭 들러야 할 장소로 소개되었다.[10] 원래 1908년 한성미술품제작소로 설립, 이왕직미술품제작소를 거쳐 1922년 민간에 매도된 뒤 (주)조선미술품제작소라는

토산품 백화점의 조선관 전경. 서울역사박물관.

미쓰코시 백화점 1층 조선물산 매장.

명칭을 사용했다. 도미타 상회 주인인 도미타 기사쿠富田儀作와 조진태 등이 이왕직미술품제작소를 승계하여 창립한 조선미술품제작소는 제작 공장을 비롯하여 상설 판매소도 운영했다.[11] 이왕직미술품제작소에서 제작한 제품 중 창경궁 비원에서 제작되었다고 전해지는 비원소祕苑燒 자기는 세간의 호평을 받았다.[12] 그 때문에 조선미술품제작소로 전환된 이후에도 포장 상자에 그 이름을 찍어 판매했다.

일본인 취향에 맞춘 조선 특산품

관광객 또는 조선에 거주하는 일본인들에게 기념품이나 선물용으로 판매한 상품에는 보통 '조선특산'이라는 문구가 인쇄되어 있거나 판매처가 명시되어 있었다.[13] 경성제국대학 교수로 6년 간 부임했던 아베 요시시게安倍能成는 그의 저서 『청구잡기』靑丘雜記에 토산품에 대해 이렇게 적었다.

"조선인 상가가 많은 종로통의 노점을 백의 입은 사람들과 어울리면서도 냉정하게 보면 거기에 진열되어 있는 물건은 대개 오사카제 구입품일 듯한 조잡한 일상잡화뿐이다. 조선다운 것이라야 겨우 약숟가락같이 편평한 숟가락(일본인

우미이치 상회에서 판매한 조선 특산품들.
위부터 신선로와 나전칠기 차탁 세트, 풍속인형,
국립민속박물관.

한양고려소에서 제작하여 미쓰코시 백화점에서 판매한 다기 세트. 국립민속박물관.

토산품 백화점조선관에서 판매한 조선풍속인형. 국립민속박물관.

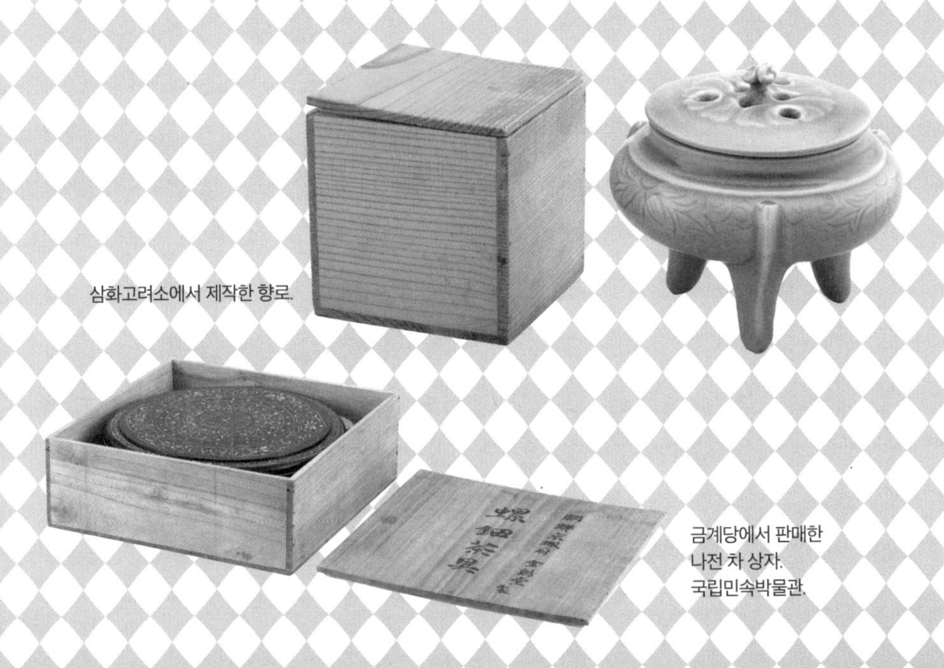

삼화고려소에서 제작한 향로.

금계당에서 판매한
나전 차 상자.
국립민속박물관.

신선로가 그려진 1924년판 『조선무쌍신식요리제법』 표지.

은 숟가락을 안 쓴다. 그래서 숟가락이라면 그들의 약숟가락을 든다.), 금속제 젓가락, 꽃 모양의 종이를 바른 조잡한 상자(여자들의 바느질 그릇 종류일 게다), 나무를 후벼파서 겹처만든 둥근 바리 정도였다. 조선 토산품이라고 팔고 있는 것도 대개는 모두 열도인을 상대로 열도인이 만든 것뿐이다."[14]

아베 요시시게는 경성 시가지가 너무나 일본화되어 있고 경성에서 일본적인 것들을 보는 데에 흥미가 없다고 느꼈다. 경성에 사는 일본인들뿐만 아니라 조선을 여행하는 여행객들은 역시 조선적인 것을 원했다. 여행객들이 주로 구매한 기념품은 인삼 제품, 갓, 도자기류, 나전세공품, 조선풍속인형, 신선로 등이었다.

신선로는 조선의 요릿집을 대표하는 요리였다.[15] 원래 중국에서 유래한 그릇인 신선로에 음식을 끓여 먹는 요리로, 명월관을 비롯하여 국일관·천향원·태서관·동명관·조선관·음벽정 등 유명 요릿집 단골 메뉴가 되었다. 관광객들은 기생, 주단 방석과 병풍, 장고와 거문고 소리, 단가와 육자배기가 어우러진 요릿집에서 신선로를 맛봤다. "조선 요리를 먹는 일은 우선 신선로에서 시작해야 한다. (…) 무엇보다도 화로와 냄비를 합체시켜 만든 것이 신선로의 특색이다. 선물로 내지에 가져가기에 안성맞춤"[16]이라고 할 정도로 신선로는 썩 좋은 조선 기념품이었다.

도자기류로는 청자나 분청사기를 모방한 다완, 다기세트, 술병과 잔으로 이루어진 주기 세트, 향로 등이 주를 이루었다. 나전칠기는 쟁반류가 가장 많았고 화병과 이를 올려놓는 화대, 벼루와 연적을 넣는 연상, 편지나 문서를 보관하는 상자, 찬합, 과자기, 찻잔 받침인 차탁茶托, 담배합, 화로 등도 인기가 많아 거의 모든 판매점에서 취급한 품목이었다. (주)통영칠공, 통영칠기제작소를 비롯하여 경성의 금계당金鷄堂, 평양의 송수당松壽堂 등에서 제작한 것들이 유통되었다.

이와 같은 것들은 앞서 아베 요시시게가 지적했듯이 대부분 일본인 취향이었다. 대량 생산된 기념품들은 전통 공예품에 비해 단순하고 반복적인 문양이 많았다. 특히 낙랑, 고구려, 고려의 문화재에서 따온 문양이 많았는데 이는 조선 향토색에 대한 일본인의 역사관이 반영되었기 때문이다. 식민지 조선을 여행한 기억은 이처럼 '조선적인 것'을 손에 쥠으로써 오래 기억될 터였다.

경성의 백화점 여점원은 대개 보통학교를 거쳐 중등학교 정도의 교육을 받은 이들이었다. 여자상업학교 · 이화고보 · 동덕여고 · 경성여고 · 숙명여고 · 배화여고 등지를 졸업한 이들인 만큼 언어와 행동에 손색이 없을 만치 세련되었다.[5] 미쓰코시의 이른바 숍걸 즉 쇼프걸은 다른 백화점에 비해 급료가 좋아 보통 삼십 원은 되었다. 다른 곳은 고등여학교를 졸업하면 일급 팔십 전에서일 원 남짓을 받았고 보통학교 졸업이면 평균 오십 전에서 육십 전 내외를 받았다. 근무 시간은 주로 아침 열 시부터 밤 열 시까지 열두 시간이었다.[6] 이들은 뭇 신사 숙녀들이 물건을 사느라고 십 원짜리 백 원짜리를 포켓이나 핸드백에서 꺼내 기탄없이 함부로 쓰는 것을 매일같이 보고 호화로운 남녀들이 짝을 지어 너털웃음을 웃으며 한아름씩 사 가는 모습을 보며 자신들의 고달픈 생활에 비애를 느끼기도 했다.[7]

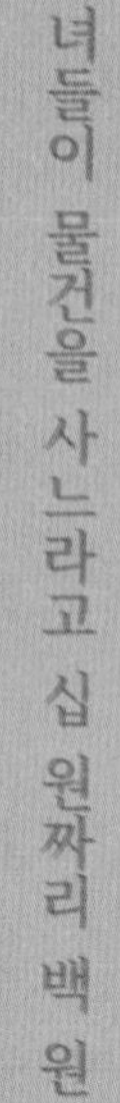

뭇 남성들은 분 바르고 연지 찍고 높은 구두를 신은 제복 차림의 어여쁜 처녀들을 보러 백화점 문턱이 닳도록 드나들었다. 그리하여 이 우리코(賣り子)라고 불리던 인텔리 데파트 껄들은 이르면 한두 달 만에 그만두거나 늦어도 일 년 정도면 대개 시집을 가버리고 백화점을 그만두곤 했다.[8]

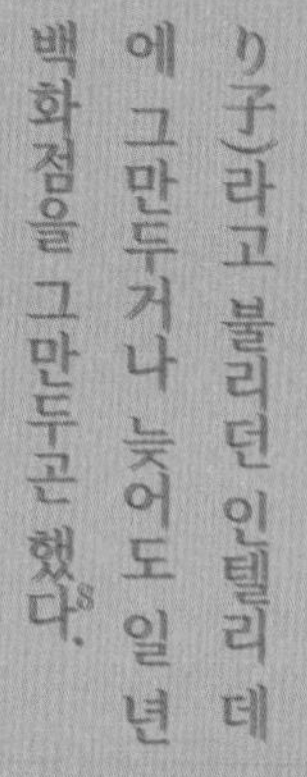

2층 화장품부·양품잡화부

이 층은 크게 화장품부와 양품잡화부로 나뉜다. 화장품부에는 여학생들과 신식 부인들로 꼭꼭 차서 불경기의 바람이 어디서 부냐는 듯 늘 대성황을 이루었다.[1] 화장품의 어여쁜 병을 집어 들고 이게 머리에 바르는 약인가 얼굴에 바르는 것인가 모르는 이들도 많았다. 이들은 모양만 양복을 하였지 영자(英字)를 모르니 볼 수는 없고 일본말이 서투르니 물어보기도 힘들고 공연히 코밑에 가져다 향내만 맡느라고 쫑긋쫑긋하곤 했다.[2]

백분을 파는 진열장 앞에는 늘 한무리 여성들로 북새통이었다. 화신 백화점 화장품부에서 임시로 점원 생활을 체험한 한 기자는 한 시간 동안 무려 일백구 명의 고객을 상대로 사백여 원의 매출을 올렸는데 어느 한 고객에게만 오십육만여 원의 물건을 팔았다는 이야기도 있다.[3] 높은 판매를 위해서는 인물과 인상이 좋고 친절하며 눈치 빠른 점원이 필요했다.[4]

양품잡화부는 주로 복장 관련 소품을 판매했다. 양화는 맞춤도 있지만 기성화를 사는 이들이 점차 늘어나고 있었다. 증답품으로 인기 많은 넥타이와 양말을 비롯하여 남성들을 위한 소품인 와이셔츠·모자·스틱·메리야스·칼라 등이 대표적인 상품들로서 계절 따라 특가전도 열렸다.

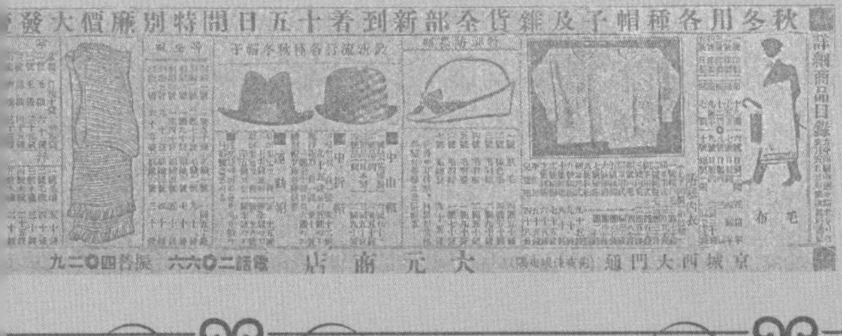

화장품이라 하느니보다 보건용품

비누

문명과 야만을 나누는 척도

일본은 서구 선진국처럼 공중위생을 통해 한시라도 빨리 문명국의 대열에 들고자 했다. 전염병 예방과 위생, 청결을 위해 가장 필요한 물품은 다름 아닌 비누였다.

비누를 의미하는 영어 'Soap'은 고대 로마의 사포Sapo 언덕에서 유래했다. 이 언덕에서 제사를 지내면서 생긴 기름과 타다 남은 재가 섞여 언덕 아래 강으로 흘러갔고 여기에서 빨래를 하던 여인들은 그 덕분에 일이 쉬워지는 걸 알게 되었다. 그때부터 사포 언덕에서 내려오는 그걸 'Soap' 즉, 비누라고 불렀다.[1] 경북 선산이나 구미 지역 어르신들은 간혹 비누를 사분이라고 한다. 이 지역에 온 프랑스 선교사들이 비누를 그렇게 부른 것에서 유래했다. 프랑스에서 비누는 사봉savon이다.[2]

"원래 비누라 하는 것은 화장품이라 하느니보다도, 차라리 보건용품이라고 할 것이올시다. 문명인은 비누로 신체를 정결케 하지만은, 야만인은 비누를 먹어 버립니다."

1925년 신문에 실린 일본 호시미ホシ美 비누 광고 문구다.[3] 이 당시에는 비누

를 미용보다는 보건 위생에 방점을 둔 상품으로 인식했고, 이를 어떻게 사용하느냐에 따라 문명과 야만으로 나뉜다고 생각했다는 걸 알 수 있다.

목욕탕의 등장, 비누는 필수품

우리에게 목욕은 낯선 문화였다. 1876년 개항 이후 제물포와 한양에 생겨난 이른바 문명적 건축물인 호텔에도 목욕 시설을 갖춘 곳은 드물었다. 1899년 무렵에 생긴, 도성에서 제일 크다고 알려진 팔레 호텔Hotel du Palais(일명 프렌치 호텔)도 욕실이 없어 투숙객에게 일본인 거주지 진고개에 있는 목욕탕에 가도록 권했다.

외국인 투숙객들이야 진고개 목욕탕을 자유롭게 이용했지만 1920년대 조선인들은 상황이 달랐다. 일제강점기 일본인의 조선인 차별은 잘 알려진 사실이지만 목욕탕에서 벌어진 분쟁은 사회적인 문제로도 부각되었다. 경성의 목욕탕은 대부분 일본인이 운영했다. 이 가운데는 조선인의 출입을 아예 금지한 곳들이 많았다. 남미창정(오늘날 중구 남창동)의 대흑탕大黑湯, 태평통(오늘날 태평로)의 홍엽탕紅葉湯, 길야정(오늘날 용산구 도동)의 한 목욕탕에서 조선인을 거부하여 싸움이 벌어지기도 했다.[4] 각 관할 경찰서에서는 이 온당치 못한 차별을 엄중 단속 조치한다는 의견이었지만 조선인은 여전히 거부당했다.

이후로 차차 공중 목욕탕이 늘어나면서 목욕을 하러 다니는 이들이 퍽 많아졌다. 이런 세태를 반영하여 그 무렵 신문에는 목욕하러 갈 때 위생상 주의할 점 등을 당부하는 기사가 종종 실렸다. 한편으로 목욕탕은 "미균(미세균)이 잘 번식하는 곳"이어서 "안질, 피부병, 화류병이 전염되기 쉽고 면도하는 것은 위험"하다는 경고도 잊지 않았다.[5]

독일제가 으뜸, 영국제와 미국제는 그 다음

목욕할 때 비누는 필수품이었다. 한 신문 기사에 따르면 경성부 내 비누 소비량은 1924년 기준으로 연간 약 14만 원 규모였다. 비누는 당시 석감石鹼이라고 했다. 잿

독일제 경마표 모우손 비누 로고와 이 회사의 라벤더 제품.

물을 받아 풀즙이나 밀가루에 반죽해서 굳힌 형태에서 나왔던 데서 나온 이름이다.[6] 그렇다면 1920년대 경성 사람들은 과연 어떤 비누로 얼굴과 몸을 닦았을까? 품질은 독일제를 으뜸으로 쳤고 영국제, 미국제가 그 뒤를 이었다.

> "수입되는 것의 가장 우량하며 그중에도 모든 과학의 발달로 유명한 독일제품인 경마표競馬票가 품질 조흔것으로는 가장 만히 쓰이며 다음으로는 영국제英國製 미국제米國製의 차서이라 하며 일본서 이입되는 것 중에는 삼륜三輪, 화왕花王, 그리고 가정家庭표 등이라는데 (…)" _『동아일보』, 1924. 5. 17.

가장 우수하다는 평을 받은 독일의 경마표 비누는 달리는 마차를 상표로 한 모우손J.G.Mouson&Co. 제품으로 추정된다. 1789년 프랑크푸르트에서 설립된 모우손사는 1972년까지 향수를 생산했다. 위 기사가 실린 1924년도에는 올드 잉글리쉬 라벤더Alt English Lavendel라는 상품을 출시했다.

일본 비누의 대표격, 가오 비누

1924년 5월 17일자 『동아일보』에서 언급한 일본제 비누는 삼륜, 화왕, 그리고 가정표 비누다. 이들 제품은 명실상부 1920~30년대 3대 비누 브랜드로 꼽을 수 있는데, 이 가운데 가오 비누로 알려진 화왕 비누는 일본 비누의 대표격이라 할 만했다. 창업자인 나가세 도미로長瀨富郎는 원래 수입 비누와 문구류를 취급하던 나가세 상점을 운영했다. 그러다 1890년 수입품 못지않은 품질이지만 값은 저렴한 비누를 만들게 되었다. 일본 최초의 자국산 고급 세안 비누가 등장한 것이다. 19세기

후반 일본에서 사용된 비누는 크게 세탁용인 아라이 세켄洗せっけん과 고급 세안용인 가오 아라이顔洗い로 나뉘었다. 도미로는 고객들에게 고급 세안 비누의 이미지를 각인시키기 위해 비누 이름을 얼굴かお과 같은 음인 가오라고 짓고, 한자로는 화왕花王으로 표기했다. 화왕은 꽃 중의 꽃花中之王 즉, 모란을 의미하는데 당 현종이 양귀비와 침향정에 나와 모란을 보고 그 아름다움에 취해 이백을 불러내어 짓게 한 시, 「청평조사」清平調詞에서 유래했다.[7] 비누 이름을 지으면서 마케팅을 고려하여 동음어에 고전 시가까지 소환한 셈이다.

가오 비누는 발매 이후 1910년 무렵에는 전국적으로 판매되는 내셔널 브랜드로 자리잡았다. 고급스럽게 개별 포장한 비누를 오동나무 상자에 담고 약학 박사가 분석한 성분 분석 증명서까지 동봉하여 고객들을 안심시켰다.

로고는 초승달 얼굴을 내세웠다. 로고를 달로 삼은 데는 이유가 있었다. 비누를 사용하면 얼굴이 반짝인다는 점에 착안, 하늘에서 반짝이는 세 가지 즉, 달·별·해 가운데 달을 선택한 것이다. 이러한 이미지는 천국이나 신을 연상시켜 일본의 여러 상품에서 자주 사용되어왔다.[8] 가오 비누와 관련한 다른 자료에는 나가세 상점에서 수입 판매한 연필에서 차용한 것이라고 하는데,[9] 수입 아이보리 비누의 로고와 거의 비슷한 것으로 보아 아마도 이것을 모방한 것이 아닐까 짐작한다. 심지어 "순수도 99.4 퍼센트" 비누라고 강조한 것 역시 같은 시대 미국 비누 홍보 전략과 비슷하다.[10]

가오 비누는 홍보에도 공을 많이 들였다. 1924년 중반부터 1930년대 중반까지 조선의 신문 지면에서는 거의 매주 가오 비누의 광고를 볼 수 있었다. 디자인도 자주 바꿔 선보였고, 비누의 효능을 과학적으로 설명하기도 했다. 1927년에는 대중적 비누라는 문구를 강조했는데, 이는 저렴한 가격으로 시장을 공략하려는 전략으로 보인다. 이를 통해 당시 대중들에게 비누가 빠르게 보편화되고 있었음을 알 수 있다. 1931년에는 비누 포장 디자인 콘테스트를 열어 발탁한 하라 히로시原弘의 디자인을 채택했는데,[11] 주홍색 바탕에 'kao soap' 영문자를 흰 글씨로 과감하게 표현한, 이런 식의 타이포그래픽 디자인은 당시로서는 매우 획기적이었다.

3대 비누 중 또 하나인 삼륜은 겹쳐 그린 세 개의 원을 마크로 쓴 미쓰와ミツワ

1927년 2월 18일 『조선신문』에 실린 가오 비누 광고.

거의 매주 신문 지면에 등장한 가오 비누 광고.
이 광고는 1934년 12월 26일 『경성일보』에 실린 것이다.

아이보리 비누. 웃는 달 모양의 로고가
가오 비누와 흡사하다.

가오 비누 세트 상품들.

1931년부터 새롭게 바뀐
가오 비누 포장.[12]

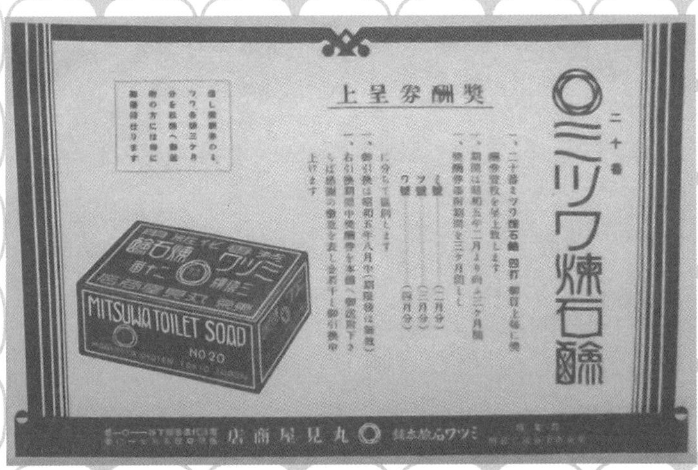

1930년대 미쓰와 비누와 홍보 포스터.

1927년 6월 25일 『조선신문』에 실린 가테이 비누 광고.

1920~30년대 벨벳 비누 포스터.

비누를 일컫는다. 이 회사에서는 미쓰와 비누의 부산물로 만든 값싸고 질 좋은 도모에トモヱ 비누도 출시했다. 고급 세안 비누에 비해 가격이 저렴하고 오래가는 것으로, 중산층을 겨냥한 제품이라고 할 수 있다. 마지막 가정표는 가테이カテイ 비누라는 이름으로 주로 광고에 등장했다.

"몹시 문지르지 않아도 거품 잘 이는" 벨벳 비누

영국의 비누 회사가 일본에 공장을 세워 출시한 비누도 있었다. 바로 벨벳 비누다. 영국 최대 비누 회사 레버 브라더스Lever Brothers 즉, 오늘날 유니레버의 모체인 이 회사가 1910년 일본리바브라더스를 설립, 아마가사키尼崎에 대규모 공장을 세우고 제품을 생산한 것이다.[13] 제품 홍보 포스터에는 우키요에 화가 가와나베 교슈이河鍋曉翠, 1868-1935[14]의 〈칠복신 입욕도〉七福神入浴図를 사용했는데, 행운의 칠복신이 공중 목욕탕에서 함께 비누를 사용하는 모습을 재미있게 묘사했다.[15] 그림 안의 욕탕 타일에는 레버의 로고가 선명하고 일곱 신들이 벨벳 비누로 풍성한 거품을 즐기고 있다. 광고 포인트는 "향기와 거품이 모다 조흔" 벨벳 비누는 '몹시 문지르지 않아도 거품이 잘 인다'는 당시 광고 문구에서 잘 파악할 수 있다.[16]

벨벳 비누는 〈칠복신 입욕도〉 외에도 에로틱한 여성을 등장시킨 포스터를 활용해 소비자를 유혹했다. 포스터 속 여인은 상체를 반쯤 드러낸 채 소비자를 응시한다. 포장이 반쯤 벗겨진 비누, 여체의 고운 속살이 소비자에게 동시에 추파를 던지는 듯하다.

신문에서 알려준 비누 고르는 법

가오 비누를 비롯한 1920년대 대부분의 세안 비누는 부드러운 거품과 아름다운 향기로 거칠어지기 쉬운 피부를 아름답게 가꾸는 데 탁월한 효과가 있다고 홍보했다. 신문에는 독자들을 위해 비누 보는 법과 고르는 법을 종종 실었다.

1920년경 가와나베 교슈이가 그린 벨벳 비누의 〈칠복신 입욕도〉, 도쿄 후지 미술관.

"적은 방울로 거품을 많이 내는 것, 씻을 때 얼른 빠지는 것, 물에 풀 때 속히 풀어지는 것." _『매일신보』 1927. 10. 12.

이런 비누를 고르라고 하거나 다음과 같은 한편 황당하고 또 나름 과학적인 방편을 제시하기도 했다.

"비누를 먼저 혀끝에 대보아서 혀끝이 찌르르하게 자극이 되는 것은 알칼리성이 너무 많은 비누일 뿐만 아니라 피부에 해롭다."

"양지로 비누를 꼭 싸서 일주일쯤 지난 후 그 종이를 펴보아서 반투명의 유지가 되는 것은 기름이 너무 많은 비누다. 비누 조각을 무수無水 알코올로 녹여서 완전히 녹으면 좋은 비누요 전분澱粉이나 점토粘土나 그 외에 혼잡물混雜物이 남는 것은 좋지 못한 것이다." _『매일신보』 1926. 12. 22.

1930년대에도 이런 식의 안내는 여전했다. 여전히 핥아보아 단 것, 써보아서 거품이 잘 나는 것이 좋다고 알렸다.[17] "위생의 전도사"[18]로서 적극적인 역할을 했던 비누는 1947년 빨랫비누인 무궁화 비누를 비롯해 럭키 비누 같은 국산 세안 비누가 본격적으로 선보이기 전까지 꽤 오랜 시간 물 건너온 고급 소비재였다.

부인 화장계에 업지 못할 패왕

백분

여인들의 늘 애정하는 아이템

동·서양을 막론하고 하얀 피부가 미인의 조건이 된 지는 오래다. 햇볕에 그을린 피부는 곧 힘든 노동의 결과로, 흰 피부는 자연스레 고귀한 신분의 상징이 되었기 때문이다. 하얀 피부를 소망하는 여인들에게 백분白粉은 늘 애정하는 아이템이었다. 백분은 말 그대로 흰 가루를 의미하므로 쌀과 같은 곡식, 분꽃 씨 또는 조개 껍데기를 태워 빻은 분말이나 백토나 활석 등의 분말로 만들었다. 가루로만 만들면 풀풀 날려서 잘 바르기가 어려우니, 여기에 납鉛을 화학 처리하여 연분으로 만들어 사용했다. 고대 이집트에서 출토된 백분에서도 납 성분이 검출된 점으로 미루어 보아 연분의 역사는 기원전 2~3세기까지 거슬러 올라간다고 보아야 할 것이다.

백옥같이 흰 피부는 조선 시대 여인들의 소망이기도 했다. 조선 순조 9년(1809) 빙허각 이씨가 편찬한 『규합총서』는 여인들이 옥 같은 피부를 간직할 수 있는 다양한 미안법을 소개했다.[1] 이것 말고도 백분에 대한 간접적인 기록은 신라 시대까지 거슬러 올라간다. 일본의 한 고문헌에 따르면 신라의 한 승려가 서기 692년 일본에서 연분을 만들어 상을 주었다고 한다.[2]

조선 시대까지만 하더라도 백분은 각자 집에서 만들어 쓰거나 가내수공업 규모로 제조되었지만, 개항 이후 일본과 청으로부터 양분洋粉과 왜분倭粉이 수입되었다. 수입 초기에는 주로 화류계 여성들 사이에서 애용[3]되었는데, 이름하여 박가분의 등장으로 엄청난 히트 상품이 탄생하기에 이른다.

박가분의 등장, 히트 상품의 탄생

처음에는 그저 덤으로 주던 것이었다. 1916년 종로의 포목상 박승직상점에서 물건을 사면 박가분을 덤으로 얹어주었는데, 고객 반응이 예사롭지 않자 2년 뒤인 1918년 정식 허가를 얻어 상품으로 발매하기 시작했다. 시작은 소박했다. 박승직의 부인 정정숙이 어느 날 한 노파가 백분을 파는 것을 보고 남편과 상의 끝에 여성 10여 명을 모아 백분을 집에서 제조하기 시작했다. 그런데 뜻밖에 여성들에게 큰 인기를 얻었고, 언론에서도 '화장계化粧界의 복음福音'이라는 기사[4]를 비롯하여 "부인 화장계에 업지 못할 패왕"이라는 호평[5]을 내놓았다. 그야말로 대단한 성공으로 이어진 것이다. 본격적인 홍보가 이어진 것은 물론이다. 1928년 9월 24일자 『매일신보』에 게재한 광고에는 "귀부인 준비품, 화장이 변치안는 박가분"이라는 제목과 함께 그 효능과 사용법을 깨알같이 적었다.[6]

> "최고한 력사가 잇고 수차 상패 바든 박가분을 항상 바르시면 살빗치 고아지고 모든 풍증과 땀띄 죽은깨와 잡틔가 사라지고 윤택하여집니다. (…)
> 귀부인 화장허실 때 박가분을 콩알만치 떼어 손바닥에 놋코 물을 조금 떠러틔리고 개이면 백배 이상 부러나서 안면에 만족히 바르게 됩니다."

요즘으로 치면 피부색 개선, 잡티 제거 등 미백 기능을 강조한 셈이다. 박가분의 명성이 높았다는 점은 유사품이 잇따라 출시된 것으로 확인할 수 있다. 설화분, 앵분, 서가분, 서울장분 같은 것들이 우후죽순 생겨났다. 유명세도 치러야 했다. 대구에서 짝퉁 박가분이 유통되자 박가분의 박승직은 이를 만든 오상용을 상대로 상표권 침해 소를 제기하기도 했다. 오 씨는 자신이 제조한 분에다 박가분 상표를

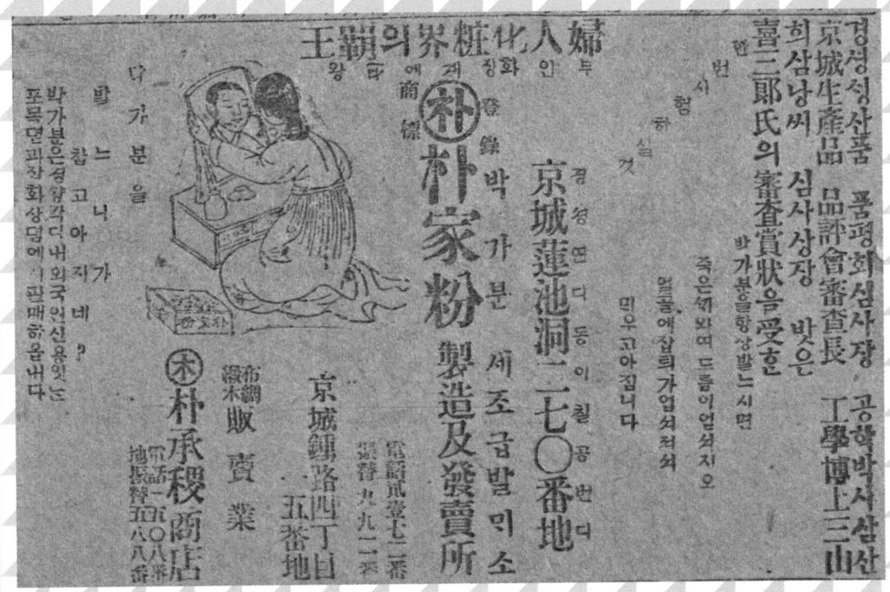

1922년 2월 16일 『매일신보』에 실린 박가분 광고.

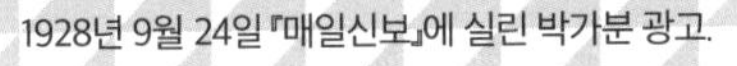
1928년 9월 24일 『매일신보』에 실린 박가분 광고.

박가분. 서울역사박물관.

붙이고 이를 대구, 경북 일대에 염가로 판매했는데 박가분 측은 "악질의 제품에다 남의 상표를 사용하고 물질은 고사하고 신용에 큰 타격을 입었다"고 주장했다.[7]

납 성분 연분 제품에서 무연 백분으로

이렇듯 승승장구하던 박가분의 인기에 제동이 걸린 것은 분에 들어 있는 납 성분 때문이었다. 박가분은 납을 끓여 거기에서 나오는 거품을 활석 가루와 반죽해 만들었는데 이를 사용하던 여성들 사이에서 피부가 푸르게 괴사하고 정신이 혼미해지는 부작용이 나타났다. 심지어 한 기생은 박가분 때문에 얼굴을 망쳤다고 소를 제기하기도 했다. 그러면서 납이 들어 있는 분이 '살을 파먹는 가루'라는 소문이 돌기 시작했고, 박가분의 명성은 무너져 결국 1937년 폐업했다.[8] 의사들은 납 성분이 든 분을 바른 어머니가 아기에게 수유를 할 경우 피부로 흡수된 납이 젖을 통해 아기에게 쌓이고 심하면 뇌막염에 걸릴 위험이 있다고 주의를 당부하기까지 했다.[9]

백분의 납 성분은 비단 박가분만의 문제는 아니었다. 과거 유럽에서도 납 성분 파우더의 사용으로 인해 얼굴에 뾰루지나 변색 등의 트러블이 많이 일어났다. 이를 감추기 위해 여성들은 애교점을 애용했다. 얼굴을 매력적으로 보이도록 붙인 일종의 패치인데 천연두로 인한 흉터나 잡티 등을 가리는 용도로 검은색 실크나 벨벳, 가죽 등으로 만든 원·별·달, 마름모 모양을 스티커처럼 오려 붙였다. 로마 시대부터 있었다고 알려져 있는데, 프랑스와 영국에는 16세기 후반부터 등장, 17세기 후반에 가장 유행했다.[10] 프랑스에서는 이를 '무슈'mouches라고 불렀다. 파리라는 뜻으로, 풍자가들은 지나치게 많은 애교점을 얼굴에 덕지덕지 붙인 것을 두고 파리 떼의 습격으로 묘사하기도 했다.

일본에서도 연분의 해독은 사회적으로 문제가 되었다. 특히 짙은 화장을 하는 가부키 배우들의 납 중독이 심각했다. 이를 개선하기 위해 파리에서 유학한 하세베 나가히코長谷部仲彦가 1900년 무렵 무연 백분을 개발했고, 그 이듬해인 1901년 완전한 무연 백분이 출시되었다. 바로 미소노 백분御園白粉이다.[11] 그 이후로 몇 년

지난 1907년 무렵부터 대학大學 백분, 레-토レート 백분, 구라부クラブ 백분, 우테나ウテナ 백분 등 다양한 무연 백분이 출시되어 경쟁하게 되었다.

국내에도 일찌감치 이런 무연 백분 제품들이 들어왔고, 1920년대 후반부터 신문에는 미소노를 비롯하여 구라부, 우테나, 호시미, 시세이도 등 여러 회사가 앞다투어 무연 백분 광고를 냈다. 하지만 연분 해독성 문제가 심각하게 대두되기 전에는 납 성분이 들어 있는 제품과 함께 유통이 되었다. 밀착, 발림, 광택 등에서 훨씬 효과가 있어 보였기 때문이다. 일본에서도 1900년에 연분 금지령이 내려지긴 했지만 제대로 시행되지 않아 시장에서는 연분 제품이 지속적으로 유통이 되다가 1935년에 이르러서 판매 금지가 되었고,[12] 그 이후 시장에서는 차츰 연분 제품이 사라졌다. 이와 맞물려 1930년대 초중반 무렵 연분의 부착력을 대체하는 백색 착색료인 이산화타이타늄을 제품에 사용하기 시작한 것도 자연스럽게 시장에서 연분 제품을 사라지게 한 배경으로 작용했다.[13]

"순 조선인이 경영하는 삼호 화장품", "조선인 중심의 천보당"

워낙 일본에서 만든 백분이 범람했던 터라 존재감이 약하긴 했으나, 1930년대에는 조선 화장품도 드물게나마 모습을 보였다. 삼호三好 화장품과 천보당天保堂의 스메쓰スメツ 화장품이 그것이다.

삼호 화장품은 1923년 삼성당三星堂으로 화장품 제조· 판매를 시작, 1935년 8월에는 김진태가 사장(전무취체역)을 맡아 소격동 159번지에 소재한, 자본금 30만 원의 주식회사로 전환했다.[14] 같은 시기 『동아일보』에는 삼호 화장품은 순 조선인이 경영하는 조선 내 최초의 대화장품 회사로서 자급자족 후엔 해외에 판매망을 확충하리라는 전망도 실렸다.[15] 삼호 화장품에서는 삼호수三好水 백분을 출시했는데, "우리 조선 부인 피부에 맞도록 특히 연구하야 맨든 만치 잘 먹고 잘 피고 오래 가며 색향이 우수합니다"라거나[16] "정다운 우리 화장품"이라는[17] 카피를 광고에 적어 넣어 일본산을 국산으로 내세우던 다른 제품들과 차별화하여 민족적 동질감을 자극했다.[18]

쇠라, 〈분 바르는 여인〉, 1888~1890, 런던 코톨트 미술관.

프랑수아 우베르 드루에가 그린 것으로 추정되는 〈애교점을 붙이는 앤 드 라 그랑쥐 트리아농〉, 18세기, 개인.

1650년경 얼굴 패치를 한 두 여인.

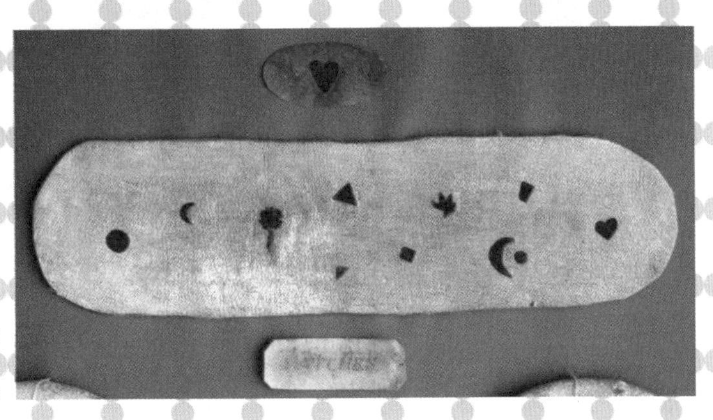

18세기 여러 가지 모양으로
오려 붙인 얼굴 패치.
런던 과학박물관.

1935년 9월 5일 『매일신보』에 실린 사와 백분 광고.

1930년 7월 16일 『조선신문』에 실린 우테나 백분 광고.

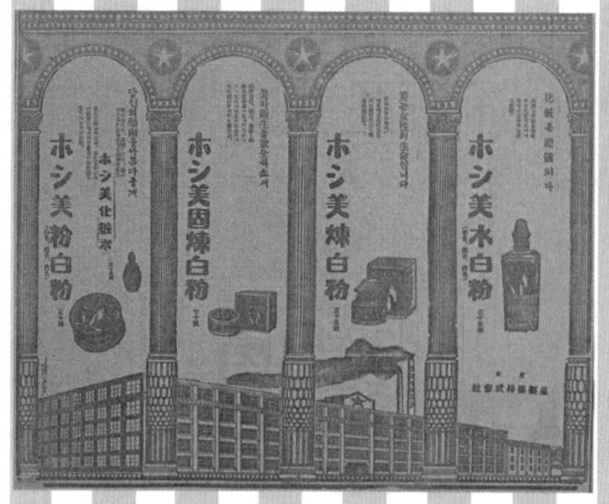

1925년 1월 26일 『매일신보』에 실린 호시미 백분 광고.

1933년 4월 『신가정』 뒤표지에 실린
삼성당 화장품 광고.

에도 시대 게이사이 에이센이 그린 우키요에 미인화
〈미염 선녀향 백분〉, 홋카이도 도립근대미술관.

1926년 다다 호쿠우가 그린 미소노 백분 포스터.

해수욕으로 검게 그을린 피부의 여성을 내세운
1927년 6월 『보그』 표지.

1927년 7월 여름 『보그』 표지.

천보당은 1932년 조선인을 중심으로 조직된 화장품 회사[19]로 스메쓰라는 화장품과 비누를 출시했다. 주로 "현대적 명랑한 화장미"라는 문안을 내세워 홍보했으나, 다분히 일본풍을 모방한 제품명과 광고 형식 등으로 큰 성공을 거두지는 못한 듯하다.

"버서저도 흉하지 않은" 육색肉色 화장법의 유행

1920년대 후반부터는 무조건 하얀 것보다 자연스러운 화장법이 강조되었다. 이런 유행에 따라 백분 역시 흰색 일색에서 벗어나, 혈색 도는 피부 표현을 위해 옅은 붉은색을 칠하는 이른바 '육색'肉色 백분이 나왔다. 일본에서는 이를 한자로 '담홍'淡紅, '홍紅으로 쓰고 '니쿠'にく라고 읽었다.

처음 나온 것은 1906년 무렵 미소노 백분에서 만든 니쿠이로淡紅色 즉, 육색이지만, 본격적으로 유행한 것은 1920년대부터였다.[20] 우리나라에서는 1931년 여름 땀을 많이 흘려 화장이 지워지기 쉬운 여름철에 육색 백분을 사용할 것을 제안한 기사가 눈에 띈다.

"버서저도 흉하지 안은 녀름철 화장법-분은 육색을 사용할 것

무더운 녀름철 화장은 될 수 잇는대로 보기에 시원해 보이도록 할 것입니다. 녀름철 화장의 결점은 버서지기 쉬운 것과 땀을 흘녀서 얼눅이 잘 가는 것인데 이것 때문에 자연이 버서지지 안는 화장과 또 버서저도 보기 흉하지 안은 화장 이 두 가지가 제일 필요합니다. (…) 얼골에 '콜-드크림-'을 바르고 약솜이나 '까제'로 닥근 후에 연지를 빰 중가운데서 귓가까지 넓게 바르고 코가 적은 분은 코 량쪽에 조금 바릅니다. (…) 분은 보통 물분을 한 번에 만히 바르지 말고 여러 번 발너서 골고루 알맞게 바른 다음에 '바니싱.크림-' 가튼 것을 손바닥에 조금 부비여서 코와 빰을 꼭꼭 누른 후에 '파후'(퍼프)로 가루분을 살작 바를 것입니다. 얼골 빗이 검은 분은 물분 가루분을 모다 육색肉色을 사용할 것이고 살결이 힌 분

이라도 가루분은 육색이 조흡니다. (…)" _『매일신보』, 1931. 7. 1.

이러한 육색 백분의 출현은 20세기 초 자연스러운 화장을 추구하기 시작한 서구의 영향을 받았다고 할 수 있다. 1927년 무렵부터 유럽에서는 단순히 자연스러운 피부 표현에서 더 나아가 태양빛에 그을린 듯한, 건강미 넘치는 갈색 피부가 유행하기 시작했다. 이를 보여주듯 1927년 여름 잡지 『보그』*Vogue*는 선탠을 한 여성을 처음으로 표지에 실었다.[21] 프랑스 리비에라 해안 해수욕으로 그을린 갈색 피부를 한 여성과 해안에 당당하게 서 있는 모델을 연이어 선보인 것은 코코 샤넬Coco Chanel, 1883~1971의 영향이 컸다. 샤넬은 종종 중류나 하층 계급의 유행을 상류층이나 유한계급의 시크한 멋으로 전환시키곤 했다. 예컨대 가난한 이들이 입는 편물 옷이나 가짜 진주 목걸이를 상류층 패션으로 승화시켰다. 그녀가 1923년 리비에라 해안의 요트에서 검게 그을린 모습으로 사교계에 등장한 뒤부터 흰 피부는 실내 노동 현장에 갇혀 여가를 즐길 수 없는 하층민의 기표가 되어버렸다.[22] 덕분에 이 무렵 유럽의 해변에는 창백해 보이는 하얀 피부 대신 갈색 피부를 얻기 위해 수영복을 입고 코코넛 오일을 바른 여성들로 북적였다. 1931년 여름 『매일신보』도 이러한 경향을 동·서양의 분 바르는 방식과 함께 소개했다.

"동양부인들은 몬저 진하게 발너노코 여러 가지 가공을 하여서 점 연하게 하지만은 서양부인들은 몬저 분은 엷게 바르고 차차 여러 가지를 발너서 진하게 합니다. 분의 빗갈도 동양은 문자 그대로 (근래에는 색다른 것을 사용하는 이가 점점 늘어가지만은) 힌빗뿐이지만은 서양서는 힌빗은 거의 업고 대부분은 반드시 빗갈 잇는 것을 사용합니다. 서양부인이 분을 바르는 목적은 피부색을 건강한 빗으로 만들기 위함입니다. 피부가 힌 부인은 자연색이나 또는 장미색을 사용하고 누른 빗이 잇는 육색 '라셀' '오클' 이러한 빗갈을 사용하고 얼골이 창백할 이는 보라빗의 분을 사용합니다. (…) 해욕(해수욕)할 때 사용하는 분으로서 '오-카드리암' '산탄-' 가튼 빗이 빨강고 진한 것을 사용하여서 도리혀 볏해 거른 것처럼 하는 것이 최근의 경향입니다. 이와가타서 당연히 '콤팍트'에노 혁명이 생겨서니 재래와 가튼 한 색의 분만이 안이고 적당하게 혼합하여서 자기 뀌부에 가장 맛는 색을 내일수 잇게 장치된 '콤팍트'가 최근 유행합니다. 가루분을 너어서 라사를 돌니면 적당하게 혼합되여서 자기 뀌부에 꼭맛는 색으로 된다고 하는 '콤팍트'입니다". _『매일신보』, 1931. 7. 8.

위의 기사에서 서양에서는 흰 피부는 자연색이나 장미색 분, 누런 피부는 '라셀'이나 '오클'의 육색빛 분을 쓴다고 했는데 이는 밝은 황갈색을 의미하는 'rachel', 황토색인 'ochre'를 의미하는 것으로 추정된다. 또한 서양에서는 햇볕에 그을린 피부색을 표현하기 위해 붉고 진한 색을 바르는 것이 유행이었음을 알 수 있다.

이를 반영하기라도 한 듯 우테나 백분에서는 1930년대 초 네 가지 육색 백분을 출시했다. "오-쿠르 1호, 오-쿠르 2호, 나츄레르, 쁘룬"이 그것인데 "오-쿠르"는 황토색 'ochre'였고 1호는 연황색, 2호는 좀 짙은 색이었다. "나츄레르"는 "오-쿠르"보다 진한 'natural', "쁘룬"은 갈색 'brun'으로 총 4단계의 색상이었다.[23] 이러한 색에 대해 "자연의 미와 생기 있는 매력이 나며, 젊음의, 청춘이 약동하는 색, 여름, 가을철의 색"이라고 홍보하는 것도 잊지 않았다. 자연스러운 피부색을 표현하기 위해 여러 가지 분을 섞을 수 있는 콤팩트도 이 시기에 출시되었다.

프랑스제 코티분은 고급품, 일본제 캄피는 싸구려

당시 여인들이 선호하는 화장품은 문학 작품을 통해서도 가늠할 수 있다. 소설가 박태원이 1942년에 쓴 장편 소설『여인 성장』의 등장인물인 숙경이와 올케인 숙자는 아래와 같은 대화를 나눈다.

"숙경: 언니! 화장품은 뭘 쓰슈?
숙자: 뭐라구 특별히…….
숙경: 아아니 그래도 정해 놓구 쓰시는 게 있겠지?
숙자: 첨에 국산 캄피를 썼기 댐에 요새두 그대루 그걸 쓰구 있죠.

숙경: 어이 국산 캄피? 언닌 어떤지 몰라두 난 코티가 그중인 것 같애!
숙자: 허지만 그런 거 지금은 살래야 살 수 없지 않아요.
숙경: 그러게 내 미리 많이 사 두었거든! 언니."

해방 이후 코티 분. 국립민속박물관.

숙경의 올케 숙자는 숙경의 오빠 최상호와 갓 결혼해 신분 상승을 했고 그가 이야기한 국산 캄피는 일본산 캅피를 의미한다(향수편 참조). 그런데 부잣집 딸인 주인공 숙경은 프랑스제 코티COTY를 선호한다.

1936년 조선일보사에서 발행한 『여성』 지의 설문조사에서도 여성 명사名士 대부분이 코티분을 사용한다고 응답했다.[24] 그 당시 소비자에게 국산이라 일컬어진 일본산과 구미 제품은 그 위계와 선호도가 뚜렷했다. 코티와 캅피는 말하자면 구매자의 사회적 지위를 드러내는 기표였다.[25] 식민지 정부와 일본 기업이 제아무리 국산품 애용을 외쳐도 코티를 쓰는 숙경은 애국 국민으로 단일화되지 않는 개별 소비자였다.[26] 소설 속 숙경이 애용한 코티의 명성은 해방 이후까지 이어졌고, 1960년 태평양화학은 코티 사와 기술 제휴를 하여 국내에서 직접 생산하기에 이른다.[27]

희게 또는 건강한 구릿빛으로 피부를 표현하는 백분은 시대를 거치면서 더욱 분화되어 오늘날은 파우더, 콤팩트, 파운데이션, 쿠션, 커버 팩트 등 다양한 형태로 거듭났다. 이처럼 문어발처럼 뻗어나가는 상품은 현대인을 소비의 굴레에서 벗어나지 못하도록 꽁꽁 묶어두는데, 지금으로부터 백여 년 전 그때 그 여인들도 오늘과 크게 다르지 않았던 듯도 하다.

당신을 참으로 곱게 하는 백색 미안수

화장수

백분 화장의 밑바탕, 화장수

오늘날 스킨 케어에서 가장 기본이 되는 것이 피부를 정돈하는 액체, 이른바 스킨 또는 스킨 로션이다. 1920~30년대에는 보통 화장수化粧水라고 불렀다. 피부 화장의 기초 단계에서 가장 먼저 사용하기 때문에 백분 화장의 밑바탕이 되기도 했다.

일본에서는 대표적인 화장품 제조사 모모타니준텐칸桃谷順天館에서 발매한 미안수美顔水와 시세이도의 오이데루민Eudermine이 가장 인기를 끌었고, 우리나라에서는 이 제품들은 물론 구라부, 우테나의 화장수가 널리 알려졌다. 당시 광고를 보면 화장수의 사용법과 효능, 그 역사를 설명하는 데 집중한 내용들을 만날 수 있다. 1928년 5월 5일자 『매일신보』의 기사는 '얼굴에 기름이 많아서 분을 바르면 잘 펴지지 않고 얼마 안 되어 이곳저곳으로 몰리게 되어 보기 흉한 분이 많다'면서 '분을 바르기 전에 얼굴에 화장수칠을 하라'고 조언하는데 글의 마무리는 '피부는 사람마다 다르기 때문에 화장품도 사람에 따라 같지 않다'면서 "누구에게도 적의適宜하다고 할 것은 크라부의 화장품이라 한다"고 되어 있다.[1] 아마도 구라부 화장품의 기사형 광고로 추정된다. 모모타니준텐칸의 미안수 광고에도 그 효능과 역사가 자세히 적혀 있다.

"당신을 참으로 곱게 하는 백색 미안수
백색미안수로 한 화장의 아름다움은 다만 희거나 고움에만 그치지 안코 말할 수 업시 청신하며 살바탕이 본래 그런 것 가티 희고도 어엽브게 보입니다.
백색미안수의 화장은 참으로 힘들지 안코 수고와 시간이 오래 걸리지 안습니다. 급하게 하드라도 훌륭히 곱게 화장이 됩니다.
또 화장솜씨가 서투르신 분도 것칠거나 기름이 세어서 백분이 잘 아니 오르시는 분도 백색미안수면 훌륭히 고웁게 오릅니다.
백색미안수는 도곡약학박사의 화장품연구소의 독특한 연구로써 완성된 화장품으로 순수하야 무연임으로 연분의 념려 가튼 것은 족음도 업습니다.
멀리 외국에까지 소문이 놉흔 물분" _『매일신보』, 1931. 7. 1.

백색 미안수는 피부를 희고 자연스럽게 보이게 하고, 시간과 수고를 덜어주어 화장을 신속하게 할 수 있고, 화장에 서툰 이들도 쉽게 사용이 가능하며, 지성 피부를 가진 이들도 백분이 잘 발리게끔 해주고 무엇보다도 무연으로 안심하고 사용할 수 있다고, 자사 제품에 대해 상세히 설명하고 있다.

백색 미안수에 육색 미안수까지

모모타니준텐칸에서는 백색 미안수 이외에도 육색肌色 미안수도 출시했다. 피부가 희지 않고 기름기가 많은, 이른바 지성 피부에 적절하다고 강조했다. 1920년대 후반 무렵부터 건강하고 자연스러운 피부 표현의 유행으로 육색분이 등장한 것과 같은 맥락이라 할 수 있다.

시세이도에서 출시한 화장수 오이데루민은 시세이도의 빨간 물이라고 알려졌다. 좋다는 의미의 접두어 'eu'와 피부를 의미하는 'derma'의 합성어로 미안수 같은 한자식 이름을 쓰던 그 당시로서는 아주 새로운 제품명이었다.[2]

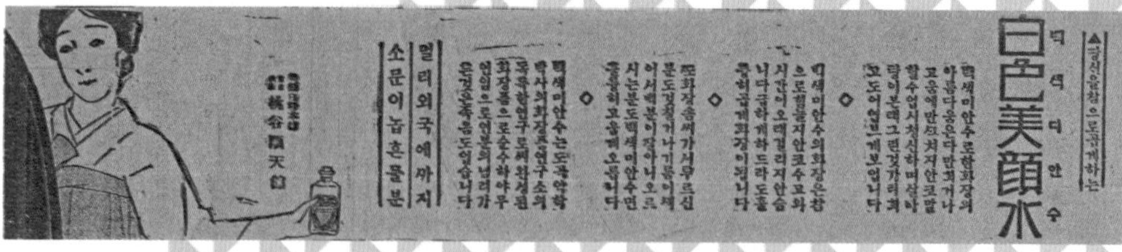

1931년 7월 1일 『매일신보』에 실린 모모타니준텐칸의 미안수 광고. 화장수의 효능과 역사를 자세히 적은 것이 특징이다.

1938년 9월 29일 『매일신보』에 실린 화장수 헤치마코롱 광고. 수세미 성분으로 만든 것이 특징이다.

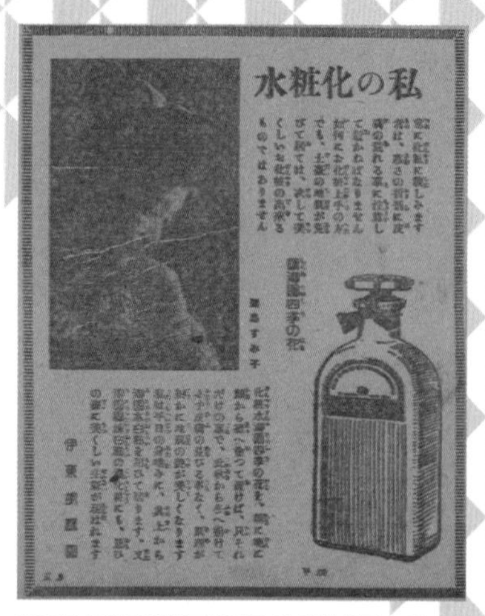

1926년 11월 20일 『조선신문』에 실린 화장수 광고.

시세이도 오이데르민. 시세이도 자료관.

값비싼 화장수를 집에서

가격이 만만치 않았던 터라 화장수를 집에서 간편하게 만들어 쓰는 것에도 관심이 많았다. 수세미는 그 이름을 딴 헤치마코롱이라는 제품이 나와 있을 정도로 피부에 좋다고 정평이 난 재료였고, 그 밖에도 오이나 수박 또는 밀감 등을 활용하여 알콜과 글리세린, 붕사가루 등을 물과 섞어 화장수를 손쉽게 만들 수 있는 방법이 기사를 통해 소개되곤 했다.[3] 특히 중일전쟁으로 비상시국이었던 1937년 이후 화장품 수입이 제한되면서부터는 화장수를 직접 만들어 쓸 수 있는 방법들이 부쩍 많이 소개되기도 했다.

한편으로는 화장품을 국내에서 직접 만들기 위한 시도도 이루어졌다. 1935년 진남포산업조합은 버려지는 사과를 활용, 화장수 개발에 성공했다.[4] 그때까지만 해도 대부분의 화장수가 일본 제품이었던 때라 국내에서 화장품 연구, 개발이 시도되었다는 점에 각별한 의미를 부여하고 싶다. 오늘날 전 세계에 부는 이른바 K뷰티 산업의 싹이 이때부터 움트고 있었다고 한다면 너무 과한 것일까.

코를 위하야는 이것이 잇소

향수

"코를 찌르도록 발르지 말고 은은하게 뿌려야 고상하다"

"귀를 위하야 음악이 잇고, 눈을 위하야 미술이 잇다면, 코를 위하야 이것이 있다."

1925년 8월 24일자 『조선일보』에는 흥미로운 기사가 실렸다. 향기와 성욕은 매우 밀접한 것으로 화장품에 들어 있는 모든 향료가 "가장 중요한 지위를 점령하는 것은 한편으로 생각하면 상대자를 흥분 식히기 위함"이며, 특히 동물성 향료 중 사향麝香, 사묘향麝猫香, 해리향海狸香 같은 것이 "제일 리성을 만히 이끄는 힘이 잇다"고도 했다. 기사에서 언급한 사향은 천연 동물성 향료로 흔히 영어로 '머스크'musk 향이라고 부른다. 17세기 프랑스 백작 리슐리외는 이 사향을 지나치게 좋아한 나머지 속옷에까지 잔뜩 뿌리고 다녀 그가 지나는 길에는 강렬한 향기가 진동했다고 한다. 심지어 멀리서도 사람들이 그가 나타난 걸 향으로 알아챌 정도였다.[1]

사향을 처음 사용하기 시작한 건 고대 그리스에서부터다.[2] 사향에 과연 이성을 끄는 힘이 있는지에 대해서는 여러 의견이 분분하다. 그 가운데 시카고의 후각과 미각 연구소The Smell and Taste Treatment and Research Foundation는 호박파이, 도넛, 라벤더,

각종 향신료 등에 남성과 여성이 어떻게 반응하는지를 실험했다. 그 결과 강한 냄새는 종류에 관계없이 혈류를 강하게 만들어 성적 자극이 될 수 있는 것으로 나왔다.[3] 하지만 너무 강한 냄새는 오히려 역효과가 난다는 점이 더 중요하다. 이런 상식을 바탕으로 쓴 것일까. 1929년 7월 9일자 『조선일보』의 기사에서는 "향수는 넘우 코를 찌르도록 발르지를 말고 은은하게 냄새가 나게 뿌려야 고상"하다고 썼다.

오늘날의 향수 즉, 알콜을 베이스로 한 향수의 시작에는 전설 같은 이야기가 전해진다. 때는 바야흐로 1370년 무렵이다. 한 은자가 헝가리의 엘리자베스 여왕에게 젊음의 영약을 바친다. 일명 헝가리 여왕수Queen of Hungary Water다. 로즈마리와 라벤더 향이 들어 있는 이 영약 덕분인지는 알 수 없으나 여왕은 젊음을 유지했고, 70세의 나이에는 25살의 리투아니아 공작으로부터 청혼을 받았다.[4] 전설은 전설인지라 이야기가 사실인지는 확인할 수 없다. 다만, 향수가 매력을 불러일으킨다는 인식이 고스란히 깔려 있다는 점은 알 수 있다.

냄새는 일반적으로 우리 뇌에서 기억과 같은 곳에 저장된다고 알려져 있다. 때문에 개인의 경험과 기억에 따라 자극되는 향기가 다르다는 것이 일반적인 견해다. 남성은 시각에, 여성은 후각에 더욱 민감하게 반응한다는 것도 통념처럼 전해지는데, 어떤 냄새가 여성에게 섹시하게 느껴지는가는, 개인적인 차이가 물론 있겠으나, 대개는 자신과 가장 다른 체취에 끌리는 경향이 있다고 한다.[5] 일반적으로는 과일·머스크·바닐라·민트·나무·가죽향 등은 남녀 모두에게 호감을 주는 것으로 알려져 있고, 때문에 향수들마다 이런 재료를 가장 많이 쓰고 있다.[6]

향기야말로 강력한 무기

19세기 서양의 화가들은 상대를 유혹하거나 이국적인 감성을 불러일으키는 데 향기야말로 강력한 무기라는 것을 잘 알고 있었던 듯하다. 그 무렵의 그림에는 이를 표현한 것이 많은데, 알마 타데마Lawrence Alma-Tadema의 〈안토니우스와 클레오파트라의 만남〉은 셰익스피어의 희곡 「안토니우스와 클레오파트라」의 생생한 작품 속 묘사를 그림으로 형상화했다.

"여왕이 탄 배는 빛나게 닦은 황금 옥좌처럼 찬란하게 빛났지. 고물 선미의 갑판에는 황금 마루가 깔렸고, 돛은 자줏빛이었는데 어찌나 향기를 풍기는지 바람도 사랑에 빠진 듯 흐느적거렸지." _셰익스피어 지음, 셰익스피어연구회 옮김, 『셰익스피어: 안토니우스와 클레오파트라』, 아름다운 날, 2011, p.46.

그래서 그런지 마치 그림 속 향기로운 꽃으로 치장된 배에서 진한 향기가 뿜어져 나오는 듯하다. 루돌프 어니스트Rudolf Ernest의 〈향수 만드는 사람〉에서도 이국적인 향기가 느껴지는 것 같다. 장미 꽃잎, 여인들의 자태가 따뜻한 빛, 푸른 타일과 어우러져 있고, 벽감 속에는 아랍인들이 개발한 증류법에 사용되는 구리 증류기가 놓여 있다.

종교 의례용에서 취향의 영역으로

향수를 의미하는 영어 'perfume'은 라틴어 'per fumus'에서 유래했다. 흔히 상대를 유혹하는 매우 개인적인 용도로만 알고 있는데, 원래는 종교 의례용으로 사용했다. 고대 이집트에서는 종교적 의례를 행할 때 향이 나는 것을 태워 제단에 연기를 피웠다. 연기는 인간과 신의 매개체로 여겨졌을 뿐만 아니라 일상에서는 병을 치료하거나 몸과 정신의 조화를 돕는 일종의 아로마 테라피로도 활용했다.[7] 오래전 불을 사용하기 시작한 인류는 일찌감치 나무나 풀 등을 태울 때 피어오르는 연기에서 각각 다른 냄새가 난다는 것을 인지했을 테고, 이를 통한 주술적·종교적 행위는 오랜 역사를 지닐 수밖에 없다. 향수 역시 마찬가지였다. 이후 고대 그리스인들은 향기 나는 풀과 송진을 기름에 넣어 몸에 바르기도 했고, 의학의 아버지로 일컬어지는 히포크라테스는 연기를 쐬는 것이 병을 예방하는 데 효과가 있다고도 했다.

로마 시대에 이르러 향수는 취향의 영역으로 들어섰다. 이 시대 귀족은 향유나 향수를 매우 사랑했다. 네로 황제는 장미향을 특히 좋아해서 연회에 초대한 손님들에게 은 파이프로 장미수를 직접 뿌릴 정도였다니 향수가 로마의 타락에 한 징조였던 듯도 하다.

알마 타데마, 〈안토니우스와 클레오파트라의 만남〉, 1885, 개인.

루돌프 어니스트, 〈향수 만드는 사람〉, 1932년 이전, 개인.

피터 얀츠 포르부스, <골드 체인에 달린 포맨더를 든 여인>, 1560~1565, 런던 바이스 갤러리.

로마의 멸망으로 향수 제조법 역시 역사에서 자취를 감춘 듯했으나, 11세기 십자군들이 중동에서 가져온 보물 중에는 향수 제조법과 재료가 들어 있었다. 향수를 새로운 경지로 올려놓은 건 이탈리아인들었다. 신대륙의 개척자 마르코폴로는 동양의 온갖 진귀한 향료를 베네치아로 가져왔고, 베네치아는 무역의 허브답게 일약 향수의 중심지로 부상했다. 이 도시의 사람들은 스타킹·장갑·셔츠·신발 등 거의 모든 소지품에 향수를 뿌렸고, 나아가 여인들은 '포맨더'pomander라고 부르는 향료 알을 몸에 지니고 다녔다. 보통 금이나 은으로 투각된 둥근 갑 속에 사향이나 용연향 같은 향료를 넣고 다녔는데, 단지 향기를 즐기기 위해서만이 아니라, 향기가 흑사병 같은 질병으로부터 자신을 보호한다고 믿었기 때문이었다. 이런 믿음을 바탕으로 어디를 가나 허리나 목에 포맨더를 걸고 다니며 향기를 맡고 또 퍼뜨리고 다녔다.

향수의 본고장, 이탈리아인가 프랑스인가

이처럼 향수의 본고장은 이탈리아였으나, 오늘날 향수의 본가로 많은 이들이 꼽는 곳은 프랑스다. 여기에는 카트린 드 메디치Catherine de Médicis, 1519~1589의 역할이 매우 컸다. 피렌체 메디치 가문의 딸 카트린은 1533년 프랑스의 왕 앙리 2세와 결혼하면서 프랑스 궁정으로 건너왔다. 그녀가 프랑스로 올 때 이탈리아의 최신 유행까지 함께 들어온 것은 아주 유명한 이야기다. 그 가운데 향기 나는 장갑이 있었다. 당시 피렌체에서는 무두질한 가죽에서 나는 불쾌한 냄새를 가리기 위해 향수를 뿌리는 것이 유행이었다. 카트린 역시 향수 뿌린 장갑을 밤낮으로 애용했을 뿐만 아니라 개인 조향사 르네René Bianchi, 본명 Renato Bianco를 프랑스로 데려올 정도로 향수에 심취해 있었다. 바로 그 조향사가 파리에 향수 가게를 열면서 프랑스의 조향 산업이 시작되었다고 해도 과언이 아니며, 1656년 설립된 장갑과 향수 장인 조합maître gantiers et parfumeur은 장갑과 향수의 밀접한 관계를 말해준다.

향수에 관해 이야기할 때 빠지지 않는 인물이 있으니 바로 프랑스의 태양왕 루이 14세다. 목욕하기를 끔찍하게 싫어한 그는 평생 약 스무 번, 그러니까 대략 3~4년에 한 번밖에 목욕을 하지 않았다고 하는데, 그 대신 향수로 온몸을 칠갑했다.[8] 그 덕분에 태양왕 말고도 '달콤한 꽃향기'le doux fleurant라는 별명이 붙을 정도였다.[9] 그가 목욕을 꺼린 것은 단지 게을러서 그런 것만은 아니다. 그 당시만 해도 사람들은 목욕을 하면 물 속 세균이 모공을 통해 몸 속으로 침투해 나쁜 병을 일으킨다고 믿었기 때문이다. 이유야 어찌 되었든 잘 씻지 않는 수많은 이들로 버글대는 베르사유 궁전에는 퀴퀴한 냄새가 가득했을 테고, 이를 가리기 위해 곳곳에 포푸리potpourri 화병이나 향기 알갱이를 태워 연기를 내는 향로인 카솔레트cassolette를 두었다.

지독한 향수 사랑은 대를 이어 전해졌다. 루이 15세의 애첩 퐁파두르 부인은 향수 소비를 위해 연간 500리브르, 우리 돈으로 약 7,500만 원에 달하는 예산을 책정했다.[10] 궁전 곳곳은 물론 가구에도 향수를 뿌려 궁전 안은 온통 달콤한 향기로 뒤덮였고, 베르사유는 일명 '향기 궁전'la cour parfumée으로 불렸다.[11]

루이 16세의 왕비, 마리 앙투아네트의 향수 사랑 역시 이에 지지 않았다. 그녀가 향수를 사랑하면 할수록 그녀의 전속 조향사 파르종Jean-Louis Fargeon이나 우비강

피에르 샤를 콩트, 〈카트린 드 메디치의 조향사 르네로부터 향수 뿌린 장갑을 사는 나바르의 잔느 3세〉, 1852~1858, 개인.

슬픔에 빠진 그림 속 여인이 향수를 통해 안정을 취하고 있다. 마르게리트 제라르, 〈비보〉, 1804, 루브르 박물관.

프랑스 세브르 사에서 만든 1799년 카솔레트 화병. 월터 아트 뮤지엄.

카트린 드 메디치.

1690년경의 루이 14세.

퐁파두르 부인.

마리 앙투아네트.

카솔레트.
메트로폴리탄 뮤지엄.

Jean-François Houbigant의 명성은 자자해졌고, 이러한 역사가 겹쳐져 프랑스가 곧 향수의 본고장으로 꼽히는 밑거름이 만들어졌다. 그 유명세의 영향으로 개항 이후 일본은 고베 등지에서 프랑스산 향수를 수입 판매했는데, 로제 에 갈레Roger&Gallet, 리고드 Rigaud&Cie 회사의 향수가 대표적인 수입품이었다.

조선 멋쟁이들의 애용품, 금학 향수와 오리지나루 향수

1920년대 후반부터 1930년대까지 우리나라 멋쟁이들은 주로 어떤 향수를 썼을까. 금학金鶴과 오리지나루オリヂナル 향수를 들 수 있겠다. 금학은 프랑스 리고드의 향수를 독점 수입, 판매하던 오사카의 수입 잡화점 오자키구미大崎組가 원료를 수입하여 만든 자체 브랜드 학鶴 향수에서 출발했다. 금학은 이보다 좀 더 고급품으로, 포장에는 금색 학을 박아 넣었다. 1889년 무렵 창업한 오자키구미는 1927년 불황으로 도산한 뒤 (주)금학향수로 사업을 재개했고, 1959년에는 (주)단조丹頂로, 1971년에는 다시 만담으로 이름을 바꾸어 오늘날까지 이어오고 있다. 정수리가 빨간 단정학丹頂鶴 즉, 두루미가 소나무에서 날아오르는 금학의 로고는 어쩐지 우리에게도 익숙한데, 우리나라 한국화장품의 브랜드 '쥬단학'이 차용했기 때문이다. 이 로고가 새겨진 네모난 가방을 맨 쥬단학 방문판매 여성들이 1970~80년대에 동네마다 활보하던 때가 있었다. 한국화장품은 1963년 일본 '쥬쥬'ジュジュ 화장품,[12] (주)단조와 기술 제휴를 맺고 쥬-마담크림, 단학 포마드 등의 제품을 만들었는데,[13] 대표 브랜드 '쥬단학'은 일본 회사 이름 '쥬쥬'의 '쥬', 단조의 '단'에다 심벌인 '학'을 합쳐 이름을 지은 것으로 여겨진다.

오리지나루 향수는 1887년 도쿄에서 이즈쓰향유점井筒屋香油店으로 시작, 치약·비누·향수를 비롯하여 가오루カオール 은단 같은 의약외품을 제조했던 (주)오리지나루에서 만든 제품이다. 원료 향수 오리지나루라는 제목과 함께 "보통 향수에 비하야 삼십 배나 진하고 이삼적二三滴만 뿌려도 복욱馥郁한 훈향薫香이 영구보존!!"이라고 광고에서 강조했다.[14] 즉, 다른 향수보다 진해서 두세 방울만 뿌려도 향기가 오래도록 보존된다는 의미였다. 이 회사는 오늘날까지도 그 이름을 이어오고 있다.

프랑스 향수로 둔갑한 미국 향수, 그걸 따라한 일본 향수

1930년대는 1920년대에 비해 더 다양한 향수들이 시중에 유통되었다. 1932년 4월 26일자 『동아일보』에는 이런 문구가 나온다.

"일본제 풍조風鳥 향수가 30전, 불란서제 카피가 50전부터."

그런데 여기에서 언급한 "불란서제 카피"는 사실 진짜 프랑스제가 아니었다. 마리 앙투아네트의 조향사로 유명한 우비강 시대에 문을 연 향수 회사가 미국에 세운 셰라미Cheramy의 상품 캅피다. 1920년대 미국 향수 시장은 향수 강국 프랑스의 위세로부터 자유롭지 못했다. 미국 여성들이 프랑스산 향수를 선호했기 때문이었다. 이 때문에 미국 향수 회사들은 제품을 내놓을 때마다 다르네Darnée, 트레 주르Tre Jur, 트레 베르Tre Vere, 보 케이Bo Kay, 비게이Viegay, 종틸Jonteel 같은, 별 뜻은 없지만 혀를 굴리며 프랑스식으로 발음하는 이름을 달았다. 어떻게든 프랑스 향수 같은 이미지를 담기 위해 애를 쓴 것이다. 1921년 셰라미도 소중한 친구라는 뜻의 프랑스어 'Cher Ami'에서 착안해 캅피라는 이름으로 상품을 출시했다. 비록 뜻 모를 단어이긴 했으나 캅피는 발음하기 쉽고 기억하기 쉬운 이름이었다.[15] 그런데 1932년 일본의 다바타호코엔田端豊香園 사가 이 캅피를 그대로 카피copy하다시피 하여 캅피Cappi를 만들어 내놨다. 그러더니 이를 국산 화장품이라고 홍보하면서 일본뿐만 아니라 우리나라에도 널리 광고했다.

쌀 한 가마니가 15원, 샤넬 No.5는 130원

당시 향수 값은 어느 정도였을까. 『조선일보』의 1935년 5월 28일자와 1937년 9월 28일자 기사를 보면 어느 정도인지 가늠해볼 수 있다.

"향수는 불란서 것으로 『밤의 파리』, 『낮의 파리』가 만히 류행되는데 이것은 너무 갑이 빗쌉니다. 한 병에 삼원 오십 전 가량 (…)." _『조선일보』, 1935. 5. 28.

오리지나루 향수.

1926년 12월 17일
『조선신문』에 실린
금학 향수 광고.

1925년 셰라미의
향수와 화장품 광고.

일본 셰라미의
캅피 향수와 화장품들.

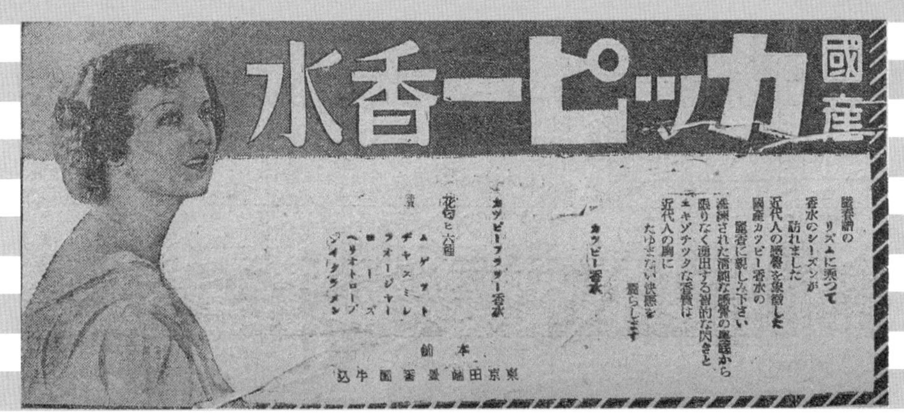

1936년 7월 2일 『조선신문』에 실린 캅피 향수 광고. 일본 제품을 국산으로 광고하고 있다.

1930년대 겔랑의 류 향수 광고.

1930년대 부르주아의 파리의 밤 향수 광고.

로제 에 갈레 사의
베라 비올레타 향수.

1921년 처음 출시된 이래
오늘날까지 사랑받는
샤넬 No.5.

"제일 고급이라고 하는 샤넬의 제오번이 일백삼십 원 (…) 개랑의 류-라는 불란서 향수가 백 원, 밋코라는 향수가 팔십 원, 밋코 적은 병이 오십 원, 미라쿠르라는 것이 사십오 원(…) 이러한 고급향수는 비상시의 풍조에 따라서 그 전보다 적게 팔리고(…)" _『조선일보』, 1937. 9. 28.

기사에서 언급한 향수들이 모두 정확하게 어떤 것들인지는 분명치 않다. 다만 '밤의 파리'는 부르주아의 파리의 밤, '샤넬의 제오번'은 샤넬 No.5, '개랑의 류-'는 겔랑의 류Liu일 것으로 추정할 수 있다. 이로 보아 향수의 대명사라고 할 수 있는 샤넬 No.5나 겔랑, 부르주아 등 오늘날에도 많은 이들에게 익숙한 브랜드가 이미 그 무렵 알려져 있었음을 알 수 있다. 1937년 기사에서 언급한 비상시의 풍조는 곧 중일전쟁을 전후한 전시 체제에 돌입했다는 의미로, 이 당시에는 향수 같은 고급품은 수입 제재를 받았다. 기사에서 언급한 제일 고급이라고 하는 샤넬 No.5가 1937년 당시 130원이었고 그때 80킬로그램짜리 쌀 한 가마니가 20원 정도였으니 오늘날 물가로 비교할 때 대략 130만 원 정도라는 계산이 나온다.[16]

꽃 향기에서 다양한 향으로

1936년 3월 5일자 『조선일보』에는 향수의 발전 방향에 관한 기사가 실렸다.

"옛날에는(옛날말고 요몇해전까지라도) 향수라고 하면 '로즈'니 '헤리오트로오푸'(헬리오트로프, heliotrophe-, 양꽃마리)하는 꼿향기만을 가지고 향수라고 썻습니다. 그러나 근대에 와서는 향수가 그 이상 진화되어 꼿마다 가지고 잇는 독특한 그의 향기 그것을 초월하야 좀 더 추상적인 대상물을 찻게 되고 그것이 발달되어 개념적이 되어버렷습니다. 례컨대 '꿈의 꽃', '파리의 밤'이니 하는 추상적 명칭을 구해가지고 그 명칭에 어울리는 향긔를 창조하게 된 것입니다. 이러한 종류를 손꼽는다면 '스캔달', '마이신', '코티' 회사에서 맨든 '파리-', 부르조아 회사에서 맨든 '파리의 밤', '파리의 봄', '꼿의 파리' 이러한 것들입니다. 이러한 것들은 모다 추상적 분위기를 표현한 종류의 대변적인 것이니 종래에 내려오든 향수 '국화', '해당화', '수선화' 이런 따위의 한 가지 꼿의 향기가 향수로 된 것에 대하야 현대의 향수는 여러 가지 향내를 종합해서 추상적인 단순치 안흔 향내를 표현하게 된 것입니다."

주로 한 가지 꽃향기로 만들어지던 향수가 점차 추상적인 명칭과 함께 복잡한 향기로 나아갔다는 것이다. 이와 같은 향수의 예로는 '스캔달', '마이신', 코티 회사에서 만든 '파리-', 부르주아 회사에서 만든 '파리의 밤', '파리의 봄', '꽃의 파리' 등이 있었다. 이 기사는 계속 이어진다.

"파리巴里의 밤夜의 '의 향기가 아무갯댁 안방에 가득차 잇습니다. 그것은 이댁 주인마님이 그 향수를 애용하는 까닥입니다. 어데를 가든지 이댁 마님이 가시는 곳마다 이 향내가 풀풀 떠러집니다. 어느 극장에 갓슬 때 슬쩍 엽흐로 지나치든 그 아름다운 아가씨는 '꼿花의 파리巴里'의 향기를 남기고 지나갓습니다. '니즐래 니즐수 업는 그대' (…)이러한 감상이 그 향기에서 이러납니다."

아무개 댁 안방마님이 애용한 '파리의 밤'은 부르주아 사에서 1928년에 출시한 'Soir de Paris'를 일컫는다. 하지만 일반인들에게 향수의 브랜드는 그리 크게 각인된 것 같지 않다. 일반인을 대상으로 화장품이나 향수는 어떤 것들을 쓰는지 인터뷰를 한 1936년 1월 4일자 『조선일보』 기사에 따르면 대답한 이들 대부분은 향수 브랜드에 대해 잘 몰랐고 일부는 앞서 언급한 캅피나 일본제 오리지나루 향수를 쓴 경험을 이야기하고 있었다.

"◇여러분 향수를 쓰십니까. 쓰신다면 엇던 종류를 쓰십니까.

▶ 향수는 엇던 종류고 간에 나가태서는 사용해본 적이 업스니까 할 말슴이 업습니다.

▶ 나 역시 별로 써본 적 업스니까 모르겟습니다.

▶ 나도 업습니다.

▶ 별로 쓰는 일은 업습니다만 엇저다가 '껍피-'를 좀 씁니다. (…)

▶ 나는 '오리지날'을 더러 써본 적이 잇서요. (…)

▶ 나도 혹씨 쓸 때는 다른 조흔 향수 이름을 잘 모르니까 이것(오리지날)을 쓰지요."

국내에서도 향수를 개발하려는 노력이 있었다. 1928년 8월 18일자 『중외일보』에는 「향수 원료인 함남의 장미를 시험을 하고자 파리에 보내다」라는 기사가 실렸다. 여기에 따르면 함경남도 신흥군에서 자라는 세계 유일의 야생 장미를 원료로 해서 오타니 고즈이大谷光瑞가 세계적 향수 제조 공장을 창설하려는 계획을 세웠다. 향수는 프랑스가 가장 권위가 있었기에 원료를 테스트하기 위해 장미 수십 주를 뿌리째 보내고 이듬해에는 신홍의 산지 일대에 대규모로 인공 재배를 실시한다는 내용이다. 이후 향수 제조가 계획대로 이어졌는지는 아쉽게도 알 수 없다.

1937년 이른바 전시 체제가 되면서 향수는 한 가게 당 한 달에 1천 원 어치만 들여올 수 있는 수입 허가제가 실시되었는데 각 점포에서는 이미 확보한 재고가 있어 당장 값이 오른 것은 아니었다.

"거품이 오래 가는 게 좋은 향수"

향수를 쓰는 이들이 늘자 신문에서는 향수를 고르는 법부터 사용하는 법까지 종종 소개되었다. 이를 테면 고르는 법은 이런 식이었다.

"병을 흔들어 가지고 박그로부터 마터보는 수박게 업지오만 흔들어서 거품이 얼마나 가나를 보는 것도 한 방법" _「냄새의 예술」, 『조선일보』, 1935. 8. 21.

당시에는 고급 향수를 시향하는 것이 어려웠을 터이니 겉으로만 보고 판단할 수밖에 없는 형편이었다. 그러므로 향수병을 흔들어서 거품이 오래 가는 걸 고르라고 추천하고 있다. 거품이 오래 갈수록 향료가 많이 들어 있으니, 거품이 금세 사라지는 것보다 좋을 것이라는 이유였다.

향수 사용법에 관해서는 1927년 6월 15일자 『중외일보』의 글이 눈에 띈다.

> "(…) 뿌리는 방법은 여러 가지가 잇스니 바로 살에다 향수를 뿌리어서 톄온體溫으로 훗근훗근 하야진 내음새를 조하하는 사람도 잇고 소매나 안섭의 속에 뿌리어 가지고 슬적 뒤집힐 때 풍기어지는 내음새를 조하하는 사람도 잇고 양복소매 안에다 뿌리어 두고서 팔을 움즉일 때에 조음씩 마치는 내음새를 사랑하는 사람도 잇고 (…) 머리털, 모자, 깃 안짜락 가튼대다 뿌리는 사람도 잇습니다. 그리고 이중에서 어떤 것이 조코 어떤 것이 낫브다고 말할 수는 업습니다. 그러나 뎨일 조코 뎨일 뎍당한 곳은 귓속입니다. 향수병 막애에 향수를 무치어 가지고 귓박휘 뒤에다 칠하야 두면 그다지 육감뎍肉感的이 아니고 그다지 강렬하지도 안코 사람과 대면하야 안젓슬때라든지 또는 부채질을 할때든지 슬적 지나갈때든지 그 은근한 내음새가 한량업시 맛이 잇습니다 (…) 대개 향수는 그 내음새가 그윽하고 은근할스록 고상하고 유혹뎍입니다. 그런데 겨드랑이에 땀이 만히나는 사람이 그 겨드랑이에다 향수를 듬뿍 칠하고 나온 것은 참말로 긔막힙니다. 그 암내와 혼합된 내음새라니 (…) 도뎌히 맛고 잇슬수 업지오 겨드랑이의 암내를 막기 위할 터이거든 명반을 태워 가루를 맨들어 가지고 조음만 그 가루를 뿌리면은 비록 일시뎍이라도 절대로 암내는 나지 아니합니다."

이 기사에 따르면 향수를 뿌리는 데 가장 적합한 곳은 귓바퀴 뒤쪽으로 여기에다 향수를 묻히면 은근하고 고상한 냄새가 나서 유혹적이라고 추천했다. 또한 땀이 많이 나는 사람이 겨드랑이에 향수를 뿌리는 것은 기가 막힌 일이니, 암내를 막으려면 향수 대신 명반을 쓰라고도 일러주고 있다.

이밖에도 부채에 뿌리면 부채질할 때 향이 슬쩍슬쩍 전해져 좋지만 옷에 묻히면 얼룩이 남기 때문에 지양하라는 등 세세한 향수 사용법이 이 당시 여러 신문에 게재되었다. 그때나 지금이나 통하는 것이 하나 있으니, 향수를 사용할 때는 한마디로 과유불급, 적은 것이 많은 것less is more이라는 점이다.

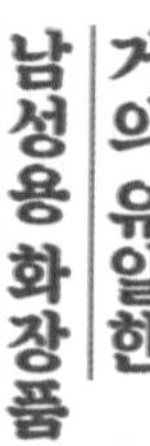

거의 유일한 남성용 화장품

포마드

20세기 초 유행 상품으로 등극

최근에는 남성들도 화장을 많이 하긴 하지만 그래도 화장품 소비자는 예나 지금이나 여성이 압도적으로 많다. 1920~30년대라면 더 그랬을 것이다. 하지만 그 무렵 남성들에게도 자주 쓰는 화장품이 하나 있었으니 바로 포마드다. 아마도 남성용으로는 거의 유일한 품목이 아니었을까.

포마드는 연고를 의미하는 프랑스어 'pomade'에서 온 것으로, 그 유래는 사과를 의미하는 라틴어 'pomum'이다. 갑자기 사과가 왜 나오느냐고 하겠지만 애초에 으깬 사과에 동물성 지방과 허브를 섞어 만들었기 때문이다.[1]

포마드는 20세기 초에 크게 유행했다. 옆머리를 짧게 깎고 윗머리를 길게 기른 뒤 포마드로 스타일링을 하는 머리 모양 때문이었다. 1930년대 큰 인기를 얻은 영화배우 캐리 그랜트Cary Grant가 바로 그 스타일이었다. 미국과 마찬가지로 이 무렵 우리나라에서도 이발소가 대중화되었고, 이른바 바리캉이 보급되면서 남성들이라면 누구나 이 스타일을 쉽게 따라할 수 있었다.

포마드는 크게 식물성과 광물성 두 가지로 나뉘었다. 식물성은 피마자 기름을 주성분으로 목납木蠟을 섞어 만든다. 머리를 감을 때 잘 씻기는 장점이 있지만 냄새가 고약했다. 광물성은 바셀린vaseline, petrolatum을 주 재료로 알칼리 성분을 넣어 만들었다. 때문에 값은 싸지만 머릿결이 쉽게 상하는 단점이 있었다. 이 때문에 일반적으로 머리의 영양을 위해서라면 식물성 포마드가 제일 좋지만 흐트러지지 않게 하는 목적이라면 광물성을 택하라는 조언이 나오곤 했다.[2]

1930년대에 포마드 브랜드로는 메누마メヌマ, 란란ランラン, 금학을 꼽을 수 있다. 초기에는 남성들을 대상으로 홍보했지만, 곧 "남자의 스마트한 조발용으로-, 부인의 현대적 결발용으로-"라며 남녀 모두의 모발에 영양을 주는 동시에 단정하게 관리할 수 있다는 점을 강조했다. 신문 기사 등에서도 이런 취지의 조언을 싣기도 했다.[3] 포마드의 강한 냄새 때문인지 당시의 광고들은 주로 좋은 향기가 기분을 명랑하게 만든다는 취지의 문구를 적었고, 특히 '명랑'이라는 키워드를 애용했다. 예컨대 메누마 광고 헤드 카피는 "봄 · 명랑!"이라고 했고, 금조는 "금조로 정발整髮, 종일 명랑!"이라고 썼다.[4]

"머리 치장은 사치가 아니라 예의"

명랑이라는 단어는 단지 포마드 광고에만 국한된 건 아니었다. 1930년대 상품 전반에 걸쳐, 나아가 당시 사회 곳곳에서 외치고 강요된 감정이었다. 조선총독부는 더러운 경성의 거리를 비롯하여 주택 · 보건 위생 · 치안 · 교통 등을 명랑하게 만들고, 신문 · 잡지 · 음반 · 영화 등을 검열하는 등 군국주의 정책에 부합하는 시민과 사회를 만드는 '대경성 명랑화 프로젝트'를 단행했다.[5] 그런 측면에서 포마드가 만드는 명랑함은 자본주의가 모던뽀이에게 부여하는 소시민적 감정이었다. 1937년 금학 포마드의 광고 문구는 이러했다.

> "삽상颯爽한 자태에 꼭 알맞는 포마-도이다. 시대는 당신의 청춘과 건강과 더업는 명랑성을 조화한다. 그리고 그 기품이 놉흔 스마-트한 두발을 만든다."

역시 명랑이 넘쳐난다. 같은 해 란란 포마드의 광고 문구도 눈여겨볼 만하다.

1931년 5월 9일 『조선일보』에 실린 메누마 포마드 광고.

1937년 1월 4일 『조선일보』에 실린 금학 포마드 광고.

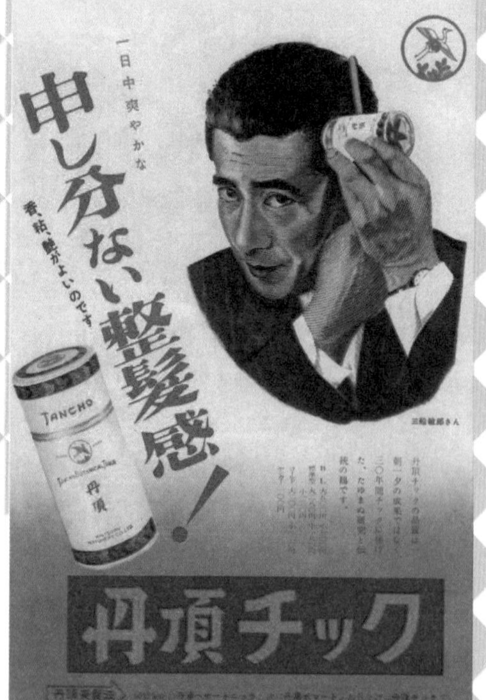

단정칫쿠 광고 포스터.

1937년 10월 4일 『매일신보』에 실린 란란 포마드 광고.

당시 화장품을 사치품으로 여기던 인식을 염두에 둔 문구다.

"머리치장은 사치가 아니라 예의."

㈜금학향수는 금학 포마드 이후 1933년 정수리가 붉은 두루미, 즉 단정학을 의미하는 이름을 붙인 신제품 단정칫쿠丹頂チック를 야심차게 내놓았다. 20세기 초 일본 향수 시장에서는 프랑스 피노 사의 향수와 향유 점유율이 매우 높았다. 금학의 신제품은 이에 대한 대항마를 자처했고,[6] 그리하여 "파리-제보다 우수"하다고 소리 높여 홍보했다.[7] '단죠오칫쿠'로 발음되는 이 상품명에서 '칫쿠'는 화장품을 의미하는 영어 '코스메틱'cosmetic의 일본어 줄임말이다.

당시 신문에서는 비싼 포마드를 구입하는 대신 피마자 기름, 백랍, 녹색 염료인 크로필에 향료를 섞어 집에서 직접 만드는 법도 종종 소개되었다.[8] 실제로 사람들이 이런 방법으로 얼마나 만들어 썼을지는 알 수 없다.

올백 머리로 올려 붙인 아저씨 머리 스타일을 완성해주는 포마드는 꽤 오랫동안 사랑받았다. 포마드를 바른 머리는 영화 〈바람과 함께 사라지다〉의 클라크 케이블처럼 이른바 올백으로 전부 빗어 넘기거나, 가운데 가르마 또는 2:8 가르마를 가능하게 했다. 번질번질 윤이 나는 머리는 모자로 감추기보다는 그대로 드러냈기 때문에 자연스럽게 모자의 착용은 줄어들었다.

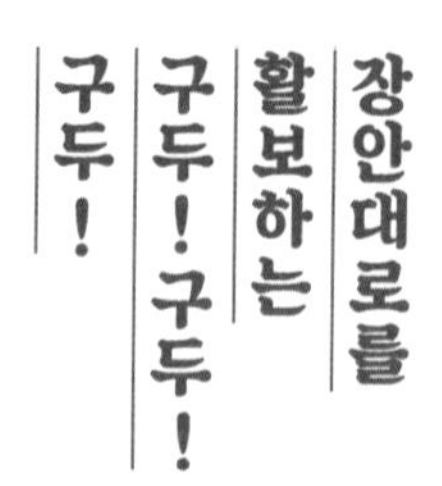

구두

조선 사람들이 양화를 신다

> "오이씨가튼 발을 사나희들이 조하햇습니다.
> 지금도 당신들 중에 오이씨가튼 발이 만습니다.
> 사나희들이 아름답다고 하는 그 오이씨가튼 발에
> 서푼짜리 고모신이 웬일입니까. (···)
> 그러나 지금 당신들은 우선 발부터 해방되엿습니다.
> 여름에도 솜버선을 신든 그 발을 훨신 벗고 마루에 서성거려도 붓그럽지 안은 때가 왓습니다.
> 구두를 신고 길을 다 나오십시오.
> 당신들은 너무도 오래 골방 속에 가쳣섯습니다. (···)" _「발」, 『여성』, 1937. 2.

1920년대 여성 신발의 가장 놀라운 점은 신발이 밖으로 드러나 눈에 보인다는 사실이었다. 치맛단의 길이가 짧아져 무릎 위로 올라감에 따라 신발이 내보이는 대상이 되었다. 긴 치마에 가려져, 밖으로 내보이면 안 되었던 신발이 드디어 해방된 것이다. 나아가 옷과 스타일을 적극적으로 맞추어야 하는 패션 아이템으로 등극했다.

우리는 언제부터 구두를 신었을까. 조선 사람이 서양 신발인 양화洋靴 즉, 구두를 신게 된 역사에 대해『매일신보』는 1936년 1월 15일자에 흥미로운 기사를 실었다.

> "아스팔트의 구두도 일청전쟁(청일전쟁)이 기원
> 조선 사람이 양화를 신게 된 것도 육군사용이 첫 단서
> 장안대로를 활보하는 구두! 구두! 구두!
> 「에나메루」의 날신한 「영 · 젠틀맨」의 불식佛式 구두 엽헤는(옆에는) 너무도 「코케뒷슈」魅惑的('매혹적', 'coquettish'를 의미함) 「하이힐」의 굽이 놉흔 피녀彼女의 구두가 「스텝」을 마춘다. (…) 또 「스포—쓰 · 맨」이 질기는(즐기는) 우락부락한 구두 엽해는 이 역시 너무도 남성적인 그녀자의 구두가 따르고 있다. (…)
> 때는 옛날—대략 50년 전 명치 28년 이 해에 일청전쟁(청일전쟁)이 끝을 맛치고 잠자든 극동極東에 암운暗雲이 거더지고 새로운 일대전긔一大轉機를 짓게 되니 그것은 극동 전체의 큰 혁신革新을 일으키엇다. 이 해에 조선군대朝鮮軍隊에도 새 형식이 수입되니 군복軍服으로 밧귀고 동시에 신발이 양화洋靴 구두로 밧귀엿다. 이것이 이곳 사람으로 구두 신은 처음이 된다.
> 당시 정부에서는 통안 지금 원남동苑南洞 대학병원 자리에 군화창軍靴廠을 두니 이것이 구두 제조소의 처음인데 일반에서 구두를 신기 시작하기는 이보다 훨신 후이라고 한다. 구두 제조업으로 삼십 년의 역사를 가진 조선 제일의 노포老鋪인 관훈동의 박덕유朴德裕 씨를 차저 조선 양화사를 무른즉(물은 즉) 박노朴老는 옛날을 회상하며 다음과 가튼 이야기를 하얏다.
>
> >"『조선서 제일 처음된 구두 상점이라면 아마 진고개(지금 본정)에 잇던 중도中島라는 상점일걸요. 그후에 광무光武 2년 경에(지금부터 약 삼십칠팔 년 전) 이규익李圭益이라는 이가 황토현黃土峴에다 처음으로 구두상점을 내엿는데 불과 2, 3년 만에 폐점하게 된 것을 내가 양수讓受하야 가지고 지금까지

경영하야 왓는데 그 당시 조선사람 직공으로는 유명근劉明根(이)니 강한구姜漢九니 하는 이들이 아조 일등 직공이엿지요 갑(값)은 9원이며는 아조 최등 구두이엿지요』(…)"

기사 속에 등장하는 조선 제일가는 양화점 주인 박덕유의 회고담을 바탕으로 이야기는 계속 이어진다.

"그후 약 5, 6년이 지난후 구두의 수요需要가 느러감을 따라 양화점洋靴店도 멧군데 생기게 되어 신원神原이라는 사람이 태평통에다 피혁도매상皮革都賣商을 개점하게 되어서 비로소 구두가 상업계商業界의 새로운 한 부문部門으로 등장하게 되엿다 한다. 세월은 흘너흘너 세태世態도 밧귀고 밧귀어 지금은 구두 안신는 것이 도리혀 눈에 이상하게 보이게쯤 되엿다. 조선양화변천사朝鮮洋靴變遷史 이것도 우리의 문화사文化史임에 틀님이 업다. 『구두』는 우리에게 무엇을 말하는고?"

앞의 기사에서 조선의 양화 변천사를 상세히 읊은 이는 다름 아닌 조선 양화계의 대부 박덕유朴德裕다. 그는 1905년 종로 사동(오늘날 관훈동)에 작은 구두점을 열고 30년 이상 줄곧 구두 사업에 매진, 이후에는 신설리(오늘날 신설동)에 고무공장까지 운영하면서 100여 명의 종업원을 거느리는 조선 최고의 양화점을 운영했다. 그는 일찍이 1910년대부터 몇 차례 신문에 소개되었는데 1927년 1월 18일자『동아일보』에 연재된 '사업 성공자열전' 코너에는 그의 성공담이 점포 사진과 함께 큼지막하게 실렸다. 여러 기사 등에 소개된 바에 따르면 처음에는 구둣방의 일개 직공으로 시작해 구두 수선을 하다, 지인 두 명과 함께 동업으로 사업을 시작했지만 이후 결별, 독자적으로 구두점을 경영하게 되었다. 박리다매와 신용을 영업의 생명으로 삼았고 제화 기술을 직공들에게 전습시켜 규모를 키워나갔다. 그는 초창기부터 신문 광고를 적극적으로 활용해 사업을 성공적으로 이끌었다. 양복 입은 신사가 구두를 가리키고 있는 지면 광고는 1920년부터 꾸준히 노출시켜 그 당시 사람들에게 매우 익숙했다고도 한다.

1921년 5월 9일 『매일신보』에 실린 세창양화점 광고.

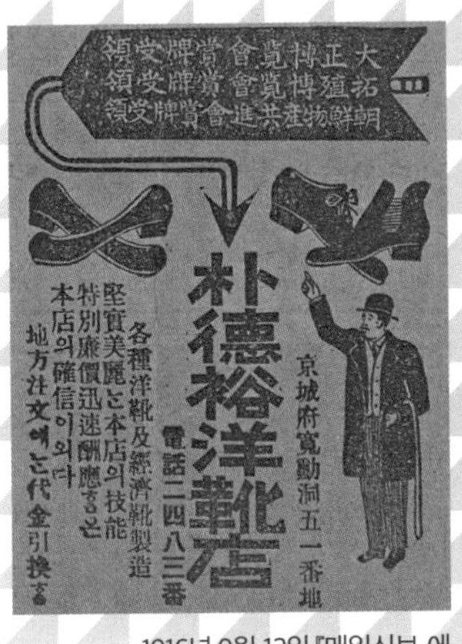

1916년 9월 12일 『매일신보』에 실린 박덕유양화점 광고.

1920년 10월 25일 『매일신보』에 실린 세창양화점 광고.

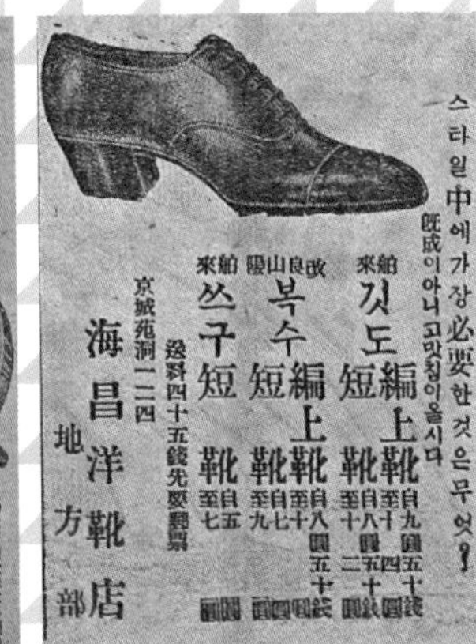

1926년 5월 13일 『매일신보』에 실린 해창양화점 광고.

1923년 4월 9일 『매일신보』에 실린 평화양화점 광고.

1927년 6월 19일 『경성일보』에 실린 조지야 구두 광고.

1920년대 신문 지상에는 양화점 광고가 거의 매일 빠짐없이 등장했다. 그만큼 경쟁이 치열했다는 걸 짐작할 수 있다. 앞서 언급한 박덕유양화점처럼 양화 제작을 담당하는 제화공이자 점주의 이름을 내세운 대표적인 양화점만 해도 김세영, 백락현, 백성운, 한경선, 최경식 양화점 등을 꼽을 수 있다. 박덕유양화점 못지않게 활발하게 광고를 한 대표적인 곳으로는 세창, 청년 양화점이 있다. 그 외에도 공화상회, 광신양화점, 동광양화점, 동흥상회, 서울양화점, 보성양화점, 영일양화점, 일이삼양화점, 의신양화점, 영창양화점, 영태창양화점, 일성양화점, 창흥양화점, 반도양화점, 중흥양화점, 천일양화점, 신발왕 태창호, 춘수양화점, 한성양화점, 경신양화점, 금강양화점, 금문양행, 상해동신공사, 이영양행 등 수십 군데에 이른다.

서구에서는 주문 제작만 이루어지던 구두가 이미 19세기 후반 표준 사이즈화되었고 가게에서나 우편통신 카탈로그를 통해서 기성화를 구매하는 시대로 접어들었다. 1920년대는 기성화 산업이 폭발적으로 증가한 시대였다. 그러나 서양으로부터 구두 제작 기술을 배운 일본이나 우리나라에서는 같은 시대 수제화가 전성기를 누리고 있었다.

백화점에서도 양화는 잡화에서 중요한 부분을 차지했다. 조지야 백화점은 1927년 기계화(기성화)부를 신설, 여러 종류의 구두를 갖추었다.[1] 고객의 발에 맞춰 제작을 해야 하는 주문화는 시간이 오래 걸리지만, 기성화는 그 자리에서 바로 신어보고 살 수 있는 장점이 있었다. 조지야 백화점은 '싸게, 빨리, 많이'라는 표어를 내걸어 레디메이드 양복처럼 다량 생산된 양화를 선보였고, 원활한 공급을 위해 일본의 고베에서 이름난 '고베야'神戶屋와 특약을 맺었다.

단화부터 장화까지

구두는 세로 높이에 따라 크게 발등이 보이는 단화, 즉 펌프스pumps와 장화 같은 부츠boots로 나뉜다. 대표적인 단화로는 기본적인 슬립 온slip-on부터 18세기 연극 의상에서 영감을 얻은 콜로니얼 구두colonial shoes, 그리고 옥스퍼드Oxfords가 있다.

1920년대 초반까지만 하더라도 서구의 남성들은 튼튼하고 편안하면서 드레시한 끈으로 묶는 부츠를 신었다. 유행에 민감한 남성들은 신발 각반spat을 착용했다. 구두 속 양말이나 스타킹을 보호하기 위해 울이나 리넨 소재에 옆 단추로 장식된 구두 덮개 각반은 1920년대 영화 속 갱스터나 부유한 청년들의 패션 소품이었고 대중들도 이를 모방해서 사용했다. 또한 각반이 구두에 붙어 있는 형태의 발목 부츠 역시 인기가 있었다.

우리나라에서는 1920~30년대 펌프스는 단화短靴, 부츠는 편상화編上靴라고 불렀다. 편상화는 일본식으로 표현하면 아미아게구츠あみあげくつ인데 말 그대로 끈으로 묶어 올라가는 형태이다. 이 때문에 부츠를 흔히 '아미아게'라고 부르곤 했다. 끈으로 묶는 형식의 부츠는 일렬로 된 단추를 하나하나 잠그는 것에 비해 손이 덜 가는 방식이다. 1920~30년대 구두 제조사들은 편상화와 단화를 대별하여 가격을 제시하는 광고를 많이 실었다.

1920년대 서구 여성들의 일상화는 끈으로 묶는 형태의 옥스퍼드였다. 1800년 무렵 옥스퍼드 대학 학생들이 유행시킨 신발에서 유래한 옥스퍼드는 1940년대까지도 유행이 지속되었고, 오늘날에는 특히 남성용 클래식 정장 구두로 자리잡았다. 굽의 높이에 따라 실용적으로, 또는 우아하게도 보이는 것이 옥스퍼드의 매력이었고, 낮은 굽은 남녀노소 모두 일상생활에서 편하게 신을 수 있었다.

옥스퍼드의 또 다른 변신은 투톤이었다. 단색 검정 또는 갈색이 대부분이던 것에서 갈색과 흰색, 또는 검정과 흰색 등의 색 조합이 등장했다. 검정이나 갈색의 단색보다 훨씬 캐주얼한 느낌으로, 골프화 같은 스포츠화에 많이 활용되었다. 흰색 옥스퍼드는 주로 여름용이나 테니스용으로 신었지만 캘리포니아 같은 화창한 지역 신사들은 1년 내내 신기도 했다. 관리가 까다로운 흰 구두는 부유한 신사들 차지였다. 운동용의 경쾌한 옥스퍼드는 역시 갈색과 흰색, 검정과 흰색처럼 대비되는 두 가지 색 조합이 가장 많았다. 이른바 투 톤 콤비네이션 옥스퍼드two-tone combination Oxford다. 우리나라에서도 '콤비네이숀'이라고 불렀다. 끈이 달린 가운데 부분을 짙은 색으로 한 것은 새들 슈즈Saddle shoes라고 하는데, 서양에서는 학생들 교복 구두로도 인기가 있었다.

유행에 따라 뾰족한 코에서 둥글고 넓은 코로

구두 디자인에서 가장 변화가 많은 부분은 뒤축(굽)과 앞코일 것이다. 우리나라에서도 마찬가지였다. 1920년대 신문에 실린 양화점 광고에 등장하는 구두코는 대체로 뾰족했다. 남성용 옥스퍼드의 경우에도 마찬가지였다. 하지만 초기의 뾰족한 앞코는 점차 둥글고 넓은 코로 유행이 바뀌었다. 이처럼 옥스퍼드의 변형된 앞코를 윙팁 디자인이라고 한다. 앞코 모양이 'W' 자 형태로, 일자 모양보다 더 포멀한 느낌을 준다. 여기에 브로깅brogueing이나 스티칭으로 화려하게 장식을 더하기도 했다. 브로깅은 구두 표면에 작은 구멍 즉, 브로그brogue를 내어 송송 뚫린 패턴을 만드는 것이다. 옥스퍼드에 이런 장식이 더해지면서 1930년대 구두는 훨씬 화려해졌다. 앞코나 옆면을 따라 브로깅을 하기도 하고 전체적으로 뒤덮어 장식하기도 한다. 브로깅은 장식 효과는 물론 통기성도 한결 높여 특히 흰색 브로깅 옥스포드는 여름 구두로 인기가 많았다. 1930년대 초반 남성용 구두의 앞코는 사각코가 전형적이었고, 색은 검은색과 갈색이 기본이었으며, 여기에 투 톤 콤비네이션도 있었다. 그러던 것이 1933년 무렵에는 사각코 대신 아몬드형 코로 바뀌었다.

그렇다고 모두 다 똑같은 구두를 신었던 건 아니다. 구두코나 뒤축의 스타일은 유행에 따라 달라지긴 하지만 개인의 취향이 선택을 좌우하기도 하므로 같은 시대에도 여러 형태가 공존했다. 하이힐에서 낮은 굽으로, 또는 그 반대로 유행이 달라질 때마다 최첨단을 재빠르게 따르는 모던걸, 모던보이가 있는가 하면 이에 둔감하거나 아예 무관심한 대중들도 있기 마련이다.

"깃도 구두 한 켜레=벼 두 섬, 용맹스러운 아가씨"

구두의 재질 역시 다양했다. 서양에서는 주로 송아지, 스웨이드, 도마뱀, 악어, 염소 가죽 등으로 구두를 만들었다. 구두를 만드는 소가죽은 복수福壽 또는 복스라고 불렀다. 무두질한 송아지 가죽인 복스카프box calf를 줄인 말이다. 양가죽은 깃도キッド, 말가죽은 코도반コードバン이라고 불렀다. 깃도는 새끼 염소, 산양을 의미하는 'kid'에서, 코도반은 에스파냐 코르도바 산 말가죽에서 온 말이다. 이런 용어가 따로 있

을 만큼 소, 양, 말 가죽이 가장 일반적인 재료였다는 의미이기도 하다. 그 가운데서도 우리나라에서는 소가죽을 가장 많이 사용했으며, 캥거루나 돼지 가죽으로 구두를 만들기도 했다. 이밖에 다른 가죽을 쓰기도 했다. 1938년 무렵 전시 체제로 가죽 사용이 제한되면서 상어 가죽인 교혁鮫革, 고래 가죽인 경피鯨皮를 쓰기도 하고, 명태 등 수산 피혁도 동물 가죽 대용으로 쓰기도 했다.[2]

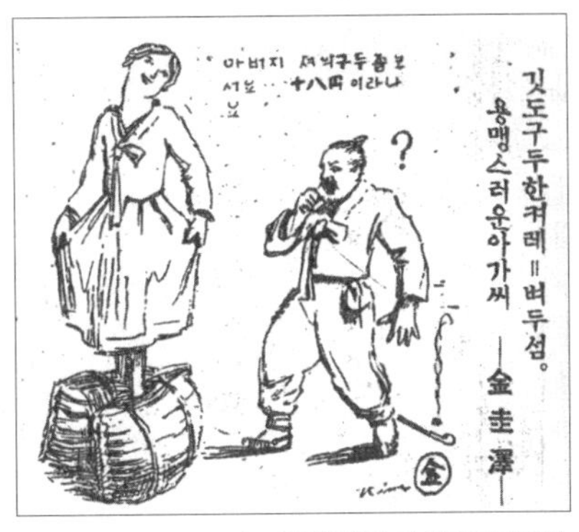

1927년 12월 『별건곤』에 실린 풍자만화.

마감은 매트한 것과 반짝이는 것 등 다양하지만 이브닝이나 댄싱 슈즈의 경우에는 반짝이는 칠피 즉, 에나멜 쪽이 우세했다. 1927년 『별건곤』에 실린 풍자만화는 벼 두 섬 값에 해당하는 80원짜리 깃도 구두를 신은 딸과 놀라는 아버지를 그리고 있다.

인기 있는 여성 구두, 메리 제인 슈즈부터 샌들까지

1920년대는 끈 하나가 발등을 가로질러 버클이나 단추로 여미는 디자인의 스트랩 펌프가 크게 유행했다. 오늘날 이런 디자인을 흔히 메리 제인이라고 부른다. 미국 만화 〈버스터 브라운〉Buster Brown에 등장하는 캐릭터에서 이름을 따온 것으로, 원래는 어린이용 신발이었다. 어린이용이라 납작한 굽이 달렸었지만 여성화로 큰 인기를 얻으면서 높이가 다양해졌다. 영국에서는 하녀들에게 단순한 형태의 메리 제인 슈즈를 신도록 했는데, 신발 안에 부드러운 깔창을 넣어 집 안에서 걸을 때 소리가 나지 않도록 했다. 한동안 우리나라 여학생들의 학생화로 자리매김했고, 오늘날까지도 모든 연령의 여성들에게 사랑받고 있다.

경성의 멋쟁이들 눈길을 끈 신발로는 샌들을 빼놓을 수 없다. 일자 형태의 스트랩이 달린 메리 제인 슈즈와 달리 T자 형태의 끈이 있는 것을 T-스트랩 펌프 또는 샐리 펌프Sally Pump라고 부른다. 1920년대에 등장했지만 1930년대에 더 크게 유

사진 속 왼쪽 여성이 신고 있는 신발이
메리 제인 슈즈다. 국립민속박물관.

Model 312. Dress shoe of patent leather with dull calf top—a combination that will be much in favor.

1913년 잡지『레이디스 홈 저널』에 실린 부츠.

옥스퍼드의 끈을 매는 여인, 월터 웨슬리 러셀, 〈신발을 묶는 여자〉, 1910, 갤러리 올드햄.

T-스트랩 슈즈를 신고 있는 여인.
앨리스 켄트 스토다르드, 〈폴리〉, 1928,
펜실베이니아 순수미술 아카데미.

T-스트랩 펌프를 신은 여인들.
사에키 슌코, 〈차방〉, 1939,
멜버른 빅토리아 국립미술관.

미국 만화 〈버스터 브라운〉의 캐릭터.

T-스트랩 펌프를 신은 댄서. 고바야가와 기요시, 〈댄서〉, 1932.

행했다. T자 형태의 스트랩 사이로 발등이나 스타킹이 많이 노출되었기 때문에 특히 댄스홀에서 인기가 많았다. 이보다 좀 더 화려한 스트랩을 가진 건 래티스lattice 펌프스다. 여러 개의 끈으로 트임을 많이 주고 신발 옆면도 깊게 커팅해 마치 스테인드글라스 유리창처럼 발의 부분부분이 드러나게 만든다. 샌들은 1930년대 후반에는 칠피 구두와 함께 유행했다.

샌들을 향한 곱지 않은 시선, 아깝도록 사치한 구두, 하이힐

그 당시로서는 꽤나 과감해 보였을 디자인의 샌들은 누군가들의 눈에 꽤 거슬렸던 가보다. 1939년 8월 6일자 『조선일보』의 기사는 미국에서는 회합이나 피서 때 신는 것으로 "산달은 거리로 신고 다니는 구두가 아닙니다"라고 소개했고, 그 이듬해인 1940년 5월 29일자에서는 "사소한 장신구에 교양이 들어난다-산달 구두는 위생상 나뻐요"라며 비판하는 기사를 싣기도 했다.

이런 글은 더 있었다. 1939년 5월 13일 박념인朴念仁은 「유행이형」流行二型이라는 제목의 『조선일보』 논설에서 샌들을 '발바닥에만 가죽이 붙었고 나머지 부분은 가죽 끝에 불과한' 것이라고 묘사했다. 또한 '이집트 투탕카멘 왕의 무덤이 발굴된 이래 미국에서 이집트를 연상시키는 구두가 그 유행의 시작'이라면서, 샌들은 '경성같이 먼지가 많은 도회에서는 비위생적인 데다 기후에 맞지 않고 먼지 많은 도회의 여성을 괴롭히는 죄는 능지처참을 해도 아깝지 않다'고 극단적인 의견을 피력했다.

또한 1939년 6월 18일자 『조선일보』에 따르면 맨발로 샌들을 신는 여자가 많아지자 미국 잡지 『보그』의 주필 에드나 월만즈를 포함하여 이를 폐지하자는 주장이 미국에서도 생겨났다고도 한다. 동·서를 불문하고 당시에 여성이 맨발을 드러내는 것에 대해서는 깊은 반감이 있었음을 알 수 있다. 아래 기사에서도 그런 인식은 여실히 드러난다.

> "(…) 테두리가 업고 밋바닥만 잇는 구두란, 우선 발에 걸치지 안허서 못 신을 듯하나 그러나 서울의 젊은아가씨들은 무슨 『마네킹』이나 가치 이런 괴팍스런 신

을 용하게도 꾀고서 거리를 다니는 데는 탄복(?)하지 안흘 수 업다. 그러나 아무리 테두리가 업다 해도 아주 터무니 업시 업는 것은 아니다. 잇다. 잇기는 분명 잇다. 그러나 테두리라기는 너무도 그야말로 테두리답지 안흔 신인 때문이다. 이런 신이 여름만 되면 약속이나 한 듯이 부쩍 쏘다저 나온다. 그리고 게다가 양말도 신지 안는다. 『카버-』도 안 신는다. 맨발이다. 종아리를 훤히 내노코, 그냥 맨발에다가 밋바닥만 잇는 신을 그저 가는단 가죽이나 헌겁 오래기로서 테두리를 삼아 아모러케나 얽어 신고는 활개를 치고 거리를 다니는 풍경이란 우선 그들도 그들이겟지만 보는 이페에서 저절로 딴 데로 시선을 돌리지 안흘 수 업슬만치 그야말로 푸풍경에 지나지 안는 것이다. 이것은 아마도 『이메리카』애서 이것저것 유행의 사치품이 밀려들어올 때 얼떨김에 그 속에 싸혀들러온 『산달』일 것이다. 그러나 이런 『산달』은 본시 알고 보면 해변에서 옷을 벗고 물속에 들락날락하며 놀 때나 또는 집안에서만 신는 것임에 틀리지 안흘 것이다. 이런 것을 거리로 신고 다니는 것을 알고 보면 부끄러운 일인데 게다가 또 업는 애교와 모양을 잇는 듯 보이려고 발톱마다 빨강물감을 드리고 그것을 무슨 자랑꺼리나 되는 드시 들어내 노코 다님에는 그야말로 눈꼴이 틀려서 보아내는 재주가 업다. 거리의 미풍보다도 우선 『모던·껄』이란 『모던』이란 글짜의 체면을 위해서도 좀 이런 유행은 업새 주엇스면 고맙겟다." _『조선일보』, 1940. 5. 24.

1930년대의 서구에서 여성 신발은 하이힐이 대세였다. 굽의 높이는 대략 4~6센티미터가 많았다. 김동인의 1930년 소설 「구두」에서 수철이 K양을 위해 S양화점에서 맞춘 구두도 흰색 하이힐이었다. 그것은 "끝이 뾰족하고 뒤가 드높으며 그 구두 허리의 곡선이라든지 뒤축의 높이라든지 어디 내놓아도 흠 잡힐 점이 없는", "도로라 하는 것이 불완전한 이 도회에는 아깝도록 사치한 구두"였다. 우리나라에서도 1930년대 초반까지는 하이힐이 유행했지만 1933년 무렵에는 낮은 굽이 유행한다는 보도가 있었다.[3] 구두의 모양이야 제각각이었겠으나, 구두라고 하는 것은 이때를 살던 숱한 사람들에게 선망의 대상이었던 것은 분명하다. 물론 처음에야 어색하고 불편했겠지만 말이다.

1937년 2월호 『여성』에 실린 「발」의 삽화.

치맛단의 길이가 짧아져 무릎 위로 올라감에 따라 얼마 전까지 긴 치마로 가려야 했던 신발은
얼마 지나지 않아 옷과 스타일을 적극적으로 맞추어야 하는 패션 아이템으로 등극했다.
그 모양이야 제각각이었겠으나, 구두라고 하는 것은 이때를 살던 숱한 사람들에게 선망의 대상이었던 것은 분명하다.
물론 처음에야 어색하고 불편했겠지만 말이다.

첫 번째 구두 신던 때 이야기

임정혁 처음 구두 신던 얘기 말씀입니까? 내가 처음 구두를 신기는 보통학교를 졸업하고 고등과에 입학하던 때 봄입니다. 그때만 해도 지금처럼 구두가 흔하지 못하고 많이는 경제화라는 것을 신었죠. 보통학교 다닐때는 꼭 경제화만 신다가 처음으로 구두를 맞춰놓고는 어떻게도 좋은지 공상하기에 밤에 잠도 잘 못잤지오. 그때 구두 모양은 목이 넓고 앞이 짧고 앞에는 리봉을 매었는데 지금 유행하는 구두 모양과 비슷했습니다. 이때까지 바닥이 편편한 것만 신다가 갑자기 뒷굽이 높은 것을 신으니 어쩐지 거북한 데다가 구두끈이 새것이라 매끄러워서 조금 걸으면 풀어지고 또 몇 발 떼놓으면 또 풀어지고 해서 이것을 엎드려 매노라고 창피하고 남이 부끄러워 못 견딜뻔 했었어요. 그리고 지금 생각하니 구두가 좀 작았던 모양이예요. 얼마쯤 걸으니까 어떻게도 발이 아픈지 발을 띄어 놓을 수도 없이 아프겠지오. 그래서 '호녀'처럼 뒷꿈치로만 띄어놓아 억지로 집까지 와서 보니 열 발가락이 마디마다 부르터서 고생을 퍽 했어요. 그렇건만 아픈 것을 참아가며 기어이 구두만 신고 다녔죠. 생각하면 우수워요.

김 선 기억의 첫 페이지는 벌써 다 헤져 떨어졌으니 어떻게 옛일을 더듬어냅니까? 그러나 귀사의 설문은 내 심경을 엿보았던 듯이 어떻게도 그렇게 신통한 말을 물어보십니까! 나의 첫 구두는 그것이 소학교 오학년 되던 봄이었습니다. 나는 그갈이 황홀하게 번쩍거려 보이는 깃도 구두를 신고도 큰 거리를 통과하여 학교에까지 가게 된 것은 두말할 것 없이 그 시절의 치마가 길었던 덕택이었습니다. 무릎을 굽히고 치마로 구두를 감추고 걷던 묘한 심경과 어수선한 모양은 이상야릇하였겠지오.

주수원 고등과 사학년 때에 난 지 처음으로 구두를 신었습니다. 그때까지는 묵직한 서울징신을 신고 있었지오. 처음으로 구두를 신으니까 제일로 부끄러워서 사람 앞에 나설 수가 없고 신고 나선다고 해도 앞으로 꼬꾸라질 것 같아서 쩔쩔 맸지오. 더구나 줄서서 예배당 갈 때는 길이 언덕길이므로 오라 올 때는 좋으나 내려갈 때는 앞다리 짧은 토끼격이었지오. 게다가 키가 적었던 까닭에 제일 앞에 섰으므로 기숙생들을 데리고 가시는 사감선생님을 밀치며 앞으로 자빠질까봐 어찌도 조심스러웠던지오. 아마 한주일 동안은 그 구두에 매여 살았나봅니다.

임덕보 내가 첫 번 구두 신던 때는 십여 년 전 옛날 호수돈여학교 사학년 이학기 처음이었어요. 처음 구두를 신고 나니 어찌 좋던지 걸음이 잘 걸려서 심부름도 잘 하였고 또 일도 부지런하게 하였어요. 그때 같아서는 밥도 먹지 말고 잠도 자지 말고 구두만 신고 앉았어도 좋겠던데요. 너무나 귀하고 기뻐서 방에서도 신어보고 마루에서도 신고 다녔고 어머님 진지 짓는 부엌에도 신고 들어가 보고 이렇게 어쩔 줄을 몰라 하던 그 기억이 아직도 뚜렷이 남아 있어요. 공연히 좋아서 왔다 갔다 한 것만 아니고 그 처음 구두에 덕택이 또한 크지요. 적은 버선을 억지로 신고 편리화를 끌 때보다는 널편한 양말에 넓적구두가 내 발을 자유롭게 자라게 하였고 간편하고 편한 김에 주일학교 유년반도 그때부터 가르친 생각이 나요. 다-헤져 없어진 그 첫 번 구두의 모양을 생각하면서-.

김수임 내가 바로 고등과 2년때이었습니다. 그때 소원은 그저 자나깨나 구두 한 켤레만 신고 싶었습니다. 그러나 그 때 내 형편은 교비생으로 한달의 용비가 1원도 못되었으므로 감히 구두는 바라지도 못했습니다. 그러나 한 가지 위로되는 것은 우리반에서 나 외에 다른 한 동무도 구두를 못 신고 다녔습니다. 그랬더니 하루는 그 동무마저 아주 뻔적뻔적하는 구두를 신고 오지 않았겠습니까? 나는 아무리 구두 생각을 아니하려도 아니할 수가 없었습니다. 그

까짓것 구두만 신으면 뭘하니 공부만 잘하면 그만이지! 이렇게 결심을 하다가도 그저 그만 동무의 구두가 자꾸 보이지 않았겠습니까? 그러나 나에게 구두가 생길 리는 만무하였습니다.
하루는 너무도 너무도 구두가 신고 싶어서 내가 도움받는 서양인한테 가서 말을 하려고 있는 용기를 다 냈습니다. 그러나 그는 내 학비만을 담당하는 이지 그런 사치품을 사줄 사람 갈지는 않았습니다. 그래 그냥 돌아오고 돌아오기를 몇 번이나 거듭했었습니다. 그러면 나중에는 에라 안되든 되든 어디 한번 뿌리나 따보자 하고 벼르고 별러 눈치를 보고 다시 봐서 그 서양인의 기분이 좋은 듯 한 때 한번 찔러봤습니다. 그랬더니 의외에도 웃으면서 그러냐고 그러나 어디 생각해보자고 하므로 옳지 됐구나 그날 밤에는 너무 좋아서 잠이 다 아니왔습니다. 이튿날 하학하자 곧 달려가서 부지런히 일을 도우는 척은 하면서 혹시 구두 얘기가 나오나 하고 기다려도 시치미를 딱 떼입니다. 그때 내 마음의 조급함이어! 며칠을 두고 눈치를 본 결과 하루는 저 구두를 신어보라고 하는데 보니 그야말로 루이 14세 때 유행하던 남자 구둔지 여자 구둔지 세분별조차 할 수 없는 목이 무릎까지 올라오는 장화였습니다. 내 바라고 기뻐하던 반비례로 나의 낙망은 컸던 것입니다. 그래도 고마운 마음으로 그 구두를 신어보니 옳다구나 그 구두는 내게 맞지를 않았습니다. 적어서 들어가지를 않았습니다. 일변 섭섭도 하거니와 그 구두를 신으랄까봐 겁도 나던 판에 마침 잘 되었으나 그러나 나는 영영 구두를 못 신는구나 하니 기가 막히었습니다. 아 그랬더니 내 표정이 그때 어떠하였는지는 몰라도 그 서양사람이 돈 10원을 꺼내주면서 네 마음대로 하나 사라고 하시더이다. 얼마나 좋았겠습니까? 바로 나가서 구두를 사가지고 와서 자는데 왜 그리 날이 밝지를 않는지요? 지금도 그 구두는 내게 보물이 되어 있거니와 내가 죽을때까지 보관하렵니다.

김려순 벌써 12년전 옛일-이화고보 이학년으로 전급하던 봄에 나는 처음으로 구두 한 켤레를 짓게 되었다. 그때는 구두만 신어도 아주 하이카라라고 아이들이 노래까지 부르며 놀려주던 때이었다. 아주 최신식으로 만든 내 구두는 앞 부리가 뭉툭하고 뒷축이 높은 목구두였다. 가장 활발히 보이는 이 구두를 신고 문밖을 나설 때에는 하늘에나 오른 것 같이 기뻤으나 어떻게도 부끄러운지 도무지 걸어갈수가 없었다. 아무리 천연스럽게 발을 옮기려고 하였으나 거리의 사람들의 시선이 내게로만 쏠리는 것 같고 내 구두만 내려다보고 수군대는 듯 해서 도무지 걸어갈 수가 없었다. 학교에서는 먼저 온 동무들이 마당귀에서 놀고 있다가 구두신은 내 모양을 보고 구두샀구나, 얼마주었니 참 튼튼하겠다-하면서 욱 모여들 적에 나는 누구 대답을 먼저 해야할런지도 모르고 참았던 웃음을 웃고 말았었다. 내가 구두를 처음 신고 그처럼 좋아하던 일이나 그 구두를 신고 현해탄을 건너던 일을 생각하면 끝없이 그때가 그리워진다.

*『신가정』 제3권 제4호, 1935. 4., pp. 80~83.

옛날에는 없어도 살았건만

핸드백

손가방, 수제포에서 핸드빽으로

핸드백은 여성 소지품 중 둘째가라면 서러울 물건, 그야말로 필수품이다. 오늘날 유명 브랜드의 이른바 명품백을 사기 위해 매장 앞에 길게 줄을 늘어선 풍경은 이미 익숙하고, 어떤 건 값도 비싼 데다 수개월을 기다려야만 받을 수 있는데도 사겠다는 사람이 차고도 넘친다. 욕망의 집약체라 해도 과언이 아니다.

조선 시대에는 핸드백 대신 남녀 모두 한복에 주머니를 두루 패용했다. 둥근 모양의 두루주머니(염낭, 협낭)나 각이 진 귀주머니(각낭, 줌치)를 한복에 달고 물건을 담아 다녔다. 1920~30년대 일상화되기 시작한 핸드백은 손가방, 수제포手提鞄라고도 했는데 1930년대에는 물건을 담는다는 기능적인 의미를 담은 명칭 대신 장신구로 여겨져 '핸드빽'이라는 용어로 정착되었다.[1] 아래 기사를 보면 당시 세태를 가늠할 수 있다.

> "옛날에는 없어도 살았건만 이제는 없이는 외출을 못할 만큼 핸드빽은 필요품이 되었다. 외출할 때 반드시 손수건, 휴지, 지갑은 가져가야 하겠고 따라서 화장품도 가져가야 할 것이니 핸드빽 없이는 외출을 못 하는 것이 당연한 일이다. (…)" _『동아

일보』, 1934. 8. 31.

그렇다면 이 시대, 여인들은 과연 어떤 핸드백을 사서 들고 다녔을까.

"류행 중에 류행, 오페라 빽"

1920년대에는 작은 백, 이른바 오페라백이 대세였다. 1928년 4월의 어느 날 안국동을 걸어가는 모던보이와 모던걸의 모습은 "황새 같은 뽀이를 따라가려는 껄의 손에는 "오페라 빽스가 대룽대룽" 들려 있었다.[2]

서양에서는 형태에 따라 보통 옆구리에 끼는 포셰트pouchettes나 클러치백clutch bags, 끈 달린 작은 주머니 형태의 레티큘reticules 등 다양한 이름으로 불린 가방인데, 정작 오페라백이라는 말은 거의 사용하지 않았다. 그럼에도 우리나라에서 오페라백으로 통용된 까닭은 일본을 통해 전해진 말이었기 때문인 듯하다. 일본의 『일용박래어편람』日用舶来語便覧, 1912에 따르면 오페라백은 "부인용의 작은 핸드백으로서 비즈, 자수 등으로 장식된 호화로운 것. 오페라 구경 때에 사용된 것이 시작"이라고 유래를 밝히고 있다. 1925년 봄, 경성에 유행한 오페라백은 다음의 기사를 통해 엿볼 수 있다.

> "근래 녀학생들의 십분의 칠팔은 손에 들고 다니는 『오페라 빽』— 류행 중에 류행은 실로 이것이니 모양은 귀주머니 접어서 그려 노흔 것 갓고 빗은 검정바탕에 자회색 동을 가로나 세로 단 것, 혹은 검정 바탕에 꼿모양을 접어 부친 것, 미테는 솔도 달리고 유리나 『세루로이드』로 륙모 혹은 방울이 달렷스며 둥그런 쥐일손은 흰뼈랍니다 그갑은 보통 녀학생용 일원 삼십전 사치하는 학생용 삼원 오십 전." _『조선일보』, 1925. 4. 6.

1928년까지만 해도 오페라백에 "구슬 박은 것"이 대유행[3]이었지만 1929년 무렵부터는 새로운 유행이 감지된다. 오페라백처럼 작은 것에서 벗어나 크기가 훨씬

1929년 9월 15일 『조선일보』에 실린 만평.

가죽『핸드백』이

내년부터 업서진다

상하지안토록 애써 쓰자

여름의 『핸드백』은 대체로 한
익어(鱷魚) 가죽으로된것과 『에
나멜』 가죽으로된것 『과나마』 『
쌔ㅣ스』 등의것이 제일만흔데
이것들은 최다 명년부터 수입
되지안음으로 가게에업습니다
금년밧게 팔지안으니 가지신분은
조심하새서 오래쓰시도록 하세
나됩니다

첫재로 한가죽으로맨든것은
너덥히지말도록해야하는데 손재
가 뭇는다든지 기름이무드면
빗갈이변해버려서 물건은아주성
하면서도 쓰지못하게됩니다 그
런까닭에 갑비싼『핸드백』을살
재에는 반드시장갑을끼고 쓰도
록해야합니다 더러워진 가죽을
사칫가지 세탁할수는 어렵기때
문입니다

그리고『핸드백』의 수선은대
부분이 어구러진것인데 되도
록 속에다가만히 처넣치안토록
해야합니다 이제부터는 아무리
쇠도 마음대로 맨들수도 고칠
수도 업스니카 주의해서 상하
지안토록해야하겟습니다

그외에 실로떼인데가 터저나
온것이라든지 안이 터진것갓흔
것은 속에다가 물건을 너무만히
너흔까닭입니다 어런 조흔
『핸드백』의에 커다란수제(手
提) 핸드백으로 실용적으로 된
것이잇는데 이런것은『라파이아』
『세루로이드』혹은 대싸지로맨
드러진것이 만히나왓는데 갑시
으면안팎으로 싸고 오래쓸수는
업지만 가지고 댄기기편합니다

1939년 7월 29일 『매일신보』에 실린 기사.

趣味の手提

ビーズ細用の手提は、相變らず喜ばれてゐますが、中々高價なもので、一寸買ひ難い形があります。これを津田敏子女史の考案されたビーズ織機を用ひると誰にでも容易に造ることが出來ます。右上は創始に黒一色で模様を織り出した絵い手提、左は茜茶の短篇と同色のビーズで縞模様を出した手提、下は前号にご紹介したラフィヤ刺繍の手提です。本文津田敏子女史の「誰にも出來るビーズ細工」をご覧下さい。

1926년 7월 일본 여성 잡지 『부녀계』에 실린 「취미의 핸드백」.

1936년 9월 23일 『매일신보』에 실린 악어가죽 핸드백.

찰스 헨리 터너, 〈콜로니얼 코케트〉, 19세기 후반, 개인.

이토 신수이, 〈초봄〉, 1931.

1938년 6월호 『여성』 표지. 현담문고.

1932년 11월호 『신여성』 표지 속 여인이 클러치백을 들고 있다.

오페라백을 든 기생 김영옥. 1920년대 사진으로 추정된다. 부산박물관.

커진 가방에 대한 언급이 부쩍 늘었기 때문이다.

해마다 때마다 돌아오는 유행

1929년 9월 15일자 『조선일보』에 실린 만평을 비롯하여 1930년 11월 『별건곤』에도 종로 거리에서 "젖가슴에 안은 커다란 핸두빽"[4]을 든 신여성에 대해 언급하고 있다. 확실히 크기가 큰, 요즘으로 치면 이른바 빅백이 새로운 유행을 이끌고 있었던 듯하다. 하기야 핸드백에 들어가는 물건들이 늘어날수록 손바닥만 한 작은 백은 불편하기 마련이니 자연스러운 과정이 아니었을까. 아래의 기사에서도 그런 경향은 다분히 엿보인다.

> "올 가을의 핸드빽 모양은 대체로 큰 것이 류행합니다. 실상 널비 여섯치에 길이 네치쯤 되는 것이 제일 실용적일 것입니다. 그러고 역시 부드러운 것으로 둥근 것이나 사각진 것이나 하여간 무엇이든지 푸근하고 너그럽게 집어너흘 수 잇슬 만한 것을 일반적으로 만히 갓습니다. 빗갈은 검은 남색 붉은색 회색의 계통이 류행색입니다. 대체로 가을철 핸드빽은 의복 빗과 가튼 색이어야 조촐해 보입니다. 그럼으로 될수 잇는 대로는 가을의 오래 입게되는 의복빗갈과 근사한 핸드빽을 택하는 것이 조흘 것입니다. 그러나 핸드빽을 철차저 멧씩 사갓는 것은 적지안흔 문제입니다. 그런데 검은 것은 일체로 어떠한 의복에든지 어울립니다. 그러고 어린이에게도 나이먹으니에게도 고루 어울립니다."_『동아일보』, 1931. 9. 2.

그렇다고 오페라백이 일제히 사라진 것은 아니다. 작은 백은 작은 백대로 효용이 있었을 테니 1933년 여름까지도 계속 애용되었다. 유행은 해마다 때마다 돌아오는 것이어서 1934년 봄, 핸드빽의 유행은 이러했다.

> "◇올봄에 유행할 "핸드빽"의 일반적 경향은 빛은 검은 계통의 것이 기운을 펴지 못하고 연두빛의 것이 뽐내는 판이라고 합니다.

◇양장용으로는 작년 가을부터 겨울까지 쇠줄 달린 것이 유행했었는데 올봄에는 가죽끈한 가방이 유행합니다. 색채가 신명하고 보드러우며 명랑한 느낌을 주는 것이 근대 여성들의 감정에 꼭 맞는 듯합니다. 그리하야 그러한 것을 조건으로 하야 의장한 것이 유행합니다.

◇가방 아구리의 쇠의 장식은 금으로 도금한 것이든지 또는 금으로 만든 것이 많이 유행합니다. 그것은 금빛이 가죽의 빛을 더 아름답고 깨끗하게 드러나게 하는 까닭이겠지요. 또 그 점에 자미도 있습니다.

◇접는 핸드빽은 올봄부터는 물을 들여서 짠 모-던한 것이 질겨지고 잇는 때 그 빛이라든지 짜기라든지 모다 극히 점잔은 소위 고전취미古典趣味의 것이 대환영을 받고 있습니다.

◇그러나 이러한 것들은 모다 값이 비쌉니다. 여러분들 가운데는 아마 소위 유한부인有閑婦人들이 십 원이 훌훌 넘는 이 여러 가지 좋은 가방을 사서 가질 수가 잇겠지요." _『동아일보』, 1934. 1. 30.

'접는 핸드빽'이란 한 손에 가볍게 들거나 겨드랑이에 끼고 다니는 클러치백을 가리킨다. 보통 직사각형이 많고 둥근 형태도 있었다. 윗부분은 주로 금속 틀로 되어 있고 여닫는 장치는 금속이나 유리로 된 가짜 보석, 또는 준보석으로 장식되었다. 몇 년 뒤인 1936년의 유행은 "극히 진기한 모양이나 '모던'미는 업서지고 재료는 가죽이라도 연한 느낌을 내이도록 한 것"이 유행[5]이었다니 그 흐름도 매우 흥미롭다.

클러치백은 양장과 한복에 모두 어울려 사랑을 받았지만, 대신 끈이 없어 손에서 떨어지기 쉬울 수밖에 없다. 이 때문에 곧잘 소매치기들의 표적이 되기도 했다. 카페 엔젤의 여급 임금주林金珠가 화신 백화점 3층 주단부에서 물건을 사고 있을 때 옆구리에 낀 핸드백을 솔개같이 날쌔게 채 가지고 달아난 사건[6]을 비롯하여 사람이 많은 상점이나 밤길, 그리고 추석 명절이 있는 가을철에 핸드백 "스리" 사건이 자주 보도되었다.[7]

"스리"란 보통 연장을 쓰지 않고 맨손으로 지갑이나 금품을 빼가는 소매치기인데 이 당시에는 혼자 다니지 않고 주의를 다른 데로 쏠리게 하는 짝과 패를 이루어 다닌 소매치기범들이 많았다. 특히 사람 많은 곳에서 현금이 불룩하게 많이 든 것 같은 핸드백은 소매치기범들이 좋아할 만한 먹잇감이었다. 부산에서도 1935년에 핸드백 강탈 전문 강도가 기승을 부린다는 소식이 연일 들렸기에 "핸드백 공포시대"라는 표현마저 등장했다.[8]

"화신에 악어 껍질 핸드백이 왔는데 그거 사주어요"

악어 가죽 핸드백의 인기는 1930년대에도 여전했다. 김기림의 수필 「그 봄의 전리품」에는 다음과 같은 대목이 있다.

"『저어 화신에 악어껍질 「핸드백」이 왔는데 그거 사주어요 네에』
이러한 청탁을 받으면 보통으로 남편들은
『응』
하고 입 안에서 가볍게 대답해버린다. 대체 이 대답이 좋다는 것인지, 궂다는 것인지 분명치 아니하여 언제든지 일쑤인 남편의 이러한 몽롱성朦朧性에 대하여 매우 불만인 부인은 다시 다져본다.
『사줄테에요』
『응』
『안사줄테에요』
『응』
『아니, 왜 똑똑히 말을 못하고 밤낮 「응」이에요』" _『조선일보』, 1935. 3. 17

악어백을 사줄지 여부를 묻는 부인의 질문에 남편의 무성의한 대답만 돌아온다. 그 때문에 부부 싸움으로 번지지만 결국 이야기는 다음과 같이 마무리된다.

"그래서 그 다음 일요일에는 우리는 백화점의 양품부 진열장에 마주서서 「핸드백」을 고르고 있는 여러 쌍의 「동반」同伴을 발견할 것이다. 그러나 마침내 그들이 사고마는 것은 백여 원짜리 악어 가죽이 아니고 7, 8원짜리 화제품和製品인 것도 구경할 것이다. 만약에 그것이 겨우 2, 3원 정도의 대용품일 때에는 우리는 그 경우에 그 남편은 아마 일찍이 「마라톤」 선수였으리라고 추측해도 좋을 것이다."

핸드백은 그 종류와 재질에 따라 가격도 천차만별이었지만 무엇보다도 "옷빛과 하모니가 맞도록"하는 것이 중요했다.[9] 하지만, 요즘도 그러하듯, 철마다 핸드백을 유행에 맞춰 사고, 옷에 맞춰 들고 다니는 것이 '적지 않은 문제'로 지적되기도 했다. 때문에 대체로 핸드백은 옷과 같은 색을 들고 다니거나 어떤 옷이나 차림에도 무난한 검은색을 선택하는 경우가 많았다.

"아름다운 핸드빽보다 조흔 책을 든 분이 더 빗나뵈드군요"

핸드백에 관한 글을 끝내기 전에 한 가지 소개하고 넘어갈 대목이 있으니 바로 소설가 이태준이 신문의 사설에 쓴 글의 일부다.

"핸드백 대신에 책을!
나는 여성 여러분이 핸드빽 상점에보다 책사에 더 드나드시기를 바라는 자입니다. 아름다운 핸드빽보다 조흔 책을 든 분이 더 빗나뵈드군요." _『매일신보』, 1941. 1. 22.

아름다운 핸드백 대신 좋은 책을 들고 다니는 여성이 더 빛나 보인다고 목소리를 높인 것이다. 말하자면 핸드백은 곧 미의 상징이요, 책은 지知의 상징이라는 의미였겠다. 이때로부터 거의 백 년 후를 사는 여러분의 생각은 어떠실지 궁금하다.

돈만히 준다고 반듯이 조흔 것은 아니다

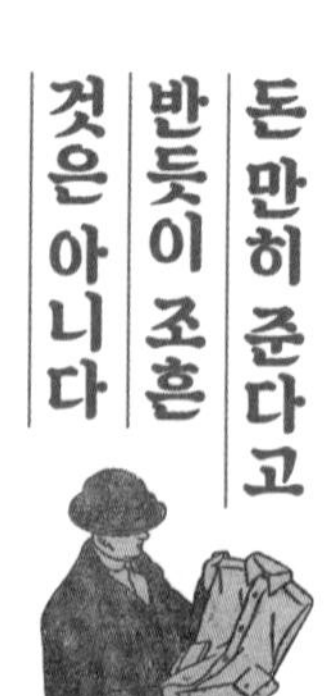

와이셔츠

와이셔츠의 수요 급증

남성의 양복 정장에서 빼놓을 수 없는 것이 이른바 와이셔츠다. 1920~30년대에는 '와이샤쓰'라고 발음, 표기했다. 서양의 정장용 흰 셔츠white shirts를 일본에서 그렇게 발음하면서 생긴 용어다. 서양에서는 보통 드레스 셔츠dress shirts라고 한다. 이름의 유래가 화이트 셔츠에서 왔는데 색깔 있는 셔츠는 달리 불러야 하지 않을까 싶지만 오늘날 국어사전에는 와이셔츠를 '양복 바로 밑에 입는, 칼라와 소매가 달린 셔츠'라고 정의한다. 흰색의 의미는 사라진 채, 이름만 남아 굳어진 셈이다.

아래 기사에 따르면 이 무렵 와이셔츠의 수요가 급증한 것으로 보인다. 하지만 경성 시내에서 와이셔츠를 제작하는 곳은 두 곳뿐이었고, 대부분은 오사카에서 수입이 되고 있었다.

> "『와이샤쓰』의 수요가 격증되야 경성 부내에서만 수요되는 『쏘프트칼나』 수요액이 일년에 십이삼만원인대 경성시내에서 제조하는 집은 두집으로 년산이 겨우 이천원에 불과하며 『와이샤쓰』는 수요액이 일년에 십오륙만원에 대하야 제조호수戶數 다섯집으로 산액 일만원에 지나지 못하야 그 외는 전부 대판大阪 방면

에서 이입을 밧는 상태에 잇슴으로 (…)" _『매일신보』, 1924. 7. 25.

신문에 등장한 와이셔츠 잘 고르는 법

사정이 이렇다 보니 당시 활발하게 이루어진 재봉 강습회에서 와이셔츠 강습이 종종 열리곤 했다. 수요가 늘어나다 보니 신문에서도 다가오는 계절에 유행할 셔츠를 알리는 데 열심이었다.

> "올 녀름 유행의 와이셔츠 종류와 가격-부사견과 뽀프린의 전성
> 양복을 입는 사람으로서 그 부속품을 선택함에도 여간 노력이 필요한게 안이다. 돈주고 사는 이상에야 자긔의 성격과 취미와 체격에 걸맛는 것을 살것이니 돈만히 준다고 반듯이 조흔 것은 안이다.
> 가량 일례를 들면 뚱뚱하게 살찐 사람이 광대하게 줄진 양복이나 또는 와이싸쓰를 입어서 더욱 뚱뚱하게 보이며 말라빠진 사람이면 세소細小한 줄진 양복이나 또는 와이싸쓰를 입어서 더욱 말라꽁이로 보이게 하는 것은 유감한 일이다. 복장은 인품을 고하高下하는데 막대한 관계가 잇는 이상 매우 연구할 필요가 잇다하겟다. (…)
> 이제 올 녀름의 와이샤쓰 류행을 물어보건대 마류麻類가 만히 팔린다 한다 그러나 녀름 와이샤쓰도 마류뿐 아니오 라미, 부린트, 캬라콘, 제파, 뽀프린, 나나직織, 우이중羽二重, 부사견副士絹 등等의 줄진 것과 백색이 잇스며 몹시 더워서 족기를 안입게 될 때면 거의 백색을 입게 된다 한다. 녀름에는 카라 달리고 카후스도 외족으로 단초 달린 것이 류행되는데 이는 가정에서는 세탁할 수 잇는 까닭이라 한다. 이것은 운동, 려행에는 매우 경편經便하야 만히 팔이나 정식으로 례복을 입을 때에는 쓰지 못한다 한다.
> 그 가치價値는 제파와 뽀프린이면 박래품舶來品이 칠팔원, 화제和製면 오원오십전부터요 부사견이면 삼원부터 칠팔원, 우이중이면 십원부터 십이삼원, 부린트면 삼원 칠팔십전부터, 갸라코면 사원부터 (…)" _『매일신보』, 1928. 6. 3.

기사의 내용을 좀 더 자세히 들여다 보면 이렇다. 우선 양복 부속품인 셔츠를 살 때는 여러 모로 신경을 써야 한다고 강조한다. 그 예로 뚱뚱한 이는 넓은 줄무늬를 피하고 마른 사람은 좁은 줄무늬를 피할 것을 조언하는데 체형에 따라 줄무늬를 가려 선택하는 건 오늘날에도 통하는 상식이다. 뚱뚱한 사람이 넓은 줄무늬를 입으면 더 뚱뚱해 보이고, 마른 사람이 좁은 줄무늬를 입으면 더 말라 보인다는 건 지금은 누구나 아는 이야기겠으나 이 당시 사람들에게는 퍽 유용한 조언이었을 듯하다.

점점 다양해지는 옷감과 색깔

이 무렵에도 셔츠감은 퍽 다양했다. 여름에는 마직류, 부사견, 그리고 '뽀프린' 등이 인기가 있었다. 부사견富士絹(명주실로 짠 보드랍고 따뜻한 옷감)은 얇고 부드러운 비단을, '뽀프린'은 잘 알려진 대로 포플린Poplin을 뜻한다. 포플린은 원래 프랑스 교황청의 도시 아비뇽에서 유래했는데 교황Pope에게 헌상된 직물인 'Papelino'가 'Paleline'으로, 다시 'Poplin'으로 변한 것이다.[1] 원래는 양모나 견으로 만들었지만 영국 랭커셔 지역에서 면으로 직조한 이래 포플린은 면제품의 일종으로 여겨진다.

> "새류행『와이샤쓰』==『스팡크레프』가 제일==
> 일,이원이면 살 수 잇든『와이샤쓰』가 이제는 사, 오원을 하게 되엿습니다. 감은 대체로 종래의 것과 틀님이 업스나 다만 『캬라코』가 업서젓슬뿐 눈에 익은 뽀푸링이라든지 성근『옥스포-드』 부사견 하부다에가 태반을 점령하고 잇습니다. 새로 나온 것으로는 부사견에 하부다에 실을 석거 짠『스팡크·레프』가 인기를 껄고 잇습니다. 이것은 살에 닷는 맛도 조코 두껍지도 열지도 안허 봄『와이샤쓰』감으로는 이상적이라고 할 수 잇겟습니다. 평균 오원 정도의 시세이나『올스·파』도 사원이나 하는 이때이니 퍽 실용적이기도 하겟습니다. 이 정도의 것에서 좀 떠러진 것으로는『벤베르크』가 조코 질긴 편으로는 이것도 십여번 빠러입을 수 잇습니다. 갑슨 삼원정도. 기타 인견과 본견의 교직도 만흐며 벽직甓織이라고 하야 금사錦沙와 비슷한 것도 잇습니다. 제일 만히 팔리는 것은 아즉도

1936년 미쓰코시 백화점 1층 와이셔츠 코너. 경성제국대학 졸업 앨범.

1927년 6월 19일 『경성일보』에 실린 조지야 양복점 와이셔츠 광고.

1932년 8월 3일 『경성일보』에 실린 논 넥타이 슬리브 셔츠 광고. 넥타이를 매지 않는 캐주얼한 셔츠다.

1935년 『어패럴 아트』에 실린 드레스 셔츠.

『스·파』가 석기지 안흔 것인데『스·파』혼방의 공정가격은 이원십전입니다.” _『매일신보』, 1939. 4. 17.

이외에도 1938년 여름 셔츠에는 ‘크레프’ 같은 얇은 천이 언급되었고, 1939년에는 ‘스팡 크레프’가 새로 나왔다. 부사견에 하부다에羽二重(얇고 부드러우며 윤이 나는 순백색 비단)를 섞어 짠 것이다.

“이봄에 유행할『와이샤쓰』는?
요새 새『와이샤쓰』의 류행이『모단뽀이』들의 눈을 황홀케 합니다. 올봄에 류행할『와이샤쓰』는『아메리카』갓흔 곳에서는 진한 색이 유행합니다. 그러나 동경을 중심으로 한 조선의 새『와이샤쓰』류행은 대체로 우리들은 양복 빗의 농담濃淡에 따라서보다도 봄 여름의 시절에 따라서 색을 변하니까 이봄에는 아마 열븐 빗이 유행하겟지요. 즉『뿔류-그리』『그레이』등으로 진한 다색茶色 게통은 류행치 안을 것임니다. (…)
『와이샤쓰』의 류행은 감과 색 이외에는『에리』입니다. 올에도 역시『에리』부튼『와이샤쓰』가 대 류행일 것임니다.
『카라』의 형상은 지금까지의『포인트』의 긴 것이 호평일 것임니다. 특수한 것으로는『스마트』한『웨쓰·바라』가 좃습니다.” _『매일신보』, 1935. 2. 14.

1930년대에 가장 애용된 셔츠 색깔은 연한 푸른빛 계통이었다. 와이샤쓰라는 이름이 무색하게도 흰색 셔츠는 예복 차림을 제외하고는 거의 입지 않았다. 1935년 2월 14일자『매일신보』기사에 따르면 미국에서는 짙은 색 셔츠가 유행했다는데 조선과 일본에서는 이러한 유행이 그대로 받아들여지지는 않은 듯하다. 공교롭게도 오늘날 남성들이 많이 선택하는 정장 셔츠의 보수적인 색상 경향과도 비슷하다.

잘 입는 법의 기본은 깨끗하게 입는 것

셔츠 세탁이 신경쓰이는 건 그때도 마찬가지였다. 옷깃(칼라, 에리)이 셔츠에서 분리된 것이 많았는데, 1935년에 와서 분리되지 않고 요즘 것처럼 붙어 있는 형태가 대유행할 것임을 같은 기사에서 예견하기도 했다. 분리된 것보다 붙어 있는 셔츠가 훨씬 세탁과 관리가 쉽기 때문이라고 했는데, 이를 뒤집어보면 그 이전까지 셔츠에서 칼라가 분리된 것이 범용되고 있었음을 알 수 있다. 1930년 11월 23일자 『매일신보』에는 "더러운 와이샤쓰는 신사 체면을 오손"하고 와이셔츠가 깨끗한 것은 "문화인의 본새"를 보인다고 했다.

1920~30년대에 비해 오늘날의 와이셔츠는 색상이며 재질, 패턴 등이 한없이 다양해졌고, 잘 입는 법에 대한 정보도 넘친다. 하지만 와이셔츠를 잘 입는 법의 가장 기본 중의 기본은 바로 깨끗하게 입는 것이다. 이미 1930년도의 기사에서도 그렇게 말해주고 있다.

모던의 물결을 타고 조선 사람들의 머리 위로

모자

경성의 남성들이 사랑한 모자는?

우리나라를 처음 찾은 외국인들은 갓을 쓴 사람들이 많은 조선을 모자의 나라로 불렀다. 꼭 갓이 아니더라도, 머리에 상투를 틀고 망건을 두른 뒤 신분과 직급, 때와 장소에 따라 다양한 종류의 쓸 것들이 있었다. 이처럼 전통적으로 머리에 뭔가를 쓰는 것에 익숙한 편이긴 했으나, 근대에 들어온 모자로의 변화 과정은 사뭇 드라마틱하다.

1895년 을미사변 직후 이루어진 을미개혁으로 단발령과 의제 개혁이 시행되었다. 이로 인해 상투를 자르고 난 머리에는 전통적인 쓸 것들 대신 서양의 모자가 올라가게 되었다. 양복 차림에는 물론이고, 한복을 입을 때도 모자를 쓰는 것은 어느덧 자연스러워졌다. 그렇게 보면 모던이라는 거대한 변화의 물결 속에서 가장 자연스럽게 정착된 물품이 모자가 아닐까 싶다. 그런데 모자의 세계는 참으로 넓고도 다양하다. 수많은 모자 가운데 그때 그 시절 경성의 남성들에게 사랑받은 모자라면 어떤 것들이 있을까.

근대의 모자가 유입된 이래, 즉 19세기 말 이후 우리나라 남성들에게 가장 익숙한 것을 꼽자면 바로 중절모일 것이다. 챙이 달린 부드러운 모자로, 머리 부분이 말 그대로 중절中折, 가운데가 접혀 그렇게 불렸다. 형태도 무난하고 소재도 다양해 사계절 내내 사랑을 받았는데, 서양에서는 트릴비Trilby 또는 페도라Fedora가 우리로 치면 대표적인 중절모다.

페도라는 1882년 프랑스 작가 사르두Victorien Sardou의 희곡「페도라」의 여주인공 이름에서 유래했다. 극중에서 그녀는 부드러운 펠트 모자를 썼는데 이로 인해 한때 여성용 모자로도 유행했다. 남성들 사이에 대중적인 인기를 본격적으로 끈 건 1924년 무렵 당시 영국의 패션 리더였던 에드워드 왕자가 착용하면서부터였다. 다른 남성용 정장 모자인 딱딱한 톱 해트top hat나 볼러bowler와 달리 편하게 쓸 수 있었던 페도라는 캐주얼 정장용으로 자리잡았다. 형태는 비슷하지만 일반적으로 챙 가장자리에 리본이 달려 있거나 띠만 두른 두 가지 종류로 나뉘어지곤 한다.

트릴비 역시 프랑스 소설가 조르주 뒤 모리에George du Maurier의 1894년 소설『트릴비』의 주인공 이름에서 유래했다. 페도라와 마찬가지로 주로 부드러운 펠트 천으로 만들었지만 챙이 짧은 것이 특징이다.

가장 익숙한 모자는 중절모

중절모는 우리나라에서는 개화 지식인들을 중심으로 쓰기 시작했고, 꽤 일찍부터 꾸준히 판매가 이루어졌던 것으로 보인다. 이미 1901년 10월 14일자『황성신문』에 실린 가메야 상회 광고에 중절모 삽화가 등장한 것을 보아도 알 수 있다.

전통적으로 말총으로 망건이나 갓을 만들어 왔으니 형태만 다를 뿐인 서양식 모자는 만들기 그리 어렵지 않았을 것이다. 실제로 1909년에는 말총으로 만든 국산 모자들이 옥호서림에서 판매되었다. 주인장 정인호鄭寅琥가 발명하여, '비닭이(비둘기)표'를 등록상표로 내건 이 말총모자는 국내 특허 1호를 획득한 것으로, 중절모자·중산모자·학도모자·예복모자·부인모자·상복모자 등 그 종류도 다양했다. 말총모자는 구겨져도 물에 담그면 펴지고, 빨아 쓰니 위생적이며, 소다로 닦아 빨면 수십 년을 착용해도 상하지 않는다고 했다. 이런 모자들은 일본과 중국 등에 수출되기도 했다. 정인호는『초등대한역사』,『최신초등소학』같은 교과서를 저술했을 뿐만 아니라 1919년 3·1독립운동 이후 비밀결사단인 구국단을 조직했으며, 상하이 임시정부의 활동을 지원한 독립운동가였다.

중절모는 사계절 중에서 특히 가을, 겨울용으로 인기가 높았다. 양복뿐만 아니라 두루마기에도 '찰떡'이었기 때문에 점잖은 이들의 복장에 중절모는 필수품이 되었다.

1924년 4월 6일자 『시대일보』에 따르면 중절모 가운데 이탈리아 브랜드 볼사리노Borsalino의 것이 가장 고급품이었다. 한 해 전에 비해 운두가 약 8분의 1인치 가량 높고 앞이 좁은 것이 유행했는데 값이 무려 12~13원이었다. 다른 사계절용 중절모 값이 대개 2~4원 가량이었던 것을 감안하면 볼사리노는 다섯 배나 넘게 비싼 가격이었다.

1857년 주세페 볼사리노Giuseppe Borsalino가 이탈리아 북부 알레산드리아에 회사를 설립해 만든 볼사리노는 20세기 전 세계 영화배우들의 단골 아이템이었다. 1942년에 개봉한 영화 〈카사블랑카〉의 마지막 장면은 험프리 보가트와 잉그리드 버그만의 클로즈업으로 장식하는데, 그때 두 배우가 쓴 모자가 바로 볼사리노다. 또한 1970년 당대 최고의 미남 알랭 들롱과 장 폴 벨몽도가 주연한 영화 〈볼사리노〉에서는 배우들이 볼사리노 사의 다양한 모자를 바꿔쓰며 등장, PPL 광고를 톡톡히 했다. 그도 그럴 것이 1930년대를 배경으로 한 이 영화는 볼사리노로 제목을 짓는다는 조건으로 제작비를 지원받았기 때문이다. 우리나라에서는 1971년 개봉, 커다란 흥행을 거뒀다.

중절모의 형태는 유행에 따라 운두의 높이와 챙의 넓이, 리본의 유무, 그리고 색상이 조금씩 달라졌다. 예컨대 1933년 9월 23일자 『매일신보』 기사에 실린 그해 가을 유행하는 중절모를 보면 챙은 넓어지는 경향이었고 색깔은 회색과 갈색의 비율이 6:4로, 갈색이 점점 늘어가는 추세를 보이고 있었다. 챙 가장자리에는 리본이 없는 것이 인기였다. 기사에는 구체적으로 브랜드도 언급했다.

"상등품은 암만해도 박래품이어서 그중에서도 미국에서 온 스텟손 녹스가 제일 조코 그 다음으로는 이태리제 칸바가 조습니다."

'스텟손'은 스테트슨Stetson으로 1865년 존 스테트슨John B. Stetson이 미국 필라델피아에 설립, 서부 카우보이 모자로 큰 명성을 얻은 곳인데 오늘날까지도 고급 모자의 대명사로 이름이 나 있다. 녹스Knox는 1838년 찰스 녹스Charles Knox에 의해 뉴욕에 설립된 회사로, 이 회사의 모자들은 링컨을 포함한 미국 역대 대통령들의 사랑을 받았다.

찰리 채플린의 상징 중산모, 운동모자 도리우치

중산모中山帽는 모자의 높이에 해당하는 크라운이 높은 산고모자山高帽子를 일컫는다. 영국에서 처음 만들어진 것으로 볼러라고 한다. 크라운의 높이에 따라 산고山高, 중산고中山高로 나뉘는데 우리나라에서는 중산모로 정착되었다. 찰리 채플린Charlie Chaplin, 1889~1977의 상징으로 유명한데, 볼러를 쓴 채플린의 모습은 일찌감치 조선에도 알려졌다. 1934년 조선극장에서는 '최쌰린씨가 짜내는 눈물과 웃음으로 거리의 등불은 빛난다'며 채플린의 작품 〈거리의 등불〉을 야심차게 선보였다.

볼러는 제2대 레스터 백작인 토머스 콕의 동생 에드워드 콕Edward Coke의 의뢰로 1849년에 처음 만들어졌다. 사냥할 때 머리에 나뭇가지가 걸리지 않고, 말에서 떨어져도 머리를 보호해줄 수 있는 헬멧처럼 단단한 모자를 원했던 그는 주문한 모자를 찾으러 갔을 때 직접 모자의 강도를 확인했던 것으로도 유명하다. 확인 방법은 다름 아닌, 모자를 바닥에 놓고 발로 두어 번 세게 밟아본 것이었다. 그러고 나서야 모자값으로 12실링을 지불했다고 하니 모자의 강도가 마음에 들었던가보다. 아니나 다를까, 모자는 '아이언 해트'iron hat라고 불릴 정도로 단단한데, 토끼털에 셸락과 수은을 섞어 경화시켜 만들었다고 한다.

1916년 우리나라에서 판매될 당시 모자값은 영국 제품이 일본 제품에 비해 두 배 이상 더 비쌌다. 1920~30년대 신문의 광고 지면에서 거의 찾아보기 어려운 것으로 미루어 볼 때 비싼 값 때문인지 적극적으로 홍보가 이루어진 것 같지는 않고, 일반인들에게 아주 인기가 많았던 것도 아닌 듯하다.

19세기 중반부터 영국 상류 계급에서 수렵용 캡hunting cap으로 쓰던 모자 역시

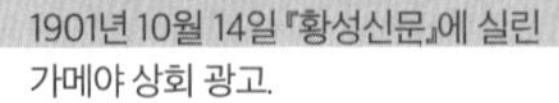

●今番左開ᄒᆞᆫ冬季所用物件과其他
上等物件과許多히輸入ᄒᆞ엿ᄉᆞ오니
僉君子께셔사라오시기를切望ᄒᆞᆸ
○帽子各種
○掌匣各種
○毯褥各種
○裏衣各種
○洋鞋各種
○石鏡各種
○眼鏡各種
○洋우단各色
○其他雜貨各種
漢城泥峴 龜屋商

1901년 10월 14일 『황성신문』에 실린
가메야 상회 광고.

갑자옥 모자점에서 판매되는 모자를 담아주던 가방.
국립민속박물관.

중절모의 형태를 잡는 틀.
국립민속박물관.

1909년 8월 24일 『대한매일신보』에 실린 옥호서림 말총 모자 광고.

1920년대 볼사리노 모자 광고.

영화 〈카사블랑카〉에서 볼사리노 모자를 쓴 험프리 보가트와 잉그리드 버그만.

볼사리노 사의 페도라 모자.

영화 〈볼사리노〉 포스터 속 볼사리노 모자를 쓴 알랭 들롱과 장 폴 벨몽도.

1930년대 『젠틀맨스 가제트』에 실린 스테트슨 모자 광고.

1936년 녹스 모자 광고.

일찌감치 들어와 있었다. 스포츠를 즐기는 젊은 층이 선호한 모자로, 경쾌한 느낌을 주었다. 조타모鳥打帽라고도 하고, 보통은 일본식으로 도리우치鳥打라고도 불렀다. 운동모자라고 하는 이들도 물론 있었다. 주로 일본에서 들어온 것이 많았으며, 모직(울)이나 가죽으로 만들었고, 솔기 없이 통으로 된 것도 있지만 6~8쪽의 천을 이어 붙여 만든 형태도 많았다. 1922년 1월 11일자 『매일신보』에 실린 미나도 모자점 광고에는 '황색 · 흑다색 '메루돈' 제, 녹색 '스곳지' 제 등으로 그 소재를 적어뒀는데, '메루돈'은 'melton', '스곳지'는 'scotch'로 모두 모직물의 한 종류다.

여름 모자의 양대 산맥, 파나마와 맥고 모자

파나마 하면 아무래도 가장 먼저 떠오르는 건 파나마 운하다. 그런데 19세기 중반 이후 같은 이름의 모자 역시 운하 못지않게 명성을 누렸다. 그렇다면 파나마모자는 파나마에서 만든 걸까. 그것도 아니다. 그렇게 생각하는 건 오늘날의 우리만은 아니었나보다. 1934년 5월 17일자 『동아일보』에서는 파나마모자의 원산지를 아래와 같이 설명해주고 있다.

> "「파나마」는 어데서 만드느냐고 하면 보통 파나마-저 유명한 파나마 운하가 잇는-에서 산출하는 것이라고 하나 그것은 틀린 말입니다. 그 원산지는 남아메리카의 「에크아돌」, 「칼럼비아」, 「페루-」이고 「파나마」는 그것이 매매되는 곳입니다."

파나마모자의 원산지는 에콰도르다. 특정 제품에 원산지보다 유통지 이름이 붙는 예는 마욜리카 도기, 이마리 자기, 영광 굴비 등 꽤 많다. 파나마모자도 비슷한 경우다. 중남미의 파나마 풀을 가공하여 몬테크리스티Montecristi 같은 안데스 산맥 연안의 마을에서 만든다. 순백의 색깔에 가볍고 통기성이 좋아 여름 모자로는 제격이다. 그런데 왜 파나마모자일까.

19세기 중반 캘리포니아 금광을 찾아 떠난 사람들이 거쳐간 곳이 바로 파나마 운하였다. 몰려든 사람들의 머리 위에 내리쬐는 남미의 뜨거운 태양을 가리는 데 파나마모자가 제격이었다. 너도 나도 이 모자를 쓰고 있는 모습을 지켜본 발 빠른 사업가가 파나마모자를 본격적으로 팔기 시작했고, 그는 금광 사업보다 모자를 판 돈으로 엄청난 부자가 되었다. 1906년 파나마 운하를 찾은 루스벨트 대통령도 이 모자를 썼는데, 그 사진이 신문에 실린 뒤로 모자의 인기는 더욱더 높아졌다.

우리나라에서는 일본제와 영국제가 유통되고 있었는데, 아래 기사를 보면 영국에서 수입한 것을 '본本 파나마'라고 구분해 불렀던 걸 알 수 있다. 물론 '본 파나마'는 일본제보다 훨씬 비쌌다. 간편하게 돌돌 말아 휴대하기 편하게 만든 '권捲 파나마'도 재미있다. 일반 파나마보다 비싼 건 당연하다.

> "'유행하는 모자'-영국물건이 아니 나오는 까닭으로 본 파나마는 없으나 지금은 일본제에도 좋은 것이 없지 아니하더라. 그러하나 이것은 대개 장년, 노년의 사람이 쓰는 것이오, 젊은 사람에게 맞지 아니하며 그 가격은 3원 80전에서 6원, 7원까지 있는데 보통 보기에는 본 파나마와 조금도 다름이 없이 교묘하게 만든 것도 있더라." _『매일신보』, 1916. 4. 26.

파나마모자는 흰색이라 때가 잘 탔고 세탁을 하기에 까다로웠다. 신문에는 종종 세탁하는 법이 실렸고 전문 세탁소도 생겨났다. 1922년 파나마모자 세탁 요금은 60전에서 1원 20전 정도였다.

파나마모자와 함께 여름 모자의 양대 산맥은 맥고모자였다. 맥고모자는 밀짚이나 보릿짚으로 만든 것으로서 원래 이탈리아 베네치아의 곤돌라 뱃사공들이 쓰는 모자였다. 물이 튀어도 잘 젖지 않기 때문에 뱃사공들에게 적합했다. 이 때문에 영어로는 보터boater, 프랑스어로는 카노티에canotier라고 한다. 모정 부분이 일자로 평평하고 풀을 먹이면 단단해서 두드리면 땅땅 소리가 나기 때문에 일본에서는 캉캉모カンカン帽라고 부른다. 우리 문학사에 큰 발자취를 남긴 시인 백석이 1938년 6월 7일자 『동아일보』에 발표한 수필 「동해」에는 다음과 같은 구절이 있다.

"동해여-오늘밤은 이러케 무더워 나는 맥고모자를 쓰고 삐루(맥주)를 마시고 거리를 거니네."

백석이 그러했듯 더운 여름이면 모던보이들은 맥고모자를 즐겨 썼다. 그러나 김기림은 1934년 8월 『중앙』에 발표한 그의 수필 「아이스크림 이야기」에서 맥고모자에 대해 이렇게 썼다.

"대체로 찌는 더위 속에 사는 도시 사람들이 모양만으로라도 시원해 보이려는, 더위에 대한 실속없는 시위운동에 지나지 않는다."

그러면서 바다를 사랑한 자신이 여행을 한다면 맥고도 중절모도 아닌 "단연 캡을 사 쓸 것"이라고 했다. 김기림에게 맥고모자는 썩 매력적으로 보이지 않았던 듯하다.

맥고모자는 파나마모자에 비해 값이 저렴했다. 1935년도 당시 30전~1원 50전 남짓으로 비교적 싼 값이었기에 "현대인이 가장 싸게 형락하는 여름의 선물"이었다.[1] 맥고모자는 쓰임새도 퍽 다양했다. 혹독한 여름 우편배달부의 고충을 덜어주기 위해 체신국에서는 집배원에게 맥고모자를 씌웠고,[2] 교통 순사는 '헬멧트' 모자로 뜨거운 태양빛을 가렸다.[3] 또한 낡아 못 쓰게 된 모자에 구멍을 뚫어 "맵시잇는 꽃꼬지"를 한 일종의 행잉 플랜트haning plant로 만들기도 했으니 모자 하나에 쓸모는 여러 모양이다.[4]

포크파이 모자, 모자 벗기 유행

채플린에게 볼러가 있었다면 또 다른 무성영화 희극왕이었던 버스터 키튼Buster Keaton, 1895~1960에게는 포크파이pork pie 모자가 있었다. 그는 직접 이 모자를 만들어 썼는데, 펠트 모자를 설탕물에 담갔다가 말려 테두리를 딱딱하게 만드는 식이었다.[5] 운두가 마치 돼지고기 파이처럼 생겼고 챙이 좁고 빳빳하면서 납작한 것이 특징이다. 조선에서는 '젬병모자'라고 불렀던 모양이다.

街上所見 (2)

모-던뽀이의散步

1928년 2월 7일 『조선일보』에 실린 포크파이 모자를 쓴 모던보이.

> "현대의 여러 가지 류행은-더구나 됴선의 여러 가지 류행에는 활동사진이 큰 힘을 가지고 잇다. (…) 『하롤드, 로이드』의 대모테 안경이 됴선의 젊은 사람의 류행이 되엇고, 『빠렌티노』의 귀밋머리 긴 살적이 됴선 청년들의 뺨에다가 염소털을 붓처노핫고, 『뻐스터 키-톤』의 젬병모자가 됴선청년의 머리에 쇠똥을 언저 주엇으며(…)"
>
> _「가상소견(街上所見)(2), 모-던 뽀이의 산보」, 『조선일보』, 1928. 2. 7.

그런데 1930년대 참으로 흥미롭고 새로운 유행이 등장했다. 바로 모자를 벗자는 이른바 '무모주의'無帽主義, '탈모주의'脫帽主義였다. 말하자면 모자란 '미개한 노인들'이나 쓰는 것으로 취급되고, 모자를 벗는 것이 오히려 모던한 일이라는 것이다.[6] 이런 유행에는 신문 기사도 일조했다. 1936년 8월 15일자 『조선일보』는 "맨머리로 다니자"면서 자외선을 쪼이는 것이 대머리 치료에 가장 효과적이라고 보도했다. 또한 "녀자들도 공연한 례의를 지키지 말고 모자를 벗고 다니는 것이 좃습니다"라고 권장하기도 했다. 그렇지만 이런 잠깐의 유행과 권장만으로 일상 속에서 모자가 그렇게 쉽게 사라질 리는 만무한 일이었다.

경성 모던걸의 모자, 클로시

양장 차림에 짧은 단발머리, 그 위에 모자를 눌러쓴 모던걸들이 거리를 활보하는 모습이 경성의 거리에서도 종종 눈에 띄긴 했지만 여성들은 남성들처럼 모자를 항

1927년 의창상회의 가을 모자 홍보 안내서 표지. 국립민속박물관.

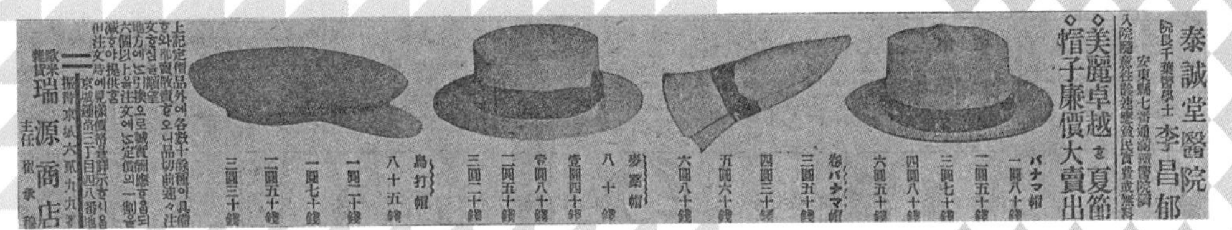

1919년 5월 22일 『동아일보』에 실린 단원상점 모자광고. 오른쪽부터 파나마, 권 파나마, 맥고, 조타모다.

1914년 파나마 운하 개통 당시
파나마모자를 착용한 루스벨트 미 대통령.

포크파이 모자를 쓴 버스터 키튼.

1918년 개봉한 찰리 채플린의 영화
〈개의 삶〉 포스터. 그가 쓴 모자가 볼러다.

일본 미쓰코시 백화점에서 판매한 중산모.
국립민속박물관.

맥고모자. 국립민속박물관.

파나마모자와 휴대용 권 파나마.

1927년 영화배우 빌마 뱅키가 착용한 클로시.

1927년 클로시를 쓴 조안 크로포드.

1920년대 미국 모자 광고.

1925년 접은 챙모자를 쓴 덕혜옹주. 1930년대 출간한 『황실황족성감』에 실렸다.

1911년 이전 양장 차림에 보닛을 쓴 순헌황귀비.

배정자로 추정되는 여인이 보닛을 쓰고 있다.

1930년 영화 <안나 크리스티>의
그레타 가르보가 유행시킨
가르보 슬라우치 모자.

1928년 영화 <우먼 어페어>에서
그레타 가르보가 캐플린 형태의
챙이 넓은 모자를 쓰고 있다.

양장 차림에 짧은 단발머리, 그 위에 모자를 눌러쓴
모던걸들이 거리를 활보하는 모습이 경성의 거리에서도 종종
눈에 띄었다. 그녀들을 위해 서구의 패션 유행을 전하는
신문 기사도 많았다. 하지만 백 년 전 여성들은 신문만이 아니라
영화나 잡지, 서양화풍의 그림을 통해 패션 상식을 쌓기도
했을 것이다.
1935년 나카니시 도시오가 그린 〈부인 모자점〉,
도쿄 국립근대미술관.

상 착용하지는 않았다. 이화학당 교장을 지낸 지네트 월터Jeannette Walter, 1885~1977는 학생들의 긴 머리를 손수 단발로 잘라주곤 했는데, 조선의 여성들이 "옷은 미국인처럼 입었지만 모자는 잘 쓰지 않았다"고 회고하기도 했다.[7]

서양의 분위기는 이와 달랐다. 1920~30년대 서구 여성들은 이른바 재즈 시대를 맞아 외출할 때는 어떤 형태로든 머리에 무엇인가를 쓰고 나갔다. 챙이 넓은 것, 좁은 것, 아예 없는 것 등 모자는 그야말로 다종다양했지만 그 가운데 이 시대에 특히 사랑받았던 것은 클로시cloche다. 프랑스어로 종bell을 의미하는 클로시는 그 이름처럼 종 모양이다. 가볍게 눈썹 위까지 푹 눌러 쓰기 때문에 여성들의 시야가 가려져서 자연히 턱을 들고 시선을 아래로 내리깔게 된다. 이 때문에 짧은 원피스에 하이힐, 그리고 클로시를 쓴 여자는 어딘가 도발적이고 당당하게 보였다.

경성의 모던걸 중 특히 멋쟁이들 역시 클로시를 사랑했다. 1920년대 소위 신여성들이 많이 입었던 재킷과 스커트, 원피스 같은 단출한 양장에는 클로시가 제격이었다. 덕혜옹주를 비롯하여 이화여대 총장을 지낸 김활란 박사, 동대문병원의 의사 김미재 등 1920년대 신문에 등장하는 유명 여류 인사들도 즐겨 쓴 모자는 역시 클로시였다. 클로시 말고도 1920년대 여성들에게는 베레모나 터번 같은 간편한 모자들이 큰 사랑을 받았다.

클로시 전후로 사랑받은 모자들

클로시의 유행 전에도 여성들이 모자를 쓰는 경우가 없지 않았다. 특히 화려한 디자인의 모자를 쓴 신여성들은 세간에 화제가 되곤 했다. 악명도 유명세라면 가장 화제를 끈 이는 '조선의 마타하리', 일본식 이름은 사다코貞子로 알려진 배정자다. 이토 히로부미의 총애를 받으며 친일 스파이 역할을 했던 그녀는 양장 차림에 화려한 모자를 쓰고 덕수궁의 정문인 대안문을 자주 드나들었다. 그런 그녀가 뻔질나게 드나드는 것이 사람들 눈에 무척이나 못마땅했나보다. 심지어는 훗날 대한문으로 이름이 바뀐 것이 대안문의 '안'安이 계집녀女가 갓을 쓴 모양이라 '상서롭지 못하다'고 하여 '안' 대신 남자를 의미하는 '한'漢으로 고쳐 지었다는 이야기가 나돌 정도였다.[8] 기록에 따르면 '한양이 창대해진다'는 뜻을 담아 개칭을 한 것임에도 항간에 배정자 원인설이 회자될 만큼 그녀를 미워했던 것은 분명해 보인다.

화려한 모자로는 1900년대 초반 이브닝드레스에 맞춰 쓴 순헌황귀비純獻皇貴妃, 1854~1911의 것도 빠질 수 없다. 흔히 엄비라고 불리는 고종 황제의 후궁이자 영친왕의 어머니인 그녀가 쓴 것은 코사지와 깃털 등으로 장식된 퍽 화려한 보닛이다.

클로시 이후에는 어떤 모자들이 사랑받았을까. 1927년 12월 8일자 『동아일보』는 미국의 최신 유행을 소개하면서 '내년 봄부터 "단발햇든 (미국) 부인네가 모다 머리를 길너서" 모자가 커진다'고 알렸다. 이 기사에서 언급한 챙 넓은 모자 중 대표적인 것은 캐플린Capeline이다. 하늘하늘한 챙으로, 여성적인 용모를 돋보이게 해주었다.

서구의 패션 유행을 전하는 건 신문만이 아니었다. 서구 배우들의 패션 유행 역시 영화를 통해 경성에 고스란히 전해졌다. 1930년대 대표적인 여배우로 그레타 가르보Greta garbo가 있다. 그녀가 주연으로 출연한 〈여자의 일생〉을 비롯한 여러 영화는 물론 그녀의 결혼 소식이나 활동 근황도 신문 지면을 통해 속속 전해지고 있었다. 그런 그녀가 입는 옷, 쓰는 모자에 눈길이 가지 않을 수 없었을 것이다. 여기에다 영화배우로 활약하기 전 모자 가게 모델로 일한 경력 때문인지 그레타 가르보의 모자 사랑은 남달랐다고 한다. 그래서일까. 1930년대에 그녀가 쓰고 나온 가르보 슬라우치Garboslouch 모자는 20세기 초 동서양을 막론한 뭇 여성들을 열광시켰다.

하지 안으면
문밧글 나갈 수
업습니다
넥타이

루이 14세로부터 시작, 댄디들의 패션 아이템

"넥타이는 "인격의 표현"

남자가 양복을 닙으면 반드시 넥타이를 합니다. 『쓰메에리』가 아닌 한에서는 넥타이를 하지 안으면 체면가리는 분은 문밧글 나갈수가 업습니다." _『매일신보』 1931. 11. 27.

"모다 각인의 개성과 취미에 의하야 달러질 것이지요. 그러나 넥타이는 그 사람의 인격을 표시하는 것입니다." _『동아일보』 1934. 5. 20.

"인격표현의 하나로 모자에서만 말할 수 잇는 것이 아니라 넥타이에서도 그것을 말할 수 잇는 것이니 넥타이의 명랑, 경박, 중후는 그 인간의 명랑, 경박, 중후를 표현하는 것이 될 수 잇스며 넥타이의 고상, 저열은 그 인간의 교양, 취미의 고상, 저열을 보히는 것이 되는 것이다." _『조선중앙일보』 1934. 9. 21.

양복을 입은 남자에게서 가장 눈에 띄는 부분이 바로 넥타이다. 와이셔츠 위의 이 작은 천 조각이 그야말로 남성 패션의 포인트다. 그런데 이 나라에 넥타이가 들어온 지 얼마 되지 않아서부터 넥타이가 체면을 차리는 사람이라면 외출할 때 없어서는 안 될 필수품이 된 것도 모자라 심지어 "인격의 표현"으로까지 여겨졌다니 흥미롭다.

넥타이의 기원은 어디에서 찾을 수 있을까. 중국 시안에서 출토된 진시황제의 병마용으로 알려진 테라코타 용병들이나 로마 병사들, 중세 바이킹들도 옷차림을 보면 목에 천 조각을 맸다. 하지만 흔히 넥타이의 기원은 굳이 2천 년 전의 문명까지 거슬러 올라가지는 않고, 그와 비슷한 모양새를 한 크로아티아인들에게서 찾곤 한다. 따지고 보면 프랑스 루이 14세의 역할이 컸다.

1616년부터 1648년까지 치러진, 유럽에서 일어난 참혹한 종교전쟁 중 하나인 30년 전쟁 당시 프랑스 루이 8세가 고용한 크로아티아 용병은 유니폼 일부로 목에 띠를 둘렀다고 한다.[1] 용맹스러운 크로아티아 용병들을 치하하는 의미로 루이 8세는 이들이 목에 두른 천 조각을 크라바트Cravate라고 부르면서 궁정에서 착용토록 했다. 그뒤 루이 14세는 레이스로 만든 화려한 크라바트를 궁정에서 공식적으로 착용함으로써 전 유럽에 유행을 시켰다. 유럽 궁정 문화의 요모조모를 탄생시키는 데 기여한 루이 14세의 공로가 참으로 디테일하기까지 하다.

댄디들에게도 넥타이는 유용한 아이템이었다. 영국 댄디즘을 대표하는 인물인 브럼멜George Bryan Brummell, 1778~1840을 비롯한 댄디들은 다양한 색감과 디자인은 물론 매는 방식도 변화를 줌으로써 넥타이를 단순하고 차분한 색깔의 옷에 화려함을 더하는 아이템으로 적극 활용했다. 심지어 영국의 유별난 댄디, 오스카 와일드는 넥타이를 잘 매는 것이 인생의 첫걸음이라며 '표면의 철학'을 삶의 신조로 삼기까지 했다.[2]

어떤 양복에 어떤 넥타이를 맬 것인가

20세기에 들어서면서 오늘날처럼 길게 늘어뜨리는 형태의 넥타이가 정착되었다.

크라바트를 전 유럽에 유행시킨 루이 14세.

1805년 로버트 다이턴이 그린 브럼멜.

1889년 넥타이를 맨 오스카 와일드.

1919년 10월 상하이 임시정부 통합 후의 안창호 선생과 독립운동가들.
모두가 양복에 넥타이를 매고 있다.

흔히 '따비-'라고 불렀는데 이는 더비타이Derbytie에서 온 말이다. 보통 명주, 인조, 교직, 비단 같은 천으로 만들거나 실로 짠 것이 있었다. 실로 짠 것, 즉 교직은 "비단과 비교하여서 얼른 보기에는 조금도 손색이 업스며 색채에 잇써도 비단과 흡사"한 것이었다.[3] 1930년대 어떤 양복에 어떤 넥타이를 매느냐를 상세히 알려주는 기사를 통해 넥타이와 관련된 매너, 관습이 정착되어가는 모습을 엿볼 수 있다.

"야회 연극 연회 때 입는 연미복에는 흰빗의『뽀-타이』를 하고 그 략식인『타키시-드』(턱시도)에는 검은 빗의『뽀-타이』를 합니다. 이 두 가지는 조선에 그리 흔치 안습니다. 조선서 보통 례복으로서 입는 것은『후록코-트』와『모-닝』인데『후록코-트』에는 보통 검은 빗나는『따비-넥타이』를 사용합니다. (…) 관혼상제나 혹은 그밧게 의식 때에는『후록코-트』와 가티 검은 바탕에 흰축이나 또 흰 문우(무늬)가 잇는 것이 조흡니다. 원래 문우 업시 순전히 검은『넥타이』는 장례식 때 이외에는 하지 안음으로 결혼식가튼데는 해서 안됩니다. 만일 결혼식에 검은『넥타이』를 매고 갈 때에는 반드시『넥타이핀』을 할 것입니다. 보통 양복의『넥타이』에는 빗갈 잇는 것이든지 문우 잇는 것이든지 문우 업는 것이든지 임이로 할 수 잇습니다 또 헌겁『넥타이』든지 실로 짠『넥타이』이든지 아모것이나 조흡니다. 조선서는『넥타이』를 하나 가지면 다 처지도록 그것만을 사용하는 사람이 만습니다. 이것은 경제 문제로 인한 것도 한 가지 리유이지만은 또 한 가지는『넥타이』에 대하야 관심치 안는것도 한 가지 리유하고 할 수 잇습니다.『넥타이』는 원래 이삼십개쯤 가지고서 매일 갈러 매는 것이 정식이라고 합니다.『넥타이』는『따비』든지『뽀-타이』든지 맬때에는 꼭 졸나매십시오. 구기지 안으랴고 허순하게 매인 것은 그 사람이 남달리 둔해 뵈입니다. 서양서는 일하는 사람을 택할 때에『넥타이』매는법과 구두 손질하는 것으로 인물시험을 한다고 합니다. '순검정 넥타이는 장례때만 사용' 결혼식에는 실례입니다." _『매일신보』, 1931. 11. 29.

기사에 따르면 연미복에는 흰색 나비 넥타이를, 예복으로 입는 프록코트나 모닝코트에는 검은색 일반 넥타이가 격식에 맞다. 관혼상제 같은 의식에서는 검은색 프록코트에 흰색 타이가 좋다. 무늬가 없는 순전히 검은색 넥타이는 장례식 때 이외에는 착용하지 않으며 결혼식 때는 반드시 넥타이핀을 하도록 권하고 있다. 오늘날 결혼식장에 검은색 타이에 넥타이핀을 하고 오는 이는 없지만 장례식장의 검은색 넥타이는 이때부터 굳어진 관습이라 할 수 있다. 넥타이는 여러 개를 가지고 매일 달리 매는 것이 좋은데 조선에서는 하나가 해질 때까지 쓰는 이가 많았다. 경제적인 이유 또는 무관심 때문이라고 기사는 진단했다.

해마다 달라지는 유행

넥타이의 유행은 크게 보면 색, 문양, 너비, 그리고 매는 방법에 이르기까지 다양한 변화를 보인다. 예를 들면 1927년에는 '스코치풍' 양복이 유행하면서 남회색이나 적색이 가미된 넥타이가, 1930년에는 빛깔이 선명하고 화려한 것, 그리고 1934년 여름에는 '그린' 계통이 유행했다. 문양은 있는 것과 없는 것, 큼직한 것과 잔잔한 것, 너비의 경우 넓은 것과 좁은 것이 오가는 식이었다. 문양 중에서는 줄무늬, 즉 스트라이프가 가장 널리 애용되었다. 해외의 독특한 넥타이 유행도 소개되곤 했다. 예를 들면 1927년 5월 미국인 비행기 조종사 찰스 린드버그Charles A. Lindbergh가 뉴욕에서 파리까지 대서양 횡단에 성공하자 이를 기념하여 넥타이에 비행기 문양이 유행했다는 등이 그것인데 이러한 유행이 경성에 반영되었을지는 의문이다. 해마다 유행하는 것이 조금씩 달랐지만 대체로 남색은 가장 유행을 덜 타는 색이었다.

> "본래 넥타이는 줄진 것이 제일 적당합니다. 그러나 단순하게 줄만 진 것이 아니요 여러 가지 모양이 그 줄진 사히에 곱게 낫타난 것이 좃슴니다. 말하자면 줄과 다른 문의와의 절충식이 신식인데 그 줄과 문의를 적당히 배합하기에는 만드는 이가 상당히 고심한다 합니다. 지금 서울에 잇는 것은 모다 일본서 만든 것으로 특별히 산뜻한 것은 업습니다. 그러기에 갑도 이삼원 밧게 안이됩니다. 죠금 윈만한 것으로 구미 물건이 되면 륙원이나 합니다. 영국『마-겟트손』회사에서 만

든 것은 졈잔코 건실하기로 유명하고 불난서『폴올마』회사에서 만든 것은 산뜻하기로 유명하고 미국『카이쟈-』회사에서 만든 것은 번화한 것으로 한목을 봅니다. 동경에서는 금년 가을부터 한백년젼에 불나서에서 류행하든 널다란『넥타이』가 갓금 눈에 띄웁니다. 죠선사람들의『넥타이』고르는 법은 매우 섯투름니다.『넥타이』는 의상의 눈임니다. 졔일 몬져 눈에 띄우는 것이 기 양복과 빗을 조화되게 하며 얼골빗에도 맛츄어야 함니다." _『매일신보』, 1927. 9. 20.

넥타이는 가장 먼저 눈에 띄는 '의상의 눈'이었다. 기사에서 언급한 '마-겟트손' 회사는 웰치, 마겟슨 컴퍼니Welch, Margetson and Company다. 남성 셔츠·칼라·실크 손수건·실크 넥타이·스카프 등을 전문으로 하는 영국 회사로, 1832년에 설립했다. 넥타이는 1890년부터 런던 버몬지Bermondsey 공장에서 제작되었고 20세기 초부터 호주를 시작으로 해외로 널리 수출되었다. 이외에도 독일, 프랑스 등지에서도 수입되었지만 당연히 가격이 매우 비쌌다.[4] 하지만 오십 전짜리 비싼 넥타이는 후줄근한 양복이나 기름때 묻은 칼라의 품격을 확실히 끌어올리는 효과가 있었다.

"인테리, 더구나 월급쟁이에게는 이 '넥타이'가 그 너즐한 월급양복의 갑슬 올리는 '렛델'이라는 것보담도 그 자신의 품격, 취미의정趣味意情까지도 말하는 것이다. 오십 전짜리 넥타이가 잘 팔리는 것은 이들의 각일각으로 변하는 식견 때문이라 할가" _안석영, 「푸른 기폭, 오십 전짜리 넥타이-오월의 스켓취 2」, 『조선일보』, 1934. 5. 13.

소설가 이효석이 1934년에 쓴 단편 소설 「수난」에서도 넥타이와 관련된 장면이 나온다. 주인공은 백화점에서 넥타이를 골라준 유라의 세련된 미적 감각을 상찬한다. 그녀가 고른 것은 "검은 빛깔에 붉은 줄이 은은히 섞인 사치하면서도 결코 속되지 않은, 몸에 조화되고 취미에 맞는" 것이었다.

넥타이를 어떻게 매느냐는 유행과 매우 밀접했다. 이전까지는 "주먹가티 굵게" 매던 것이 1935년 봄에는 "아조 반대로 적고 단단하게 매는 것이 거리의 첨단"이 되는 식이었다.[5] 하지만 매듭 크기의 유무와 상관없이 어떤 넥타이든지 단단히 졸라매어야지 “허술하게 매면 사람이 둔해 보인다”고 하기도 하고 느슨하게 또는 꽉 매는 것은 “사람의 성품에 따러서 어떠케든지 매여도 좃슴니다”는 의견도 있어 방식 자체가 그리 큰 이슈는 아니었다.

그보다는 아예 넥타이 매는 법을 몰라 쩔쩔 매는 일이 빈번했다. 당시 개화된 지식인이라고 할 수 있는 『개벽』의 창간인 이돈화와 『신여성』의 발행인 박달성도 넥타이를 매본 경험이 없어 당황하기는 매한가지였음을 알 수 있다.[6]

“이돈화씨가 어느 해 녀름(경신년인 듯하다)에 박달성씨와 가티 전주에 강연을 하러 갓섯는대 그때까지도 그는 조선복만 입고 양복은 한번도 입어본 적이 업던 터에 강연 덕분에 처음으로 젓친 양복(오리에리 양복)을 지여 입엇섯다. 서울에서 떠날 때에는 넥타이를 다른 사람이 매여주엇스나 전주에 가서 한번 버섯다가 다시 매랴고 하니 손이 서틀너서 도저히 맬 수가 업섯다. 그나마 박군이라도 알엇으면 매여주엇겟지만은 박군도 역시 그와 맛찬가지라 서로 맷다 푸럿다 하는 동안에 강연 시간은 닥처와서 작고 연사를 오라고 독촉을 함으로 땀을 뻘뻘 흘니면서 되나 안이 되나 억지로 매고 연단에 나섯는대 불과 몃 분 동안에 그 원수의 넥타이가 부스스 글너저서 말을 할 적마다 아희들의 당긔 모양으로 너펄너펄하얏다.” _『별건곤』, 1930. 7.

이 당시에는 일명 나비 넥타이를 매는 이들도 많았다. 하지만그 격식이 까다로워 신문에 사용법이 상세히 소개되기도 했다.

“나뷔형 넥타이의 상식, 사는 법 쓰는 법
차차 덥게되면 나비모양의 넥타이가 만히 쓰입니다. 또 보기에도 경쾌해 보여 조습니다. 따러서 이에 대한 상식 한두 가지 (…) 월래 이 넥타이는 나타나는 부분이 얼마 안되는이만큼 문의는 보통 넥타이 보다도 화려한 것이든지 또는 선명한 문의나 색채를 택하는 것이 훨씬 효과가 납니다. 순전한 검은색 나비형의 넥타이를 쓰는 이가 잇습니다만 원래 검은 나비형의 넥타이는 특별한 례식 이

외에는 쓰지 안는 것입니다. 또 흰 나비 모양의 넥타이는 대례복이나 연미복에 만 한한 것이고 모-닝이나 흐록에는 쓰지 안는 것입니다. 다음 나비 모양 넥타이 길이는 여러 가지가 잇습니다만 그 사람의 칼라 길이의 두배에 인치를 가한 것이 제일 적당한 치수입니다. 례를 들면 칼라가 14인치이면 넥타이 길이는 14의 곱인 28에 1 인치를 가안 29인치가 그 사람에게 적당한 치수입니다." _『조선중앙일보』, 1933. 5. 8.

당시의 용법으로는 흰색 나비 넥타이는 대례복과 연미복에만 착용했고 모닝코트나 프록코트에는 착용하지 않았다. 주로 여름에 많이 사용한 것도 특징이다.

나비 넥타이만이 아니라 목을 조르는 넥타이를 더운 여름에 착용하기는 쉽지 않은 일이었을 것이다. 이 때문에 여름에는 넥타이를 매지 말자는 목소리도 높았다.

"노-타이!
이것은 넥타이 다 일업다는 말이다. 더운데 목을 졸라매야 하는 형식에서 또 그 비위생적인데서 반동反動한 좀 신경질인 하절夏節의 신사간紳士間에 일어난 일종의 사조엿섯다." _『조선중앙일보』, 1934. 9. 21.

기능보다는 장식이 우선

1935년 여름 잡지 『삼천리』에서는 "노-타이 와이사쯔를 전매특허나 맛튼 듯이 늘 넥타이는 안매고 단이리라 한다"는 유행을 전하기도 했다.[7]

기능보다는 장식을 위한 소품인 넥타이는 20세기 초 양복과 함께 정착된 이래 오랜 세월 남성들의 목을 조여왔다. 스트레스를 받는 남성들이 제일 먼저 하는 행동도 넥타이를 느슨하게 풀어 젖히는 것이고 보면 얼마나 그들을 답답하게 만드는지 알 수 있다. 브래지어로부터 벗어나려는 여성들의 움직임처럼 남성들 사이에서도 넥타이 해방운동이 언제 일어나도 이상한 일이 아니다. 언젠가부터 넥타

1920년대 마겟슨 넥타이 카탈로그.

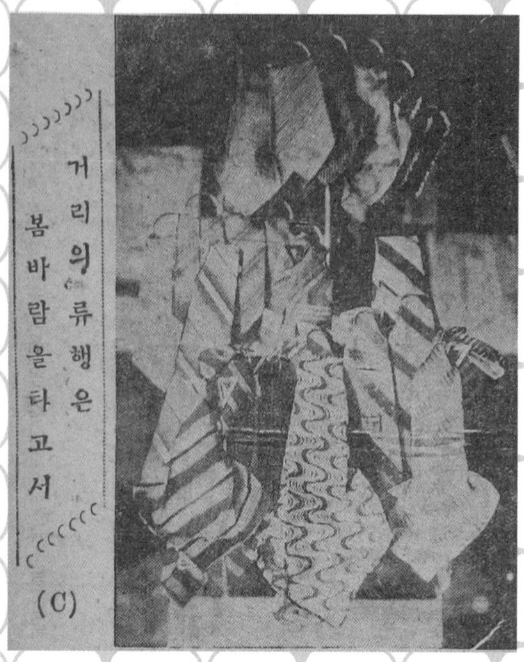

1935년 4월 6일 『조선중앙일보』에 실린 넥타이 사진.

알아두어야할 「넥타이」의상식

특히레복입을때의주의

빅타이의시작은 불란서(佛蘭西)의「루이」十四세때부터라고 말하는데 「크로치아」의 병창들이 이상한목도리를한것이 그만「모멜로」이되여 불란서사람들이 시작된것입니다 그때의것은 마(麻)와「모스린」의「레ㅣ스」로 맨드럿섯는데 이것이 불란서에서 영국으로건너와 신사들의 복색(服色)이 점々정돈됨에따라 오늘날과가튼「스타일」이된것입니다

오늘날의「빅타이」에는 순견(純絹) 인견(人絹) 털、마(麻)「앙고라」등이잇고 그리고는 이것들의 교직(交織)이 만히씨입니다 요새조선에서는 색길의 변화한것이 상당히류행하지만 그러나 일반으로는 질소한것이 유행하고잇습니다 조선에서는 별로순색의「빅타이」가 류행되지안치만 양복빛갈에 알맛는순색「빅타인」는 퍽고상하게보입니다

서양에서는 로인네들이상당이 화스런「빅타이」를매고단입니다

×

「빅타이」매는법은 보통은느슨하게매지만 그러나는손이 매는것이나 꽉매는것이나 사람사람의 성품에따러서 어써케든지 매여도좃습니다

×

찻호로「모닝」이나 연미복(燕尾服)「타시드」에각々매는「빅타이」를 설명한다면「모닝」에는 흰빛파 검은빛이나 회색파흰것의배색(配色)이좃습니다 검은저고리에 줄진바지를 입는 경우에는「모닝」째와갓습니다 연미복을입을때에는 흰빛「쏘ㅣ타이」「타시드」인째에는 검은「쏘타이」가 제격입니다

변소의 防臭法

변소를 소독하는데도 페놀을 리용하야 대용품을 쓰도록하십시다 (一)담배쌩지를 주어모드엿다가 그것을 말여 가루를치면 여간조흔살균제가 되는것이 아닙니다「니코

1938년 10월 21일 『매일신보』에 실린 기사.

이 없는 정장이 자유로움을 상징하게 된 것도 그런 연장선이 아닐까. 하지만 쓸모 없는 것이 예술의 본령이라면, 작지만 강력한 예술을 구현하려는 남성들의 욕망을 상징하는 넥타이가 단지 불편하다는 이유로 완전히 사라지는 날이 과연 올까?

일본 유학파 젊은이들의 패션 아이템

스틱

모던보이 산책의 필수품, 신사 완성의 기표

말쑥하게 양복을 차려입은 모던보이에게 없어서는 안 되는 산책의 필수품이 다름 아닌 스틱, 즉 지팡이였다. 작가 이서구는 경성에서 유행하는 지팡이를 세세하게 관찰하여 다음과 같은 글을 남겼다.[1]

> "스틱
>
> 「스덱기」를 우리가 부르랴면 단장短杖이라고 하고 또는 개화장開化杖이라고도 부른다. 이 두가지 일홈은 전부 녯날에 집든 「집행이」에 대한 새 말이니 요새히 집는 집행이는 전일의 그것보다 짤븜으로 「단장」이라고 일컷는 것이요 옛날에는 60이나 넘어야 집든 것을 요사히는 절문이 일사록 더 잘 집고 다니는 고로 개화장이라고 부르기도 하는 것이다. 어른 압헤서는 담배 못 빨고 술 못 마시고 집행이를 못 집는다. 그러나 한번 서양의 긔괴한 풍습이 동양예의지국에 밀려들자 위선 동경東京으로부터 도라오는 버르장이 업는 조선류학생들이 하나둘 고향을 어지럽게 해 노핫다." _『별건곤』, 1928. 7.

지팡이는 주로 노인들이 사용하던 것이었는데, 1920년대 일본으로 유학을 다녀온 젊은이들이 일종의 패션 액세서리처럼 들고 다니며 유행으로 퍼져나갔다. 그런 까닭에 한때는 이를 두고 개화장이라고도 불렀다. 예전 지팡이에 비해 길이가 짧기도 해서 단장이라고도 했다.

일반적으로 거동이 불편한 이들을 위한 보조 도구였던 지팡이가 남성들의 패션 소품이 된 것은 17세기 후반부터 20세기 초반까지였다. 유럽에서 시작한 유행으로, 심지어 1702년 무렵 런던의 신사들은 지팡이를 가지고 다니려면 면허증을 발급받아야 했다.[2] 지위와 재력에 따라 손잡이를 금이나 은으로 장식하기도 하고, 나무 역시 고급 목재를 사용했다. 지팡이를 겨드랑이에 끼고 걷는 것은 매너에 어긋나는 행동이었고, 제대로 지팡이를 쥐거나 들지 않으면 망신을 톡톡히 사기도 했다. 그리고 어느덧 모자와 더불어 지팡이는 신사를 완성하는 기표가 되었다.

앞서 소개한 이서구의 고현학적考現學的 스틱 관찰기는 다음에서도 이어진다.

> "단장을 들고 다니는 버릇도 또 여러 가지이다. 한번씩-껄다가 드러가지고 땅을 탁 집는 분도 잇다. 념헷 사람이 눈이 찔닐 갑아 피해 다라나도록 휘두르고만 다니는 분도 잇다. 또 엇던 분은 껄도 안코 휘두르지도 안코 거름과 맛처서 뚜벅뚜벅 집고 가기도 한다. 또 엇던 분은 숫제 손에는 들도 안코 겨드랑이에다가 끼거나 팔에다 걸고 가는 분도 잇다. 단장을 내두르기나 하는 분은 시골서 땅 파라가지고 쓰러온 텬둥벌거숭이다. 질질껄기만 하는 분은 뺌을 마저도 생각해 보고야 성을 낼 늘보이다. 단장을 겨등랑이에 끼는 분은 벼슬노 치면 속관이나 회사로 치면 60이하의 월급장이에 만코 팔에 거는 중에는 신문긔자이나 애인과 거러가며 자미잇는 이약이를 하는 사람 중에 만타. 거름과 맛처서 집행이를 집고 가는 사람은 학교의 교원 또는 고등 이상의 관리에 만흐며 사구라 몽둥이는 사회주의 관계의 절문 분들이 만히 집는 것은 누구나 잘 아는 류행이다."

이서구의 관찰에 의하면 당시 경성 거리는 지팡이를 끌고 가는 사람, 팔에 끼거나 들고 가는 사람, 내두르는 사람, 걸음에 맞춰 집고 가는 사람 등으로 다양했는데, 그는 이를 직업군에 따라 그 버릇도 제각각이라고 보았다. "어느 때나 가장 모양 잘 내고 말숙하게 차리는 이들"은 "신문, 잡지기자, 학교 교원, 문사文士, 회사원"이었고 이들은 여름에 "50전짜리 맥고모자에다가 2원 내지 60전짜리 단장을 집고" 나섰다.[3]

문사들 가운데에서 신변을 호화롭게 차리기로 이름난 이는 소설가 김동인이었다. 한때 거부巨富였던 그는 "유명한 일류 중국 양복점에 가서 양복을 백삼사십원을 주고 마치고(맞추고), 구두면 칠피에 「에나멜드」요, 모자면 박래품!"이었고 경제적 사정이 그리 좋지 못한 "지금 입고 다니는 양복도 55원짜리 구두는 13원짜리 깃도, 모자는 4원짜리 반박래품半舶來品, 스틱만은 빈약하게 1원 50전짜리"였다.[4]

동행 서비스 업종, 이른바 스틱걸의 출현

지팡이를 들고 산책하는 경성 신사들이 늘자 동행 서비스를 제공하는 이른바 스틱걸도 출현했다.

> "메추로포리스 화化한 경성
> 신직업부? 『스틱썰』 출현
> 혼자 산보가 적적한데 가티 것자는 양장 미인의 괴상한 『레터』 한 장…
> 창경원 장충단 등에는 바야흐로 몸빗이 무르녹아 행락에 취한 젊은 남녀의 그림자가 구름가티 모혀드는 십사일 오후 일곱시쯤 하야 장충단 공원 입구에는 돌연히 한명의 양장한 『스틱썰』 이 나타나서 지나가는 『모던뽀이』와 주머니 속에 한 장의 『레터-페이퍼-』를 느허준바 그 내용은 『당신 혼자 산보하시기는 적적하지 안흐심니까 저와 함께 둘이서 산보하심이 어썻슴니까 언덕에서 기다리고 잇겟슴니다』라고 써 잇섯다는바 경성시가에도 이러한 직업부인(?)이 생긴 것은 이것으로써 효시가 될 것이다. _『중외일보』, 1930. 4. 16.

지오반니 볼디니가 그린
몽테스키외 백작의 초상화다.
그림 속 지팡이는
루이 15세가 쓰던 것이다.
1897, 오르세 미술관.

존 싱어 사전트가 그린 그레이엄 로버트슨의 초상화다.
그림 속 지팡이는 손잡이가 옥으로 되어 있는 것이 눈에 띈다.
1894, 테이트 미술관.

미국 화가 랠프 얼이 그린
〈모세스 세이무어의 초상〉,
1900년경, 클리블랜드 미술관.

이듬해 1931년 각종 유행어를 설명하는 『조선일보』 기사에 따르면 이 신종 직업은 '사람과 장소를 묻지 않고 산보의 길동무'가 되어주는데 '종로에서 본정까지 한번 핑그레 도는 데 3원'으로 비용이 책정되어 있었다. '스틱크껄'이라는 이름은 이들이 마치 지팡이처럼 신사들의 팔에 매달려 다니기에 붙여진 것이었다.

"『스틱크껄』
사나히라고 하는 동물은 아모래도 녀자가 업시는 적적하고 안된 모양이라 그럼으로 독신남자라던지 안해에게 실증이난 부량남□들은 조금산보를 나가도 될수만 잇스면 여자하고 나란히서 걸기 소원인가보다 그래서 사나히들의 이러한 호기심을 리용하야 한 시간에 일금××원만 주면 사람과 장소를 뭇지안코 산보의길동무가 되여주는 직업부인이 잇다 그들은 마치 단장모양으로 이남자 저남자의 팔에 걸려 다니는 까닭에 『스틱크껄』이라는 말이 생겻다 서울에서도 종로에서 본정까지 한번 핑그레도는데 삼원으로 『스틱크껄』의 정가는 결정되여잇다 한다." _『조선일보』, 1931. 1. 9.

스틱걸이 단순히 산책의 길동무로 그치지 않은 경우도 있었다. 세 명의 스틱걸이 매일 밤거리에서 시골에서 올라온 청년 부호들을 노려 유혹한 뒤 동침한 일이 경찰망에 걸린 것이다.[5] 양장 차림의 이 스틱걸들은 경성 모던보이의 감성을 느끼려는 어수룩한 남성들을 노려 범죄를 저지른 것이다.

백화점 판매품, 60전부터 67원까지

1935년 4월 16일자 『동아일보』에는 봄에 유행하는 지팡이에 대한 기사가 실렸다. 당시에는 "검붉은 빗의 것과 누른 바탕에 적은 검은 점이 박혀 잇는 것"이 유행이었고 한동안 유행하던 벚나무 단장의 인기는 줄어들었다. 한때 상아나 금, 은으로 장식한 것이 많았지만 "요새는 그런 것보다도 민민하고 제 자루를 한 것 어떠튼 경쾌하고 튼튼한 것"을 즐겨 쓴다고 했다.

자루에 다른 소재를 댄 것보다 위, 아래가 같은 나무로 된 것에서 묵직한 맛이 더 느껴지기 때문이었다. 또 대나무로 만든 것을 짚는 이도 있었지만 이것은 상장喪杖이 연상되므로 가급적 피하라고 이 기사는 조언한다.

당시 백화점에 출시된 스틱의 종류는 여러 가지였고 그 값은 대개 최저 60전부터 67원짜리까지였다는 걸 보면 소재에 따라 가격이 천차만별이었음을 알 수 있다. 예컨대 금으로 장식한 것이나 상아로 자루를 붙인 것은 수십 원에 달했다.

이광수의 소설『흙』에 등장하는 인물인 유정근은 "회색 소프트 모자를 영국식으로 앞을 숙여 쓰고 팔에는 푸른빛 나는 스프링(스프링 코트)을 들고 물소 뿔로 손잡이를 한 단장을 들고 대모테 안경을"[6] 쓴 모습으로 묘사되었다. 그가 든 물소 뿔 손잡이 단장은 상당히 고가였을 것이다.

이처럼 한때는 신사의 멋을 완성하는 멋쟁이 소품이던 지팡이였으나 언젠가부터 젊은이들이 이걸 들고 산책하는 모습은 볼 수 없게 되었고, 지팡이는 다시 노인이나 거동이 불편한 이들을 위한 물건이 되어 있다.

겨울이 왔다, 도회 녀성이 털보가 되는 때다

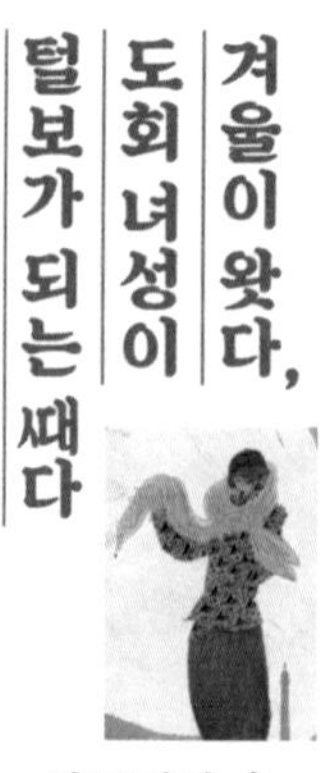

목도리와 숄

“첨에를 둘렀느냐, 포대기를 입고 다니느냐”

추위를 막기도 하지만 멋을 내기 위해서도 착용하는 목도리는 1920년대 여성들에게도 멋부리기에 퍽 요긴한 아이템이었다. 그런 만큼 유행에 따라 선호하는 색과 모양이 그때그때 달랐다. 1924년 『신여성』을 보면 그 무렵 여학생들 사이에 자줏빛 목도리가 크게 유행했음을 알 수 있다. ‘여학생=자주목도리’라는 공식까지 새롭게 생겼다는데, 심지어 온몸을 다 두른다고 해서 ‘몸도리’라고도 불렀다 한다.[1] 1924년 3월 8일자 『동아일보』 만평에서도 긴 목도리를 두른 여학생을 묘사했는데, 붉은 담요 같은 털실 목도리는 두루마기 겸, 장갑 겸, 모자 겸, 이불까지도 될 수 있다고 평했다. 색깔도 색깔이지만 목도리를 크게 두르는 유행은 1927년까지 쉬 사그라들지 않았던 듯하다.

> “신여성 목도리평
> (…) 이갓치 신녀성의 겨울 한털(철) 곱게도 보히고 추위도 막자고 하는 목도리가 어느 틈에 발등까지 끌리게 되야 입버르장머리 험한 분들에게 『첨에』를 두르고 다니느니 『포대기』를 입고 다니느니 하는 험담을 듯게된 것은 리유가 어대잇

든지 녀성 졔군의 처리를 살펴서 유감되는 일이다. 목도리를 널게(넓게) 하는 것은 억개(어깨)도 칩지안케 하자는 것이나 길게 해서 가슴 배, 정강이까지 덥는(덮는) 것은 방풍(防風)하자는 뜻인지는 모르나 듸룩듸룩하야 보히고 거피장스러워서 누가 보든지 곱게 아담하게는 보히지 안는다. (…)" _『매일신보』, 1927. 10. 13.

1924년 12월 4일『경성일보』에 실린 긴 목도리를 한 여인들.

당시 기사를 보면 긴 목도리를 두른 여성이 "치마를 둘렀느니, 포대기를 입고 다닌다"느니 하는 빈축을 사게 된 것은 유감이라면서도 "뒤룩뒤룩 거추장스러워" 보인다고 한 걸 보면 여성들의 긴 목도리에 대한 비판적인 시선이 역력하다. 이런 비판을 피하려면 목도리를 짧고 단정하게 둘러야 한다는 의미이니, 지금의 시선으로 보면 여성들은 목도리 하나도 마음 편히 못 두르고 다녔어야 했나 싶어 어쩐지 불편하다.

금년도 류행의 목도리는 엇떤 것

목도리는 여성들만의 전유물은 아니었다. 남성들은 오버코트 속에 포인트로 '마푸라-', 즉 목도리를 둘렀다. 남녀를 막론하고 사람들이 많이 하고 다니고, 관심도 있는 아이템이었던 지라 신문에서는 그해 유행색부터 얼굴색에 따라 색깔 고르는 법, 매는 방법까지 상세하게 소개하곤 했다.

"금년도 류행의 목도리(마플라-)는 엇떤 것
외투를 위해서도 꼭 해야할 일

회색계통이 무난합니다

근래 이삼년래로 화려한 보재기 가튼 목도리가 대단히 류행하엿습니다 그러나 이것은 장식이란 점에만 치중햇섯고 또 대개는 외국제품이엿스나 그 반동으로 최근에는 국산품의 길죽한 것이 만히 쓰이게 되엿습니다. 『마푸라-』 본래의 목적인 보온상으로 보드라도 이러케 길죽한 것이 가장 적당한 것입니다 금년 겨울에는 더구나 그럿습니다. 여기다 장식적 효과를 내이기 위하야 상당히 여러 가지 색을 쓰게 되엿습니다.

금년도의 류행색으로는 『뿔류(블루)』가 제일입니다. 그 다음이 갈색 가장 일반적인 것은 회색 얼골에 자신이 잇스면 록색 계통도 조습니다. 모양은 원색을 살리게 하는 것이면 무엇이든지 조흐나 특히 요새는 참신한 것이 만히 쓰입니다. (…) 색을 고르실적에는 자기 얼골빗과 조화시키는 것이 제일 조습니다. 창백하고 누런 얼골(도회인에게 제일 만습니다)이면 록색 계통은 피하고 갈색을 택하십시오. 얼골이 히거나 혹은 남성적이면 『뿔류-』 얼골에 자신이 업는 사람도 갈색 누구에게든지 맛는 것은 회색입니다. 동시에 회색은 어떤 『오-버-』와라도 훌륭하게 조화됩니다.

『오-버-』의 목을 더럽히지 안키위하야는 『마푸라-』는 꼭 쓰시도록 하십시오. 산보나 사무보시는 분이 힌 『마푸라-』를 하시는 것은 맛지 안습니다. 젊은 양반은 역시 색이 잇는게 조습니다. 둘르는 법은 종래의 두가지(A, B도)와 아조 치울 때에는 C도와 가치 합니다. 그러나 C도는 좀 늙은 사람가태서 보기 조치 안습니다." _『매일신보』, 1936. 12. 6.

금년도류행의

회색계통이무난합니다

1936년 12월 6일 『매일신보』에 실린 목도리 매는 법.

기사에 따르면 1936년에 가장 유행하는 목도리 색상은 블루였다.

회색은 누구에게나 어울리는 무난한 색이었고 얼굴에 자신이 있는 사람은 녹색을 추천했다. 그림을 통해 목도리를 두르는 세 가지 방법을 설명했는데, 요즘과 크게 다를 바 없다. 다만 "늙은 사람 같아 보인다"고 한 고리를 만들어 끼우는 방식은 오늘날 오히려 세련된 연출로 남녀 모두 즐겨하는 방식이라 그 차이가 흥미롭다.

여우 목도리를 향한 곱지 않은 시선

목도리를 비롯한 겨울 방한용품, 이를테면 장갑·방한모·귀마개와 같은 것들은 일종의 사치품 취급을 받기도 했는데, 어떤 이들은 이러한 것들이 오히려 몸의 저항력을 약화시킨다는 다소 극단적인 견해를 펼치기도 했다.

비판이 집중된 것은 1920년대 후반부터 크게 유행한 여우 목도리였다. 고급스럽고 사치스런 멋 부리기에 최적화된 아이템이지만 1930년대 이를 보는 시선은 곱지 않았다.

> "겨울이 왓다. 도회의 녀성이 털보가 되는 째다. 여호털, 개털, 쇠털, 털이면 조타고 목에다 두르고 길로 나온다. 구렝이도 털이 잇다면 구렝이 가죽도 목에다 둘럿슬가." _「가두풍경, 털시대」, 『조선일보』, 1932. 11. 24.

신문 삽화에 등장하는 여인들은 모두 양장에 하이힐을 신고 여우 목도리를 두르고 도시를 활보한다. 같은 신문에 그 이듬해 실린 「호귀狐鬼의 출몰出沒」이라는 제목의 삽화에도 초라한 거지 앞에 출몰한 여우 귀신같이 목도리를 한 여자가 당당하게 걷고 있다. 여우 목도리를 한 여성에 대한 비판적인 시선이 분명하게 담겨 있다.

소설가 박종화는 수필 「여우 목도리」에 "요사이 천구백삼십오, 륙, 칠 년대 겨울 여성의 선망의 적的은 완전히 여우털 목도리로 집중되었다"면서 당시의 유행을 아래와 같이 상세히 적어두기도 했다.

> "여우 목도리의 종류는 은호銀狐, 청호青狐, 백호白狐, 홍호紅狐, 십자호十字狐, 적호赤

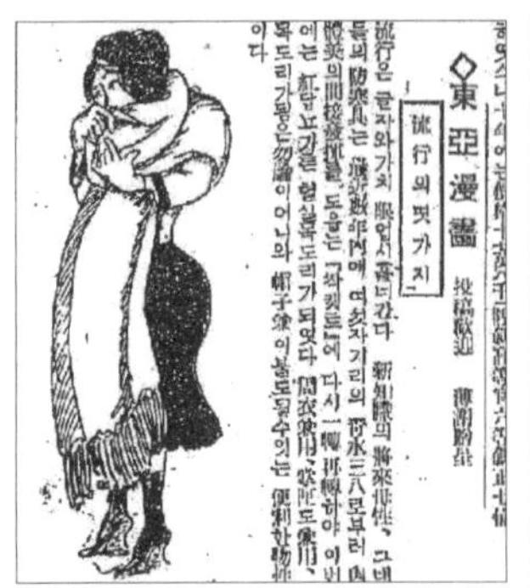

1924년 3월 8일 『동아일보』에 실린 긴 목도리 유행을 담은 만평.

1932년 11월 24일 『조선일보』에 실린 여우 목도리 관련 만평.

1933년 10월 25일 『조선일보』에 실린 「호귀의 출몰」 삽화.

狐 여섯 가지가 있는데 그 중에 은호는 값이 이백 원으로부터 천 원까지 있어서 세계 각국 부인의 제일위第一位 가는 유행품이요, 백호는 야회용 또는 예장용으로만 쓰는 것인데 이삼백 원이나 주어야 좋다 한다. 지금 조선에 범람하는 여우 목도리는 한층 떨어지는 십자호, 적호 따위들이다."

하지만 그 역시 여우 목도리를 바라보는 시선은 곱지 않다. 여성들이 이러한 여우 목도리를 "모가지에다 휘휘친친 감고 다닌다"면서 다음과 같이 적나라하게 비판했다.

"감고 다니는 건 오히려 얌전한 패지만 그 중에 교태를 한술 더 뜨는 멋거리진 낭자는 감고 두르기는커녕 꼬리를 툭 늘어뜨려 흔들흔들 홍글항글 걸고 다닌다. (…) 조선의 고유한 아얌, 남바위, 약과무늬 잘옷 따위는 얼마나 교묘한 기술을 가진 문화인의 방한구였더냐. 여우 표범을 그대로 감고 입고 다니는 유행은 원시생활을 그리워하는 한 개 야릇한 인간들의 변태적 심리로 인한 것이냐, 그렇지 아니하면 구미식 황금만능의 엽기적 행동이냐. 괴기를 찾는 현대 사람의 마음은 고금이 이다지 현수懸殊하구나." _『청태집』, 남창서관, 1942.

여우 목도리에 대한 비판은 이에 그치지 않았다. 어떤 이는 목에 걸친 목도리에 "류리로 맨든 눈까지 해박힌 것으로 보면 몸에 소름이" 끼친다고도 했다.[2]

크게 유행하는 한편으로 곱지 않은 시선을 한몸에 받아야 했던 여우 목도리는 중일전쟁 직후인 1938년 사치품으로 지정되었다. 1938년 8월 26일자『동아일보』는 '유한有閑마담에 벽력霹靂- 여호목도리 판매금지'라는 제목의 기사를 통해 여우 목도리가 사치품으로 결정되어 국내 판매를 금지하게 되었으므로 "모피점 '쇼-윈도'에서 호화한 자최를 감출 것"이라고 했다. 이뿐만 아니라 1939년에는 토끼, 양, 개 가죽은 군수품으로 통제되었고 특히 여우 목도리는 사치품으로 세금을 크게 부과했다. 금지한 것은 단지 여우 목도리만은 아니었다. 중일전쟁이 본격화되면서 심지어 어린 학생들의 목도리 착용마저 금지했다. 소위 '신체 단련, 소비 절약'이라는 미명하에 어린 학생들에게 운동장에서 "맨발"로 있을 것을 장려하고, 남녀 학생들의 목도리 사용을 일절 금지했다.[3]

여우 목도리의 사치품 지정과 높은 세금 부과가 물론 몇몇 유한마담에게는 마른 하늘에 날벼락 같은 뉴스였을 수도 있으나, 사치품으로 억지로 지정한다고 해서 실제로 시중에서 죄다 모습을 감출 리는 없었다. 1938년 11월 16일자『매일신보』의 기사를 보면 "서울의 명물 여호 목도리"가 거리로 나오기 시작했는데 "차츰 없어지는 경향"이 있다고 했는데, 그 이듬해인 1939년의 기사에서 전하는 당시 '여호목도리'의 가격과 상황은 세금이 붙어 가격이 비쌌을 뿐 여전히 거래가 되는 듯 보인다. 기사는 한 상점에 여우 목도리가 주렁주렁 걸린 사진과 함께 이렇게 실렸다.

> "(…) 갑슨 대체로 보통 것이 오십오원 은호銀狐니 십자호十字狐니 하는 것은 일백오십원부터 잇스며 수달피는 사백팔십원입니다. 군수용으로서 통제된 것은 톡기兎 양羊 개犬의 세 가지라고 하지만 여호목도리는 사치품이되어 세금이 굉장이 붓게 됩니다 그래서 갑시 그러케 빗싼것인데 다른 모피는 그에다 비하면 그다지 비싸지 안습니다." _『매일신보』, 1939. 10. 28.

예나 지금이나 여우 목도리를 비롯한 모피 제품은 대체로 곱지 않은 시선을

여우 목도리를 한 나혜석. 남편 김우영과 1927년 6월 유럽 여행을 떠나기 전 찍은 사진으로 알려져 있다.
계절에 맞지 않는 옷차림이 의아하다. 수원시립미술관.

1923년 10월호 『보그』 표지.
여우 목도리를 두른 여인이 주인공이다.

아고스트 이거베리 포템킨이 그린
〈여우 털을 한 여인〉.

1525년경 파르미자니노가 그린 그림 속 여성도
여우 목도리를 두르고 있다. 〈안테아〉,
카포디몬테 미술관.

라파엘 슈스터 볼단이 그린 〈모피 입은 여인〉. 개인.

앵그르, 〈마담 리비에르〉, 1805, 루브르 박물관.

테오도르 샤세리오, 〈두 자매〉, 1843, 루브르 박물관.

윌리엄 메릿 체이스, 〈흰 숄을 두른 여인〉, 1893,
펜실베이니아 순수미술 아카데미.

아달베르트 베가스, 〈레이스 스카프를 두른 여인〉, 1869,
바르샤바 국립미술관.

받곤 한다. 오랫동안 사치품이라는 기표였던 것은 누구나 잘 알고 있는 바이기도 하다. 하지만 최근에는 단순히 사치품이어서만이 아니라 동물애호차원에서 점차 기피되는 추세다. 백여 년 전, 사치품으로 지정하면서까지 소비를 억제하려고 했던 이른바 여우 목도리는 새로운 풍조로 점차 기피되고, 대신 에코퍼 같은 친환경 가죽이 각광을 받고 있는 세상을 우리는 살고 있다. 시대의 풍조와 가치관에 따라 물품의 위상은 이렇게도 달라진다.

숄, 그저 뜨듯만 해서는 못쓴다

목도리만큼이나 여성들이 많이 두른 것이 또 있으니 바로 숄이다. 페르시아어 'sal'에서 유래한 숄의 원산지는 인도 카슈미르 지방이다.[4] 중앙아시아, 중국, 러시아, 오스만 제국 등지에서 널리 사용되다가 동인도회사를 통해 유럽으로 건너가기 시작했다. 이후 영국 스코틀랜드 에든버러에 1770년대부터 숄 공방이 생겼고, 19세기 초반 글래스고 근처 페이즐리에서 만든 솔방울 패턴의 '페이즐리 캐시미어' 숄이 인도로 역수출되었다.[5] 프랑스에서 천공카드를 활용한 자카르 방직기로 숄을 만들자, 이를 모방해 만들던 영국은 1830년경 이번에는 중국 제품을 따라 실크 크레이프 소재의 정사각형 형태나 자수를 넣은 버전을 만들었다.[6] 1920~1930년대 초까지 서구에서는 프랑스 리옹에서 만든 섬세한 브로케이드 숄이 인기가 있었다.[7] 이 무렵 우리나라에서도 숄은 두루마기나 코트 대신 어깨에 간편하게 두를 수 있어 여성들 사이에 큰 인기를 누렸다. 선명고등기예학원의 류의순劉義順의 아래 글을 보면 당시 숄을 어떻게 둘렀는지를 엿볼 수 있다.

> "숄 두루는 법
> -그저 뜨듯만 하여서는 못쓴다
> 『숄』은 거저 따숩기만 한것이면 고만일듯도 하나 『숄』이란 것은 처음부터 그 몸치장을 하기 위하야 만들어 젓든 것인만큼 모양이라는 것을 보지 안을수 업는 것입니다.

1928년 11월 10일 『동아일보』에 실린 숄을 두른 평양 숭의여학교 학생들.

금년겨울의 숄은
자극적인色調가流行

금년 겨울에는 특별히 듀
행색(流行色) 어떠할것은 업
습니다만은 진한 빗과 평장
히 자극적(刺戟的)인빗이환
영밧는 모양입니다 문의는
전부가 뜻모양인데 직선(直
線) 곡선(曲線)을 간단하게
취급한것이 만히 환영됩니다
순방한용(...)으로는
『락타』가 가장 만히 쓰이
는모양입니다 외국품는 작년
보다 한五분가량 비싸고 국
산품은 얼마쯤 싸진것 갓습
니다

눈으로 壽命을判斷

『불란서』의 『니-스』시(
市)에사는 어느 안과의(眼
科醫)는 최근 『사람의 눈
에는 그사람의 수명이 확실
히 나타나잇다』라는 흥미
잇는 신설을 발표하엿습니다
이신설은 그안과의가 오랫동
안 연구한 결과로 극히 유
력한것이라 생각됩니다 그것

伊『에』紛爭과
平和的인和

1935년 12월 1일 『매일신보』에 실린 숄 유행 관련 기사.

위선 빗갈부터 잘 골너야 하겟는데 흰 옷을 입은 사람은 검정 남빗 『엔지』(거무스름한 적색) 등의 지튼 것이 조코 지튼 의복에는 흰 것 핑크 크림 황색 등을 쓰도록 하십시오. 또 어깨가 넓으신 분은 절대로 줄이 가로난 것을 쓰지 말고 까러안즌 검정이나 기리로 『시마』(줄무늬)가 잇는 것을 써야할 것입니다. 반대로 몸이 말느신 분은 푹신하야 뜨신 맛이 도는 것을 택하십시오.

그 다음 감은 젊으신 이가 외출용으로 락타 등속을 쓰면 갑만 빗쌋지 효과가 안나는 것입니다. 빗갈에 따러서는 도리혀 이상스럽게도 보힐 것이니 문의가 잇는 모직물이나 『쟈-시』도 무난하기는 하나 역시 『시혼·베루벳트』『레요날드』를 쓰도록 하십시오. 갑슨 인견이면 사원정도 그 상질에 가면 이십원까지도 잇습니다. 한때 유행하든 『크레프데신』에 안을 바친 것은 벌서 업서저버렷습니다. 대체로 안이 잇는 것은 뜨시기는 하나 얼마안가서 아래로 처지는 폐단이 잇고 틈실하야 조치못합니다.

중년이상이 되신 분은 될 수 잇는대로 단색이 조켓습니다. 두루마기나 『코-트』감에서 『숄』이나 『마후라』를 꼰허내는 것도 중년부인에게는 점잔케보히는 것임니다. 『숄』의 넓이는 두겹으로 겹치는 것이 좃코 몸이 부대하신 분은 가슴에 펴지말걸 쓸데업는 주름을 잡지마시오." _『매일신보』, 1938. 11. 29.

기사에는 다양한 색깔부터 무늬, 천까지 상세히 언급하고는 있는데 외국어를 소리나는 대로 적어, 오늘날로서는 구체적으로 무엇을 가리키는지 파악하기가 쉽지 않다. 몇 가지 눈에 띄는 것으로는 크레프데신crêpe de Chine(가는 생사로 짠 바탕이 오글오글한 비단)과 시폰, 벨벳의 추천이다.

스카프도 못 이긴 숄을 향한 조선 여인들의 사랑

이 무렵의 다른 기사들을 보면, 유행하는 색깔과 무늬는 연도별로 차이를 보인다. 1930년 가을에 유행한 것은 "침착한 색"이고 "가공은 점점 교묘해"졌다. 자수를 놓은 것이 유행했는데 직선과 곡선을 섞거나 꽃무늬가 유행이었고 포플린이 대세였다.[8] 1933년 봄에는 "죠젯트 천"으로 만든 화려한 무늬가 있는 것이 인기가 있었다.[9] 이듬해인 1934년 봄에는 "담담하고 명랑하게 보이는 것"이,[10] 1935년 겨울에는 "진한 빛과 굉장히 자극적인 빛이 환영"을 받았다.[11] 계절과 유행에 따라 얇고 두꺼운 것들이 여러 가지 색깔과 문양으로 여성들의 어깨를 장식했음을 알 수 있다. 1934년 봄 거리에는 '숄도 순애와 수일의 옛 시대 유물'로 치부하면서 대신 봄바람에 하늘하늘한 스카프를 날리는 여자들도 보였다.[12] 하지만 숄은 옛시대 유물로 금세 사라지지는 않았다. 양장뿐만 아니라 한복에도 잘 어울려 우리보다 한 세대 위의 여인들에게는 퍽 오래도록 사랑받은 아이템이었다.

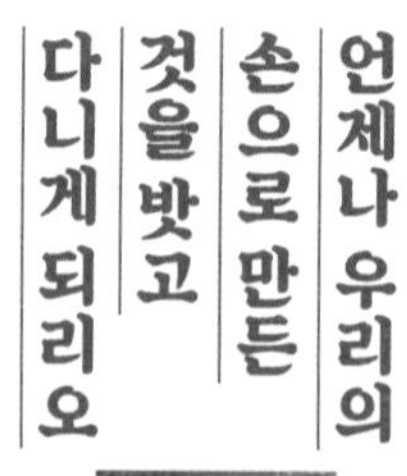

양산

"세상을 정면으로 보게 되는 첫걸음"

우리나라에서 우산雨傘과 일산日傘의 정확한 출현 연대는 알 수 없다. 고구려 고분 벽화에 그 모습이 그려져 있으니, 삼국 시대로 그 역사를 거슬러 올라가 짐작해볼 따름이다. 조선 시대 풍속화 〈평생도 팔곡도병〉에는 신행을 가는 신랑이 일산을 쓰고 있는 모습이 그려져 있다. 이밖에도 일산이 등장하는 그림은 많다.

우산은 비를, 일산은 햇빛을 피하는 목적이지만 둘 다 겸용으로 쓰이기도 했다. 다만 우산은 지금도 우산인데, 일산이라는 말은 요새는 거의 안 쓰고 양산陽傘이라고 한다. 그런데 1920~30년대 자료를 보면 양산의 한자를 '陽'이 아닌 '洋'으로 쓰고 있다. 근대기 들어온 새로운 문물 중 우리에게 있던 물건과 구분이 필요한 경우 접두어 '洋'을 붙여 쓰곤 했다. 서양식 신발은 양화洋靴였고, 물 긷는 데 쓰던 동이는 양동이였다. 아마도 그런 연유로 일산은 양산洋傘으로 쓰기 시작한 것으로 추정한다.

개화기 여성들에게 양산은 이름과 달리 햇빛을 가리는 용도만은 아니었다. 오히려 그보다는 얼굴을 가리는 데 더 쓸모가 있었다. 그도 그럴 것이 그 직전의 세상, 그러니까 조선의 여성들은 집 밖을 나설 때 장옷이나 쓰개치마로 얼굴을 가리고 다녔다. 평양에서는 삿갓이나 머릿보, 개성에서는 쓸치마가 이를 대신했다. 세상이 천지가 개벽하듯 달라지면서 1920년대 거리에서 장옷을 쓰고 다니는 이들은 거의 찾아보기 힘들었다. 여성들은 장옷을 벗고 얼굴을 드러내고 다니되 양산을 얼굴 가리개처럼 사용했다.

일산을 쓴 신랑. 〈평생도 팔곡도병〉, 고려대학교박물관.

장옷을 내려놓고 얼굴을 당당히 드러내는 것은 곧 여성의 자유와 해방을 상징하는 행위로 인식되었다. 1926년 12월 10일자 『매일신보』에 실린 「부인 해방과 양산」이라는 글을 통해 송악산인松岳山人이라고 밝힌 필자는 얼굴을 드러내는 것이 "세상을 정면으로 보게 되는 첫걸음", 즉 "외적 개혁"이지만 양산으로 얼굴과 어깨까지 가리는 것은 "아직 세상과 몰상관의 태도를" 가진 것이라고 했다. 말하자면 그는 여성들이 장옷을 내려놓긴 했으나 양산으로 얼굴을 여전히 가림으로써 완전한 해방에 이르지는 못한 것으로 본 듯하다.

우산과 양산은 백화점 잡화 코너에서 반드시 판매하는 상품이었지만, 여성들에게 양산이 처음부터 순조롭게 받아들여진 것은 아니었다. 1911년 배화학당에서는 학생들의 쓰개치마 사용을 교칙으로 금지했다. 이 교칙을 못 받아들이고 자퇴하려는 학생들이 생기자, 학교에서는 검정 우산으로 얼굴을 가릴 수 있도록 조처했다.[1] 그들이 들고 다니는 검정 우산의 펼친 모양이 박쥐의 날개 같다 하여 박쥐우산 또는 편복산蝙蝠傘이라고 불렀고, 일본에서는 고모리카사라고 불렀다.

일본에 양산이 도입된 것은 1860년 무렵이었다. 미국을 방문한 견미사절단이 가지고 온 뒤로 외국인들이 사용하면서 차츰 보급되었고, 여성들도 양장과 함께 장식품으로 사용하게 되었다.[2] 처음에는 영국으로부터 우산살과 대를 수입, 조립해 제작하다 곧 도쿄와 오사카 등에서 직접 만들게 되었다. 도쿄 혼조本所 일대에서는 여러 제조사들이 경쟁적으로 생겨나 '도쿄 양산'은 하나의 대명사가 되었고, 오

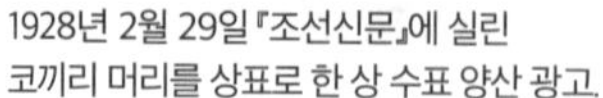
1928년 2월 29일 『조선신문』에 실린 코끼리 머리를 상표로 한 상 수표 양산 광고.

1928년 3월 29일 『매일신보』에 실린 오사카에 본점을 둔 견수표 양산 광고.

사카의 상수표象首票와 견수표犬首票 양산도 꾸준히 존재감을 드러냈다.

조선의 양산 유행은 기생들로부터

조선에서 양산을 본격적으로 유행시킨 이들은 바로 기생이었다. 고종의 탄신연에 권번의 기생들이 도쿄에서 주문해 받은 분홍색 양산을 들고 온 이후로 유행이 시작되었다는 이야기도 있었다.[3] 그 일을 비롯해서 기생들이 들고 다니던 양산을 점차 여학생들도 들고 다니면서 퍼져나갔다고 알려져 있다. 당대 미모와 절개로 이름 높았던 평양 출신 기생 장연홍이 레이스 소재로 추정되는 양산을 곱게 쓴 사진이 남아 있다. 유행의 진원지야 여러 곳이었겠지만 여학생과 기생들이 당시의 패션 리더였던 것만은 널리 알려진 사실이다. 이런 유행을 반영하기라도 하듯 순헌황귀비도 양장 드레스 차림에 양산을 쥐고 사진을 찍었다. 그녀의 아들 내외인 영친왕 부처는 야유회를 나온 듯 사진 속 영친왕비 역시 양산을 받고 있다.

양산이 유행하기 시작할 무렵에는 퍽 귀한 물건이었다. 1920년 양산 한 개를 훔친 죄로 고양군 용강면(오늘날 여의도)에 사는 차재학이라는 사람은 3개월의 징역을 살았다.[4] 개당 20~30원에 이르는 고급 양산만 전문으로 훔쳐 전당포에 맡겨 돈

양산을 쥐고 있는 순헌황귀비,
국립고궁박물관.

서구식 옷차림에 스틱을 들고, 양산을 쓰고 있는
영친왕 부부. 국립고궁박물관.

을 편취한 이도 있었다. 1924년에는 이한응이라는 사람이 죽첨정(오늘날 충정로)에 있는 양품점 맨포드스에서 고급 양산 41개를 수개월에 걸쳐 절취, 전당포에 맡기다 체포된 일이 보도되었다.[5] 1925년에는 황금정3정목(오늘날 을지로3가)에 사는 사람이 시내 각지를 돌아다니며 자신을 세탁소 외교원(영업, 판매사원)으로 사칭하고 양산을 염색해준다는 명목으로 수십 차례 받아 팔거나 전당포에 맡긴 사건도 있었다.[6] 양산이 꽤 값나가는 물건이었음을 말해주는 사례다.

"우리나라 부인네들이 밧고 다니는 양산은 모다 일본산"

양산은 주로 양품점이나 소간물점小間物店 같은 곳에서 판매했다. 소간물점은 잡화점, 방물점을 일컫는 일본식 표현이다. 1920년대 본정1정목(오늘날 충무로1가)의 히노마루日の丸 소간물점이 대표적이다. 1906년 창업한 이곳에서는 양산을 비롯하여 화장품과 잡화 등을 취급했다.[7]

1912년도 기사에 따르면 조선에서는 일본에서 수입한 견표양산犬標洋傘이 가장 많이 팔렸다. '양산을 사랴거든 견표양산'이라는 기사성 광고에 따르면 이것은

양산을 쓴 기생 장연홍.

1936년 5월호 『신가정』 표지.

기타가와 우타마로, 〈양산을 든 여인〉, 1792~1793, 메트로폴리탄 뮤지엄.

1938년 8월호 『부인공론』 표지.

모네, 〈양산을 쓴 여인〉, 1886, 오르세 미술관.

우산살을 강철로 만들어 내구성이 매우 뛰어났다고 한다.[8] 1920년대 중반까지 국내에서 소비되는 양산은 거의 다 일본제였다. 한 해 전에 일본에서 유행한 것이 그 이듬해 조선에서 유행하는 식이었다. 즉, 도쿄와 경성의 유행 시차는 약 1년 정도였던 것이다.[9] 유행의 전파 속도가 매스미디어를 통해 거의 실시간으로 퍼지는 오늘날에 비할 바는 아니지만, 신문이나 영화 같은 제한된 매체를 통해 영향을 받았던 당시 상황을 생각하면 퍽 빠른 속도다.

"(…)우리나라 부인네들이 밧고 다니는 양산은 모다 일본 사람의 손으로 만드러지는 것이다. 그럼으로 일본에서 류행된 퇴물이 밀려나오는 것이다. 가량 금년에 옥색빗이 동경에서 류행되엿다고 하면 그빗이 그 이듬해 조선으로 나아오게 된다. 언제나 우리의 손으로 류행을 짓고 우리의 손으로 만든 양산을 밧고 다니게 되리오. 우리는 이압흐로 장차 그러케 될 것을 밋거니와 지금에 우리는 서양 부인네들과 동양 부인네들의 금년의 류행된다는 것을 한번 참고해서 우리의 류행을 짓고십다(…)" _『동아일보』, 1926. 4. 21.

도쿄나 오사카의 유행이 이듬해 곧 경성의 유행에 반영되곤 했지만 그렇다고 꼭 똑같이 이어진 것만은 아니다. 1927년 일본에서는 양산의 살이 열 개, 즉 열 폭짜리 양산이 유행했으나 조선에서는 여덟 폭을 많이 썼으며, 분홍색이 유행한 일본에서와는 달리 조선 부인들은 여전히 흰색과 회색을 선호했다. 이처럼 일본의 유행을 무조건 따르기보다 기호에 따라 다른 선택을 하기도 했다.[10]

현진건의 소설 「빈처」에서는 친척 T가 아내를 위해 흰 비단 바탕에 매화를 수놓은 양산을 사는 장면이 나오는데 가난한 작가인 K의 아내로부터 한껏 부러움을 산다. 1935년 2월 『신가정』에 발표된 강경애의 소설 「원고료 이백 원」에도 당시 양산이 어떤 상징성을 지녔는지 잘 드러나 있다.

"모두가 쟁친 모시 치마 적삼을 잠자리 날개처럼 가볍게 해입고 흰 양산 검은 양산을 제각기 사더구나. 그때에 나는 어째야 좋을지 모르겠더라. 무엇보다도 양산이 가지고 싶어 영 죽겠더구나. 지금은 여염집 부인들도 양산을 가지지만 그때야말로 여학생이 아니고서는 양산을 못 가지는 줄로 알았다. 그러나 양산이야말로 무언중에 여학생을 말해주는 무슨 표인 것같이 생각되었니라."

양산만을 전문으로 취급하는 양산점도 있긴 했지만 대부분 일본인이 경영했다. 1927년『매일신보』기사에 나오는 종로 네거리에 위치한 고려양행은 이돈의가 운영하는 유일한 조선인 양산 상점이었다.

"금년 봄에 류행하는 우산은 그갑이 엇던가"

양산 역시 다른 패션 소품처럼 유행과 경향을 상세히 다룬 기사가 많았다.

"한겨을 동안 담요가티 넓되 넓은『소ㅡㄹ』로 몸을 두르고 다니든 녀학생들도 산뜻한 우산 미테서 가든가든히 걸어감니다 그러면 먼저 금년 봄에 류행하는 우산은 무슨 빗, 무슨 모양, 그갑이 엇던가 좀 알어봅시다 학생들은 아즉도 검정우산에 수 약간 노흔 것, 구 가뎡 부인도 그리하고 보통 신식 가뎡에서는 흰 우산 오히려 비단 보다도 흰 무명 바탕에 가흐로 구멍 송송뚜러진『레이스』를 달고 쇠고리로 줼손을 만든 것, 최신식 가뎡 부인과 고급 녀학생 간에는 남양색, 록양색――양색바탕에 검정으로 녑적하게 가를 두른것이랍니다 대가 짤고 두 층이요 아렛대가 륙모, 우산 꼭닥이는 대모나 뼈를 대엿담니다 갑은 검정 비단우산 사원으로 륙원 흰무명 우산 일원 오십 전부터 일원 구십 전까지 십 전 차이로 선두른 양색 비단 우산 팔원 팔십 전으로 십이 원 오십 전." _『조선일보』, 1925. 4. 6.

양산의 색상은 철마다 다양해졌다. 인용한 1925년 봄의『조선일보』기사는 검정에 자수 놓은 것, 가장자리에 레이스가 달린 흰 무명 양산 또는 남색, 녹색 바탕에 검은색 선을 두른 비단 양산 등이 유행이라고 했지만, 같은 해 여름『동아일보』는 "미색과 분홍빗 비단 양산"이 유행이라고 소개했다.[11] 이로 보아 양산의 색상이

1934년 6월 19일 『매일신보』에 실린 거리에서 양산을 쓴 여성들.

다양해졌음을 짐작할 수 있다. 1933년 봄에는 자루가 짧고 화려한 무늬가 있는 것이 유행했다.[12] 비 올 때 들면 우산, 햇볕에 들면 양산인데 "서울 여자들은 해도 지고 비도 안 오는 밤중에 우산을 받고 다니는 이가 있으니 알 수 없는 일"[13]이라고 언급한 이도 있을 정도로 양산의 인기는 밤낮을 몰랐던 모양이다.

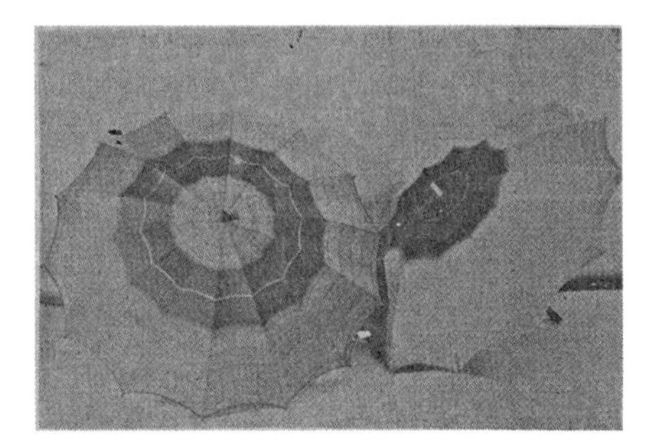

1936년 9월 6일 『매일신보』에 실린 유행하는 양산.

작은 양산 하나에도 드리워진 시대의 명암

1920~30년대는 '발명의 시대'라고 일컬어질 만큼 과학의 발전에 힘쓴 시기였다. 특히 생활의 편리를 도모하는 소소한 아이디어 상품들이 쏟아졌다. 접이식 양산, 이른바 절첩 양산도 그중 하나였다. 이걸 만든 발명가 이상봉은 표창을 받기도 했는데, 1936년 제1회 조선발명학회의 설명에 의하면 절첩 양산은 '양산을 접어서 삭구sack(자루) 속에 넣어 주머니에 넣고 외출했다가 비가 올 때 사용하게 된 편리한 양산'이었다.[14]

최초의 접이식 우산은 독일인 한스 하우프트Hans Haupt가 고안한 크니르프스knirps로 알려져 있다.[15] 작은 꼬마라는 뜻으로, 1928년 무렵부터 제작되었는데, 적어도 1930년대까지 일본이나 국내에는 잘 알려지지 않았던 듯 일본에서는 제2차 세계대전 이후에야 비로소 이와 유사한 형태의 접이식 양산을 생산했다.

1938년에 이르러 이른바 비상 조치로 생필품 가격이 급등했다. 조사 대상 94개 품목 중 20퍼센트 이상 오른 품목은 28종으로, 그 가운데 무려 65퍼센트 폭등한 양산의 오름폭이 가장 컸다.[16] 양산 살의 재료인 강철이 전쟁 물자 부족으로 강력하게 규제되었기 때문인 것으로 추정한다. 그로 인해 금속의 대용품으로 대나무살竹骨이 주목 받기도 했으니[17] 작은 양산 하나에도 시대의 명암이 속속들이 배어 있다.

양말을 푸대접하는 것은 온당치 못한 단장

양말과 스타킹

20세기 초, 남성과 여성 모두의 패션 소품

1922년 하워드 카터Howard Carter, 1874~1939가 이집트 투탕카멘 무덤을 발굴했을 때 각종 유물들과 함께 린넨 양말 몇 점이 출토되었다. 대략 기원전 1323년 무렵의 것으로 알려졌는데 이로 인해 그때부터 양말이 사용되었다는 것, 시신의 발에 양말을 신겨놓으면 내세에서도 왕의 발을 보호해준다는 믿음을 가졌다는 걸 알 수 있게 되었다. 그후로 오늘날까지 길이가 길고 짧은 정도의 차이만 있을 뿐 양말의 형태는 거의 변함없이 이어지고 있다.

20세기 초 남성들은 색깔은 검은색, 길이는 오늘날의 정장용보다 약간 더 긴 양말을 가장 많이 신었다. 검은색이나 회색은 비교적 때가 덜 타기 때문에 자주 빨래를 할 수 없는 환경에서는 가장 적합했을 것이다. 그렇다고 꼭 칙칙한 색만 있던 것은 아니다.

1910년대 직조 기계의 발달로 다양한 패턴과 색상의 양말이 등장했다. 벽난로 하나로 난방을 해결하는 서양에서 추운 겨울 시린 발을 감싸주는 데는 따뜻한 모직이 제격이었고, 이외에 면, 면 라일(고운 면사), 실크 등으로도 양말을 짰다. 다만 오늘날처럼 양말의 목 부분에 탄성이 있는 것이 아니어서 곧잘 흘러내린다는

게 문제였다. 이를 방지하기 위해서는 양말 가터garter를 종아리 위에 채우고 양말 끝을 물려 고정시켜야 했다. 하지만 1929년 신축성 있는 라스텍스Lastex를 양말에 사용하면서 가터의 시대는 막을 내렸다.

양말 제작 기계가 비약적으로 발전한 1920년대 색상과 패턴이 더욱 다양해진 양말은 어느덧 남성들에게도 패션 소품의 하나가 되었다. 특히 골프 같은 스포츠용 양말은 갈수록 화려해졌다. 줄무늬, 마름모, 체크, 잔잔한 무늬 등의 패턴이 당시 유행한 옥스퍼드 밖으로 슬쩍 보이면서 맵시를 뽐냈다. 처음에는 슈트에 맞춰 양말의 색과 패턴을 정하는 것이 기본이었지만, 1930년대에 들어서면서부터는 빨강이나 보라, 또는 남색 양말을 회색 정장에 신는 이들이 많아졌다. 줄무늬나 체크무늬가 가장 인기가 많았고, 아르 데코의 영향으로 대담한 패턴도 선보였다.

1900년대 초 여성들은 주로 스타킹을 신었다. 색깔은 대체로 차분한 톤의 회색, 갈색, 검은색이었다. 1920년대 중반 상당히 파격적으로, 마치 맨살을 드러낸 것처럼 보이는 누드 톤이 등장했는데 이를 두고 우리나라 기사에서는 '뉴욕의 상류 사교계에서 맨살에 양말을 신은 것처럼 그린 것이 유행이라는 이색적인 보도'가 나오기도 했다.[1] 1930년대 들어서면서 여성들 사이에 스포츠나 야외 활동을 통해 갈색으로 그을린 피부를 자연스럽게 드러내는 것이 유행을 하면서 발목까지 오는 양말만 신고 다리를 드러내는 것이 점차 익숙해졌다.

스타킹이라는 단어에는 흥미로운 일화가 있다. 1911년 창간한 일본 최초의 여성 문예 잡지의 제목은 18세기 중반 영국의 진보적 여성 모임이었던 블루 스타킹the Bluestockings을 번역한 『세이토』靑鞜다. 제목을 그렇게 정한 것에서 짐작할 수 있듯이 남녀 평등, 여성 교육, 성차별 철폐, 자유연애 등 서구 여성 사상과 그 맥을 같이하면서 일본 내에서 신여성이라는 개념을 확산시켰다.

그들이 제목을 가져온 영국의 블루 스타킹은 엘리자베스 몬터규Elizabeth Montague와 엘리자베스 베시Elizabeth Vesey가 시작한 것으로, 술이나 도박으로 의미없이 시간을 낭비하는 다른 귀족들의 향락적인 사교 모임과는 다른 모습을 지향했다. 이들은 모임을 통해 대학 같은 정식 교육 과정으로부터 배제된 여성들의 교양을 증진

1840년 아메리칸 가터 컴퍼니 광고, 미의회도서관.

20세기 초 남성용 보스턴 가터, 뮤제오 델 오브헤토 델 오브헤토.

프랑수아 부쉐의 〈토일렛〉, 1742, 티센보르네미사 미술관.

윌리엄 호가스의
〈방탕아의 편력 시리즈 중
선술집 장면〉, 1732~1733,
존 소안스 뮤지엄.

시키기 위해 문학과 예술에 관해 토론했다. 여성이 주도한 모임이지만, 벤저민 스틸링플리트Benjamin Steelingfleet 주교와 같은 지성 넘치는 남성들을 주요 연사로 초청하곤 했다. 그렇다면 왜 이름이 블루 스타킹일까. 명칭의 유래에 대해서는 설이 분분하다. 그 가운데 가장 널리 알려진 내막은 이렇다. 18세기 중반 영국 귀족들은 낮에는 캐주얼한 블루 스타킹을 신지만 이브닝 파티에 참석할 때는 성장 차림에 검은색 실크 스타킹을 주로 신었다. 그런데 모임에 초대된 벤저민 주교가 경제적으로 넉넉하지 못한 걸 배려하여 블루 스타킹을 신고 오라고 한 데서 유래했다는 것이다.[2]

"그 작은 것이 어떻게 어른 발에 맞는가"

우리나라에 양말이 들어온 것은 서양 복식이 들어오면서부터다. 양복 차림에 버선을 신을 수 없었을 것이고, 특히 여성들은 치마가 짧아지면서 그 아래로 다리가 드러나게 되니 양말과 스타킹은 저절로 필수 아이템이 되었다. 처음 들어온 것은 프랑스 선교사들을 통해서라고 알려져 있다. 선교사들이 조선인에게 처음 양말을 건네며 신어보라고 하자, '그 작은 것이 어떻게 어른 발에 맞는가?'라고 반문했다고 한다. 그러자 선교사는 신축성 있는 양말로 남녀노소 빈부귀천 없이 누구나 신 앞에 평등하다는 것을 설파했다고 한다.[3]

20세기 초에는 주로 해외 수입품을 경성한불흥업사京城韓佛興業社 같은, 복식 부품 등 여러 생활 잡화를 취급하는 상회에서 판매했다.[4] 그리고 얼마 뒤부터는 해외에서 양말 직조 기계를 수입해 국내에서 양말을 직접 제작하기 시작했다. 1909년 11월 18일자 『대한매일신보』에 실린 동흥양말제조발매소 광고에 실린 양말 일러스트는 굵은 짜임과 신축성이 있을 것 같은 목까지 있다. 이밖에도 집에 양말 기계를 설치하여 제작하는 가내수공업 형태의 제조소들이 생겼는데, 서대문 안의 한흥사나 재동의 한양직조장 등 크고 작은 제조소들도 신문에 광고를[5] 한 것으로 보아 활발히 영업을 한 것으로 추정한다.

양말 제조 공업이 크게 발달한 곳은 평양이었다. 소상공인 김기호金基浩가

1906년 일본에서 기계를 수입, 설치해 제작하기 시작한 것을 평양 양말 공장의 효시라고 할 수 있다.[6] 비록 초창기에는 판매가 어려워 1911년 폐업했지만 1912년 무렵부터 학생들을 중심으로 양말 수요가 급증, 평양의 양말 제작은 가내수공업 규모에서 일약 공장 규모로 성장했다. 1920년대 접어들면서 평양의 양말 공업은 비약적인 발전을 이루었다. 1920년 7월 손창윤孫昌潤이 창업한 삼공양말소三共洋襪所는 1930년대 자동식 기계를 100여 대나 갖춘 큰 기업으로 성장했다. 1935년 5월 12일자 『매일신보』는 연간 생산액이 100만여 원인 이곳을 삼공왕국三共王國이라고 소개했다. 무려 남녀 직공 850여 명이 양말뿐만 아니라 내의, 장갑, 세수 타월, 목도리, 재킷 등을 제작했으니 당시로서는 왕국이라는 표현이 지나치지 않았다. 삼공의 양말은 품질이 우량하고 가격이 저렴해 조선은 물론이고 만주까지 수출이 이루어졌다.

개성에서는 송도고등보통학교 실업장에서 생산된 송고양말이 유명했다. 남감리교회 사업의 일환이자 고학생 구제 목적으로 1910년에 설립된 이곳에서는 양말을 비롯하여 귀부인 양복감, 아이들의 개량복감, 와이셔츠감, 여학생 치마감을 생산하여 송고양말, 송고직松高織이라고 일컬어졌다. 1925년 4월에는 제품들로 송고직 데이가 열려 개성 시내에서 전시·판매되었고, 경성에서는 종로 이세현상점에서 취급했다.[7]

조선인이 운영한 양말 공업은 민족 자본으로 근대적 기업으로 성장한 대표적인 사례로 손꼽힌다.[8] 하지만 경성의 사정은 조금 달랐다. 1925년 무렵 삼판동(오늘날 후암동)에 일본인이 운영하는 재등양말공장齋藤洋襪工場이 들어서면서 소규모로 운영하던 조선인들의 양말 공장은 큰 타격을 입었다.[9] 평양에서 직공을 데려오고 300여 대의 기계를 가동하여 매일 오백 다스打의 양말을 생산하는 대규모 공장의 위세에 영세 사업체들이 밀린 것이다. 엎친 데 덮친 격으로 1926년에는 중국 안동현이나 신의주와 인천 등에서 중국인들이 짠 양말이 극히 저렴한 가격으로 들어오면서 "삼천여 직공의 사활 문제"가 되고 조선 양말 공업에 큰 위협이 되었다.[10] 대자본이 소자본을 잠식하는 상황이 비단 최근의 기업 풍경이 아니라 이미 20세기 초 양말 산업에서도 극명하게 드러나고 있었다.

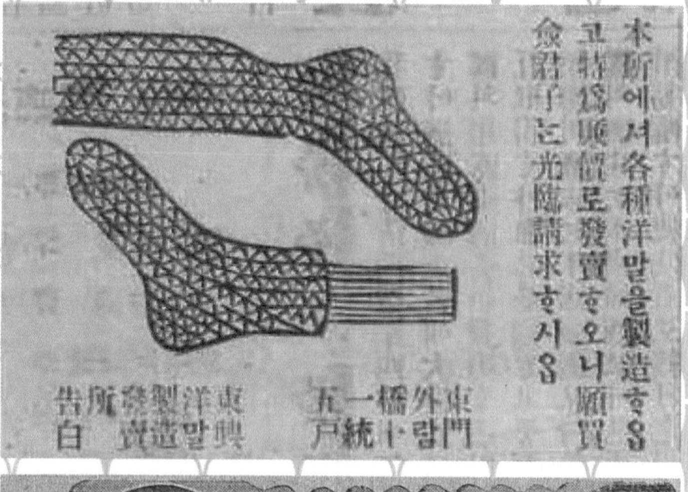

1909년 11월 18일
『대한매일신보』에 실린
동흥양말제조발매소 광고.

1935년 5월 12일
『매일신보』에 실린
삼공양말공장 전경과
경영주 손창윤 씨 기사.

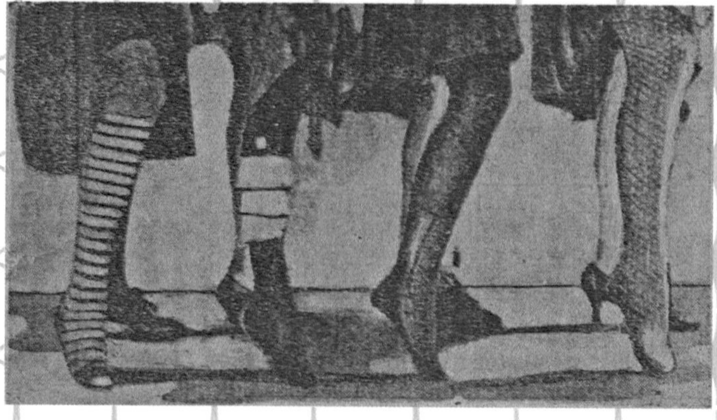

1931년 1월 26일
『매일신보』에 실린
화려한 스타킹을 신은
뉴욕의 여성들.

"아무리 고운 다리라도 양말 선택을 잘못하면 탈"

1930년 종로 거리의 신여성들은 "암사슴가치 깡충한 두 종아리"에 "육색 굽 높흔 구두. 삐스코-스 실크·스타킹"을 신었다.[11] 1930년대에는 미인의 요소로 얼굴이 아니라 다리의 각선미가 강조되었다. 그 때문에 화려한 스타킹을 신은 뉴욕 여성들의 다리가 신문에 소개되기도 했다.[12] 또한 미용 체조, 걸음걸이, 올바른 자세 등을 강조하는 기사도 눈에 띈다.[13] 한발 더 나아가 '규중의 조선 여성은 각선미가 웨업노'라는 기사는 그 원인을 "흰 밥과 앉는 탓"으로 돌렸다.[14] 남성에 비해 여성이 많이 앉아 있기 때문에 다리가 휜다는 납득하기 어려운 주장이나 특히 쌀밥이 다리의 각선미를 망친다는 허무맹랑한 궤변이 버젓이 신문에 실렸던 시대였다. 게다가 요즘의 감수성으로 놓고 보면 눈에 걸리는 표현이 한둘이 아니다.

한편으로는 '미의 표준은 아래로! 각선미와 스타킹'이라는 제목의 기사는 아무리 고운 다리라도 양말 선택을 잘못하면 탈이라고 알려주었다.[15] 이 기사에서는 "흔히들 의복만 사치하고 양말을 푸대접하는 경향이 있으나 그것은 각선미를 저버리는 것으로 온당치 못한 단장"이라고 말한다. 또 양말을 신을 때 원료와 색상을 고려해야 하는데, 예복에는 비단 양말을 신고, 인견 양말은 남녀를 불문하고 천해보이고, 양털 양말은 주로 남자나 아이들이 신고, 털실로 짠 양말은 노인과 아이들만 신는다고도 지적한다. 또한 양말을 구두와 옷 색깔에 맞고 딱 맞는 것을 신어야지 크거나 적으면 보기 흉하다고도 했다.

오늘날 양말은 단 돈 천 원으로 살 수도 있고 구멍이라도 나면 굳이 꿰매는 수고조차 하지 않고 쉽게 버려지는 물건이 되었다. 그러나 백 년 전만 하더라도 이는 상상조차 할 수 없는 일이었을 것이다. 서양 버선이라는 뜻의 양말洋襪은 스타일은 둘째치고, 어느덧 귀해서 흔해진 대표적인 소비재라고 할 수 있겠다.

모양이나 빗갈을 보아가지고 성격과 취미를 모두 알 수 잇는 것

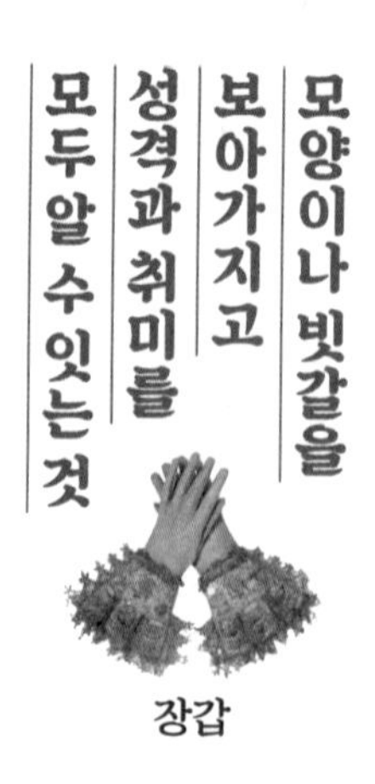

장갑

빅토리아 시대 장갑이 상징하는 바

추운 겨울 시린 손을 위한 장갑은 그러나 그렇게 단순하지만은 않다. 17세기 무렵부터 서양에서 장갑은 매우 복잡한 의미를 지닌 장신구였다. 특히 여성들의 장갑은 그 자체로 사회적 신분을 말해주는 장치이기도 했다. 그도 그럴 것이 꽉 조인 코르셋이나 부풀린 크리놀린crinoline 드레스와 함께 장갑은 그걸 끼고 있다는 것만으로도 힘든 노동이나 귀찮은 가사일과는 거리가 먼 유한계급임을 말해줬다. 게다가 노동자의 상징인 쭈글쭈글하고 거친 손 대신 뽀얗고 부드러운 손 역시 상류 계층에 속해 있음을 말해주는 것이니 이를 각별하게 관리하는 것은 물론, 손을 보호하는 장갑 착용은 필수였다.

빅토리아 시대 여성들은 장갑을 부채처럼 일종의 메시지를 전하는 도구로도 사용했다. 장갑을 통해 여성들이 표현할 수 있는 감정이 20여 가지나 되었다니 그저 놀라울 따름이다. 몇 가지 예를 들면 장갑에서 오른쪽 엄지손가락만 뺀 채로 있으면 '키스해주세요'라는 의미이고, 장갑 속을 뒤집어 보이면 '당신이 미워요'라는 뜻이다. 만약 장갑 양쪽을 바닥에 떨어뜨리면? '당신을 사랑해요'가 된다. 이처럼 그 시대 여성들은 장갑을 통해 상대에 대한 긍정과 부정, 사랑의 감정 등을 전하는

데 익숙했다. 그림이나 문학 작품 속에서 장갑은 종종 여성의 순결함을 상징했다. 윌리엄 홀먼 헌트William Holman Hunt의 〈깨어나는 양심〉에서 바닥에 떨어져 있는 장갑은 그림 속 여인의 훼손된 순결을 뜻한다.

장갑은 19세기에 접어들면서 하층민들 사이에서도 많이들 착용했다. 이 시대의 특징 중 하나는 에티켓 안내서의 전성기라는 것인데, 1837년에 출간된『에티켓에 관한 요령』*Hints on Etiquette*을 그 선두로 볼 수 있다. 이 책에는 이렇게까지 알아야 할까 싶을 만큼 장갑 착용 의례에 대해 시시콜콜 적혀 있다.[1]

20세기에 들어서면서, 헐렁하게 잘 맞지 않는 장갑은 하층 계급을 상징한다거나 하는 몇 가지가 남아 있긴 했지만, 장갑이 지닌 언어나 상징성은 대개 퇴색되었다. 장갑에 딸린 복잡한 예절도 더불어 약화되었다. 그 가운데 남아 있던 몇 가지를 예로 들면 이렇다. 장갑을 끼지 않을 때에는 들고 다니지 말고 반드시 핸드백에 넣어야 한다. 악수할 때는 오른쪽 장갑을 벗어야 했다. 만약 미처 벗지 못하고 악수할 때는 "제 장갑, 실례합니다"pardon my glove라고 꼭 말해야 한다. 식사나 카드놀이를 할 때, 담배를 피우거나 화장을 할 때는 장갑을 벗어야 하고, 쇼핑이나 춤출 때, 교회에서는 꼭 착용을 해야 했다.

장갑에도 유행이 있다

1920~30년대 들어서면서부터는 장갑 속에 내포된 상징보다도 확실히 패션과의 연관성이 더욱 두드러졌다. 형태와 종류 또한 퍽 다양했다.

19세기까지만 하더라도 장갑의 길이는 옷소매와 연동되었다. 팔의 노출을 피하기 위해서였는데, 소매가 짧으면 긴 장갑을, 소매가 길면 반대로 짧은 장갑을 착용했다. 하지만 1920년대에는 소매 없는 원피스에 그을린 팔을 거리낌없이 드러내는 여성도 늘어났다. 때와 장소에 따라 장갑을 달리 꼈는데 낮에는 주로 실크, 면, 레이스처럼 얇고 가벼운 소재로 된, 손목까지 오는 길이의 장갑을, 겨울에는 가죽이나 스웨이드 장갑을 착용했다. 이브닝 드레스를 입을 때는 가죽이나 실크에 단추 달린 긴 장갑이 적합했다.

20세기 초부터 1930년대까지는 손 부분은 꽉 끼고 손목에 달린 커프스 부분이 넓어 마치 중세 기사의 장갑처럼 생긴 건틀릿gauntlet이 크게 유행했는데,[2] '건틀릿의 짧은 르네상스(부활)' 시대라고도 일컫는다. 이미 17세기에 크게 유행한 역사가 있어서 그렇게 부르는데, 그때는 의복 스타일에 따라 단순한 것부터 커프스 부분을 금이나 은 실로 수를 놓거나, 레이스·리본·비즈 등으로 꾸미고 프린지fringe를 단 화려한 것까지 매우 다양했다. 다시 돌아온 유행의 시대는 17세기 디자인을 단순화했다고도 이해할 수 있는데, 패브릭의 재질, 색상 또는 문양을 모자와 같은 다른 액세서리와 맞추는 것이 세련된 연출법으로 통용되었다.

가진 이의 성격과 취향을 드러내는 장갑

서양에서 통용된 장갑의 착용법이나 상징 등이 경성에 오롯이 전해진 것은 아니었다. 하지만 예쁜 손과 장갑이 갖는 이미지에 대한 인식은 어느 정도 형성되었다. 예를 들면 신발과 손을 아름답게 하는 것은 여자의 화장과 마찬가지로 "아모리 옷을 잘 입엇더래도 신발과 손이 의엽부지 못하면 미는 반감한다"[3]고 했을 정도였다.

> "(…) 숙녀들이 손에 끼고 다니는 장갑의 선택은 중요한 것이니 즉 그 장갑의 모양이나 빗갈을 보아가지고 넉넉히 그녀자의 성격이라든가 고상하고 야비한 취미성까지를 모두 알 수 잇는 것입니다. 그런데 우선 양장을 하실 때는 저녁에 쓰는 것과 낮에 쓰는 것 또 운동할 때 쓰는 것 이 세 가지를 될수 잇스면 다 준비하는 것이 조켓습니다. (만일 양장을 하시는 분으로 경제가 허락한다면) 그래서 저녁에 외출할 때에는 가죽으로 만든 것이나 비단이 조흐며 빗갈은 힌것이나 검은 것이 좃습니다. 그리고 낫에는 될수 잇는 대로 양복 빗에 갓가운 것을 사용하는 것이 조켓스며 운동할 때 쓰는 것은 복잡한 장식을 피할 것이며 두꺼운 것으로 선택하십시오. 그리고 양장을 안하고 그냥 우에 옷을 입을 때에는 옷빗이 열분 것이면 장갑 역시 열분 빗으로 메리야쓰로 만든 것이나 비단으로 만든 것이나 하여튼 보드라운 것이 조켓습니다. 그리고 어느 때를 물론하고 수를 넘우

지저분하게 논 것이라든지 기타 이상한 빗으로 장식이 만흔 것은 천해보입니다. 따러서 자긔 취미에 맛는 것으로 될 수 잇는 대로 고상한 것을 택하실 필요가 잇습니다." _『조선중앙일보』, 1934. 10. 31.

기사에 따르면 장갑은 그 모양이나 빛깔을 통해 사용자의 성격이나 취미가 드러났다. 착용하는 때에 따라서 저녁 외출용, 주간용, 그리고 운동용이 있었다. 저녁 외출용으로는 가죽이나 비단으로 흰색, 검은색이, 낮에는 양복의 색과 맞춘 것, 그리고 운동용으로는 두꺼운 것을 추천했다. 또한 수나 장식이 너무 화려한 것은 피하고 고상한 것을 고르도록 조언하고 있다. 남성들의 넥타이와 마찬가지로 여성들의 장갑 역시 퍽 보수적이었던 모양이다.

해외 유행 패션 스타일, 경성에 속속 도착

해마다 해외에서 유행하는 이색적인 패션 스타일도 신문에 종종 소개되었다. 1930년 4월에 소개된 파리의 장갑 유행은 '손톱에다가 울긋불긋 물듸려-장갑도 그 빗 짤아 끼어'라는 제목을 달고 있다.[4] 당시 파리의 모던걸들은 빨간색 대신 황, 녹, 청, 금색으로 손톱을 칠하고 장갑의 색도 그에 맞추는 것이 유행이었나보다. 그런데 한 백작부인이 금색 손톱에 금실로 짠 장갑을 껴 이것이 영·미 부인들 사이에서 인기였다 한다. 1930년대 이탈리아 출신 패션 디자이너 엘사 스키아파렐리Elsa Schiaparelli, 1890~1973가 디자인한 금색 실 장갑이 이와 퍽 유사하다. 스키아파렐리는 초현실주의 작가인 살바도르 달리, 만 레이 등과 친분이 두터웠는데 그래서인지 그녀의 옷에도 이들이 영향을 미친 것을 볼 수 있다. 장갑을 끼면 여성들이 반지 자랑을 하기 어려워 미국의 한 여성은 반지가 달린 장갑을 고안하기도 했다.[5] 하지만 신문 기사에 소개가 되었을 뿐 경성에서 그리 유행하지는 않았다.

장갑은 방한 목적이 가장 큰 것으로 인식되어, 여성들이 여름에 장갑을 끼고 있으면 그걸 바라보는 눈길은 간혹 곱지 않았다.

1888년 미국 여성 잡지인 『피터슨스 매거진』에 실린 삽화.

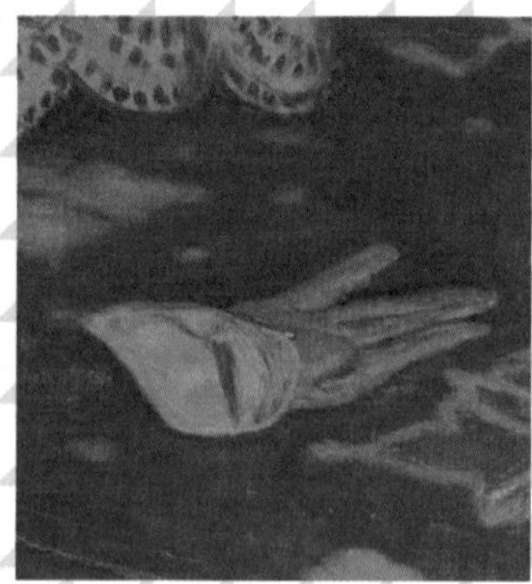

윌리엄 홀먼 헌트의 〈깨어나는 양심〉 속 바닥에 떨어진 장갑은 훼손된 순결을 상징한다. 1853, 테이트 브리튼.

윌리암 아돌프 부그로, 〈장갑 낀 여인〉, 1870.

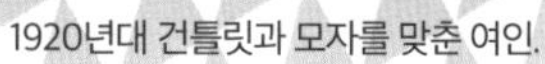

1920년대 건틀릿과 모자를 맞춘 여인.

렘브란트, 〈장갑을 낀 여인의 초상〉, 1632~1642,
아일랜드 국립미술관.

건틀릿, 1603~1625, V&A박물관.

1930년대 엘사 스키아파렐리의 장갑,
RISD뮤지엄.

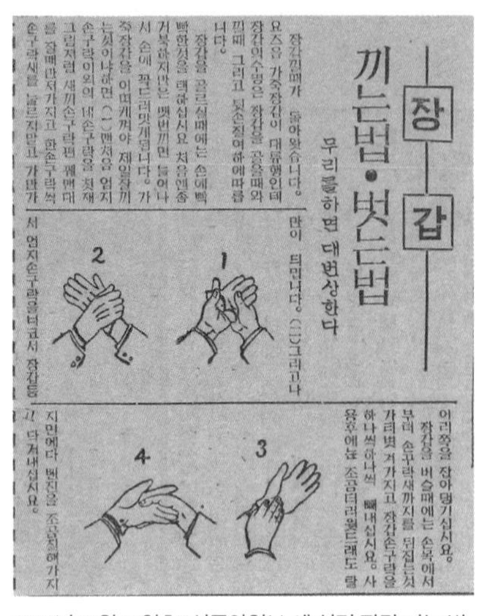

장갑

끼는법·벗는법

무리를하면 대번상한다

장갑낄때가 돌아왓습니다。요즈음 가죽장갑이 대류행인데 장갑의수명은 장갑을 골을때와 낄때 그리고 뒷손질여하에따릅니다。

장갑을 골르실때에는 손에빡빡한것을 택하십시요 처음엔좀 거북하지만은 멧번끼면 늘어나서 손에 꼭드러맛게됩니다。가죽장갑을 어떠케껴야 제일잘끼는것이냐하면 (一)맨처음 엄지손구락이외의 네손구락을 첫재그림처럼 새끼손구락편 꿰맨대를 잘매만저가지고 한손구락씩 손구락새를 눌르지말고 가만가만이 드밉니다。(二)그리고나서 엄지손구락을너코서 장갑등어리쪽을 잡아댕기십시요。

장갑을 버슬때에는 손목에서부터 손구락새까지를 뒤집는것가티벗겨가지고 장갑손구락을 하나씩하나씩 빼내십시요。사용후에는 조곰더러워드래도 ...지면에다 벤진을 조곰칠해가지고 다거내십시요。

1934년 12월 15일 『조선중앙일보』에 실린 장갑 끼는 법.

"(…) 또 한가지 눈에 거슬리는 것은 여름에 부인들께서 땀을 철철 흘리면서도 장갑끼고 다니시는 것이외다. 장갑이라는 것은 겨울에 치워서 끼는 것인데 여름에는 아모리 여름장갑이라 하드라도 이름이 벌서 장갑이니 보기에 여간 거북해보이지 아니한다. 아마 고은 손이 꺼러질가하는 염려로 끼시는 것 갈은데 참 보기에 답답해 보인다. 손이 좀 껌어지는 한이 잇드라도 여름장갑만은 아니 끼엇으면 하는 생각이다." _『동아일보』, 1934. 8. 29.

남녀를 불문하고 가장 크게 유행한 것은 가죽장갑이었다. 요즘처럼 바느질이나 품질이 좋지 못했던지 상하지 않도록 끼고 벗는 법까지도 신문에 상세히 실렸다.

"장갑 낄 때가 돌아왓습니다. 요즈음 가죽장갑이 대류행인데 장갑의 수명은 장갑을 골을 때와 낄 때 그리고 뒷손질 여하에 따릅니다. 장갑을 골르실 때에는 손에 빡빡한 것을 택하십시오. 처음엔 좀 거북하지만은 멧번 끼면 늘어나서 손에 꼭 드러맛게됩니다. 가죽장갑을 어떠케 껴야 제일 잘 끼는 것이냐 하면 1. 맨 처음 엄지 손구락 이외의 네 손구락을 첫재 그림처럼 새끼 손구락편 꿰맨대를 잘 매만저 가지고 한 손구락씩 손구락 새를 눌르지 말고 가만가만이 드밉니다. 2. 그리고나서 엄지 손구락을 너코서 장갑등어리 쪽을 잡아댕기십시오. 장갑을 버슬 때에는 손목에서부터 손꾸락새까지를 뒤집는 것가티 벗겨가지고 장갑 손구락을 하나씩 하나씩 빼내십시오. _『조선중앙일보』, 1934. 12. 25.

왜 손수건은 반드시 네모반듯한가?

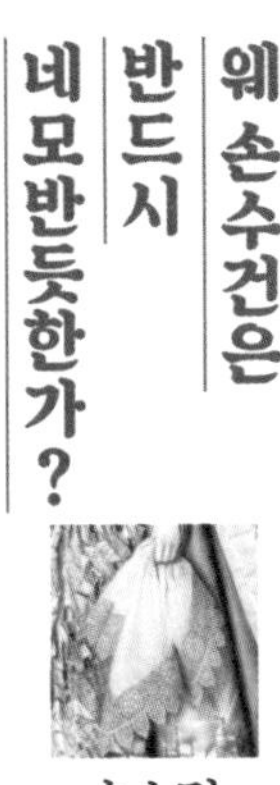

손수건

땀이나 눈물, 콧물도 닦고 행운과 사랑의 도구이기도 하고

손수건은 보통 그 형태가 정사각형이다. 1936년 12월 23일자 『매일신보』는 '왜 손수건은 반드시 네모반듯한가?'라는 기사를 통해 그 연유를 프랑스 루이 16세의 황후 마리 앙투아네트 때문이라고 소개했다. 프랑스 트리아농 궁전에서 열린 한 파티장에 참석한 귀족 여성들의 손에는 모양이 제각각 다른 손수건이 들려 있었다. 무슨 이유인지 신경에 거슬린 황후가 루이 16세에게 말해 1785년 1월 2일 프랑스에서 만드는 손수건은 정방형으로 할 것이라는 칙령을 내리게 했다는 것이다.[1] 왕실에 대한 불만이 커지고 혁명의 기운이 싹트고 있던 당시 이 칙령에 순응할 귀족들이 얼마나 있었을지 의문이다. 손수건은 유난히 마리 앙투아네트와 관계된 이야기가 많다. 오스트리아에서 프랑스로 시집을 오며 눈물을 흘릴 때 드레스 자락을 뜯어 닦았던 그녀가 이후에도 눈물, 콧물을 닦을 손수건을 만들어서 늘 지니고 다녔다거나 그 누구도 가로, 세로 16인치(약 40센티) 이상이 되는 손수건을 써서는 안 된다고 공표했다거나 하는 식이다.

땀이나 눈물, 콧물을 닦을 때만이 아니라 다양한 용도로 쓰이는 손수건이 그녀에게서 비롯되었을 리 만무다. 기원전 1천 년 무렵 주나라 때의 인물상만 하더라도 손에 손수건을 들고 있었고 로마 시대 콜로세움에서 마차 경주를 즐긴 군중들은 손수건을 흔들며 환호했으며, 황제는 손수건을 던져 경기의 시작을 알렸다. 중세 때 기사들은 연인의 손수건을 헬멧 뒤에 묶어 행운의 상징으로 여겼다.

손수건으로 상대에 대한 마음을 표현한 예는 부지기수다. 술탄은 마음에 드는 후궁에게 징표로 손수건을 건넸다. 여성들은 창밖의 연인에게 손수건을 던지거나 길을 가다 맘에 드는 상대가 있으면 그 앞에 떨어뜨려 사랑을 표현했다. 손수건 한쪽에 자신이나 연인의 이니셜을 수놓는 것은 전형적인 애정 표현 방식이었다. 결별할 때는 구구절절한 편지 대신 손수건을 돌려보냄으로써 사랑의 종언을 고했다.

"주머니 속에 감기를 지니고 다니지 마세요"

곱디 고운 실크나 레이스 같은 천으로 실용적, 장식적 기능을 도맡으며 누군가의 주머니 속에 들어 있던 손수건은 산업혁명을 거치면서 대량생산되기 시작했고, 면으로 된 제품들이 쏟아져 나왔다.

손수건이 외면받던 때도 있었다. 제1차 세계대전 당시 전 세계에 퍼져나간 스페인 독감을 계기로 바이러스 전파 매개체에 대한 수많은 논란이 있었다. 지폐나 아이스크림, 젖은 빨래 등이 지목되었는데 가장 많이 거론된 것이 손수건이었다.[2] 여성들이 화장이나 콜드크림을 지울 때 쓰는 용도로 화장지를 개발한 클리넥스Klinex 사는 1920년대 중반부터 자신들의 제품이 손수건보다 훨씬 위생적이라고 강조하고 나섰다. 아무리 촘촘하게 짜인 손수건이라도 감기 바이러스는 체처럼 성긴 올 사이로 빠져나가기 때문에 밀도 높은 클리넥스가 훨씬 우수하다는 취지였다. 1930년대에 들어와서는 훨씬 더 공격적으로 마케팅에 열을 올렸다. 이로써 "주머니 속에 감기를 지니고 다니지 마세요"라는 슬로건과 함께 본격적인 일회용 화장지의 시대를 열었다.

그렇다고 손수건이 사라지지는 않았다. 천으로 된 손수건은 여전히 실용적으로나 장식적으로나 쓸모가 많았다. 색깔과 무늬가 있는 사각 손수건은 남성들의 가슴 포켓에 꽂혀 포인트 장식이 되었고, 안주머니 속에 둔 흰색 손수건은 땀이나

윌리어 라킨, 〈다이아나 세실의 초상〉, 1614.

벨라스케스, 〈오스트리아의 마리아나 초상〉, 1652년경, 빈 미술사 박물관.

윌리엄 파웰 프리트, 〈신호〉, 1858.

입을 닦을 때 없어서는 안 될 필수품이었다. 손수건은 여성들의 핸드백 속에 하나쯤은 반드시 들어 있었다.

우리나라에서도 사정은 다르지 않았다. 1930년 6월 17일자 『매일신보』 기사에 따르면 손수건은 땀을 닦는 데에 필요한 실용적인 물건이지만 "부인과 신사 또는 모던-껄 모던-뽀이들의 복장을 장식하는 긴요한 요소"가 되어 있었다.[3]

그 무렵 손수건의 재질은 여러 종류가 있었다. 가제나 옥양목이 가장 일반적이었고 고급품으로는 아사에 수를 놓은 것이 있었다. 1932년에는 가제 수건이 가장 저렴했고 부사견富士絹, 하부다에羽二重, 비단에 수놓은 것 순으로 가격이 점차 높아졌다. 깨끗한 흰색 수건이 가장 애용되었지만 푸른색 계열도 인기가 있었고 치마 빛깔에 손수건의 색을 맞추는 경향도 있었다.[4] 심지어 손수건으로 그 사람의 품격을 판단하기도 했다. 아무리 갖춰 입었어도 꾀죄죄한 손수건을 가지고 다닌다면 그 사람의 인품이 높게 보일 리 만무했다.

세탁법부터 건조법까지, 자세해도 너무 자세한

평소 사용된 손수건에는 "많게는 이십구만오천여 마리의 미균(세균)이 있으므로" 이를 위생적으로 세탁하는 방식이 종종 신문에 게재되었다.[5] 당시 기사들은 오늘날에는 이미 상식이 되어 새로울 것 없는 정보를 꼼꼼하게 전하고 있다. 이를테면 세탁 후 직사광선에 잘 말리면 손수건에 붙은 세균은 말끔히 제거되지만, 장마 같은 때에 잘 말리지 않으면 퀴퀴한 냄새가 나는데 이는 연구 결과에 따르면 '일종의 간균'桿菌(막대 모양이나 타원형으로 생긴 세균)이 번식할 때 발생하는 분해 산물이 만들어내는 것이며, 이는 옷감의 질을 상하게 할 뿐만 아니라 수분을 필요로 하기 때문에 햇볕에 말릴 수 없을 때는 다리미로라도 수분을 제거하면 냄새를 어느 정도 막을 수 있다는 등의 내용이다.

이런 친절함은 또 있다. 손수건을 빠는 방법에 대해서도 설명하고 있는데, 손수건을 빨 때는 세탁 전에 소다를 푼 뜨거운 물 속에 담가 두었다가 미지근한 비눗물에 빨면 땀내를 없앨 수 있다거나, 몇 번 빨고 난 뒤 누렇게 변색된 손수건의 경우에는 크롤칼키라는 약품에 담가 표백하고 그 냄새는 소다에 담가 제거하라고도 소개한다.[6] 여기에 비단(실크) 손수건의 경우 표백이 어려우므로 약간의 '옥씨풀'(3퍼센트의 과산화수소 용액에 안정제를 가한 약품)을 약 세 배 가량의 물에 희석하여 여기에 손수건을 담갔다 꺼내어 마르기 전에 병이나 그릇에 넣어 밀봉한 뒤에 8~10시간 정도 놓아두면 옥씨풀의 산화 작용으로 손수건이 새것처럼 된다고도 안내했다.[7]

지금이야 그 안내의 내용이 자세해도 너무 자세해서 웃음이 나기도 하지만, 그때 그 시절 이렇게 시시콜콜한 이야기까지 신문에서 다룬 걸 보면 1920~30년대 사람들의 일상 속에서 손수건은 작지만 퍽 중요한 물건이었음에 틀림없다고 말해주는 것 같다.

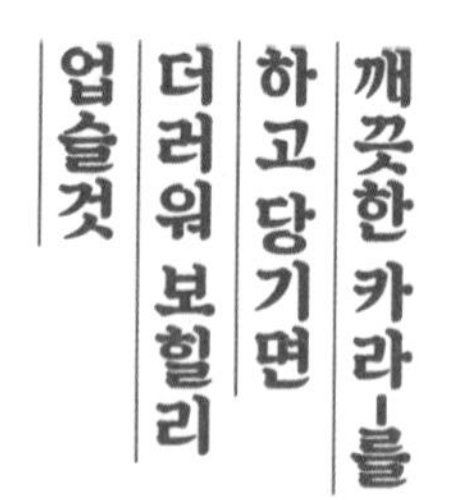

칼라

예로부터 계급의 상징

와이셔츠, 특히 흰색이나 밝은색 와이셔츠의 단점은 무엇보다 때가 잘 탄다는 것이다. 특히 목 칼라와 소맷부리가 그러하니 예나 지금이나 늘 주부들의 골칫거리다. 빨래를 하는 이의 입장에서 셔츠의 다른 부분은 말짱한데 목이나 손목 부분의 땟자국 때문에 매번 셔츠를 세탁하는 것은 낭비이자 번거로운 일이다.

1827년 미국 뉴욕 트로이의 주부 한나 몬터규Hannah Montague도 남편 셔츠를 빨면서 같은 생각을 했던 듯하다. 그런 그녀의 아이디어로 탄생한 것이 탈부착식 칼라detachable collar다.[1] 따로 빨아 빳빳하게 풀을 먹여 셔츠에 끼워 사용하는 놀랍도록 효율적인 아이템이었다. 이로써 남성들은 신사의 상징인 깨끗한 칼라를 늘 유지할 수 있게 되었고, 주부들의 일감도 훨씬 줄어들었다. 셔츠 업체들은 새로 열릴 시장에 재빨리 진입했다. 탈부착식 칼라의 대표적인 생산 업체 클루엣 피바디Cluett, Peabody and Company는 화살표를 로고로 한 애로Arrow 칼라를 출시하면서, 이를 알리기 위해 당대 최고의 삽화가인 레이엔데커Joseph C. Leyendecker를 고용해 애로 칼라 셔츠를 입은 화살남Arrow Man 이미지를 여러 모델로 그리게 했다. 이 광고는 엄청난 반향을 불러일으켰다.[2]

1925년 애로 칼라 광고.

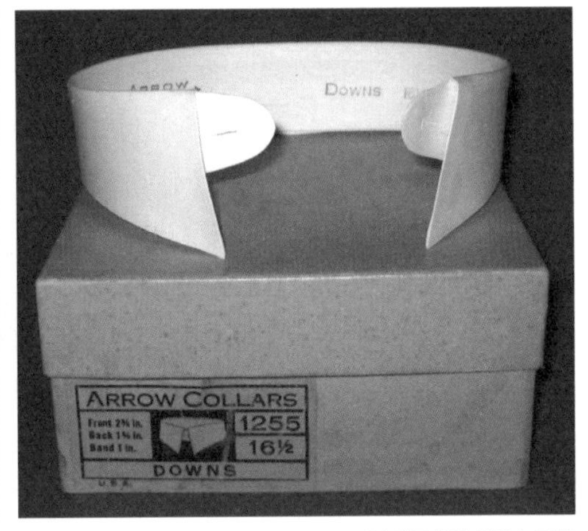

1925년 애로 칼라 다운스 모델.

서양에서 칼라는 예로부터 계급의 상징이었다. 16세기부터 20세기 초까지 곧고 딱딱한 칼라가 달린 셔츠는 남성들의 권위를 드러내는 수단이었다. 딱딱한 칼라가 목을 단단히 감싸면 머리는 곧추서고 턱은 들리며, 가슴은 내밀고, 배는 집어넣게 된다. 자연히 시선은 위로 향하게 되어 똑바른 자세가 될 뿐만 아니라 몸의 움직임이 매우 절제된다. 전형적인 상류층의 자세로, 구부정하게 어깨를 늘어뜨린 노동자나 하층민들의 자세와는 확연히 구분되었다.

1927년 우리나라에서 간행한 『최신백과신사전』의 '하이칼라'High collar 항목은 "높은 칼라와 그런 칼라를 착용한 사람, 외국식을 좋아해서 흉내냄과 그런 사람, 신유행, 신복장과 모양내는 사람, 경박한 사람"이라고 나와 있다.[3]

우리가 흔히 쓰는 화이트 칼라와 블루 칼라라는 말 역시 칼라의 색이 곧 해당 색깔의 셔츠를 입은 사람들의 직업군과 그들이 속한 계층을 드러내는 기표다. 화이트 칼라는 미국 소설가 업턴 싱클레어가 1910~1950년 사이 네 배로 늘어난 사무직 직원을 부르기 위해 1930년경에 만들어낸 말이다.[4] 이후 사회학자 찰스 밀스의 『화이트칼라: 미국 중산층』*White Collar: The American Middle Classes*, 1951을 기점으로 칼라 색상이 사회 경제적 지위를 구분하게 되었다.[5] 특히 풀을 먹인 빳빳한 칼라가 있는 셔츠는 누군가의 품을 거친, 즉 다른 사람이 세탁하고 풀을 먹여야만 입을 수 있는 비싼 옷이었다. 이러한 옷을 입을 수 있는 계층은 소스타인 베블런Thorstein Bunde Veblen이 말하는 유한계급, 즉 신사 계층이었다. 그런데 탈부착 칼라의 탄생으로 한결 손쉽게 깨끗한 칼라를 유지할 수 있게 되었으니, 상류층만이 아니라 중산층 남성, 심지어 노동자 계층에게도 깨끗함, 세련됨, 존경의 이미지를 투사할 수 있게 되었다. 그리하여 미국에서 애로 칼라를 비롯한 탈부착 칼라는 상류 계급의 이미지가 아래로 널리 모방, 확산되는 계기가 되었고 기성복 시장이 크게 확대된 1920년대에 큰 붐을 일으켰다.

그때 그 시절 애용된 아이템, 그러나 지금은

우리나라에서도 탈부착식 칼라는 미쓰코시, 조지야, 화신 백화점 등지에서 남성용 소품·액세서리를 파는 코너에 카라カラ로 널리 판매되었다. 지금처럼 옷이 흔하지 않았고 품질 또한 현저히 떨어졌던 1920~30년대에 때 묻은 셔츠를 자주 빨면 옷이 쉬 상하는 문제점이 있었다. 그렇기에 탈부착 칼라는 퍽 애용되었다.

> "언제든지 깨끗한 카라-를 하고 당기는 사람은 물론 더러워 보힐리는 업슬것입니다. 서양사람은 카라-가 조금만 더러워도 빼놋는데 조선 사람은 더러운 것이 쾌이 보혀도 밧고와 끼랴고 하지 안습니다. 그만큼 카라-에 대하야 무관심합니다. 그러나 카라-는 퍽 중요한 일을 하는 것이며 카라-의 모양形은 그 사람의 모양을 변장식히는 것입니다. 카라-모양에는 겹카라-와 홋카라의 두가지 종류가 잇스며 보통은 싱글, 따불 소프트 세미소프트 네가지가 잇는데『싱글』에는 고든카라와 접은카라-가 잇는데 고든카라-는 대례복을 비롯으로 례장할 때에 쓰며 접은카라-는 후록크나 모-닝용으로 쓰는 중년쯤 된 사람이 씀니다. 카라-끗이 뾰죽한 것과 조금 동구스름하게 한 것이 잇는데 이것은 그사람 그사람 취미에 달렷습니다. 따불이라면 보통 딴딴한 카라-이며 요사히는 잘하지 안습니다. 소프트카라-는 풀이 안먹은 까닭에 부드러우며 세미소프트는 조금 풀이 먹은 까

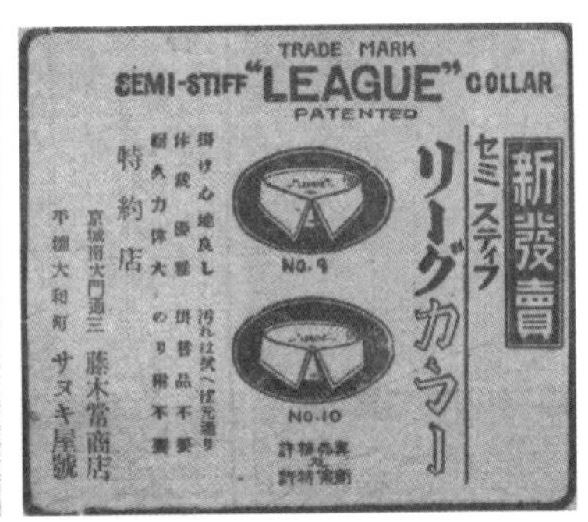

1927년 9월 27일 『조선신문』에 실린 아이디얼 카라 광고. 1931년 7월 5일 『조선신문』에 실린 리그 카라 광고.

닭에 빳빳하며 이 두가지가 가장 만히 씨웁니다. 카라는 십삼전으로부터 한 개 팔십전까지 잇는데 한 개 오륙십전짜리는 하꾸라이입니다. 너머 갑 작은 것은 세탁을 하면 곳 모양形이 망처지며 집는 데가 빳빳해저서 하면 목이 압흔고로 오히려 손입니다(…)" _『매일신보』, 1930. 2. 22.

칼라의 종류는 강도에 따라 "딴딴한stiff 것"과 "부드러운soft 것", 그리고 그 중간 정도의 강도인 "세미소프트semi soft"가 있었다. 이 가운데에 딴딴한 것은 예복처럼 특별한 옷에 부착하고, 평소에는 주로 부드러운 것이나 세미소프트 칼라를 부착했다. 그만큼 남성들의 셔츠와 복장이 미국에서와 마찬가지로 캐주얼한 경향을 보였음을 알 수 있다. 국내에 널리 알려진 브랜드로는 아이디얼Ideal 카라와 리그Legue카라가 있었다. 가정에서 셔츠를 직접 지어 입는 경우 칼라처럼 소매를 따로 만들어 갈아 끼우기도 했다.

이처럼 획기적인 아이템으로 각광받던 칼라는 지금은 거의 쓰지 않는다. 저렴한 셔츠가 대량 생산되고 세탁기의 등장과 함께 셔츠 세탁이 쉬워지는 시대에 들어서면서 그 유행도 각광도 모두 다 사그라들었다.

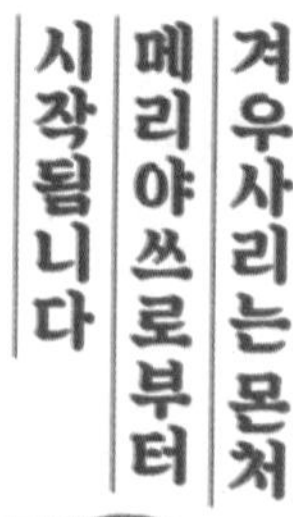

메리야스

어느덧 조선 남성들의 겨울 필수품

조선 시대 남성들은 아랫도리에 고의나 잠방 같은 속바지를 입었다. 주로 집에서 여자들이 만들어 입혔다. 그런데 근대기의 변화는 속옷에까지 영향을 미쳐, 1920~30년대 들어오면서부터는 속옷도 쇼핑 목록에 오르게 되었다. 당시 속옷으로는 유니온 슈트union suits가 있었다. 위아래가 붙은 것으로, 아기들이 입는 우주복과 비슷하게 생겼다. 여름에는 반팔 또는 소매가 없는 반바지, 겨울에는 긴 팔 , 긴 스타킹 형태였다. 트렁크라고 부르는 복서boxer shorts도 이 시대에 등장했다. 권투 선수가 입은 운동복 형태에서 유래했는데 1929년 무렵부터는 허리에 고무 밴드를 넣어 기존에 끈으로 묶던 형태보다 한층 편리해졌다. 보통 트렁크와 함께 입는 상의로는 오늘날까지 그 형태가 유지되고 있는 러닝셔츠 속칭 '난닝구'라고 부르는 속셔츠가 있었다. 한편 보온의 목적으로 입는 속옷도 있었다.

"겨울의 필수품
단풍도 무르녹고 가을이 짓터저서 인제는 겨울 살님사리의 준비를 할 때가 되엇습니다. 무엇보다도 몸에 가장 갓가히 붗처가지고 엄동의 추위가 닥처오드라도 마음놋코 활동할 수 잇는 것은 속옷이겟습니다. 『메리야쓰』는 양복이나 양장 속에만 입는 것이 아니라 조선옷 속에도 밧처입는 것이 이제는 조곰도 서투리지 안케된 만치 겨우사리는 몬처『메리야쓰』로부터 시작됨니다. 거치장스런 토수나 마고자 대신에 혹은 솜을 만이 두어서 바지가 휘둘리는 어색한『스타일』대신에 저고리 바지를 가볍게 입고 속에는『메리야쓰』로 체온을 보존한다는 것은 생리적으로 본다든지 훨신 현대적이며 합리적이겟습니다." _『매일신보』, 1937. 10. 4.

'무엇보다도 몸에 가장 가까이 붙는' 속옷 중 이 당시 겨울철을 맞아 준비해야 하는 필수품은 다름 아닌 메리야스였다. 양장과 조선옷 모두 받쳐 입게 된 속옷으로, 보온을 위해서나 활동을 위해서 "현대적, 합리적인 필수품"이라고 기사는 힘 주어 강조한다. 메리야스는 원래 포르투갈어로 양말이라는 뜻인데 일본인들이 늘어나는 속성에 초점을 맞추어 받아들이면서 자연스럽게 신축성 있는 옷감을 이르게 되었다.[1] 신축성 때문에 크고 작음이 없다는 뜻으로 막대소莫大小라고도 했지만 이는 메리야스라는 말에 밀려 1970년대에 사라졌다.

1910년대 초반 매일신보사는 회사 내에 대리부를 설치하고 '서양내의, 메리야스 샤쓰'를 판매했다.[2] 흰 면, 흰 순모제를 사이즈별로 판매했고 대금을 받으면 우편으로 보내주었다. 1916년 10월 27일자 『매일신보』에는 모자와 각종 잡화를 판매하는 대원상점의 방한 내의 광고가 실렸다. 순백모 내의로 같은 재질의 군용식도 있었고, 학생용·아동용도 판매했다.

조선 최초의 메리야스 공장, 일본 것으로는 도쿄 제품이 최고

해외에서 수입하던 메리야스가 조선에서 정확히 언제부터 생산되었는지는 명확하지 않지만 1926년도의 한 기사는 경의선 사리원에 있는 조선 메리야스 공장이 신축, 확장한다는 소식을 알렸다.[3] 공장의 규모나 설립 연도는 확실하지 않지만 확장한다는 보도로 볼 때 1920년대 초에도 일정 규모로 메리야스를 생산하고 있었던

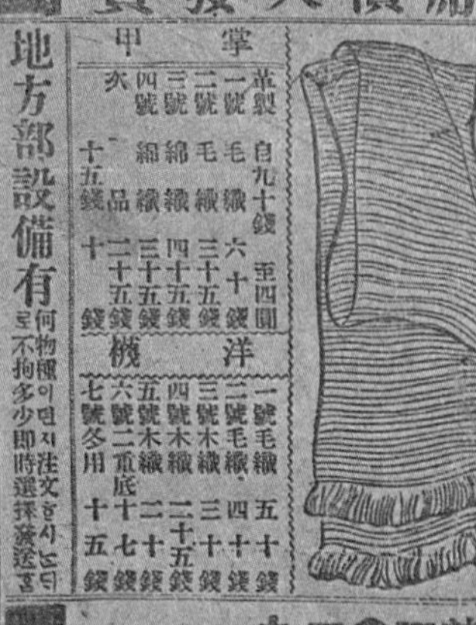

1916년 10월 27일 『매일신보』에 실린 방한 내의가 포함된 대원상점 광고.

1926년 11월 14일 『조선신문』에 실린 오사카의 벌표 메리야스 광고.

1927년 1월 20일 『조선신문』에 실린 오사카의 호랑이표 메리야스 광고.

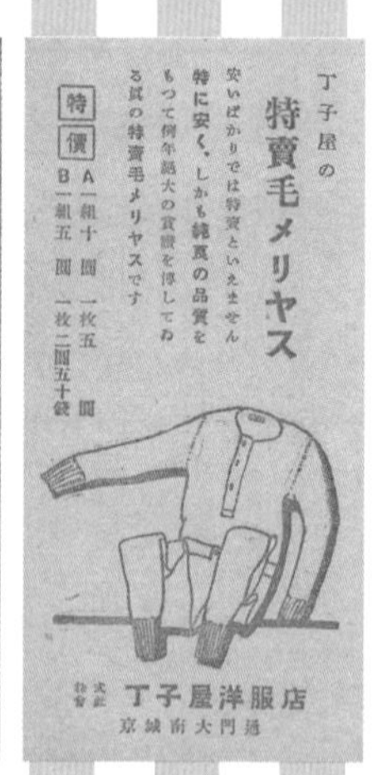

1928년 11월 9일 『조선신문』에 실린 조지야 양복점의 모 메리야스 특매 광고.

秋冬用各種帽子及

防寒內衣

詳細商品目錄

京城西大門通(舊夜珠峴)

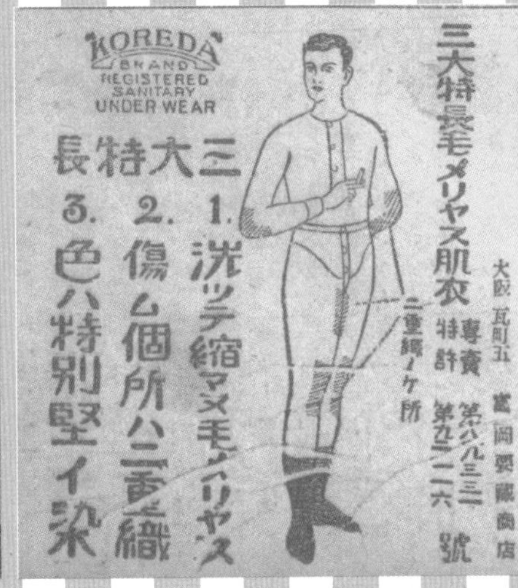

1931년 11월 22일 『조선신문』에 실린 오사카의 고레다 메리야스 광고.

1912년 11월 28일 『매일신보』에 실린 매일신보사 우편통신 판매 메리야스 광고.

1930년대 미국의 남성 속옷 광고.

듯하다.

그로부터 한참 뒤인 1934년 12월『조선중앙일보』에는 "조선 최초의 메리야스 공장"이 평양에 세워진다는 기사가 등장한다. 1920년에 설립된 평양의 삼공양말소가 양말을 주로 제작했지만 부가적으로 내의도 만들었으니까 "최초"라는 수식어에 대한 판단을 미룬다면 적어도 서평양西平壤(평양의 서쪽 역 앞)에 새로 짓는다는 이곳은 본격적인 메리야스 속옷 제조공장인 듯하다. 평양 모자 업계의 패왕인 인창상회 주인 노의규 외에 박기봉·박형준이 합자해서 설립한 자본금 50만 원, 건평 300평(약 991제곱미터) 규모의 공장이었다.[4]

1920년대 중반까지는 국산 메리야스 제조의 초창기였다고 볼 수 있겠다. 때문에 이 무렵에는 거의 일본에서 대량으로 수입되었다. 오사카, 나고야, 그리고 도쿄 지방에서 제조된 것들이 수입되었는데 이 가운데에서 도쿄 제품이 가장 우수하다는 평이었다.

> "대판大阪이나 명고옥名古屋지방에서 만들어내는 무명 메리야스는 동경東京에 졔죠하는 것만 훨신 못함니다. 얼핏 보기에는 혜야밀숙하야 대판에셔 졔조한 것이 죠흔듯하나 차근차근히 그 품질을 죠사하야 보면 동경 졔품이 썩 훌륭합니다." _『매일신보』 1927. 11. 22.

당시 신문에 실린 광고를 살펴보면, 도쿄 제품은 입소문으로 대신했는지 찾아보기 어렵고 오히려 별표 메리야스, 호랑이표 메리야스, 고레다 같은 오사카 제품들이 눈에 띈다. 고레다 메리야스는 특히 잘 닳는 부분, 이를테면 팔꿈치나 허벅지 안쪽 그리고 무릎에는 빗금을 쳐 직관적으로 표현한 일러스트레이션과 함께 세 가지 장점을 다음과 같이 열거했다.[5]

1. 빨아도 줄어들지 않는 모 메리야스
2. 잘 닳는 곳은 이중직
3. 색은 특별 견고한 나염

면과 모, 낙타털까지, 1원 50전부터 8원까지 각양각색

조지야 백화점에서는 1928년 겨울, 모 메리야스 특가전을 열기도 했다. 오늘날과 달리 20세기 초까지 속옷은 주로 모직이었다. 위생적인 옷에 대한 이론을 펼친 19세기 독일 의사이자 동물학자인 예거Hans Gustav Jaeger는 원활한 땀 배출을 위해 피부 위에 바로 모직을 입는 것이 중요하며 식물 섬유나 실크는 바람직하지 않다고 주장했다.[6] 물론 무명 메리야스도 일반적으로 무게가 묵직한 것이 좋다고 신문에 소개되었지만[7] 면보다는 오히려 모직 메리야스가 많이 팔리고 있었다. 하지만 오늘날 내의가 대부분 그러하듯 몸에 직접 닿으므로 까슬거리는 모직보다 면 쪽이 위생상 더 낫다는 의견이 있었다. 이밖에도 시중에는 낙타털로 짠 메리야스도 유통되고 있었다. 가격은 싼 것은 1원 50전부터 비싼 것은 8원까지 했다. 낙타털 소재로 된 것이 7, 8원 정도인 고급품이었다.

상품은 다양해져 방충防蟲 가공을 한 것도 등장했고 어린이용으로 위, 아래가 붙은 '컴비(콤비)'형도 나왔다. 해외에서는 일체형인 유니온 슈트가 대세였다.

남녀 속옷의 광고는 해방 이전 거의 찾아보기 어려웠다. 서구와 달리 신체에 직접적으로 닿는 은밀한 속옷을 드러내놓고 광고하기에는 아무래도 그 시기가 너무 일렀던 때문이겠다.

요새 신녀성들은 뿌루마-스 하나만 입고 속치마를 입을 뿐

여성 속옷

겹겹으로 입은 속옷의 간소화

조선 시대 여성들은 어떤 속옷을 입었을까. 상의로는 가슴띠·속적삼·속저고리를, 하의로는 팬티에 해당하는 다리속곳, 그 위에 바지류에 속하는 속속곳· 속바지·단속곳·너른바지 순으로 입고, 그 위에 서양의 페티코트와 유사한 역할을 하는 치마형태인 무지기를 입기도 했다. 부녀자들은 속치마를 많게는 열 겹까지 껴입기도 했다. 궁중에서는 예복 속에 입는 대슘치마도 있었다.[1]

여성들이 속옷을 겹겹이 껴입는 것은 19세기까지 동·서양의 공통된 양상이었다. 서양의 여성들은 1900년대 초까지 속옷으로 블루머스bloomers 또는 드로어즈drawers라고 하는 속바지, 끈 달린 상의인 슈미즈chemise, 코르셋, 코르셋 커버, 그리고 페티코트petticoat를 입었다. 페티코트는 심지어 겹겹이 껴입기도 했다. 거추장스런 속옷들은 1920년대에 들어서면서 비로소 간소화되기 시작했다. 당시 직선의 윤곽선을 지닌 겉옷의 영향 때문이었다.

속옷의 천은 면과 여러 방식으로 가공한 다양한 실크가 일반적이었고 1924년 이후에는 레이온도 쓰기 시작했다. 통기성이 좋은 레이온은 위생적인 소재로 여겨졌고, 염색이 쉬워 살구색·분홍색·파스텔 계열 등 새로운 색상의 속옷들이 등장했다. 자수나 레이스 장식이 더해져 여성들의 속옷은 더욱 더 화려해졌다. 과거 빅토리아 시대 여성의 몸을 옥죄던 코르셋은 여전히 살아남았지만 예전처럼 여성 몸매의 곡선을 드러내기 위해서만이 아니라 남성처럼 보이도록 앞뒤를 납작하게 누르기 위해서도 입었다. 하체용, 또는 상·하체를 함께 눌러주는 긴 것 등 형태도 다양했다. 하지만 몸을 꽉 조이는 코르셋을 입고 춤을 추는 것은 여간 불편한 일이 아니어서 당시 댄스홀에는 벗어두는 곳이 마련되어 있기도 했다.

유방밴드부터 사루마다까지

여성의 대표적인 속옷인 브래지어는 아기에게 젖을 물릴 때 가슴 부위를 편하게 여닫을 수 있게 만든 것으로, 프랑스어 브라시에르brassière에서 나온 말이다.[2] 코르셋이 분리되면서 19세기 말~20세기 초 가슴 부위를 위한 속옷으로 자리잡게 되었는데,[3] 보통 직사각형 형태의 몸통에 끈이 달린 형태로 몸에 단단히 밀착되어 가슴을 평평하게 만들었다. 1905년 프랑스어 사전에 이어 1907년 미국 잡지 『보그』, 1912년 옥스퍼드 영어 사전에 일찌감치 등재되었다.

우리나라에서 브래지어가 등장한 시기는 1930년대 중반이다. 일본에서는 이것을 가슴밴드라는 뜻의 치치반드乳バンド, 가슴누르개라는 뜻인 치치오사에乳押へ라고 부른 반면 우리나라에서는 부라쟈에-루ブラジユエール, 부라지에-루ブラジエエール와 같이 외래어를 그대로 쓰거나 유방밴드, 유乳카바 같은 복합어를 쓰기도 했다.[4] 브래지어는 1937년 교과서 『양재봉 강의』에 수록되었고, 같은 해 11월 잡지 『여성』에 하영주가 쓴 「부인의 의복과 색채의 조화」에서 앞과 옆에 절개선을 넣어 "전신상부를 '산형山形으로 모양 있게" 만들도록 하는 유카바 만드는 방법이 소개되기도 했다.

1920~30년대 우리나라 여성들은 대부분 속옷을 직접 만들어 입었지만 일부 상류층 여성들은 백화점에서 브래지어를 구입했다. 1935년 잡지 『삼천리』 12월호에 실린 「신사 일인 사백십여 원 숙녀 일일 오백 원 내외, 말쑥한 신사 숙녀 만들기에 얼마나한 돈이 드나?」에서 숙녀 만드는 항목의 맨 처음에 나오는 것이 바로 유

1936년 9월호 『신가정』에 실린 개량 속바지.

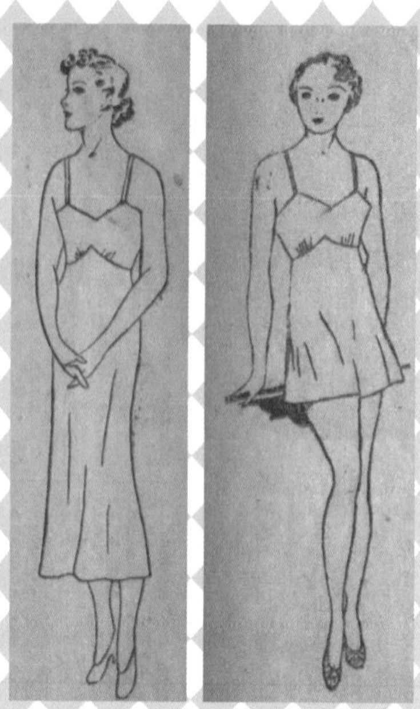

1937년 8월호 『여성』에 실린 개량 속옷들.

1924년 10월 22일
『경성일보』에 실린 위생속옷 광고.

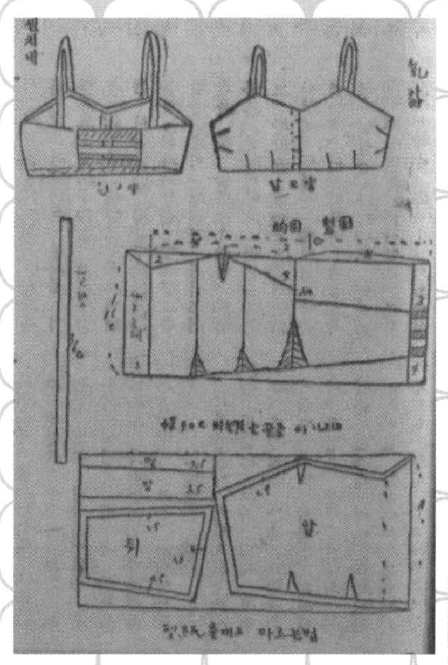
1937년 11월호 『여성』에 실린 유카바 만드는 방법.

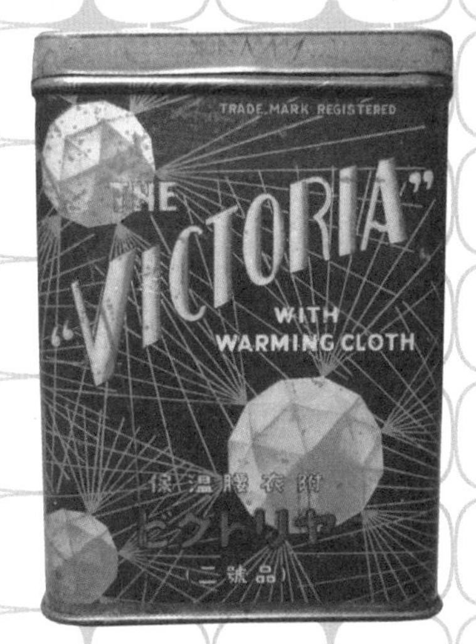

야마토 고무제작소의 빅토리아 월경대 캔.

新案特許第一三八八八三號

리ー나

リーナ月經帶

定價一圓五十錢
送料四十五錢

이것도 저것도 모다 不安全하고 不親切하 月經帶뿐인데 이번 리ー나(リーナ)라고하는 絕對安全하고 가장親切하게 考案된 月經帶가 賣出되엇슴으로하야 天下의 女性은 비로소 月經帶의 不愉快한데서 구원밧게된 형편입니다。

이것은 朝鮮服에도 日本服에도 西洋服에도 適當하야 步行에도 運動에도 階段昇降에도 안는데도 잡자는데도 솜의當物이 밋그러저나오는근심이 絕對로업도록 特許設備가되여잇습니다。그리고 第一 이것을 着用하실때 快感은 다른 月經帶에 比할것이 아닙니다 게다가 耐久力은 幾十倍나되야 그점으로말하야도 리ー나만큼 經濟되는 月經帶는 또업슬것입니다 京城의 三越에서도 販賣합니다。

製造元
東京・日本橋區新乘物町四番地
テイ・ケー商會
(振替口座東京五七三五三番 電話浪花二二六二番)

京城三越(振替京城七十七番)
으로注文하시면
送料는 三十五錢입니다

1931년 8월호 『신여성』에 실린 리-나 월경대 광고.

방뺀드이고 가격은 150전 즉, 15원이었다.

서양 여자들은 아래에는 속바지에 해당하는 블루머를 입었는데 이 또한 겉옷의 심플한 라인을 해치지 않도록 부풀리기보다는 단순한 형태로 무릎 위나 허벅지 정도의 길이였다가 1920년대 후반에는 반바지처럼 그 길이가 짧아졌다.

이 시대에 인기 있던 속옷은 상, 하의가 붙은 이른바 스텝 인step-ins과 올인원all-in-ones이었다. 때에 따라서 그 위에 코르셋을 입기도 했지만 그것만 입는다면 가장 간편한 속옷이었다. 이 밖에도 이브닝 드레스를 입거나 속살이 비치는 옷을 입을 때는 슬립을 입었다. 겉옷의 길이에 맞춰 다양한 길이가 있었고 주로 매끄러운 소재를 사용한 것이 많았다.

1930년대 중반 우리나라 여성들의 속옷은 그리 개량되지 못한 형편이었다. 신여성들은 바지단속곳 대신 사루마다라고 하는 무명으로 된 짧은 팬티를 입었는데 이는 블루머와 유사한 형태였다.

> "흔히 요새 신녀성들은 속옷으로 뿌루마-스(사루마다 모양)하나만 입고 그 위에 속치마를 입을 뿐이며 추운 때는 위에 샤-쓰를 하나 더 껴입는 것입니다. 그리고는 거죽옷(겉옷) 즉 치마 저고리를 입습니다." _『신가정』 1936. 9.

백화점에서 팔던 고급품, 생리대

1920~30년대 국내에서 브래지어나 팬티와 같은 여자 속옷 광고는 찾아보기 어려웠던 것에 비해 월경대, 생리대 광고는 신문과 잡지에 종종 등장했다. 이는 월경이 여자의 위생, 출산과 직결되었기 때문으로 추정된다. 월경대 브랜드는 빅토리아[5]나 리나와 같이 서양 여성의 이름이 붙어 있어 서구적인 세련미를 주었다. 리나 월경대는 신안 특허를 받은 제품으로서 미쓰코시 백화점에서도 판매했다. 아래의 광고 설명을 읽고 있자니, 당시 여성들이 느꼈던 불편함이 고스란히 전해진다.

"리-나 월경대
이것도 저것도 모다 불안전하고 불친절한 월경대뿐인 터에 이번 리-나リーナ라고 하는 절대 안전하고 가장 친절하게 고안된 월경대가 매출되엿슴으로 하야 천하의 여성은 비로소 월경대의 불유쾌한데서 구원밧게 된 형편입니다. 이것은 조선복에도 일본복에도 서양복에도 적당하야 보행에도 운동에도 계단승하에도 안는데도 잠자는데도 솜의 당물當物이 밋그러저 나오는 근심이 절대로 업도록 특허설비가 되어잇습니다. 그리고 제일 이것을 착용하실 때 쾌감은 다른 월경대에 비할 것이 아닙니다. 게다가 내구력은 기십배나 되야 그점으로 말하야도 리-나만큼 경제되는 월경대는 도 업슬것입니다. 경성의 삼월三越에서도 판매합니다. _『신여성』, 1931. 8.

두었다.

일천구백삼십 년대 들어와서 조선 여자들이 별별 색 치마·저고리를 입게 되면서 흰색이나 검은색 대신 알록달록한 옷감들이 많이 선보였다. 옷감으로 말하자면 고급 복지는 물론이고 번쩍거리는 인조견·하부다에[1](羽二重)·빵베루꾸·지리멘[2] 같은 실용적인 것들도 쏟아졌다.[3] 특히 인조견이 급속도로 발달되면서 본견(本絹)과 인조견(人造絹)은 얼핏 보아 구별이 어려웠다. 인조견은 얼핏 보면 윤기도 흐르고 빛도 찬란하여 비단과 조금도 다름이 없어 보이지만 몹시 약해서 첫물밖에 입지 못했다. 그 대신 싼값으로 인기가 많았다.[4]

미쓰코시나 조지야에서는 일본인은 물론이고 조선인 손님을 모으기 위해 안간힘을 썼다. 특히 조지야에서는 조선인 고객을 흡수하기 위해 광목이나 인조견 같은 것을 염가로 판다는 선전을 해서 흰옷 입은 손님이 가득 찰 때가 있었다.[5]

귀부인같이 성장(盛裝)을 하고 하녀를 데리고 남편을 따라 비단을 사러 오거나[6] 비단을 만져보면서 시시해 보인다고 하는 이도 있었다. 점원은 손님들에게 으레 비싸거나 유행하는 것을 권했다.

기생들은 백화점 주단포목부의 가장 중요한 고객이었다. 그네들은 손님들이 스타일도 보고 의장평(衣裝評)도 자꾸 하니 철마다 격식에 맞게 옷을 해 입어야 했고 장안에 새로 유행한다는 화려한 옷감은 대개 몸에 걸쳐 봐야 했다.[7] 영리한 황해도와 평안도 기생들은 미쓰코시에서 파는 비단 가격을 비교해 보고 조선인 상점으로 발길을 돌리기도 했다.[8]

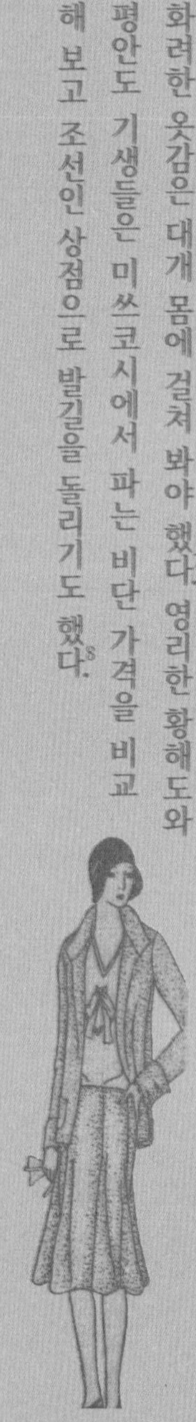

3층 양복부

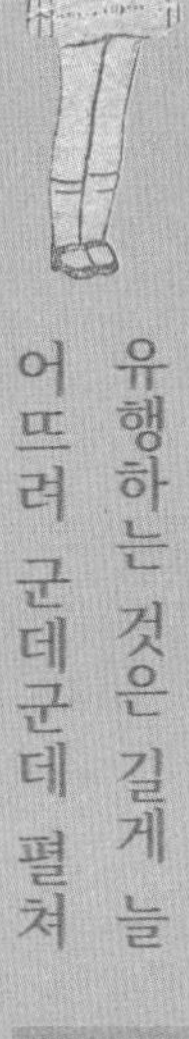

삼 층에는 양복부가 있었다. 양복부에는 이미 만들어진 양복들이 옷걸이에 줄지어 걸려 있었다. 이른바 레디메이드 즉 기성복의 시대가 도래하여 이것저것 즉석에서 입어보고 사는 이가 점점 많아지는 추세였다.

세비로라고 하는 양복을 비롯하여 각종 외투나 코트 등이 신사들을 기다리고 있었고 겨울이면 모피 코트와 털목도리를 두른 여인들이 부인복부를 활보하곤 했다. 이를 겨냥한 조지야의 모피-데이 행사는 겨울 매출에 큰 공헌을 했다.

어른들만 기성복을 입은 건 아니었으니 아동복도 갖춰야 했다. 성장하는 아이들을 위해 철마다 새로운 옷을 선보이곤 했던 아동복은 양복부의 주요 품목이었다. 그 밖에 각급 학교 교복과 교복지를 비롯해서 초등학생들이 주로 들던 란도셀 가방도 삼 층에서 주로 팔았다.

일본에서 백화점의 출발은 포목점이었다. 그 영향을 받아 경성의 백화점 역시 주단포목·양복감·부인복감 등을 갖춘 삼 층이야말로 백화점의 심장부였다. 기모노 옷감은 일본인이 주 고객이었다.

대부분의 백화점은 옷감을 둘둘 말아 뭉치채 선반에 켜켜이 쌓아놓거나 탁자 위 또는 유리 진열장 속에 비스듬히 뉘어 놓았다. 특히 유행하는 것은 길게 늘어뜨려 군데군데 펼쳐

겨울은 사지로, 여름은 세루로 해 입고 양반처럼 뽐낸

양복

문명개화의 상징, 서양식 복장

양복의 탄생은 혁명과 연관이 깊다. 18세기 말의 프랑스 혁명, 그 이전 17세기 영국의 청교도 혁명과 명예혁명을 거치면서 화려했던 상류 사회 복장은 단순하고 수수해져 오늘날 같은 슈트가 탄생했다.[1] 남성복은 부르주아 스타일로 일반화되고 기성복 상점을 통해 명품이 대량으로 복제되기 시작했다.

개화와 함께 바뀐 조선의 의·식·주 생활 양식 가운데 그 변화 속도가 가장 빠른 분야는 의, 즉 옷이었다고 할 수 있다. 문명 개화의 상징으로 서양식 복장, 즉 양장은 그 변화를 손쉽게 드러내는 방편이었다. 19세기 말 신사유람단의 단원으로 일본을 시찰한 서광범徐光範, 1859~1897은 언더우드의 안내로 요코하마의 양복가를 구경했고 그곳에서 양복 한 벌을 사 입었다. 동료들에게도 권유하여 김옥균, 유길준, 홍영식, 윤치호 등도 이어 양복 차림을 하게 되었다. 조선에 돌아온 이들은 왕실에 복장 개혁을 주청했고 그에 따라 실행된 것이 이른바 1884년 갑신의제개혁이다. 이후 1899년 3월에는 해외로 파견되는 사신들도 서양식 복식 차림을 하도록 하여, 출국 전에 모두 양복을 맞춰 입고 나가야 했다. 러시아·프랑스·오스트리아 3국 공사관에 참서관으로 임명된 남필우南弼祐도 그러했는데 출국 전 맞춘 양

복이 완성되지 못해 일정이 지연되는 일도 있었다.[2]

1900년 4월에는 문관 복장 규칙과 문관 대례복제 등이 재가되어 조선조 500년 간 내려오던 유교식 관복이 양복으로 탈바꿈되었다.[3] 새로이 반포된 문관복은 영국의 궁중 예복을 모방한 일본의 대례복을 참작했고, 소례복으로는 연미복과 프록코트가 정해졌다. 이처럼 단발령을 비롯해 정부가 제도적으로 양복을 공인함으로써 의생활의 변화는 거부할 수 없는 물결이 되었다.

이러한 변화를 완강하게 거부하는 유림들과 백성들도 많았다. 양복은 곧 매국의 상징이라 여긴 면암 최익현崔益鉉, 1833~1906은 도끼를 지고 대안문 앞에서 읍소하기도 했다. 문명 개화라는 명목을 내세웠지만 친일 행적을 일삼은 일진회 회원들의 양복 차림이 백성들의 눈에도 곱게 보이지는 않았다. 하지만 "머리 깎고 양복하는 것은 집 고친 후에 새로 도배와 장판하는 것"과 같다고 한 논설[4]과 같이 비록 근본적인 개혁이라고 볼 수도 없고, 도입의 순서 역시 적절치 않았을지라도 적어도 양복과 단발은 개화의 흐름에 걸맞은 기표로 작동했다.

일본인 양복점에 이어 조선인 양복점의 등장

조선에 머무는 서양인들, 귀국한 외국 유학생들, 그리고 개화 세력들을 고객으로 하는 양복점이 조선에 하나, 둘 생겨나기 시작했다. 최초의 양복점에 대해서는 설이 분분하지만 일본인 하마다濱田가 1889년 복청교(오늘날 광화문 우체국 앞)에 문을 연 하마다 양복점은 퍽 이른 축에 속한다.[5] 일본 공사관 직원들이나 일본 군대의 군복을 만들던 이곳에서는 1895년 조선에서 양복이 공인된 이후 조선 궁중 양복도 주문, 납품했다고 전해진다.[6] 여기에서 김상만을 비롯한 한인 기술자들이 양성되었다.[7] 1900년대 초부터 일본인들이 경영한 양복점들의 신문 광고가 자주 눈에 띈다. 대표적인 곳이 경성 주동(오늘날 중구 주자동)의 야자와谷澤 양복점[8], 대안문 앞 다카하시高橋 양복점[9], 후지이藤井 양복점이다. 특히 후지이 양복점은 개업 이래 날로 번성하게 되어 고객 사은 행사로 가격 인하를 실시하기도 했고, 신문 광고를 가지고 오는 고객에게는 특별 할인을 해주기도 했다.[10] 그밖에도 아사다淺田, 혼다本田,

티소, 〈루아얄 클럽〉, 1868, 오르세 미술관.

19세기 서양에서는 때와 장소에 따라 구분해서 옷을 입었다. 이런 그들의 문화는 양복과 함께 이 땅에도 전해졌다. 그림 속 남성들의 옷차림은 그 당시 유럽 귀족들의 옷차림과 취향을 잘 보여준다.

엔도遠藤 양복점 등이 1900년대 이름난 일본인 양복점이었다.

일본인이 경영하는 양복점에서 양복 기술을 배우거나, 일본 양복 학교 졸업 후 귀국해 양복점을 여는 조선인들도 생겨났다. 1896년 9월 10일자 『독립신문』에는 '쥬식회샤'라는 이름으로 양복 제작을 알리는 광고가 실렸다. 영문과 한글이 병기된 이 광고의 내용을 통합해보면 위치는 광청교 북천변(오늘날 종로1가)이고 정부기관에 납품도 하고 옷, 신발, 가죽 제품 등을 취급했다. 또한 일류 기술자에 의해 양복을 만들 수 있는 유일한 조선 회사라고 밝혔다.[11] 1903년에는 모교毛橋(오늘날 청계천 모전교) 근처 일신日新 양복점의 김동석과 이필영 두 사람이 외국인이 경영하는 큰 양복점에서 기술을 배우고 수년 간 근무한 뒤 양복점을 차리게 되었다는 개점 광고가 실렸다.[12] 조선인 양복점은 점차 증가해서 1906년 무렵에 경성에는 10개 정도였는데 1926년에는 약 70여 개에 달했다 한다.[13] 1922년에는 노동조합격인 조선양복직공조합과 양복 기술 연구 발전을 목적으로 한 경성양복연구회가 결성되어 양복계는 점차 조직화, 전문화되었다.[14]

프록코트와 연미복, 궁궐 예복으로 자리를 잡다

19세기 서양에서는 때와 장소에 따라 프록코트, 연미복, 모닝코트를 구분해서 입었다. 프록코트는 가장 공적formal인 예복으로 결혼식·장례식·문병 등을 갈 때 입으며, 실크 해트silk hat와 가죽장갑, 그리고 검은 구두를 착용했다. 연미복은 영어의 'swallow tail coat'에서 따온 말로, 앞이 짧고 뒤가 길면서 제비꼬리처럼 갈라진 코트를 일컫는다. 주로 만찬회·무도회·극장을 찾을 때 입고, 나비 넥타이(보우타이)와 흰색 가죽 장갑, 검은색 구두를 함께 갖추었다. 모닝코트는 프록코트 앞자락을 사선으로 둥글려 자른 형태로, 영국에서 남자들이 아침 승마 때 입은 데서 유래한 이름이다. 19세기 말에는 프록코트를 대신해 낮에 입는 공식 예복으로, '낮-모닝코트, 밤-연미복'이라는 공식이 성립되었다. 19세기 말 영국 신사들은 라운지 슈트>모닝코트>프록코트 순으로 많이 입었다. 라운지 슈트는 편안하게 입는 비즈니스 정장을 일컫는다. 무릎까지 오는 치렁치렁한 프록코트는 빅토리아 시대 젊은이들

사이에서는 여왕 앞이나 의회에서 입는, 보수적이고 나이 들어 보이는 옷으로 여겨졌다. 오죽하면 건축가 아돌프 로스Adolf Loos는 프록코트가 1898년에 "사망"했다고 진단할 정도였다.[15]

우리나라에서는 1900년 4월 17일에 발표한 칙령 제14호 문관 복장 규칙에 따라 처음으로 양복 차림이 공식화되었다. 조선 시대까지 상하, 귀천, 존비, 등급에 따라 철저하게 지켜졌던 관복 제도가 사라지고 근대 국가의 개념이 투영된 복식 체계로 바뀐 것이다. 규칙은 몇 차례 개정되었는데 옷의 종류는 크게 대례복, 소례복, 상복(통상 예복)으로 구분했다. 일본이 수용한 방식을 참고한 것으로 대례복과 소례복은 프록코트와 연미복을 바탕으로 무궁화와 오얏꽃을 수놓았다.

1908년 간행된 『법규류편』法規類編의 문관 복장 규칙에 따르면 프록코트는 궁내에서 왕을 알현하거나 각국 경절 하례 때, 그리고 사적으로 예방할 때 입었다.[16] 연미복은 각국 사신을 만나거나 궁중 연회 때, 외국 관인의 만찬 때 착용했다.[17] 서양의 용례와 크게 다르지 않았다. 대한제국기의 상궁 김명길이 쓴 『낙선재 주변』에서는 순종이 창경궁 원유회에서 입을 모닝코트를 맞출 때 재단사가 와서 순종의 몸에 손을 대자 상궁이 놀라 재단사 앞을 가로막았다는 이야기를 전한다. 당시 순종은 괘념치 말고 치수를 재도록 하라고 일렀고, 왕실의 금기가 무너지는 것을 목격한 상궁들은 그저 황공하옵니다를 연발할 뿐이었다고 한다. 순종은 그렇게 맞춘 모닝코트에 쥐색 중절모, 순금 장식의 지팡이를 들고 원유회에 나타났는데, 몇몇 양반들이 분함을 참지 못하고 자리에서 빠져나갔다. 순종 역시 마지못해 모닝코트를 입긴 했으나, 그 역시도 마땅치만은 않았던 듯 고종의 승하 후 인산 때 황족 한 사람이 프록코트 차림으로 다가와 무릎을 꿇자 아무 말도 없이 돌아앉아버렸다 한다.

"경성 양복점 중 가장 큰 가게는 조지야"

1890년대가 조선의 양복 태동기이긴 했으나, 한복과 혼재되는 양상은 한동안 지속되었다. 한복에 모자, 구두를 착용한 모습은 이른바 하이브리드 댄디즘을 보여준다.[18] 1917년 매일신보사에서는 통상 예복 고안 현상 모집을 실시했다. 모집 조

1917년 9월 8일 『매일신보』에 실린
연미복 차림의 고종태황제.

프록코트와 모닝코트를 입은 신사들.

1885년 레슬리 워드가 캐리커처로 그린 연미복을
입은 존 델라쿠르 씨.

1903년 존 싱어 사전트가 그린 프록코트를 입은
루스벨트 초상화. 백악관.

건은 다음과 같았다.[19]

- 조선 의복 위에 입을 것.
- 중산모나 예복 모자 아래에 입을 것.
- 지나치게 사치스럽지 않고 상당한 체면을 보전하도록 할 것.
- 색이나 재질은 자유롭게 하되, 되도록 한 가지 감으로 사철 통용하는 것이 되도록 할 것.

이러한 현상 모집은 당시 조선복과 양복을 절충하는 대안을 찾으려는 모습을 반영한다. 전통 복장과 서양식 의복의 혼재를 거쳐 1920년대에 이르러서 양복은 그야말로 대세가 되었다. 수요가 급증하자 양복점에 기술 가진 인력이 모자라 전국 주요 도시에 양복 실습소가 성황을 이루는 것도 이때부터였다. 해외로 기술을 배우러 가는 유학생도 늘어났다. 당시 경성 양복의 최고로는 뭐니 뭐니 해도 조지야 양복점이 꼽혔다. 1927년 조지야 양복점의 스즈키 지배인은 이렇게 말했다.[20]

"경성 양복점 중에서 가장 노포이고, 또 가장 규모가 큰 가게라고 하면 조지야다. 조지야에서는 언제나 싸고 좋은 양복을 수요자에게 공급하기 위해 연구를 계속하고, 예약 판매 혹은 기성복, 그 외의 세일 기회가 있으면 대량 판매를 행해서 이익을 적게 남기고 실로 저렴한 제품을 제공함으로써 싼 가격을 창출해 내려 한다."

1929년 조지야 백화점이 되는 조지야 양복점은 1904년 경성에서 문을 연 이래 미국에서 10여 년 간 재봉을 익힌 미야자키 에이타로宮崎榮太郎를 초빙하여 구미 최신 유행 양복을 제작하기도 했다.[21] 영국이 아닌 미국이라는 점이 의아하다. 하지만 당시 유행의 진원지는 양복의 본고장 영국이 아닌 미국이었다. 실제로 1906년 도쿄 미쓰코시 백화점 니혼바시점에 초빙된 영국인 재단사 알렉산더 미첼Alexander Mitchell 역시 당시 양복 유행의 진원지가 미국임을 확실히 밝혔다.[22] 그는

1909년『미쓰코시 타임즈』의 기고를 통해 당시 새로운 양복 형태와 무늬는 미국에서 나왔으며, 미국 남성들이 밤에 입는 격식 높은 옷이 연미복, 약간 약식이 턱시도, 낮에 입는 예복이 프록코트라고 전했다. 또한 20세기에 들어서면서 모닝코트가 프록코트를 밀어냈는데, 그 이유로는 복장의 단순, 경쾌함을 좋아하는 미국 사교계의 경향 때문이라고 했다.

"남자들의 통상복, 세비로"

남성 양복을 일컫는 말은 세비로라고 일컬어지는 신사복을 비롯하여 오바, 톤비(돔비, 돈비), 인버네스(인바네스), 망토(만토, 만도), 스프링코트, 레인코트(레잉코투), 쓰메에리(쑤메에리) 같은 외투 등 퍽 다양했다. 그 가운데 세비로는 남자들의 통상복을 의미하는 것으로 그 말의 유래를 아래의 기사는 이렇게 밝히고 있다.

> "남자들의 통상복인「사크 · 코—트」는 항용「세비로」라고 하는데 (···)
> 영국 런던에서 「세비로—」라는 거리가 잇엇는데 그 거리에 살은 어떤 재봉사가 그런 형型을 발명하엿으므로 그러케 명명된 것이라고 전합니다." _『동아일보』, 1935. 3. 15.

위 기사에 따르면 남자들이 통상적으로 입게 된 양복을 흔히 세비로라고 불렀고 런던의 '세비로-'라는 거리 이름에서 유래했다고 한다. 그런데 세비로라는 명칭의 유래에는 그 밖에도 다음과 같은 몇 가지 설이 있다.

1. 세비로의 한자 표기인 '背広'은 메이지 초기 일본 재단사들의 용어에서 유래한 것으로서 글자 그대로 등의 폭이 넓다는 의미.[23] 즉, 기존의 프록코트나 모닝코트는 등이 4쪽으로 재단되었으나 세비로는 봉제선 없이 2쪽으로 넓기에 붙여진 이름이라는 설.
2. 런던 재단사 거리에서 만들어진 새빌 로 슈트Savile Row suit에서 나왔다는 설.

3. 시민복이라는 의미의 영어 'civil cloth'가 일본어로 굳어진 것이라는 설.

오늘날에는 이 가운데 1번과 3번 설이 유력하다고 알려져 있다. 이 밖에도 영어의 'Sack coat'에서 유래했다거나 양질의 양모 산지인 'Cheviot'에서 유래했다는 설도 있다. 하지만 런던 새빌 로에서 유래했다는 것이 『동아일보』에 실린 점으로 볼 때 2번 설이 당시에는 정설로 통용되고 있었던 듯하다. 새빌 로는 런던 메이페어에 있는 거리로, 18세기 말 19세기 초부터 비스포크 양복, 다시 말해 맞춤 양복으로 큰 명성을 얻은 곳이다. 역사적으로 유명 인사들이 이곳에서 양복을 맞춰 입었기에 이 새빌 로가 일본에서도 남자 양복의 대명사로 통용되었을 가능성이 크다.

세비로의 유래를 특정하기는 어렵지만 그것이 의미하는 바는 대략 설명할 수 있다. 우선 재킷, 바지, 조끼 등 세 가지를 갖춘 스리피스3-piece가 기본이며, 조끼는 생략되는 경우도 많다. 중요한 것은 재킷과 바지는 같은 천으로 제작된다는 것이다.

재킷은 프록코트나 모닝코트와 달리 편안하게 입는 라운지 재킷 또는 비즈니스 코트 형태인데 이는 미국에서는 자루처럼 생겼다 하여 색 코트sack coat라고 불렀다. 1867년 가타야마 준노스케片山淳之助라는 이름으로 출간한 후쿠자와 유키치의 『서양 의식주』에는 그림과 함께 마루하오리丸羽織라고 표기했다.[24] 프록코트처럼 뒤가 트인 와리하오리割羽織와 달리 "직인職人(직업인)들의 의복이지만 고귀한 사람들도 자택에 머물 때 또는 외출할 때 착용하는 것"이라고 되어 있다. 그때까지만 해도 적절한 용어가 없어 일본식 겉옷인 하오리에 빗대어 통으로 된 하오리라고 명명한 듯하다. 이 헐렁하고 편한 비즈니스 코트와 바지 한 벌이 남성들의 통상복, 즉 남성 양복을 통칭하는 세비로로 정착되었다. 서광범을 비롯한 개화파 인사들이 일본에서 해 입은 양복이 바로 이 색 코트 슈트, 즉 세비로였다.[25]

1920년대 조선의 거리에는 세비로를 입은 남성들로 넘쳐났다. 1928년 일본으로 7년 간 유학을 다녀온 최의순의 눈에 변모한 조선의 모습은 이랬다.[26]

"조선도 어지간히 사치하여젓다. 내가 일본 가기 전인 이제부터 7년 전에 본 조선과 작년에 내가 오래간만에 귀국해서 본 조선과의 사히에는 그야말로 텬양지별天壤之別이 잇다 할 만큼 조선은 사치에 잇서 장족長足의 진보를 햇다. 그 중에도 제일 눈에 띄이는 것이 남자로는 조혼 세비로 자리가 엄청나게 는 것이요 녀학생으로는 세루치마 십팔금 팔뚝시계와 깃도 구두자리가 횡행활보 하는 것이다. 한 달 수입이 이십원이 지나 삼십원만 되면 조흔 세비로를 잭키고 나서지 안코는 못백이는 것이 지금의 조선 젊은 남자이다."

일제강점기 근대 소설 속에서 양복을 사 입고 사회 활동을 하는 젊은 계층, 이른바 '세비로 청년'이라고 호명된 이들은 당시 소비 문화의 화려함과 사치를 대변한다.[27] 이들을 브럼멜이 표현한 '취향의 귀족'이라 불리는 유럽의 댄디와 맞비교하기는 어렵겠지만 이들이 '경성의 댄디'였음은 분명하다. 댄디는 시쳇말로 '옷에 진심'인 남성이다.

빅토리아 시대의 저명한 사상가 토마스 칼라일Thomas Carlyle, 1795~1881은 『의상철학』에서 댄디를 오직 "보아주기를 바라는" 시각적 대상이 되고 싶다는 욕망을 지닌, "다른 사람들은 생활하기 위해 옷을 입는데 이 사람은 옷을 위해 생활"하는 존재라고 했다.[28] 경성의 댄디인 세비로 청년들은 부모의 고혈을 빠는 존재로 비판을 받기도 했다.[29]

"『양복대 백원급송!』이라는 뎐보를 몃번이나 쳐서 아들 학비 대이느라고 다 말라 빠진 가엽슨 부모의 고혈을 빠러다가 아래위『세비로』양복을 말숙하게 해입고 나서는 속 못채리는 졸업생."

또한 "『선생님』 혹은 『상』을 차즈며 아주 애교잇게 마저드"리면서 "자주 거래해주시는 선생님이니까 아주 특별히 공전만 밧고 해드"[30]린다며 결국 63원짜리 양복에 20원의 폭리를 취하는 양복 장사들에겐 '호갱님'이 되는 것"이었다. 이런 세비로 청년은 졸업 후에도 직장을 구하지 못해 전전하는 룸펜 지식층을 대변하는 '학생복 청년'과 대조를 이룬다.[31]

세비로가 영국 새빌 거리와 친연성이 있듯, 뭐니 뭐니해도 양복의 본고장은 영국이었다. 미국 호놀룰루의 여자 양복점 주인 김유호는 '남성복은 런던, 여성복은 파리'라는 유행 공식이 세계적으로 통용되었다고 했다.[32]

> "사람은 의복을 만들 때에 의복은 또한 사람을 만드는 것이라 남자는 항상 영국 런던을 들여다보고 여자는 항상 법국(프랑스) 파리를 바라본다함은 의복제도의 시체(유행)를 따라 변하고자 함이어니와 우리 한국 남자는 오늘날 다 런던 시체로 변하였으되 여자는 왜 파리 시체를 알지 못하느뇨 (…)"

하지만 이처럼 남성복의 제고장 런던은 앞에서도 잠깐 언급했듯 1920년대 이후 기성복의 본격 유행으로 예전의 명성을 잃어갔고 결국 미국에게 유행의 주도권을 넘겨주고 말았다.

맞춤에서 기성복으로, 양복도 레디메이드 세상

경성 조지야 양복점에서는 1920년대부터는 맞춤과 함께 레디메이드, 즉 기성복도 판매했는데, 마켓데이라는 행사를 통해 기성복을 균일가로 판매하는 등 다양한 마케팅을 펼쳤다. 1927년에는 양복 시즌이라고 일컬어지는 9월 1일부터 겨울 레디메이드 양복의 예약을 미리 받기 시작했다.[33] 당시 예약 주문 판매에 관한 좌담회 기사에 의하면 예약 주문을 하면 여유 있게 제작해서 고객이 필요한 시점에 바로 준비가 되고, 무엇보다 맞춤복보다 30퍼센트 정도 저렴하다는 장점이 있었다.

레디메이드는 열 벌을 한꺼번에 기계로 재단하고 재봉한다. 주문부터 납품하기까지 고객이 네 번 정도는 방문해야 제작하는 맞춤복에 비하면 공정이 단순해지니 자연히 가격도 낮았다. 이로써 그 이전에는 허름한 중고양복만 사 입던 사람들도 레디메이드 양복 한 벌쯤 새것으로 장만할 수 있게 되었다. 마침내 기성복의 대중화 시대가 열린 것이다. 옷감은 런던이나 고급 양복 천 생산지인 허더즈필드 Huddersfield에서 나온 무지, 줄무늬, 체크 같은 견본품 중에서 최근의 기호와 신경향에 가장 잘 맞는 것을 엄선, 구매했다.

레디메이드라는 개념이 1928년까지만 하더라도 그리 대중적이지 않았던지 신문에는 '레디메이드 문답'이라는 형식의 기사가 실릴 정도였다. 이를테면 "레디메이드는 어떤 옷입니까?"라는 질문에 "구미에서는 일반적으로 완성된 춘추복의 의미이지만 우리나라에서는 고급 기성복을 일컫습니다"라는 식으로 질문과 답을 이어가고 있다.[34] 이어 기성복의 장점을 열거하고 있는데 요약하면 앞서 말했듯이 대량 생산됨으로써 맞춤복에 비해 가격이 30~40퍼센트 정도 저렴하고 종류도 다양했다. 그뿐만 아니라 몸에 딱 맞게 제작되는 맞춤복과 달리 유행 스타일에 따라 제작됨으로써 오히려 신체의 결점을 가려주는 장점이 있고, 맞춤복보다 절감된 비용을 양복 착용자 전체로 계산해보면 국익에 큰 도움이 된다고 설명했다.

경제성의 문제는 둘째로 치고, 몸에 옷을 맞추는 시대에서 옷에 몸을 맞추는 시대가 된 것이다. 사회학자 피터 코리건Peter Corrigan의 지적대로 기성복은 기성 신체를 요구한다. 즉, 의류 회사나 백화점 등이 정한 사이즈 체계에 사람의 몸이 편입되는 것으로, 레디메이드는 신체가 마케팅에 의해 형성된 추상적 모델에 종속되는 것[35]을 의미한다고 보아도 지나침이 없다.

하지만 이런 생각도 요즘의 논리일 뿐, 그 당시 레디메이드의 행보는 거침이 없었다. 조지야는 1928년 조선 개점 25주년을 기념하여, 레디메이드 양복 홍보와 보급을 위해 표어 현상 모집을 실시했다. 상금을 내건 이 이벤트는 고객들의 큰 호응을 얻었다.[36] 1등 당선작은 '맞춤복으로 양행하고 레디메이드로 귀국한다.'別誂で洋行しレディメードで歸朝する였다. 이는 해외로 떠날 때는 맞춤복이었지만 귀국할 때는 레디메이드로 돌아온다는 의미로 당시의 트렌드를 잘 반영하고 있다. 당선자에게는 상금 100원이 포상으로 주어졌다. 1929년 3월 미나카이는 5층 신관 준성을 기념으로 레디메이드 판매를 실시했고 큰 호평을 얻었다.[37] 화신 백화점은 기성복과 레디메이드의 장점만을 모은 하프 메이드 양복도 선보였다. 만드는 데 오랜 시간이 필요하고 가격이 다소 비싼 주문복과, 만듦새가 거칠고 조밀하지 못한 기성복의 단점을 보완한 '가장 합리적인 주문 방법의 양복'으로 주문 즉시 간단한 가봉으로 짧은 시간 내에 만들고 주문복에 비교해 가격이 상당히 저렴한 '반半 기성복'이었다.[38]

1925년 11월 6일 『경성일보』에 실린
조지야 양복점 광고.

1934년 4월 13일 『매일신보』에 실린 미나카이 백화점 광고.

1931년 9월 『삼천평론』에 실린
미쓰코시 백화점 가을 양복 광고.

옷감도, 디자인도, 종류도 다양하게

세비로가 기본적으로 같은 천으로 된 재킷과 바지 정장 한 벌이라면 상·하의를 따로따로 조합해서 입는 이른바 세퍼레이츠separates도 인기가 많았다. 오늘날에는 콤비(콤비네이션의 줄임말)라고도 하는데, 당시에도 색상과 디자인이 다양했다. 예컨대 체크 무늬 재킷에 상아색 바지, 알파카 재킷에 흰색 바지, 감색 재킷에 노란색 바지의 구성으로 어떤 것들은 요즘보다 더 화려했다.[39] 여기에 여름에는 흰색 조끼, 흰색 바지에 백구두까지 갖추었다.

또한 포럴poral[40] 양복이 조지야 백화점의 진열대를 장식하기도 했다.[41] 양복 천을 말할 때 가장 많이 등장하는 단어는 라사羅紗다. 16세기 중엽 포르투갈과의 무역을 통해 일본에 전해진 모직물을 일컫는 포르투갈어 'raxa'에서 전해진 말이다. 오늘날에도 양복점이나 양장점에 '○○라사'라는 옛 간판을 단 곳이 더러 남아 있다. 라사, 즉 모직 중에서는 일반적으로 서지serge[42]가 많이 쓰였고, 이밖에도 멜턴melton,[43] 스카치,[44] 시모부리霜降[45] 같은 것이 사용되었다. 고급지로는 낙타, 알파카, 여름에는 포럴, 린넨류가 많이 쓰였다. 당시 양복천은 대부분 일본과 영국에서 온 것들이었다.

레디메이드로는 앞서 언급한 세비로는 물론, 외투와 코트의 종류도 퍽 다양했다. 톤비鳶는 팔을 들었을 때 솔개鳶의 펼친 날개 모양과 비슷해서 붙여진 이름으로, 코트 위에 케이프(망토)가 덧붙어 있되, 소매가 따로 없는 형태의 외투이다. 일명 인바네스インバネス라고도 불렀는데 스코틀랜드 인버네스Inverness 지역 이름에서 유래했다. 비가 자주 내리는 이 지역의 특성상 주로 방수 기능이 있는 천으로 제작되었고, 우리에게는 영국의 유명한 탐정 셜록 홈스가 늘 입는 코트로 익숙하다. 기모노나 양복 위에 쉽게 걸칠 수 있어 일본에서는 메이지 시대 말기부터 쇼와 초기까지 크게 사랑받았다.[46] 이수일과 심순애를 주인공으로 하는 조일재의 번안 소설 『장한몽』의 부잣집 남자 김중배는 "임바네스를 몸에 두르고 수달피 목도리를 깊이 귀바퀴까지" 두르고 등장한다.[47]

망토는 톤비보다 길이가 짧은 형태로, 영어 'mantle'에서 유래한 일본식 외래어다. 남·녀 모두에게 애용된 외투로 '케-프', 즉 케이프cape를 의미했다. 오바 역시

코난 도일의 고향 에딘버러에 있는
인버네스를 입은 셜록 홈스 동상.

출운옥 양복점
점포 안내 표지.
국립민속박물관.

조지야 양복점에서 판매한 조끼.
서울역사박물관.

1936년 『조지야사』에 실린 조지야 백화점
양복부 기성복 매장 모습. 부산박물관.

가운데 노인은 도포 차림에 갓을, 왼쪽에
서 있는 사람은 중절모에 양복 차림으로
대조를 이룬다. 국립민속박물관.

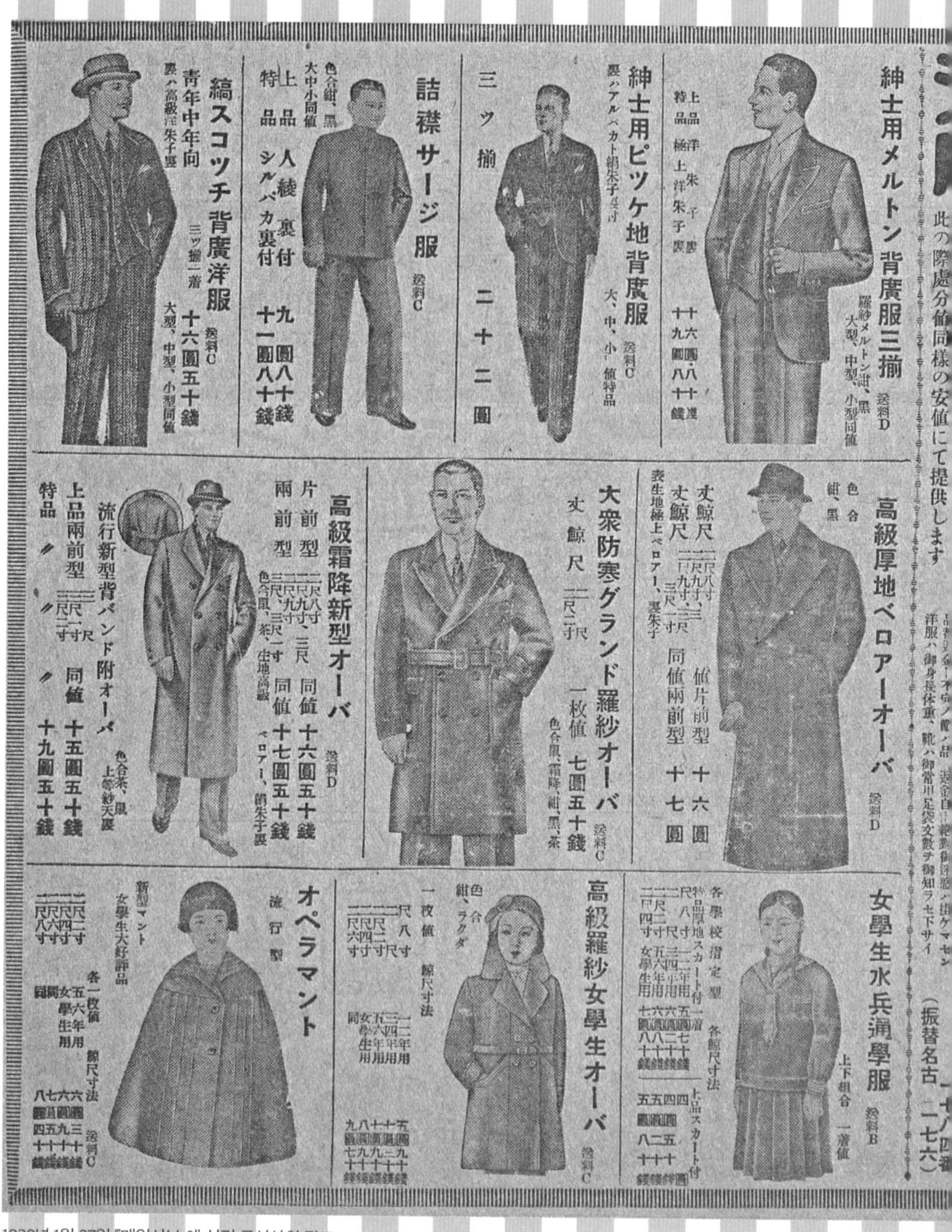

1939년 1월 27일 『매일신보』에 실린 금성상회 광고.

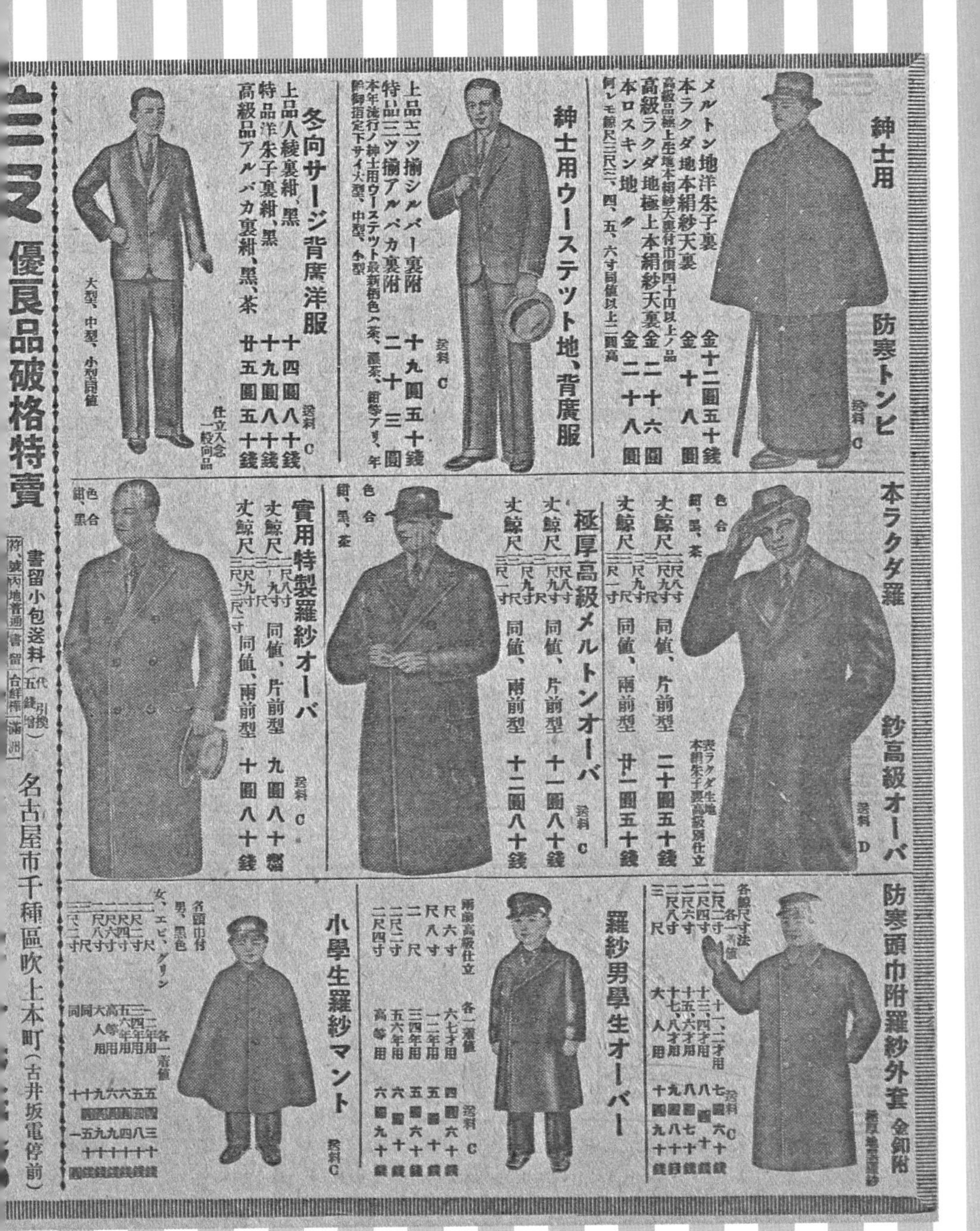

조선에 머무는 서양인들, 귀국한 외국 유학생들, 그리고 개화 세력들을 고객으로 하는 양복점이 조선에 하나, 둘 생겨나기 시작했다. 그리고 어느덧 경성의 거리에는 세비로를 입은 남성들로 넘쳐났다.

오버코트overcoat에서 유래한 것으로서 1920~30년대 복식에는 이와 같은 일본식 외래어 명칭이 범람했다.[48] 실크에 방수 기능을 더한 레인코트도 오바 형태로 판매되었다.[49] 한복의 두루마기 대신 걸치는 조선형 오바도 선보였다.

1917년 도쿄로 유학을 떠나면서 최태영은 "겨울 양복은 사지serge로, 여름 양복은 세루"로 해 입고 양반처럼 뽐낸 경험을 그의 회고록에 적었다.[50] "옷을 잘 입으면 어디 가든지 대접을 받았다"는 그의 말은 아마도 많은 이들이 느낀 바였을 것이다.

첫 번째 양복 입던 때 이야기

이윤재 지금 생각하면 까마아득한 옛날 갈기도 하지마는 내가 학교에 공부할 때에도 갓 탕건을 쓰고(머리는 깎았으나) 행전(한복의 바지나 고의를 입을 때, 움직임을 가볍게 하려고 바짓가랑이를 정강이에 감아 무릎 아래에 매는 물건)을 치고 다녔으니까 소학교나 중학교에서는 아예 제복과 학모란 것을 구경도 못한 처신이 무슨 양복을 입어보았을까. 지금도 밤낮 조선의복으로만 지내니 저 꼴에는 평생 양복이란 것을 몸에 한번 걸쳐보지도 못하였으리란 지목을 받는 것도 무리는 아니라고 생각한다.

그런데 내가 양복을 처음 입어보기는 지금으로부터 이십 년 전 내가 동경에 갔을 때라고 기억된다. 처음으로 새 양복을 지어 입고 나서니 몸이 좀 가뜬하기는 하나, 왼 사지가 뒤틀리는 것 같고 무엇을 잃은 것같이 서운하야 도리어 불편을 느끼었으며 더욱이 한창은 옷 입을 때마다 단추 끼이기 넥타이 매기 몹시 귀찮았다. 어떤 때는 '이게 온 문명한 나라의 의복 제도인가'하며 혼자서 나무라는 때도 있었다. 제일 우수운 것은 한번은 몹시 바빠서 웃옷 입기를 잊고 그저 와이샤쓰 바람에 외투를 걸쳐 입고 거리에까지 나가다가 일장 폭소극을 연출한 것이다. 이러하던 것이 지금 와서는 도리어 편리하다고 쳐서 내가 여행갈 때에는 어느 때든지 양복을 입는다.

이극로 학생 양복은 그전에도 더러 입었으나 하이칼라에 넥타이를 매고, (…) 양복은 십오 년 전 곧 어제로 열다섯 해 전에 서양 가는 준비로 중국 북경에서 비로소 입었다. 때는 첫 겨울이다. 하로는 친구 한 분이 양요리집으로 저녁밥 먹기를 청하였다. 그래서 간 나는 식당에 들어서 외투를 벗고 그다음에 양복 웃저고리까지 벗어서 외투 우에 걸고는 조끼만 입고 식탁에 앉았다. 함께 간 친구는 이 꼴을 보고 여러 손님이 있는 자리에 남부끄럽다는 생각이 나서 가만히 말하기를 웃 저고리는 벗는 법이 아니니 입으시오 하기에 나는 문득 실례하였다는 것을 깨달았다. 그러나 모르고 그리하였다는 것이 창피해서 시침을 딱 떼고 별소리를 다하오 그려 누가 남을 위해서 살으오 옷이란 더우면 벗는 것이지 하고 그냥 앉아서 양요리 한 끼를 천천히 다 먹은 뒤에 옷을 입고 나와서는 여보! 양복 웃옷은 방안에서 입고 있으면 실례란 말을 들었기에 다 벗어 걸었는데 그때 웃옷은 외투에 한한 것이란 말이오. 실수를 하였기로니 그 자리에서 곧 다시 입는다면 촌놈 테는 더 날것이 아니겠소 하고 둘이 폐창자가 아프도록 웃었다.

손진태 내가 양복을 처음 입기는 아마도 24년 전 즉 합방하던 이듬해이었습니다. 벌써 24년이 되었습니다. 그해 봄에 나는 소학교를 시골서 졸업하고 그때 우리 선생으로 계시던 이성구 씨를 따라 서울로 와서 중앙학교에 입학을 하였습니다. 그러고 이명구 선생 댁에 기류하고 있었습니다. 나의 처음 양복을 사주신 이가 곧 이명구 선생이었습니다. 지금은 보기 어려운 누른빛갈의 감인데 값은 아마 한 벌에 23원이나 하였겠지요. 그때 우리들의 한 달 학비가 4원 50전 내지 6원 가량이었습니다. 6원 쓰는 학생은 아주 고급 생활을 하였습니다. 양복과 모자는 겨우 마련하였으나 구두 살 돈이 없어 나는 짚신을 양복 밑에 신고 학교에를 다녔습니다. 그러다가 그 뒤에 이선생이 자기가 신으시던 구두를 주시길래 어찌나 좋았던지 그때의 기쁨은 지금도 잊히지 아니합니다. 그 고운 검정 '깃도' 구두! 나는 그것을 버선발에 끼어 신고 얼마나 돌아다녔던지(자랑스러워서) 얼마 못 가서 밑창이 뚫어졌습니다. 그렇고 보니 할 일 없이 바닥에다 두터운 마분지를 오려대이고 오려대이고 하였습니다. 지금 그 구두가 있다면 얼마나 기념이 되겠습니까. 그만 내버렸습니다 그려! 그때 우리들은 양말이며 내복같은 것은 생심도 못하여보았고 조선 바지저고리 버선 우에 양복을 입고 구두를 신었습니다. 양말을 신고 '메리야쓰' 내복을 입는 학생은 당시의 '모던뽀이'였습니다. 대부분의 학생들은 조선갓신이나 미투리를 신었고 비오는 날은 나막신(꺽두기)을 신고 다녔습니다.

윤성준 지금으로부터 약 이십 년 전이올시다. 경성고등보통학교(일반고) 재학 당시의 교복이 우리 조선 의복이었으므로 학생들이 양복이 입고 싶어서 오륙백 명 학생들이 일일이 도장을 쳐서 학교 당국에 청원서를 제출하였더니 시기가 아직 이르다는 이유로 퇴각을 당하고 말았습니다. 그러다가 전문학교(고등공업학교)에 가서 비로소 양복(쓰메에리)을 입게 되어 매우 기뻐하였습니다. 그렇게 기뻤던 이유는 지금 생각하면 순전히 호기심에 있었던 것 같습니다. 세비로 양복 입기는 그후 상해로 유학하러 갈 때이였는데 지금 생각하면 넥타이 매는 법이 서툴러서 한참 곤란하게 지내였던 것 같습니다.

이관구 맨 처음 양복 입던 때의 이야기를 하라고요? 바로 그 양복이 두 해 모자라는 30년 동안 어느 틈바구니에 끼어 있다 나왔는지 지금은 우리 큰 아들놈이 고쳐 입고 다닙니다. 지금은 겹깃에 '사보'師普 금단추가 번쩍번쩍 달려 있는 아주 모던 소학생으로 되어 있지만 그 안섶에는 '메이지明治 40년(1907) 조지야丁字屋 고바야시小林 근제謹製'라는 흰 헝겊이 아직도 붙어 있어 세월 겪은 표증을 내이고 있습니다. 대물려 양복 입기가 그다지 희한한 일은 아니겠지만 최근 30년 동안의 벽해상전의 시대의 격변을 생각해보면 지금 그 양복이 유심하게 다시 쳐다보입니다. 내가 그 양복을 얻어 입게 된 것은 참으로 우리 가친께서 일찍이 개화하신 덕이올시다. (…) 모자와 목도리는 없어진 오복상점의 전신인 종로에 거리길 한복판의 전차 대합실 속 가가에서, 구두는 또 육조 앞 비각 옆에 있던 형제양화점에서, 그러고 양복은 푸른 벽돌 청국집 같았던 예전 조지야에서, 깎은 맵시에 알맞은 일습을 다 사버렸습니다. 그리고 학교는 서대문역 구름다리 동편에 갓 이사온 보성소학교 고등과 이년급에 보결로 입학하야 남다른 양복쟁이 하이칼라 학생으로 뽐내고 다녔습니다.

*『신가정』 제3권 제4호, 1935. 4. pp. 76-79.

의복은 마음의 표현, 체격과 얼녀야 한다

부인복

여성들의 옷차림, 개량 한복과 서양 복식의 공존

개화파 인사들이 주창한 관복 간소화를 시작으로, 1900년 문관 복장이 양복으로 바뀌었다. 이처럼 남성들의 옷이 제도 변화를 통해 양복과 단발로 일신한 것에 비해 여성들의 복식은 그 변화가 상대적으로 서서히 이루어졌다. 공적 영역에서 활동하던 남성들은 양복 차림을 자주 요구받았던 것에 비해 사회 활동이 적었던 여성들은 옷차림을 바꿀 동인이 적었다고 할 수 있다.

그렇다고 언제까지나 변화의 바람을 피할 수는 없었다. 1920~30년대 여성의 옷은 크게 개량 한복과 양복, 두 흐름이 공존했다. 개량 한복의 등장 이전, 한복은 일반 여염집 부인들이, 양복은 도회지의 선교사나 신여성이 주로 입었다. 그런데 1920년대 초 한복 개량에 대한 목소리가 높아졌다. 조선여자교육협회 회장 차미리사, 박승빈 변호사, 김원주, 유팔극 등 당대 지도층 인사들이 한복 개량의 필요성을 설파했다. 가슴을 칭칭 동여매는 치마, 짧은 저고리, 깃과 동정, 두루마리 길이와 고름 등을 비롯하여 한복 구석구석마다 개선해야 할 부분으로 거론되었다. 이화학당의 교사 월터와 파이O. F. Pye는 치마허리에 어깨끈을 달아 체조할 때 편하도록 개선했다. 이를 입은 학생들이 방학 때 고향에 돌아가 전파하면서 점차 전국적으로 퍼져나갔다.[1] 또한 이화학당이 교복의 치마, 저고리 색을 통일하면서 전통적으로 위, 아래 색이 달랐던 한복이 같은 색이 된 것도 개량 한복으로 인한 새로운 변화였다. 조선총독부에서는 백의민족 정신 말살을 꾀하느라 색깔 옷 입기를 장려했는데 여학생의 교복은 대부분 검정치마와 흰저고리로 수렴되었다.

결과적으로 한복은 짧은 저고리는 길어지고 긴 치마는 짧아지는 형태로, 즉 활동에 편한 형태로 개량되었다. 어떤 이는 저고리 길이가 너무 길어진 것이 마치 "비위트러지는 청국 여자의 맵시"같다면서 조선 여자 의복의 아름다운 점이 아주 없어진다고 비판하기도 했다.[2] 치마는 통치마로 바뀌었는데 통치마 길이는 대체로 무릎에서 발목 길이의 3분의 1로 규정했다. 1920년대 중반 짧은 통치마는 비판의 대상이 되기도 했다. 1925년 무렵 여학생 교복에 대한 만평에는 저고리 밑으로 치마허리가, 그리고 무릎이 보이는 치마가 앞으로 어떻게 될지 염려된다는 내용이 실릴 정도로 치마가 짧아졌다.[3]

해외 귀국파 여성부터 여학생까지, 양장화의 본격 등장

한편 개항 후 해외에서 귀국하는 일부 여성들이 양장 차림으로 나타나 세간을 놀라게 했다. 1899년 윤치호의 부인 윤고려는 당시 유럽에서 유행하던 모래시계 형태의 드레스에 보닛 모자를 썼다. 1895년 단발령 이후에 촬영된 것으로 추정되는 사진 속 순헌황귀비는 지고gigot 드레스를 입고 있다. 소매가 어깨부터 팔꿈치까지는 풍성하고 팔꿈치에서 손목까지는 일자로 좁은 스타일인데 프랑스어로 양의 뒷다리를 닮았다고 하여 붙여진 이름으로 영어로도 양 다리leg of mutton 소매라고 한다.[4] 부풀린 소매에 스커트가 종 모양으로 바닥까지 닿는 것이 1890년대 유럽의 드레스 유행을 반영하고 있다.

1907년 진명여학교의 교복이 자주색 서지 옷감으로 된 원피스로 정해짐으로써 여학생들의 양장화가 본격화되었다. 또한 우리나라 최초의 간호 교육 기관인 보구여관 간호복도 한복과 19세기식 서구 간호사복이 절충된 긴 드레스 형식으로 만들어졌다. 이 당시 경성 여성들의 옷차림을 두고 곱지 않은 시선을 보내는 이들

순헌황귀비(왼쪽)와 서양 여인이 입은 옷이 지고 드레스다. 오른쪽 그림은 제임스 구트리, 〈매기 해밀튼〉, 1892~1893, 글래스고 미술관.

도 있었는데, 1925년 한 신문에서는 경성 여자의 사치 부류를 이렇게 구분하기도 했다.[5]

첫째, 신여성.
둘째, 유한계급의 첩.
셋째, 기생.
넷째, 중류 이상 가정의 부인들.

하지만 뒤집어 생각하면 이렇게 꼽힌 이들이 당대의 패션 리더였던 셈이다. 특히 기생과 여학생은 서로의 말투는 물론 의복이나 행동거지 모두를 모방하곤 했다. 이들의 유행 사치품으로 첫 번째로 꼽을 수 있는 것이 바로 옷감이었다. 옷감 중에서도 가장 으뜸으로 친 것이 모시였다. 값도 물론 매우 비쌌다. 1925년 무렵부터는 오간자organza(비스코스 레이온으로 제작한 얇고 비치는 평직물)가 갑자기 유행을 타기 시작했다. "수륙 만리를 거쳐 실로 별 고생을 다하여 온" 서서국瑞西國(스위스) 산 아사천으로,[6] 모시에 비해 값이 싸면서 얇고 빛깔이 고와서 여성들은 이것으로 '치마·저고리를 나비처럼 지어 입고 바람결에 치마귀를 팔락거리고' 다녔다 한다.[7] 아사천의 유행으로 여학생들은 치맛감 고를 때 속이 잘 들여다보이는 것을 찾느라 비추어 보기에 야단이었고 포목점 주인들은 "개화가 다 와야 벌거벗고 다니게 되면 우리는 무얼 해먹나"면서 탄식하기도 했다.[8] 요즘으로 치면 속이 비치는 시스루룩see-through look인 셈인데, 이런 유행 풍조에 대해 1926년 7월 『신여성』에는 이런 평론이 실렸다.[9]

1929년 7월 27일 『조선일보』에 실린 안석영의 「몽파리 나녀裸女」

"녀름이 되여 길거리로 나서보면 위통에 살이 아른아른하게 뵈일낙말낙 할 만치 얇은 필육으로 의복을 만드러 입고 대활보로 도라다니는 녀자가 만히 잇다. 그것이 서양식인가 혹은 일본식인가는 모르지만 아모려나 그 류행이 우리 조선 녀자에게도 실현하게 된 것만은 사실이다."

이러한 시스루룩은 1929년 프랑스 영화 〈몽 파리〉Mon Paris가 단성사에서 상영되면서, 유럽에서 오간자로 "꿈꾸는 듯한 의상"[10]이 유행한 것에 영향을 받은 듯, 한층 더 과감해진 모양이다. 심지어 "뽀일voile, 불란사, 은조사, 아사, 당황라 등 거미줄보다 설핏한" 얇은 옷감 사이로 모던걸들의 '몸뚱아리'가 내비쳐서 마치 벌거벗고 나다니는 것 같았다는 말이 나올 정도였다.[11] 1930년대에는 특히 인조견이 크게 유행했다. 1914년경 프랑스에서 들어온 뒤 1925년경 일본에 의해 실용화되기 시작한 인조견은 1920년대 후반부터 수요가 급속히 늘어났다. 조선에서도 일본에서 수입한 인견사로 인조견을 생산, 1936년에는 인조견 생산 공장이 경성 지역만 해도 15개에 이르게 된다.[12]

이렇듯 유럽의 유행이 경성에도 불어닥치자 이를 분석하는 기사들이 실리기도 했다. 1930년 『매일신보』는 프랑스 파리가 유행의 중심지가 된 여섯 가지 이유를 다루면서[13] '파리는 부인 재봉사 양성에 힘을 들이고 새로운 형의 복장을 스스로 나아가 입을 용기가 있는 부인이 많은' 것을 그 이유의 하나로 분석했다. 1931

년『조선일보』는 또한 유행은 그 산지인 파리에서 일 년에 한 번씩 열리는 '유행품평회', 즉 패션쇼에서 나온다고 진단하기도 했다. 상류 계급 사람들이 모이는 이 행사에서 "박수의 만코 적음을 따라 제일 박수가 만흔 것이 그 해 류행"이 되는 것이고 이러한 것이 "파리를 떠나 아메리카로 아세아로 굴러드러오는" 것으로 본 것이다.[14]

블라우스에 스커트, 그 위에 케이프 또는 망토

여성 양장은 스커트와 블라우스가 가장 흔한 조합이었다. 당시 한 기사는 블라우스와 스커트로 구성된 여성복의 경향을 다음과 같이 보았다.

> "양복을 입는 여자로서『드레스』보다도 경쾌하고 보기 조흔『브라우스』에『스커트』를 입을 때가 도라왓다. 몬저『브라우스』에 대하야 말하면 십팔구세로부터 삼십세 가량의 여자에게는 열분 다색茶色, 청색 등이 류행되나 아즉도 백색, 유백색의 부사견으로 멘든『스커트』에『사지』[15] 또는『세루』[16]의 상의를 입는 것이 보통 때의 복장이며 그보다도 상등의 것은『브라우스』에『스판실크, 스커트』에『마로케인』을 쓰는데 다만 이는 상의로나『스커트』로나 맘대로 쓸수 잇으나 다만 전자를 상의로 후자를『스커트』에 쓰는 분이 만타. 그리고 무지無地한 것보다도 줄진 것, 또는 모양의 가지가지를 쓰는데 무지는 암만해도 더러워지기 쉬움으로 줄진 것이 상당이 만히 쓰인다. (…)" _『매일신보』, 1928. 5. 7.

가장 흔히 입은 조합은 '흰색, 베이지색 부사견 스커트+서지 상의'였으나 엷은 갈색이나 블루 색상의 블라우스도 유행이었던 모양이다. 또한 스판 실크나 크레이프 옷감의 일종인 매러케인marocain으로 스커트나 블라우스를 해 입기도 하고 무늬가 없는 것보다 줄무늬나 여러 가지 패턴이 있는 것들이 많이 쓰였다고 한다.

1920년대 여성의 겉옷으로는 케이프와 망토가 유행했다. 1927년 봄에는 여학생, 기생, 여염 부인 모두 외투보다 망토를 많이 입었다.[17] 어깨에 주름이 잡힌 신식 망토는 신여성들이 많이 입었고, 주름이 없는 구식은 부인네들이 입었다. 심지어 망토나 외투 속에 대는 안감도 여학생과 여염 부인들이 선호하는 것이 달랐다. 1929년 10월 18일자 『조선신문』 기사에 따르면 한 해 전에는 케이프가 유행했고 망토를 두른 이로는 "기생이나 노는 여자"가 많았다. 망토는 "길을 분주히 다니는 가정부인이나 여학생들"에게는 오히려 불편한 옷이라고 평했다. 외투의 경우도 허리를 마치 "개아미 허리가티 해 입는" 까닭에 보기 싫다면서 다음과 같이 조언했다.

> "외투와 케프는 어떠케 해입을가
> 여러 가지 주의할 점
> (…) 이 외투는 될수 잇는 대로 너그럽게 해입으시고 빗갈로만 말슴하드래도 그저 그 해에 류행하는 것이라고 양복 가게의 사람의 말만 듯고 해 입지 마십시요 양복가게에서는 항용 묵은 가음(감)이라든지 잘 팔리지 안는 가음을 치워 버리랴고 꾀어서 해 입으시도록 하는 수가 만습니다 얼골이 검은 이 일사록 해사하고도 짓흔 빗으로 해 입오시고 얼골이 힐사록 사툿하고도 단조한 빗으로 해 입으섯스면 조켓습니다 그리고 너절하게 주렁주렁 해부치는 것은 천박해 보입니다 그리고 소매를 너무 넓게 해 입으시면 게을러 보히고 생긔가 잇서 보히지가 안습니다 허리는 될 수 잇는대로 넓게 하여야 거름 것는 대로 그 뒤가 볼상스럽지 안는 꼴을 가릴 수가 잇습니다 그리고 다리가 굽은 이는 외투를 길게 해 입으시고 다리가 아름다운 이는 될 수 잇는대로 짜르게 해 입으서서 그 다리의 미를 발휘하서도 조습니다."

양복 가게는 묵은 재고를 팔아 치우기 위해, 유행이라며 특정 감을 권하는 경우가 있으므로 그 말만 믿고 해 입지는 말 것, 소매는 너무 넓지 않게, 허리는 넉넉하게 할 것, 그리고 장식은 너무 과하지 않게 하고 얼굴빛이나 다리 각선미에 따라 외투 색상이나 길이 또한 선택하라는 등 꽤나 상세하고 친절하게 안내하고 있다.

여성들의 양장이 남성들의 세비로에 비해 그 형태가 다양한 점을 고려하면 양장 경험이 그리 많지 않은 여성들에게는 옷감과 패턴을 선택하는 일은 무척이나 어려운 과제였을 것이고, 그런 이들에게는 이런 조언이 퍽이나 유용했을 터였다.

방한용품 중 으뜸, 모피 코트

겨울 외투로는 방한용품 중 으뜸으로 꼽히던 모피가 각광을 받았다. 1926년 12월 초에 열린 조지야 양복점의 모피 행사에는 코트를 비롯하여 각종 모피 소품들이 진열, 판매되었는데 가격 차이가 꽤나 흥미롭다.

다다미 세 장 크기만 한 백곰 모피는 1,300원, 같은 크기의 흑곰 모피는 약 10분의 1 수준인 150원이었다.[18] 또한 털이 촘촘하면서 윤기가 나서 최고급으로 여겨진 시베리아 산 모피 코트는 150~230원 정도였다. 이에 비해 만주 산은 가격이 싼 편이지만 겉보기에는 꽤 훌륭했다.

코트 외에도 오바나 톤비에 착용하는 모피 칼라는 선물용으로도 인기가 많았는데 수달 모피는 최고의 품질로 꼽혔다. 19세기 초 김려가 편찬한 『한고관외사』寒皐觀外史에 따르면 담비 털인 수달피貉皮는 조선 정묘년(1567) 이전에 귀천을 막론하고 귀마개로 만들어 썼는데 그중 검은색 청학青貉을 최상품으로 쳤다. 명종 대 일본 산이 국내산보다 가격이 비싸 사람들이 이 때문에 고통받자 금령이 내려지기도 했다.[19] 비싼 수달피 대신 살쾡이털貓皮이나 족제비털黃鼠皮을 쓰기 시작하면서 청학 가격은 점차 낮아졌고, 임진왜란 이후에도 검은색으로 염색한 수달피 값은 내린 가격으로 거래되었다 한다.

조지야 양복점의 모피 행사를 보도한 기사는 모피 칼라가 비록 고가이지만 대를 물려 쓸 수 있으므로 경제적이라고 언급했다. 행사장에서는 수달, 다람쥐털 이외에도 토끼털로 만든 칼라나 숄, 그리고 어린이용 숄이나 모자 등도 판매되었다.

간편한 옷은 만들어 입고, 복잡한 옷은 사서 입고

가정부인들은 양장을 사서 입기보다 집에서 직접 만들어 입기 시작했다. 전국적인 규모로 나타난 양재봉 강습회와 재봉틀 보급의 영향이 컸다. 1920~30년대 들어와 생활 개선 운동의 일환으로 다양한 강습회가 열렸는데, 여기에는 의생활 개선을 위한 염색부터 양재봉·편물·세탁에 이르기까지의 강습도 포함되어 있었다.

정부와 민간 모두 강습회를 실시했는데, 다루는 내용은 조금씩 달랐다. 양재

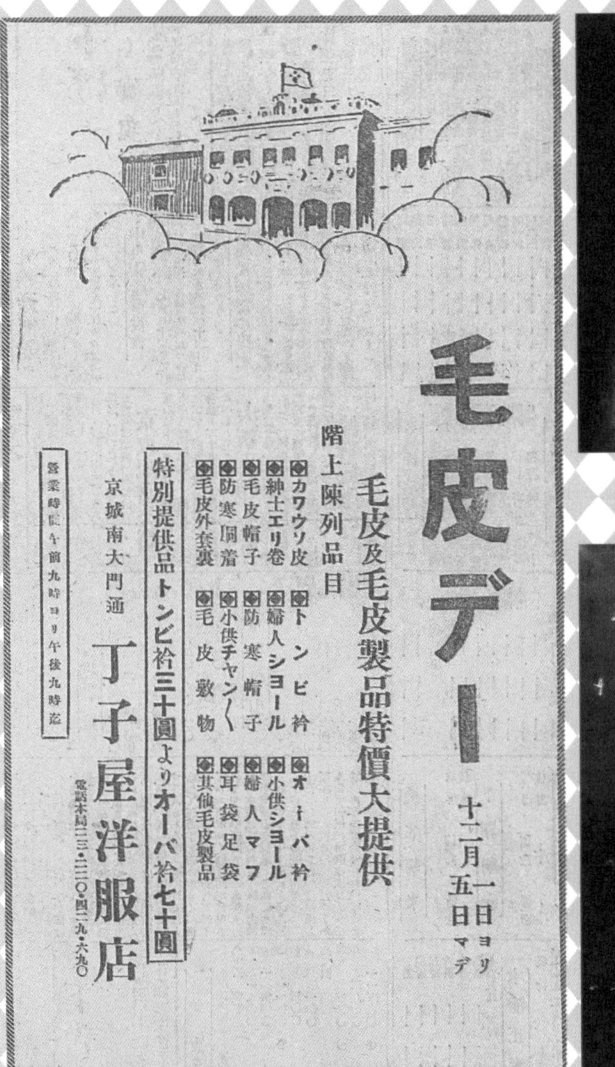

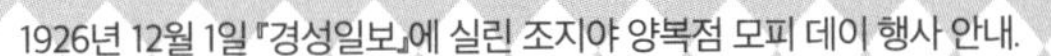
1926년 12월 1일 『경성일보』에 실린 조지야 양복점 모피 데이 행사 안내.

알론소 산체스 코엘로, 〈모피를 두른 여인〉, 1580-1588, 글래스고 켈빈그로브 미술관.

허버트 오거스틴 키스 그리블, 〈모피 코트를 입은 여인〉, 1894.

봉이나 편물 강습회는 주로 신문사, 각종 부인회, 청년회, 학교, 싱거 미싱 회사 등 민간 단체의 주최와 후원으로 이루어진 반면 염색이나 세탁 강습회는 조선총독부를 비롯한 관이 주도하여 실시했다. 이는 백의 폐지 정책과 여성 노동력 확보 등을 목적으로 삼은 것이기도 했다.[20]

1920~30년대 경성은 물론이고 지역에 이르기까지 열린 양재봉 강습회는 무려 200회에 달하는 것으로 알려져 있다.[21] 강습 기간은 염색이나 세탁 강습회와 달리 짧게는 5~7일, 또는 열흘이나 길면 2주에 걸쳐 이루어졌고, 강습회에서는 남자 양복은 필수 항목에 속했으며 이밖에 어린이 양복과 외출복·외투·부인 양복·운동복 등을 주로 만들었다.[22] 양재봉 강습회는 조선의 의생활 변화, 즉 양장화를 가져오는 지식과 기술의 통로 역할을 했다고 할 수 있다.[23]

양재봉 강습회에서 가르치고 배운 것은 대체로 만들기 쉬운 간편한 옷과 소품들이었다. 그러므로 외투, 정장과 같이 복잡하고 까다로운 옷은 남성들과 마찬가지로 양복점에서 해 입는 경우가 많았다. 다시 말해 스스로 옷을 지어 입는 DIY 물결과 더불어 1920년대 이후 부인 양복 역시 남성 양복과 같이 전문적으로 옷을 맞춰 입거나 기성복을 사 입는 경향이 늘어났다.

1928년 부인복의 유행은 청록색의 '화미복잡'한 스타일이었다.[24] "양장의 상부는 몸에 꼭 드러맛고 소매는 가느른 것"이 "스카트에는 될 수 잇는 대로 가늘고 고흔 모양과 장식을 만히한 것"이 선호되었고 길이는 "종래와 마찬가지로 짧으나 매우 복잡한 것이 유행된다"고 보도되었다.[25] 스커트의 길이가 시대에 따라 짧아졌다 길어졌다를 반복하는 것은 그때나 지금이나 변치않는 유행의 속성이었다.

가르손느 룩의 대표, 원피스

조지야에서는 계절에 따라 유행하는 여성복과 아동복 트렌드를 보여주는 발표회나 특가전을 종종 열었다. 여름에는 원피스가 큰 인기를 얻었다.

서구에서 1920년대에 이른바 가르손느 룩garconne look을 대표하는 원피스는 제1차 세계대전 직후 유행했다. 빅토르 마르그리트Victor Margueritte의 소설 『가르손느』*La*

*Garconne*에서 따온 것으로, 독립적인 삶을 찾아 집을 떠난 급진적인 젊은 여성의 이야기에서 나왔다.[26] 당시 여성 해방의 아이콘인 가르손느에게 어울릴 법한 스타일로는 짧은 단발과 사춘기 이전의 소년 같은 중성적 체형, 즉 납작한 가슴과 엉덩이, 길고 늘씬한 다리가 제시되었다. 따라서 이러한 보이시 룩을 표현할 수 있는 자루 같은 일자형 원피스가 크게 유행했다.

그 이전까지만 해도 여성들은 가슴과 엉덩이의 굴곡을 강조하던 코르셋으로부터 해방되긴 했으나 여전히 맵시 있는 몸매를 위해 다이어트를 계속해야 했고, 이는 몸에 보이지 않는 코르셋을 장착한 것과 같은 의미이기도 했다. 패션사학자 밸러리 스틸Valerie Steele 역시 이 점을 지목하여 '다이어트는 코르셋이 내재화된 방법'이라고 표현한 바 있다.[27]

그런 여성들에게 이른바 가르손느 룩을 대표하는 형태의 원피스는 환영받았고, 1928년 조지야 양복점에서는 바로 이런 스타일의 원피스를 500벌 한정으로 판매하는 행사를 열었다. 즉, 몸에 밀착되지 않고 헐렁한 스타일이면서 자주 빨아도 형태가 무너지지 않는 청초한 스타일이었다.[28]

한편 1930년 봄『매일신보』기사에 따르면, 조지야 백화점 양복부의 한 관계자는 조선 여성들이 몸에 맞는 양복으로 충분히 여성미를 발휘치 못한다고 지적하며 그 까닭으로 첫째, 양장에 대한 연구의 부족, 둘째, 선천적으로 색채에 대한 지식의 결핍 등을 꼽았다.[29] 그러나 이런 지적은 지금 보아도 썩 적절치는 않아 보인다. 1920년대 양장 착용 인구가 점차 늘어났다고는 하지만 양장에 대한 연구나 이해의 폭을 넓히기에는 조선 여성들의 양장 경험이 너무 짧았다. 또한 "색채에 대한 선천적인 결핍" 또한 말이 안 된다. 당시 일제는 우리 민족이 즐겨 입은 흰옷에 대해 한과 슬픔의 색깔을 덧입히고, 또 한편으로는 비경제적이라고 폐지를 주장하고 있었다. 말하자면 이런 지적은 당시의 시대 인식을 반영한 것이다. 색채에 대한 관심이나 감수성은 개인 차가 크므로 조선 여성 전체를 색채 감각이 떨어진다고 일반화하는 것은 온당치 않다.

서구에서 유행한 1920년대 여성 패션 스타일은 여러 경로로 경성으로 유입되었다.
당시 신문이나 잡지 등은 물론 백화점에서도 이런 유행을 적극 소개하여
바다 건너 경성 여인들의 복장에도 지대한 영향을 미쳤다.
어쩌면 그때 그 시절, 이 땅의 여성들 중 누군가는 이런 장면을 동경과 선망의 시선으로 바라보지 않았을까?

키스 반 동겐, 〈라 가르손느, 파노 메산〉, 1929.

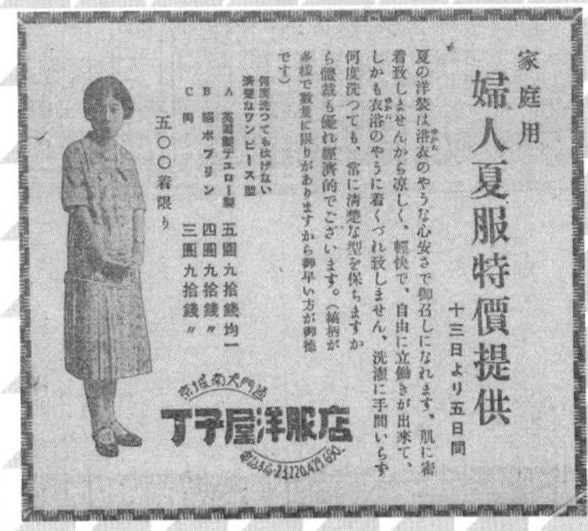

1928년 6월 13일 『조선신문』에 실린
조지야 양복점 부인 여름옷 특가 제공 광고.

“의복은 시대 정신까지 표현하는 것”

문인 김일엽金一葉, 1896~1971은 “근대에 와서는 의복이 미적 욕구만을 만족식힐 뿐 아니라 그 시대 정신까지 표현한다”며, 백의가 아닌 숭고한 빛깔 옷을 입어 “그 사람의 성질이라든지 취미를” 표현해야 한다고 주장했다.[30] 조지야 백화점 양복부 관계자는 또한 앞선 기사에서 다음과 같이 말하기도 했다.

> “부인 양복과 선택하는 법
> 의복은 마음의 표현
> 체격과 얼녀야 한다
> (…) 양복가에서 보여드리는 『가다로구』에 보기조흔 『스타일』이 잇스면 그것을 그대로 택하게 되며 사귀시는 친구 중에 보기조흔 빗갈을 닙고 게시는 이를 보면 자긔의 특장이며 취미를 생각할 여지업시 그것을 그냥 본바드려고 합니다. 이것이 분한 연구가 업는 탓이외다. (…)” _『매일신보』, 1930. 3. 3.

여성들이 양복점에서 보여주는 카탈로그에서 보기 좋은 스타일을 그대로 선택하거나 친한 친구들의 스타일을 보고 그대로 따르기 때문에 개성을 드러내기 어렵다고 지적한 것인데, 이는 역설적으로 당시 여성들 사이에 패션이 어떻게 수용되었는지를 보여준다. 모름지기 모방과 차이는 유행의 속성이다. 자신의 취향이나 개성을 찾아가는 길목에는 언제나 다양한 모방의 대상들이 있다. 양장을 입는 당시 여성들의 외양이 전통적인 획일성에서는 해방되었겠으나, 낯선 형태의 옷을 선택하는 데 있어서는 외적 요소, 이를테면 카탈로그나 광고, 영화와 같은 미디어, 백화점과 상점의 쇼윈도, 친구가 입은 옷 등 다양한 시각적 자극에 영향을 받았다. 그중에서도 특히 또래나 주변인들은 직접적인 자극제였을 것이다. 한때 영화배우였다 기생 노릇을 하는 신일선의 말마따나 “동무들이 다 상해나 동경 식으로 최신식 옷차림을 차리는 터에 자기만 옛 모습을 차리면 손님이 돌아다나 볼까 염려”되었기 때문에 자주 백화점을 들렀다.[31] 영국의 심리학자 플뤼겔J. C. Flugel이 남긴 “유행은 이해하는 것이 아니라 복종하는 것”이라는 말대로 새로운 경향을 받아들일 때는 스스로 옷을 선택하기보다 주변인들의 모습을 수동적으로 따르는 경우가 많다.[32] 말하자면 사회 상류층에 다양하게 전파된 유행은 잘 알려진 모방의 작동 방식에 의해 천천히 낙하하는 폭포수 모양으로, 또는 달라진 형태로 다른 계층으로 흘러 들어가기도 한다.[33] 또한 철학자 질 리포베츠키Gilles Lipovetsky가 지적한 대로 패션은 수용과 거부라는 유연한 구조를 가졌고,[34] 근대기 조선의 여성들 역시 그 속에서 낯선 문화인 양장에 대한 각자의 경험을 쌓아 나가는 중이었을 것이다

유행에 따라 짧아졌다 길어지던 스커트 길이

1930년대에 조지아 백화점에서는 남성 세비로와 마찬가지로 부인복을 예약, 주문 받아 제작, 판매했다. 스커트 길이는 유행에 따라 짧아졌다 길어졌다를 반복했다. 1920년대 초에는 발목까지 내려오던 것이 차츰 짧아져 1926년에는 종아리까지, 1928년에는 무릎 길이로 올라갔다.[35] 1932년에는 길지도 짧지도 않은 주름 스커트가 유행이었고[36] 1937년에는 계속 길어지던 치마 길이가 새삼스럽게 다시 짧아졌다. 이런 스커트 길이 변화는 해외 유행과 연동된 걸까? 유럽과 미국의 경우 1920년대 초 발목 정도로 내려오던 스커트 길이가 점차 짧아져 1925년에는 많은 사람들이 화를 낼 정도였다. 짧기로는 거의 극단에 이른 1927년, 종교계에서는 이탈리아에서 그해 일어난 지진이 무릎 아래로 내려가지 않는 스커트에 대한 하느님의 분노 때문이라고 맹비난을 퍼부었다.[37] 스커트 길이는 1920년대 말부터 차차 길어졌다. 약간의 시차가 있긴 하지만 우리 여성들의 스커트 길이 변화는 해외 유행과 유사한 흐름이었다고 할 수 있겠다. 한편, 그무렵 아래와 같은 기사도 실렸다.

> "(…)유행이란 언제든지 순환한다고 하지오만은 부인네 양복의 길이는 껑청 십년전 옛날로 뛰어 돌아간 셈입니다. 그런데 한 가지의 걱정은 다리가 휘고 퉁퉁하야 그야말로 각선미라고는 조금도 업는 분들이 그 다리를 내노야야만 하게 된 일입니다. 그런 분들을 위해서는 그 유행이야말로 따를 수도 업고 그러타고 아니 따를 수도 업는 그야말로 진퇴유곡의 난관입니다. 그러나 염려마십시오. 휘

1930년 4월 5일 『조선신문』에 실린
조지야 백화점 부인복 예약 광고.

1935년 3월 5일 『조선신문』에 실린
그해 봄에 유행한 여성용 정장.

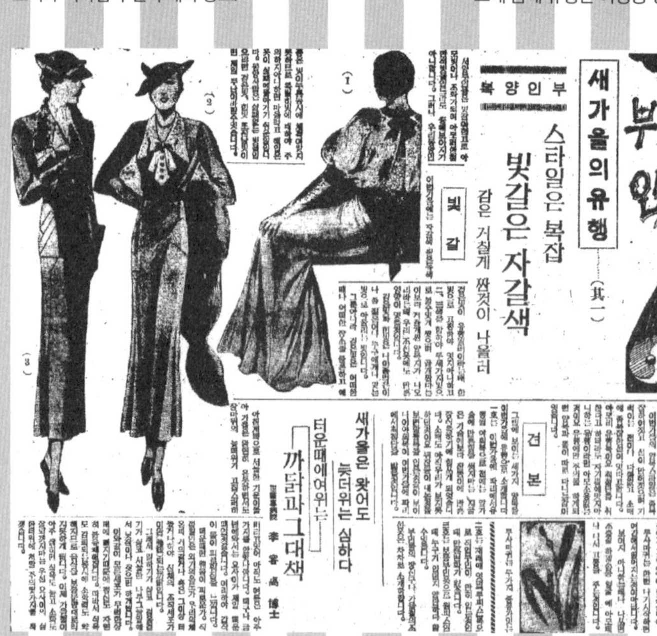

부인양복

새가을의 유행 (其一)

스타일은 복잡
빛갈은 자갈색
감은 거칠게 짜짓이 나올터

부인

빛갈

스타일

견본

새가을은 왔어도 늦더위는 심하다
터운때에 여위는
까닭과 그대책

무사마귀

1934년 8월 22일 『동아일보』에 실린 가을 유행 부인복 관련 기사.

고 튼튼한 다리도 이쁘게 하는 도리가 업지 안소이다. (…)" _『조선일보』, 1937. 4. 18.

다시 짧게 올라간 치마 길이에 대해 언급함과 동시에 이른바 각선미가 없는 다리를 짧은 치마 아래에 드러내놓아야 하는 이들을 위해 가늘고 날씬한 다리 만드는 법을 알려주고 있는데, 그 방법이란 족욕과 마사지, 고무붕대 감기, 양말의 솔기를 반듯이 세워 신기, 짙은 색의 양말 선택, 심지어 지방 제거술까지 있었다. 그러나 수술은 특히 "외과의사를 좀 고명한 분으로 택해야 할 것은 물론이어니와 그러터라도 돈이 들고 또 아프고 하야 누구나 덜컥한다고 대들기가 어렵"다고도 언급했다. 치마 길이가 짧아지면서 얼굴이 아닌 다리의 각선미가 미인의 조건으로 대두된 당시 풍경의 일단이 아닐 수 없다.

이외에도 당시 신문 기사는 여성들의 복장에 대한 다양한 기사를 수시로 게재했다. 1934년 8월 22일자 『동아일보』는 다가오는 가을의 파리 유행을 전했다. 가슴보다는 등에 많은 장식을 한 야회복과 치마 길이가 발목까지 오는 부인들의 정장과 원피스도 소개했다. 1931년 8월 8일자 『동아일보』는 기성복은 흔히 바느질이 거칠어서 입기 전에 안으로 뒤집어 고루 만져서 입어야 한다는 조언을 실었는데, 이를 보아 당시 기성복 가운데는 바느질 품질이 떨어진 것이 많았던 모양이다.

1933년 3월 7일자 『매일신보』에서는 남성들의 세비로 같은 바지 정장을 미국 여성들 사이에서 유행하는 특이한 모습으로 소개했다. 이처럼 남성복에서 차용한 여성 바지 정장은 남성 중심 사회에 뛰어드는 여성을 상징적으로 보여준다. 하지만 우리나라에서는, 1922년 한남 권번의 기생 강향란이 단발에 남자 양복을 입고 학생이 된 파격적인 행보를 보인 이례적인 일도 있었지만, 바지를 입기 시작한 것은 이로부터 한참 뒤의 일이다. 그것도 양장으로부터 기인했다기보다 일제강점기 막바지에 여성 노동력을 얻기 위해 고안한 몸뻬로부터였다. 강제 동원과 훈련에 적합한 몸뻬는 1941년부터 대대적으로 권장되었으니, 바지 정장을 입은 우리나라 여성의 모습은 해방 이전에는 보기 어려웠다고 하겠다.

도시 어린이로는 아동복 안 입은 아기가 드물다 하겠다

아동복

아동복은 어른 옷의 축소판

> "양복은 그 일홈과 갓치 애초에는 서양에서 온 것이나 인저는 완전히 우리의 의복이 되엿다 하겟스니 (…) 일부 모든썰이나 모든샏이를 제하고는 조선옷을 만히 입으나 도시의 어린이로는 아동복을 안 입은 아기가 도리어 드물다 하겠다 (…) 아동복과 부인복의 고객의 대부분은 대개 본정으로 가서 겨우 맘에 드는 물품을 구할 수 잇다 한다. (…)" _『매일신보』, 1928. 3. 14.

1928년 도시 어린이 상당수는 서양식 아동복을 입고 있었다. 물론 "본정"에 가도 변변한 것이 없다고 할 정도로 선택의 폭은 넓지 않았던 듯하고 구매자 역시 경제적으로 여유가 많은 일부 계층이긴 했을 것이다.

아동복은 어른 옷의 축소판으로 여겨졌고, 주로 부인복과 같은 옷감을 사용해 만들었다. 또한 당시 널리 보급되었던 재봉틀과 전국에서 실시된 양재봉 강습회 덕분에 부인들은 가정에서 손수 아동복을 만드는 일이 많았다. 강습회는『매일신보』,『동아일보』,『중앙일보』등 여러 신문사에서 개최하는 일이 많았고 재봉틀의

兒童服講習
盛況中에開講
아직도신입자가만허서
申込을卄七日까지延期

海州에覆面
『불이야』

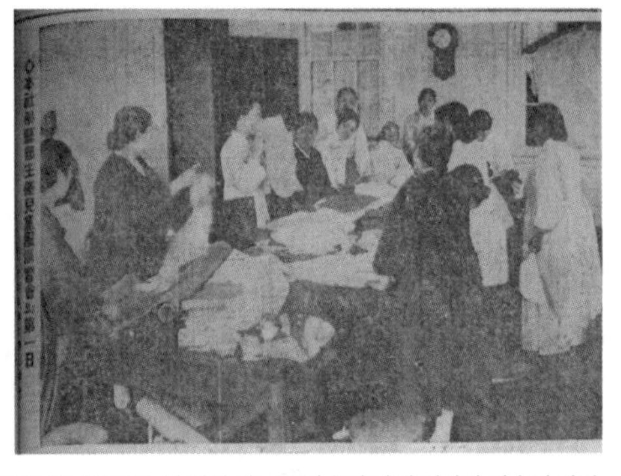

1932년 3월 26일 『중앙일보』에 실린 아동복 강습회 안내 기사와 강습회 장면.

보급과 판매, 홍보를 전제로 한 싱거 미싱 같은 기업과의 합작형 행사라는 특성이 있었다.[1] 강습회에서는 주로 아동복, 와이셔츠, 운동복, 간단한 부인복을 비롯하여 비교적 쉽게 만들 수 있는 아이템들을 가르쳤다. 일부 아동복 강습회에서는 아이를 데리고 오는 부인들을 위해 탁아 서비스를 해주기도 했다.[2]

아동복을 판매하는 백화점에서도 강습회를 열었다. 백화점의 강습회는 필요한 재료를 백화점에서 구매할 수 있었으므로 고객을 유치할 수 있는 명분과 실리를 다 갖춘 이벤트인 셈이었다. 미쓰코시 백화점에서 1925년 10월에 실시한 아동복 강습회에서는 쉬운 아이템이 아닌 오바 같은 전문적인 재단·재봉까지 가르치기도 했다.[3] 이를 위해 일주일 동안 매일 오전 10시부터 오후 3시까지 강습회를 진행했다.

군복의 영향을 받은 학생 통학복

당시 학부모들은 취학 아동, 중·고생 통학복을 주로 조지야 백화점이나 통학복 전문 상점에서 구매했다. 오늘날의 교복을 그 당시에는 통학복이라고 불렀다. 조지야 백화점에서는 계절을 앞서 봄이면 여름 통학복을, 가을에는 겨울 코트가 달린 아동복과 학생복 등을 광고했다.

1925년 12월 6일 『경성일보』에 실린
조지야 양복점 특제 어린이 오바, 망토 광고.

1929년 5월 21일 『경성일보』에 실린
조지야 백화점의 어린이 하복 신형 매출 광고.

1925년 6월 4일 『경성일보』에 실린
조지야 양복점의 여름 아동복과 통학복 광고.

1931년 4월 11일 『부산일보』에 실린 아동복.

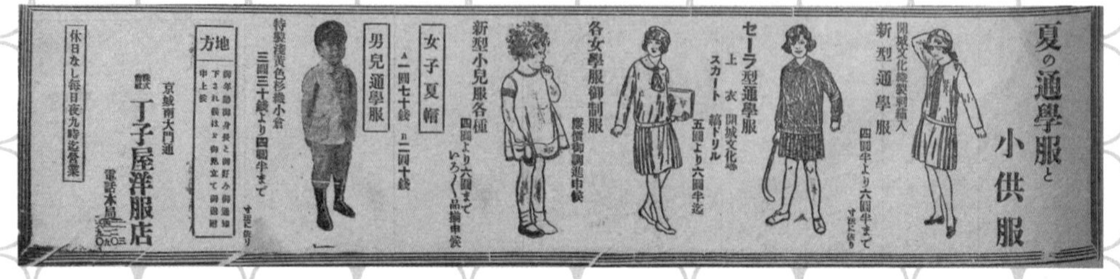

1924년 5월 23일 『경성일보』에 실린 조지야 양복점의 여름 통학복과 아동복 광고

일본 잡지 『어린이 세상』コドモノクニ 1932년 2월호에 실린 백화점 내부 모습과 1925년 1월호, 2월호(확인) 표지.

『어린이 세상』 1925년 1월호 표지.

『어린이 세상』 1923년 9월호 표지.

『어린이 세상』 1932년 8월호 표지.

란도셀 가방. 서울역사박물관.

당시 통학복, 즉 남녀 학생의 교복은 군복 형태와 비슷했다. 1886년에 제정된 일본제국대학 교복은 독일 군복의 형태를 변형한 것으로, 스탠드 칼라와 금 단추, 그리고 학생모가 딸린 것이었다.[4] 겨울철 교복은 남색, 여름철 교복은 회색이었으며 원단은 학생이 고를 수 있었다.[5] 1970년대까지 우리나라 남학생 교복도 이를 근간으로 삼았다.

일본 초등학생들의 가방 모양 또한 군대에서 비롯되었다. 란도셀ランドセル이라고 부르는 사각형의 가죽 가방은 네덜란드 말의 '란셀'ransel이 변한 것이라는데, 모양은 크게 '학습원형學習院型'과 '게이오형慶應型' 두 가지가 있었다.[6] 각각 일본의 학습원과 게이오(초등)학교에서 사용한 가방 형태였다.

란도셀은 일본 귀족 계급인 화족華族의 자제들이 다니는 학교인 학습원에서 유래했다. 당시 학교 측은 학생들로 하여금 마차나 인력거를 타고 오지 않도록, 시종들이 짐을 들고 오지 않고 스스로 가지고 오도록 방침을 정했다.[7] 가정 환경을 교육의 장으로 끌고 들어오지 않음으로써, 모두가 평등해야 한다는 취지였다. 이 방침 이후 학생들은 가방을 스스로 메고 오기 시작했다. 란도셀의 모양은 1887년 당시 총리대신이었던 이토 히로부미가 황태자 요시히토 친왕嘉仁親王(이후 다이쇼 천황)의 학습원 초등과 입학을 축하하면서 특별히 주문한 상자형 가죽 가방에서 비롯되었다.[8]

작가 이상李箱, 1910~1937은 수필 「동심 행렬」에서 그림책, 크레용 같은 보배가 들어 있는 란도셀을 메고 가는 아이들을 부러워했다. 초등학교 시절 이어령에게 근대화, 서구화란 곧 무명천으로 만든 책보를 버리고 가죽 냄새 풍기는 란도셀을 메는 것이었다.[9] 한쪽으로 메는 가방보다 란도셀이 몸의 자세를 바르게 하는 데 낫다고 한 언론 기사도 있었다.[10]

그러나 "참외 하나 넣기 어려운 딱딱한 가방"은 "뭐든 싸고 포용하는 보자기"와는 근본적으로 다르다. 넣는 문화와 싸는 문화, 가방과 보자기는 단순히 하나의 물건이기보다 서양인과 동양인의 사고방식을 대변하는 상징적인 장치이기도 하다.[11]

여학생 교복은 세라복에서, 여름에는 고쿠라 학생복

1911~12년경의 피터 톰슨 드레스를 입은 소녀.

여학생의 교복은 남학생의 것보다 훨씬 뒤에 정착되었다. 그 모양은 일본식으로 흔히 세라복이라고 부르는데, 해군sailor 장교 후보생 제복에서 유래했다. 미국의 저명한 패션 관련 저술가 피켄Mary Brooks Picken이 정리한 용어에 따르면 소녀들이 입는 이런 형태의 옷은, 해군 재단사였던 피터 톰슨Peter Thomson이 창작한 것에서 유래하여, 피터 톰슨 드레스라고 부른다.[12] 그중에서도 세일러 칼라가 특징인 윗옷은 해군 장교 후보생을 의미하는 'midshipman'에서 유래하여 미디 블라우스middy blouse라고 한다.

이 드레스는 미국에서 1919년 무렵부터 여학생과 청소년 교복의 이상적인 형태로 여겨졌고,[13] 1921년 일본 후쿠오카 여학교의 교복으로 처음 채택되었다.[14] 우리나라에서는 1930년대 숙명여학교에서 최초로 양장 교복을 도입하면서, 세일러 상의에 자주빛 스커트, 리본을 단 감색 캐플린 모자를 겨울 교복으로 채택했다. 이후 배화학당, 덕성여학교 학생들도 세일러복에 주름치마 교복을 입었다.[15]

어린 학생들의 경우 남학생들은 여름에 셔츠와 반바지를 입었고, 여학생들의 여름 통학복은 원피스 형태의 세일러복이 주였다. 여학생 통학복은 색이 잘 바래서 집에서 염색을 다시 해서 입히기도 했다.[16] 이밖에 겨울에는 학생복으로 망토, 외투, 오바 등을 입혔다.

여름 학생복 원단으로 가장 많이 쓰인 것은 얇고 광택이 있는 면직물인 고쿠라, 한자로는 소창小倉이었다. 에도 시대부터 기타큐슈의 고쿠라 지역 특산물이라 붙여진 이름이다. 이를 원단으로 교복을 제작한 곳은 오카야마 현의 고지마児島 지

1917년 학생복을 입은 일본 남학생.

1928년경 세일러복을 입은 일본 여학생.

조선아동협회가 선정한 원피스형 아동 통학복. 조지야 양복점에서 발매한 것으로 1928년 9월 26일 『경성일보』에 실렸다.

1934년 무렵 반나이 세이란이 그린 1932년 도쿄 여자고등사범학교부속고등여학교 학생 교복이다.[18]

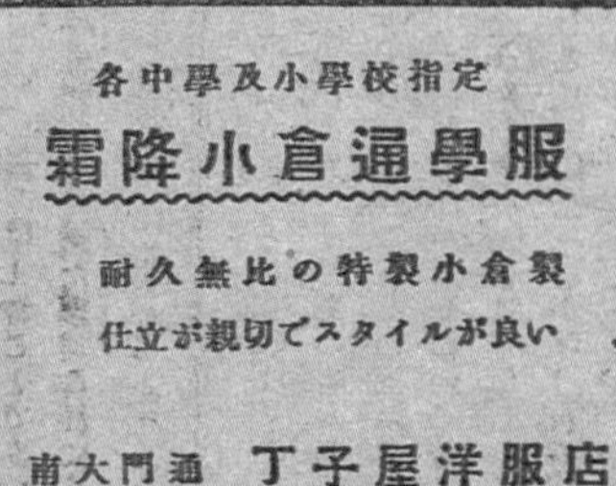

各中學及小學校指定
霜降小倉通學服
耐久無比の特製小倉製
仕立が親切でスタイルが良い
南大門通 丁子屋洋服店

1928년 5월 17일 『경성일보』에 실린 조지야 양복점의 고쿠라 통학복 광고.

역이었다. 에도 시대부터 면화 재배지로 유명했던 이 지역은 1920~30년대 학생복 제조업의 메카였으며, 오늘날에는 청바지 마을로 유명세를 이어가고 있다.

나쓰메 소세키의 소설『도련님』에서 시골 학교에 부임한 교사인 주인공이 교감에게 인사를 하러 가는 길에 만난 학생들이 입고 있던 것도 고쿠라 제복이었다. 조지야에서는 고쿠라 학생 하복 1,160여 벌을 각 학교 학생에게 시중보다 2할 정도 비싸게 판매한 것이 드러나 당국의 취조를 받은 일도 있었다.[17]

1935년 새로 낙성된 화신 백화점 문방구 코너에는 고쿠라 학생복을 입은 이들로 붐볐다[19]고 하는데, 해방 전까지만 해도 일본에서 고쿠라를 수입하다가 해방 이후부터 1980년대까지는 강화도에서 주로 생산했다. 광고에서는 1920~30년대 학생들이 매일 입고 다녔던 고쿠라 통학복이 튼튼하고, 자주 세탁해도 내구성이 강하며, 색이 변하지 않는다는 점을 특히 강조했다.[20]

아동복은 크기뿐만 아니라 그 자체로 사회 분위기, 제도의 축소판과 다름없었다. 어른들의 군대와 아이들의 학교는 어느 사회에서나 폐쇄적이고 통제가 강한 집단이라는 공통점이 있다. 두 집단의 닮은 꼴은 제복에서 잘 드러난다. 그런 면에서 보자면 군복과 교복은 양복화의 아비투스habitus를 형성하는 데 가장 큰 영향을 미쳤다.[21]

우리나라의 교복은 자율화 시대를 거쳐 다시 도입되었다. 과거와 달리 학생들의 인권과 자유를 존중하는 분위기를 반영하면서 그 형태가 다양해진 것도 사실이다. 또한 오늘날 값비싼 브랜드 옷에서 학생들이 느끼는 계층 간 격차를 줄이는 순기능도 있다. 그렇게 보자면 교복은 통제와 규율, 그리고 자유라는 여러 가치 사이에서 시소를 타며 한편으로는 과거의 향수를 불러일으키는 묘한 옷이기도 하다.

개화기 생활 양식 가운데 그 변화 속도가 가장 빠른 분야는 옷이었다. 문명 개화의 상징으로 서양식 복장, 즉 양장은 그 변화를 손쉽게 드러내는 방편이었다. 이 무렵 경성의 거리는 다채로운 옷차림을 통해 시대의 변화를 고스란히 보여주고 있었다. 1929년 9월 『별건곤』에 실린 「경성가두전람」.

말숙한 신사 숙녀 만들기에 얼마나한 돈이 드나?

"서울 종로 네거리로 분주히 래왕來往하는 말숙한 신사 숙녀들의 수는 알 수 업스나 그중에 거이 전부가 양장洋裝으로 깨끗이 차리고 나섯다. 이제 저들의 속 안을 헤아릴 수 업지만 그들의 양장洋裝에 얼마나한 돈이 드럿는지 알어보는 것도 자미잇는 일이라. 청년남녀들의 최신 유행품을 공급하는 화신 백화점에서 이 갑을 물어보기로 하자!"

이어지는 세 개의 표는 1935년 12월 잡지『삼천리』에 실린「신사1인 410여 원, 숙녀 1인 500원 내외 말숙한 신사 숙녀 만들기에 얼마나 한 돈이 드나?」기사의 한 부분이다. 표 안의 품목 설명은 독자의 이해를 돕기 위해 오늘날의 명칭을 넣어둔 것이다.
물건들의 값은 오늘날과 사뭇 달라 그 자체로 흥미롭다. 예를 들어 표 안의 품목 가격을 원으로 환산하면 1930년대 모 메리야스는 24원, 영국제 양복은 70원이다. 물론 시대별로 개별 상품의 가격과 가치의 상승이 다르므로 물가를 단순 비교하기는 매우 어렵고, 논쟁의 여지도 많겠지만 이해를 돕기 위해 단순화하여 오늘날과 비교했을 때 약 1만 배 차이 정도로 볼 수 있다. 즉, 원을 만 원으로 바꾸면 모 메리야스는 24만 원, 와이셔츠는 9만 5천 원, 양복은 70만 원 수준이다. 당시 모 메리야스와 같은 품목은 당시 오늘날과 비교했을 때 퍽 고가였음을 알 수 있다. 대략 이런 기준으로 품목마다의 값을 눈여겨보는 건 어떨까?

***신사 한 분 만들나면?**

품목(당시 표기)	가격(단위: 전)	품목 설명
모 메리야쓰	2,400	
향수	200	
가-다-	150	양말
와이샤쓰	950	와이셔츠
카라	45	칼라
카푸쓰 보탄	350	커프스 버튼
와이샤쓰 보단 전후前後 2개	40	와이셔츠 버튼 앞뒤 한 쌍
완지腕止	30	와이셔츠가 흘러내리지 않도록 하는 암 밴드
넥타이	270	
쯔본쯔리	420	멜빵
양복(영국제)	7,000	
외투	8,000	
혁대	1,800	벨트
세-ㄹ타-	1,200	스웨터
수대手袋	450	장갑
단장	1,800	지팡이
모자	1,500	
시계	4,500	
만년필	500	
펜실	250	연필
시-즈	800	
머리빗	120	
핸컬치푸	100	손수건
양화洋靴	2,000	구두
소도小刀	400	작은 칼
면도面刀	1,500	면도칼
쿠리쓰탈	100	
포마드	180	
반지	4,000	
합계	**41,055**	

***양장 숙녀를 만들나면?**

품목(당시 표기)	가격(단위: 전)	품목 설명
유방 빤드	150	브래지어
쓰미-쓰	230	슈미즈로 추정
콜빗-트	180	코르셋으로 추정
스타키-킹	350	스타킹
드로-월쓰	200	짧은 속바지
뿌루머-쓰	200	무릎 길이 속바지
쓰-링	340	슬립으로 추정
양복	4,000	
외투	8,000	
양화	1,100	구두
모피 쇼-루	12,000	모피숄
핸드빽	4,800	핸드백
수대	650	장갑
시계와 반지	15,000	
화장품		
콧티 비누	160	코티 비누
콧티 화장수	430	
콧티 물백분水白粉	295	
코듸 백분	260	
코듸 콜-드쿠림	540	콜드 크림
코듸 바니싱	320	
코듸 오데코론	450	
코듸 향수	350	
코듸 콘빽크드	320	
코듸 협홍頰紅	350	볼 연지
코듸 구홍口紅	300	립스틱
카피 향유	250	일본제 캅피 향유
빠우	20	파우더로 추정
비둠업시하는암	350	비듬 없애는 약
머리핀	10	
합계	**51,605**	

***조선복 숙녀를 만들나면?**

품목(당시 표기)	가격(단위: 전)	품목 설명
쓰미-쓰	230	슈미즈로 추정
코-ㄹ 셋트	180	코르셋
양말	350	
드로-월쓰	200	짧은 속바지
뿌루머-쓰	200	무릎 길이 속바지
쓰-링	340	슬립으로 추정
속치마	750	
치마	2,250	
치마허리	80	
저고리	750	
저고리안	210	
두루마기	1,680	
두루마기안	300	
목면木綿	60	
양화	1,200	구두
핸드백	800	
수대	500	
시계	8,000	장갑
반지	12,000	
화장품(양장과 동일)	4,045	
합계	**34,125**	

*「신사 1인 410여 원 , 숙녀 1인 500원 내외 말숙한 신사 숙녀 만들기에 얼마나 한 돈이 드나?」 『삼천리』 제7권 제11호 1935. 12. 1. pp. 22~23.

품으로 판매되었다. 미쓰코시에서는 가끔 일본 유명 도자기 전시회를 열면서 즉매회도 개최했다. 문방구부는 언제나 학생들로 붐볐다. 마치 중학생 전용 상점인 것같이 고쿠라 학생복을 입은 학생들이 제각기 물건을 사느라고 바쁜 모습이었다.[2] 새로 들어온 신유행 잡화들을 많이 진열하여 모던 남녀들의 발길을 멈추게 했다. 문방구부에서 판매하는 고급 만년필은 가격과 종류가 천차만별이었다. 신학기에 앞서 화신에서는 신학기 용품 대매출 같은 행사를 실시하기도 했다.

미쓰코시나 미나카이에서는 매년 봄 인형 전시회를 열었고 불란서 인형도 진열했다.

운동구부는 여러 품목을 갖추고 있었다. 축구공·축구화·테니스 용품 등 각종 구기 용품은 물론이고 여름이 오기 전에는 수영복을 갖추고 겨울용으로는 스케이트를 구비하여 오가는 손님들을 끌어들였다.

4층 귀금속부·완구부·주방용품부·문방구부

사 층은 크게 시계와 귀금속이 있는 귀금속부와 안경·스포츠 용품·완구부·문방구부·주방용품부 등으로 이루어졌다.

귀금속과 다이아몬드 반지를 고르는 여인들은 마치 진열장에 다이빙이라도 하려는 듯 허리를 구부리고 있고 금줄이 달린 팔뚝 시계를 손목에 얹어보는 여학생도 있다. 모던보이와 모던걸 중에 안경을 착용하는 이들이 부쩍 많아지자 안경부도 검안과 제조로 분주했다.

주방용품 매장에서는 그릇·냄비·프라이팬 등을 판매했다. 칠기·유리 그릇·놋그릇·사기 그릇이 보기 좋게 진열되어 있었다. 화신 백화점 사층에서는 신혼부부들 몇 쌍이 떼를 지어 그릇을 만져보았는데 특히 보기에도 산뜻한 유리 그릇은 젊은 부부들 사이에 인기가 많았다. 저렴한 왜사기는 특가

조선 의복에는 당치 안흔 시계를 달고 다니지 마십시오

시계

17세기 조선에 유입된 시계

서유럽에서 발명한 시계는 17세기 중국과 일본 등을 통해 조선에 유입되었다. 자명종에 대해 언급한 이수광의 『지봉유설』에 의하면 이는 왕실이나 일부 경화세족들의 완상품이었다. 홍대용洪大容, 1731~1783을 비롯한 조선의 사신단들은 북경의 천주당에서 이를 보고 감탄해 마지않았다. 홍대용은 일표日表라고 불리던 회중시계도 북경에서 보았다고 한다.

시계, 회중시계란 명사는 1867년 개항 이후 본격적으로 사용되었는데, 가장 먼저 언급한 것은 1778~1789년 이덕무李德懋, 1741~1793가 저술한 『청령국지』에서였다.[1] 그는 일본에서는 자명종을 시계라고 부르며 아주 작은 회중시계도 있다고 소개했다.

농경 사회였던 조선에서는 굳이 시, 분을 나눌 필요가 거의 없어 시계가 대중화되지 않았지만 근대로 접어들면서 그 필요성이 점차 커졌다. 자연의 시간이 '흐른다'면 도시의 시간은 '쪼개진다'고 할 수 있다.[2] 도시의 시간을 구획하고 분할하는 데 필수적인 시계는 개항 이후 눈에 띄게 많이 수입되었다. 1886년부터 1889년까지 육영공원 교사였던 윌리엄 길모어George W. Gilmore, 1858~?는 뻐꾸기 벽시계가 조선

에서 특히 인기가 높다고 언급하기도 했다.[3]

1900년대 초에는 벽시계나 회중시계 등이 제물포나 경성의 기타喜多금광당 같은 상점에서 다른 귀금속과 함께 취급되었다. 당시 몇몇 시계 브랜드는 꽤 인기를 끌기도 했다.

윤봉길 의사와 김구 선생의 시계

월섬Waltham은 1850년 미국 매사추세츠 월섬 지역에 설립된 회사로, 개화 초기부터 우리나라에서 크게 각광받은 시계 회사다. 특히 남성들의 회중시계로 유명했는데, 윤봉길 의사가 거사 직전 김구 선생과 바꾼 시계도 월섬이었다. 김구 선생의 자서전『백범일지』에 의하면, 윤봉길은 1932년 4월 29일 아침 상하이 훙커우 공원으로 떠날 때 김구에게 이렇게 말하며 시계를 바꿨다고 한다.

> "선생님의 시계는 2원짜리니 내 것과 바꿉시다. 나는 시계를 한 시간밖에 쓸 데가 없습니다."

윤봉길이 6원을 주고 샀다는 이 금장 회중시계 줄 끝에는 작은 방위가 한자로 표시된 나침반이 달려 있는데 이것으로 미루어 보아 애초에 아시아 시장을 겨냥한 수출품인 듯하다. 월섬은 조선과 일본 시장을 대상으로 별도의 광고를 제작했고 20세기 초 제물포에 지점을 두고 1904년부터 수십 차례『황성신문』에 광고를 실었다. 내장원에서도 1895년에서 1905년 사이 주문한 것이 남아 있을 정도로 월섬은 1900년대 가장 대표적인 회중시계 브랜드였다.[4]

그렇다면 원래 김구 선생의 시계는 어떤 것이었을까. 김구 선생이 윤봉길에게 건넨 2원짜리 회중시계는 스위스제로 알려져 있다. 시계판에 증기 기관차가 그려져 있다는 점이 독특하다. 기차와 시계는 바늘과 실처럼 떼려야 뗄 수 없다. 정확한 시간표에 의해 운영되는 철도의 특성상 정확한 시계는 필수다. 독일의 철학자 게오르크 짐멜Georg Simmel, 1858~1918은 회중시계가 널리 보급된 결과 정확성과 확실

세이사이 도시카주, 호소가이 게이지로가 1879년에 그린 <제공직업경 시계사>, 도쿄 에도 박물관.

성, 약속과 협정의 명확성이 지배하게 되었다고 지적한 바 있다.[5] 19세기 서구, 특히 미국이나 캐나다처럼 땅이 넓은 나라에서는 철도 기관사나 운영자가 정확하지 않은 시계를 사용해서 사고가 나기도 했다. 이 때문에 여러 지역을 오가는 기차의 운영과 안전에 큰 문제가 생겼다. 그리하여 엄격한 기준으로 만든, 이른바 철도 표준 시계railroad watch가 탄생했다. 미국의 월섬, 볼Ball, 엘진Elgin, 해밀턴Hamilton뿐만 아니라 스위스의 여러 회사에서도 제작된 철도 표준 시계는 매우 까다롭게 만들어져 철도 운영의 기준을 충족시키는 정확한 시계였다. 이를 모방해 간혹 일반 시계도 기관차를 문양으로 그려넣기도 했는데 김구가 원래 가지고 있던 시계도 이런 류의 것으로 추정된다. 이는 철도 표준 시계가 얼마만큼 사람들에게 신뢰를 주었는지를 반증한다.

조선총독부에서는 일본에서 지정한 시간의 날 기념 행사時の記念日를 대대적으로 벌였다. 근대 생활에서 시간의 중요성을 알리고 시간 엄수, 시간 절약을 강조하여 효율성을 향상하기 위해 6월 10일을 시간의 날로 정하고, 경성에서 각종 행사를 열었다. 1930년에는 깃발을 휘날리며 가두 행진, 시간 장려 모임時間勵行會을 갖는가 하면, 행인들의 시계를 수리하거나 시간을 맞춰주기도 했다. 종로에서 발굴된 조선 시대 해시계를 경성부청 앞에 진열하기도 했다.[6]

남성들, 회중시계에서 완권시계로

19세기 말에 이르러 미국에서 시계 제조는 중요한 산업으로 성장했다. 워터베리Waterbury 사는 연간 50만 개를 생산했고, 잉거솔Ingersoll 사는 1달러에 시계를 판매함으로써 누구나 시계를 가질 수 있게 했다.[7] 잉거솔 회중시계는 국내에서도 우편 통신 판매를 통해 유통되었는데, 세계 최대의 우편 통신 판매 회사인 몽고메리 워드Montgomery Ward & Co.의 서비스를 경성에서 대행한 테일러상회W. W. Taylor&Co.에서 수입했다.[8]

회중시계가 남성들 사이에서 애용되었다면 1920~30년대에는 완권시계腕卷時計 즉, 손목시계가 크게 유행했다. 『동아일보』에 실린 월섬 광고에는 '타임을 상尙하

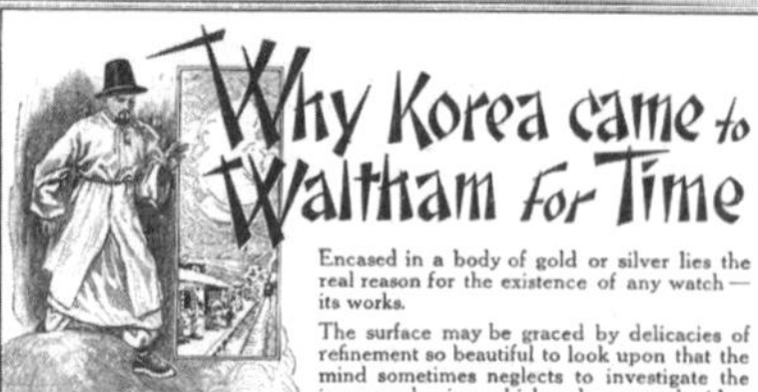
Why Korea came to Waltham for Time

Encased in a body of gold or silver lies the real reason for the existence of any watch — its works.

The surface may be graced by delicacies of refinement so beautiful to look upon that the mind sometimes neglects to investigate the inner mechanism, which makes a watch either a reliable timepiece or simply an ornament.

But to the horological experts of a nation — when selecting an official timepiece — nothing counts but accuracy.

So Korea came to Waltham for Time. Because she found there a degree of time-keeping dependability that was unapproached even by the famous watches of Switzerland, England or France.

Why your watch selection should be a Waltham

The Riverside
The most dependable moderate price watch in the world

Because — the name "Waltham" means that inside the case has gone more than a half-century of watch making experience. Since 1854 the popular saying has been: "If you want to know the correct time, find the man with a Waltham."

Because — nothing will give you greater confidence in your watch than the knowledge that it bears the name of an institution which has contributed more improvements to the art of watch-making than any other factory in the world.

Patronize the jeweler who recommends Waltham Watches because he is an expert with intimate knowledge of those mechanical details which give time-keeping perfection. Ask him to show you the Riverside, a moderate price Waltham, made in five sizes — three for men and two for women. Here is a watch which brings to its owner a feeling of gratification that his daily work and play are timed by a masterpiece enshrining all those superiorities which have made

WALTHAM
THE WORLD'S WATCH OVER TIME

Waltham
U.S.A.

1917년 월섬 회중시계 광고와 시계.

윤봉길이 김구에게 준 미국 6원짜리 월섬 시계(왼쪽, 등록문화재 제441호)와 김구가 윤봉길에게 준 2원짜리 스위스제 시계(보물 제 568-3호). 김구의 시계에는 기관차가 그려져 있다. 두 개 모두 백범 김구 기념관 소장품이다.

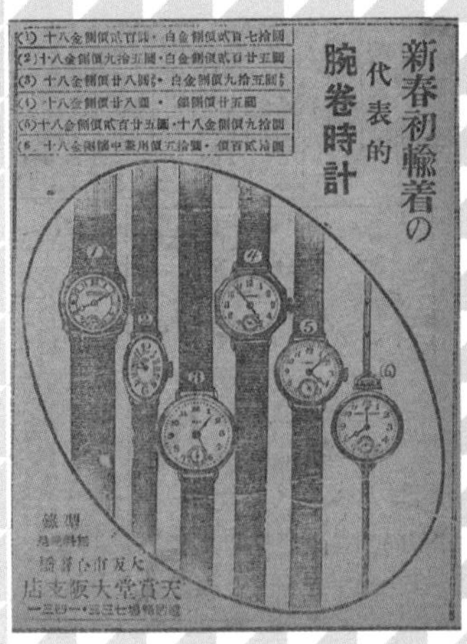

1924년 1월 22일 『경성일보』에 실린
새봄 수입 예정 손목 시계 광고.

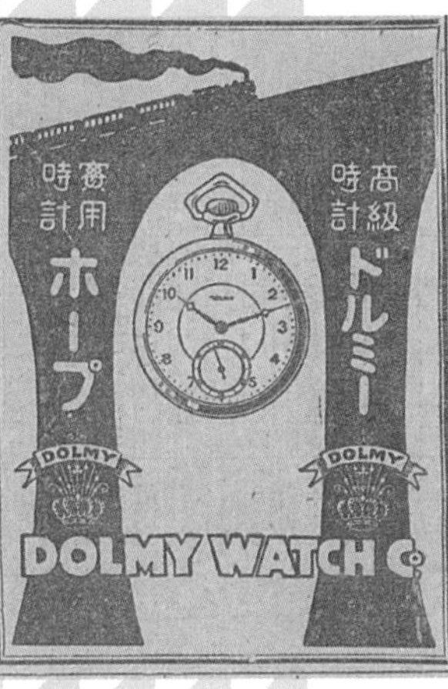

1926년 11월 13일 『조선신문』에 실린
돌미 시계 광고.

1927년 8월 24일 『조선신문』에 실린
프레코 시계 광고.

치마표라고 불린 1930년대 시마 손목시계.

1920년대 프레코 여성용 손목 시계, 개인.

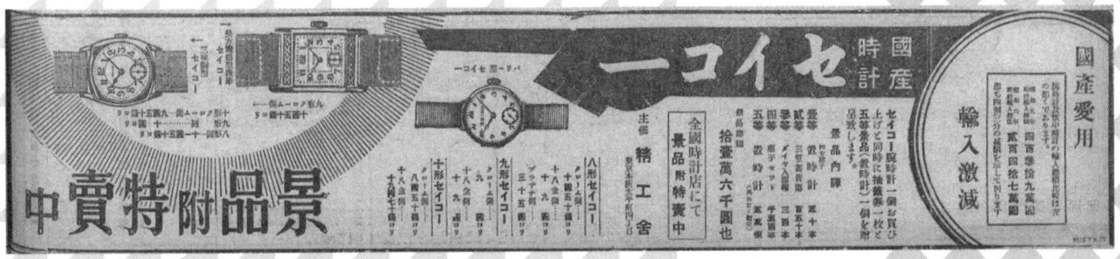

1932년 4월 20일 『경성일보』에 실린 세이코 시계 광고.

는 활동가는 월삼 완권시계를 애용함'이라는 문구가 적혀 있다.[9]

월섬 이외에 스위스 시계는 홍보할 때 각각의 브랜드보다는 스위스제임을 주로 강조했다. 간혹 돌미Dolmy나 치마 같은 브랜드가 언급되기도 했다. 105세로 생을 마감한 영미법철학자 최태영은 그의 회고록에 '1913년 당시 안국동에 유일한 한국인 시계점 경화당京華堂에서 스위스제 치마표 회중시계를 샀는데 쌀 한 섬 값인 5원이었다.'고 적었다.[10] 그가 언급한 치마표는 'Cyma'로 추정되는데 그는 이 시계를 태엽이 다 닳아서 안 돌아갈 때까지 유학 기간 내내 쓰다가, 경신학교 졸업 기념으로 월섬을 샀다고 했다. 당시에는 월섬을 월성이라고 불렀다 한다. 1917년 보신당시계포 광고에 실린 치마票 시계는 소재에 따라 값이 다양한데 금시계는 무려 30~80원까지 했다.[11] 당시에는 브랜드 이름보다는 시계 케이스가 18K인지, 크롬인지 등 소재에 따라, 크기와 모양에 따라, 그리고 보석이 박혔는지 여부에 따라 금액이 달랐다. 브랜드 이미지와 기호 등을 소비하는 현대와는 달리 양품洋品 그 자체, 고급스러운 소재만으로도 어깨에 힘이 들어가던 시대였다.

어느덧 모던걸의 필수 장신구

여학생과 금시계에 대한 세태 비평이 『별건곤』에 다음과 같이 실렸다.

> "누구나 전차를 타본 이는 내 말은 수긍할 것이다. 요새 여학생들은 빈자리를 두고도 전차뻰취에 걸터안기를 실혀한다. 그 이유는 곱게 대리여 입은 『스커-트』가 무참히 구길 염려도 잇겟지마는 그보다도 일층 중요한 이유가 잇스니 왈曰 설백雪白한 팔둑에 동인 18금 완권시계 때문이다. 18금 완권시계라니? (…) 별에 별짓을 다하야 사 가진 금시계를 소매속에 감추어 두기가 슬힌 까닭이다. 그러면 어떠케 그것을 남의 눈에 보여줄 수가 잇슬가? 그리자면 안한安閑히 안저 잇서서는 안된다. 서잇서야 한다. 서서도 팔둑은 거더부치고 『세루로이트』 고리를 붓잡고 잇서야 한다. 동대문서 신용산 종점까지를 가는 동안에도 금시계찬 팔은 다른 손으로 옴겨잡지도 말고 그대로 참고 팔이 압하도 참고 벡여야 한다.

(…)" _『별건곤』, 1927. 12.

이처럼 시계는 보석 반지와 더불어 모던걸의 필수 장신구였다. 안석주의 「모-던껄의 장신 운동」에서는 전차 안에서 시계와 반지를 자랑하느라 일제히 팔을 길게 뻗은 여자들이 다음과 같이 그려졌다.

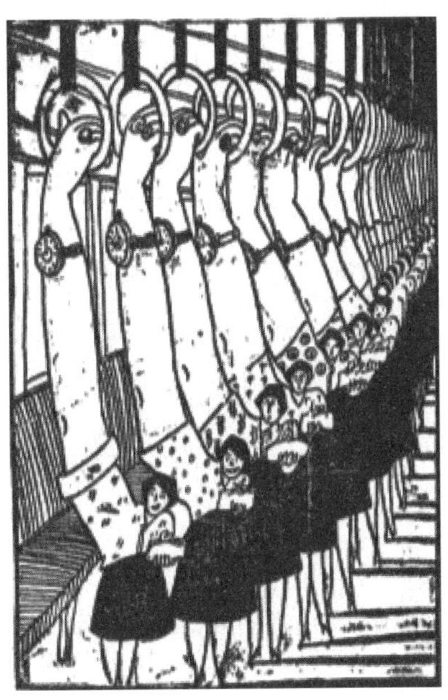

1928년 2월 5일 『조선일보』에 실린 안석주의 「모-던 껄의 장신 운동」 만평.

"(…)그런데 이 그림과 가티 녀학생 기타 소위 신녀성들의 장신운동이 요사이 격열하여졌나니, 항용 뎐차 안에서만 볼 수 잇는 것이다. 황금 팔뚝시계-보석반지-현대 녀성은 이 두가지가 구비치 못하면 무엇보담도 수치인 것이다. 그리하야 뎨일 시위운동에 적당한 곳은 뎐차 안이니, 이그림 모양으로 큰 선전이 된다면, 현대 부모 남편 애인 신사 제군 그대들에게, 보석반지 금팔찌시계 하나를 살 돈이 업스면, 그대들은 딸안해 스윗하-트를 둘 자격이 업고, 그리고 악수할 자격이 업노라. (…)" _『조선일보』, 1928. 2. 5.

"조선 옷에 시곗줄을 늘이고 다니는 것이 구역이 난다"

여학생뿐만 아니라 조선 옷에다 시곗줄을 늘이고 다니는 것을 보고 구역이 난다는 강한 비판도 있었다. 1935년에 『조선중앙일보』에 실린 한 기사는 "우리의 아름다운 풍속대로 철차저 노리개를 달고 다닐지언정 조선 의복에는 당치 안흔 시계를 달고 다니지 마십시오"라고 의복과 세간에 조선의 정조를 살리자고 목소리를 높

京畿道の『時』の宣傳ポスター
時
お互に時を守りませう
京畿道

1925년 6월 7일 『경성일보』에 실린 포스터.

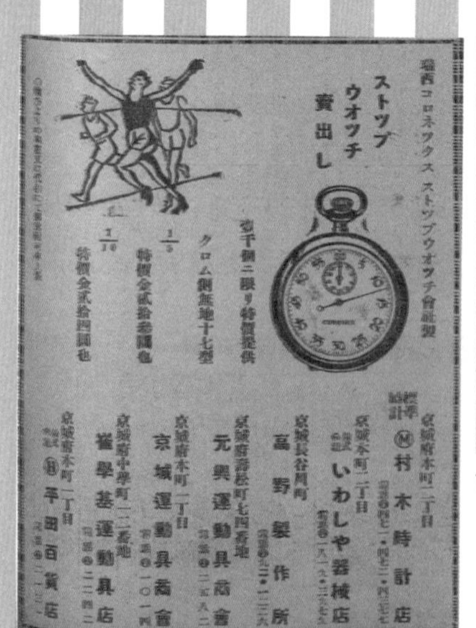

1936년 4월 5일 『조선신문』에 실린 광고.

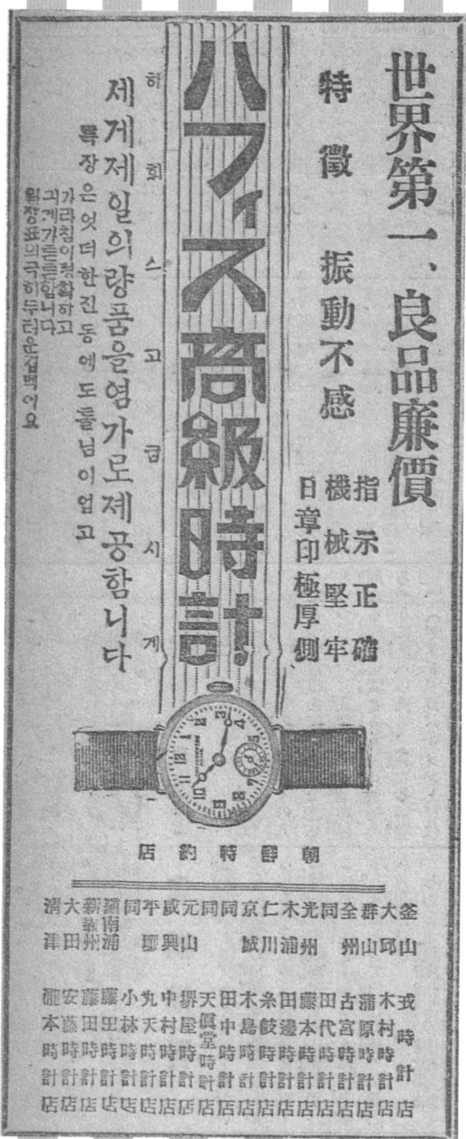

1928년 1월 11일 『경성일보』에 실린 광고.

였다.[12]

박태원의 소설 「소설가 구보씨의 일일」에서 시계를 갖지 않은 주인공 구보는 손목시계를 "소녀 취미에나 맞을게다"라며 갖는다면 "우아한 회중시계를 택하"겠다 했다.

소녀 취미로 폄하되었든 어떻든 간에 여학생들이 자랑해 마지않던 손목시계 즉, 당대의 '팔뚝시계'는 어떤 것이었을까. 스위스제 프레코Freco, 돌미를 비롯하여 일본산 세이코나 시티즌 같은 브랜드들이 주로 광고에 등장했다. 세이코는 정교함精巧을 의미하는 일본어로서 유럽의 시계처럼 시계판에 이를 영문으로 표기했다. 1892년에 설립된 세이코사精巧舍는 청일전쟁 후 일본을 대표하는 시계 제조회사가 되어 벽시계, 탁상시계 등을 외국에 수출할 정도로 발전했다.[13] 오자와 상회大澤商會 경성 지점에서는 세이코 손목시계와 시티즌 회중시계를 특가 판매했다.[14] 그리고 화신 백화점에서는 오메가, 모바도Movado, 돌미, 치마와 같은 브랜드도 취급했다.[15]

근대에 철도가 도입되고 상업과 도시화 사회로 변모한 조선에서 시계는 모던걸, 모던보이의 필수품이 되었다. 하지만 밀려드는 수입품의 홍수 속에서 국산 시계 제작에 대한 움직임은 찾아보기 어렵다. 1929년 철도성에서 사용하는 시계 약 4~5만 개가 모두 외국품이었는데 이에 지불하는 외화가 상당했으므로 '국산'으로 일컬어진 일본산 시계 품질이 이에 못지않다며 사용을 적극적으로 장려하기도 했지만[16] 거기에서 말하는 '국산'이 진정한 국산일 리 없다. 진정한 우리 국산 시계 제조에 대한 소식은 해방 이후에나 찾아볼 수 있었으나, 지금까지도 그 위상은 여전히 미미하다. 수입 브랜드의 아성을 넘기 위한 노력도, 국산에 대한 사람들의 인식도 마치 느린 시계처럼 더디다.

왜 나를 사랑 한다면 따이아몬드 반지 하나에 치를 떠서요!

귀금속

다이아 반지는 여성의 전유물? 부유한 남성들의 손가락에도

"따이아몬드! 왜 나를 사랑한다면 따이아몬드 반지 하나에 치를 떠서요!
따이아몬드! 따이아반지 한 개면 당신의 소청흔 무에고 듯는다고 하지 안엇는가베? 따이아몬드! 당신이 나를 아름답다고 맛날 때마다 그리지 안으섯서요. 그러면 당신이 조하하는 나의 이 아름다운 몸을 당신께 밧친다는데 내가 뎨일 조하하는 따이아몬드 반지 하나에 몸ㅅ서리를 치시는 것은 이상하지 안습니까요?
따이아몬드! 백만원짜리 따이아몬드 오백원의 갑보다 더 놉흔 내 이 귀엽고 아름다운 청춘을 오로지 당신께 빗친다면! 따이아몬드 반지 한 개만 청하는 것은 내가 당신을 세상에서 뎨일 앗기는 것이 아니고 무에임니까요!
라라라-라라라라라라라-따이아몬드! 따이아몬드 이 땅의 사나희가 따이아몬드를 안 사준다면 나는 『아라비아』 사나희나 『아푸리카』 늬그로에게라도 집을 가겟습니다. 그곳 사나희도 안 사준다면 나는 화성火星으로 싀집을 가기로 하겟습니다 (…) 화성에 출가-이 땅에 사나희는 실혀요." _『조선일보』 1928. 11. 4.

다이아몬드를 사주지 않으면 인종 불문, 심지어 지구를 떠나 화성으로 시집가겠다는 황금만능주의에 물든 여자에 대한 안석영의 풍자는 꽤나 노골적이다. 오늘날 '여자의 가장 좋은 친구'girl's best friend니 '다이아몬드는 영원히'diamond is forever 같은 캐치프레이즈에 적잖이 노출된 탓인지 다이아몬드는 곧 사랑의 증표로 각인된 지 오래다. 도대체 다이아몬드는 언제부터 이런 지위를 얻었을까.

일본 소설 『금색야차』金色夜叉를 번안한 『장한몽』에 그려진 이수일과 심순애의 사랑 이야기에 다이아몬드 반지는 순애의 마음을 흔든 강력한 무기였다. 가난한 고학생 이수일, 여주인공 심순애, 그리고 장안 최고의 재산가 김중배의 삼각 관계를 그린 이 소설의 원작은 영국 작가 샬럿 메리 브레임Charlotte Mary Brame, 1836~1884의 소설 『여자보다 약한』*Weaker Than A Woman*이다. 그러니까 『장한몽』은 이중 번안된 소설이다. 소설 속 '금강석 반지'로 표현된 다이아몬드 반지를 끼고 등장한 김중배의 모습은 다음과 같았다.

> "그 신사가 여러 사람 앉아 있는 가운데로 지나갈 때에 그 손 넷째 손가락 무명지에 광채 나는 물건이 있는데 심상치 아니하고 그 굳센 광채는 등불 빛과 한 가지로 찬란하여 거의 바로 보기 어렵도록 눈이 부신다. 그 신사는 그 방중에 있는 사람으로 일찍이 말은 들었으나 보지는 못하였던 금강석 반지를 꼈더라. 좌중에 있던 여러 남녀는 그 반지의 광채를 보고 모두 한번은 놀라기를 마지 아니한다." _『매일신보』, 1913. 5. 15.

금강석 반지, 즉 다이아몬드 반지는 여성의 전유물이 아니라 김중배와 같이 부유한 남성들도 꼈다. 순종이 생전에 지녔던 귀중품 중에도 금강석 반지가 포함되어 있었고 이것은 백금 시계, 금테 안경 등과 함께 능침陵寢에 묻혔다.[1] 소설 속 주인공 순애는 콩알만 한 진주 박은 반지 하나도 몇 해를 두고 벼르며 욕심만 냈더랬다. 그러던 그가 '한번 금강석의 현황한 광채에 홀린 마음은 얼마간 지각을 잃은지라(…)'라고 했을 만큼 그 현란한 빛은 어린 여자의 마음을 사로잡았다.

이광수의 장편 소설 『재생』 속 순영이 백윤희로부터 정조를 잃고 받은 것 역시 금강석 반지였다. 순영은 가난한 봉구를 선뜻 택하지 못하고 갈등하다 백윤희의 첩이 되었다. 다이아몬드 반지는 곧 돈과 안락한 삶의 상징이었고 순애나 순영은 막연한 사랑, '영웅의 기상'보다 현실적인 '돈'을 택했다.

오늘날에도 드라마에서는 심심찮게 다이아몬드의 크기가 곧 남편의 경제력 내지는 성공적인 결혼의 지표로 그려진다. 다이아몬드가 근대 자본주의가 양산해 낸 물화들의 폐해를 거론할 때 가장 대표적으로 매도당하는 물건이자 여성이 남성의 경제적 능력에 의지하는 기생성을 함축하는 표상으로 자리했기 때문이다.[2]

서양식 사치품, 가장 많은 것은 반지

흔히 주얼리로 일컬어지는 여성 장신구는 반지, 목걸이, 귀고리, 팔찌 같은 서양식 장신구와 가락지, 비녀, 노리개 같은 전통 장신구로 나뉜다. 서양식 장신구는 개항 이후 수입된 여러 사치품 중 하나로 특히 반지류가 많았다. 반지斑指는 지환指環이라고 흔히 일컬어졌다. 1900년대 초 보석이 박힌 금반지는 기타금광당을 비롯하여 시계, 축음기, 자전거 등을 수입한 오리이상회織居商會가 취급한 품목이었다.[3] 한편 가락지나 비녀 같은 전통 장신구는 금은방이라고 일컫는 금은세공소에서 주로 거래되었고 경성에는 이들 대부분이 종로를 중심으로 분포되어 있었다.[4] 오늘날 귀금속 상점들이 이곳에 밀집해 있는 것도 이 때문이다.

백화점 시계·귀금속 매장은 보통 3~4층에 위치했지만 화신은 귀금속 상점으로 출발한 만큼 1층에 그 매장을 두었다. 도쿄 긴자에 있는 보석상점 덴쇼도天賞堂는 반지는 "사치가 아니라 예의"라고 하면서 다이아몬드, 진주, 알렉산드라이트 같은 보석 박힌 반지를 대량으로 통신 판매한다고 홍보했다.[5] 1913년 도쿄 미쓰코시 백화점에서는 한 해 전 미국의 보석조합회의에서 막 결정된 열두 달 탄생석 반지를 출시했는데 이는 미국과 유행 시차가 거의 없는 빠른 행보였다.[6] 1914년 무렵에는 여섯 개의 발 물림이 있는 이른바 티파니 세팅 반지가 출시되었고 이를 모방한 꽃받침 형태의 보석 반지가 큰 인기를 얻었다.[7]

혼인의 정표, 무명지에 쌍가락지가 보석 반지로

서양에서는 반지를 끼는 방식에 따라 기혼과 미혼을 구별했다. 가운뎃손가락에 끼면 배우자를 구한다는 의미이고, 기혼자는 무명지, 즉 네 번째 손가락에 반지를 꼈다. 독신자는 새끼손가락에 반지를 끼는 풍습이 있었다.

약혼 반지와 결혼 반지는 모양과 끼는 법도 달랐다. 결혼 반지는 폭이 좁은 밴드 형태로 이음새가 없어 영원함을 상징한다. 서양에서는 이름이나 결혼 날짜를 새기기도 했다. 약혼 반지는 이보다 다양한 형태를 지녔다. 결혼 전에 상대에게 건네는 사랑의 상징으로 다이아몬드, 에메랄드, 진주, 사파이어 등의 보석이 박힌 것을 주로 사용했다.

조선에서 "결혼할 때에 반지를 사용하게 됨은 극히 최근의 일"로서 이전에는 가락지를 많이 사용했다는 1928년도『매일신보』의 기사로 미루어 볼 때 다이아몬드 반지를 결혼 반지로 주게 된 것은 1920년대 후반의 일인 듯하다.[8] 기혼 여성이 무명지에 쌍가락지를 끼던 것이 보석 반지로 대체된 것이다.

> "약혼시와 결혼시에 반지를 보내는 습관은 원래 서양 풍속인데 근자에는 조선에서도 만히 이것이 실행됩니다. (…) 약혼반지는 약혼할 째에 보내는 것인데 흔히 금이나 혹은『푸라치나』에다 금강석이나 그밧게 보석을 박은 것을 사용합니다. 특별히 상대의 생일달 보석을 박은 것을 보내면 더욱 자미잇습니다. 미혼자가 약혼반지를 끨때에는 왼편 장손가락에 낍니다. 결혼반지는 결혼하는 날 결혼식장에서 주는 것입니다. 영국에서는 보통 십팔금이나 이십금 혹은 이십이금으로 두테가 야고 넓게 하고 미국에서는 십팔금으로도 하고 폭을 좁게 하지만은 어썬 사람은 백금 순금 십사금을 사용하는 이도 잇습니다. 최근에는 네닙『클-버-』 물망초 교회의 종 월게수 가튼 결혼과 인연잇는 도안을 반지 주의에 삭여서 사용하기로 하고 금강석『에메랄드』『삿파이야』『루비』 진주가튼 보석을 박어서 화려하게 만든 것을 사용합니다. (…)" _『매일신보』, 1931. 10. 3.

약혼 반지는 금이나 플래티넘, 즉 백금에 다이아몬드나 여러 보석이 박힌 것

1927년 11월 16일 『경성일보』에 실린 결혼용품 광고.
기모노, 양복, 가구, 사진관 광고와 함께 예물인 시계· 다이아몬드 반지가 포함되어 있다.

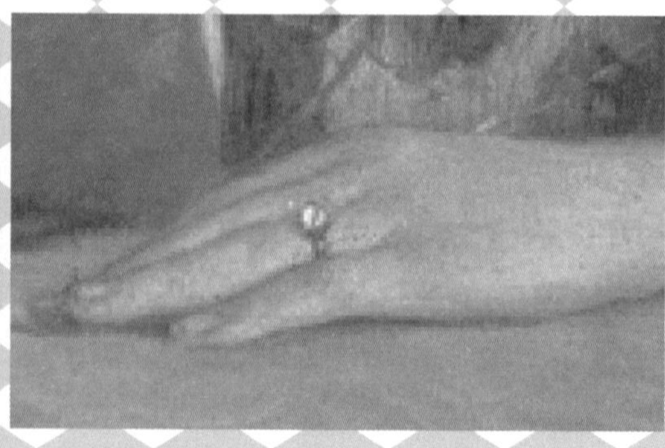

오카다 사부로스케의 〈다이아몬드를 낀 여자〉, 1908,
후쿠토미 타로 컬렉션.

1926년 7월 28일 『경성일보』에 실린 오야마 상회 백금 대용 반지 광고.

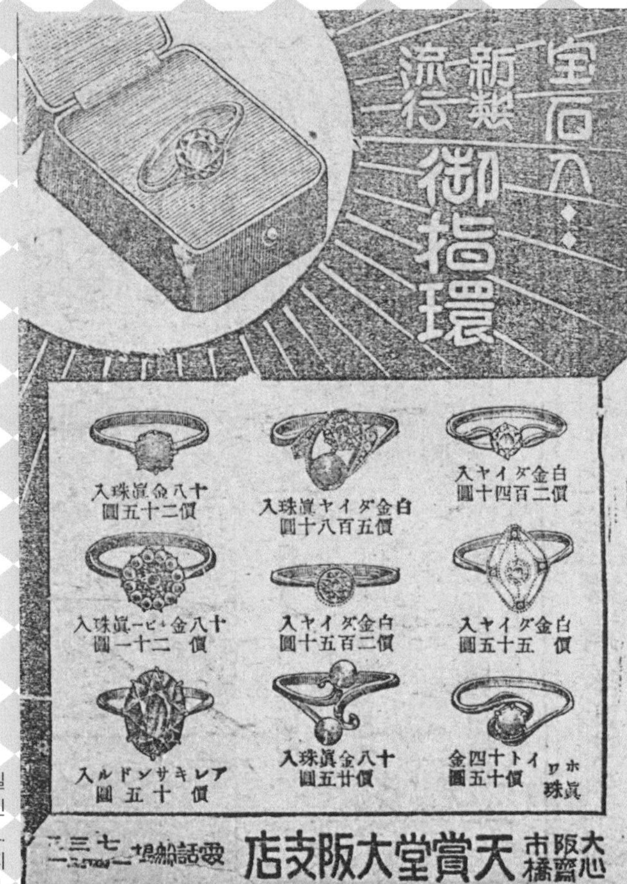

1924년 5월 17일 『조선신문』에 실린 텐쇼도 보석점 광고. 다양한 보석반지 디자인을 보여주고 있다.

을 약혼 때 보내고, 결혼 반지는 단순한 형태 또는 결혼과 연관된 문양을 새긴 금반지를 결혼식 당일에 신랑이 신부에게 주었다. 이는 서양의 풍속과 거의 일치한다. 염상섭의 소설 『사랑과 죄』에서도 미모의 여주인공 순영에게 반한 조선홍산무역주식회사 사장 류택수는 다이아몬드 반지를 약혼의 증표로 보냈다. "미국서 삼백칠십 달러를 주고 산 것이니까 여깃돈으로는 칠백오십 원 가격이나 되는" 것으로 그는 고운 진주사眞珠紗 반 필 한복판에 반지를 놓고 네 귀를 착착 접은 뒤 다시 백지로 고이 싸서 보냈다.

무명지에 반지를 끼고 있다는 것이 기혼의 표식이 되었음은 염상섭의 소설 『금반지』에서 알 수 있다. 은행원인 주인공은 간호사 아가씨를 좋아하지만 선뜻 나서지 못한 채 시간이 흘렀다. 어느 날 마주친 그의 눈에 들어온 것은 "남藍 끝동 아래로 갸름하게 내려뜨려진 여자의 왼손 무명지에는 플래티나로 은행나무 잎사귀 모양을 본 받은 순금반지가 반짝하고 눈에" 띄었고 이를 보고 그는 그녀가 결혼을 했음을 알아차렸다.

장신구는 당시 여성의 결혼에 대한 관념의 변화를 잘 보여준다. 1920년대 이후 근대적 개인의 자아와 내면을 발견한 청춘남녀들에게 사랑과 연애는 시대정신과 같았다.[9] 자유연애, 연애결혼은 서구 연애관을 반영했으며, 여성 장신구는 이를 가시화하는 상징으로 사용되었다.[10] 자유연애와 결혼의 상징물로 보석 반지가 등장하더니 언제부터인가는 약혼 반지는 생략하고 다이아몬드 반지가 곧 결혼 반지로 자리를 잡게 되었다. 1930년 무렵의 신문 기사를 보면 반지를 끼는 방식 역시 "뒤죽박죽" 혼재된 양상이었다.[11]

결혼 반지의 역사와 전설에 대해서는 1940년 9월 22일자 『만선일보』가 상세하게 전한 바 있다. 이 기사가 게재될 당시, 즉 1940년에는 사람들이 결혼 반지를 오늘날처럼 보통 왼손 무명지에 꼈다. 전통적으로 가락지도 여기에 꼈으므로 같은 맥락에서 거부감 없이 무명지가 결혼 반지를 끼는 손가락으로 점지된 것이다. 서양 사람들은 옛날 이 무명지에서 심장부에 직접 특별한 신경이 전하는 것으로 믿었기 때문에 결혼 반지의 자리가 그렇게 된 것이었다. 하지만 결혼 반지를 항상 여기에 낀 것은 아니었고 11~15세기에는 오른손 가운데, 16세기에는 엄지손가락에

끼는 것이 유행했다 한다.[12]

김기림은 1932년 3월 『신동아』에 실린 수필 「결혼」에서 당시 여자들의 "뇌수의 구성 세포들의 이름"을 말하자면 "다이야 반지-양식-오후의 산보로散步路-백화점-극장의 특등석-예금통장 등등"이라며 결혼에 대한 냉소적인 견해를 밝힌 바 있다. 경성 내 일본인을 주 독자층으로 삼았던 『경성일보』의 혼례 준비용품 광고에는 시계와 다이아몬드 반지가 필수품인 양 게재되었다.

목걸이, 근대에 다시 부활한 유행 장신구

다이아몬드 반지가 결혼의 매개체로 자리해 갔다면 일상에서는 패션 액세서리, 이른바 코스튬 주얼리가 1920년대에 유행했다. 목걸이는 근대에 새로이 그 유행이 부활한 장신구다. 과거 선사 시대부터 고려 시대에 걸쳐 목걸이가 사용되었지만 조선 시대에는 각종 사치 금령으로 인해 목걸이가 자취를 감추었다.[13] 그런데 양장을 한 신여성들이 가는 줄에 메달이 달린 목걸이나 진주, 다이아몬드 목걸이를 하기 시작했다. 자루처럼 일자로 툭 떨어지는 윤곽선의 원피스가 유행하자, 긴 구슬 목걸이를 착용하여 단조로운 옷에 화려함을 더해주었다. 특히 한 줄로 길게 또는 여러 줄을 겹쳐 두른 가짜 진주 목걸이는 원피스와 찰떡이었다. 긴 진주 목걸이의 유행은 일본에서 미키모토 고키치御木本幸吉가 양식 진주를 개발하여 대량 공급이 가능해졌기 때문이었다.[14]

또한 1920년대에는 플라스틱류 예컨대 셀룰로이드, 베이크라이트 같은 저렴한 소재들이 서구에서 인기를 얻었고 이와 유사한 현상이 우리나라에도 나타났다. 1920년대 플래티넘, 즉 백금 대용으로 플라티논platinon이 나온 것이나 인공 보석 반지 광고가 급증한 것도 비슷한 맥락이라고 할 수 있다. '값이 많이 오른 금제품의 대항으로 발매'되었다는 '신보석'新寶石 반지는 인공 사파이어 반지로, 변색될 염려가 없다고 홍보했다.[15] 경성의 오야마大山 상회는 백금 대용 반지를 "다이아몬드보다 백 배 이상 어두운 곳에서 빛나는 인공 보석"이라 홍보하거나, 백금과 전혀 다르지 않아 혹시 색이 변하면 100원을 준다고 약속하기도 했다. 남녀 반지가 모두 1원

목걸이와 반지, 손목시계 등을 착용한 윤심덕.

원피스에 긴 비드 목걸이를 착용한 이방자 여사(왼쪽 세 번째)와 유럽 여인들, 1927, 국립고궁박물관.

진주목걸이, 귀걸이, 팔찌, 반지를 착용하고 있는 여인.
키스 반 동겐, 〈스핑크스〉, 1920, 파리 시립 근대미술관.

1925년 12월호 『보그』 표지의 여성은
긴 비드 목걸이를 하고 있다.

반지, 목걸이, 시계를 착용한 모던걸.
고바야가와 기요시, 〈알짝지근하다〉.

모리스 프롬케스가 그린
초록색 비드 목걸이를 한 스페인 여인.

50전이었다.[16]

고리타분한 장식에서 명랑한 디자인으로

1920년대 초에는 플라스틱류 장식품들이 귀금속을 모방한 재현 보석의 형식을 취했지만 점차 개성 넘치는 디자인으로 바뀌어 갔다. 소재 자체가 귀하지는 않지만 코코 샤넬이나 엘사 스키아파렐리 같은 유명 디자이너들의 손을 거쳐 탄생한 아이템들은 고리타분한 보석 디자인에서 벗어나 발랄함과 재치, 당시 우리 식 표현으로는 명랑함을 여성들에게 선사했다. 무엇보다도 누구나 쉽게 멋을 낼 수 있는 아이템으로 만듦으로써 보석이 더이상 특정 계급의 전유물이 아닌 장식 액세서리의 영역으로 진입했다는 점이 가장 큰 변화였다. 금이나 다이아몬드 대용품으로, 비슷한 외양의 보석들이 저렴한 가격으로 대중화된 것이다.

하지만 금은 여전히 귀중한 패물로서 재산 가치를 지녔다. 1937년 이른바 비상시국에는 금반지·금비녀·금팔찌·금단추·금시계 등의 금 제품은 사치품으로 인식되어 9K 이상의 모든 금붙이는 제작·사용이 금지되었다. 이처럼 금 사용을 제한하게 된 이유는 첫째로는 사치품을 사용하지 못하게 하려는 국민정신운동의 일환이고 둘째로는 일본과 외국 간에 무역 거래 시 금으로 지불하는 데 수출보다 수입이 많은 시대에 지불금이 부족하게 될 것을 우려했기 때문이다.[17]

비녀나 노리개·가락지 대신 반지·목걸이 같은 서양식 장신구들을 취하기 시작한 것은 의복의 변화에 따른 현상이었으며, 일본을 통해 결혼 반지 같은 서구식 개념이 정착되었기 때문이기도 하다. 하지만 모조 다이아몬드, 준보석, 플라스틱류와 같은 새로운 소재가 이 시대에 이미 개발되면서 장신구는 어느덧 재화적 가치에서 벗어나 작가의 사상이나 디자인 개념이 반영된 조형 언어로, 착용자의 개성에 맞는 현대적 개념의 액세서리로 발전해가고 있었다.

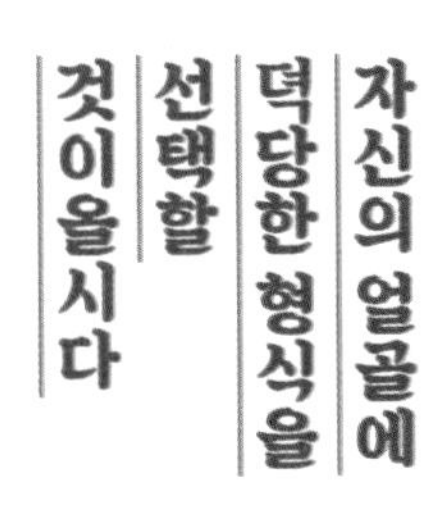

자신의 얼굴에
덕당한 형식을
선택할
것이올시다

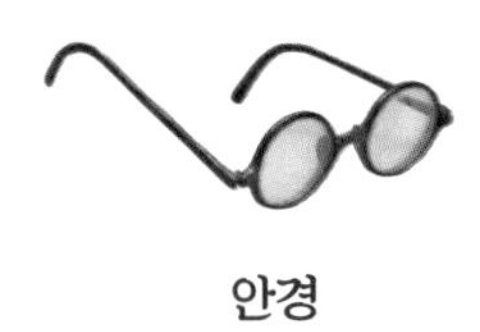

안경

일찌감치 조선에 들어온 안경

시력이 나쁜 이에게 필수품인 안경은 대략 임진왜란을 전후로 조선에 알려졌다. 이규경李圭景, 1788~1863의 『오주연문장전산고』의 「애체변증설」靉靆辨證說에 따르면 안경이 언제 조선에 들어왔는지는 정확히 알 수 없으나 대개 명나라 만력 이후이며, 순조 중엽부터 성행하여 위로는 왕과 양반, 아래로는 상인, 머슴까지 사용할 정도로 확산되었다고 한다.[1] 안경은 독서를 하는 사족은 물론이고 바느질하는 부녀자, 금·은 세공사, 그림을 그리는 화원들도 애용했다. 이규경이 언급한 '애체'는 안경의 다른 이름으로서 이는 원래 구름이 잔뜩 끼어 흐릿한 상태를 나타내는데 희미한 것을 환히 볼 수 있다는 의미로 안경을 이렇게 부른 듯하다.[2] 중국으로부터 전해진 안경은 렌즈가 유리 아니면 수정이었고 테는 소뿔이나 대모玳瑁(거북이 등딱지, 귀갑), 은이나 구리 등으로 만들었다.[3] 두 개의 렌즈를 뿔이나 은, 구리로 연결하고 테가 없는 것도 있었다.

조선 시대에 안경을 쓰면서 관련 예절도 새로이 생겼다. 예컨대 젊은이는 어른 앞에서 쓸 수 없었고, 신하들도 왕의 허락을 받은 뒤에야 쓸 수 있었다.[4]

중국에 전해진 안경과 유사한 형태, 즉 뿔테에 유리 안경은 유리 세공이 발달했던 이탈리아에서 13세기 무렵 만들어졌다고 알려져 있다. 1352년 토마소 다 모데나Thomaso da Modena, 1326~1379가 그린 트레비소 지역의 산 니콜로 바실리카 성당 안 프레스코 벽화 〈위고 대주교의 초상화〉에는 대갈못頭釘 안경, 일명 리벳rivet 안경을 코에 걸친 대주교의 모습이 보인다. 크리스털 같은 귀한 재료로 렌즈를 만든 것으로 보아 이는 곧 지식과 지위, 그리고 부유함의 상징으로 여겨진다. 따라서 안경을 소지한 인물은 남다른 학식의 소유자임을 의미한다.

1600년대에 에스파냐 장인들은 프레임에 끈이나 리본을 달아 귀에 거는 방식으로 안경을 만들었고,[5] 이탈리아 선교사들에 의해 안경을 접하게 된 중국인들은 금속 다리를 달아 관이나 건에 끼워 고정하는 방식을 만들었다. 오늘날과 같이 귀에 걸치는 안경 다리는 1730년 무렵 영국인 안경사 에드워드 스칼렛Edward Scarlett이 철제로 만들었다고 한다.[6]

1885년부터 1920년에 이르기까지 안경다리 없이 집게처럼 코를 잡아 거는, 팽스네Pince-nez라고 부르는 코안경이 크게 유행했다.[7] 셜록 홈스 시리즈 중의 하나인 「금테 코안경」*The Adventure of the Golden Pince-Nez*에 등장하는 여인부터 루스벨트 대통령의 무테 팽스네까지 남녀 모두 두루 사용했다.

조선 남녀 지식인들의 착용품, 패션 아이템으로

코에 끼우든, 귀에 걸든 안경은 침침한 눈을 밝혀 조선 지식인들의 학문 발달에 적지 않은 영향을 끼친 실용적인 물건이었다. 대한민국애국부인회를 조직한 항일 여성 지도자 김마리아金瑪利亞, 1892~1944, 여성 비밀 독립 결사 송죽회를 구성했던 황에스터黃愛德, 1892~1971, 조선인 첫 제국대학 유학생이자 독립운동가인 신의경辛義卿, 1898~1997 같은 여성 지도자들도 드물게 안경을 착용했다. 1900년대 초 우리나라를 다녀간 러시아 학자 세로셰프스키는 조선에서 "안경이 일반화되기 시작한 것은 지난 세기 후반부에 들어서면서부터"이고 "지금 한국에서는 두꺼운 거북이 등뼈로 된 크고 둥근 안경테가 큰 인기를 끌고 있다"고 했다.[8]

1920~30년대에는 안경이 하나의 패션 아이템으로 변모했다.

1911년 채용신이 그린
매천 황현의 초상 부분. 개인.

토마소 다 모데나, 〈위고 대주교의 초상화〉 부분,
1352, 산 니콜로 바실리카 성당.

도메니코 기를란다요,
〈연구하는 성 제롬〉, 1480, 오니산티 성당.

샤르댕의 〈안경을 쓴 자화상〉 부분, 1775,
루브르 박물관.

조지 헨드릭 브라이트너, 〈팽스너를 낀 자화상〉 부분,
1882년경, 헤이그 미술관.

장 조셉 보드샹,
〈안투안 줄리엔 메프르 루잔의 초상〉 부분,
1839.

"그런데 조선 사람들은 멋대가리 업시 안경을 잘 쓰는 괴벽怪癖이 잇다. 아모리 형용形容이 고괴古怪한 작자라도 한번 안경을 쓰고 나서고 보면 갑작이 점잔어진 것처럼 경부보警部補 이상으로 몸이 뻣뻣해지고 지옥地獄(아래턱)이 올라간다. 심한 친구는 어룬들의 위령威令(어룬 압헤서는 당돌히 안경을 쓰지 못한다는.…)을 버서나려고 멀정한 눈에 근시경近視鏡을 써서 근시를 자초하는 괴망怪妄한 짓까지 한다. 안경이란 하이칼나들의 빼지 못할 가장 중요한 조건이나 되는 듯이들 생각하고 잇는 모양이나 서양서는 안경쓰는 사람도 불구자 부류에 집어 너음으로 눈이 원근시遠近視가 안인 다음에는 절대로 안경을 쓰는 법이 업다. 이 안경기호병眼鏡嗜好病을 버려야 할 것. 'MODERN COLLEGE 개강開講" _『별건곤』, 1930. 5.

멀쩡한 눈임에도 불구하고 멋으로 쓰는 안경은 하이칼라들의 필수품이 되었다. "야만인에게는 근시안자가 없고 문명인에게 안경 쓰는 사람이 만타"고 할 정도로 안경은 "문명적 불구자"를 구하기 위한 도구로 인식되었다.[9]

1920~30년대 모던걸, 모던보이 사이에서 안경이 유행한 데에는 일본에서 유학하고 돌아온 이들의 영향이 컸다. 일본인의 안경 애호는 메이지 시대에 확립되었는데 당시 워그맨Charles Wirgman이나 비고G.Bigot가 그린 풍자화에는 서민들과 어린아이, 심지어 말, 개, 고양이까지 안경을 쓴 모습이 그려져 있을 정도였다.[10] 1927년『조선일보』는 기사에서 안경이 "얼굴을 장식하는 데 중요한 기구"이므로 얼굴과 조화되도록 선택하라는 조언을 다음과 같이 건네기도 했다.

"(…)조선 사람들은 대모테나 세루로이드테나 금테를 물은하고 테만 굵으면 남자용이요 무테 혹은 가는 세루로이드테나 가는 금테는 여자용으로 알고 잇습니다. 안경은 보는 것을 분명하게 하는 것이 그 사명인 동시에 눈맵시를 좌우할 뿐만 아니라 나즌 코와 흠잇는 코를 어느뎡도까지 보기조케 보충할 수 잇고 얼골전테를 대단히 다르게 보이는 중대한 임무를 가지고 잇습니다. 그럼으로 안경을 사용하려면 자긔 얼골에 대하야 됴화될 뎜을 생각하고 전문 안과의를 차저가서 자긔의 희망을 말하야 지도를 밧고 스스로도 둥근 얼골 긴 얼골 여윈 얼골

살진 얼골 수염의 유무 모발의 색 의복 모양 머리 빗는 모양까지 일일이 고려하야 덕당한 안경의 형식을 선택할 것이올시다. (…)" _『조선일보』, 1927. 12. 20.

1920~30년대에는 둥근 안경테가 유행했는데, 미국의 슬랩스틱 코미디언 해럴드 로이드Harold Lloyd, 1893~1971의 영향이 컸다. 그는 무성 코미디 영화에서 찰리 채플린, 버스터 키튼과 함께 3대 희극왕으로 손꼽힌 배우로 안경알이 없는 둥근 안경테를 착용하여 자신만의 독특한 캐릭터를 창조했다. 1927년 5월에는 영화 〈로이드 복신福神〉이 단성사에서 상영되기도 했는데, 당시 그가 착용한 안경과 맥고모자의 로이드 스타일이 경성에도 유행했다.[11] 대모테로 알려진 둥근 테는 실은 셀룰로이드의 일종인 자일로나이트xylonite로 만든 것으로, 미국과 전 세계에 유행하면서 일명 로이드 안경으로 일컬어졌다. 1926년 4월 24일자 『동아일보』는 안경 쓴 과학자나 신사처럼 점잖게 보이는 이가 넘어지거나 실수를 함으로써 더 큰 웃음을 유발하기 위한 "심리학덕 연구"의 결과이자 "우숨의 고취책"이라고 그 내력에 대해 언급했다.

귀금속 전문점에서도 팔던 안경

로이드 안경과 같은 뿔테 외에 금테 안경도 퍽 인기가 있었다. 그래서인지 금도금한 것을 18K 진짜 금테로 속여 파는 사기 사건 및 폭리를 취하는 일들이 종종 벌어졌다.[12] 시중에서 안경은 서양 물품을 수입·판매하는 잡화상이나 귀금속 전문점에서 종종 시계와 함께 취급했다.

전문 안경사가 없던 시절 안경은 제중원과 총독부의원안과에서 제작했는데, 1909년 제중원은 영국에서 수입한 안경을 처방해주기도 했다.[13] 제중원 의사 애비슨Oliver R. Avison에 따르면 첫 졸업생인 홍석후洪錫厚, 1883~1940에게 안경알 굴절 기술을 가르치고, 미국광학회사로부터 안경알 세공 기계를 도입하여 현대 안경 산업의 국내 기틀을 마련했다고 한다.[14] 경성 내 여러 안경점에서는 독일제 자이스Zeiss Punktal, 미국제 윈저Winsor 같은 안경알을 수입해 제작했다.

1924년 둥근 안경과 맥고모자를 쓴 해럴드 로이드.

1930년 2월 7일 『조선신문』에 실린 다카토리 안경점 광고.

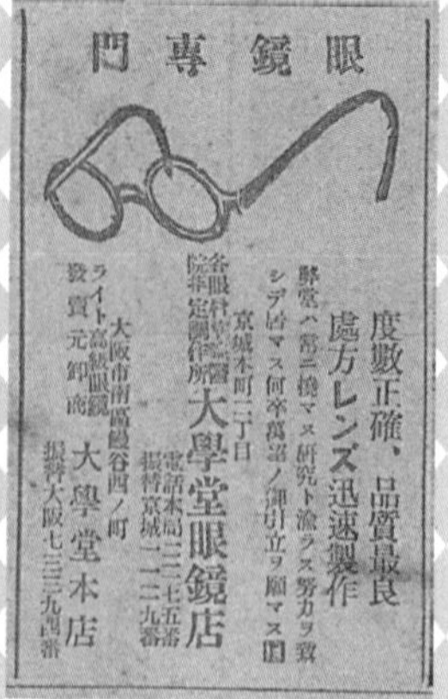

1926년 11월 2일 『조선신문』에 실린 대학당안경점 광고.

구보 박태원 안경. 서울역사박물관.

1930년대 둥근 안경을 쓴 약종상 최씨, 개인.

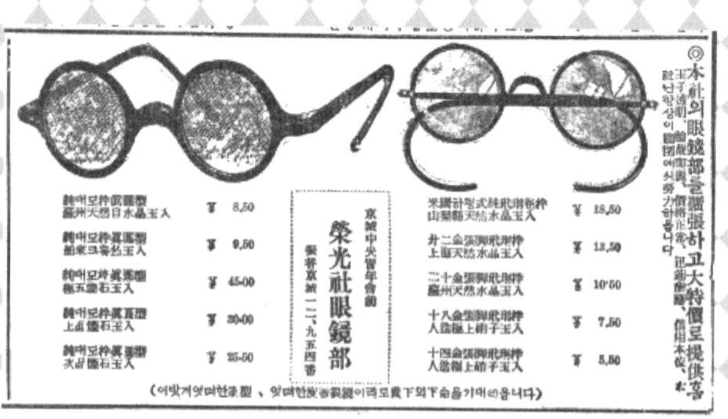

1925년 1월 7일 『조선일보』에 실린 영광사 안경부 광고.

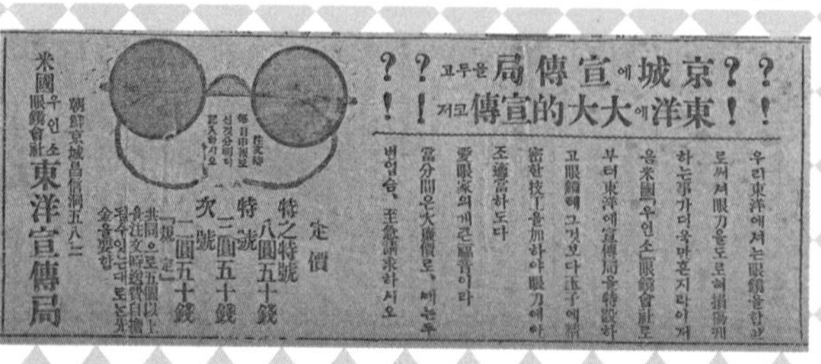

1922년 7월 27일 『매일신보』에 실린 동양선전국 광고.

오사카에 본점을 둔 대학당안경 경성점은 1926년부터 신문에 꾸준히 광고를 실었다. 화신 백화점 1층에도 안경부가 있었다. 뿔테든 금테든 간에 1920~30년대 거의 모든 안경점 광고는 그야말로 둥근 테가 대세였다. 조선인 최초의 안과 전문의 조병영趙昞榮이 1925년 7월 안국동 138번지에서 개업한 이래[15] 안경 렌즈는 여러 안과에서 처방한 도수대로 전문 안경점에서 만들어졌다.

전조선각지 열광대환영

스포츠 용품

대한제국 멸망의 원인은 문약의 병폐, 그러니 체력은 곧 국력

19세기 중후반 근대 스포츠는 전 세계적으로 급속히 퍼져나갔다. 국민 국가 만들기와 제국주의 강화라는 욕망을 실현하는 도구이자,[1] 문명국 국민들의 힘을 기르는 수단으로써 스포츠는 적극 수용·보급되었고, 축구·야구·농구 같은 팀 스포츠 경기는 서양인들에 의해 치러지고 보급되었다. 관립영어학교나 관립프랑스어학교에서 외국인 교사들이 학생들에게 축구를 가르쳤다. 우리에게 서울YMCA로 잘 알려진 황성기독교청년회 초대 총무를 맡은 미국인 선교사 필립 질레트Pillip Gillett, 1872~1938가 야구와 농구를 가르쳤다는 기록이 있다. 황성기독교청년회는 각종 운동 경기를 개최하여 초창기 조선의 체육 활동 보급과 확산에 지대한 영향을 미쳤다.[2]

최초의 근대적 운동회는 1896년 6월 2일 관립영어학교의 야유회 성격으로 실시된 화류회花柳會였다.[3] 지식인들은 대한제국 멸망의 원인을 문약의 병폐라고 지적했고 체력은 곧 국력'이라는 것이 상식의 하나로 자리잡아갔다. 일제는 운동회를 민족적 항거를 시도하는 집단 행동으로 인식하면서 상무정신과 대동단결이 강조되는 전통 놀이나 택견 등을 금지했다.[4] 대신 제국에 충성할 국민을 기르기 위해 학교 체육을 강조했다. 각 학교에서는 체조를 비롯하여 여러 종목들이 체육 시간에 실시되었다. 1910년대부터 각급 학교를 비롯하여 여러 단체와 지역에서 운동회가 개최되었는데 운동 경기와 각종 유희, 여흥이 결합된 오늘날 지역 축제와 같은 형태로 치러졌다.

사나이거든 풋뽈을 차라!

구기 종목 중 가장 먼저 전래된 것이 축구였다. 『개벽』에 실린 「사나이거든 풋뽈을 차라」는 김원태의 논설에서 언급했듯이 당시 큰 인기를 끌었던 야구나 정구에 비해 축구는 10원쯤 되는 공 하나면 22명의 인원이 즐길 수 있는 "설비가 지극히 단순하고 비용이 적은" 운동이었다.[5] 1925년 4월 12일자 『매일신보』에 실린 광고에 따르면 한양 풋볼 제조소는 전 조선에서 유일하게 축구공과 축구화를 제조하는 곳이었다. 광고에서는 특히 조선체육회와 건강운동부 지정 운동구임을 강조했다.

축구 외에도 야구·정구·농구·탁구·권투·수영·스키·스케이트 등 각종 스포츠·레저가 확산, 보급되었다. 여기에 필요한 운동구는 전문 운동구점에서 주로 취급했는데 이는 주로 본정2정목에 밀집해 있었다. 특이하게도 운동구는 악기점에서도 판매했다. 예컨대 본정2정목에 있던 대형 악기사인 야마구치山口 악기점과 구기모토釘本 악기부가 대표적이었다. 당시 악기·운동구는 시계·안경과 더불어 대표적인 겸업 종목이었다.

종로2정목에 있던 반도 풋볼 제조소에서 1927년에 발행한 『반도상보』半島商報에는 '본사 직속 공장에서 최신 제조'한 운동구 광고가 실렸다. '전 조선 각지 열광 대환영!!!'을 비롯하여 느낌표를 연발하며 '천하가 감탄하고 각종 대회에서 정식 공으로 지정된 우량한 제품'임을 강조했다. 종류 또한 '반도 오림빅크(올림픽) 식', '반도 다아야몬쏘(다이아몬드) 식' 등 다양하다.

테니스 라켓, 광고에 자주 등장하던 아이템

테니스는 연식 정구로 처음 도입되었다가 이후 경식 정구인 론Lawn 테니스가 도입

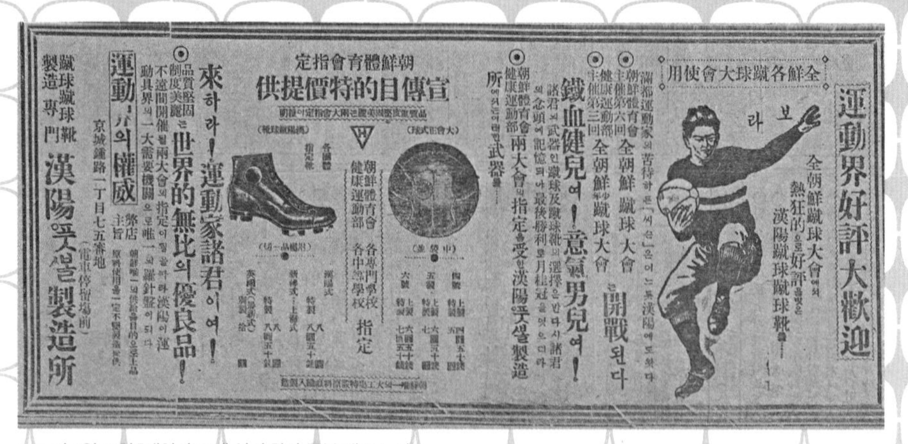

1925년 4월 12일 『매일신보』에 실린 한양 풋볼 제조소 광고.

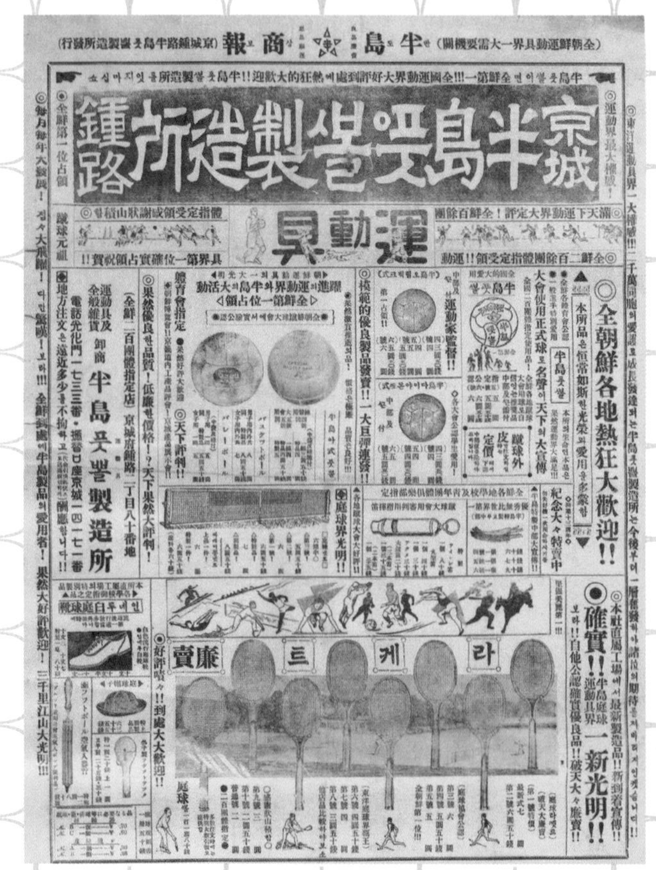

1927년 9월 1일 발행된 『반도상보』에는 축구공, 호루라기, 정구 라켓, 라켓 주머니, 네트, 정구화, 모자, 풋볼에 공기를 주입하는 기구 등이 실려 있다. 국립민속박물관.

되었다. 딱딱한 테니스 공과 달리 정구는 말랑말랑한 고무공으로 치는 경기다. 테니스는 빅토리아 시대 여성과 남성이 함께 즐기는 게임으로 각광을 받았다. 그때 당시 남성들은 긴 바지에 셔츠를 입었지만 여성들은 코르셋에 긴 드레스를 입은 채로 경기를 했다. 하지만 테니스 대회의 대명사인 윔블던 경기에서 여자 선수의 싱글 경기가 1887년 도입되면서 여자 선수들의 운동복에 변화가 생겼다. 이 대회에서 15살의 어린 나이로 우승한 샤를로트 로티 도드Charlotte Lottie Dod 선수는 긴 드레스 대신 무릎 길이의 교복 같은 옷을 입고 나와 세간의 주목을 받았다.[6] 이후 수잔느 라셸 플로르 랑글랑Suzanne Rachel Flore Lenglen 선수가 테니스 대회에 입고 나온 종아리까지 오는 원피스는 여자 테니스복의 전형이 되었다.

우리나라 여학생들도 테니스를 배웠고 여러 선수들이 배출되었다. 『매일신보』는 1930년 9월 가을 천봉순, 김한규, 이세은, 김복림, 박필순, 유순덕 등 여자 테니스 선수들의 인터뷰를 차례로 비중 있게 실었다.[7] 테니스 라켓은 운동용품 가운데 빈번하게 광고된 아이템이었다. 세야마 라켓, 도리야마鳥山 라켓 같은 단독 라켓 광고들이 등장했다. 앞서 축구공 선전을 한 『반도상보』에서는 흰색 '인네루 정구화'와 라켓을 광고했다.

신문사들이 주최하는 운동 경기에는 관련 업체들이 연합 광고를 붙였다. 1924년 처음 조선신문사가 주최한 여자 올림픽 경기는 해마다 열렸는데 신문에는 경기를 후원하는 업체들이 연합하여 전면 광고를 실었다. 여자 올림픽 연합 광고에는 스포츠용품점인 경성운동구상회를 비롯하여 여성 소비자를 염두에 둔 만큼 조지야·미나카이 백화점, 귀금속·시계·양장점·화장품과 소품 등을 파는 소간물점 등이 합세했다. 1926년 경성일보사 주최 제3회 전선야구대회는 회중시계, 메달과 만년필, 타월 같은 상품을 내걸고 독자들에게 참가팀 중 우승팀을 점치도록 했다.

"오라! 여름엔 바다로! 단련하라! 젊은 그대들의 건강을!"

서구에서 18세기 수영은 남녀 모두에게 건강에 좋은 여가 활동으로 인식되었다. 하지만 몸을 전체가 아니라 부분적으로 담그는 정도의 목욕에 가까웠다. 이때 입

존 레이버리, 〈랠리〉, 1885.

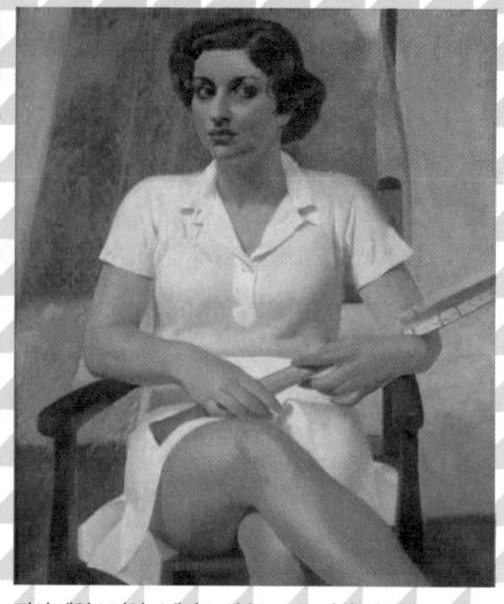

퍼시 셰익스피어, 〈테니스 선수〉, 1938년경, 더들리 뮤지엄.

종아리까지 오는 원피스 차림의 랑글랑 선수(오른쪽) 모습.

1924년 6월 19일 『동아일보』에 실린 만평.

1926년 9월 19일 『경성일보』에 실린
경성제2고녀 테니스 선수들.

1923년 4월 15일
『매일신보』에 실린 라켓 광고.

運動具大勉強
地方注文大歡迎
庭球用具
野球用具
蹴球用具
京城府仁寺洞
朝鮮뜨레불商會
運動具地方部
(振替京城二一二五八番)
랏겟트

1923년 5월 9일 『조선신보』에 실린 운동용구 광고.

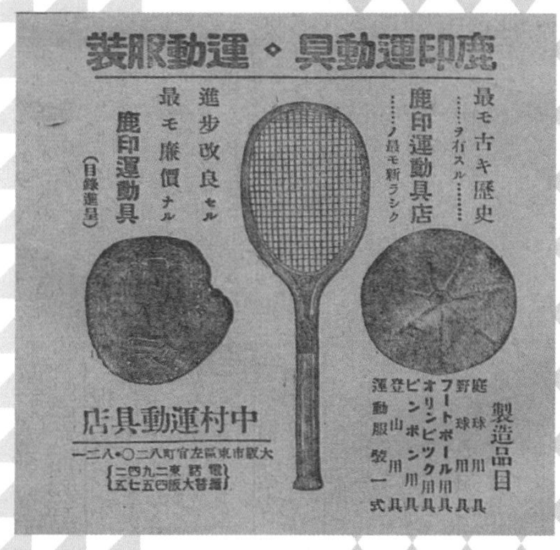

1924년 6월 19일
『시대일보』에 실린 라켓 광고.

는 옷도 오늘날의 수영복과는 달리 목욕 가운의 형태로 헐렁하게 입어 신체를 드러내지 않았다. 미국 초대 대통령 조지 워싱턴의 부인 마사 워싱턴Martha Washington이 1760년대에 입은 가운 수영복은 물에 들어갔을 때 부풀어 신체를 민망하게 노출하지 않도록 납으로 된 추가 달려 있었다.[8] 19세기에 들어서면 전염병 때문에 사람들이 물과 접촉하기를 꺼리면서 수영복은 스타킹, 속바지, 가운으로 몸 전체를 감싸는 형태에 더군다나 울, 리넨과 같은 소재로 만들어져 물에 들어가면 무거워져서 자유로운 수영 활동과는 거리가 멀었다. 그러다 19세기 후반 서서히 변화하기 시작, 1880년대에는 블루머 같은 속바지에 무릎까지 오는 원피스 형태의 수영복을 입었다. 이는 프린세스 슈트the Princess suit라고 부른 일체형 바지 수영복으로 향후 여자 수영복 형태에 전환점이 되었다.[9]

1896년 수영이 올림픽 종목이 되면서 수영복에도 큰 변화가 생겼다. 1912년에는 여성도 올림픽 수영에 출전했고 "호주의 인어공주"라고 불린 아네트 켈러만Annette Kellerman이 입은, 몸에 착 달라붙는 반바지에 스타킹을 붙인 수영복은 큰 반향을 불러일으켰다. 이후 기록을 단축하기 위해 수영복은 몸에 밀착되는 형태로 발전했다. 1910년대에는 니트 회사로 유명한 얀첸Jantzen에서 모직 수영복을, 호주의 스피도Speedo 사는 짧은 반바지에 반팔이 달린 일체형 수영복을 출시했다.[10]

우리나라에서는 1898년 무관 학교 칙령에 더위에 휴가를 주어 학생들이 유영 연습을 하도록 명한다는 내용이 있는 것으로 미루어 보아 수영이 학교 차원에서 장려되었음을 알 수 있다. 1916년에는 원산 송도원에서 수영 강습회가 개최되었고 이후 1920년대에는 조선체육회와 언론사들이 주최하는 수영 강습회가 매년 열렸다. 일본에서 수영 선수를 초빙하여 체육 교사들이나 신청자에 한해 강습이 이루어졌다.[11] 1928년 송도원에서 열린 수영 강습회는 "오라! 여름엔 바다로! 단련하라! 젊은 그대들의 건강을!"이라고 외치며 인파로 북적대는 사진과 함께 신문에 실렸다.[12]

수영복은 수영이라는 스포츠를 위해서 필요했지만 물놀이를 하는 이들에게도 차차 필수품이 되었다. 무더운 여름 피서를 위해 강, 계곡, 바다를 찾는 것은 예나 지금이나 다를 바 없다. 해수욕을 즐길 수 있는 해수욕장은 물놀이를 할 수 있는 환경이 갖춰진 바다이다. 이를테면 모래나 자갈이 넓게 펼쳐지고, 수심이 완만하고, 수온이 적당하며 탈의실과 같은 시설을 갖춰야 한다. 우리나라의 해수욕장은 개항 이래 원산의 송도원 해수욕장, 명사십리 해수욕장이 가장 유명했다. 박계주의 소설 『순애보』에 묘사되었듯이 송도원 해수욕장에서 청춘남녀들은 보트를 타거나 공놀이를 하고 이젤을 놓고 그림을 그렸다.[13] 명사십리의 서양인 별장촌은 전 조선에서 화려하기로 으뜸이었다.[14] 빨간 기와, 파란 기와를 얹은 문화주택들이 줄지어 있었고 경성에 사는 외국인들은 여름이면 원산으로 휴양을 떠났다. 인천 월미도 해수욕장은 1918년 무렵 설비를 갖추었다. 1920년 여름에는 경성에서 찾는 이들이 부쩍 늘었고 휴게소와 탈의실을 갖추었고 다과와 빙수를 파는 곳도 생겨났다.[15] 1928년 여름 한 달 동안 각 학교에서 단체로 찾는 이들부터 일반인까지 약 6만 명이 이곳을 찾았다.[16] 남쪽에는 부산 송도 해수욕장이 동양 최대의 휴양지라고 홍보했다.[17] 해수욕장은 반나체로 남녀노소가 뒹구는 해방구로서 통속 소설의 무대로 자주 등장했다.

해수욕장이 시간과 돈이 드는 장소였다면 한강은 일상에서 쉽게 찾는 으뜸 휴양지였다. 여름만 되면 헤엄치는 사람이 많았는데 한강의 수류와 깊이에 따라 빠져 죽는 사고가 빈번했다. 또한 한강은 이런저런 이유로 삶을 마감하는 이들이 선택한 장소였는데 1933년 온 경성을 들끓게 한 카페 여급 김봉자와 의사 노병운이 연애 자살로 투신한 곳도 한강이었다.

국가기록원에 따르면 1920년대 후반 경성부청은 수심이 낮은 한강 인도교(오늘날 한강대교) 부근에 탈의장과 감시요원, 휴게소 등을 갖춘 한강 수영장을 개설해서 운영했다.[18] 인도교, 서빙고, 뚝섬 등지의 수영장은 하루에 2~3만 명이 찾을 정도였다.[19] 또한 인공 풀pool을 만드는 기술이 도입되어 경성운동장 수영장과 철도국, 각급 학교 내 수영장이 들어섰다.[20]

1928년 여름 여성 수영복은 도쿄 마쓰야 백화점에서 판매된 것에 따르면 순모로 된 치마가 붙은 것으로서 무늬는 단순하지만 강렬한 색채를 가진 것이 많았다.[21] 이듬해인 1929년에도 이와 같은 경향이 이어져 색채와 무늬가 모던한 느낌이었다.[22] 요컨대 색깔은 검정, 감색, 노랑, 빨랑, 주황 같은 화려한 원색에 무늬는

1890~95년 무렵 미국에서 '프린세스 슈트'라고 불린 일체형 여자 수영복. 메트로폴리탄 뮤지엄.

1917년 7월 잡지 『딜리니에이터』 표지에 실린 여성 수영복.

1932년 얀첸 수영복 광고.

1932년 7월 9일 『부산일보』에 실린 부산 송도 해수욕장 관광 포스터.

경성공립중학교 수영장. 서울역사박물관.

원산 해수욕장. 국립민속박물관.

1929년 7월 26일 『매일신보』에 실린
한강 수영장.

今夏流行の海水着

1930년 6월 7일 『경성일보』에 실린
1930년 여름 유행 수영복.

一九三三年型

모一던的水泳服完備

男子用各種
女子用各種
浮袋
귀마개 (耳セン)
防水鏡
水泳靴

화신 백화점 카탈로그.
1933년형 모던 수영복 완비를 알리고 있다.

대체로 직선적인 것이었다. 1930년에는 신축성이 있는 메리야스 천에 나염을 하는 기술이 성공하면서 기존의 흔하던 줄무늬 외에도 '미래파 문양'이 유행한 모양이었다.[23] 예를 들면 두꺼운 스트라이프 디자인이나 허리를 경계로 해서 위는 '크림-옐로, 아래는 검정'과 같은 식으로 위아래 색을 다르게 염색한 것, 동물이나 꽃을 큼직하게 잘라 아플리케한 것 등 무늬가 대담해졌다. 형태 또한 등을 마음껏 파 'V'자 형이나 허리까지 파진 백리스back-less, 이른바 "선 백 스타일"sun-back style이 유행했다.[24] 백사장에 반나체로 드러누워 일광욕을 즐기는 여성들을 위한 것이었다. 1932년에는 "요염한 빛깔이 많아지는 경향"이었고 역시 모毛 제품이 많았다.[25] 다시 말해 1920년대 후반에서 1930년대 수영복은 대체로 대담, 화려를 키워드로 한 것이었다. 선수용은 허벅지를 드러내는 것이지만 일반 수영복의 경우 등은 과감하게 패인 반면 반바지 형태나 스커트가 달려 하체를 가리는 형태가 일반적이었다.

스게도, 얼음 지치는 것

눈 내린 설원을 이동하기 위해 조선 시대에는 설마雪馬라고 하는 일종의 작은 스키를 탔다. 또한 서구식 스케이트가 들어오기 전 짚신 바닥에 대나무쪽을 댄 대발이라는 것도 있었다.[26] 하지만 놀이나 스포츠로서 스케이트는 19세기 말에 등장했다. 1894년 무렵 외국인 선교사들은 고종과 명성황후가 보는 가운데 경복궁 향원정 못 위에서 얼음 신발 놀이라는 뜻의 빙족희氷足戱를 선보였다.[27]

조선인이 얼음 위에서 스케이트를 탄 일에 관한 이야기는 1929년 『동아일보』에 다음과 같이 소개되었다.

> "1905년 미국으로 돌아가는 선교사 질레트 씨가 가구 경매할 때에 거저 준 대도 무엇하는 것인지 몰라서 아무도 사는 사람이 없는 철속鐵屬의 물건이 있으니 하도 기이하게 여겨 지금 인천 있는 현동순 씨가 일금 15전에 이것을 샀다. 사기는 샀으나 이것이 무엇을 하는 것인지 몰라 그후 질레트 선교사를 찾아 갔으니 그제야 비로소 얼음 지치는 '스케이트'라는 것을 알게 되었다. 현씨는 당시 주택

부근 삼청동 제천에서 몇 번 지쳐 보았으나 나아가지 않아 고심한 끝에 필경에 는 성공하였다." _『동아일보』, 1929. 1. 1

1912년에는 오늘날의 용산 육군 연병장 앞 전차 선로 변에 경성일보사가 백수십 명의 인부를 투입해 면적이 1천 평에 달하는 대빙활장氷滑場, 즉 스케이트장을 건설했다. 입구에는 영문 간판을 걸고 만국기로 장식했으며, 오스람osram, 아크arc 전등 불빛이 야간의 빙판 위를 아름답게 비추었다.[28] 한두 차례 개장이 지연되었다가 2월 4일 마침내 개장식을 한 이곳은 조선과 일본을 통틀어 육상에 설치된 가장 큰 규모의 스케이트장이었다. 심지어 입장료도 무료였다. 이 스케이트장이 생기기 전에 스케이트 선수들은 한강이 얼 때까지 기다리거나 일본 홋카이도나 센다이 같은 곳에 가서 연습을 해야 했다.

개장식 행사로는 맨몸으로 도는 경기 외에도 기취 경쟁, 밀감 줍기, 대낭 경주 등이 열렸다. 즉 스케이트를 타면서 깃발 뽑기, 얼음판에 흩어진 밀감 줍기, 그리고 머리에 주머니 이고 달리기 등 이색적인 경기였다.[29]

경성의 한강, 평양의 대동강, 의주의 압록강과 더불어 겨울이 되면 동대문 밖에 있는 넓디넓은 미나리꽝은 유리를 깐 듯 얼음판이 깔렸다. 각 학교 학생들과 금테 두른 관리, 방한모를 푹 눌러 쓰고 나온 신사, 울긋불긋한 저고리 입은 아이들까지 겨울 찬바람에 옷자락을 풀풀 날리면서 얼음을 지쳤다.[30] 1920년대에 스케이트는 조선에서 겨울 운동으로 제일 적당하다고 권장되었다.[31] 1920년 1월 25일에 열린 전 조선 스케이트 경기 대회의 종목으로는 다섯 바퀴, 열 바퀴, 스무 바퀴 활주를 비롯하여 스푼(숟가락을 가지고 도는 경기), 제등(불을 켜 가지고 도는 경기), 변장, 대낭, 기취, 밀감 줍기, 배진, 2인 1체 등 총 50가지의 경기가 열렸다. 이후 함흥, 평양 등 조선 각지에서 크고 작은 빙상 대회가 열렸다. 1924년 1월 13일에는 조선체육협회가 주최한 전 조선 빙상 경기 선수권 쟁탈 대회가 경복궁 경회루 연못에서 열렸다. 1927년에는 피겨 스케이팅 구락부(클럽)가 결성되어 피겨 스케이팅도 연구하기 시작했다.[32] 피겨 스케이팅 구락부는 이일李一이라는 필명으로 알려진 이진식이 만든 동호회인데 그는 활빙광, 즉 스케이팅 마니아였다.[33] 유학 시절 스케이팅에 빠진

헨리 레이번, 〈스케이트 타는 로버트 워커 장관〉, 1790, 스코틀랜드 국립미술관.

길버트 스튜어트, 〈스케이터, 윌리엄 그랜트 초상화〉, 1782, 워싱턴 국립미술관.

찰스 파슨스, 〈센트럴 파크의 겨울, 연못에서의 스케이팅〉. 1862, 메트로폴리탄 뮤지엄.

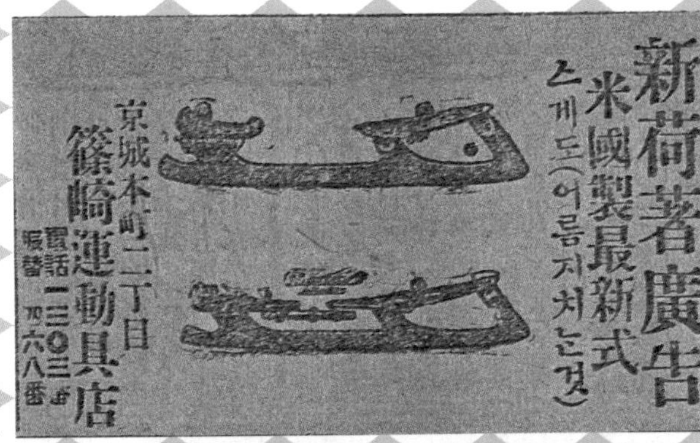

1917년 12월 19일
『매일신보』에 실린 스케이트 광고.

1924년 1월 14일 『매일신보』에 실린 경복궁
경회루에서 열린 전조선빙상경기선수권쟁탈대회.

1927년 1월 25일 『매일신보』에 실린 창경궁
춘당지에서 스케이트를 타는 젊은이들.

1930년 1월 30일
『조선신문』에
실린 한강에서
스케이트를 타는
소녀들.

1933년
12월호
『중앙』
표지.

용산 연병장 앞 한강 빙활장. 국립민속박물관.

19세기 말 스케이트가 등장한 뒤 겨울이 되면 곳곳에 유리를 깐 듯 얼음판이 깔렸다.
각 학교 학생들과 금테 두른 관리, 방한모를 푹 눌러 쓰고 나온 신사, 울긋불긋한 저고리 입은 아이들까지
겨울 찬바람에 옷자락을 풀풀 날리면서 얼음을 지쳤다.

뒤 일제강점기 피겨 스케이팅 보급에 앞장섰던[34] 그는 해방 이후 대한빙상경기연맹과 대한피겨스케이팅협회 초대 회장에 추대되었다.

1926년 12월 25일자 『조선일보』는 스케이팅의 효과를 '신경계통을 적당하게 훈련하고 혈행, 호흡을 촉진하며 체내의 연소 작용이 왕성하게 되며 호흡력을 높여 심장의 기능을 튼튼하게 하고 근육을 발달시키고 피부의 혈류, 영양과 기능을 높이며 피부의 저항력을 증가시키며 스케이트 후에 식욕은 현저히 항진하여 대식을 하게 만든다'고 나열했다.

스케이트는 처음에는 남성적인 장쾌한 운동으로만 여겨졌으나 점차 여학생에게 체육을 장려하면서 각 여학교에서도 테니스, 농구를 비롯하여 겨울 운동으로 스케이트를 적극 추천했다. 인천여고에서는 1924년 교내 스케이트 대회도 열었다.[35] 한편 "남녀 교제가 충분히 숙련되지 못한 죠선에 잇어서는 스켓트쟝이 남자와 서로 갓치 쓰게 되는 념려가 업지 안이하다"면서 각 학교 당국자들이 협의하여 남녀 학생을 분리하여 스케이트장을 사용할 것을 제안하기도 했다.[36]

창경궁 춘당지는 겨울이면 인기 있는 스케이트 명소가 되었다. 1907년 계획이 수립되어 식물원, 동물원, 이왕가박물관이 들어서 1909년 창경궁은 일제에 의해 대중에게 개방되었다. 그리하여 창경궁은 봄에는 벚꽃 놀이, 가을에는 단풍 구경, 겨울이면 스케이트까지 즐길 수 있는 유원지인 창경원으로 전락했다. 관앵회라고 부른 벚꽃 놀이는 일본의 근대적 취미가 유입되어 정착한 놀이 문화였다.[37] 창경궁이 창경원으로 유원지화된 데에는 궁궐의 상징성을 퇴색시키고 조선에 대한 일본의 식민지화에 대한 부정적인 인식을 해소시키기 위한 숨은 뜻이 담겨 있다. 명목상으로는 순종의 무료함을 달래기 위한 각종 오락거리를 마련하기 위함이었지만 당시 이 계획을 추진한 고미야 미호마쓰 차관은 "투명한 유리 그릇 안에 담긴 오브제처럼 창덕궁을 대중에게 개방하고자" 하는 의도라고 밝힌 바 있다.[38]

김기림은 그의 수필 「「스케트」 철학」에서 1935년 정월 청량리 스케이트 장이 얼었다는 소식을 듣고 설레임을 감추지 못했다. 그는 사람들이 스케이트를 좋아하는 것이 "현대 그것의 상징"인 "속력의 쾌감을 향락하려는 목적" 때문이고 "사람이 기계의 힘을 빌렸다는 의식이 없이 속력의 극한을 그 몸으로써 경험할 수 있는 최고의 스포츠"라고 예찬했다. 그러한 속력을 즐기기 위해 그는 처음에 "오밀조밀한 피겨어" 스케이트를 샀다가 이어서 경기용 "롱·스케트"를 사서 신고 나섰지만 속도를 쉽게 내지는 못했다. 그가 산 스케이트가 어떤 브랜드인지 구체적으로 알 수는 없지만 독일 함부르크 등지에서 수입된 것들이 운동구점에서 판매되었다. 1926년 스케이트 시세는 다음과 같았다.

"(…) 됴사한 바에 의하면 벌서 오늘까지 스케-트 구두를 독일 함붉로부터 전후두차례에 이천사백여족을 직수입하야 들엿다 하는 바 그 가격은 한켜레에 사원륙십전으로부터 륙원오십전까지 여러 가지가 잇다더라." _『중외일보』 1926. 12. 2.

견지동의 삼광당 운동구점, 본정의 시노사키 운동구점에서도 독일제 스케이트를 판매한 것으로 보아 당시 스케이트는 독일 제품이 정평이 나 있었던 듯하다. 1927년에는 서양 제품과 비교하여 지지 않는 조선제 스케이트가 견지동에 있는 갑양 운동구상회에서 제조 중이라는 기사가 실렸는데[39] 얼마나 상용화되었는지는 알 수 없다. 스케이트 날만 수입하여 판매하던 상점들은 1930년대에 들어서면서 오늘날과 비슷한 형태의 부츠에 날이 붙은 스케이트를 판매했다.[40]

인정 많은 조선 나라 아가씨님네 정다웁게 데리고 놀아주세요

인형

백화점 인형 진열회, 아동 소비자를 향한 마케팅

일제강점기 백화점에서는 인형 진열회가 자주 열렸다. 특히 일본을 대표하는 인형인 히나雛 인형과 오월五月 인형 전시회는 3월 3일과 단오인 5월 5일을 한두 달 앞두고 해마다 선보였다. 여자아이의 건강과 성장을 기원하는 의미를 지닌 히나 인형은 히나 마쓰리(축제)를 위한 것으로, 빨간 천으로 덮은 재단 위에 두었다. 오월 인형은 남자아이의 성장과 입신출세를 기원하는 무사武者 인형이다. 이러한 인형들은 일본의 전통과 미를 상징하는 문화 상품이기도 하여, 일본 문부성은 히나 인형을 대표 산물로 해외 박람회에 출품하기도 했다. 여러 단으로 구성된 히나 인형의 맨 윗단은 천황과 황후를 본뜬 것으로, 천황 중심의 국가관을 드러낸다.

미쓰코시 백화점에서도 인형 전시회에 공을 들였다. 일찌감치 소비자로서의 아동에 주목한 미쓰코시는 1908년 아동부를 신설, 아동박람회를 개최하는 등 어린이 문화에 힘쓰기 시작했다. 여기에 적합한 상품들도 기획, 판매한 것은 물론이었다.[1] 백화점에서 개최한 '고상', '우미한' 인형 진열회는 그러한 마케팅의 일환이었다.[2]

제1차 세계대전 이전까지만 해도 세계적인 완구 생산국은 독일이 꼽혔으나,

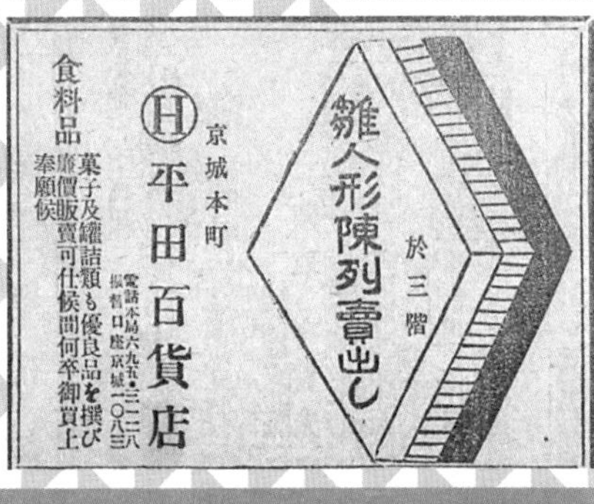

백화점에서 개최하는 인형 진열회 광고.
왼쪽부터 시계 방향으로
미쓰코시(『조선신문』1936. 4. 8.),
조지야(『조선신문』1930. 2. 7.),
히라타(『조선신문』1924. 2. 7).

1938년 경성 미나카이 백화점에서 개최된
인형 진열회 팸플릿. 개인.

전쟁에서 패전한 뒤로는 미국이 최대 인형 생산국이 되었다. 일본 역시 1920년대 완구 생산국으로 발돋움하면서 미국과 일본은 완구 시장에서 패권 경쟁 관계에 있었다.[3] 그러던 차, 1924년 5월 미국에서 새로운 이민법이 제정되면서 양국의 분위기가 얼어붙었다. 과거 미국에서 일본인의 이민이 급증하고, 농업에서 나름 성과를 거두자 미국에서는 아시아 배척 연맹이 결성되었고 반일 운동이 일어났다. 그런 데다가 새 이민법에 따라 일본인은 미국에 귀화할 수 없는 외국인으로 낙인 찍히는 상황이 되었고, 그러자 일본에서는 반미 감정이 극에 치달았다. 악화된 양국의 감정을 누그러뜨리기 위한 민간 외교의 일환으로 선택한 것이 바로 인형이었다.

미국, 일본, 조선을 오간 인형 사절단

1927년 미국 어린이들의 모금으로 마련한 1만 2,000개의 인형이 평화의 사절로 일본에 도착했다. 일본에서는 인형 사절단을 인형 환영회라는 행사로 열렬히 맞이했다. 인형 환영회는 일본에 이어 조선에서도 열렸다. 경성역에 도착한 '파란 눈동자의 미국 작은 아씨'를 받아든 유치원생들의 모습이 신문에 실렸고 신의주를 비롯해 조선 각지에서 환영회가 연이어 열렸다.[4] 세계 아동 친선을 명목으로 온, 새파란 눈동자의 인형을 두고 다음과 같은 동요도 유행했다.[5]

> "눈동자 새파란 나의 인형은
> 아메리카 탄생한 셀룰로이드
> 조선항구 부산역에 도착했을 때
> 눈물을 많-이 흘렸었지요.
> 나는 아직 조선말을 할 줄 모르니
> 길을 잃어버리면 어찌합니까.
> 인정 많은 조선나라 아가씨님네
> 정다웁게 데리고 놀아주세요."

◇미국자근아씨경성역도착

=마진아기네는내천유치원생도들

1927년 3월 14일 『매일신보』에 실린 미국 인형 사절단 관련 기사.

人形마지會

太平洋을건너서 멀리멀리 차자온 米國 人形마지會는 지난 二十二일낫두시에 시내 宗橋禮拜堂에서 三十여 유치원代表 아기들이모혀盛大히 거행되엿습니다

(사진은 미국동무한테서 선물을 바든아기)

1934년 12월 26일 『조선중앙일보』에 실린 인형 맞이회 행사 기사.

일본 조선 소학교로 보낸 히나 마쓰리 조선 인형.

미국으로부터 선물을 받은 일본도 이에 화답하는 의미로 미국에 인형을 보냈는데 이를 위해 조선의 토속 인형을 전국적으로 모집하기도 했다.[6]

미국·일본 간 인형 사절단 선례를 답습해 1931년에는 일본·조선 간에도 인형 사절단이 오갔다.[7] 도쿄 여학생들이 조선 여학생들에게 보내온 히나 인형을 맞이하는 기념행사 역시 전국 각지에서 성대하게 열렸다.[8] 인형을 보내온 목적을 당시 언론은 '우애와 애정의 발로'라고 보도했지만, 사실 여기에는 조선의 부인과 어린이들에게 일본에 대한 긍정적 감정을 심어주어 신민화하기 위한 의도가 깔려 있었다.

미국이 일본으로, 일본에서 다시 조선으로 보낸 인형, 이후 또다시 일본이 조선에 보낸 인형 뒤에는 정치적이고 상업적인 이해 관계가 미묘하게 얽혀 있었으나, 수용자인 조선의 어린이나 어른 들이 이를 감지했는지는 알 수 없다. 다만 당시 백화점에서 제 아무리 해마다 히나 인형과 오월 인형 전시회를 성대하게 열어도, 그야말로 왜색이 짙은 일본의 인형이 조선인들의 일상 속으로 파고든 흔적은 찾기 어렵다.

"봄날에는 불란서 인형이 방 안을 새롭게 한다"

그렇게 전파하려고 애쓴 일본 인형 대신 당시 주목을 받은 건 바로 불란서 인형이었다. 부유한 이들이 자신들의 취향을 드러내는 고급 장식품으로 불란서 인형에 눈길을 준 것이다. 채만식의 소설 『사호 일단四號一段』에 등장하는 주인공 박주사가 불란서 인형을 산 것 역시 바로 그와 같은 맥락이다. 『사호 일단』에는 불란서 인형에 관해 다음과 같이 묘사되어 있다.

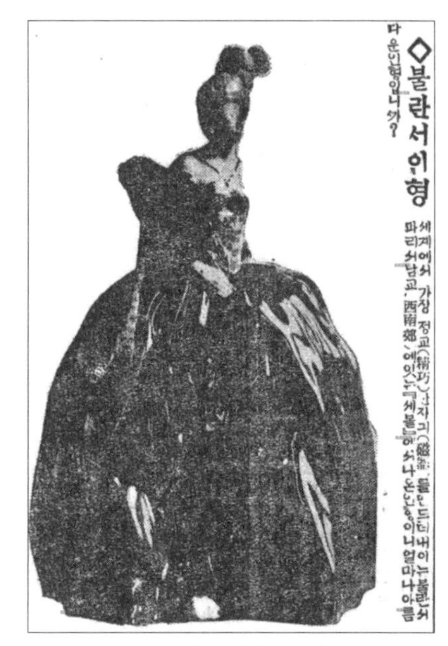

1929년 10월 9일 『조선일보』에 실린 불란서 인형.

> "어이한 내력이런지 어여쁜 불란서 인형이 한 놈, 상하 사면의 유리곽 속에서 방그레 (…) 패전 고국의 침울한 소식도 모르는지, 꽃답던 파리지엔느의 명랑하고 호사스런 의상 그대로에, 푸른 눈 붉은 입술로 방그레 미소를 머금고서, 솜버선 마고자짜리의 동방 이국 중년 신사에게 총애를 받으며 행복한 날을 누린다는 기묘한 대조를 이루고 있다.
>
> 곰상스럽게 생긴 것을 박주사는 이뻐하기를 천생 좋아했다. 무어든지 몸피가 조그맣고 아담하고 그리고 정교한 것이면 그는 이뻐했고, 불란서 인형 하나가 그의 눈에 고인 것도 그 때문이었다. (…)
>
> 불란서 인형은 재작년 5월 본정통의 어느 백화점엘 들렀다가 문득 눈에 띄어서 팔십 원을 내고 샀었다. 이때만은 박주사도 대체 이게 무엇이길래 팔십 원일까 하는 생각이 나지 않지 못했다. 그만큼 그는 불란서 인형이란 것에 대하여 아는 게 없는 사람이었으면서도 그것을 이뻐만은 할 수가 있었던 것이다.
>
> 사다가 놓자 금시로 집안에 소문이 좌악 돌아, 열다섯살박이 큰딸과 같은 동갑인 질녀가 서로 가지고자 제마다 샘을 냈었다. 한 놈이라면 선뜻 집어주겠지만 두 놈이라놔서 불가불 따로이 다른 걸로 꼭 같은 걸 둘을 사다가 각기 하나씩 노나 주어야 했다. 그 덕에 지금 저 파리지엔느는 여지껏 주인 양반의 총애를 받으

1900년경의 독일 비스크 인형.

프리츠 주버-불러, 〈인형을 든 소녀〉, 개인.

조지 오거스터스 베이커, 〈제니 월터의 어릴 적 초상〉, 1860년경, 더 월터스아트뮤지엄.

테오도르 샤세리오, 〈어린이와 인형〉, 1836, 개인.

칼 라르손, 〈인형을 든 소녀〉, 1897.

며 지나올 수가 있었던 것이다."

박주사가 산 불란서 인형은 19세기 이래 프랑스에서 만들어진 소녀 인형을 일컫는데 도자기로 된 얼굴에 화려한 드레스를 입은 것이 보통이다. 1929년 『조선일보』는 "세계에서 가장 정교한 자기를 만들어내는 불란서 파리 서남교에 있는" 인형 사진을 실었는데 이는 '세브르'Sèvre 사의 것이다.[9]

불란서 인형은 원래 이탈리아 르네상스 조각가이자 인형 제작자들이 만들었는데 프랑스에 전해진 뒤 귀족 여성들에게 옷을 선보이기 위해 마네킹처럼 등신대 크기로 제작되었다가 이후 미니어처로 만들어진 것에서 유래했다.[10] 얼굴이 비스크 도자기(유약을 바르지 않고 두 번 구워낸 자기)로 되어 있어 프랑스에서는 '푸페 앙 비스키'poupée en biscuit, 영어로는 '비스크 돌'bisque doll, 또는 '차이나 돌'china doll이라고 한다. 유럽의 귀부인과 자녀들 사이에서 크게 유행했으며, 프랑스를 비롯하여 독일이 주요 제작지였다. 1927년 일본을 거쳐 조선에 온 인형 사절단의 파란 눈동자의 인형도 미국의 비스크 인형이었다. 하지만 일본에서는 보통 프랑스 인형이라고 불렀다. 일본에서 제작된 사쿠라 비스크, 이치마쓰市松 인형 등도 비슷한 종류였다.

앞서 말했듯 제1차 세계대전 이후 유럽의 완구 생산이 쇠퇴하고 대신 미국과 일본이 시장을 장악하면서 인형의 얼굴은 비스크 자기 대신 고무나 셀룰로이드 같은 소재로 만들어져 장난감으로 보급되었다.

잡지 『신가정』에 실내장식에 대해 기고한 김영애는 불란서 인형은 특히 "여자의 실내"에 "봄날에는 어떤 인형보다도 불란서 여인의 인형을 거는 것이 방 안 장식을 새롭게" 한다면서 벽이나 기둥에 걸

1938년 2월 20일 『조선시보』에 실린 임계평 씨 전시 관련 기사.

것을 제안하기도 했다.[11]

일본에서는 프랑스 인형을 제작하는 작가들이 전시회나 백화점 강습회를 열었다. 조선에도 프랑스 인형을 제작한 이가 있었다. 프랑스 인형의 권위자로 알려진 임계평은 1935년 본정1정목 오자와 상회에서 개최한 작품전을 비롯하여 여러 차례 전시회를 열었다.[12] 1938년에 선보인 인형은 "풍부한 표정과 자유로운 착상의 신선함으로 근대인의 감각에 딱 맞다"는 평가를 받기도 했다.[13]

"인형은 국민의 여유를 보여주는 바로미터."

일본 체신국 과장 구로다 요시오黑田吉夫는 한 언론 기사에서 이렇게 말하며 일본 인형에 대한 자부심을 피력했다.[14] 그가 각국 도자기 인형에서 국민성과 문화적 단면을 읽었듯이 인형은 단순한 장난감을 넘어 복잡다단한 상징성을 내포한 문화상품이었다.

커피잔 골르느라
어엽븐 모던껄이
안젓다 니러낫다

주방용품

놋그릇을 밀어내고 들어앉은 왜사기 그릇

그릇은 우리의 일상에서 빼놓을 수 없는 필수품이자 주부의 손이 가장 많이 닿는 용품이다. 재질로는 스테인리스나 유기 같은 금속, 사기나 자기·도기 등의 도자기, 유리 등이 대표적이다.

그 가운데 예로부터 유기 즉, 놋그릇은 오랫동안 사랑받았다. 그런데 1930년대부터 놋그릇에 대한 부정적인 인식을 표현한 기사들이 부쩍 늘었다. 특히 1930년대 후반 놋그릇이 공출 대상이 되면서 위생이나 능률 등을 내세우면서 비판은 점차 거세어졌다. 당시 기사 중에는 금속 그릇 중에서 '알루미늄은 제일 위험이 없고, 제일 좋지 못한 것은 놋그릇과 구리 그릇'이라는 내용도 눈에 띈다. 조선 가정에서 아주 많이 사용하는 놋그릇을 닦지 않으면 그 겉에 생기는 녹청綠靑 즉, 푸른 녹이 사람에게 굉장히 유독하므로 주의를 요한다고 하면서 심지어 될 수 있는 한 사용하지 않는 것이 좋다고 권고한다.[1] 이처럼 놋그릇은 닦는 데 손이 많이 가고 심지어 '누-런 유기 그릇'은 '무겁고 텁텁한데' 비해 사기는 '명랑하고 말쑥'해 입맛이 저절로 동한다며 사기 그릇 사용을 권장했다.[2] 사기 그릇은 고령토, 장석, 석영 따위의 가루를 빚어서 구워 만든 것으로 일반적인 도자기 그릇에 비해 값도 싸고 가벼운 특징을 지녔다. '자기'와 '사기'는 혼용된 용어인데 일본에서 유입된 산업자기를 흔히 '왜사기'라고 불렀다.

하지만 '불량한 사기 그릇에서 오는 무서운 납 중독'에 주의를 당부하는 기사도 있었다.[3] 불량한 사기 그릇이란 연분 즉, 납 성분을 함유한 재료로 그림을 그린 것이니, 특히 화려한 그림이 그려진 것이나 어린이용으로 쓰는 그릇은 주의를 해야 한다고 권했다.[4]

당시 사기 그릇이 가정에서 쓰이고 있던 것은 근대 문학 곳곳에서 드러난다. 현진건의 1927년 소설『해 뜨는 지평선』에서 주인공 윤애경의 집에 들어선 옛 연인 김활해의 눈에 들어온 그릇들의 모습은 다음과 같았다.

> "찬장 대신으론 양탁자가 섰는데 위 아래 다섯 층으로 갈라 가지가지 유리 그릇, 사기 그릇이 혹은 희게 혹은 푸르게, 혹은 투명한 무늬로 혹은 찬란한 광채로 보는 사람의 눈을 어리게 하였다."

『별건곤』에 실린「각 도 여자 살님자랑」이라는 글에는 지방별 여자들의 자랑거리를 소개했는데, 여기에서 서울 여자들은 마루 세간을, 개성 여자는 패물을, 황해도와 평안도는 금침을 자랑했다.[5]

> "서울 녀자들은 마루세간 자랑들을 한다. 방 속에는 아모 것도 업더라도 마루에는 될 수 잇는 데까지 세간을 만히 진렬하야 원만한 집이면 의례 찬장, 살무주, 팟두주 등속을 즐비하게 버려 놋코 그 우에는 또 목판, 사긔 항아리, 대접, 접시, 유리병 또 근래에는 유리 그릇 통속을 만히 차노와 엇지보면 목물전이나 사긔전 가튼 늣김이잇다 (…)" _『별건곤』, 1932. 12.

서울 여자들의 마루에 진열된 사기, 유리 그릇은 어떤 것이었을까. 우리나라의 도자기는 고려청자와 조선백자로 대표되듯 그 역사가 오래다. 그런데 개항 이후에는 히젠肥前 지역에서 만든 조잡한 왜사기들이 대거 유입되어 시장에서 판매되었다.[6] 일본의 대표적인 도자기 생산지인 히젠은 규슈 북부 사가 현과 나가사키 현 일대의 옛 지명으로 이곳에서 만든 자기는 생산지 이름을 따 아리타 자기라고도 하고, 수출항 이름을 따 이마리 자기라고도 한다.

육영공원 교사로 초빙되어온 조지 길모어George W. Gilmore는 그의 책 『서울 풍물지』*Korea from its Capital*에서 조선이 더이상 아름다운 도자기의 생산지가 아니며 상점이나 노점에는 일본에서 수입한 도기류로 가득 차 있다고 언급했다.[7] 1888년 일본이 자기 수출 증대를 위해 제정한 수출 정관이 실효를 거두면서 조선의 왕실, 민간 할 것 없이 일본 자기가 넘쳐났기 때문일 것이다.[8] 1928년 8월 26일자 『매일신보』에 '우리 밥그릇도 남이 맨든 것'이라는 보도가 실릴 정도로 당시 일본 오사카, 교토, 세토瀬戸, 구타니九谷 등지에서 제작된 도자기가 일상 속으로 깊이 파고들어 있었다.[9] 2000년대에 들어 한양도성 유적에서 출토된 근대 도자의 현황에서도 질 낮은 백자와 함께 외래 자기, 특히 일본 자기가 많이 출토된 것만 보아도 당시 도시민들이 저렴한 조선백자와 함께 왜사기를 보편적으로 썼음을 알 수 있다.[10] 1930년 조선 대도시의 시민들이 조선백자 대신 규슈 자기를 선호했다는 기록이 있을 정도다.

전통 자기의 쇠퇴, 산업 자기의 발전

일제강점기 자기 제작의 현황은 한마디로 전통 자기는 쇠퇴하고 산업 자기가 발전한 시기로 요약할 수 있다. 개항 이래 한반도에는 벽돌·기와·뚱딴지(애자碍子, 전선을 매거나 전기의 절연체로 쓰는 기구)·관·위생도기 등을 제조하는 요업 공장을 설립하여 운영하거나, 일본으로부터 자기를 대량으로 수입하는 일본인들이 많았다. 또한 일본인들이 운영하는 자기 제작소에서는 일본인의 수요가 큰 청자의 모조품을 만들거나 양식 자기를 주로 만들었다. 이에 비해 조선인들이 운영하는 제작소는 대부분 영세한 규모로 막사발, 옹기, 민수용 백자를 주로 생산했다. 이들이 만든 백자는 '壽', '福'자를 단순하게 찍은 수복문 발·대접·보시기가 많았는데, 밥·국·반찬이 주가 되는 우리 식탁에 적합한 실용적인 그릇이었다. 참고로 양식기는 수프 그릇과 접시를 포함한 6, 12인조 같은 디너 세트나 티, 커피 세트가 주를 이룬다.

먹는 음식에 따라서 그릇의 형태도 다르기 마련인데, 접시를 예로 들자면 조선 시대 널리 쓰인 자기 접시는 대개 지름이 15~20센티미터 크기로, 모양은 대부분 약간 깊고 운두와 굽이 있는 형태였다.[11] 이에 비해 서양의 접시는 크기가 다양했고 얇고 평면에 가깝다.

전 세계로 수출하는 일본 자기

20세기 초부터 서양의 기술을 도입하고 연구한 일본의 자기는 미국을 비롯해 전 세계로 수출될 정도로 성장했다. 오늘날 노리다케로 잘 알려진 회사의 전신인 모리무라구미林村組는 1904년 나고야 근처 노리타케 지역에 일본도기합명회사를 설립하고 일본 최초로 경질 자기를 제작했다.

서양의 디너 세트는 일본 생활 양식에 맞지 않아 주로 화식기(일본 식기) 위주로 생산했지만 이 회사는 미국 수출을 위해 기형에 맞게 원료와 공정을 개발했다. 그리하여 1913년 처음 완성된 양식기 세트가 세단Sedan이었다. 이후 미국 가정에서 큰 호응을 얻어 대표적인 수출품이 된 아잘레아Azalea로 노리다케는 유명세를 얻었다. 제1차 세계대전이 발발한 1917년 무렵 출시된 이 핑크색 철쭉꽃 패턴은 동양적인 분위기를 주면서도 미국의 생활 식기로 적합한 데다, 통신 판매 전문업체인 라킨Larkin Soap Co. of Buffalo 사의 협력으로 1920년 무렵부터 1940년까지 미국 전역에 유통되었다. 심지어 라킨 회원들에게는 프리미엄 제품으로 팔리기도 했다.[12]

일본은 도자기를 외화 획득의 주요 산업으로 꼽고 수출을 확대하면서 원료와 노동력이 풍부한 식민지 시장으로 눈을 돌렸다. 대표적인 예가 바로 일본의 기술과 자본을 국내에 투입하여 부산에 설립한 초대형 기업, 일본경질도기회사日本硬質陶器會社다. 오늘날 니코NIKKO라는 이름으로 이어지고 있는 이 회사는 1908년 일본 가나자와金澤에서 설립한 이래 사업을 크게 확장하여 1917년에는 부산 영도에 공장을 지었다. 세계 곳곳으로 수출할 생산량을 확보하기 위해 풍부한 원료와 값싼 노동력은 물론, 제작 연료인 석탄 조달 비용을 절감할 수 있는 부산을 선택한 것이다.[13] 부산 공장 설립 후 이 회사의 계획은 조선에서는 하등품을, 가나자와에서는

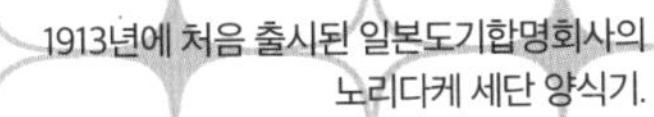

1913년에 처음 출시된 일본도기합명회사의
노리다케 세단 양식기.

미국에서 큰 인기몰이를 했던
아잘레아 패턴 티포트

일본경질도기회사에서 만든 접시.

일본 경질도기회사에서
1915년에 발매된 산수 패턴 티포트.

1930년경
존슨 브라더스 사에서 만든 올
드 브리튼 캐슬-캔터베리
접시들.

1930년대
일본경질도기회사에서
만든 접시.

상등품을 제조하여 미국·호주·유럽·러시아 등지로 수출하는 것이었다.[14] 이는 식민 본국의 공업과 식민지 공업 사이의 이른바 정공업精工業-조공업粗工業 분업 관계를 보여주는 사례라고 할 수 있다.[15] 부산 공장에 여러 자동 기계 설비를 갖추고 유럽에서 도입한 주입 성형slip casting이나 석고 성형solid casting 같은 신기술을 적용했으며, 상회·하회·전사transfer-printing 같은 기법으로 정교하고 화려한 문양의 제품을 대량 생산했다. 이렇게 만들어낸 당시 생산량은 1928년 기준으로 월 평균 약 25만 개에 이르렀다.[16] 주로 각종 경질 도기·일반 생활자기·법랑 철기·타일 등을 생산했고, 해외 수출용 양식기는 유럽·미주·남양군도·만주 등으로 수출했다. 한편 조선 전통 식기와 일본 식기들은 내수용으로 한반도 내에서 유통되었다.[17]

경질 도기stoneware는 단단하고 굳은 성질을 가진 장석질의 도기를 일컫는다. 18세기 중반 영국의 조사이아 웨지우드Josiah Wedgewood, 1730~1795가 완성한 것으로, 중국 경질 자기보다는 투박하지만 자기porcelain와 도기pottery의 중간인 반半자기semi-porcelain로 내구성이 강하고 저렴한 생활 식기, 변기 같은 위생 도기로 각광을 받았다. 이런 이유로 19세기 후반부터 20세기 전반 미국 중산층의 식탁에서는 세밀한 판화 디자인의 영국 경질 도기 식기가 큰 인기를 얻었다.

일본의 여러 도기 제조소들은 이러한 경질 도기의 시장성에 주목하여 영국 스태퍼드셔 지역의 여러 경질 도기 회사들, 그중에서도 특히 존슨 브라더스Johnson Brothers 사의 제품을 모방하여 생산했다. 해외 수출에 주력했던 일본경질도기회사 역시 산수山水나 영국의 고성 같은 패턴을 존슨 브라더스의 제품을 본떠 출시했다.[18]

영국 도자기의 베스트셀러, 윌로 패턴

일본 업체들의 산수 패턴은 18세기부터 이미 영국의 베스트셀러였던 윌로willow 패턴을 모방한 것이다. 버드나무, 배, 정자, 오렌지 나무, 다리, 담장, 새 등으로 빼곡히 들어찬 윌로 패턴은 18세기 후반 스태퍼드셔 도공들이 중국 도자기에서 영감을 얻어 신비한 동양에 대한 환상을 버무려 만들어낸 것이다. 원래는 영국의 유명한 도공 민턴Thomas Minton이 개발했으나 19세기에 접어들면서 스포드Spode, 존슨 브라

그림 속 여인이 들고 있는 찻잔이 윌로 패턴이다. 그랜트 우드, <혁명의 딸들>, 1932, 신시내티 미술관.

더스 등 이미 50여 개가 넘는 영국 회사에서 비슷한 버전으로 출시했다.[19] 그야말로 윌로 패턴은 시누아즈리(중국풍)의 정수로서 빅토리아 시대를 대표하는 패턴으로 자리잡았다. 이야기는 여기에서 끝이 아니다. 심지어 『로미오와 줄리엣』에 버금가는 비극적인 사랑 이야기까지 덧입혀져 잡지, 소설, 동화, 동요, 연극, 광고 등을 통해 끊임없이 그 상품성이 확대 재생산되었다. 그렇게 유명한 유럽의 패턴을, 제1차 세계대전의 영향으로 영국 도자기의 미국 수출이 곤란해진 틈을 타서 일본의 업체들이 재빨리 모방, 시장의 틈새를 파고든 것이다.

이왕에 워낙 유명한 패턴인 데다 요즘에도 자주 볼 기회가 있으니 윌로 패턴에 얽힌 이야기를 좀 더 해보기로 한다.[20]

패턴의 오른쪽에는 크고 멋진 중국 집이 있다. 황제를 모시면서 권력과 부를 축적한, 아주 부유한 중국 관리가 사는 집이다. 이 집안의 많은 일은 유능한 비서인 창Chang이 관리하고 있었다. 주로 상인들로부터 받는 뇌물을 관리하는 일이었다. 그런데 충성스러운 창이 관리의 딸인 공시Koong-see와 그만 사랑에 빠졌다. 이를 안 관리는 창을 쫓아내버렸다. 며칠이 지난 뒤, 공시의 귀에는 멀리 떠난 줄 알았던 창의 목소리가 오렌지 나무 사이로 들려오는 듯했다. 이를 엿들은 누군가 관리에게 이 사실을 일러바쳤고, 아버지는 딸이 집 담장 너머로 나가는 것을 금했다. 그런 뒤

1920년대 존슨 브라더스 사에서 만든 윌로 패턴 접시.

그는 연회장이 있는 집 근처에 출구가 없는 작은 정자를 지었고, 공시를 부유하고 지체 높은 장군 타진과 정혼을 시켰다. 사랑하는 이는 만날 수도 없고, 정작 얼굴도 한번 못 본 사람과 약혼을 하게 된 공시는 마치 그물에 걸린 새처럼, 올가미가 점점 옥죄어 오는 것 같았지만 도저히 빠져나갈 힘이 없었다.

약혼식이 치러진 날, 연회가 끝날 무렵 몰래 공시의 방으로 찾아간 창은 그녀와 함께 도망치기로 맹세한다. 두 사람은 타진이 가지고 온 보석을 가지고 문을 지나 계단을 내려와 버드나무 옆 다리에 다다랐다. 하지만 마지막 순간에 그들을 발견한 아버지가 다리를 건너 쫓아간다. 윌로 패턴에는 이 부분을 표현하기 위해 다리 위에 세 사람이 등장한다. 창과 공시는 아버지를 피해 보트를 타고 도망친 뒤 보석을 판 돈으로 조그만 섬을 사 그곳에 집을 짓고 새로운 삶을 시작했다.

문장에 뛰어난 창은 시로 명성을 얻었고 그 소문이 타진의 귀에 들어간다. 소문을 들은 타진은 부하들을 대동하여 섬에 쳐들어가 창을 체포하고, 결국 그를 살해한다. 절망에 빠진 공시는 집에 불을 질러 스스로 불에 타 죽고 만다. 슬픈 사랑에 감동한 신이 그들을 영원히 사는 비둘기로 만들어 주었다. 비둘기는 살아서도 죽어서도 함께하는 상징이다.

윌로 패턴 속 관리의 집 뒤에는 오렌지 나무가 서 있고 집 왼쪽에는 공시를 위해 지은 정자가 있다. 영지에는 담장이 둘러쳐져 있고, 그 입구에는 버드나무가 휘날리고 있다. 다리 위에는 도망치는 창과 공시, 뒤를 쫓는 아버지가 그려져 있다. 두 연인이 배를 타고 먼 섬으로 떠나고 왼쪽 원경에는 외딴섬과 이들이 함께 산 집이 보인다. 비극적으로 세상을 떠난 두 사람은 두 마리 비둘기가 되어 함께 하늘을 날고 있다.

이제 어디서라도 윌로 패턴을 보면 이 이야기를 떠올리며 하나씩 찾아보는 재미를 누려봐도 좋겠다.

백화점에 떼를 지어 그릇을 만져보는 신혼부부들

이 시대에는 경질 도기보다 더 얇고 가벼우면서 투명한 본차이나 자기들도 백화점

大倉陶園展覽會

我國陶瓷器製造工業界の第一人者たる大倉和親氏が私財數十萬圓を投じて設立した大倉陶園の作品高級食器置物等二百余點を十三日から十八日まで三越ギヤラリーで陳列、展覽會を開く（寫眞はその作品）

1937년 7월 8일 『조선신문』에 실린
미쓰코시 백화점 오쿠라 도원 전람회 모습.

1931년 11월 13일 『경성일보』에
실린 오쿠라 도원 전람회 출품작.

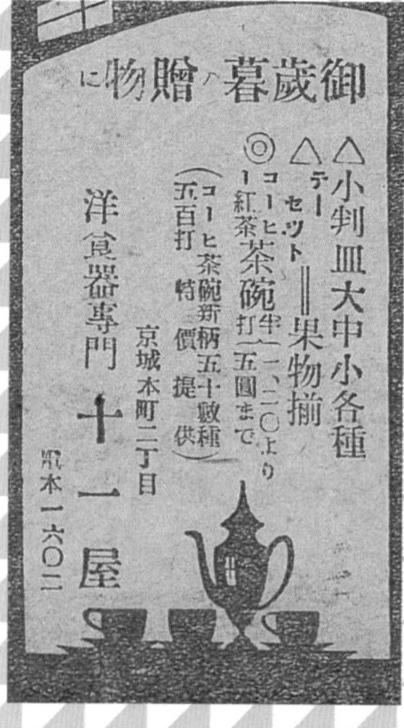

경성 본정에 위치한 양식기 전문점 십일옥 광고.
왼쪽부터 『경성일보』, 1926. 7. 8., 『조선신문』, 1928. 12. 20.

에서 판매되었다. 1920년대 당시 일본산 고급 양식기의 대표 주자는 오쿠라 도원大倉陶園이었다. 1919년에 설립된 오쿠라 도원은 이른바 미술 도자기를 표방하면서 마이센이나 세브르 같은 유럽 자기의 영향을 받아 순백의 바탕에 강도 높은 경질 자기를 제작했다. 특히 시대의 변화에 따라 양식기가 일본인의 생활에 유입되는 것에 주목하고, 특히 부유층이 원하는 것을 만드는 것에 목표를 두었다.[21]

경성 미쓰코시 백화점에서는 오쿠라 도원의 신제품을 1931년부터 매년 전시, 판매했다. 5층 갤러리에서 특별전 형식으로 열린 행사에는 홍차 세트, 커피 세트, 각종 접시, 과자 그릇, 과일 그릇 같은 양식기를 비롯하여 장식을 위한 동물이나 인물 조각상, 화병 등이 전시되었다. 잡지『별건곤』에 실린「대경성 광무곡」이라는 세태 비평에는 이런 풍경을 꼬집는 글도 실렸다.[22]

> "진고개 평전상점(히라타 백화점)에서 '커피잔 사긔 화병을 골르느라고 어엽븐 모던껄이 안젓다 니러낫다 하면 모르는 양복신사의 고개가 따라서 올너갓다 나려갓다 하면서 쓸대 업는 그릇을 덩다라 사는 것도 광무곡'(이다.)" _『별건곤』, 1929. 1.

이뿐만 아니라 화신 백화점 4층 사기부砂器部에서는 신혼부부들이 떼를 지어 그릇을 만져보는 모습도 보였다.[23] 이러한 양식기들은 백화점 외에 십일옥十一屋 같은 양식기 전문점에서도 취급했다. 경성 본정에 있었던 십일옥은 도쿄 긴자에 본점을 두었는데, 10점을 만점으로 했을 때 1은 그 이상을 의미한다고 하여 붙여진 이름이다.[24] 이곳에서는 도자기는 물론이고 유리기, 금속기, 에나멜기, 아이스크림기 같은 각종 그릇과 커틀러리, 요리용구 등을 판매했다. 십일옥 점주는 매년 봄, 가을 두 차례 도쿄와 오사카에서 물건을 들여와 부엌 개선에 공헌하고자 철저하게 염가 봉사를 행한다고 말하기도 했다.[25]

유리 그릇, '보기만 해도 경쾌하다'

현진건의 소설『피아노』에 등장하는 주인공 궐과 그의 신여성 아내는 "놋그릇은 위생에 해롭다 하야 사기 그릇, 유리 그릇만 사용하기로 하고" 화류목으로 만든 깔끔한 탁자에 아기자기하게 이것들을 얹어놓았다.

유리 그릇은 위생적이라는 인식과 더불어 '보기만 해도 경쾌하다'는 상찬을 받으며 특히 여름철에 애용되었다. 여러 종류가 있었지만 특히 겉면에 무늬를 새겨 넣은 커트 유리는 고급품으로 '어름가튼 촉감', '서늘한 맛'이 돈다며 각광을 받았다. 1932년『동아일보』에는 유리의 산지와 종류 등이 다음과 같이 소개되어 있다.

> "(…)유리의 산지는 백이의(벨기에), 체코슬로바키아, 불란서, 이태리, 독일가튼 데입니다마는 백이의 것은 두겁고(두껍고) 불란서 것은 열븝니다. 커트 유리는 미국산이 만습니다 (…)." _『동아일보』, 1932. 6. 16.

미국산 커트 유리가 국내에도 유통되었을 것으로 짐작하는데, 1934년『조선신문』에 따르면 이 당시 '일본제 유리 그릇이 미국 시장을 위협'할 정도로 일본의 유리 산업은 크게 성장했다.[26] 일본에서 근대 유리 수요는 판유리나 램프 갓, 약품 용기, 그리고 맥주병의 비중이 컸다.[27]

메이지 20년 무렵 맥주병 생산을 시작으로, 이후 1900년대 초부터는 커트 유리 그릇, 프레스(기계로 찍어 만드는 방식) 유리 접시, 컵, 잔 같은 유리 식기가 식탁에 오르게 되었다. 특히 맥주·와인 같은 서구식 술, 소스나 간장을 뿌려 먹는 양식, 이와 비슷한 일본식 음식을 위한 잔과 소스 병 같은 것들이 자연스럽게 식탁에 오르게 되었다.

이러한 유리 식기는 제1차 세계대전 이전 오사카와 도쿄를 중심으로 제작되었다.[28] 1902년 도쿄 간다에 설립된 사사키초자佐々木硝子에서 1909년부터 정기적으로 발행한 카탈로그[29]에 따르면 이 당시 이미 빙수용 컵, 아이스크림 컵, 미쓰마메(붉은 완두, 한천, 경단, 과일에 검은 꿀 또는 당밀을 넣은 일본식 디저트) 볼과 같은 다양한 유리 그릇들이 생산되고 있었다.

얼음을 갈아 딸기, 바나나, 오렌지 물을 끼얹은 일본식 빙수는 1900년대 초부터 경성에서 크게 유행했다. 맥주, 와인은 물론이고 칼피스, 파피스, "하나만 청하여다가 두 남녀가 대가리를 부비대고 보리줄기로 쪽쪽 빨아먹는다"[30]고 풍자한 아이스 커피도 이 당시 사람들은 이미 즐기기 시작했다. 그럴 때 유리 그릇은 맛과 분위기를 즐기는 데 어떤 것보다 안성맞춤이었다.

유리 식기 제조업은 1903년 이후 도쿄보다 오사카를 중심으로 크게 발전했고 제1차 세계대전을 계기로 수출이 급격히 늘었다.[31] 대량 생산된 일본산 커트 유리, 크리스털, 스팀 웨어 등이 미국산보다 훨씬 저렴한 가격으로 미국 시장에 수출되었다. 1935년 무렵에는 사쓰마薩摩(오늘날 가고시마 현의 서부)의 전통 공예품인 색을 입힌 사쓰마 커트 유리가 전성기를 맞이했다.[32] 당시 커트 유리는 1925년을 전후로 구미에서 유행한 아르 데코 양식을 모방한 기하학적인 무늬가 많았다.

유리는 20세기 초만 하더라도 조선에서는 생산되지 않는 비싼 물품이었다. 러시아 학자 세로셰프스키가 쓴 대한제국 견문록에는 짓다 만 유리 공장에 대한 이야기가 등장한다.[33] 일본의 대표적인 유리 제조 공장 중 하나인 아사히 유리旭硝子는 유리 원료인 규사를 목포의 대흑산도에서 수입, 기타큐슈 공업 지역 도바타戸畑의 공장에서 제품을 생산했다.[34] 1931년에는 인천에 분공장을 세우려는 움직임도 포착된다. 규사는 목포를 비롯하여 인천과 가까운 몽금포에도 풍부했기 때문이다.[35] 식민지의 원료로 자국의 산업을 일으킨 사례 중 하나라고 할 수 있다. 주로 문짝에 끼웠던 여러 가지 무늬의 아사히 판유리는 경성과 부산의 특약점인 무라카미村上 상점에서 판매되었다.[36]

규사가 풍부한 데다 인건비가 저렴했던 1930년대 중반 우리나라에서도 유리 그릇 생산이 서서히 이루어졌고, 1935년에는 처음으로 영국으로 수출도 했다.[37] 1920년대에는 약병·우유병·과자병 등 각종 병류와 호롱불을 만들다가, 1930년대에는 각종 병류를 비롯하여 유리관·실험 기구 등까지도 만들었지만, 판유리와 고급 유리 제품은 여전히 수입에 의존할 수밖에 없었다.[38]

한편, 1930년대에는 좋은 유리 그릇 고르는 법과 관리법이 신문에 종종 소개되었다. 좋은 유리를 고르는 법은 아래와 같았다.[39]

1. 유리 속에 거품 같은 방울이 없는 것.

2. 날카롭게 들어갔다 나왔다 한 것이 심한 것.
3. 흐린 곳이 없고 말갛게 된 것.
4. 광택이 있고 손끝으로 쳐서 소리를 내보면 쇳소리 같은 맑은 소리를 내는 것.

즉, 커트 유리를 고를 때에는 불순물이 없고 맑고 깨끗한 것을 눈으로 보고 커팅된 면을 손끝으로 만져보아 깊고 섬세하게 세공된 것을 살피는 것이 요령이었다. 또한 1936년 『동아일보』 기사에 따르면 커트 유리가 가정에서 상당히 많이 쓰인 것도 알 수 있다.

"요새 여름 그릇으로 가장 만히 쓰이는 것이 이러니저러니 해도 커트 글래스입니다. 다시 말하면 민피의 보통 유리 그릇이 아니라 여러 가지 모양으로 소정의 결정체와 같이 된 것을 커트·글래스라 합니다. 좀 고급품 되는 것으로 냉차 한 잔이나 아이스크림을 먹으면 같은 것이라도 맛이 더 나는 것 같습니다." _『동아일보』, 1936. 6. 19.

화신 백화점 1937년 7월 하순 안내 리플릿에 따르면 '캇트 그라스'는 지하 1층에서 부엌용 잡화와 함께 판매되었다. 판매 금액은 '비-루 셋트'(맥주잔 세트)와 '코-히-셋트'(커피 세트)가 각각 15원, 접시가 1원 50전부터였다.[40]

커트 유리는 무늬 없는 일반 유리보다 비싸기 때문에 쓸 때 주의를 요했다. 유리 그릇을 오래 사용하기 위해서는 샀을 때 뜨거운 물에 넣고 한 번 삶거나, 그 생명인 광택을 유지하기 위해서 매실이나 희석산, 초산 등으로 닦으라는 관리법이 신문 기사에 실렸다.[41] 하지만 뜨거운 물에 넣었다가 자칫 깨지는 일도 없지 않았다.

경제 공황기를 물들이는 명랑하기 그지없는 그릇 색상

1920~30년대 선보인 유리 제품은 크게 크리스털Cristal 유리와 디프레션Depression 유리로 나눌 수 있다.

재철이 오는 유리그릇
모시옷처럼 보기만해도 경쾌합니다

1935년 4월 24일 『조선중앙일보』에 실린 유리 그릇 관련 기사.

골라 사는법 아십니까?

유리그릇은
어름가튼감촉을
자랑한다

1934년 7월 17일 『조선중앙일보』에 실린 유리 그릇 고르는 법.

사사키초자에서 제작한 디저트 볼.

1903~40년대 명랑한 색깔의 디프레션 유리.

1920~40년대 일본에서 양산한 프레스 유리 식기.

1932년 7월 잡지
『딜리니에이터』 표지에 실린
커트 유리 컵.

납 성분이 든 묵직한 유리로 투명하고 두껍고 단단하기 때문에 커팅하여 여러 가지 문양을 내는 크리스털 유리는 위로 들어보면 반짝거리면서 무지갯빛을 반사한다. 또한 손으로 튕겨보았을 때 '팅~'하며 맑고 선명한 소리를 내는 것이 특징이다. 앞선 기사에서 소개한 대로 '날카롭게 들어갔다 나왔다 한 것이 심한 것', 즉 커팅이 깊고 섬세한 것을 좋은 품질로 간주한다.

디프레션 유리는 경제 대공황기에 고급 크리스털이나 도자기의 대체재로 대량 생산된 대중적인 유리 제품을 말한다. 미국의 국립 디프레션 글라스 협회National American Depression Glass Association에 따르면 1920년대 중반부터 1940년대 말까지 미국에서 생산했고, 기계 몰딩으로 찍어내 값이 저렴했다. 알록달록 투명한 색상으로 만드는데 다양한 색깔은 유리 속에 포함된 성분에 따라 달라졌다. 초록, 분홍, 노랑, 주황, 파랑이 가장 일반적인 색상이고 그 외에도 여러 가지 색이 있었다. 공황기에는 초록색이 특히 인기가 많았는데, 이 색을 내기 위해 가장 효과적인 성분은 우라늄Uranium, 더 짙은 초록을 원하면 산화철 성분을 추가했다. 그래서 황녹색이나 녹색을 띠고 있는 우라늄 유리는 UV광선 아래 비추면 마치 도깨비불처럼 초록색으로 빛이 난다.

이 당시에는 접시와 볼 같은 그릇은 물론이고 촛대, 재떨이, 담배상자 등 각종 생활용품들이 싼값에 제작, 판매되었고 당시 통용된 표현대로 명랑하기 그지없는 색상으로 암울한 경제 공황기의 식탁을 물들였다.

일반 가정에서 많이 쓰던 알루미늄 냄비

1930년대 일반 가정에서는 알루미늄 냄비를 가장 많이 썼다. 가볍고 값이 싸며 열전도율이 높아 쉽게 끓고 녹도 나지 않는 장점[42] 때문이었다. 그 당시 광고에서 많이 보이는 미타니 냄비ミタニ鍋는 실용신안특허를 받았다며, 뚜껑 걸치는 장치가 있어 끓어도 국물이 넘칠 걱정이 없다는 걸 강조했다.[43]

이 무렵은 생활 속에서 특히 경제가 강조된 시절이었다. 심지어 시꺼멓게 탄 냄비 바닥도 섣불리 닦아내면 안 되었다. 까만 냄비나 주전자 바닥을 깨끗이 하느라 닦는 것은 '연료 경제상 여간 불경제'가 아니었기 때문이었다.[44] 신문에서는 검정이 앉아 시커먼 냄비 바닥이 희고 깨끗한 것보다 물이나 음식을 데우는 데 시간이 적게 걸리므로 경제적이어서 요리에 능숙한 이들은 모두 이렇게 한다고 알렸다.[45] 또한 냄비 뚜껑을 덮고 조리하면 열고 할 때보다 같은 화력이라도 훨씬 시간을 줄일 수 있으므로 '냄비 뚜쎄(뚜껑)는 업지 못할 것'이라고 '주방 과학'이라는 코너에 상세히 소개하기까지 했다.[46] 대부분 1920~30년대 실시된 생활 개선 운동의 일환이었다.

조선총독부 산하에서 실시한 생활 개선 운동은 조선인들의 의식주와 풍속, 습관을 변화시켜 근면·절약을 생활 속에서 실천하고, 이를 통해 생산력을 증가시키고 식민지 지배 체제에 동조시키려는 의도로 전개되었다.[47] 표면적으로는 과학·합리·능률이라는 키워드를 명분 삼아 전개된 이 운동은 그러나 심지어 냄비 밑과 뚜껑까지 챙기는, 그야말로 잔소리 수준에까지 이르렀다. 이는 더 아끼고 더 줄이라고 종용하는 전시 생활 체제가 얼마나 속속들이 생활 전반으로 파고들었는지를 보여준다. 집에서 쓰는 놋주발, 놋대접을 바리바리 싸들고와 헌납한 청년을 '놋그릇 총후보국!'이라고 모범 인사로 추켜세우며 신문에 대서특필한 것도 같은 맥락이었다.[48]

1938년 이른바 전시 체제에 돌입하자 알루미늄 냄비마저도 절약 경제에는 쓸 수 없게 되었다. 정부는 금속 제품 대신 도자기나 유리 제품을 쓸 것을 독려했다. 조선총독부 중앙시험소에서는 사발, 탕기, 종지, 접시 등 조선 유기를 대체하여 경질 사기 제품들을 선보였다. 그릇은 물론이고 사기 냄비, 사기 가마솥, 가스 곤로, 어린이들의 도시락, 세숫대야, 물컵도 모두 사기로 만들어냈다.[49] 심지어 부인들의 양산 손잡이에 붙은 자루마저도 강철 대신 사기를 붙였다. 또한 건축용 자재도 사기 대열에 합세했다. 들창문이나 마루 미닫이에 다는 쇠바퀴 대신 사기가 등장했고 함석으로 만들었던 낙수통 쇠기둥은 사기 기둥으로, 물이 내려가는 파이프도 경질 사기로, 하수구 뚜껑마저도 두꺼운 도자기로 하는 등 생활 곳곳에서 철강 대신 유리와 사기가 들어왔다. 하지만 석탄 배급 통제와 물감 수입 금지, 제조 직공 부족으로 1939년 4월 신문 기사에 따르면 사기 그릇 가격은 4~10퍼센트 폭등할

1929년 12월 9일 『조선신보』에 실린 미타니 알루미늄 냄비 광고.

1928년 1월 26일 『조선신문』에 실린 뚜껑이 떨어지지 않는 법랑 철제 주전자 광고.

빌헬름 로젠스탠드, 〈부엌 내부〉, 1883.

아드리안 드 렐리, 〈팬케이크를 굽는 여인〉, 1810년경. 암스테르담 국립미술관.

기세였다.[50]

이 시대 이미 쓰기 시작한 주전자, 번철, 프라이팬

찻물을 따를 때 뚜껑을 누르지 않아도 빠질 염려가 없는 특허받은 법랑 철제 주전자나 물이 끓으면 호각 소리가 나는 주전자도 신문에 소개되었다. 볶음요리에 적합한 프라이팬도 이 시대에 수입되었지만 그리 보편적으로 사용된 것은 아니다. 대신 프라이팬에 해당하는 조리 용구로는 번철燔鐵이 있었다. 전이나 고기 따위의 음식을 지지거나 볶을 때 쓰는, 솥뚜껑처럼 생긴 둥글넓적한 무쇠 그릇을 말한다. 기름을 두르고 재료를 볶는 요리는 중국이나 서양 요리에는 많지만 우리나라 전통 요리에는 흔치 않았다. 따라서 단순한 형태의 번철이 오랫동안 지짐을 위한 도구로 쓰였다.

1937년 9월 13일자 『매일신보』에는 "지지고 복는 데 업서서는 안될 번철"을 다루는 법이 실렸다. 1958년에 발간된 방신영의 『고등요리실습』에 실린 너비아니 만드는 법에도 양념을 한 고기를 손으로 잘 주물러서 '번철에다가 빛곱게 구어서 더웁게 상에 놓아라'고 적혀 있다.

이에 비해 오늘날 가정의 필수품이 된 프라이팬은, 긴 손잡이가 달려 있는 데다 번철보다 가볍고 쓰기에 편리하지만, 부엌에서 같은 용도인 번철을 밀어내는 데는 꽤 시간이 걸린 듯하다. 일본에서는 프라이팬을 후라이나베フライ鍋라고도 표현했는데 "소금을 조금 뿌리고 바닥을 잘 닦으라"며 신문에서 프라이팬 사용법을 다루기도 한 것으로 보아 생활 속으로 차차 들어오고 있었음을 짐작할 수 있다.[51]

일일간 전 조선에서 삼천 개 이상식 외국제 만년필을 씀내다

만년필

만년필 탄생 일화

1933년 8월 27일자『조선중앙일보』는 해외의 특이한 소식으로 미국 고고학협회가 발굴한 3천 년 전 만년필을 소개했다. 노루의 관절뼈를 이용하여 만든 것으로, 속이 비었으며 가운데 부분에는 망간 광석을 넣었다. 상부의 접시같이 생긴 뼈 속에 기름을 넣었는데 그 기름이 방울방울 떨어지면 망간이 녹아서 뾰족한 끝에 달린 촉으로 나오면서 글씨를 쓰게 되어 있었다. 신문 기사의 표현대로 과연 "요사이 만년필에도 지지안흘만한 정교품"이었다.

서양에서는 오랫동안 거위 깃털이나 뾰족한 상아 끝에 잉크를 찍어서 쓰던 깃펜을 써왔다. 그러던 것을 1809년 영국인 프레더릭 폴슈Frederick Folsch가 개량하여 잉크 저장 펜reservoir pen을 개발했다.[1] 그렇지만 잉크 양이 잘 조절되지 않아 대중화되지는 못했다. 이를 개량한 것이 "샘물처럼 잉크가 작구작구 난다는 뜻"으로 파운틴펜, 즉 만년필이다.[2]

만년필의 구조는 꽤 복잡하다. 잉크통에서 흘러나온 잉크가 피드Feed라는 관을 통과해 펜촉인 닙Nib과 끝 부분인 팁Tip에 머물다가 종이에 스며드는 구조다. 이런 구조가 완성되기까지는 숱한 시도가 있었다. 오늘날 같은 만년필의 탄생에는 역시 유명한 일화가 있다.[3] 1883년 보험회사의 직원이었던 미국의 루이스 에드슨 워터맨Lewis Edson Waterman은 잉크가 흘러나와 중요한 계약서가 엉망이 되어버렸다. 고객은 이를 불길하게 여겨 계약을 취소하고 말았다. 워터맨은 자신이 직접 잉크가 떨어지지 않고 고르게 나오는 펜을 만들기로 결심했고, 그리하여 탄생한 것이 모세관 현상을 적용한 만년필이다. 이후 워터맨은 근대 만년필의 아버지 대접을 받았다. 하지만 여전히 만년필은 체온 때문에 잉크가 흘러나오거나 곧잘 새곤 했다. 이를 해결한 것이 바로 조지 새포드 파카George Safford Parker와 로이 콘클린Roy Conklin 같은 이들이었다.[4]

개항, 먹과 붓을 대체한 만년필

개항과 함께 서양의 만년필은 우리나라에도 서서히 들어와 점차 먹과 붓을 대체하기에 이르렀다. 자신의 수필 「만년필」에 만년필 사랑을 고백한 이태준이 비싸게 주고 산 것은 콘클린과 무어The Moore Pen Co. 사의 만년필이었다. 그는 야구를 하러 간 어느 날, 한 친구가 나무에 걸어둔 상의에서 자신의 만년필을 뽑아 가는 바람에 잃어버리고선 마치 '제망매가'처럼 안타까워했다. 그는 만년필을 "가장 교驕하고 간奸한 기지機智의 자손이면서 그렇게 얄밉거나 건방진 존재는 아니"라고도 했다. 또 "다른 방면엔 박하더라도 만년필에만은 제법 홍청"거린 자신이 서양제를 고집한 이유를 다음과 같이 밝히기도 했다.

> 첫째, 펜의 촉감이 좋고 그 촉감이 여간 4, 5년쯤으론 변하지 않는 점.
> 둘째, 잉크가 고르게 나오는 것.
> 셋째, 대나 클립이나 모양이 단연 우수한 점.
> 넷째, 바다를 건너 먼 나라에서 왔다는 정情에 울리는 때문.

1910년대 후반에 이르면 만년필은 사무를 보는 이들의 필수품이자 포켓의 중요한 장식품으로 대유행을 했다. 각종 만년필이 우수한 품질과 저렴한 가격을 내세우면서 홍보를 펼쳤다. 경성 황금정(오늘날 을지로)의 우조당友助堂이 발매하는 크레센트 만년필도 광고를 많이 했는데,[5] 펜의 몸통에 초승달 모양의 금속 고리를 누르면 잉크를 충전할 수 있는 셀프 충전 방식으로 보아 콘클린 만년필을 의미하는 듯하다.

1921년 매일신보사의 대리부에서는 자동 발조 장치가 있는 서울만년필을 판매했다. 홍보 기사에 따르면 기존의 흡입식, 압출식, 조출식의 장점을 결합한 "이상적인 만년필"로서 아무리 써도 닳지도 않고 또 잉크가 잘 나오지 않거나 너무 많이 나오거나 하는 일도 없을 뿐만 아니라 값도 싸다고 자랑했다.[6] 5원 80전, 7원 80전짜리 두 가지였는데 홍보와 달리 결코 싼 금액은 아니었다. 일본에서는 개항 이후 펜을 누르면 끝에 달린 펜촉이 안으로 들어가면서 잉크가 나오는 스타일로그래픽stylographic pen을 수입, 판매했고 이를 만년필이라고 불렀다.[7] 만년필의 수요가 늘면서 1900년대 초에는 펜촉을 수입, 자국산 펜대에 끼워 생산하다 이후 1911년 일본산 만년필 세일러Sailor를 탄생시켰다.[8] 한 사람의 선장보다 수많은 선원(세일러)의 힘이 중요하다는 의미에서 지은 이름이다.[9]

외제 만년필의 홍수

1920~30년대 우리나라 신문 광고에는 세일러를 비롯하여 엑스트라Extra, 긴세카이Goldworld, 파인パイン, 플라톤Platon, 라지Large, 아테나アテナ, 아트The Art, 스리에스SSS, 파일로트Pilot, 에디슨Edison 등 일본산 만년필이 대거 등장한다. 일본 3대 브랜드로 손꼽히는 파일로트, 세일러도 있긴 하지만 대부분은 오늘날 자취를 찾을 수 없다. 이 당시 만년필마다 전문 특약점을 모집하거나 궁내성 납품 이력을 강조하는 등 홍보, 판매 전략은 다양했다.[10] 또한 우편 주문을 받아 전국적으로 판매를 확대했다. 고객은 만년필 품명, 강強·약弱·태太·중中·세細 등 선호하는 펜촉의 강도와 굵기 등을 신청 용지에 적어 보냈다. 선불일 경우에는 우편 송료는 대부분 무료였고 대금상환(물건을 받을 때 배달원에게 지불하면 업체는 배달원에게 일정의 수수료를 주는 방식)일 경우에는 배송비 일부를 할인해주었다.

이 가운데 에디슨 만년필은 오늘날 홈쇼핑에서 흔히 볼 수 있는 무료 체험이나 반품도 실시했다.[11] 만년필을 많이 쓰는 일부 직업군의 사람들, 이를테면 은행원·사무원·교사 들에게는 제품을 먼저 보내주고 써본 뒤에 결제를 할 수 있도록 한 것이다. 또한 제품이 마음에 들지 않을 때는 5일 이내에 반품하면 전액 환불을 해준다고도 했다.

세일러 만년필은 1931년 1월 50전 이상의 만년필을 구매하는 고객에게 이른바 꽝 없는 추첨 이벤트를 진행했다. 1등은 전액, 2등은 반액, 3등은 30퍼센트를 환불해주고, 4등에게는 1온스oz(1온스는 약 30밀리리터)짜리 만년필 잉크 한 개를 주었다.[12] 이와 같은 다양한 판매 전략을 통해 만년필은 더 널리 보급되었다.

외제 만년필의 홍수 속에서 동원상회東元商會[13]에서 제작, 발매한 국산 반도 만년필도 있었다. 홍보는 주로 애국심에 호소하는 방식이었는데,[14] 만년필 대 한가운데에 한반도 지도를 중심으로 '바ㄴㄷㅗ'라고 한글을 새겨 넣었다. 또한 광고 지면에 "외국제를 방지할 반도 만년필의 일대 성명"이라는 타이틀 아래 구구절절 다음과 같이 외쳤다.

> "보시오 우리 전조선에 만년필 소매상점이 칠팔백개소이요 만년필행상자가 적어도 천여명이나 됨내다. 일일一日에 평균 이개식二個式만 판매한다 가정하여도 일일간 전선全鮮에서 삼천개이상식 외국제 만년필을 씀내다. 이것을 일개一個에 평균 삼원으로만 계상計上을 하고보면(삼삼구)구천원이란 거액에 달함니다. 우리와갓치 빈약한 살님으로 다만 만년필 하낫으로만쳐도 일년에 삼백이십사만원이란 이런 놀날만한 큰 돈을 순젼히 물건너로 보냅니다. 그러면 일년 이년 십년이러게 돈을 남의 사람의게 빼앗기다가는 종말에는 말간 몸둥이만 남지 안습니가? 여긔에 대하야 반도 혼魂을 가진 자로서 생각아니할수 업는 일대 난제難題이지요!! 자작자급自作自給의 두뇌頭腦를 가진 우리가 진실盡實로 끈힘업시 연구하고 실지實地로 노력한 결과 조금도 유감遺憾업시 우리 손으로 미려견고美麗堅固하게 맨드러서 외국제 만년필을 방지防止하려고 하기下記와 여如히 도매가로써 산매散賣하오니 반도 혼이 잇는 제현諸賢은 각성하라!!" _『조선일보』, 1924. 10. 3.

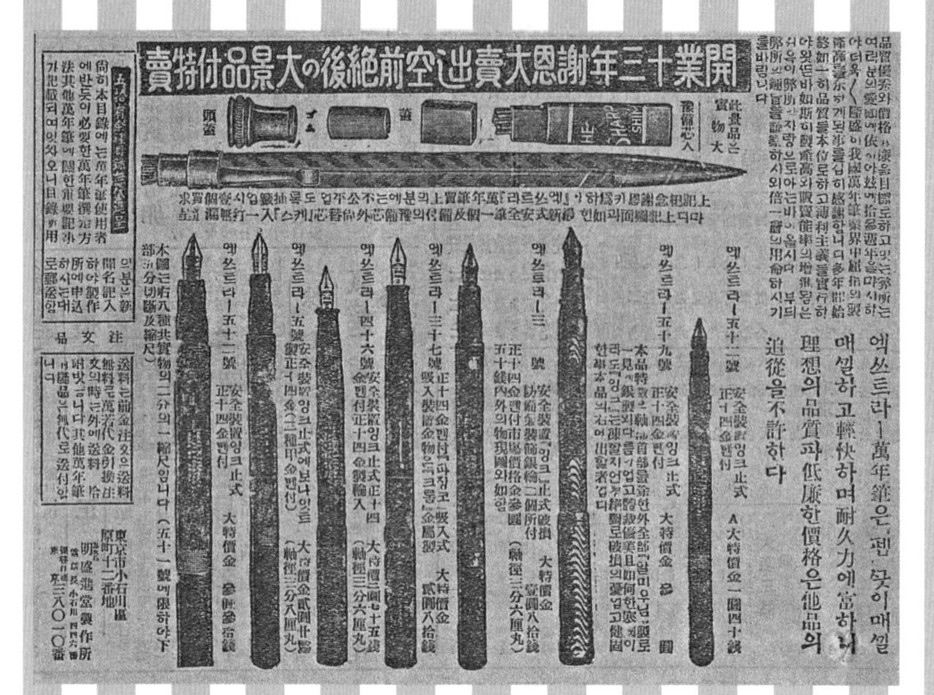

1928년 5월 3일 『매일신보』에 실린 엑스트라 만년필 광고.

1910년 워터맨 만년필 광고.

1922년 무어 만년필 광고.

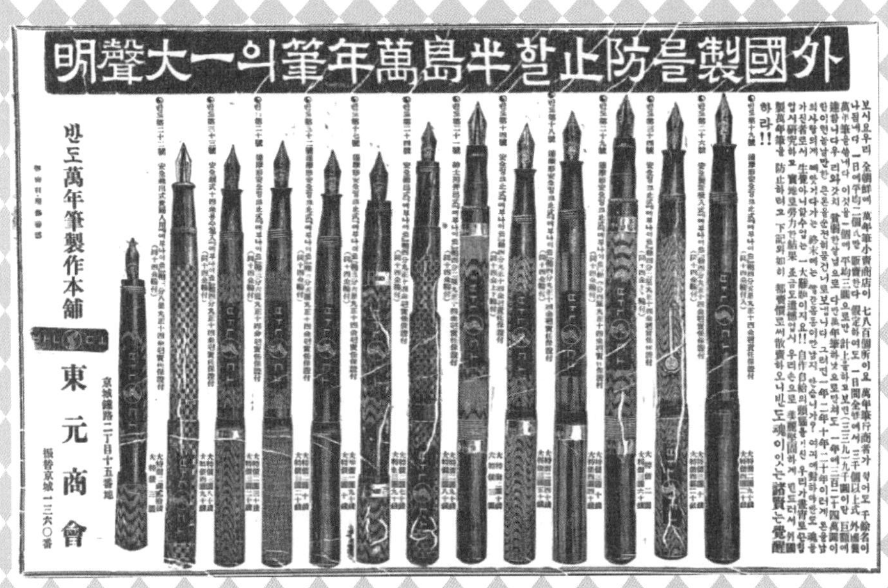

1924년 10월 3일 『조선일보』에 실린 반도 만년필 광고.

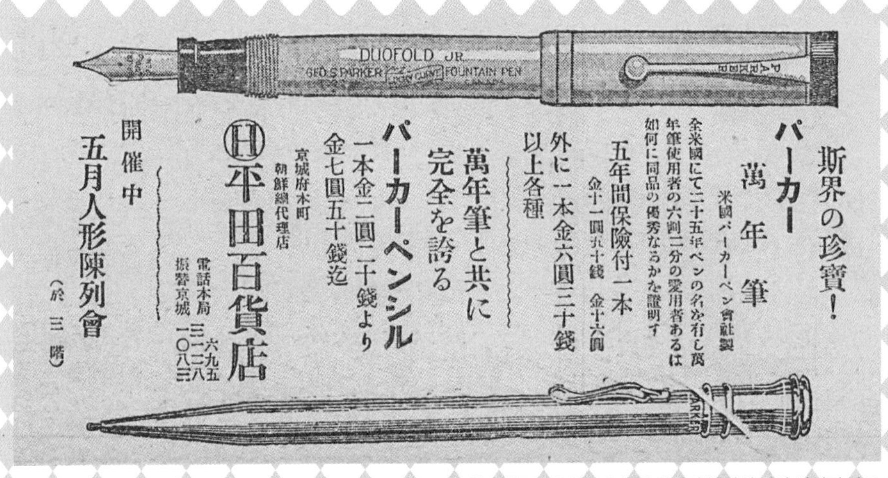

1924년 4월 11일 『조선신문』에 실린 히라타 백화점 파카 만년필 광고.

반도 만년필의 외침 광고는 사뭇 격렬한데 1924년 무렵 조선에 만년필 소매점은 700~800개였고 만년필 행상도 1천 명이 넘었다. 하루에 두 개씩만 판매된다 하더라도 매일 전국에서 3,000개 이상의 만년필이 팔리고 평균 3원씩만 잡아도 하루 9,000원, 1년이면 대략 324만 원의 거액이 외제 만년필 소비에 사용되고 있었다. 1924년은 조선물산장려운동이 한창이었던 만큼 반도 만년필의 당시 광고로 국산품 소비 장려의 일환을 엿볼 수 있다.

만년필의 생명이라고 할 수 있는 펜촉은 잉크에 의한 부식을 방지하기 위해 금·백금·이리듐 같은 경금속을 사용하는데, 값이 싼 것은 펜촉에 합금이나 크롬 같은 것을 사용했다. 만년필의 품질과 가격은 천차만별이다. 비싸다고 해서 무조건 좋은 것이라고 말할 수는 없지만 값이 싼 것 중에 좋은 걸 기대하기는 어렵다. 1934년 기준으로는 적어도 2원은 줘야 쓸 만한 걸 살 수 있었고, 검은색 대가 유행이었다.[15]

역시 독일, 영국, 미국산이 으뜸

일본 만년필들이 서양의 것에 견줄 만큼 되었다고는 해도 앞서 이태준이 그러했듯 여전히 독일, 영국, 미국 같은 서양의 것을 선호했다.[16] 광고만 놓고 볼 때 1930년 ㈜평화당문구부에서 판매한 세계일주만년필은 획기적인 상품이었다. 잉크를 한 번만 넣으면 무려 10년 간이나 사용할 수 있다고 했다.[17]

> "기상천회의 대발명
> 물경勿驚 잉크 일개입 십년간 사용
> 십년분 잉크가 이상적으로 충분히 완전장치 된 신발명특허품 특히 여행 외출 등교엔 불가불 경제상, 실용상, 유일무이한 세계일주만년필" _『조선일보』, 1930. 7. 13.

일본 최고급품으로 일본보다 경성에서 오히려 저렴하게 판매된다고 장담했는데 사실과 다를 경우 100원을 증정한다고 공표했다. 무엇보다 놀라운 것은 현지보다 싸다는 가격보다도 "10년 분 잉크가 저장 장치되어 있어서 잉크가 없어도 언제 어느 때고 냉수만 넣어서 쓸 수 있다"는 점이었다. 실제로 맹물만 넣어서 10년간 쓰는 게 가능한지 알 수 없지만, 아무래도 허위·과장 광고로 보인다.

백화점 주력 상품, 현대인의 필수품

만년필은 미쓰코시나 조지야 3층, 화신 2층에서 판매했다. 히라타 백화점은 이미 현대인의 필수품이 된 만년필을 전면에 내세워 종류와 선택법, 그리고 관리법에 대해 신문 광고를 통해 상세히 안내했다.[18]

펜 뚜껑은 그대로 덮는 것과 돌리는 방식 두 가지가 있었다. 뚜껑을 덮는 방식은 머리에 구멍이 있어서 잉크가 마르기 때문에 쓸 때마다 흔들어서 써야 하고 잉크 찌꺼기가 생겨 잉크가 잘 나오지 않거나 따뜻한 곳에 두면 펜대 속의 공기가 팽창하여 잉크가 흘러나오기도 했다. 돌려 닫는 방식은 잉크가 별로 마르지 않고 주머니나 따뜻한 데에 두어도 압력의 평균이 있어서 잉크가 나오지 않는다.

만년필을 가지고 다니다보면 조끼나 핸드백에 넣어둔 만년필에서 잉크가 흘러나와 곤란한 경우가 종종 있었다. 특히 여름에는 기온과 체온의 상승으로 잉크가 팽창하여 작은 구멍으로 잉크가 흐르기 일쑤였다. 이런 이유로 잉크를 스포이드로 넣거나 펌프식이 아닌, 미국식의 자동 흡입식 만년필을 선호했다. 잉크가 흘러나온 때에는 빨리 우유에 비벼 빨고 맑은 물에 헹궈 내라는 관리법도 역시 신문에 소개되었다.[19]

만년필은 편리하게 기록하고 싶은 인간의 욕망이 만들어낸 위대한 발명품이다. 게다가 수백 년 동안 엄청난 노력과 개발로 계속 다듬어졌다. 그 덕분에 박완서 작가의 파카 45처럼[20] 만년필은 작가들에게 귀한 창작의 도구가 되어주기도 했다.

문화주택의 필수품인 축음기도 빠질 수 없다. 종류도 많고 가지고 다니는 포터블도 인기가 많았다. 축음기에서는 최신 유행가가 쉴 새 없이 흘러나왔고 젊은 남녀는 지나가던 발걸음을 멈추고 서서 레코드판을 골랐다. 라디오를 맨 집도 점차 늘어 가격이 퍽 저렴해지고 종류가 많아졌다.

악기부에는 피아노를 비롯한 각종 악기를 판매했다. 악기부 중앙에는 흑요석같이 빛나는 그랜드 피아노가 사람들의 눈길을 사로잡았다.[2] 한산한 층이라 해도 화신 백화점이 실시한 것과 같은 특매품부(特賣品部)처럼 특별 할인 행사를 할 때의 사정은 달랐다. 여러 가지 잡화품을 진열해 두고 그 위에 이십 전 균일 또는 삼십 전 균일이라는 팻말을 써붙인 날에는 사람들이 한 덩이가 되어 발 디딜 틈이 없었다.[3] 소시민들이 갑자기 값을 내린 물건을 사보겠다고 너나 할 것 없이 모두 그리로 몰려들었다. 제각기 값싼 물건을 쳐들고 점원을 부르는 광경이나 신입 점원이 물품 싼 뭉치를 들고 손님을 찾는 광경을 볼 수 있었고 어쩔 줄 모르고 바빠 날뛰는 점원들로 아수라장이 되었다.[4] 식당이 있는 쪽에는 항상 가족 단위나 직장인 그리고 약속을 잡고 만나는 이들로 분주했다. 식당 밖에 놓인 유리 진열장 안에는 그곳에서 파는 음식 모형이 놓여 있었다. 백화점에 처음 온 한 중학생은 식당 앞에 혼자 멈춰서서 이것이 가쓰레쓰(커틀릿)이고 저것이 야사이 사라다(야채 샐러드)이고 여기는 라이스 카레임을 잠시 기록해 두자며 사뭇 진지한 표정을 짓기도 했다.

5층 가구부·전기 기구부·사진부·악기부

가구·전기기기·악기·사진기 등 가구·가전 등 비교적 고가의 용품들이 집결된 오 층은 여느 백화점이든 평소에는 비교적 한산하였다.

가구부에서는 으레 양복장의 문을 조심스레 열어보거나 단스 서랍을 열었다 닫았다 하는 부인들의 모습을 볼 수 있다. 양복장과 단스 말고도 문화주택 응접실에 놓는 등나무로 된 응접세트와 테이블 또는 화분대 같은 것도 판매했다. 여름에 특히 인기가 많은 각종 등나무 가구는 보통 봄부터 여름 실내 장식을 위한 진열회나 특가전을 했다.

자기 집을 어떻게 꾸밀까 고심하는 부인들에게 미쓰코시에서 보여준 모델 룸은 퍽 인상적이었을 것이다. 고객 유인책으로 경품 행사를 자주 하던 화신에서는 쌀을 비롯해 금강산 왕복 여비 또는 의거리 삼층장 같은 것을 경품으로 내걸기도 했는데 어느 때는 심지어 일등에게 기와집 한 채를 주기도 했다.

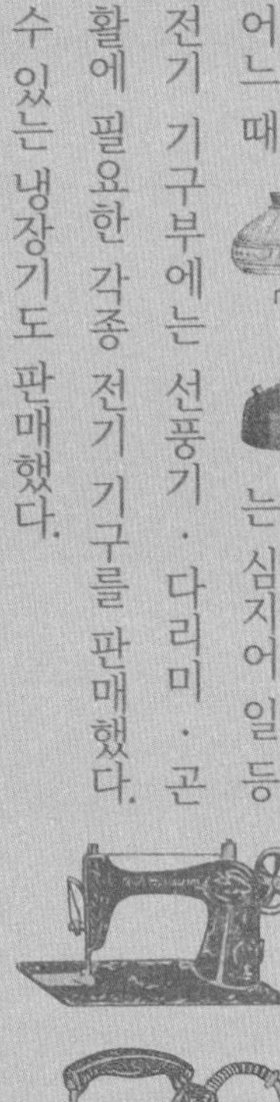

전기 기구부에는 선풍기·다리미·곤로·난로·재봉틀과 같이 문화생활에 필요한 각종 전기 기구를 판매했다. 심지어 맥주를 시원하게 해서 마실 수 있는 냉장기도 판매했다.

사진부에는 미국제·일본제 카메라들이 죽 진열되어 있었다. 아마추어 사진가도 생겨나고 여행 갈 땐 필수품으로 찾는 이들이 퍽 늘어 사진기는 인기 품목이었다.

돈 만히 드린
것치레보다
세간은
실용적으로

가구

경성에 늘어나는 일본 문화주택, 변화하는 가구들

1920년대 새로운 주거 양식으로 문화주택이 등장했다. 1922년 겨울, 경성과 인천에서는 문화주택 도면 전람회가 열렸다. 일본에서 열린 평화 기념 도쿄 박람회에 전시한 문화촌을 본뜬 것으로, 기본적으로는 일본인의 주택 개선을 위해 마련된 것이었다.

서구식 외관과 공간 구성, 위생 설비를 갖춘 문화주택은 시대의 유행어이자 너도나도 살고 싶은 꿈의 주택이 되었다. 경성에는 방갈로Bungalow 형태, 콜로니얼 하우스Colonial house 등 구미의 주택 스타일이 속속 소개되었다. 1924년에 완공된 딜쿠샤(오늘날 서울 서대문구 행촌동 소재)나 1930년에 지어진 홍난파 가옥(오늘날 서울 종로구 홍파동 소재)과 같은 붉은 벽돌집은 방갈로 형태를 바탕으로 한 문화주택이다. 한편 철근 콘크리트 구조의 모던한 문화주택도 있었다. 1927년 무렵 중림동, 회현동, 삼판동(오늘날 후암동)에 들어선 조선은행 사택이 대표적이다. 인구가 급증하면서 토지 구획 정리 사업을 통해 주거지가 본격적으로 개발되면서 장충동, 신당동, 충정로 일대에도 문화주택들이 들어섰다.

서구식 외관을 갖추었다 해도 내부는 대체로 한양절충韓洋折衷식이었다. 조양

절충식이라고도 하는데 안방은 온돌방 그대로 좌식 생활을 하고, 손님을 맞이하는 거실은 응접실이라고 해서 의자와 테이블을 놓아 양식으로 꾸몄다. 안방 가구로는 보통 단스나 양복장 같은 장롱이 한쪽 벽을 차지했다. 집을 갖지는 못했지만 거실을 응접실로, 방 하나쯤은 서재로 만들고 싶어 하는 이들이 늘어났다.

주거에서 양식洋式은 곧 의자와 테이블을 쓰는 것을 의미했다. 서구 문물을 먼저 받아들인 일본은 처음에는 서양의 의자와 테이블을 그대로 모방했지만 점차 그들의 생활 방식에 맞춰 변형해 나갔다. 예컨대 키와 다리 길이가 서양인보다 짧으므로 의자와 테이블의 높이를 각각 1자 2치(36센티미터) 또는 2자(60센티미터) 정도 낮추고, 일본 가구에 많이 쓰는 목재에 옻칠을 하기도 했다.[1] 단순한 모방에서 이른바 화양절충和洋折衷의 단계로 나아간 것이다. 같은 방식으로 서양의 가구가 우리 전통 가구와 절충되는 양상을 한양절충이라고 부른다.

앞서 이야기했듯 서양의 주택 양식이 변용된 일본의 문화주택들이 경성에 점차 늘어났다. 그리고 그 문화주택 안을 채우는 가구 역시 화양절충을 바탕으로, 일본이라는 필터를 통해 만들어진 하이브리드적인 양상을 보였다.

인텔리 주부도 드러내놓고 자랑하고 싶은 으뜸 가구

소설가 이광수는 1932년 잡지『동광』에 양복장에 관한 아내의 이야기를 이렇게 적었다.

> "양복장
> 안해의 시집 올 때 장은 다 낡어 빠지고 말앗다. 밑이 빠지고 문이 떠러지고 장식이 떠러지고. 안해는 서투른 손님- 그 중에도 여자 손님, 그 중에도 풍성풍성하게 사는 동무가 오면 이 비참한 장을 보이기를 부끄러워 하엿다. 그래서 안해는 매양 장을 하나 삿으면, 삿으면 하엿고, 누구는 자개 세간을 들엿든데, 어디는 양복장이 잇던데, 하고 장을 사고 싶어 한 것이 벌서 3, 4년이 넘엇다. 그러나 장을 살 여유는 없엇다. 오는 연종 상여금이나 타면, 하는 것도 다 헛 소망이엇

에지마 씨의 문화주택과 응접실 전경.
1930년 『조선과 건축』 9집 7호.

『조선과 건축』 1936년과 1938년에 실린 미쓰비시 사택과 최창학 저택 응접실.

다. 돈이 들어오기 전에 나갈 길부터 먼저 열렷다. 세말이 되면 진고개와 종로에서 장, 단스같은 것을 일등상으로 걸어놓고 경품부 대매출을 한다. 그 때마다 안해는 장이 빠지기를 바라고 물건을 삿다. 그러나 뽑는 것마다 타울수건, 화저까락 따위요. 바라는 장은 아니 빠졌다.

「장 아니 빠졋소?」

「나는 뽑는 복이 없어.」

금년에는 구리 풍로와 넥타이가 하나 빠졋다. 그러나 장은 빠지지 아니 하엿다. 섯달 그믐날 안해는「금년에도 장을 못사는구나」하는 생각을 아마 가지고 어디를 나갓다가, 기쁨으로 들어왓다.

「양복장 하나 생겻서」

이것은 마츰 와 잇는 친구에게 인사도 하기 전에 한 말이엇다.

「양복장?」

하고 나도 기뻣다. 안해의 소원성취를 위해 기뻣다.

「그래 무엇을 사고 빠졋소?」

하고 나는 경품으로 빠진준만 알앗다. 안해는 넘어 기뻐서 웃음 절반으로

「그런게 아니라」

하고 안해는 양복장이 생긴 유래를 설명하엿다. 그 유래는 이러하다.

안해는 형의 집에를 놀러갓다. 그 집에서는 목물전에 집을 빌려주엇던 것이 그 목물전이 폐업을 하면서 몇달 밀린 집세 대신에 양복장 세 개를 집주인에게 주엇다고 한다.

「나도 돈이 잇으면 하나 살텐데」

하고 내 안해는 형과 형부가 듣는 곧에서 평생 소원을 말하엿던 것이엇다. 이 말을 듣고 안해의 형부되는 이가 슬몃이 방에서 나오더니 얼마 잇다가,

「이것 나와 보시오」

하고 내 안해를 불럿다.

나와 보니 과연 맘에 드는 양복장 하나를 갓다가 마당에 놓앗더란다.

「이것 맘에 드우?」

과연 맘에 들더란다.
「이것 가져가오!」
하는 형부의 말에 안해는
「값은 언제 내구요?」
하고 가지고 싶은 맘은 비인 돈지갑이 일치하지 아니한 것을 원망할 때 형부는,
「집세 두 달 못 받은 심만 치지오. 갖다 놓으시오」
하더란다. 이라하야 안해는 3, 4년래 소원이던 양복장을 얻은 것이엇다. 이 양복장 내일 아츰이면 집에 올 것이다."[2]

이광수의 아내 허영숙은 박에스터의 뒤를 이은, 우리나라 두 번째 여의사이자 최초의 개업 여의사였다. 인텔리 주부인 그가 드러내놓고 자랑하고 싶은 으뜸 세간이 바로 단스나 양복장 같은 장이었다. 혼수로 마련하거나 몇 달치 월급이나 보너스로 장만해야 하는 값나가는 물건이었으며, 연말이면 백화점에서 경품으로 내건 1등 상품인 만큼 타월이나 젓가락 같은 것과 달리 좀처럼 뽑히기 어려웠다.

그 시절 여성들, 조선식 의장과 일본식 단스에 관하여

1939년 1월 1일자 『매일신보』에 실린 대담은 장에 대한 당시 여성들의 생각을 보여준다. 「돈 만히 드린 것치레보다 세간은 실용적으로-농장과 "단스"의 일장일단」이라는 제목으로 기자와 토론에 참석한 장, 허, 김, 조, 박, 나 씨가 나눈 대화는 다음과 같았다.

"**기자** 다음은 가구의 개량에 대하여 말슴하여 주십시오. 우리에 살림에 잇서서 개량하여야 하고 또 필요한 것이 어찌 한 두 가지만 되겟습니까만은 그 중에서도 가구에 대해서 살님을 하여가는데 일상 불편을 느끼는 것 가장 긴요한 것으로 멫 가지만 드러서 말슴하야 주십시오.
장 무엇부터 이야기 할까요. 그야말로 개량한 것도 하도 만흐니까…….

기자 글세요 우선 그럼 의장에 대해서 말슴하시지요... 말하자면 우리네 조선식 의장과 화식 '단스'와 어느 편이 조선 사람의 가정에 잇서서 편리할는지요. 먼저 경제적으로는 어느 편이 나흘까요.

김 그야 화식 '단스'나 조선 의장이나 제 품질 나름에 달엿겟지요.

나 그래도 조선의장이 일반적으로는 갑시 헐하지 안흘는지요.

허 그래요. 사실 화식 '단스'가튼 것은 보통 것도 백여 원이나 되는데 어데 조선의장이야 허수룩한 것은 오육십원 정도면 그저 한간 방 하나는 꾸밀수 잇지 안허요.

기자 그럼 실용적으로는 어느 편이 유익할까요? 조선생님 말슴하시지요.

조 글세요... 편리하다면야 단스가 훨신 조선의장보다 편리하겟지요.

박 그래요. '단스'는 첫재 서랍이 만허서 조트군요.

조 그뿐만 아니라 조선 의복은 사철 철을 따라 다르지 안허요. 봄이나 가을이나 또 겨울이나 여름...그러케 다른데 조선의장은 그저 두칸 이층장이 아니면 세칸 삼층장 박게 업슴으로 그걸 구분하여 너차면 불편을 느낄 때가 만허요. 대개 우리네는 조선의장에다 치마 속옷 저고리... 이러케 난노아서 너키는 하니 그걸 철이 박귈 때마다 꺼내입자면 여간 손이 가는게 아니예요.

나 더욱이 조선녀자의 의복은 복잡한데... 머 속옷에도 여러 가지고... 그야 외국사람에게 잇서서도 그러치만...

박 참말 그래요.

김 그나 그뿐인가요 조선의장은 장식이 만흔 탓인지즌 몰나도 튼튼하지가 안흔 것 가터요.

장 나도 그러케 생각해요. 그래서 저번에 단스를 사다노앗드니 우선 서랍이 만코 널너 옷을 구별하여 널수도 잇고 덜꾸기기도 하드군요.

허 그런데 그것도 불편할때가 잇드군요.

장 하기야 그것도 나무가 조치 못한 것은 속이 상할 것 갓터요.

박 여름에는 불어서 잘 안나온다든가 진이 흐른다든가 또 겨울에는 얼어서 벌어진다든가 그래서 영 잘 말을 안드를때가 잇나봐요 그럼으로 될수만 잇다면 조선 오동나무 갓튼 것으로 직접 맞추는 것이 좀 안심될 것 갓터요.

허 그리고 이왕 맛출바에는 서랍의 깁히를 더 깁게 할 필요가 잇슬 것 갓터요. 그래야만 저고리 갓튼 것이나 두루마기 갓튼 것을 개여서 그대로 너어도 꾸기지 안켓서요.

박 언젠가 장전에 가서 보니 이런 것이 잇더군요. 한쪽은 '단스'로 되고 한쪽은 조선의 장식으로 된 것 말예요.

나 참 그건 퍽 편리하겟드군요.

조 우리집에서도 그걸 하나 사왓는데 좀 쓰는 범위가 넓어서 그런지 편리한 것 갓터요.

허 그래도 머니머니해두 조선 가정에서는 더욱이 조선방에서는 조선의장이 더 격에 맛고 또 애착심이 잇지안흘까요.

김 그래요. 편리도 돌아봐야 하지만 우리의 생활정도를 생각하여볼 때는 자개백이가 아니라도 그저 튼튼하게 만든 반다지나 의거리나 또는 장롱이 어울니는 것 갓해요."

여성들이 말하는 단스는 서랍이 달린 일본식 장을 의미한다. 이들이 볼 때 조선의 장·농(의장)과 일본식 단스는 제목처럼 일장일단이 있었다. 사시사철 의복의 종류와 가짓수가 많은 조선에서 전통적인 의장은 계절별로 옷을 수납하고 꺼내 쓰는 데 불편했다. 하지만 값이 비교적 저렴하고 무엇보다도 조선식 실내에 잘 어울리는 장점이 있다. 한편 일본식 단스는 서랍이 많아 수납이 비교적 수월하여 편리하지만 가격이 비싼 편이고 제대로 고르지 않으면 틀어져서 서랍이 잘 열리지 않는 등 문제가 생기기도 했다. 그리하여 참가자 중 일부는 조선 의장과 일본 단스를 절충한 형식으로서 서랍을 깊게 만들 것과 오동나무 같은 것으로 맞춰서 쓰는 것을 제안하기도 한다.

저고리나 두루마기 같은 전통 의복은 보통 개어 보관하므로 조선의 장이나 농은 이에 특화된 수납 가구라고 할 수 있다. 그런데 양복을 입는 이들이 늘어나면서 옷을 걸어야 할 필요가 생겼고 이에 따라 양복장이 필요했다.

양복장 앞에 선 기생. 단스 문짝 거울에 대나무가 새겨져 있다.

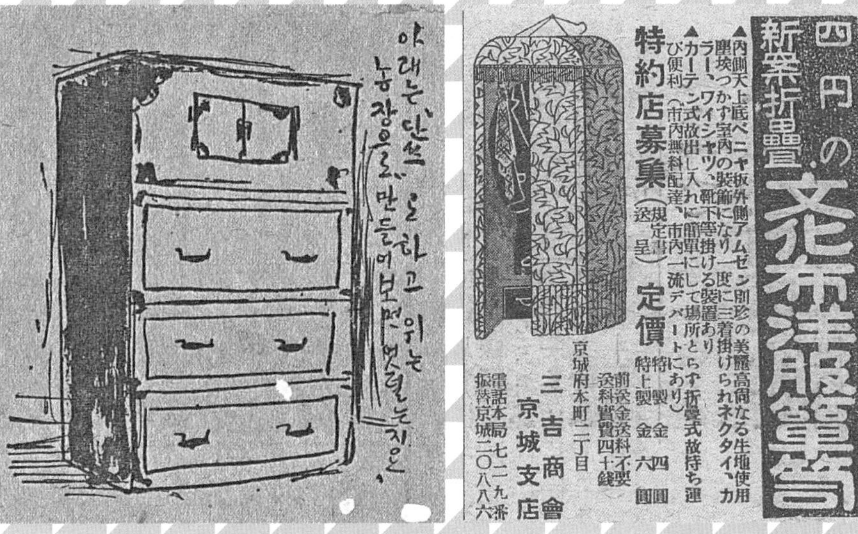

1939년 1월 1일 『매일신보』에 실린 가구에 대해 토론한 한 여성이 제안한 단스 스케치.

1933년 10월 15일 『조선신문』에 실린 4엔짜리 접이식 단스인 문화포 양복 단스광고.

1926년 3월 29일 『경성일보』에 실린 경성 본정4정목에 위치한 쓰무라 단스점 광고.

"경순은 벗어놓은 것을 걷어다가 양복장을 열고 차례로 걸면서 밖으로 대고 안잠이를 불러 이 방에 군불을 지피라고 이른다."[3]

관복과 같은 옷을 걸 수 있도록 내부에 횟대가 있는 조선식 의걸이장이 양복장의 역할을 하기도 했다. 그러나 일본식 단스나 서양식의 옷장wardrobe 형태의 장롱은 서랍이 더해져 수납력을 높였다는 점에서 의걸이장보다 실용적이었다.

수납력의 핵심인 서랍이 장착된 가구가 탄생하기까지 동·서양을 막론하고 오랜 세월이 걸렸다. 수납장의 기본 형태는 함이다. 영국의 코퍼coffer나 이탈리아의 카소네cassone, 우리의 반닫이가 대표적인 박스형 수납 가구다. 이것들은 옮기기 좋도록 양쪽에 손잡이가 달려 있고 여러 개를 겹쳐 쌓아 쓸 수도 있는 모듈형 가구의 원조이기도 하다. 그런데 한 공간에 물건을 수납하다보니 앞서 토론에 참가한 여성이 지적한 대로 물건을 꺼내기가 여간 불편한 것이 아니었다. 그리하여 공간을 분리하여 많은 수납을 할 수 있도록 한 것이 서랍이었다. 별것 아닌 듯해도 실은 수납에 새로운 패러다임을 가져온 획기적인 시스템이었다.

일본식 단스의 본질 역시 서랍이었다. 즉, 서랍만으로 구성된 서랍장이나 문이 달린 공간과 서랍을 결합하거나 간에 서랍이 달린 장을 통칭해 단스라고 불렀다. 일본에서 단스는 에도 시대부터 만들어졌지만 메이지 중기부터 다이쇼 기를 거쳐 쇼와 10년 무렵까지(대략 1880년대부터 1935년까지)가 단스의 전성기라고 할 수 있는데[4] 이 시기의 것들은 우리네 반닫이처럼 지방색이 풍부하다.

단스의 영향으로 변형된 조선 전통 의걸이장

우리네 장·농 같은 전통 가구는 단스의 장점을 수용하여 조선식을 기본 구조로 하되 서랍을 달고 문에 유리나 거울을 붙인 형식으로 다변화했다. 하단부는 서랍 달린 반닫이 형태에다 상단부는 유리문인 것이 대표적이다. 상하가 분리된 것도 있고 일체형도 있었다. 장롱에 유리를 붙이는 형식은 서양의 옷장에서 파생된 것이라고 할 수 있다. 별도의 전신 거울(체경) 대신 옷장 문짝에 붙은 거울로 매무새를 볼 수 있도록 한 것은 19세기 유럽의 침실 가구 세트에서 흔히 볼 수 있는 방식이었다. 서랍 달린 장은 60년대에 들어 점차 크기가 커져 이불장과 옷장을 결합한 형태로 방 한 면을 차지하는 장롱 세트로 바뀌었고 방 크기에 따라 8자, 10자와 같은 장롱이 생겨났다. 근대 문학 작품 속에서 "자개 박은 조선 장欌이 두 개 그 엽흐로 키 큰 양복장이 한 개"를 놓거나[5] "서양식 장롱과 조선식 장롱과 침대 같은 것도 마련"[6]했다는 묘사를 통해 1930년대 안방에서 양복장, 단스, 조선 장, 심지어 서양식 장롱까지 공존하는 모습을 볼 수 있다. 박태원의 소설 『여인성장』에서 부잣집으로 시집온 숙자가 거처할 방도 그러했다.

> "사방 십이 척 가량의 네모 반듯한 방이 바닥만 온돌이요, 창이며 문은 순 양식으로 되어 있었다. 문을 들어서면 바로 맞은편 벽에 숙자가 가지고온 양복장과 단스가 나란히 한편에 놓였고 그것들에서 좀 사이를 떼어 화장 탁자와 라디오 겸용의 전기축음기가 역시 가지런히 놓여 있었다."[7]

문학 작품에 묘사된 예처럼 새롭게 유입된 일본 단스는 전통 장·농의 보조적 가구로 함께 놓였다. 의걸이장은 단스의 영향으로 변형되어, 이를테면 단스화簞笥化되는 양상을 보였다. 단스화된 각종 장·농은 방 한쪽 벽면을 꽉 채우듯 배치했다.

1930년대에는 가구에도 '조선식 정조를 살리라'는 동양주의 담론이 스며들었다. '조선 정조', '조선색', '향토색' 같은 용어는 조선미술전람회에서 조선 작가들에게 적극 권장한 개념이기도 했다.[8] 일본은 서양의 오리엔탈리즘에 대항하는 논리로 일본과 동양의 가치를 강조하는 민족주의적 기조를 예술과 디자인에 내세웠다. 이른바 국풍國風이었다. 하지만 내지인 일본과 달리 조선과 만주, 대만 같은 식민지에서는 산업화 이전의 원시적, 민속적, 목가적인 향촌의 정서를 담도록 독려했다.

> "조선의 정조는 세간에도 애낄것이 만습니다. 요즘 천착한 신식 사람들은 의거리 대신 양복장, 문갑 대신 테불을 사놋치만은 그 따위는 조선 가정에 결코 어울리는 것도 아니요 미술적으로 평가하드라도 아모리 잘만든 양복장이라도 우리

재래의 의거리를 따르지 못하고 아모리 호화한 테불이라도 우리 조선 집에서는 문갑이 가진 정숙한 정조를 짜아내지 못할 것입니다. 물론 의거리를 하드래도 요즘은 류리에다 공연히 매화를 새기고 달을 새겨서 쌍스럽게 만듭니다만 그런 것을 가려서 재래 조선 의거리다운 것을 잘 골라 사시면 조선방에선 계서 더 조흔 세간이 업슬것입니다. (…)" _『조선중앙일보』 1935. 4. 24.

의거리는 "유리에다 공연히 매화를 새기고 달을 새겨서 쌍스럽게" 만들었다고 비판받기도 했지만 전통 가구와 큰 이질감 없이 함께 배치되었다. 화양가구화된 전통 가구의 면면은 어쩐지 일제강점기 조선인의 정체성과 퍽 닮아 있었다.

비교적 고가였던 양복장이나 단스 외에도 신소재를 채택한 저렴한 제품도 1930년대에 등장했다. 문화포 양복 단스는 광고를 통해 이렇게 강조했다. 즉, 안쪽 천장은 베니어판이고 바깥은 아문젠 면 벨벳 천을 사용해서 아름답고 고상하며 먼지를 타지 않고 실내의 장식도 되고 한 번에 세 벌을 걸 수 있고 넥타이, 칼라, 와이셔츠, 양말 등을 거는 장치도 있다. 아문젠 천이란 배 껍질처럼 오톨도톨한 표면을 가져 이지직梨地織이라고도 하는 모직물이다. 모직물에 날염을 할 수 없다고 하던 때에 개발된 천인데 노르웨이의 탐험가 아문젠이 남극 탐험에 성공한 것에 빗대어 붙인 이름이다.[9] 옷을 넣고 꺼내기가 간단하고 자리를 차지하지 않는 접이식이어서 운반이 편리했던 문화포 양복 단스는 말하자면 이후 비닐 재질로 만들어져 자취방에서 흔히 사용된 이른바 비키니 옷장의 원조격이었다.

문화주택의 상징적 공간, 응접실을 채운 응접세트

문화주택의 상징적 공간, 응접실은 근대 주택에서 '접객接客의 근대화'를 의미한다.[10] 과거 남성의 공간이었던 사랑의 기능을 대체했을 뿐만 아니라 그로 인해 다른 공간들의 사적 기능이 강화되었다. 과거와 마찬가지로 손님을 맞이하는 공간으로서 근대적 공간인 응접실에는 의자와 탁자를 놓아 입식으로 꾸몄다. 예컨대 이광수의 소설 『재생』에 등장하는 경성 부호 백윤희의 집이 그러했다. 주인공 순영이 본 그 집의 양실, 곧 응접실은 다음과 같았다.

> "유리 분합을 들인 복도로 얼마를 걸어가면 거기는 돌로 지은 조그만 양실이 있다. 순영은 이 양실에 들어가서는 더욱 놀라지 아니할 수 없었다. 대개 방은 사 칸 통밖에 안 되어 보이지마는 방안이 온통 비단으로 장식되었는 까닭이다. 응접실 식으로 가운데 테이블이 있고 의자 넷이 둘러 놓이고 사방에는 눕는 교의, 기대는 교의, 앞뒤로 흔들리는 교의가 놓이고, 한편 구석에는 대리석으로 만든 서양 아궁이요, 나머지 세 구석에는 여러 가지 모양으로 생긴 화류 탁자를 놓고 그 탁자 위에는 소나무와 국화분이 놓였는데. (…)"[11]

순영이 본 백윤희의 집은 무척 화려했다. 양실에는 벽난로가 설치되어 있고 가운데 탁자를 중심으로 의자 세트가, 벽 쪽으로는 긴 소파가, 그리고 흔들의자까지 놓인 응접실이었다. 여러 의자가 방안을 퍽 아늑하게 만들고 있다. 이와 같은 가구 배치는 건축가 박길룡이 "회사 사무실을 모방"한 것으로 주거용으로는 적합하지 않다고 지적한 것과 유사하다. 그는 "그 배치한 것이 방 한가운데 중심되는 곳에 둥근 테이불이 잇고 그 주위에 의자를 느리노앗다. 이것은 사람이 보행할 때이면 그 주위로 도라단이게 되는 불편이 잇슴으로 테이불은 될 수 잇는 데로 방 한편에 몰아놋는 것이 편리하게 된다"고 적합치 않은 이유를 밝혔다.[12]

미쓰코시 가구 설계 담당 스즈키 후쿠지鈴木富久에 따르면 1936년대 소파는 매우 심플한 형태에 무늬가 없는 천으로 마감한 것[13]으로서 오늘날 이케아IKEA 같은 '모던'한 소파와 다를 바 없었다.

가장 각광받은 것은 등의자

거친 느낌의 천 또는 부드러운 벨벳, 가죽 등으로 감싼 안락한 소파 세트 이외에도 응접실이나 서재, 베란다와 같이 의자를 놓은 공간에서 가장 각광을 받은 것이 등의자였다.[14]

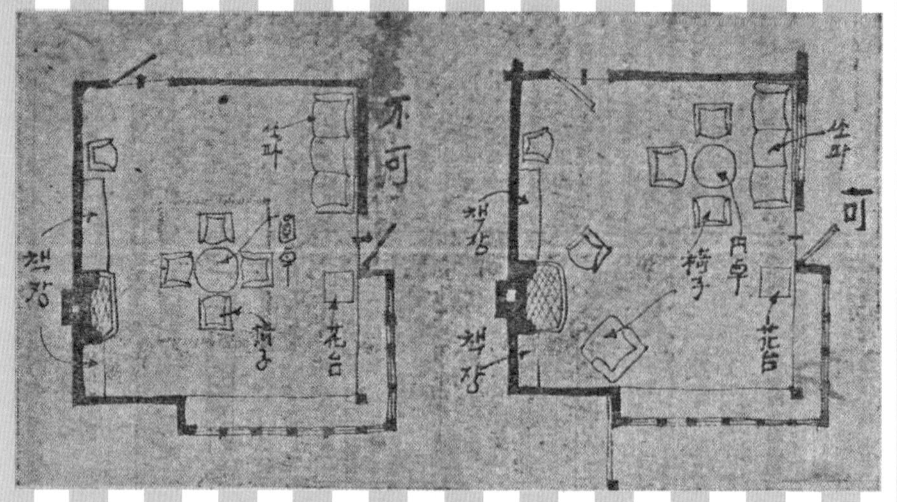

건축가 박길룡이 제시한 응접실 소파 배치법, 왼쪽은 사무실과 같은 배치로서 주가에서는 불가하고, 오른쪽과 같이 통행에 지장을 주지 않도록 한쪽에 놓을 것을 제안했다. 『매일신보』, 1933. 11. 16.

미쓰코시 백화점 가구 설계 담당자가 소개한 1936년 소파.

1937년 2월 9일 『조선신문』에 실린 북촌양가구점의 소파 세트 광고.

근대 주택에서 등의자 세트가 인기를 얻은 데는 여러 역사적 배경이 깔려 있다. 우선 17세기 유럽과 아시아의 무역이 본격화되면서 등나무 줄기인 라탄rattan이 의자의 부재료로 쓰였다. 네덜란드령 동인도나 기선의 갑판, 개항지, 식민지에서 사용한 각종 등나무 의자는 서구인들에게 이국적인 감성으로 각인되었다. 그리하여 가볍고 통풍이 잘되며 가격이 저렴한 아시아의 등의자가 19세기 유럽과 미국으로 대량 수출되었다. 뉴욕의 반틴 오리엔탈 스토어Vantine's Oriental Store에서 판매한 대표적인 품목이 광저우에서 수입한 등가구였다. 또한 수입한 라탄 재료로 짠 위커 가구wicker furniture는 자국의 산업으로도 성장했다. 미국 위커 가구의 황금기라고 볼 수 있는 1890년대에는 헤이우드-웨이크필드Heywood Brothers and Wakefield 사의 위커 가구가 미국 중산층의 포치(베란다)나 정원에서 널리 쓰였다. 1920년대 일본에서는 서구의 문화, 그중에서도 미국 문화의 영향을 크게 받았다. 일본의 문화주택에서 등나무 의자를 사용하게 된 것도 이와 관련이 깊다.

1911년 무렵부터 미쓰코시 백화점에서는 가구 가공부를 설립하고 화양가구를 제작·판매했다. 이때 선보인 것이 대만에서 제작 수입한 등나무 가구인 미쓰코시형 등의자三越型藤椅子였다. 일본은 대만을 식민지로 합병함으로써 열대 제국이 됨과 동시에 등의자를 문화생활의 필수품으로 내지에 도입, 홍보했다. 미쓰코시 백화점 가구부 관계자들은 중국에서 제작되는 다양한 라탄 의자 중에서 당시 붐을 일으키고 있던 문화주택에 적합한 단순한 디자인을 선택해 미쓰코시의 브랜드를 달았다. 가격이 비교적 저렴하고 재질이 다다미와 비슷해 조화를 이루었고 가벼워서 바닥을 상하게 하지 않아 반응이 좋았다.

우리나라에서도 등의자는 안락의자나 응접세트로 상류층의 응접실을 차지했다. 1928년『동아일보』에 연재된 염상섭의「사랑과 죄」나 이광수의『흙』과 같은 소설에 등의자가 등장한다. 후자에는 반半 양식洋式의 마루에 놓인 등교의에 정선이 몸을 던지는 장면이 묘사되었다. 이처럼 등의자는 서구적 교육을 받은 인텔리 계층 인물들의 주거 공간, 예컨대 응접실이나 베란다에 자주 등장하는 가구였다.

가정집뿐만 아니라 카페, 요릿집, 호텔 같은 상업 공간에서도 등의자는 널리 쓰였다. 조선호텔 건너편 장곡천정(오늘날 소공동)에 있던 다방 낙랑파라나 조선 호

1914년
반틴 오리엔탈 스토어에서 발매한
'안락한 여름 가구'
카탈로그에 수록된 등의자.

미쓰코시형 등의자.

1931년 4월 28일
『경성일보』에 실린 미쓰코시 백화점의
각종 등제 가구 광고.

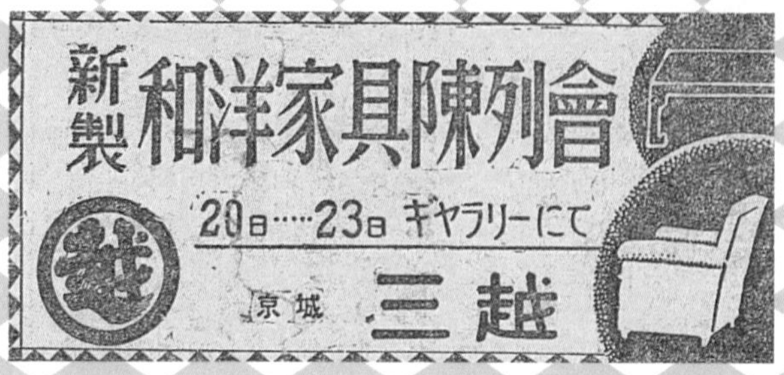

1932년 10월 20일
『경성일보』에 실린 미쓰코시 백화점의
신제 화양가구 진열회 광고.

독립운동가 김교헌의 아들인 김정근·이길영 부부가
등의자가 놓인 테라스에 앉아 책을 읽는 모습. 서울민속박물관.

1930년 5월 21일 『경성일보』에 실린 등의자.

1931년 5월 10일 『매일신보』에 실린 등의자에 앉아 작업하는
김종태 화백, 화폭의 여인도 같은 의자에 앉아 있다.

1937년 『여성』 제2권 5호에 실린
이태준 「코스모스 피는 정원(3)」의 정현웅 삽화.

텔 팜코트의 썬룸에도 등의자는 시원하게 자란 야자수와 함께 이국적인 정취를 뿜어내곤 했다.

등의자나 소파 세트는 청량한 재질 때문에 특히 매년 여름의 실내장식을 소개할 때마다 단골로 등장하는 아이템이었다. 경성 미쓰코시 백화점 내의 5층 갤러리에서는 종종 여름맞이 가구 특별전을 열어 팔걸이 의자, 장의자, 테이블, 화분대, 침대, 코너 선반 장과 소파 세트 등을 선보이곤 했다. 1935년의《여름 실내장식 전람회》에서는 모델룸처럼 전시 공간을 꾸미고 길게 드러누울 수 있는 침대식 등의자를 전시했다.

과거 조선 시대에는 볼 수 없었던 새로운 형태인 단스, 양복장, 소파 세트, 등의자는 안방과 응접실, 서재 등 조선식과 양식의 절충적 공간에 놓인 대표적인 가구였다. 가구는 미쓰코시 백화점의 4층, 조지야와 화신에는 3층에서 판매했다. 백화점은 가구 전람회 같은 행사를 통해 문화 생활을 동경하지만 구체적으로 어떻게 꾸며야 할지 모르는 이들에게 방향을 제시하는 모델하우스 역할을 톡톡히 하면서 중산층의 주거를 대상으로 한 가구 판매에 특히 공을 들였다. 응접세트를 필두로 점차 침실에는 침대가, 식당에는 식탁 세트가 들어왔다. 그러나 완전히 보편화되기까지는 이후로도 상당한 시간이 걸릴 터였다.

요사이 사랑방에 금고를 놋는 례가 만타

금고

'금고는 손님에게 겸손치 못한 태도'

금고는 현금이나 귀중품을 보관하고 도난 방지를 위해 퍽 유용한 물품이다. 하지만 도둑이 쉽게 열지 못하도록 잠금 장치가 달려 있고 화재에 안전하도록 두터운 벽이 있어 외관상 둔탁해 보이기 마련이다. 그 때문에 보이는 곳에 두는 것이 미관상 썩 좋지 않았다. 건축가 박길룡은 금고를 보이는 곳에 두는 것은 장식에 전혀 도움이 되지 않을 뿐만 아니라 손님에게 겸손하지 못한 태도라고 지적하기도 했다.

> "요사이 사랑방에 금고를 놋는 례가 만타. 금고는 사무실에나 잇슬것이오 주가에는 고간庫間 속에나 자긔가 홀로 쓰는 방이라도 반침속 보이지 안는 곳에 둘 것이다. 금고는 그 모양이 조금도 보이는 곳에 노아 장식이 될만한 것이 못된다. 더구나 객실에 노아 여러 손에게 보이게 하는 것은 방을 장식하는 도음이 되지 못할 뿐안이라 겸손치 못한 태도로 손에게 보여 불쾌를 늣기게 할뿐이다."[1]

보기에 어떠했든 방안에 금고를 들인 이가 많았는지 금고를 전문으로 취급하는 상점이나 금고 광고가 신문에 종종 등장했다. 1920년대 광고에 등장하는 브랜

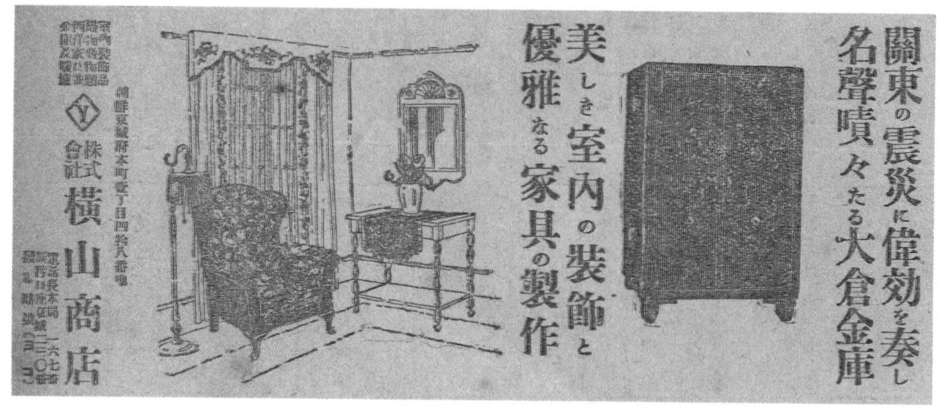

1924년 6월 27일 『경성일보』에 실린 요코야마 상점에서 판매한 오쿠라 금고 광고.

드는 오쿠라大倉[2], 벚꽃 마크를 내건 사쿠라佐倉[3], 아사히旭[4], 이토 伊藤[5], 사토佐藤[6], 고토後藤[7], 쓰지야土矢[8], 고바야시小林[9], 고지마小島[10], 나카가와中川[11] 등 그 종류가 퍽 많았다. 대부분 도쿄와 오사카에서 제작한 것으로, 광고에서는 저마다 튼튼함과 안전함을 내세웠다.

최첨단 기술로, 튼튼함과 안전함을 내세우다

조선총독부나 체신국, 철도국 같은 기관에서도 사용한다고 홍보한 구호우具鳳 금고는 화재와 도둑으로부터 절대적으로 안전한 금고 단 50대를 원가에 제공한다고 광고했는데[12] 사용 기관을 언급하여 신뢰도를 높이려는 전략임을 알 수 있다.

나카가와 삼중 금고는 경량 · 견고 · 3중 방화放火 · 6중 방도防盜 · 절대 안전을 장점으로 내세웠다. 3중 벽에 2중 절연 구조로 되어 있는데 여기에 도둑을 방지하기 위해 6중 장치를 했다는 점이 눈길을 끈다. 금고 제작에 상당히 최첨단 기술이 필요했음을 짐작할 수 있다.

'금고 제조의 시조'라고 밝힌 도쿄 다케우치竹內 금고는 경성의 금고 전문점 구마히라熊平 상점에서 판매했다.[13] '벤도'ベント, bent식 금고인데 독일제 수압식 대형 벤

딩머신으로 두꺼운 강판 한 장을 구부려 상자 형태를 만든 것으로서 강도가 높았다.[14] 광고에는 진품과 모방품을 나란히 등장시키며 좋은 물건을 흉내낸 후자에 과감히 'X'자를 그어 보였다.[15] 1898년 히로시마에 문을 연 금고 판매·수리점으로 시작, 1906년 경성에도 점포를 연 구마히라 상점은[16] 금고 전문점이면서 화양가구도 취급했다. 전문점 이외 가구점이나 실내장식 전문점에서도 금고를 취급했음을 짐작할 수 있다. "관동대지진에서 큰 효능을 발휘한" 오쿠라 금고는 경성 본정에 있는 가구점인 요코야마 橫山 상점에서, 부산의 대형 가구점인 삼우상회에서는 사토 금고를 판매했다.[17]

1931년 1월 14일 『매일신보』에 실린 구마히라 상점에서 판매한 다케우치 금고 광고.

서양인들이 캐쉬박스라고 불렀던 반닫이가 조선의 대표적인 전통 가구였다는 점에서 옷장처럼 생긴 금고를 화양가구점에서 파는 것도 무리가 아니다. 크고 작은 도둑들이 활개치고 은행을 비롯한 금융 생활이 오늘날처럼 쉽지 않던 시대에 자산가들의 보안 방편으로 금고는 퍽 유용했을 것이다. 하지만 속물적 과시성을 드러내며 사랑방 한 켠에 자리한 금고가 보는 이에게도, 우아한 실내장식에도 도움 되었을 리 결코 없겠다.

청량한 기분 도는 실내 전등 조명법

스탠드

촛대 대신 서양 램프 남포등, 그리고 전등으로

1887년 경복궁 건청궁에 처음 전기가 가설된 이래 경성의 일반 가정에 전기가 보급되기까지는 상당한 시간이 걸렸다. 과거 어둠을 밝히기 위해서는 촛대가 가장 큰 역할을 했지만 개항 이래 남포등이라고 부른 서양 램프가 들어오면서 밤에 빛을 더했다. 이사벨라 L. 버드 비숍은 『조선과 그 이웃 나라들』에서 1892년에 미국의 등유가 대량으로 수입되고 있던 것에 놀란 소회를 담았다. 그는 등유가 대량으로 들어와 "어유fish-oil 램프와 초롱 속의 희끄무레한 수지 양초를 대체했고, 이로 인해 조선의 야간 생활에 대변혁을 일으켰다"고 적었다.[1] 1916년 미국 콜먼Colman 사에서 만든, 가솔린을 연료로 하는 퀵 라이트Quick-Lite 램프는 경성의 모리스 상회에서도 판매했다.

하지만 에디슨의 전구가 발명된 이래 밝고 안전한 전등은 가스나 석유 램프를 밀어냈다. 한성전기에서 출발하여 한미전기, 일한와사전기를 거쳐 이어진 경성전기는 1920년대 업계 1위로 독점적인 지위를 누렸다.[2] 경성전기 전기과장 겐모쿠 도쿠타見目德太는 1932년을 이미 '전등 만능 시대'라고 보았다.[3] 다이쇼 초기 일본은 소규모 공방에서 전구를 생산했고 전등 회사는 무려 400여 곳에 달했다.[4]

그렇지만 누구나 마음껏 전등 빛을 누릴 수 있던 건 아니었다. 1932년 기준으로 한 집 당 평균 전등 수는 도쿄의 경우 6개였지만 경성은 내지인(일본인)의 집이 3.8개, 조선인의 집에는 고작 0.4개에 불과했다.[5] 그러니까 1930년대 초만 하더라도 조선인 가정에서 전등을 사용하는 집은 극히 드물었던 셈이다.

스탠드를 놓는 위치는 책상 위 왼쪽

경성에서는 (주)경성전기에서 발매한 전등이 가장 많이 사용되었다. 전등 모양은 과거 석유나 가스 램프를 그대로 닮았다. 방 한가운데 길게 늘어뜨리는 펜던트 형이 가장 일반적이었고 벽에 붙이는 벽부등, 그리고 스탠드도 간혹 쓰였다. 밝기는 오늘날의 형광등이나 LED에 비하면 침침하기 그지없었다. 1928년을 기준으로 보았을 때 일반 가정에서 전등은 대개 10~16촉, 즉 13~20와트를 사용했다.[6] 보통 천장 한가운데에 전등을 설치했는데 실내 분위기를 바꾸기 위해서는 그 위치를 계절에 따라 변경하라는 조언도 있었다.

> "청량한 기분도는 실내전등조명법-전등의 위치를 자조 변경해
> (…) 전등의 위치를 시계時季딸하서 변경할 것이다. 사계를 물론하고서 천정天井의 한복판으로부터 전등을 내려서 방중을 비추지 안이하면 전등쓰는 효력이 업는줄로 생각하는 듯하는 모양이나 이는 매우 유치한 생각이라 하겠다. 전등의 조명이 일간 방에 십 왓드가 필요하다 함은 그 실내를 일양一樣한 광도로 바게 함에 필요한 것임으로 그 위치에 관하야는 항상 여러 가지로 고려하여야 한다. (…)" _『매일신보』, 1928. 8. 12.

그러나 방 안에 한 번 설치한 전등을 분위기를 위해 계절 따라 실제 바꿔 다는 사람이 과연 있었을까 싶다. 대신 바닥에 놓는 플로어 스탠드나 책상 위에 놓는 스탠드를 보조등으로 써서 간접 조명의 효과를 낼 수 있었다. 스탠드를 놓는 위치는 책상 위 왼쪽이 낙점되었다. 이는 오른손으로 글을 쓸 때 방해가 되지 않아 좋기 때

천장 한가운데에 펜던트 조명을 설치한 1920년 상류층 가정의 모습.

1936년 12월 15일 『조선신문』에 실린
플로어 스탠드와 탁상 스탠드가 있는 서재.

1939년 3월 11일 『매일신보』에 실린
펜던트형 전등 갓을 청소하는 모습.

1939년 4월 6일 『매일신보』에 실린 스탠드 아래에서 공부하는 소녀.

1929년 9월 25일 『경성일보』에 실린 시마다 펜던트형 전등 광고.

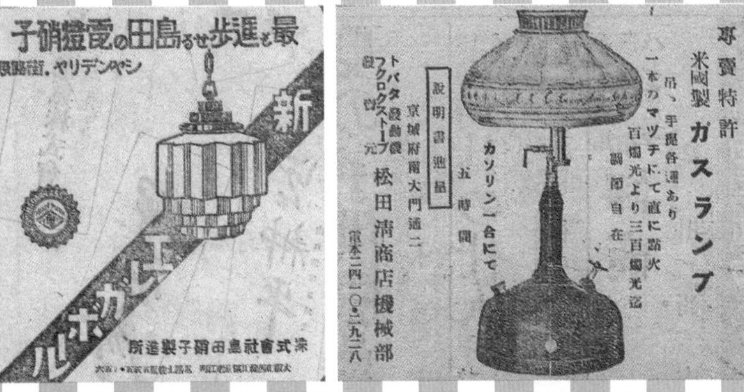

1931년 5월 5일 『경성일보』에 실린 미국제 가스 램프 광고.

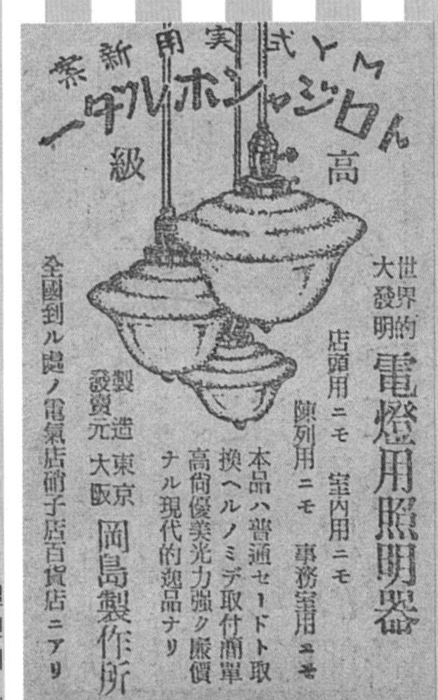

1927년 11월 17일 『조선신문』에 실린 오카시마 제작소의 전등조명기구 광고.

1931년 6월 23일 『조선신문』에 실린 '순국산'으로 선전한 일본산 제국 램프 전구 광고.

스웨덴 화가 게오르그 파울리가 1884년에 그린 〈저녁 독서〉.

〈벽난로 앞의 몽상가〉, 1932.

마르셀 리더, 〈보석을 고르는 여인〉, 개인.

문이었다. 스탠드 전구로는 우라늄이 든 금향색 카나리아 전구가 자외선을 흡수하게 만들어 아동들의 독서에 좋다고 권장했다.[7] 스탠드는 여러 종류가 있었지만 1940년에는 책상 위에 두고 쓰는 것으로 200룩스의 명시明視 스탠드가 경제적이라고 추천했다.[8] 1939년 신문 기사에 따르면 조선 학생들의 근시안이 늘어났는데 소학생 100명 중 15명이 근시였다. 그 원인으로 조명이 지목되었다. 너무 밝거나 어두운 조명은 눈에 좋지 않고 가장 적절한 밝기는 40와트(32촉) 전구를 1미터 떨어진 곳에서 공부하는 것이었다. 60와트의 전구(200 룩스)는 지나치게 밝기 때문에 '쉐-드'(전등갓)를 사용한 스탠드가 근시안을 고치는 데 제일 좋다고도 했다.[9]

계림전등 사기 사건

전등과 관련해 1922년부터 2년 넘게 사회를 시끄럽게 만든 사건이 있었다. 이른바 계림전등鷄林電燈 사건이다. 문창도文昌都라는 사람이 봉래정(오늘날 중구 봉래동) 1정목 4 번지에 설립한 계림전등공사가 만든 전등이 문제였다. 그는 한 달에 10촉광을 석 달(약 300시간) 동안을 켜도 전기료가 겨우 1원밖에 안 드는 전등을 발명했다고 신문에 대대적으로 선전했다. 그러면서 전국 각지에 대리점을 설치하는 조건으로 각 도와 군에서 수천 원을 편취했다. 당시 전기에 대해 잘 알지 못하는 일반인을 상대로 석유의 반값으로 불을 밝히는 "세계적 발명품"이라고 유혹하여 대리점을 유치할 명목으로 권리금을 받아 가로챈 것이었다. 이 사건과 관련해 이 전등이 실제로 절전 효과가 큰 발명품이냐를 두고 중앙시험소에서 실험한 결과 같은 시간을 켰을 때 14원이 든다는 결과가 나왔다. 이 결과로 인해 문 씨는 징역 1년, 집행유예 2년을 선고받았다. 그런데 아직 사건의 결말이 난 건 아니었다. 문 씨는 그 실험이 잘못된 것이라며 항소했고, 결국 이듬해 무죄 판결을 받아 다시 영업을 재개했다.[10] 그는 이듬해 도쿄에서 전문가에게 계림전등의 기능 실험을 의뢰, 양호한 성적을 얻은 뒤 특허권을 신청, 1924년 9월 8일에 특허를 획득했다.[11] 사기꾼과 발명가 사이를 오간 문 씨의 계림전등공사는 조선인 유지들이 조직한 계림전등후원회의 조력으로 사업 확장에 힘썼는데[12] 그 이후는 알려지지 않는다.

각시 맞어 디릴 사람 재봉틀이 있어야 것 아니겠소?

재봉틀

여성들의 문명적 교육에 도입되다

우리나라에 재봉틀은 1877년 일본으로 여행 갔던 김용원이 처음 사온 것으로 알려져 있다. 조선에 살다 귀국하는 외국인들이 처분하는 살림살이 경매에도 재봉틀은 자주 등장하는데, 이를 보면 외국인들이 퍽 애용한 듯하다. 1896년 이화학당의 교과목에는 재봉과 자수가 있던 것으로 보아, 일찌감치 여성들의 문명적 교육에 재봉틀이 도입되었던 것도 알 수 있다.

재봉틀이 본격적으로 수입, 광고된 것은 1900년 무렵부터다. 인천항에 위치한 종합무역상사 함릉가양행咸陵加洋行은 각종 신식 재봉 기계가 도착했음을 알리는 광고를『황성신문』에 실었다.

이 낯선 이름, 함릉가양행은 영국계 상사인 홈링거 앤드 컴퍼니Holme Ringer&Company로, 나가사키에 진출한 회사 대표 프레데릭 링거Frederick Ringer와 토머스 글로버Thomas Glover는 일본 개항기 대표적인 무역상이었다. 링거의 집은 오늘날 나가사키의 주요 관광지인 글로버 정원 내에 지금도 남아 있다.

앞서 말한 광고는 이 회사의 인천, 즉 제물포 지점에서 낸 것으로, 지점장 월터 베넷Walter George Bennett은 토머스 글로버의 딸 하나 글로버Hana Glover와 결혼한 후

1905년 10월 19일
『제국신문』에 실린 싱어 사 미싱 광고.

1933년 3월 1일
『중앙일보』에 실린 매표 미싱 광고.

1929년 (주)제국미싱의 파인 미싱,
www.janome.co.jp

1897년 조선에 정착한 인물이다. 황실로부터 철도 부설에 필요한 기관차와 각종 물품, 전화기, 교환기 등을 주문받는 등 사업 수완이 뛰어난 베넷이 재봉틀을 수입해, 이를 널리 알리려 한 것을 보면 당시 재봉틀이 상당히 돈이 될 만한 아이템이었음을 짐작할 수 있다. "극동에서 가장 명민한 사업가"라는 평판을 얻었던 그는 장인의 사업으로부터 1909년 독립, 베넷 상회Bennett&Co.(광창양행이라고도 함)를 설립했다.[1]

재봉틀의 대명사, 싱어 미싱

19세기 중엽 미국과 유럽 곳곳에서 재봉틀 제조사들이 생겨났다. 가장 두드러진 곳은 다름 아닌 싱어 사였다. 아이작 메릿 싱어Isaac Merritt Singer, 1811~1875가 1851년에 설립한 싱어 사는 1870년대 중반 전 세계 재봉틀 시장의 4분의 1을 점유했고 1912년에는 90퍼센트 점유율이라는 놀라운 성과를 보였다.[2] 싱어 사가 이렇듯 엄청난 성장을 거듭하여, 재봉틀의 대명사가 된 데에는 기계의 우수성도 있었겠지만 그보다는 획기적인 판매 전략 덕택이었다고 할 수 있다. 다름 아닌 "선금 1달러, 주당 1달러"a dollar down, a dollar a week 전략이었다.[3] 한마디로 한 번에 구매하기 어려운 고가의 제품을 저렴한 할부로 판매, 시장을 획기적으로 넓혔다. 또한 영업사원이 가가호호 고객의 집을 방문하여 판매하는 이른바 '방판'을 시행했고, 재봉틀 판매 후에도 정기적으로 직접 소비자의 집으로 방문, 할부금을 수금하는 '조사 수금원 제도'를 도입했다. 이로써 판매자와 소비자 간의 접촉을 늘리고 제품 시연과 설명, AS 등을 통해 신뢰를 구축해나갔다. 이와 같은 전략은 오늘날 고가 화장품이나 미용기기, 정수기 판매 등에서 볼 수 있는 효과적인 마케팅 전략이다. 조선에서는 싱어 사의 방문 판매원을 '외교원', 통상 한 팀으로 동행하는 여성을 '여교사'라고 불렀다. 외교원은 주로 판매를, 여교사는 사용법을 알려주는 역할을 했다.

일본에서는 재봉틀에 해당하는 영어 소잉 머신sewing machine의 머신을 일본식 발음으로 미싱이라고 불렀고, 이는 일제강점기 이래 우리에게도 고스란히 통용되었다. 또한 일본에서는 싱어 사의 재봉틀을 '싱가 미싱'으로 불렀는데, 당시 우리나라의 신문에서는 주로 '씽거 재봉긔계'라고 표기했다. 싱어 사가 발매한 트레이드 카드는 재봉틀이 수출된 국가의 사람들과 문명적 기계인 싱어 재봉틀을 쓰는 모습을 함께 담고 있다. 싱어 사는 1900년 일본에 진출했고, 그로부터 5년 뒤인 1905년에는 경성에도 지점을 열었다. 빨간색 알파벳 'S' 자와 함께 재봉틀에 앉은 여성의 형상은 싱어 사의 대표적인 로고다. 조선의 경우에도 시장에 진출한 1905년, 비록 흑백이지만 '재봉긔계의 제왕'이라는 문구와 함께 신문에 큼지막한 광고를 실었다.

싱어 사는 여성들이 가정에서 재봉 기계를 쉽게 다룰 수 있도록 각 나라에서 강습회, 세미나 등을 개최하는 데 많은 투자를 했다. 경성의 만선중앙점은 1914년 싱거 재봉 여학교를 세운 뒤 재봉 보통과, 고등과, 자수과로 나누어 기술을 가르쳤다. 또한 미싱으로 만든 양복과 자수 작품을 일반인들에게 소개하기 위한 전시회도 개최했다. 1920~30년대에는 양재봉 강습회가 전국적으로 수백 회에 걸쳐 이루어졌고 재봉틀의 수요 또한 크게 늘었다. 이처럼 교습소를 통한 강습은 할부 제도 못지않은 고도의 판매 전략으로, 말하자면 교육과 전시를 통한 마케팅이었다. 즉, 오늘날 많은 분야에서 실시하는 고전적인 방식이라 할 수 있다.

독일제 쾰러Köhler와 베리타스Veritas, 소련제 유니온UNION 등도 수입 재봉틀 시장에 진출했다. 1929년에는 영국산 재봉틀 6천 대가 들어왔다는 소식도 있었다. 하지만 수입 재봉기의 대표 주자 싱어 사에 대적할 만한 수준은 결코 아니었다. 1935년 무렵부터는 일본산 미싱의 수입이 급증했다.[4] 일본에서는 기계 제조 기술을 가진 병기 회사들이 자국산 미싱을 속속 선보였다. 아이치 공업사愛和工業의 도요타 미싱, 일본제강日本製鋼의 파인パイン 미싱, 나카지마 비행기中島飛行機의 리듬リズム 미싱, 히타치 제작소日立製作所의 히타치 미싱 등이 대표적이다.[5] 이 가운데 파인 미싱을 제조한 파인 재봉 기계 제작소(1921년 설립)는 여러 차례 회사명을 바꿨는데 (주)제국 미싱(1935)일 당시에 만든 자노메蛇の目 미싱은 큰 인기를 누렸다.[6] 화신 백화점에서는 미쓰비시 미싱을 판매하기도 했지만[7] 언론에서도 "더펴노코 싱거만 찾는다"고 할 정도로 싱어의 인기는 여전히 식을 줄 몰랐다.[8] 1935년 수입된 것만도 1만 5천여 대였으니 그 인기를 가히 짐작할 수 있겠다.[9]

1870~1900년경 싱어 사 트레이드 카드.

1920년경 싱어 사 광고 엽서.

IN THE HOME
SEWING
SINGER'S
MACHINES
IN THE FACTORY

1899년 싱어 사 광고.

世界標準型
國産蛇の目ミシン
帝國ミシン株式會社

1935년 자노메 미싱 광고 포스터.

휴고 심베리, 〈재봉틀 옆에서〉, 1899, 핀란드 내셔널 갤러리.

엘리자베스 오키 팩스톤, 〈열린 창문〉, 1922, 보스턴 뮤지엄 오브 파인아트.

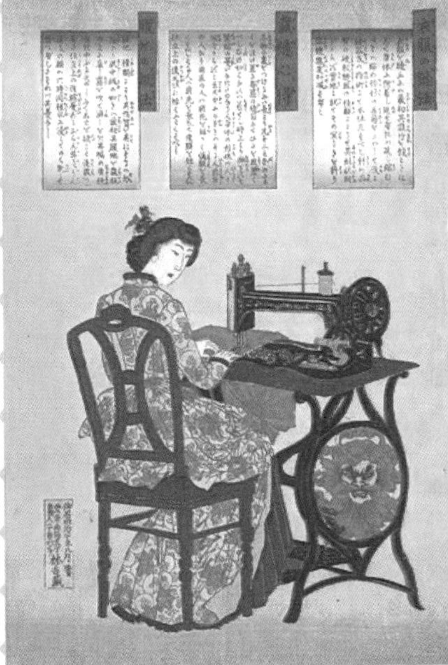

도요하라 치카노부, 〈여관양복재봉지도〉女官洋服裁縫之図, 메트로폴리탄 뮤지엄.

재봉틀로 바느질하는 여성. 국립민속박물관.

재봉기를 둘러싼 각종 사건

고양군 용강면 아현리의 류명렬은 재봉기 판매를 위한 출장소를 설립하겠다며 보증인을 세우고 서류를 만든 후 종로통에 있는 재봉기 판매점주 방두영으로부터 재봉기를 수차례 받아 팔아, 시가 600원어치를 편취한 사건으로 1922년 12월 검찰에 송치되었다.[10]

1926년 6월에는 정동1번지 28호에 위치한 싱어 사 만선총지부에 어마어마한 횡령 사건이 발생했다. 당시 서대문정에 위치한 싱어 사 창고에서 근무하던 김동석이 자신이 관리하는 재봉틀 78대와 재봉틀 바늘 1,580개, 총 1만 7,000여 원 어치를 몰래 팔아 편취한 후 종적을 감춘 것이다. 그의 가족까지도 함께 사라져 경찰이 수사에 착수하기도 했다.[11]

사건은 또 있었다. 싱어 사에서는 보증인을 세우고 약간의 보증금만 내면 재봉틀을 빌려주었다. 이른바 렌털 제도다. 이것을 악용하는 이도 있었다. 1935년 9월 14일자『조선중앙일보』에 따르면 현저동에 사는 김명희 외 한 명은 싱어 사 서대문분점에서 보증금 10원을 내고 시가 216원짜리 재봉틀을 빌린 뒤 이를 무교정 림보 전당포에다 140원을 받고 잡힌 다음 행방을 감추었다. 그들은 전기회사의 고소로 붙잡혔다.

여성들의 혼수용품, 또는 고달픈 직업의 세계

서구에서 재봉틀이 처음 등장할 무렵에는 복잡한 기계를 다룰 수 있는 남성이 주로 광고 모델로 등장했다. 그러나 바느질이라는 전통적인 가사 영역으로 재봉틀이 진입하면서 전형적인 여성의 물건이 되었다. 재봉틀은 한때 결혼을 앞둔 여자들이 준비하는 귀한 혼수용품이었다. 조정래의 소설『아리랑』에는 결혼 준비를 하는 서무룡과 부자들을 상대로 재봉틀과 유성기를 파는 가게 주인 양효남이 대화를 나누는 대목이 있다. 양효남이 "그라고, 각시 맞어디릴 사람 재봉틀이 있어얄 것 아니겄소?"라고 묻자 서무룡은 "일없네. 재봉틀인지 자방틀인지야 각시가 해오기로 돼야 있응게."라고 답하는 장면이다.

재봉틀의 보급은 양복, 양장 보급과 밀접한 관련이 있었다. 도시를 중심으로 양복 착용과 양복점이 늘어나면서 족답기라고 부르는, 발로 밟는 재봉 기계를 쓰기 시작했다.[12] 손수 한 땀 한 땀 옷을 지어 입던 과거와 달리 재봉틀을 이용함으로써 주부의 시간과 노동을 절약할 수 있게 되었다. 그뿐만 아니라 재봉틀은 여성을 전문 직업의 세계로 진출시켰다. 가정에서 부업으로 또는 재봉소를 차려서 바느질을 생업으로 하는 여성이 생겨난 것이다. 경성에서 이른바 내재봉소內裁縫所라고 써 붙인 집들은 대개 바느질 품을 파는 부인들의 일터였다. 1928년 3월에 『동아일보』에 실린 「여자 직업 탐방기」에는 팔판동에 사는 32세 부인이 과부가 된 후 바느질 품팔이로 네 식구를 먹여 살리는 이야기가 실렸다.[13] 이 직업을 갖기 전에도 그에게 바느질은 일상이었지만 "그때의 바느질과 지금의 바느질은 하는 심정과 취미에 있어서 큰 차이가 있다" 한다. 즉, 남편이나 자식을 위해 재미와 정열로 하는 바느질과 달리 돈벌이를 위해 6년을 매일같이 하는 일은 여간 괴롭지 않았다. 내재봉소 주인은 더운 여름에도 고운 바느질을 위해 화로를 옆에 놓고 솥기에 인두를 대느라 땀범벅이 되곤 했다.[14] 재봉틀이 어떤 여인들에게는 취미를 위한 사치품이었지만 큰돈 들이지 않고 기계를 사서 생계에 보탬이 되는 재봉틀은 여성들에게 유용한 물품이 아닐 수 없었다. 그야말로 직업으로 삯바느질을 하는 여성들에게는 "곤궁한 생활의 한 모퉁이를 받드는"[15] 도구였다.

쇼와 시대 일본에서도 재봉틀은 주요 혼수 품목이었고 값비싼 재봉틀을 마련하기 위한 계도 있었다. 근대 여성의 삶에 박음질된 재봉틀은 삯바느질로 남편과 자식을 부양하는 부인네들의 밑천이자 농촌을 뒤로하고 서울 봉재 공장에 취직한 누이들의 고달픈 동반자였다. 박경리 선생이 가장 아끼던 물건 또한 검고 반들반들한 재봉틀이었다. "재봉틀은 나의 생활이었고, 국어사전은 나의 문학이다. 통영장롱은 나의 예술"이라고 했던 선생의 싱어 재봉틀은 손수 지은 옷과 함께 하동 박경리 문학관에서 오롯이 그 생활의 일면을 증언한다. 1970~80년대 여성 노동자의 애환은 1989년 '노래를 찾는 사람들'이 부른 「사계」의 노랫말에 잘 묻어난다. "빨간 꽃 노란 꽃 꽃밭 가득 피어도 하얀 나비 꽃나비 담장 위에 날아도 따스한 봄바람이 불고 또 불어도 미싱은 잘도 돌아" 가기만 했다.

우물에 담가두는 것과는 차원이 다른 방식

냉장기

냉장기, 냉장고의 탄생 이전

오늘날 주방 필수품으로 자리잡은 냉장고가 탄생되기 이전 식품을 신선하게 보관하기 위해 고안된 것이 얼음을 채워 넣어 쓰는 냉장기였다. 19세기 후반 미국과 영국의 부유한 가정에서는 장롱처럼 생긴 이 상자에 정기적으로 얼음을 배달받아 채워 넣고 썼다.[1] 외관은 나무로 마감되어 마치 작은 캐비닛 같았고 내부는 몇 개의 칸으로 나뉘어 있었다. 숯이나 코르크 같은 단열재로 된 두꺼운 벽과 아연이나 주석판 마감 덕분에 냉기가 어느 정도 유지되었다. 찬 공기는 아래로 흐르고 더운 공기는 위로 가는 성질 때문에 맨 밑단이 가장 시원한 칸이었다.

아이스 박스 형태의 냉장기는 1920~30년대 근대적 부엌 도구의 하나로 업소나 일부 가정에서도 사용되었다. 냉장기를 채울 얼음은 경성의 경우 겨우내 한강에서 채빙한 천연빙天然氷과 ㈜중앙물산과 같이 제빙기를 설치해서 인공적으로 만든 인조빙人造氷이 공급되었다.[2] 남대문시장 안에 있던 ㈜중앙물산은 대표적인 인조빙 제조사였는데 1927년 기준으로 하루 약 10톤 가량을 생산했다.[3] 인조빙이 생긴 이래 천연빙은 위생에 해롭다는 인식으로 판매량이 줄더니 점차 사라졌다.

냉장기는 1920년대 영국의 가정에서만 해도 별도의 식료품 저장실이 더 일반적이어서 그리 널리 사용되지는 않았다. 하지만 일본에서는 1918년 주택개량회가 「부엌설계도안 현상 모집」을 공모했는데, 응모한 총 70점 가운데 반 이상이 냉장기를 제안했고, 약 20~30퍼센트 정도만 냉장기 대신 돌출창과 창밖의 선반에 음식을 보관할 수 있는 안을 내놨다.[4]

서구식 입식 부엌에 포함된 냉장기

그 당시 일본 주부들이 선호한 문화주택의 새로운 부엌은 서구식 입식 부엌이었다. 1920년대 등장한 스즈키식 고등취사대 같은 일체형 부엌 가구는 가열대·개수대·조리대를 합친 지금의 싱크대와 유사한 형태였는데, 여기에 냉장기가 포함되기도 했다.[5]

우리나라 개량주택 내의 입식 부엌안案에도 1930년대 와서는 냉장기의 제안이 간혹 등장한다. 건축가 김종량의 부인 조계은은 신식 주방안案에 식재료를 들여오는 순서부터 조리까지 과정을 동선으로 표시하면서 "먼저 바깥에서나 광에서 재료를 갖다가 (고기는 냉장기에 둘 것) (…) 식사가 끝난 뒤에는 남은 음식 중 다시 먹을 것은 찬장이나 냉장기에 넣고 버릴 것은 쓰레기통에 버리고"라고 언급했다.[6] 또한 경기여상 교장 송옥선의 부엌개량안에도 냉장기가 표시되어 있다.[7] 하지만 실제로 얼마나 많은 냉장기가 당시 근대 부엌 안으로 들어왔는지는 알 수 없다. 1931년 신문 기사에 관리법이 소개된 것으로 미루어 볼 때 드물게나마 쓰는 가정이 있었던 모양이라고 짐작할 뿐이다. 신문에서 말한 관리법이란 다음과 같았다.

> "내부를 비누물로 잘 씻고 그 뒤를 맑은 물로 씻은 후 그늘에서 잘 말려서 참기름을 탈지면에 칠해서 고루 발러두면 녹이 설 염려가 업습니다. 더욱이 문이 엇맛는데 부터잇는 라사와 고무 가튼 것은 오래쓰면 딴딴해 짐으로 집어 너흘 즈음에 새로 갈어 대어두면 래년에 곳 쓰내 쓸 수 잇습니다." _『동아일보』, 1931. 9. 1.

다양한 브랜드, 냉장기 경쟁 시대

오늘날의 전기 냉장고에 비하면 그 성능은 보잘것없겠지만 냇물이나 우물물에 담가 두는 것과는 차원이 다른 진화된 방식이었다. 당시 우리나라에 광고된 몇몇 브랜드를 살펴보면 다음과 같다.

파라parlor 냉장기는 보리차나 음료수를 넣어두는 냉수 탱크, 맥주병 냉각에 편리한 개폐가 자유로운 선반 망, 그리고 생선이나 고기의 신선도와 풍미를 유지시켜주는 공간이 마련되어 있고 튼튼한 아연판으로 된 물받이통 등 그 구성이 나름 알찼다.

1905년에 냉장기 제조를 시작한 이와타니岩谷 냉장기는 일본에서 가장 오랜 역사를 자랑했다. 영업장 및 가정에도 가장 경제적이고 오래 사용할 수 있는 이상적인 제품이라고 자사 제품을 홍보했다. 핵심 기술은 역시 냉각 기능의 장기 지속이다. 이와타니는 광고를 통해 얼음이 덜 녹고 빨리 시원해지는 기능성을 강조했고 1~2년 쓰고 버리는 것이 아니라 냉각 장치가 완전하고 구조가 탄탄해서 영구히 냉각력이 약해지지 않는다고 호언장담했다.[8] 1935년에는 창업 30년 기념행사로 모든 구매자에게 경품을 지급하는 행사도 열었다.[9] 이를 취급하는 특약 대리점이 경성에만 다섯 군데였다.[10] 미쓰코시, 조지야, 미나카이, 화신과 같은 유명 백화점을 비롯해 금고, 가구 전문점 요코야마 상점에서도 판매했다. 1929년 미쓰코시는 자사 브랜드의 PB상품을 내놓기도 했다. 미쓰코시 냉장기는 "견고하고 우아한 미쓰코시의 냉장기, 이제는 가정에서 필요할 때가 되었습니다"라고 선전했고, 결과적으로 잘 팔렸다.[11]

1930년 5월 광고에 나온 신형 냉장기 가격은 10원부터 25원짜리까지 있었다.[12] 이 밖에도 눈보라라는 이름으로 이를 연상시키는 그림과 함께 광고를 한 후부키フブキ[13], 냉장기계의 패왕이라고 홍보한 스노랜드snow land[14], 흰색의 특수 라커를 칠해 외관이 명랑 순백색임을 자랑한 라이토ライト 냉장기 등도 같은 시대의 제품이었다.[15]

1800년대 후반에 파리의 카페에서 사용된 냉장기.

1931년 웨스팅하우스의 냉장기 광고.

얼음을 채워 넣어 쓰는
1930년대 냉장기, 개인.

1933년 5월 6일 『경성일보』에 실린 파라 냉장기 광고.

전기 냉장고의 등장, 고소득 가정의 전유물

냉장기가 어느 정도 보급됨과 동시에 전기 냉장고도 세상에 선을 보였다. 일본에서는 1923년 미국 GE 사의 냉장고를 미쓰이 물산에서 수입, 판매했고 이를 모방하여 1930년 시바우라(오늘날 도시바) 사에서 일본산 제1호 전기 냉장고를 처음으로 제조했다. 'SS-1200'이라는 이 모델의 당시 판매가는 720엔으로 집 한 채 값과 맞먹었다.[16]

1950년대까지 영국과 유럽에서 냉장고는 고소득 가정의 전유물이자 일종의 신분의 상징으로 통했다.[17] 우리나라에서도 초반에는 극소수의 문화주택에만 갖춰져 있는 물건이었다. 식재료를 그때그때 조달해서 사용하고, 오래 보관할 필요가 크지 않았으며 수박 같은 과일은 시원한 우물물에 잠깐 담가 놓았기 때문에 냉장고는 있어도 그만 없어도 그만이었다. 하지만 오늘날 실내 공간에서는 놓아두는 자리가 따로 마련되어 있을 정도로 냉장고는 그 지위가 격상된 필수품 중의 필수품이다. 1965년 금성사의 눈표 냉장고(GR-120)가 출시되기까지는 국내 냉장고는 일본의 것과 상당한 격차가 있었다. 그러고 보면 김치냉장고를 비롯하여 개개인의 생활에 맞춘 맞춤형 냉장고까지 만들어 세계 최고의 가전 강국으로 우뚝 선 오늘의 풍경이 신기하기까지 하다.

시원한 선풍기
바람도 함부로
쓰면 사람까지
죽여

선풍기

선풍기의 탄생

여름은 선풍기의 계절이다. 선풍기가 없던 시절, 더위는 부채로 피했다. 부채는 고대 여러 문명에서 공통적으로 고안해낸 도구였다. 손가락 까딱하지 않고 바람을 일으키려면 다른 사람의 힘을 빌리거나, 그게 아니라면 저절로 움직이는 부채가 필요했다.

『서경잡기』西京雜記[1]에 따르면 2세기 중국 한漢 대의 장인 정완丁緩이 만든 칠륜선七輪扇은 직경이 한 장(3미터)인 일곱 개의 날개가 서로 연속적으로 돌게 되어 있어, 한 사람이 돌리면 온 실내의 사람이 추워서 떨 정도로 시원한 바람이 일었다.[2] 인력이 아닌 수력으로 팬을 돌리는 장치는 당唐 대에 개발되었다.

제국주의 시대 인도와 동남아시아 식민지 하인들은 천장에 매달린 일종의 부채인 펑카punkah의 줄을 종일 당겨 펄럭이게 해서 지배자들을 시원하게 해야 했다.

오늘날 같은 전기 선풍기는 미국의 엔지니어 휠러Schuyler Skaats Wheeler, 1860~1923의 발명으로 알려져 있다. 1830년대 중반 증기를 사용한 팬이 등장하면서부터 시작되었고, 1882년 마침내 휠러가 전기를 동력으로 사용하는 선풍기를 개발했다.[3] 니콜라 테슬라Nicola Tesla, 1856~1943와 에디슨의 아이디어를 발전시켜 완성했는데 전기

1863년경 펀카 아래에서 책을 읽고 있는 여인. 펀카의 줄 끝에는 누군가의 손이 존재하고 있을지도 모른다. 제국주의 시대 식민지 하인들은 이 줄을 종일 당겨 지배자들을 시원하게 해야 했다.

모터에 두 개의 프로펠러가 달린 것으로 보호망은 없는 형태였다. 이 발명품을 커티스 앤드 크로커 사Curtis&Crocker Company가 상업화했고 휠러가 몸담았던 이 회사는 이후 크로커-휠러 사Crocker-Wheeler Company가 되었다. 초기 모델들은 프로펠러가 빠른 속도로 회전하는 데다 보호망이 없어 위험했다. 그뿐만 아니라 가격도 매우 비싸서 부유한 이들의 가정이나 사무실에서만 사용할 수 있었다. 하지만 1890년대에 들어오면서 디자인도 개선되고 망도 장착되었다.

한편 싱어 사에서 근무하던 독일계 미국인 엔지니어 딜Philip H. Diehl은 땀 흘리는 동료들을 위해 재봉틀 모터에다 날개를 붙여 천장에 달아 최초의 천장 선풍기를 개발했다. 그는 1889년 특허까지 획득했고 이후 전등까지 붙여 만든 것이 오늘날 호텔이나 이국적인 방갈로 같은 곳에서 볼 수 있는 천장 조명 겸용 선풍기다. 딜이 개발한 천장용 선풍기는 1920년대 경성의 상업 공간에도 그 모습을 드러냈다. 경성전기회사는 매년 6월 1일부터 9월 말까지 시민들이 선풍기를 사용하도록 도입했는데 1924년에는 가정용 선풍기 1,423대와 회사용 천장 선풍기 373대를 가설했다고 한다.[4]

1890년대와 1900년대 초반에 이르면 여러 미국 회사들이 선풍기를 속속 선보였다. 에머슨Emerson, 웨스팅하우스Westinghouse, 그리고 GE 같은 곳이 대표적이다. 이 가운데에서 가정용 선풍기의 선두 주자는 웨스팅하우스였다. 제1차 세계대전 이전까지 선풍기 몸체는 대부분 놋쇠로 만들었지만 전쟁 직후 무기 재료로 사용되면서 놋쇠는 철이나 알루미늄 등으로 대체되기 시작했다. 이 때문에 초창기 놋쇠 선풍기보다 그 무게가 훨씬 가벼워졌다. 1920년대에 GE 사는 가정용 선풍기의 대표적인 브랜드로 성장했고 선풍기 날개를 겹쳐 만듦으로써 소음을 대거 줄였다. 1930년대에 에머슨 사의 젊은 디자이너 제인 에반스Jane Evans는 독특한 선풍기 날개 디자인을 선보였다. 이 날개는 실버 스완Silver Swan이라고 불린다.

일본산 선풍기

일본은 메이지 시기 서구에서 선풍기를 수입했는데 고가인지라 처음에는 부유층 사이에서만 애용되었다. 선풍기 회사를 '바람판매회사'風売会社라고 부르기도 했고 선풍기를 구비한 양식당은 이를 자랑거리로 홍보했다.[5] 비싼 가격으로 중산층 보급이 더디게 이루어지자 수입 업체는 렌털이라는 시스템을 도입했다. 오늘날 렌털의 대표 상품이 정수기라면 그 시스템의 원조는 선풍기인 셈이다. 다이쇼 시대 선풍기는 대체로 검은색, 네 개의 날개, 보호망, 그리고 회전 기능, 이렇게 네 가지 기본 요소를 갖추고 있었다.

수입에 의존하던 일본이 본격적으로 선풍기를 생산한 것은 제1차 세계대전 이후부터였다. 일본의 가전 회사들이 서구의 회사들과 기술 제휴를 시작한 덕분이었다. 예컨대, 시바우라芝浦 제작소 - GE, 미쓰비시 - 웨스팅하우스, 후지 - 지멘스, 오쿠라大倉 - AEG가 대표적인 제휴 사례였다.[6]

비교적 단순한 모터 기술을 이전 받아 생산된 시바우라, 가와키타川北, 히타치日立, 미쓰비시 같은 일본산 선풍기는 1920~30년대 일본 가정으로 빠르게 보급되었다. 일본산 선풍기는 모터는 서구의 기술을 그대로 이어받은 대신 날개 앞 보호망을 다양하게 디자인해 의장 등록을 했다. 특히 백화점 같은 곳에서 어린이가 선풍기에 손가락을 다치는 일이 일어나자 그물망을 덧씌우거나 보호망 자체를 촘촘히 설계한 것들을 선보였다.[7] 모기장처럼 생긴 선풍기 보호망은 별도로 판매되곤 했다.

외양도 기능도 진화하다

1936년에 이르면 새로운 유행을 맞이하여 선풍기의 외관은 퍽 달라졌다. "종래의 가는 망을 써서 더웁고 답답한 감을 주든 것을 단연 배격하고 엉성하게 해 가지고 서늘한 맛을 주는 것이 유행되는 모양"이었다.[8] 또한 "모-타의 부분과 기타가 유선형으로 되어서 전체가 한 스마트한 유선미를 나타내게 되었다." 이와 같은 유선형 디자인은 1930년대에 전 세계적인 추세였던 아르 데코의 영향이다. 기능적인 측면에서는 회전을 천천히 하도록 해 소음도 상당히 줄였다.

서늘한 바람을 희망하는 사람들이 새로운 형태의 선풍기를 발명하기도 했다.

1892년경 크로커-휠러 사의 전기 선풍기.

20세기 초 GE 사 선풍기.

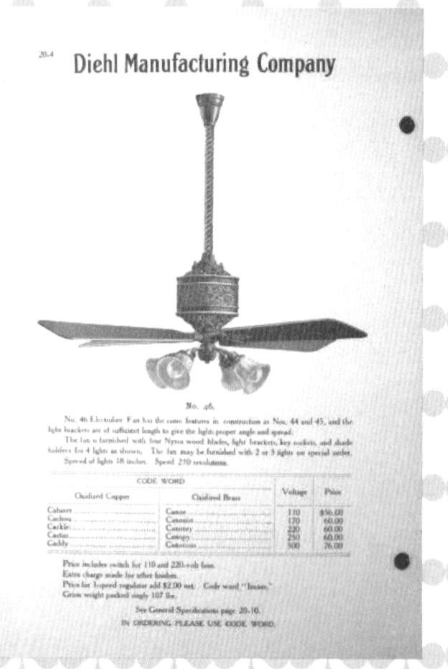

20-4

Diehl Manufacturing Company

No. 46.

No. 46 Electrolier Fan has the same features in construction as Nos. 44 and 45, and the light brackets are of sufficient length to give the lights proper angle and spread.

The fan is furnished with four Nyssa wood blades, light brackets, key sockets, and shade holders for 4 lights as shown. The fan may be furnished with 2 or 3 lights on special order.

Spread of lights 18 inches. Speed 210 revolutions.

CODE WORD		Voltage	Price
Oxidized Copper	Oxidized Brass		
Cabaret	Canoe	110	$56.00
[illegible]	[illegible]	170	60.00
Cackle	[illegible]	220	60.00
Cactus	Canopy	250	60.00
Caddy	[illegible]	500	76.00

Price includes switch for 110 and 220-volt fans.
Extra charge made for other finishes.
Price for 3-speed regulator add $2.00 net. Code word "[illegible]."
Gross weight packed singly 107 lbs.

See General Specifications page 20-10.

IN ORDERING PLEASE USE CODE WORD.

천장 조명 겸용 선풍기.

1930년대 실버 스완 선풍기.

1930년대 히타치 선풍기 광고 엽서.

1930년대 히타치 선풍기 광고.

1928년 5월 16일 『조선신문』에 실린 선풍기 관련 기사.

역시 36년은
선풍기도 유선형
새모양이 많이 나와

1936년 5월 31일 『조선중앙일보』에 실린 선풍기 관련 기사.

미국에 사는 한 독일인은 침대 머리맡에 두는 용도로 원통형에 깔때기가 붙은 형태의 선풍기를 개발했다. 원통에 얼음을 채워 두면 찬 공기가 아래로 내려가 머리 쪽에 있는 깔때기에 시원한 공기를 가두는 원리였다. '침두납량기'枕頭納涼 器라는 제목 아래 삽화와 함께 신문에 소개된 이 이색적인 선풍기가 얼마나 효과가 있었을지, 실제 상용화가 되었는지는 알 수 없다. 하지만 오늘날 얼음팩을 채워 넣고 쓰는 냉풍기와 그 기능이 유사하다고 할 수 있다. 선풍기는 백화점의 전기 기구 코너에서 빼놓을 수 없는 상품이었다.

억울한 누명

선풍기가 가정에 보급되면서 선풍기 사용에 관한 주의점이 종종 신문에 게재되었다. 먼지를 일으켜 위생상 좋지 못하다거나 바람을 직접적으로 쏘이는 것이 건강에 해롭다는 취지가 대부분이었지만 한 걸음 더 나아가 선풍기로 인해 호흡곤란을 일으켜 죽을 수도 있다고까지 했다.

> "(…) 그 외에 결점을 말하자면 첫째로 방안의 공기가 희박하여집니다. 선풍기의 회전을 따러 바람의 속력이 나면 실내는 그 근처의 공기가 대한히 희박하여 지는 것입니다. 즉 호흡곤난이 생기고 현기증이나 두통이 나는 것입니다. 선풍기를 트러논채로 안저서 일을 하든지하여 오랫동안 인공적 바람을 쏘이면 피부의 온도를 너머 빼앗기고 코의 점막을 자극하야 코나 기관기가 탈이 생기기도 쉬웁습니다. 트러논채로 그대로 잠이 들엇다가 이튼날 아침에 깨어보니까 어린애가 죽엇드라는 그런 일도 잇습니다 (…) '시원한 선풍기 바람도 함부로 쓰면 사람까지 죽여'." _『매일신보』, 1935. 7. 29.

실제로 이런 기사로 인해 선풍기는 상당히 오랫동안 방문을 닫아두고 밤새 사용해서는 안 될 위험한 용품으로 여겨졌다. 선풍기 입장에선 퍽 억울한 가짜 뉴스라 하겠다.

웬만한 가뎡에
뎐긔대림
하나는
잇슬것임니다

다리미

인류는 언제부터 다리미를 썼을까

인류가 다리미를 언제부터 사용했는지는 명확하지 않다. 중국에서는 일찍이 숯이나 석탄을 담은 금속 팬으로 주름을 폈고 이와 같은 방식은 수세기 동안 변함없이 이어져 왔다. 그 밖에도 뜨겁게 달군 돌이나 유리를 활용하기도 하고 프레스로 누르거나 다듬이질과 같이 방망이로 두드려 펴는 방식도 있었지만 팬 형태의 숯다리미는 동·서양을 막론하고 여러 나라에서 가장 널리 활용되었다.

당唐 대의 화가 장훤713~755의 그림을 송宋 대 휘종 황제1082~1135가 모사한 그림에는 왕실의 여인들이 비단을 만드는 모습이 생생하게 담겨 있다. 두 여인이 양 끝에서 팽팽하게 잡아당기는 비단 천을 다른 여인이 달군 숯이 담긴 다리미로 조심스레 다리는 모습이 생생하다.

19세기 풍속화로 외국인들 사이에서 큰 인기몰이를 한 기산 김준근도 다림질하는 여인들의 모습을 정겹게 그려냈다. 한쪽에서는 방망이로 다듬이질을 하고 또 다른 쪽에서는 숯 다림질을 하고 있다. 다듬이질은 1920년대 가정의 부인들에게 "큰 괴롬이 될 뿐 아니라 의복의 손상이 극심함을 익히 알면서도 아즉도 개량하거나 페지할 줄을 모르니" 어리석다고 지탄을 받기도 했다.[1]

710-748년경
휘종 황제가 모사한 그림의
다림질 부분. 보스턴 미술관.

1748년
니시카와 스케노부가 그린
다림질하는 여인들 모습.
보스턴 미술관.

19세기 말
김준근의 그림에서도
다림질하는 여인들을
볼 수 있다.
《기산풍속도첩》,
함부르크민속학박물관.

헨리 로버트 몰랜드, 〈다림질하는 하녀〉,
1765~1782, 테이트 갤러리.

드가, 〈다림질 하는 여인들〉,
1884년경, 노튼 사이먼 뮤지엄.

1870~1900년경 아이디얼 다리미 광고 카드. 보스턴 공공 도서관.

손잡이가 있는 평평한 철판을 뜨겁게 달궈 천을 다리는 무쇠 다리미는 중세부터 사용되었고 이를 서양에서는 플랫 다리미flat irons 혹은 새드 다리미sad iron라고 불렀다. 새드 다리미의 'Sad'는 견고함, 덩어리를 의미하는 'solid'의 고어에서 유래했다. 19세기 후반 미국의 아이디얼 다리미 광고 카드에는 다음과 같은 대화가 적혀 있다.

"엄마, 왜 이것을 새드 다리미Sad Irons라고 해요?"
"모르겠구나 얘야. 하지만 난 이웃집에서 새 아이디얼 다리미IDEAL IRON를 쓰는 걸 보면 새드하단다(슬프단다)."

난로 위에 두세 개의 플랫 다리미를 올려놓고 번갈아 가며 해야 했던 다림질은 꽤 힘든 가사 노동이었다. 플랫 다리미, 즉 새드 다리미보다 열이 좀 더 오랫동안 유지되도록 고안한 것이 상자 다리미Box iron였다. 말 그대로 상자 형태로 뚜껑이 달려 있어 속에 석탄을 넣어 사용했는데 꽤 오랫동안 여러 나라에서 사용되었다. 이후 19세기에는 가스관을 연결해서 쓰는 가스 다리미가 나오더니 마침내 다림질의 수고로움을 한층 덜어준 전기 다리미가 개발되었다.

1920년대 핫포인트 사의
전기다리미. 빅토리아 박물관.

전기 다리미는 1880년대 초 뉴욕의 발명가 헨리 실리Henry W. Seely가 고안했다. 열이 펄펄 끓을 정도로 뜨겁지는 않았으나 와이지Waage 사 광고의 문구처럼 플랫 다리미 세 대의 역할을 거뜬히 해냈다. 20세기 초 미국에서는 각 가정에 전기의 보급이 늘어났고 핫포인트Hotpoint 사의 다리미는 상업적으로 큰 성공을 거두었다. 1920년대에는 미국, 유럽, 그리고 전 세계적으로 전기 다리미 소비가 확산되었다.

조선 가정에 널리 보급된 전기 다리미

1926년 5월 15일자 『동아일보』가 “다른 것은 다 비싸서 못쓰드래도 웬만한 가뎡에 뎐긔대림 하나는 잇슬것임니다”라고 쓴 걸 보면 전기 다리미가 1920년대 가정에 상당히 보급된 모양이다. 전기 다리미의 편리한 점으로 말하면 “일일히 숫불을 피우고 담고 또 재를 날리느라고 부채질할 필요도 업고 또 열도가 항상 그만하야 잇는고로 옷을 태울 념려도 업습니다”라고 장점을 설명하고 있다. 이어서 “갑으로 말하면 십원 내외면 살수잇고 뎐긔 사용료도 잠간잠간 가뎡에서 쓰는 것이니까 별로 만히 들것도 업고 다만 서울서는 계량긔가 보급되지 아넛고 또 나제 뎐긔를 주지 안어서 불편할 뿐이외다”라고 썼다. 다리미는 잠깐씩만 쓰니 전기세를 크게 걱정할 정도는 아니었으나 문제는 전기 공급이 원활하지 않았던 시절이었던지라 낮에 다림질을 하기가 쉽지 않았던 것 같다.

1927년 6월 7일 『조선신보』에 실린 미쓰비시 다리미 광고.

1920년대에는 여러 외국 제품들이 수입되었을 것으로 추정되는데 1927년에는 일제 미쓰비시 다리미 광고도 눈에 띈다.

한운교, 조선에서 전기 다리미를 개발하다

조선에도 1929년에 전기 다리미를 개발한 이가 있었다. 낙원동 211번지 동아전기공업소 주임 한운교韓雲教였다. 도쿄고등공업학교를 우수한 성적으로 졸업한 후 미쓰비시 회사와 상하이에서도 재직하면서 가정전기 제품들을 연구했다. 실용신안 128017호를 얻은 그의 전기 다리미의 특징은 신문을 통해 소개되기도 했다. 신문 기사에서는 재래의 숯불 다리미와 달리 온도가 균일하고, 한 시간의 전기 사용료

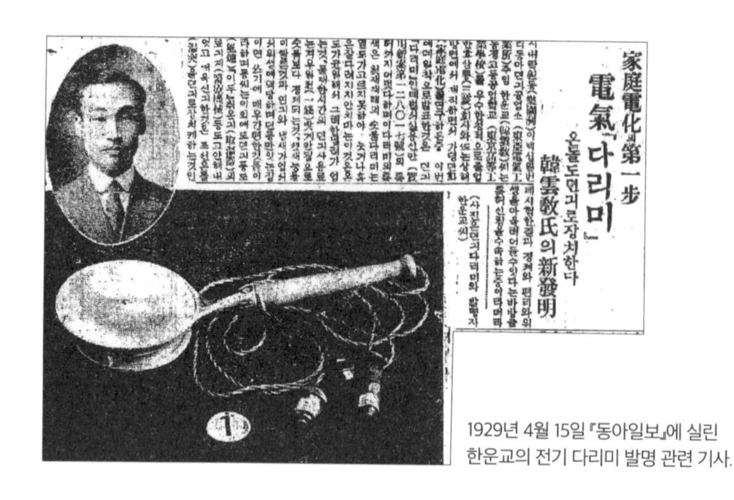
家庭電化의第一步

電氣「다리미」

韓雲敎氏의新發明

(사진은전기다리미와 발명자 한운교씨)

1929년 4월 15일 『동아일보』에 실린 한운교의 전기 다리미 발명 관련 기사.

가 겨우 1전으로 경제적이며, 능률이 빠르고 연기와 냄새가 없어서 전등이 있는 집이라면 쓰기에 매우 간편한 것이라고 했다. 다리미 모양은 일반적인 삼각형이 아니라 원형으로 숯불 다리미의 전기 버전이라고 볼 수 있다.

그런데 그가 얻은 실용신안특허권을 침해, 모방한 다리미들이 판매되는 일이 벌어졌다. 1929년 4월 1일부로 전기 다리미의 실용신안특허권 등록을 마친 한운교는 같은 달 4일부터 동아전기공업소라는 제작소를 설립하고 다리미를 제작, 판매했다. 그런데 1935년 2월경 ㈜마쓰시타전열 대표 마쓰시타 고우노스케松下幸之助가 한 씨와 같은 상호의 다리미를 제작, 판매하는 것을 알게 되었다. 생산 중지를 요청했지만 받아들여지지 않자 한운교는 결국 소를 제기했다. 이른바 '짝퉁'이 유통된 걸 보면 한 씨의 다리미가 꽤 인기가 있었던 모양이다. 이런 일은 한운교만 겪은 게 아니었다. 봉래정1정목에 있는 광운전기상회는 중국인이 경영하는 태흥주물공장에서 다리미 1만여 개를 만들어 전 조선 20여 개소에 도매점을 두고 대대적으로 '광운' 마크를 넣은 전기 다리미를 판매하다가 적발되었다. 광운 다리미는 주물점에서 개당 1원 80전씩 주고 만들어서 4원에 판매했으니 꽤 많은 이문을 남긴 셈이었다.

중일전쟁 후 강철 사용 제한으로, 주물 제품은 허가를 받아야만 했다. 1940년

2월에 실린 기사에 따르면 무허가 전기 다리미를 대대적으로 단속했다고 한다. 그 때문에 동아전기공업소 주인(실명은 거론되지 않았으나 한씨로 추정)도 취조를 당했다.

1930년대 이르러 전기 다리미는 가사 노동의 주름살을 펴준 대표적인 가전이었다. 1930년대 초반에는 전기 다리미 선택법이나 사용법에 관한 기사들도 종종 실렸다. 다리미를 선택할 때는 가벼운 것보다는 무거운 것이 효율이 좋다고 권했다. 오늘날 손목에 무리가 가지 않는 소형화, 경량화 경향과는 정반대였다. 다리미를 사용할 때 주의할 점은 다음과 같았다.

> "전기 다리미가 제일 만히 상하는 것은 쏘겟트(소켓)와 코트(코드)가 접속한 곳입니다. 쓸데없이 전기가 무섭다고 해서 줄을 뺄 때 쏘겟트(가로질린 막대기)를 붓잡고 빼지안코 줄을 잡어다리는고로 쉽사리 상하게 됩니다. 언제든지 줄을 뽑을 거든 가로질린 막대기를 붓잡고 빼십시오." _『동아일보』, 1935. 2. 21.

재래 조선식의 불완전함을 크게 늦겨 화덕에서 밥을 짓다

주방 화기

아궁이에서 짓던 밥, 화덕으로 짓기 시작하다

과거 우리네 요리 화기火器는 단연 아궁이였다. 이는 모닥불 같은 개방형 불로 음식을 조리한 이래 사람들이 불을 좀 더 효과적으로 관리하기 위해 만든 것이었다. 진흙이나 돌·벽돌을 쌓아 만든 아궁이에 불을 때서 음식을 만드는 방식은 고대 이집트·로마를 비롯한 여러 문명권 및 한·중·일 삼국 모두가 비슷했다.

1920년대 상류층이 살았던 이른바 문화주택 부엌은 과거 아궁이와 부뚜막이 있는 형태에서 서구식으로 개량한 것이었다. 일제강점기 조선 감리교회 감독으로, 친일파였던 양주삼은 이에 대해 다음과 같이 언급했다.[1]

> "재래 조선식의 주방이 불완전한 것을 크게 늣긴 까닭에 주방을 특별히 개량하여 구식과 가티 남이 보는데서 음식을 요리하거나 상배 보는 일이 업게 하고 또 연료를 경제하기 위하야 부엌에 걸은 솟에서 밥을 짓지 안이하고 화덕(신식 화덕)에서 밥을 짓습니다. 그리고 연료는 석탄을 때는 것이 장작보다 퍽 경제가 되는 까닭에 항상 석탄을 사용합니다." _『별건곤』, 1928, 12.

그는 석탄을 때서 밥을 짓는 화덕에 '신식 화덕'이라고 덧붙였는데 당시의 신식 화덕이란 과연 어떤 것이었을까. 건축가 박길룡은 1936년 잡지『여성』에 '문화주택 안 부엌에서 높이 2척 5촌(약 75센티미터) 벽돌로 구조를 쌓고 외면은 타일을 붙인 뒤 그 위에 철판으로 만든 흡기통을 통해 냄새나 연기를 바깥으로 뽑아낼 것'을 제안했다.[2] 하지만 문화주택에 살지 않더라도 1920년대에는 퍽 편리한 화덕들이 있었다. 1927년 7월 10일자『중외일보』의「경제되고 편리한 신식 화덕의 사용」이라는 기사는 당시 유통되고 있는 화덕 다섯 종류를 소개했다.

1. 박동규식式 화덕
2. 보림조保林竈
3. 별표 화덕(일명 삼덕경제조三德經濟竈)
4. 조일 화덕朝日火德[3]
5. 동식 화덕東式火德

"근본치는 모다 비슷하지만 쓰기에는 다 각기 특색이 잇스며"라고 언급하면서 각 화덕의 특장점을 연료와 신승新升 한 되(새로 제정되어 현재 쓰고 있는 되, 용량 2리터)의 밥 짓는 데 걸리는 시간과 가격, 그리고 주의점을 비교했다. 우선 박동규식 화덕은 화덕의 원조격으로서 아래 상세히 다루겠지만 불과 1전이라는 적은 비용으로 한 되 밥을 불과 18분 만에 짓는 신통방통한 기계였다. 이는 기존에 불을 때서 한 시간 가량 걸리던 시간을 대폭 단축한 데다 밥맛도 좋았다 한다. 광화문에 사는 최명순이 개발한 보림조[4]의 경우는 "5리五厘의 연료와 15분 내외의 시간으로 한 되의 쌀을 능히 지을 경제 화덕"이라고 광고했다.[5]

더 경제적으로, 새로운 화덕의 발명가들

숭이동(오늘날 명륜동 2가)에 사는 박동규는 1926년 5월 경제무연조라고 하는 기계를 발명했다. 겉은 무쇠이고 속은 강철로 만든 것으로, 석유통만 한 크기의 솥을 거

일군을기다리는
朴東奎氏의 發明
빈곤한그에게는회사를세울

◇경제무연조와발명자박동규씨…◇

1926년 5월 17일 『매일신보』에 실린 박동규 관련 기사.

는 틀과 비슷했다. 양 옆에는 구리로 만든 용수기가 붙어 있어 물이나 국을 끓이는 동시에 밥도 짓는 취사 겸 무연 난로였다. 그의 발명품이 상찬을 얻은 것은 무엇보다도 연기를 다시 가두어 불로 쓰게 하는 원리 덕분이었다. 조선총독부 광무과의 무라카미 류조村上隆造는 구조가 간단할 뿐만 아니라 밥 짓는 시간과 연료가 절약되는 "유례를 초월한 발명"이라고 극찬했다.[6] 쓸 만한 물건이라는 소문이 나자 박동규의 집에는 매일 여러 지역 유지들과 신문 기자들이 몰려들었다.

그는 몹시 가난해서 평소 연료비로 고통이 심해 조선총독부의 무라카미 류조의 연구를 비롯하여 동·서양의 아궁이를 참고, 개량하기에 이르렀다고 기계의 발명 계기를 밝혔다. 처음에는 마분지로 모형을 만들고 이후 철판으로 수십 차례 제작을 거쳐 약 반 년 간의 연구 끝에 완성했다. 제조 회사를 만들려는 투자자의 움직임도 있었으나 회사를 세울 만한 사업가가 선뜻 나서지는 않았던 듯, 이듬해인 1927년 8월 3일자 『매일신보』에는 '박동규식 무연조 전매특허를 결정, 위협받는 만흔 모조품들'이라는 기사가 실렸다. 이에 따르면 그는 발명한 화덕에 대해 전매특허 출원을 신청했고 심사를 거쳐 취사 겸용 무연조는 신안특허와 전매특허를 받게 되었다. 그의 화덕이 전매특허를 받게 되자 당시 유통되던 외형이 조금씩 다르고 구조는 비슷한 수십 종의 모조품들이 타격을 입게 될 것이라고 보도되었다. 그러나 특허 침해에 대한 인식이나 제재가 느슨했던 당시, 박동규식 화덕이 얼마만큼 보호를 받았을지는 의문이다.

비슷한 시기인 1927년에는 회사원 이상룡이 한 번에 여러 가지 요리를 할 수 있는 화기火器를 제작해 화제가 되었다. 중학교 다닐 적 호떡집을 드나들면서 눈여겨본 화덕에 착안하여 발명했다고 했다. 사진에서 볼 수 있듯이 원통형으로, 높이는 한 자 세 치(약 33센티미터), 직경이 한 자(약 30센티미터)였다. 연료로는 무연탄, 석탄, 목탄을 쓸 수 있었고 무연탄을 기준으로 2~4전 비용으로 4~5시간 동안 강력한 화력이 보전되었다. 덕분에 '백미 한 되 닷곱(홉), 고기 두 근, 물 석 되, 찌개 일곱 홉, 술과 차 같은 다섯 가지 음식을 한 번에 끓일 수 있는 놀랄 만한 신발명'이라고 소개되었다.

밥짓는火器發明
적은돈을들여짧은시간에
밥、술、고기、차、우유를끓혀
中國人과對抗
檄文流布說
서대문서활동

1927년 6월 1일 『중앙일보』에 실린 이상룡 관련 기사.

장작이나 석탄 대신 석유로, 풍로의 등장

장작이나 석탄을 때는 박동규식이나 이상룡의 화덕과 별개로 1920년대 중반부터 광고에 자주 등장한 상품은 석유 주로廚爐였다. 주로는 한자로 풀이하면 부엌 화로인데 우리말로는 풍로에 해당한다. 대표적인 브랜드로는 구노키久能木, 다이야표印, 고다幸田, 린나이, 아사히 등이 있었다.

구노키 석유 주로는 펌프식이 아니며, 구조가 견고하고 아름다우며 독특한 석유 완전 연소 장치, 특허받은 회전식 입구 금속口金은 30년 간 고심 연구한 결과로 탄생한 것이라고 광고했다. 1923년 3월의 광고에 따르면 장점은 크게 여섯 가지였다.[7]

1. 성냥 한 개비로 바로 점화할 수 있고 강력한 화력을 지녔다.
2. 완전연소를 할 수 있는 구조를 지녔기에 무연, 무취로 안전 제일의 상품이다.
3. 사용법이 간단해서 불 조절이 자유자재로 되어 경제적이다.
4. 밥이나 국을 끓이는 것은 물론 난방도 되므로 지극히 편리하다.
5. 1시간 석유 소비량은 대형은 1홉, 중형은 6작, 소형은 3작이다.
6. 밥 짓기는 대형일 경우 보통 되 가마솥으로 30분, 물 끓이기는 1되 이내 10분이면 가능하다. _『조선신문』, 1923. 3. 24.

1930년대
구노키 주로
사용 설명서.

구노키 주로.

오늘날의 기준으로 보면 밥 짓고 물 끓이는 시간이 너무 길다고 할 수 있겠지만 장작을 때는 번거로움에 비하면 간편한 축이다. 1928년 고다의 광고는 '미국형 부품을 취하고 있는 미국형'이라면서 가스나 전기보다 경제적이라고 홍보했다.[8] 1전의 석유로 한 되의 밥을 20분에 지을 수 있다고도 했다. 같은 해, 오늘날에도 유명한 브랜드 린나이는 한 달 석유비 1원 50전으로 3~4인 가정에서 한 달간 취사가 충분하다고 홍보했다. 오사카 나카지마田島 상점에서 발매된 아사히는 1930년 기준으로 한 달에 2원 이하의 석유비로 충분하며 고장이 없고 10년 간 보증한다고 광고했다.[9]

모두 다 전국의 판매점이나 특약점에서 판매되었다는 점이 흥미로운데 아사히는 경성에 세 군데를 비롯하여 인천, 평양, 진남포, 신의주에도 특약점이 있었다. 구노키는 1930년 3월 1일자 『경성일보』에 "발매 이래 38년 간 국산품(일본 제품) 중 최고의 역사를 가졌다"고 자랑하기도 했다. 이로 미루어 보면 구노키의 발매 시점은 1892년으로 거슬러 올라간다. 1929년 광고에 지금까지 가지고 있지 않은 집은 가정도 아니라고 할 정도로 당시 상용하는 집이 꽤 많았던 모양이다.[10] 1930년 조선 판매점은 이리(오늘날 익산), 신태인, 공주, 광주, 대전을 포함하여 전국 약 24곳에 달했고 철도 배급소에도 판매점을 갖추고 있어서 전국 어디에서도 구하는 것이 그리 어렵지 않았던 것 같다. 유사품도 많았는지 광고에는 모조품에 주의하라는 당부도 잊지 않았다.

운반 가능한 조리용 화로, 곤로

1920년대 후반부터는 곤로焜爐도 광고에 등장한다. 곤로의 한자 '곤'焜은 불의 모양을 의미한다.[11] 운반 가능한 조리용 화로로, 풍로와 같은 의미로 1930년대까지 혼용되다가 곤로만 남은 듯하다.

일본산의 약진 속에서 국내에서도 가정에서 쓰기 편리한 곤로를 새로 고안한 이들이 있었다. 평양에 사는 최덕윤은 1926년 낙랑곤로를 발명하여 전매특허권을 얻었다.[12] 이찬희는 1930년 연료를 절약하는 동시에 몇 가지를 취사할 수 있는 소형 가정용을 발명해 신안출허를 얻었다.[13] 1936년에는 여성 발명가 이임용이 화로를 개량하여 곤로를 발명해 실용신안 특허출원을 했다는 짤막한 기사가 신문에 실리기도 했다. 비록 그 형태는 소박하고 수수하지만 연료 절감을 위해 퍽 애를 썼음을 알 수 있다. 이는 당시 땔감의 무분별한 사용으로 황폐해지던 산림을 보호하려는 당국의 노력에도 부합했다.

가스 곤로냐 전기 곤로냐

일제강점기 우리나라에서 사용된 가스나 전기 곤로는 겉이 주철이나 도자기로 된 둥근 접시 형태였다. 일본에서는 가스 곤로를 가스 시치린七輪이라고 불렀는데[14] 처음에는 영국과 미국 등에서 수입했다.[15] 이러한 수입품은 주로 화기가 2~3구로 영국형은 주철로 된 도넛 형태, 또는 각형이었고 미국형은 테이블 타입으로 네 모서리에 발이 달려 있는 형태였다.[16] 이를 흉내내 일본에서 생산한 것은 주로 1구짜리로 서양의 것은 모두 윗면이 평평한 데 비해 일본은 우리와 마찬가지로 주로 솥을 사용하므로 이를 받칠 수 있도록 테두리에 돌기가 있거나 움푹 들어간 것이 특

1911년 서양의 모던한 부엌 모습. 뉴욕 공공 도서관.

1920년대 일본의 생활 개선 포스터. 일본 국립과학박물관.

징이었다.

가스 곤로는 연료비가 절약되는 취사도구로 광고되었다.[17] 한 번에 1홉 주유로 세 시간 연소가 가능하고 연료비는 한 시간에 1전 정도로 경제적이었다. 하지만 성냥으로 점화를 했기 때문에 가스가 흘러나온 상태에서 불을 붙이면 자칫 큰 폭발 사고로 이어지는 단점이 있었다. 이 같은 사고는 서구에서뿐만 아니라 우리나라에서도 종종 일어났다. 1936년 경성 시내에서 양말상점을 하는 이동석은 가스 곤로 폭발로 얼굴, 손, 가슴 등에 큰 화상을 입었다.

전기 곤로 역시 사고로부터 안전하지 않았다. 1937년 2월 진남포 용정리에 있는 삼화정미소 주인 김병수의 어린 딸 옥신은 엄마가 방 안 전기 곤로에 스위치를 켠 채 잠시 자리를 비운 사이 발갛게 된 곤로에 주저앉는 바람에 엉덩이에 화상을 입고 병원으로 옮겨졌으나 안타깝게도 목숨을 잃었다. 이와 같은 인명 사고 외에도 전기 곤로는 종종 화재의 원인이 되곤 했다. 1932년 출시된 알코올 곤로 광고에 따르면 기존에 주부들이 사용한 석유 곤로들이 퍽 불편했던 모양이다. 사용하다 불이 솟구쳐 화상을 입기도 하고 쉽게 고장이 나서 부엌 한쪽에 처박아두기 일쑤였고 수리하는 데 비용이 많이 들어, 경제적이라고 산 것이 도리어 애물단지가 되는 경우가 많았다.[18] 이러한 단점들을 보완한 것이 알코올 곤로라고 광고했지만 그 실효성은 알기 어렵다. 1940년대에도 연료를 절약할 수 있는 곤로들은 계속 발매되었다.[19]

미쓰코시 4층, 조지야와 화신 3층에서는 여러 종류의 풍로나 가스·석유 곤로 등을 판매했다. 이처럼 이 시대에 적잖이 사용된 것은 무엇보다도 재래식 아궁이를 가진 부엌이든 신식 부엌이든 구조변경 없이 들여놓을 수 있었기 때문이었을 것이다. 가스레인지가 보급되기 이전 1970년대만 하더라도 상당히 많은 가정에서 곤로를 사용했다. 경제나 효율과 같은 담론보다 주부들에게는 우선 편리함이 가장 큰 매력이 아니었을까. 오늘날 편리하게 돌려서 쉽게 점화하는 가스레인지나 심지어 터치만으로도 사용할 수 있는 인덕션에 이르기까지 요리 화기의 발전은 그야말로 눈부시다. 이러한 것들은 과도기라고 할 수 있는 1920~30년대에 부단한 노력을 거쳐 탄생한 결과물이라 할 수 있겠다.

1874년경에 그려진 미국의 가정집 부엌 풍경을 보면 형태 및 모양은 다르지만
오늘날 현대식 부엌의 구성 요소와 큰 차이가 없음을 알게 된다.
백 년 전 유입된 서구식 주방 문화 역시 이와 크게 다르지 않았다. 미의회도서관.

19세기 초에 등장한 가정용 소형 주철 스토브는
19세기 후반에 접어들면서 단순한 형태부터
화려한 문양을 자랑하는 것까지 매우 다양했다.
프랑스 화가 비베르가 1890년경 그린
〈훌륭한 소스〉의 스토브는 화려한 후드를 갖추고
귀족적인 문장까지 그려져 있다. 스토브 위의
다양한 소스 팬은 당시 부패한 프랑스 성직자의 모습을
상징적으로 보여주는 장치다.
뉴욕 알브라이트 녹스 아트 갤러리.

J. G. Vibert.

동서양을 막론하고 음식을 조리하기 위한 화기는 부엌의 필수품이었다. 서양에서는 이를 오븐 또는 스토브로 부른다. 프랑스 건축가 프랑수아 드 퀴비에의 18세기 걸작 아말리엔부르크 궁전 안에 있는 스토브는 이 당시 서양식 화기의 형태를 잘 보여준다. 델프트 타일로 아름답게 마감했다.

프랑스 화가 펠릭스 발로통의 1892년 작품
<요리사>에도 주철 스토브가 매우 사실적으로 그려져 있다. 메트로폴리탄 뮤지엄.

1853년경 프랑스 화가 에두아르 팽그레가 그린 〈코시나 포블라나〉Cocina Poblana를 통해
멕시코 일반 가정의 부엌을 엿볼 수 있다. 멕시코 국립역사박물관.

열 손가락도 모자랄 유사품이 반대로 탁월함을 증명

난로

조선 살던 외국인들의 겨울 필수품

조선의 겨울은 매섭기로 유명했다. 과거에는 난방 시설이 부족해 지금보다 겨울이 더 춥게 느껴졌을 것이다. 특히 개항 이후 조선에 살게 된 외국인들은 온돌 바닥에 앉아 생활하는 것에 익숙하지 않았기 때문에 벽난로를 비롯한 난로는 겨울 필수품이었다. 벽난로의 경우 집을 개조해야 하는 번거로움이 있었으므로 이를 갖춘 집이란 그리 많지 않았다. 때문에 이동이 간편한 난로에 대한 수요가 컸다.

1900년 무렵부터 신문에서는 난로 광고를 심심찮게 볼 수 있다. 1902년『황성신문』의 광고 속에 등장하는 것은 이른바 배불뚝이 난로potbelly stove다. 말 그대로 난로의 몸체가 배불뚝이처럼 생겨서 붙여진 이름이다. 역·학교·열차 내에서 주로 사용되었는데, 일본에서는 일명 달마達磨 난로라고도 불렀다. 아마도 달마대사의 불룩한 배를 닮았다고 하여 붙여진 듯하다. 진고개에 있는 이와미岩見 상점에서 수입·판매했는데, 아마도 미국 제품으로 추정된다. 광고 속 일러스트레이션은 버지니아 리치먼드 지역에 위치한 리치먼드 스토브 컴퍼니Richmond Stove Company에서 제작한 것과 비교할 때 몸통에 나 있는 골이나 화구에 있는 바퀴 모양의 모티프, 그리고 다리 형태 등이 퍽 유사하다. 이런 종류의 난로는 시카고 최대의 우편 통신 판매

회사인 시어스 사Sears, Roebuck and Company의 카탈로그에도 실렸고 미국 내는 물론이고 해외에서도 널리 사용되었다.

배불뚝이 형태 이외에도 19세기에는 계단형, 박스형, 실린더형 등 수많은 형태의 난로가 제작되었다. 배불뚝이 난로가 언제 어디에서 처음 만들어졌는지는 정확히 알 수 없지만 크기가 다양하고 단순한 모양으로, 미국과 유럽의 학교나 기차역에서는 대형을, 사무실이나 가정에서는 소형을 애용했다.

19세기 난로 모양은 당시 건축과 가구의 취향이 반영된 것이 많았다. 이를테면 1830년대에는 단순한 박스 형태에 신고전주의 모티프를 넣어 당시 그리스 복고풍Greek Revival을, 1840~50년대에는 몸체가 더 화려해지고 'S'자 형태의 스크롤이 가미되어 로코코 스타일의 유행을 반영하기도 했다.

구미 수입품 대신 일본제가 유통되다

1925년 이후 배불뚝이 난로와 같이 구미에서 주로 수입 유통되던 난로 대신 일본 난로의 수입품 또는 국내에서 생산한 일본 업체 제품 등이 유통되었다. 일본 수입품으로는 후쿠로쿠福祿 난로가 대표적이다. 1925년부터 홋카이도 지역에서 제작하기 시작했는데, 초창기 일본에 수입되었던 독일 융커Junker 사의 난로를 모방하여 만들었다.[1] 후쿠로쿠에 이어 삿포로에서 개발된 가마다カマダ 난로의 제조는 사이타마埼玉 현 가와구치川口 시에서 이루어졌다. 가와구치는 이후 난로 제작의 중심지가 되었다.[2]

일본은 지속적으로 성능을 개선하고 여러 계층과 지역에 맞는 모델을 개발하여 전후戰後에는 157종에 이르는 난로를 생산했다.[3] 후쿠로쿠 난로는 1929년 10월 22일 『조선신문』에 "연통 청소가 필요 없이 경제적이고, 위생적이고 손이 덜 가며, 이러한 완전무결한 스토브가 세계 도처에 있지만 이것이야말로 실로 천하일품"이라고 홍보했다. 또한 외형은 비슷하지만 내용은 조악한 유사품에 주의하라고 당부하고 있다. 불과 4년 전 독일 제품을 모방, 출시했던 올챙이 시절을 잊은 개구리의 자부심이 묻어나는 광고다.

煖爐廣告
今回에 敝商에서 上等煖爐를 發賣
ᄒ옵고 또 烟筩도 修繕ᄒ오며 廉價로
担當홀터이오니 大方僉君子는 雲
集ᄒ샤 갓치 買去ᄒ심을 厚視ᄒ옵나니
다
泥峴四十一號地
洋鐵商岩見伊勢松

Acme Champion
Box Stove
...FOR BURNING WOOD...
At $2.15 to $6.35.
This is a handsome and well made Box Heating Stove.

PRICE LIST ACME CHAMPION BOX STOVE.

The Acme Cannon
—AT—
$1.90 to $3.00
This is a Cheap Heating Stove for Burning Coal Only.
PRICE LIST ACME CANNON STOVE.

Acme Giant
Heating Stove
At $4.80 to $12.35
This is a large, heavy Cannon Stove of extra heating power.
BURNS COAL ONLY.
PRICE LIST ACME GIANT HEATING STOVE.

1898년 시어스 사 카탈로그에 실린 난로.

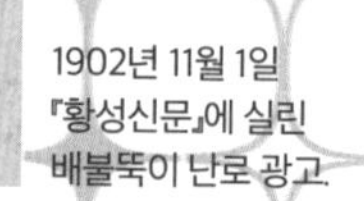

1902년 11월 1일
『황성신문』에 실린
배불뚝이 난로 광고.

후쿠로쿠 난로.

리치먼드 스토브 컴퍼니에서
1880~1900년 제작한 아이언킹Iron king 난로.

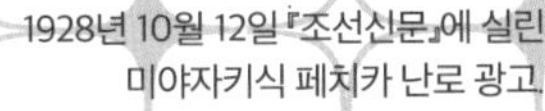

1928년 10월 12일『조선신문』에 실린 미야자키식 페치카 난로 광고.

19세기 후반 미국 와이어 스토브 사의 트레이드 카드.

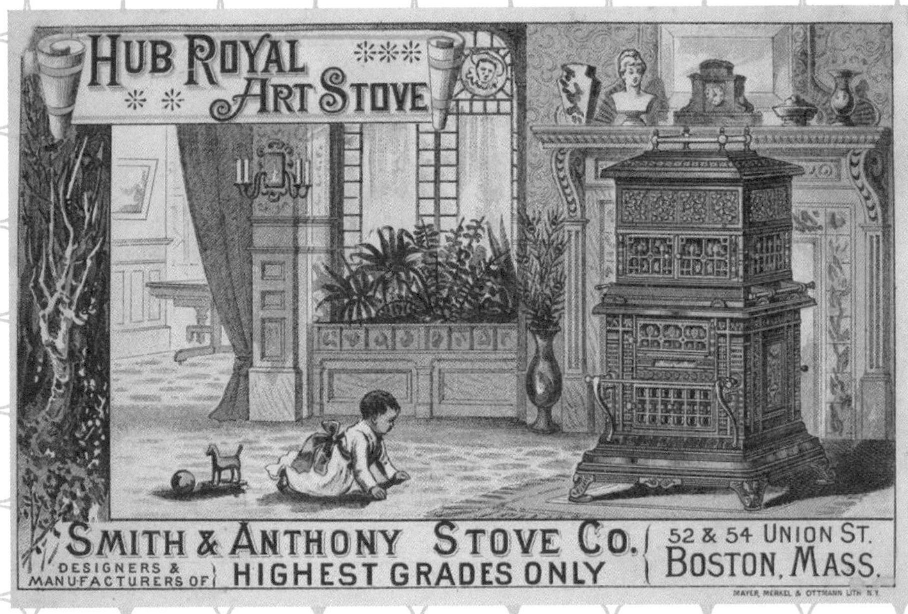

1883년 미국 스미스 앤드 앤서니 스토브 사의 트레이드 카드.

후쿠로쿠 난로처럼 일본에서 수입한 것뿐만 아니라 경성의 일본인들이 국내에서 제작, 판매한 것도 1920년대 후반부터 속속 출시되었다. 이른바 미야자키 식 페치카宮崎式ペーチカ라고 부르는 난로는 1926년 제국발명협회에서 금상을 수상했다. 당시 난로 성능의 가장 시급한 문제는 열효율을 높이는 것과 연기가 나지 않도록 하는 것이었다. 용산역 앞에 본점을 둔 미야자키구미宮崎組에서 생산한 이 제품은 완전 연소법을 사용하고 무연 장치를 달아 연기가 전혀 나지 않으며 하루 두세 번 연료를 태우면 온도가 충분히 지속된다고 홍보했다.

가스 난로도 그 수요가 점차 증가했다. 1918년 11월 9일자 『매일신보』 기사에 따르면 가스 난로를 쓰려는 이들이 이전 해보다 세 배 증가했다. 비싼 기름값 때문이었는데, 도쿄 와사 회사에 난로를 보내달라고 요청했지만 일본 내 수급도 부족한 실정이라 "오기만 하면 아마 난로 쌈이 날 터"라고 보도했다. 그 이후로 가스 난로의 제작과 사용이 꾸준히 증가한 듯하다.

문화주택이나 개량한옥에서도

학교나 사무실, 공공기관 등에서 난로의 사용이 많았다. 예나 지금이나 조선의 일반 가정 난방 시스템의 중심은 온돌이어서 난로 사용은 제한적이었다고 할 수 있다. 하지만 1920년대 후반부터 생겨나기 시작한 문화주택이나 개량한옥에서 난로는 온돌이 깔리지 않은 마루에 소파나 의자를 놓은 응접실의 겨울을 담당했다. 1926년 미쓰코시 오복점에서 열린 난방용구 진열회에는 다양한 방식의 스토브와 페치카가 전시, 판매되었다. 도미나가富永, 가와카미川上, 미야자키宮崎, 미나토湊式 등을 비롯하여 다양한 브랜드의 전기·가스 난로가 진열되었다. 도미나가 난로는 용산에 제작 공장이 있었고 "열 손가락을 꼽아도 모자랄 유사품의 속출은 반대로 이 난로의 탁월함을 증명한다"고 광고한 점으로 볼 때 유사품이 제법 많았던 모양이다.[4] 당시 난로 제작사들은 대부분 경제성의 관점으로 접근했지만 난로는 그 위에 도시락을 얹어두곤 했던 세대에게는 추억을, '불멍'하는 이들에게는 낭만적 감성을 불러일으키는 소비재다.

웬만한 집이면 유성기를 노치 안흔 집이 없스니

축음기

가정의 흥겨운 오락거리, 유성기

축음기는 활동사진(영화)과 더불어 1920~30년대 유행을 형성하는 데 중요한 역할을 한 매개체였다. 소리를 저장하는 놀라운 장치가 에디슨에 의해 발명된 후 이를 원형 디스크로 저장하는 장치를 개발한 에밀레 베를리너Emile Berliner, 1851~1929에 의해 축음기는 비로소 대중화의 길을 걷기 시작했다. 때는 1887년 무렵이었다.

유성기라고도 한 이것이 이 땅에 처음 소개된 것은 1890년대 즈음이었다. 무역상회를 통해 외국인과 일부 부유층을 겨냥해 수입되다가 "집안에서 질겁게 놀냐면 류셩긔갓치 자미잇는 거시 이외에 쏘 업사오며"라는 광고 문구처럼 유성기는 여염집에도 흥겨운 오락거리를 제공했다.[1]

1920년대에 들어서면서 퍽 대중화되었는데 이 무렵 가장 대표적인 축음기는 뭐니 뭐니 해도 빅터 축음기Victor Talking Machine Company였다. 주인의 목소리를 알아듣는 영특한 강아지 니퍼의 모습('His Master's Voice'HMV)을 로고로 써서 유명하다. 빅터 사가 홍보를 위해 지어낸 이야기지만 그 효과는 컸다. 빅터 사 축음기는 20세기 초반부터 여러 수입 잡화점에서 직수입되었고 1920년대부터는 세야마セヤマ 양악기점과 같은 전문 악기점, 테일러상회 등 여러 곳에서 취급했다. 1924년 세야마 양

주인의 목소리를 알아듣는 영특한 강아지 니퍼의 모습을 담은 빅터 축음기 로고.

악기점은 "빅트롤라를 보지 않고 축음기를 논하지 말고 빅터를 듣지 않고서 음악을 말하지 말라"고 광고했다.[2]

처음에 축음기를 접한 이들은 작가 이상의 표현대로 '고개를 갸웃거리는 북극 펭귄 새들'처럼 모여 앉아 들었지만 1920년대 후반에는 거리에서 집집마다 유성기 소리가 흘러나왔다.[3]

"요사히 웬만한 집이면 유성긔를 노치 안흔 집이 업스니 저녁때만 지나면 집집에서 유성긔 소리에 맛추어 남녀 노유의『기미고히시』라는 노래의 합창이 이러난다. 누구를 사랑하고 누구를 그리워한다는 말인지? 부모처자 모다『기미고히시-』라니 여긔에는 오륜삼강을 찾지안해도 조흘가?" _『조선일보』, 1929. 9. 1.

이미 유성기로 다양한 음악을 즐기던 시대

음악은 잡가, 민요, 판소리, 유행가, 클래식, 재즈 등 장르도 다양했다. 당대 최고의 명창이자 재담가 박춘재의 경기·서울 소리를 비롯하여「기미고히시」같은 일본 노래, 심지어 외국 영화 주제가도 인기가 높았다. 그뿐만 아니라 조선 영화 〈낙화유수〉의 주제가도 크게 히트했고 전국에서 불렸다.[4] 이러한 노래들이 담긴 음반 시장을 주도한 것은 일본의 선구적인 레코드 사였던 일본축음기상회(이하 일축)였다.

1910년 설립된 일축이 이듬해인 1911년 조선에 지점을 개설한 것은 무척 발빠른 것이었다. 일축의 개점을 알리는 광고 속 빅터 축음기의 강아지 니퍼처럼 흘러나오는 음악에 귀 기울이는 부처의 모습이 재미있다. 일축은 일본에 기반을 둔 외국인이 투자한 외자 기업이었으나 이름부터 일본을 강조하여 일본 기업의 이미지를 입혔다. 1920년 설립한 (주)일동日東축음기(이하 일동)가 등장하기 전까지 일축은 식민지 조선에서 음반 사업에 거의 독점적 지위를 구축했다. 도쿄에 본사를 둔 일축은 1927년 콜럼비아 축음기 회사에 매수되었다. 조선에서는 1911년 경성 쓰지야辻屋와 특약을 맺고 축음기와 음반을 판매하기 시작했다.

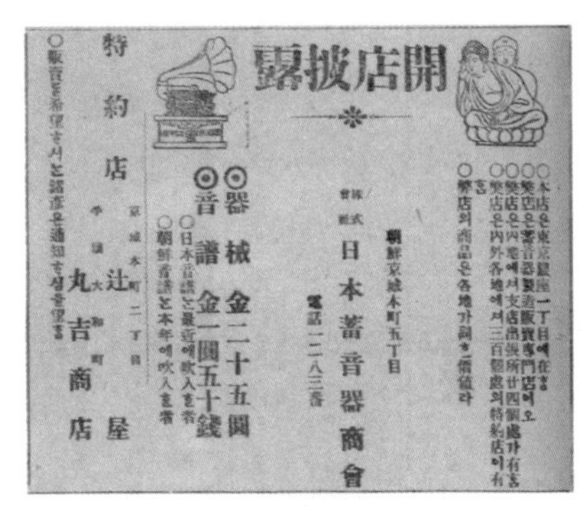

1911년 9월 12일 『매일신보』에 실린 일본축음기상회 개점 알림 광고.

독수리표ワシ印인 일축에 대항해 일동은 제비표ツバメ印로 이름을 알렸다.[5] 성악가 윤심덕과 극작가 김우진이 1926년 8월 4일 현해탄에 투신한 정사 사건은 당시 큰 사회적 파장을 일으켰는데 때를 맞추기라도 한 듯 일동에서 윤심덕의 「사의 찬미」 음반을 발매했다. 루마니아 작곡가 이바노비치의 왈츠곡 「도나우강의 잔물결」에 윤심덕이 "돈도 명예도 사랑도 다 싫다"는 애잔한 가사를 붙인 이 노래는 대히트를 쳤고, 상업적으로 큰 성공을 거두었다. 음반의 전성기라고 할 수 있는 1926~1930년대 말까지는 일축, 빅타(일본), 폴리돌, 오케, 시에론, 다이헤이 등 크고 작은 음반 회사들이 앞다투어 음반들을 토해냈다.

축음기는 악기 전문점이 생겨나기 이전에는 시계·귀금속 또는 자전거 전문점에서 판매했다. 일축과 같은 축음기, 레코드 회사들이 일본 현지에서 판로를 확대하기 위해 이미 산재해 있던 시계점이나 자전거 가게를 활용했던[6] 판매 전략을 조선에도 그대로 적용한 것이다. 예컨대 경성 본정4정목에 위치한 오리이상회 본점에서는 각종 자전거와 은제품을 비롯하여 빅터 축음기를 함께 판매했다. 또한 금고, 문방구, 소화기 등을 판매한 구마히라熊平 지점에서도 축음기를 판매했다.[7] 이러한 방식은 지역에서 더욱 활발히 활용되었고 부산의 다케우치 시계점에서 축음기부를 둔 것이 그 대표적인 예다.[8]

처음 등장했을 당시 축음기는 서양인들에게도 무척이나 놀랍고 신기한 존재였다. 어쩌면 유성기라는 이름으로 이 땅에 처음 소개된 축음기를 접한 백 년 전 우리들의 모습도 이와 비슷하지 않았을까.
블라드미르 마코프스키, 〈축음기를 듣다〉, 1910, 러시아 크라스노다르 지역 미술관.

노먼 밀스 프라이스가 1910년경에 그린 〈가족 모임〉. 개인.

1915년 8월 빅트롤라 컬러 광고. 미의회도서관.

It's easy to learn the new dances
with the music of the Victrola

1914년 빅트롤라 컬러 광고.

독수리를 상표로 내세운 일본축음기상회 홍보물 표지들.

일동축음기에서 발행한 『일동타임쓰』 표지. 1926년 1월에 창간되었다. 현담문고.

尹心德孃의 決死의 絶唱

2249-A 死의 讚美

(一)
광막한 廣野에 달니는 人生아
너의 가는곳 그어대냐
쓸쓸한 世上 險惡한 苦海에
너는 무엇을 차즈려 가느냐

(후렴)
눈물로된 이世上이
나죽으면 고만일가
幸福찻는 人生들아
너찻는것 서름

(二)
웃는 저꼿과 우는저새들이
그運命이 모도다 갓흐니
生에 熱中한 可憐한 人生아
너는 칼우에 춤추는者로다

(三)
虛榮에 빠져 날뛰는 人生아
너 속혓슴을 네가아느냐
世上의것은 너의게 虛無니
너죽은후에 모도다 업도다

2249-B 復活의 깃봄

「死의讚美」를最後로부르고蒼海에몸을던진朝鮮唯一의「쏘푸라노」名歌手 故尹心德孃

大阪市住吉 日東蓄音器株式會社

「사의 찬미」 음반 자료.

다종다양한 축음기 전성시대

1920년대 미국 축음기 생산 회사가 260개가 넘을 정도로 다양한 축음기들이 쏟아져나왔다.[9] 우리나라에도 상당히 많은 것들이 수입되었다. 미국의 대표적인 축음기인 빅터, 콜럼비아를 비롯하여 일축에서 만든 '이글 B호'[10]를 포함하여 니폰노혼Nipponophone 17호, 22호, 25호, 32호, 35호, 50호 등 다양한 모델들이 판매되었을 것으로 추정된다.

미국 빅터 사는 밖으로 노출된 나팔 관리가 까다롭다는 주부들의 불만을 받아들여 1906년부터 캐비닛 가구나 상자 속에 내장한 모델 빅트롤라Victor-Victrola를 출시, 이후 '그랜드형' 축음기라고 불리며 각광을 받았다. 그 영향으로 미국, 프랑스, 독일 등 여러 나라에서 '-올라'ola로 끝나는 수많은 축음기가 탄생했다.[11]

1920년대 후반에는 콜럼비아의 그라포놀라Grafonola, 일축의 니포놀라Nipponola처럼 소형, 탁상용 축음기가 큰 인기를 누렸다. 1911년에 출시된 일축의 유폰Eufon처럼 가방 속에 넣어 다니는 형태로, 부피가 작고 가벼워 야외로 가지고 다닐 수 있는 휴대용 축음기도 등장했다.

유니온ユニオン, 라이토ライト, 시스타シスター 같은 군소 브랜드의 저가 축음기들이 이 무렵 우리나라 신문 광고에도 자주 등장했다.[12] 야마구치 악기점에서는 빅터, 콜롬비아를 비롯하여 히로혼ヒロホン, 마리온マリオン 등 비교적 값이 저렴한 것도 다양하게 취급했다.[13] 1931년 광고를 예로 들면 빅터는 85원, 콜럼비아는 45원, 히로혼은 25원이었다. 독일제 펭귄 축음기는 종로의 잡화점 계림상회에서 판매했다.[14]

이처럼 다종다양한 축음기가 수입, 판매된 것은 그만큼 축음기가 특정 계급을 넘어 폭넓게 생활 속으로 침투되었음을 보여준다. 1930년대 중반 축음기의 보급은 대략 30만 대에 이르렀다.[15] 축음기로 감상하는 클래식 음악 연주회, 무더운 여름 시민을 위한 사직공원의 야외 납량 음악회 등 축음기로 다채로운 행사가 열렸다.[16] 일동은 1925년 9월 15일 밤 매일신보사에서 축음기와 육성 비교 대회를 열었다. 사진과 함께 신문에 보도된 이 행사는 축음기를 통해 레코드 한 곡을 듣고 같은 곡을 육성으로 노래하는 '축음기 VS 명창' 비교전으로, 대성황을 이루었다 한다.

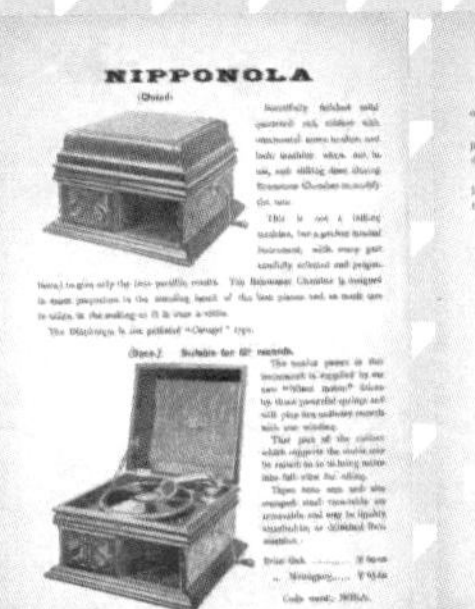

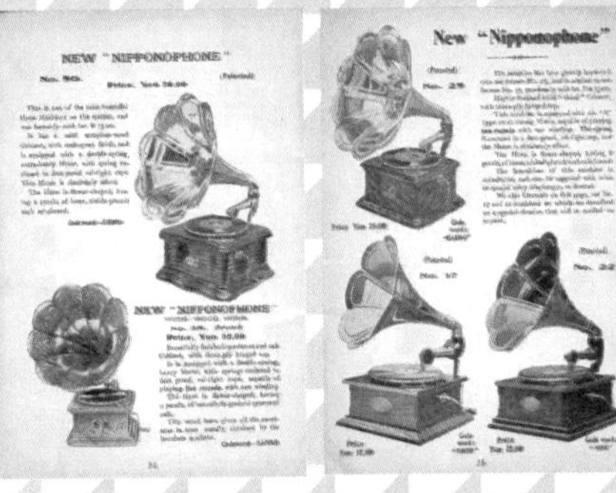

일본축음기상회에서 만든 다양한 탁상형 축음기 모델들.

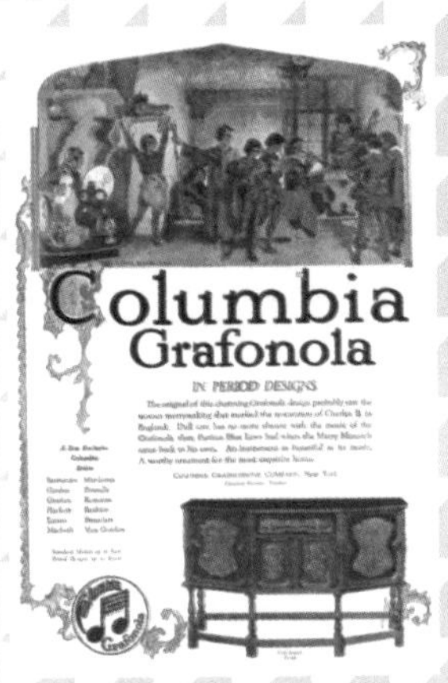

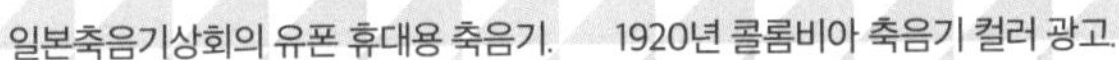

일본축음기상회의 유폰 휴대용 축음기.

1920년 콜롬비아 축음기 컬러 광고.

1915년 콜롬비아 축음기 컬러 광고.

1921년 『더 새터데이 이브닝 포스트』에 실린 빅트롤라 소형 축음기 광고.

근대 조선의 여염집에 즐거움을 제공한 당시 축음기. 국립민속박물관.

축음기, 상류 예술과 하층 예술의 경계를 허물다

라디오와 텔레비전이 보급되기 전 축음기는 일상에 흥겨움을 전해주는 신통한 물품이었다. 극장이나 연주회가 아니라 집안에서 언제든지 편하게 듣고 싶은 음악을 들을 수 있다는 것은 획기적인 일이었다. 식민지 조선이 "일본제국주의 지배에 의한 닫힌 공간이기도 했지만 동시에 다국적 자본과 동시대의 문화산업의 삼투 작용이 활발하게 일어났던 열린 공간이었다"는 지적은 축음기와 음반을 통해 잘 전달된다.[17] 마샬 맥루한의 표현대로 축음기는 "장벽이 제거된 음악당"이었다.[18] 즉, 전근대적 의미의 상류 예술과 하층 예술의 경계가 허물어지고 고급 예술을 향유하는 이들도 대중음악과 대중문화를 동시에 즐기게 되었다는 점에서 음반과 축음기가 음악의 대중화에 크게 기여했다는 사실은 부정하기 어렵다.

누가 와서 보드래두 라디오는 매놋케 돼야지

라디오

개인이 갖기에는 너무 비싼 라디오

"제- 오- 디- 케- 여기는 경성방송국입니다. 지금부터 정식으로 방송을 개시하겠습니다."

1927년 2월 16일 오후 1시 정각. '제오디케'JODK라는 콜 사인과 함께 우리나라에서 정식으로 라디오 방송이 시작되었다. 제오디케의 'D'는 도쿄JOAK, 오사카JOBK, 나고야JOCK에 이은 개국 순서에 따라 알파벳을 붙인 것이다.[1] 1925년부터 시도한 여러 차례의 시험 방송은 물론 발전기 고장 등의 시행착오 끝에 드디어 정식으로 방송이 시작되었다.[2] 일본어와 조선어를 같이 사용하는 혼합 방송으로 시작해 1933년부터는 이중 방송을 실시했다.

그 당시 정동에 위치한 방송국 시스템은 일본 각처 방송국의 것보다 더 최신식이라 "절묘하야 본 소리보다 썩 좃케 들린다"고 했다.[3] 방송국 양악 방송실과 동양 가곡 방송실에 설치한 마이크폰(송화기)은 세계 각국의 방송국을 통틀어 가장 정교한 최신식 기계라고 자랑했다.[4] 시험 방송 당시에는 일본어 위주로 진행했지만 목요일에는 순 조선어 방송도 실시하면서 국내 라디오 보급에 힘썼다.

그러나 라디오 수신기 가격은 혼자 들을 수 있는 광석은 6~15원, 확성기를 통해 듣는 진공관은 40~100원 수준이었다.[5] 가정용은 보통 50원 내외에다 유지비도 한 달에 2~7, 8원 정도로 상당한 고가였다.[6] 여기에 청취료도 한 달에 2원씩 내야 했기에 개인이 구비하기에는 부담이 컸다. 청취료는 이후 1원으로 줄었지만 여전히 일반인에게는 벅찬 금액으로 정식 등록을 하지 않고 도청하는 이들도 많았다. 비싼 수신기와 청취료 때문에 개국 당시 등록된 라디오는 1,440대에 불과했고 그중 조선인 소유는 275대뿐이었다.[7] 하지만 차차 청취료와 수신기 가격이 낮아져 1929년 9월 말 무렵에는 라디오 보급 1만 대를 돌파했다.[8]

고가의 라디오를 갖추지 못한 이들을 위해 공개된 장소에서 함께 라디오를 들을 수 있는 라디오 대회와 라디오의 원리와 수신기 조립에 대한 강연이 있는 라디오 강습회 등 대중들로 하여금 좀 더 라디오에 친숙해지도록 다양한 행사가 열렸다.[9] 무선전기 기술 보급에 앞장서고 조선무선강습소1934와 조선무선공학원1940, 동국무선을 거쳐 이후 광운대학교를 설립한 조광운은 1937년 8월 28일자 『매일신보』에 청취료를 15전으로 인하하면 자연 청취자 수가 배는 늘 것이라고 의견을 피력하기도 했다.

아래의 글처럼 개인이 쉽사리 장만하기 어려운 라디오는 신여성들의 신식 살림 필수품으로 꼽기도 했다.[10]

> "그래두 지금 신식살림이라구 누가 와서 보드래두 피아노나 하나 하고 라디오나 하나 매놋코 카피차 한잔이라도 내놋케 돼야지." _『별건곤』, 1927. 12.

라디오를 맨다는 것은 지붕 위에 라디오 안테나를 매단 문화주택의 풍경을 일컫는다. 과거1970년대까지 텔레비전 시청을 위해 지붕 위에 안테나를 세웠듯이 1920~30년대에는 라디오를 맨 집은 곧 문화생활을 하고 있음을 의미했다.

라디오 방송, 가성비 좋은 문화생활

JODK는 보도, 교양, 위안 세 분야로 편성 원칙을 가지고 있었다.[11] 보도는 뉴스·일기예보 및 각종 고지 사항 등을, 교양은 강연과 강좌, 그리고 위안은 각 장르별 음악과 연극·연예, 즉 엔터테인먼트를 의미한다. 이 가운데에서 청취자들에게 가장 인기가 높았던 분야는 오락에 해당하는 위안이었다. 특히 기생 명창들이 출연하여 부르는 경기 민요, 서도 민요, 잡가 등은 큰 인기를 끌었고 이들을 방송 기생이라고 불렀다.[12] 처음에는 마이크에 대고 방송을 하면 혼이 빠진다며 출연을 꺼리던 이들은 차차 경쟁적으로 출연했고 손님들의 우대를 받으며 당대의 연예인으로 자리매김을 했다.

일본어·조선어 혼합 방송에서 순 조선어 방송으로 분리·독립한 것이 1933년의 일이다. 명창들의 소리는 이때부터 더욱 활기를 띠었다. 평양 출신 기생 명창들의 소리를 비롯한 명인 명창들의 전통음악은 라디오 전파를 타고 전국으로 울려 퍼졌다. 김계선金桂善, 1891~1943의 대금 연주나 경기 명창 박춘재朴春載, 1881~1948는 당대 최고의 인기를 누렸다. 채만식의 소설『태평천하』에서 주인공 윤직원 영감은 "머리맡 연상 우에 삼구짜리 라디오 한 쎄트를 매어두고, 그걸 금이야 옥이야 하면서 방송국의 마이크를 통해오는 남도소리며, 음률 가사 같은 것"을 들으면서 "그놈의 것 돈 십칠 원 디려서 사놓고 한달에 일원씩 내면서 그 재미를 다보니, 미상불 헐하기는 헐하다"고 좋아한다. 명창대회라면 사족을 못 쓰는 영감에게 최소 10원은 내야 볼 수 있는 공연을 수시로 안방에서 듣게 되니 라디오는 그야말로 가성비 좋은 문화생활이었다. 거리의 상점들은 손님들의 이목을 끌기 위해 라디오에 확성기를 설치해 홍보하는 곳들이 늘어났다. 라디오를 판매하는 이세현 상점과 같은 잡화상은 물론이고 박덕유 양화점, 조선축음기상회 같은 곳들이 손님들에게 라디오를 들려주었다.[13]

라디오 방송을 시작할 당시에 사람들은 주로 광석Crystal 라디오를 사용했다. 라디오 전자파를 오디오 신호로 바꿔주는 검파기가 크리스털이기 때문에 붙여진 용어로, 매우 간단하게 작동되어 별도의 전지나 전원을 필요로 하지 않는 수신기다. 하지만 부피가 크고 전용 이어폰이나 헤드폰으로 한두 명밖에 들을 수 없는 단

1927년 2월 16일 『경성일보』에 실린 경성방송국 스튜디오.

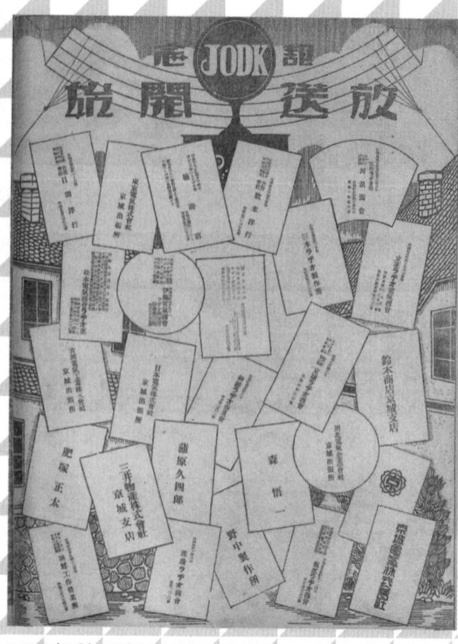

1927년 2월 16일 『조선신문』에 실린 JODK방송 개시 기념 광고.

1927년 1월 9일 『경성일보』에 실린 경성방송국 아나운서들.

1925년 10월 21일 『경성일보』에 실린 광석 라디오 청취자.

점이 있었다.

여러 사람이 함께 들을 수 있는 진공관 라디오가 탄생하면서 수신기의 발전은 급속도로 진행되었다. 진공관의 부품인 오디온audion(2극 진공관)과 트라이오드triode(3극 진공관)가 미약한 신호의 검출을 깨끗하게 하고 작은 신호를 크게 증폭시킴으로써 라디오 수신 음질이 비약적으로 향상되었다.[14] 1918년 에드윈 암스트롱이 특허를 낸 수퍼 헤테로다인 수신기 방식으로 라디오는 AM에서 FM 라디오로 발전했다.[15] 4구부터 8구까지 수퍼 헤테로다인 방식의 라디오 수신기가 1929년 무렵부터 판매되었다. 하지만 진공관 라디오는 전지로 작동했고 소비 전력이 매우 큰 데다 전지 자체가 매우 고가였다. 이를 보완하여 1928년 무렵 일본에서 진공관 라디오를 각 가정의 전등선에 연결하는 교류전원 장치를 개발했다. 이 교류전원은 전지를 제거한 것이라는 의미에서 일리미네이터eliminator라고 부른다. 이것을 내장한 라디오가 일리미네이터 라디오, 즉 교류식 라디오다.

초창기 라디오는 스피커가 본체 위에 달린 형태였지만 기술이 발전하면서 1928년 무렵부터는 스피커가 내장된 형태로 발전했고 차차 소형화되었다. 1930년대 초반에는 스피커가 본체 밖에 있는 분리형과 내장형이 혼재하는 양상이었다. 경성방송국에서는 라디오의 보급을 위해 광석기와 진공관의 장점을 결합한 DK식 라디오를 25원에 5개월 할부로 판매했다.[16]

시대에 따른 수신기 디자인 변천사

라디오 수신기 디자인은 고풍스러운 디자인, 은폐하기, 이상향 디자인의 세 가지 접근 방식을 보였다.[17] 복잡한 선과 밸브를 가리기 위해 옛 가구 스타일을 본떠 캐비닛 안에 집어넣기도 하고, 캐비닛과 전혀 상관없이 소파 같은 가구 안에 라디오를 숨기기도 했지만 결국 나은 미래를 상징하는 듯한 현대적인 형태로 정착되었다. 미국에서는 가구와 같은 큰 라디오는 캐비닛형(콘솔형)이라고 불렀고 미래지향적인 탁상용 라디오는 형태에 따라 성당Cathedral, 비석Tombstone, 그리고 미지트Midget라고 했다. 미국에서 1929년 무렵에 등장한 성당형을 일본에서는 윗부분이 둥글

독일 나치의
'국민 수신기 VE-301.

아리아 27호 B형 4구 재생식 '비석형' 라디오, 미타카 전기제작소, 1935년. '비석'형 디자인 라디오. 캐비닛(외관)은 마쓰시타전기제작소에서 발매한 내셔널 R-48호를 모방한 저렴한 대중적인 라디오였다.

나나오라 44형 라디오, 1934년경. '포탄형' 디자인에 경성방송국을 의미하는 JODK 마크가 붙어 있다.

내셔널 국민수신기 1호(K-1호) 라디오, 1934년. 가로형 '미지트형' 라디오는 전후까지 계속 유행했다.
구미에서 유행하는
항공기용 기계 디자인의 영향으로 다이얼의 크기가 커졌다.

1933년 2월 23일 『경성일보』에 실린 마쓰시타 전기제작소의 내쇼날 수신기 광고.

1937년 10월 13일 『조선신문』에 실린 야마구치 악기점에서 판매한 빅터 라디오 수신기 광고.

1931년 4월 7일 『경성일보』에 실린 싱거 라디오 광고.

어 포탄형砲彈形이라고도 했다.[18] 비석형은 말 그대로 세로로 긴 비석을 닮았다. 일명 각형角形이라고 하는데 처음에는 세로로, 나중에는 가로로 긴 직사각형으로 많이 출시되었다. 미지트는 가장 크기가 작은 소형 라디오를 의미하지만 스피커가 내장된 것은 크기와 상관없이 성당형, 포탄형도 모두 미지트 라디오에 속한다. 미국에서는 7~9구 형의 대형 라디오가 많았지만 일본에서는 3구 형이 가장 많았다.[19] 구미에서는 RCA(미국), 필립스(네덜란드)와 같은 거대 기업이 주도한 것과 달리 일본에서는 중소기업 중심의 독자적인 발전을 이루었다.[20]

국내 시장을 장악한 일제 라디오

라디오 수신기의 변천을 상세하게 소개한 1939년 4월 23일자 『국민신보』에 따르면 1930년대에 들어서면서 일본 내지의 라디오 제조업자들이 조선에 진출해 여러 상품을 판매했고 방송국에서는 이 가운데에서 성능이 우수한 것을 선정해 특가로 공급하면서 라디오 보급에 힘썼다. 이 때문에 신문 광고에 '일본 방송협회 인정' 또는 '조선 방송협회 인정'이라는 문구를 단 라디오들이 자주 등장한다. 일본 방송협회는 1934년 기존의 제도를 새롭게 해서 신규격 방송협회 인정제도를 만들어 협회가 인정하는 수신기를 비롯하여 진공관, 변압기(토란스) 부품에 인정번호를 부여했다.[21] 하지만 인정품은 고가여서 보급이 널리 된 것은 아니었다.

일반적으로 유통되는 라디오는 대부분 나미욘並四, 3펜3ペン, 고이치高一라고 부르는 단순한 저가 재생 수신기였고 일본에서 생산되는 라디오의 90퍼센트 이상을 차지했다.[22] 1932년 무렵 조선인 가정용으로 만들어진 만리호萬里號 미지트형 라디오를 비롯하여 골드 싱거 3구, 싱거 카나리아 4구, 야마나카 제비 4구 같은 것이 조선에서 대표적으로 애용되었다. 신문 광고에는 미국의 빅터RCA Victor나 필코Philco, 매그너복스Magnavox와 같은 제품도 간혹 등장했고 경성라디오상회(본정4정목)나 야마구치 악기점에서는 이러한 미국, 독일제 라디오를 취급하기도 했다.

그렇지만 일본 라디오가 1930년대 국내 시장을 완전히 장악했음은 쉽사리 파악할 수 있다. 경성라디오진열관(본정2정목)에서 판매하는 라디오는 대부분 일본제였다.[23] 이곳에서 취급한 것으로는 파나소닉의 전신인 마쓰시타전기제작소松下電器製作所에서 만든 내쇼날National 라디오를 비롯하여 텔레비안Televian, 나나오라Nanaola, 샤프Sharp, 콘도르Condor 수신기가 있다.[24] 그 밖에도 아리아Aria, 오리온Orion , 크라운Crown, 샤프다인Sharp Dyne, 싱거Singer, 헤르메스Hermes, 미카사Mikasa 등 여러 브랜드의 라디오가 수입되었다.[25] 앞서 언급한 채만식의 소설『태평천하』의 윤직원 영감이 머리맡에 둔 17원짜리 진공관 삼구 라디오도 이 브랜드 중의 하나였을 것이다.

마쓰시타에서는 독일 나치의 국민 수신기 'VE-301'에 영향을 받아1934년 국민 수신기를 발매했다. 'VE-301'은 나치 정부가 국민에게 정치사상을 주입하기 위해 싼 가격으로 모든 가정에 보급한 라디오로, "Volks Empänger"의 첫글자 'VE'와 정권 수립일인 1월 30일을 의미한다.[26]

축음기의 세계를 완전히 전기화시킨 것이 라디오였다.[27] 라디오 수신기 브랜드가 무엇이든 온 나라의 소식을 안방으로 배달하고 일상의 오락을 담당하는 최첨단 미디어로서 라디오는 근대 과학의 꽃이라 추앙받을 만하다. 하지만 1937년 중일전쟁 무렵부터는 전시 체제 국민들의 사상 무장을 위한 도구로 전락했다.[28] 이는 소설가이자 평론가인 무로부세 고신室伏高信이 지적한 대로 라디오는 소수 송신자의 목소리가 다수 수신자를 지배하는 미디어로서 대중의 의식을 통제하는 사회인 '라디오 문명'의 특징을 여실히 보여주는 것이었다.[29] 그뿐 아니라 1939년에는 라디오 안테나가 적의 비행기를 유도하는 "하늘의 등대"라 위험천만하다며 당시의 무선방송을 없애고 라디오를 전등과 전화선에 연결하는 특수 유선 방송으로 개비하자는 주장도 나왔다.[30] 기존 450만 개의 라디오 기계를 쓸데없이 만들고 엄청난 비용이 드는 일을 논의할 만큼 다급한 전시 분위기를 느낄 수 있다.

사진엔 거저 빛을
바든 것처럼
또록또록
광채가 날 뿐

사진기

조선 사진술 도입사

우리나라에서 처음 사진을 접한 이들은 1863년 청나라 연경으로 간 연행사절단 일행으로 알려져 있다.[1] 이의익의 정사正使로 함께 간 이항억은 『연행일기』에 아라사관(러시아 공사관)에 걸린 사진을 처음 보았고 다음 날 직접 찍는 첫 경험까지 상세히 적었다.

이후 문호를 개방한 조선에 사진술이 도입되고 사진관이 생긴 것은 1880년대의 일이다. 당시 사진 도입의 선구자로는 김용원, 지운영, 황철이 대표적이다. 1876년 수신사로 일본에 파견된 김용원은 처음 사진관에 가서 사진을 촬영했다. 이후 그는 사진술을 익혀 1883년 일본인 사진사 혼다 슈노스케本多收之助와 함께 저동에 촬영국을 열었다. 비슷한 시기에 지운영도 1882년 3차 수신사로 일본에 갔을 때 사진술을 배웠고 1884년 초봄 무렵 촬영국을 시작했다. 그는 일본과 부산의 일본 거류지를 여러 차례 왕래하면서 사진술을 배웠고 조선인 최초로 고종의 어진도 촬영했다. 김용원, 지운영은 모두 개화 관료로서 사진술은 광산술 같은 새로운 기술을 도입하면서 함께 습득했다. 한편 황철은 1882년 중국 상해에서 독일제 카메라를 구입했고 촬영 방법 등 사진술 전반을 배워 국내에 도입했다.[2]

19세기 말과 20세기 초 경성에는 일본인이 운영하는 사진관이 여럿 있었고 드물게는 조선인이 운영하는 사진관도 있었다. 이 가운데 특히 천연당 사진관이 대표적으로 손꼽힌다. 서화가인 해강 김규진은 일본에서 사진술을 배워 1907년 석정동(오늘날 중구 소공동 96번지) 자신의 집 사랑 뒤 정원에 사진관을 차렸다.[3] 이후 1913년 무렵 2층 양옥을 신축하고 서화진열관과 함께 사진관을 확장 운영했다. 특이하게도 여성 전용 촬영사를 고용하여 당시 내외를 해서 사진 촬영을 꺼리는 부녀자도 공략했다. 김진애는 천연당의 최초 여성 사진사였다. 당대의 유명 서화가이자 대한제국 황실 사진가로 명성을 떨친 김규진의 배경 덕분인지 천연당 사진관은 1908년 명절 하루에 이용 고객이 1천 명이 넘을 정도로 문전성시를 이루었다.[4] 당시에는 사진을 '찍는다'는 표현 대신 '박는다, 박힌다'고 표현했다. 하지만 사진을 외상으로 박고 돈을 내지 않고 찾아가지 않는 이들이 많아 천연당 사진관은 폐업 위기까지 맞았다. 사진관의 역사는 김규진으로부터 사진을 배운 김시련, 또 그로부터 배운 김광배로, 도제의 형식으로 이어져 북촌 일대에 여러 사진관이 생겨났다.[5] 이는 양복 기술의 전이와 유사한 양상이라고 할 수 있다.

천연당 사진관이 처음 생겼을 때 사람들은 사진을 상당히 위험한 것으로 인식하기도 했고 사진을 찍으면 혼이 빠져나간다고 믿기도 했다. 하지만 1910년대에 이르면 차차 사진 교육도 이루어지고 초상 사진에 대한 인식이 높아져 대중적인 사진관 시대가 열리게 되었다.

'사진기를 가지고서야 비로소 여행의 즐거움이 있다'

1920년대 '사진기를 가지고서야 비로소 여행의 즐거움이 있다'는 한 사진기 광고는 도시민들의 새로운 취미로서 여행과 사진찍기가 단짝이 되었음을 단적으로 일깨운다. 롤 필름이나 휴대용 카메라가 나오기 전 크고 무거운 카메라는 여행할 때 여간 부담스러운 것이 아니었지만 점점 소형화되면서 진정한 '행락의 반려'가 되었다.

카메라가 사진관의 초상 사진용에서 벗어나 밖으로 나오게 되면서 1920년대부터 이른바 예술 사진 운동이 일어났다. 예술 사진의 유행은 대략 1920년대 후반에서 1940년경 사이 사진관의 사진가, 사진기자, 아마추어 사진가들이 두루 활동하면서 생겨난 현상이다.

그 구심점이 된 이가 신낙균이다. 그는 도쿄사진전문학교에서 사진을 공부하고 조선중앙기독교청년회학교YMCA의 사진과 교수, 동아일보사의 사진부장을 거쳤고, 경성사진사협회 회장을 역임했으며 여러 칼럼과『사진학강의』,『사진재료약품학』등 여러 저술을 남긴 사진학 학자였다. 그는 동아일보사에서 근무할 당시 1936년 손기정 선수의 베를린올림픽 마라톤 우승 시상식 사진을 게재하면서 일장기를 지운 이른바 '동아일보 일장기 말소 사건'을 주도했다. 이는 3·1독립운동 사건에 가담한 전력에 이어 일제에 격렬히 저항한 지식인의 면모를 보여준 사건이었다.

예술 사진은 1910년대 중반부터 일본인 사진 단체 그리고 사진 재료상이 주최한《사진현상모집》을 통해 일반에게 알려지기 시작했다.[6] 직업 사진사뿐만 아니라 아마추어 사진가들이 사진으로 예술적 표현 형식을 찾기 시작한 것이다. 각종 공모전과 전람회도 예술 사진 유행에 큰 역할을 했다.『경성일보』,『매일신보』같은 신문사에서는 때때로 작품을 현상 모집했다. 특히 1934년부터 1943년까지『경성일보』와 전조선사진연맹이 주관한《조선사진전람회》는 공모전을 통해 선발한 사진작가의 등용문이었다.[7] 1930년대 대표적인 사진작가로 우뚝 선 이로는 정해창이 있다. 1929년 3월 29~31일까지 광화문빌딩 2층에서 열린 정해창의《예술 사진 개인 전람회》에는 조선의 풍속 및 풍경 사진 50여 점이 출품되었고 이는 여러 언론의 주목을 받았다. 같은 해 조선박람회에도 예술 사진이 미술공예교육관에 전시되었다. 이로써 사진은 동양화, 서양화, 조소, 공예품 등과 마찬가지로 예술로서 공식 인정된 셈이었다. 경성을 비롯하여 여러 도시에서 사진 단체들도 생겨났다. 1933년 무렵 결성된 경성사구회京城寫究會나 1937년 무렵의 경성아마추어사진구락부 같은 단체가 대표적인 사진 동호회에 속한다.

예술 사진을 시도한 아마추어 작가가 아니더라도 일상에서 사람들은 카메라를 지니고 산으로 들로 다니면서 사진을 찍었다. 카메라로 아마추어들이 사진을 찍을 때 가장 어려운 문제가 노출 시간이었다. 싸구려 카메라는 노출이 부족하고 비싼 카메라는 과노출하기 일쑤였다. 그 결과 둘 다 사진이 흐릿하게 나왔다. 노출

藝術寫眞
展覽會
이십구일부터

朝鮮에 잇는 처음으로 보는 藝術寫眞展覽會가 廿九日부터 卅一日外지 三日間 光化門「빌딍」二層에서 開催되게 되얏는데 그 展覽은 鄭海昌氏의 七八年間 獨學硏究한 風景寫眞 五十餘點으로 그 精致奇妙한 技術은 누구나 一驚을 與리라하며 入場은 無料라더라 ▲寫眞은 鄭海昌氏

1929년 3월 26일 『매일신보』에 실린 예술사진전람회 안내 기사와 정해창 사진.

1933년 11월 24~26일 미나카이 갤러리에서 열린 조선사진회 주최 제3회 사진전람회 모습. 1933년 11월 25일 『경성일보』에 실렸다.

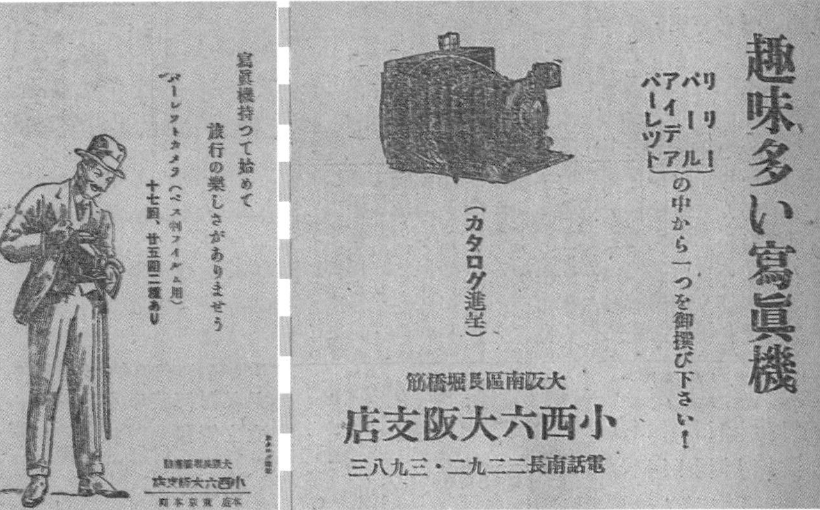

'사진기를 가지고 있어야 비로소 여행의 즐거움이 있다'고 한 팔레트 카메라 광고. 1926년 1월 7일 『경성일보』에 실렸다.

1926년 5월 30일 『조선신문』에 실린 고니시로쿠 오사카 지점 광고.

문제 때문에 싼 카메라가 오히려 잘 찍힌다고 할 정도였다.[8] 아마추어 카메라맨들이 취미로 사진찍기를 시작하다 사진 현상에 너무 많은 돈이 들어 곧 포기하고 카메라를 처분하기도 했다. 그 때문에 스스로 사진을 현상할 수 있는 '간단한 암실 장만법'이 신문에 소개될 정도였다. 1926년 1월 13일자 『경성일보』의 '카메라 취미'란에 따르면 일반 전구를 암실 전구용으로 쓰면 충분하다고 전했다. 하지만 일반 전구를 어떻게 암실용으로 바꾸는지에 대해서는 구체적인 언급이 없다. 다만 전구 색은 빨간색보다 갈색이 장시간 현상할 때 눈을 피로하게 만들지 않는다고 조언했다. 아무튼 사진 찍기는 사진기 기계보다 소모품이나 현상하는 데 더 큰 비용이 드는 만만치 않은 취미였다.

대세가 되어가는 소형 사진기

"암실이 필요하지 않고 어디든 가지고 갈 수 있고 아동들도 그 자리에서 훌륭히 맨들 수 있다"[9]고 광고한 시바메 사진기처럼 간편한 소형 사진기는 1930년대 대세가 되었다. 카메라를 쉽게 소지하고 촬영함에 따라 그 부작용도 없지 않았다.

1924년 7월 13일자 『조선신문』에 실린 미인의 얼굴과 초상권 침해에 관한 기사는 당시 남성들이 무단으로 여성의 신체를 촬영하고 품평을 일삼는 일들을 전했다. 당시 신문과 잡지에는 유명 인사들이 지역별 미인 품평을 하는 일이 다반사였다. 공공연하게 미모를 평가하는 데 사진은 유효한 도구였다. 앞의 기사에 실린 사건은 이랬다. 부부가 남산을 산책하던 중 한 남자가 부인을 몰래 촬영했는데 이를 발견한 남편이 그를 붙잡아 초상권 침해로 소를 제기했다. 당시 법에는 초상권을 인정하는 조항이 없었기 때문에 이를 두고 법조계가 배상 청구를 어떻게 인정해야 하는지 의견이 분분했다. 이 신문 기사는 미국에서 한 여배우가 틀니를 뺀 모습으로 촬영되어 치약 회사가 이를 광고에 활용한 사건으로 10만 원을 청구해 받은 사례를 들며 우리나라의 법 개정에 대한 필요성을 제기했다. 오늘날의 '몰카'와 초상권 같은 문제가 그때부터 대두된 것이다.

사진관, 백화점 사진실, 속성 완성 사진

사진관 진열창에도 어김없이 미모의 여성 사진들이 전시되었다. 1927년 2월 잡지 『별건곤』에 실린 경성 각 상점의 진열창 품평에 따르면 사진관에 진열된 것은 대부분 기생, 여학생, 불량소년들의 사진이었다.[10] 사진관들은 마치 "미모를 표창하는 격으로" 여성들의 사진을 내걸었고 태화사진관은 심지어 "해수욕복으로 허리만 가리운 빨가숭이 여자를 박힌 사진"을 한겨울에 내걸었다. 이러한 것은 사진관들의 영업 정책이었을지언정 그 때문에 일반인들은 선뜻 사진관에 들어가기가 어려웠다. 1920년대 신여성이자 후에 인덕대학교를 설립한 교육자 박인덕은 어릴 적 사진관에서 친구 윤심덕, 김일엽과 함께 사진 찍은 날을 다음과 같이 회고했다.

> "사진도 이 학교(삼숭학교)에서 처음 백혔읍니다. 그러니까 내가 세상에 나서 사진기 앞에 서게 된 것도 처음인 셈입니다. 동무들과 사진기 앞에 서서 다리가 길다란 독개비 같은 사진기에 빨간 안을 바친 검정 보잭이를 씨우고 무슨 요술쟁이처럼 검정 보재기 속에 머리를 박았다가 냈다가 하는 사진사가 무서울 정도였으니까요. 그래도 사진엔 무서워하는 표정이 들어나지 않었읍니다. 거저 눈이 무슨 빛을 바든 것처럼 또록 또록 광채가 날 뿐입니다. (…)" _『삼천리』, 1938. 11.

이후 박인덕은 어머님과 자신의 아이들, 3대가 어느 날 함께 사진을 찍었고 세상에 나서 처음 사진을 찍었을 때와 달리 "카메라나 카메라를 든 사람을 무서워할 줄 모르는 대담무쌍한 마음"이었다 한다. 사진을 박을 때 카메라 앞에 서면 자세나 표정이 어색해지곤 한다. 1930년대에 '사진을 잘 박히랴면 천연스러운 몸가짐이 제일-지여갖는 표정과 진한 화장은 대 금물'이라는 제목의 기사는 화장이든 자세든 자연스러워야 사진이 잘 나오고 무엇보다 기술이 좋은 곳을 선택하라고 조언했다.[11]

사진 찍는 비용 또한 만만치 않았다. 1930년을 기준으로 소판 3장 1조가 1원 50전, 중판 3장 1조는 5원 50전, 4절(중판의 4배 크기) 1장은 12원, 전지(중판의 16배 크기)는 15원 50전이었다.[12] 약품을 사서 직접 현상할 때보다 비용이 약 10배 가량

더 들었다.

백화점 내에도 사진실이 생겼는데 도쿄 미쓰코시 백화점에는 1911년 고객이 쇼핑을 하는 동안 속성으로 완성하는 이른바 '한 시간 사진'도 있었다.[13] 같은 서비스가 국내 백화점에서도 실시되었는지는 명확하지 않지만 화신 백화점을 비롯하여 조지야에는 사진기와 부속품 판매장과 별도로 사진실이 마련되어 있었다.

상자형에서 접이식으로, 30여 년 동안 진화한 카메라

가구에 가까운 상자형에서 출발하여 카메라 기기가 소형화, 경량화되기까지는 대략 30년이 걸렸다. 1839년 다게르Louis Jacques Mandé Daguerre, 1787~1851는 니에프스Joseph Nicéphore Niepce, 1765~1833와 함께 다게레오 타입daguerreotype 프로세스를 개발했다. 알퐁스 지로Alphonse Giroux 사가 만든 최초의 상업적 카메라가 지로 다게레오 타입이다. 이후 선명하고 지속 가능한 상을 정착시키기 위해 여러 방법이 고안되었다. 탤벗William Henry Fox Talbot의 캘러타입, 습판, 건판 사진을 거쳐 35밀리미터 필름을 사용하는 카메라로 발전했다. 한편으로 크기가 크고 무거운 카메라를 야외로 가지고 나가기 위해서 작게 접는 방법을 고안하기 시작했다. 1870년대에 들어서면 일본에서 흔히 자바라蛇腹라고 부르는 주름상자bellow를 접는 접이식 카메라가 늘어났다.

단순한 상자 모양의 카메라 역시 큰 호응을 얻었다. 1888년 최초의 코닥 카메라는 조작의 단순화, 셀룰로이드 롤필름, 그리고 현상과 인화 서비스 덕분에 가격이 비싸긴 했지만 아마추어 사진의 성장에 크게 기여했다.[14] 이후 1900년 고작 1달러의 값싸고 대중적인 코닥 브라우니Brownie가 나왔다. 당시 인기 있던 팔머 콕스Palmer Cox의 만화 캐릭터 이름을 딴 브라우니는 여성과 어린이를 겨냥한 상품으로, 출시된 지 한 달 뒤 "들불처럼 팔렸다"고 할 정도로 큰 호응을 얻었다.[15] 조지 이스트먼George Eastman, 1854~1932이 사진기 특허를 획득한 지 만 50년 되는 해인 1930년, 이를 기념하여 무려 50만 개나 되는 코닥 브라우니가 미국 전역의 12세 어린이에게 선물로 전해졌다.[16]

코닥 카메라에 자극받은 일본

휴대가 간편한 접이식은 1890년대 이후 속속 개발되었다.[17] 1912년에 출시된 베스트 포켓 코닥Vest Pocket Kodak은 첫 모델이 전 세계적으로 약 200만 대가 판매되었다.[18] 이름 그대로 조끼 주머니에 쏙 들어가는 작은 크기로 제1차 세계대전 때 '군인의 카메라'로 광고하면서 참전 군인들에게 큰 인기를 얻었다.[19]

코닥은 우리 문학에도 등장한다. 봉구와 순영의 사랑과 배신을 다룬 이광수의 소설『재생』에서 눈먼 딸을 데리고 삶의 끈을 놓기 위해 금강산 옥류동을 오른 순영은 수학여행을 온 한 무리의 학생들을 만났다. 그들은 재잘대며 너럭바위 위에서 코닥 카메라로 사진을 박았다.[20]

베스트 포켓 코닥의 인기에 자극받아 일본에서는 카메라 제조·판매 전문점인 고니시본점小西本店에서 1925년 파레트Pearlette 카메라를 출시했다.[21] 또한 '우리집은 모두 사진광'이라면서 '아버지는 리리リリー, Lily, 형은 펄パール, Pearl, 누나는 파레트パーレット, 나는 아이디어 카메라アイデア, Idea 카메라를 쓴다'고 광고했다. 이는 당시 남녀노소 누구나 쉽게 쓸 수 있는 저렴한 제품이 다양하게 출시되고 있었음을 의미한다. 종로 반도상점의 전단지에 등장하는 '단지 1원으로 훌륭히 박혀지는 사진기'들도 간편하게 사용할 수 있는 접이식 카메라였다.

라이카, 콘탁스…… 앞다투어 등장하는 명기들

독일에서는 제1차 세계대전 이후 불황을 극복하기 위해 1926년 유력 카메라 회사 4곳이 모여 자이스 이콘Zeiss IKon 사를 설립했고 1929년 스프링 카메라의 원조 격인 이콘타Ikonta를 발매했다. 스프링을 이용해 원터치로 셔터를 열고 바로 촬영할 수 있어 큰 붐을 일으켰다. 일본에서는 주로 스프링 카메라라고 불렀다.[22]

롤필름을 사용하는 접이식 카메라는 1930년대에도 대유행했고 1937년《조선사진전람회》입상자들의 인터뷰 기사를 통해 당시 사용된 것들을 간접적으로 알 수 있다. 1925년 발매된 라이츠Leitz 사의 라이카Leica는 상징적인 모델이다. 라이츠의 'Lei'와 카메라의 'Ca'가 합쳐진 이름인 라이카는 35밀리미터 필름 형식의 소

1912년에 발매된 베스트 포켓 코닥 카메라.

1901년부터 1935년까지 생산된 코닥 브라우니 No.2.

1927년에 나온 라이카 카메라.

1932~36년에 발매 콘탁스 카메라.

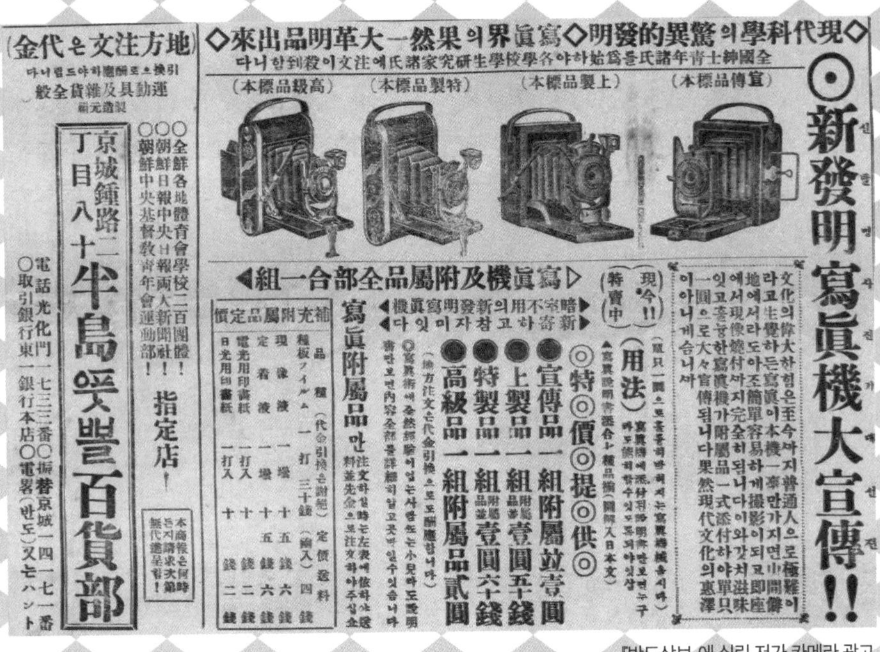

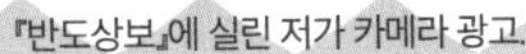

『반도상보』에 실린 저가 카메라 광고.

고니시로쿠 오사카 지점의 파레트 카메라 광고. 왼쪽은 1928년 9월 30일 오른쪽은 1929년 1월 25일 『경성일보』에 실렸다.

형 휴대용 카메라로 자연스러운 사진을 원하는 직업적인 사진가들의 수요를 충족시켰다.[23] 포토저널리즘의 아버지로 불리는 앙리 카르티에 브레송Henri Cartier-Bresson, 1908~2004의 '결정적 순간'을 담는 완벽한 도구이기도 했는데 그는 "나는 라이카를 한 번도 저버린 적이 없습니다. 다른 카메라도 시험 삼아 만지작거리다가 이내 라이카로 되돌아오곤 했습니다"라고 말했다.[24] 라이카에 못지않게 유명세를 타게 된 것이 자이스 이콘 사에서 출시한 콘탁스Contax다. 라이카II와 경쟁하기 위해 설계된 콘탁스는 모퉁이를 둥글린 라이카와 달리 반듯한 직사각형이었다. 이밖에도 조선에 살았던 일본인 사진작가 야마자와 산조山澤三造는 1938년《조선사진전람회》심사평에서 라이카와 콘탁스의 대안으로 생산된 저가의 포스더비Forth-Derby와 독일 자이스 이콘의 세미 이콘타Semi Ikonta, 롤라이플렉스Rolleiflex 등을 언급했다. 또한 단초점 소형카메라의 사용이 많아졌음을 언급하며, 단초점의 필터 남용을 경계하기도 했다.[25]

아마추어 사진가들과 일반인들이 사용하는 사진기는 저마다 달랐겠지만 필름을 아끼며 한 장 한 장 소중하게 담은 사진에는 각자의 추억과 역사가 오롯이 박혔다.

얼마나 그들에게
행복을 줄까
상상만 하여도
질거웟다
피아노

피아노는 근대성의 상징, 즐거운 그릇

현진건의 소설 「피아노」는 이상적 가정을 꿈꾸는 젊은 부부의 허위의식을 피아노를 통해 상징적으로 드러냈다. 작품 속 화자인 궐은 세태말로 금수저다. 그는 조혼한 아내와 사별한 뒤 이내 중등 교육을 마친 부인과 재혼한다. 신식 결혼식을 올린 부부는 이상적 가정을 꾸리는 데 필요한 물품을 사들이는 데 열을 올렸다.

> "「나 오늘 또 하나 생각햇서요」
> 「무엇을?」
> 남편은 빙글에 웃으며, 「또 무엇을 가지고 그리우」
> 「알아 마처 보셔요.」 안해의 눈에는 자랑의 비치 역력(歷歷)하얏다.
> 「무엇일가…」 (…)
> 「피아노!」
> 「오올치! 피아노!」

남편은 대몽大夢이 방성方醒하얏다는 듯이 소리를 버럭 질럿다. 피아노가 얼마나 그들에게 행복을 줄 것은 상상만 하여도 질거윗다. 머언하게 뜬 남편의 눈에는 벌서 피아노 건반 위로 북가티 쏘대이는 안해의 보얀 손이 어른어른 하얏다. 그 후 두 시간이 못되어 훌륭한 피아노 한 채가 그 집 마루에 여왕과가티 임어臨御 하얏다. 지어미 지아비는 이 화려한 악기를 바라보며 깃븜이 철철 넘치는 눈웃음을 교환하얏다."

피아노 선호를 풍자한 『조선일보』 1931년 6월 24일 만평.

여기에서 피아노는 근대 가정의 근대성을 담보하는 악기樂器, 즉 즐거운 그릇이었다. 그러나 이 부부는 정작 피아노를 칠 줄 모른다. 얼굴을 붉히며 모기 같은 목소리로 칠 줄 모른다고 고백하는 아내를 보면서 남편 역시 건반을 위, 아래로 훑을 따름이었다. 1922년 『개벽』에 실린 이 짧은 소설은 피아노가 당시 부유층 사이에서 어떻게 인식되었는가를 단적으로 보여준다. 한편 피아노를 들이기 위해 담을 헐어버리는 풍자화도 그려졌다. 1931년 『매일신보』에 실린 「유행환상곡」은 이렇게 시작된다.

"돈 만은 사람의 문화주택에서는 향락에 넘치는 우슴소리와 어울려 백옥가티 히고 풀솜가티 보드러운 마마님의 흰 손이 건반 위에서 춤을 출 때마다 창박으로 '피아노' 소리가 흘너나온다."

이처럼 많은 이들의 부러움을 산 피아노가 앞서 궐 부부에게는 이상적 가정의 화룡점정이었다면 이태준의 1939년 소설 『딸 삼형제』의 맏딸 정매에게는 자립과 자유의 상징으로 해석할 수 있다. 부모의 강요로 원치 않은 결혼을 한 정매는 도쿄 유학에서 돌아온 남편의 외도로 시댁을 박차고 친정으로 돌아왔다. 결혼이라는 굴레를 풀고 나온 정매가 선택한 길은 신부 수업 같은 가사과 대신 음악 공부였다. 따라서 그에게 피아노는 자유롭고 독립적인 새 삶을 열어줄 도구였던 것이다. 다동조합기생 김명옥의 피아노 공부도 그런 맥락이다. 그는 5년간 화류계에 몸담으면서 부모를 봉양하고 어린 동생 뒷바라지를 했다. 그런 그가 음악가가 되겠다는 결심으로 유학하는 어린 동생도 돌볼 겸 도쿄로 간다는 기사가 실린 것이다. 1916년 10월 27일자 『매일신보』에 「화류계를 뒤두고 유학 가는 김명옥」이라는 제목과 함께 실린 그녀의 사진은 앳된 소녀의 모습을 담고 있다. 기생으로 도쿄에 유학 지원을 하는 것은 그녀가 처음이었다.

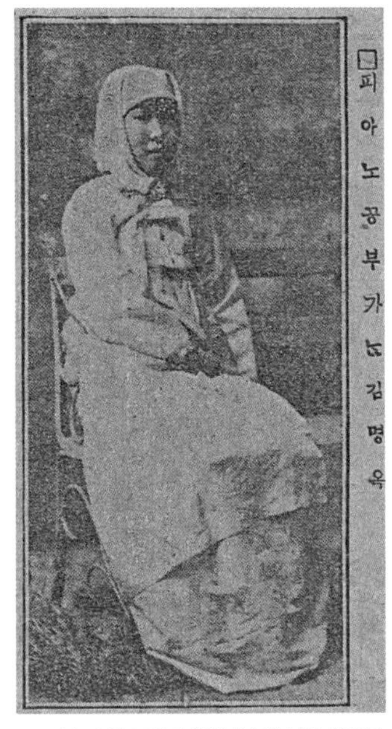

1916년 10월 27일 『매일신보』에 실린 김명옥.

풍금과 오르간을 거쳐 피아노

조선에 피아노가 들어온 것은 19세기 말이었다. 피아노 이전에도 풍금, 즉 오르간을 접한 이들이 있었다. 조선 후기 실학자 홍대용과 박지원은 북경을 오가면서 천주당에서 오르간을 봤으며 특히 연암은 그보다 앞서 천주당을 관찰, 기록한 노가재 김창업이나 일암 이기지도 간과했던 풍금에 대한 이야기를 『열하일기』에 언급했다.

조선에서도 사람들은 이들처럼 풍금을 천주교 교회나 선교사의 집에서 처음 접했다. 외국인들을 대상으로 한 신문 『더 인디펜던트』*The Independent* 1898년 4월 14일자에는 한국 기후에 적합한 미국 피아노를 판매한다는 광고가 실렸다. 또한 같은 해 7월 2일자에는 '홍콩, 상하이, 싱가포르 등지에 지점을 둔 로빈슨 피아노사Robinson Piano Co.의 대표이자 튜너인 맥키어R. D. Mackier 씨가 조선에 곧 도착하므로 피아노와 오르간 튜닝이나 수리가 필요한 이들의 예약을 받는다'는 공지도 실렸다. 1900년대 초부터 1930년대 후반까지 영국과 미국으로부터 자동차, 생활 잡화, 악기, 건축, 인테리어 용품에 이르기까지 각종 물품들을 수입한 테일러상회에서는 오르간으로 유명한 미국의 에스티Estey 사를 대행, 에스티 오르간을 판매했다.

피아노는 각국 영사 부인들이 주최하는 디너 파티, 자선 음악회, 또는 성탄 축하 음악회에서 선보이는 단골 악기였다. 1907년 진명여학교 교습 과목에 풍금이 포함되어 있던 점으로 볼 때 풍금과 피아노는 주로 교회는 물론 학교, 특히 여학교를 중심으로 사용되었음을 짐작할 수 있다. 이는 뒤에 자세히 언급하겠지만 '피아노=여성'이라는 인식의 씨앗이 이 땅에서 싹트게 된 계기가 아닐까 한다. 같은 해 4월 27일 프랑스인 마르탱L. Martin이 경영한 호텔 애스터하우스Astor House에서 대음악회가 열렸는데 이때 외국인 연주자들이 바이올린과 피아노를 연주한다고『대한매일신보』는 알렸다. 또한 1915년 무렵부터는 외국에서 유학한 음악가들의 연주회가 경성에서 열리기 시작했다. 1916년 12월 17일자『매일신보』에 따르면 어릴 적 밥보다 피아노 치기가 더 좋았다는 일본인 고쿠라小創 여사는 조선 호텔에 있는 독일제 2,500원짜리 피아노로 연주를 하기도 했다.

조선의 1세대 피아노 연주자들

국내 피아노 연주자 1세대 가운데에서 가장 유명했던 이는 김영환이었다. 그는 6살에 선교사로부터 풍금을 배우고 12살에 일본으로 건너가 피아노를 전공했다. 이후 1915년 8월부터 수차례 경성과 평양에서 연주회에 참가해 피아노 연주를 맡았다. 조선인으로 도쿄음악학교 본과를 나온 최초의 인물이었다. 1931년『동광』에서 홍종인은 그를 두고 "피아니스트로서는 우리 악단의 길을 열은 사람"이라고 회고했다.[1] 1918년에 귀국한 그는 그해 9월 석조전에서 열린 고종의 생일 축하연에서 연주를 했고 이후 활발하게 활동했다. 피아노 교육을 위해 힘쓰기도 한 그는 연희전문학교 음악과 설립을 위해 피아노 한 대를 기증했는데 다름 아닌 스타인웨이Steinway였다.

이후 1930년대에는 여러 여성 피아니스트의 유학 및 귀국 연주회 소식도 들렸다. '학교 종이 땡땡땡'이라는 가사로 잘 알려진 「학교종」의 작사·작곡가 김메리의 연주 소식은 1937년 9월 2일자 『동아일보』에 소개되었다. 그는 1930년부터 1934년까지 미국 미시간 주립 대학에서 피아노와 음악 이론을 전공했다. 평양 출신 송경신은 시카고 음악학교에서 수학한 촉망받는 신진 피아니스트로서 1938년 신년 음악회를 경성에서 연다는 소식을 전했다. 여성 피아니스트들의 활약은 이후에도 종종 기사화되었다.

고급 피아노의 대명사, 스타인웨이부터 야마하까지

당시 피아노 광고나 연주회 기사 등을 종합해볼 때 미국제, 독일제 피아노들이 19세기 말과 20세기 초에 수입되었음을 알 수 있다. 김영환이 기증했다는 스타인웨이는 독일계 미국 피아노 회사 제품이다. 원래 독일인 하인리히 엥겔하르트 스타인베그Heinrich Engelhard Steinweg가 독일에서 피아노 제작을 하다 1853년 미국 뉴욕으로 이주해서 공장을 차린 후 생산을 시작했는데 뉴욕 공장에서 생산된 것은 미국 시장에, 독일에서 생산된 것은 주로 해외로 판매되었다. 스타인베그는 미국으로 이민을 한 뒤 '길'을 의미하는 독일어 'weg'를 영어 'way'로 바꿔 '스타인웨이'로 이름을 바꿨다.

스타인웨이 사는 특허만도 무려 139개에 달하고,[2] 1867년 파리 만국박람회를 비롯하여 19세기 여러 국제 박람회에서 무수히 많은 수상 경력을 자랑한다. 당시 파리 박람회 풍경을 보도한 잡지 『하퍼스 위클리』*Harper's Weekly*는 피아니스트 데지레 마그누스Désiré Magnus가 스타인웨이 피아노를 연주하자 그 소리에 반한 이들이 몰려드는 모습을 그린 판화를 실었다. 이는 당시 스타인웨이 피아노가 얼마나 큰 인기몰이를 했는지를 보여주는 것으로, 한때 전 세계 고급 피아노 시장의 80퍼센트를 차지할 정도로 압도적인 위치에 있었다.[3] 하지만 이로 인해 연주자와 작곡자들을 스타인웨이 피아노 소리 안에 가둔다는 비판의 목소리도 있었다.

경성에 악기점들이 생겨나면서 독일, 미국, 영국과 같은 서구의 피아노와 함

피아노가 놓인 문화주택 응접실. 1939년 『조선과 건축』 18집 11호에 실렸다.

1920-30년대 음악 수업. 이화역사관.

1932년 3월 7일 『경성일보』에 실린 구기모토 악기점 광고.

1934년 7월 22일 『경성일보』에 실린
야마하 피아노·오르간 광고.

1870~1900년대 미국 에스티 오르간 트레이드 카드. 둘 다 보스턴 공공 도서관 소장품이다.

1867년 8월 10일 『하퍼스 위클리』에 실린 판화.

께 일본 피아노도 1920년대부터 광고에 등장했다. 오늘날 유명 브랜드로 정착한 야마하 피아노는 1900년 야마하 도라쿠스山葉寅楠가 처음 제작한 것이다.[4] 1930년 구기모토 악기점에서 취급한 야마하 업라이트 피아노는 대략 500~1,300원, 그랜드 피아노는 1,200~5,000원이었다. 상아로 피아노 건반을 만들기 위해 아프리카 코끼리 수백만 마리가 희생되었다는 점을 상기하면 피아노에는 음악의 역사, 여성사, 사회사, 그리고 유럽의 세계 정복사가 모두 녹아 있다.[5]

여성의 악기, 피아노

피아노는 바르톨로메오 크리스토포리Bartolomeo Cristofori가 후원자였던 피렌체 대공인 페르디난도 디 메디치Ferdinando de Medici를 위해 1700년 무렵 만들었다.[6] 하지만 사람들은 줄곧 클라비코드clavichord를 좋아했다. 그뿐 아니라 당시 대중적이던 하프시코드에 밀려 피아노는 크게 호응을 얻지 못했다. 그런데 젊은 독일 청년 줌페Johann Zumpe가 연주하기 편하게 개선한 뒤 런던 왕실에서 일명 줌페 피아노로 연주가 이루어졌고, 그로 인해 피아노는 상류층 사이에 점차 퍼져나갔다.

19세기에 이르러 피아노는 전성기를 맞이한다. 영국에서는 중산층이 늘어났고 신분 상승을 갈망하는 이들은 사회적 지위를 드러내는 데 관심이 많았다. 여가는 일하는 노동 계층과 구별되는 가장 확실한 기제였고 일하지 않는 여유 계급이 시간을 멋지게 보내는 방법으로 피아노는 가장 적합한 취미이자 품위 있는 가정의 필수품이었다. 남성들은 '스위트 홈'에서 아내와 딸들이 취미로 피아노를 연주하는 가정을 일구기를 소망했다. 당시 전문 연주자들은 여전히 남성이었지만 피아노가 가정으로 보급된 이래 이것은 아들보다 딸들에게 어울리는 악기가 되었다. 여성이 피아노를 치는 것은 매력적인 동시에 사회적 지위와 교육 수준을 드러내는 지표로서 '결혼 가능성'을 증명하는 일종의 보증수표였다.
피아노와 여성과의 관계를 더 이해하기 위해서는 역사를 한참 거슬러 올라가야 한다. 악기가 특정 성별과 연관성을 갖게 된 것은 실로 오래다. 이탈리아 르네상스 시대 대화집 『궁정론』에는 다음과 같은 대화가 나온다.[7]

> "항상 목적에 맞는 악기를 선택해야 한다고 생각합니다. 드럼이나 파이프나 트럼펫 등의 악기를 연주하는 여성의 모습이 얼마나 꼴사나운지 생각해보십시오. 이는 이러한 악기들이 내는 귀에 거슬리는 소리에 여성의 행동을 아름답게 만드는 특성인 사랑스러운 온화함이 묻혀버리기 때문이지요"

그로부터 약 200년 뒤인 1721년 런던의 안무가이자 작가 존 에섹스John Essex는 『젊은 여성의 행동 또는 교육의 규칙』*The Young Ladies Conduct, or Rules for Education*이라는 책에서 여성에게 적합한 악기는 하프시코드, 스피넷, 루트와 베이스 바이올린이고 특히 키보드 악기가 가장 적합하다고 단언했다.[8]

또한 독일의 목사이자 작곡가 융커Carl Ludwig Junker, 1738-1797는 어떤 악기가 여성에게 적합한지 상세하게 적고 조목조목 그 이유를 달았다.[9] 그에 따르면 호른, 첼로, 베이스는 여성에게 적합하지 않았다. 그 이유로 첫째, 연주할 때 몸의 움직임과 여성의 옷이 대립되고 둘째, 악기 소리가 여성의 특징과 대립되며 셋째, 특정 연주 자세의 부적절함을 들었다.

즉, 그의 주장에 따르면 여성은 덩치 큰 악기를 연주하기에 너무 연약하며, 크고 강한 소리를 내는 악기는 얌전하고 부드러운 여성의 성정에 맞지 않았다. 드럼이나 호른 같은 악기는 군대나 사냥에 사용된 것으로서 남성적인 악기로 여겨졌다. 또한 관악기를 연주할 때는 얼굴을 찡그리게 되어 이는 여성의 아름다움을 해침으로 부적절했다. 현악기도 여성에게는 맞지 않았는데 특히 첼로는 악기를 가슴

1867~1868년 마네가 그린 〈피아노 치는 수잔 마네〉. 오르세 미술관.

1866년 무렵 세잔이 그린 〈피아노 앞의 처녀〉. 에르미타주 미술관.

1892년 르누아르가 그린 〈피아노 앞의 소녀들〉. 오르세 미술관.

1866~1867년 바질이 그린 〈피아노 치는 소녀〉. 개인.

1871년 조지 고드윈 킬번이 그린 〈피아노 수업〉. 본햄스.

1924년 조지 고드윈 킬번이 그린 〈리사이틀〉. 본햄스.

으로 누르고 다리를 벌리고 앉는 자세가 그 마땅찮은 이유였다. 당시 여성들의 다리는 발목까지 치마로 가려야 하고 조신하게 모아야 했기 때문이었다.

이같이 여성과 악기와의 적합성에 대한 오랜 역사적 인식 속에서 19세기에 이르러 건반 악기인 피아노가 상류층과 부르주아 가정으로 편입되면서 더욱더 여성성이 고착되어갔다. 피아노는 대부분 마호가니나 호두나무로 제작되어 마치 멋진 가구처럼 손님의 눈에 가장 잘 띄는 거실 한 가운데에 자리했다. 귀스타브 플로베르는『통상 관념 사전』에서 피아노를 "거실에 꼭 필요한 것"이라고 적었다.[10] 그리하여 피아노는 조화로운 가정의 상징으로서 마치 집안에 붙박이처럼 있는 여성과 마찬가지로 존재했다.

피아노는 자수, 수채화, 옷 갖춰 입기와 더불어 소녀가 배우고 익혀야 할 과정이 되었다. 이들이 연주하는 피아노 음악을 통해 가정에는 안온함이 흘러넘친다고 여겼다. 특히 피아노는 '굿 매너'를 보여주는 적절한 방식이었다. 아름다운 옷을 입고 똑바로 앉은 채 다리를 얌전히 모으고 하얀 손가락을 우아하게 건반 위에 놓은 모습은 정숙한 여인이 보여줄 수 있는 자태였다. 에릭 홉스봄은『자본의 시대』에서 부르주아풍의 실내란 피아노 없이는 제대로 갖추었다고 할 수 없고 피아노 없는 부르주아 집안의 따님이란 어불성설이었다고 일갈했다. 한마디로 피아노는 재력과 교육의 지표로서 결혼 시장에서 이를테면 '먹히는' 기량이었다.

하지만 아마추어로서 그 연주의 깊이가 너무 깊어서도 안 되었다. 프랑스의 철학자 루소는 그의 계몽주의 철학서『에밀』에서 약혼자 소피가 그림, 댄스, 피아노, 노래를 연습해야 하지만 적절한 취향을 얻을 정도의 단계면 족하지 전문가처럼 너무 깊게 들어가서는 곤란하다고 언급했다.[11] 즉, 피아노는 여성 취향을 고양시킬 교양 과목이었던 것이다.

피아노는 여성들이 내면의 감정을 표현하는 촉매로서의 역할도 톡톡히 했다.『뉴욕 월드』의 비평가 휠러A. C. Wheeler는 1875년에 이렇게 주장했다.[12]

"둔한 관찰자의 눈에는 가구로, 생각이 얄팍한 관찰자의 눈에는 패션으로 비칠지 모르겠으나, 실상 피아노는 강철과 은으로 정교하게 제작된 인위적 신경 체

1926년 나카무라 다이자부로가 그린 〈피아노〉. 교토 시립미술관.

계로, 문명이 시적인 정의 즉 인과응보의 차원에서 젊은 여성들에게 베푼 것이다. 문 닫힌 거실 공간에 피아노가 놓여 있어 우리 시대의 딸들은 살그머니 거기 들어가 손끝으로 감정의 격류를 쏟아내며 젊음과 낭만의 기세를 말 잘 듣는 금속에게로 돌려, 이 악기로 하여금 연주자가 감히 말로 고백하거나 소망하지 못하는 것을 비밀스럽게 표현하게 한다."

피아노 앞에 앉은 여성은 많은 화가들, 특히 인상주의 화가들의 단골 주제가 되었다. 아름다운 드레스를 입고 수동적인 자세로 얌전히 피아노 앞에 앉아 깃털처럼 가볍게 손가락을 건반 위에 올린 여자의 모습을 바질Frédéric Bazille, 마네, 르누아르, 세잔, 드가, 카이보트 등 많은 화가들이 그려냈다. 일본 다이쇼 시대 작가 나카무라 다이자부로中村大三郎는 아내를 모델로 체코의 페트로프Petrof 사의 피아노를 치는 모습을 대담하게 묘사하기도 했다.

부록
주註
참고문헌
찾아보기

주註

책을 펴내며

1) 피터 코리건, 『소비의 사회학』(도서출판 그린, 2009), p. 103 재인용.
2) Hrant Pasdermadjian, *The Department Store, Its Origins, Evolution and Economics* (London: Newman Books, 1954); 하쓰다 토오루 지음, 이태문 옮김, 『백화점-도시문화의 근대』(논형, 2003); 가시마 시게루 지음, 장석봉 옮김, 『백화점의 탄생: 봉 마르셰 백화점, 욕망을 진열하다』(뿌리와 이파리, 2006); 김인호, 『백화점의 문화사: 근대의 탄생과 욕망의 시공간』(살림출판사, 2006): 김병도·주영혁, 『한국 백화점 역사』(서울대학교출판부, 2006); 和田博文, 『三越 誕生!-帝国のデパートと近代化の夢』(筑摩選書, 2020); 神野由紀, 『百貨店で〈趣味〉お買う-大衆消費文化の近代』(吉川弘文館, 2015); 하야시 히로시게, 「경성의 5대 백화점의 융성과 그것을 지탱한 대중소비사회의 검증」, 『한일역사 공동연구보고서』 5(2005); 하야시 히로시게 지음, 김성호 옮김, 『미나카이 백화점』(논형, 2007); 노혜경, 「일본 백화점계의 조선 진출과 경영 전략」, 『경영사학』 2(2017); 강준만, 「한국 백화점의 역사, 1932~1996-백화점의 '문화공학' 발달사」, 『인물과 사상』 101(2006. 9); 손정숙, 「일제 시기 백화점과 일상소비문화」,『동양고전연구』 25(2006).
3) https://www.mk.co.kr/news/society/9663151

프롤로그 | 1933년 9월, 대구 청년 사업가 이근무의 경성 백화점 순례

1) https://blog.naver.com/quixcha/222290246728
2) 이근무가 읽은 책은 ワナメーカー著; 井關十二郎 譯, 『實業訓と人生訓』(實業之日本社, 1924)로 추정된다. 이 책의 원제는 'Maxims of Life and Business including the Wanamaker Stores Golden Rules By John Wanamaker'인데 워너메이커의 여러 문서나 담화 중에서 지우인 러셀 박사가 고심해서 수록한 『인생과 사업의 격언』*Maxims of Life and Business* 중에서 선택한 것에다 그의 저서인 『워너메이커 상점의 황금서』*Golden Book of Wanamaker Stores*에서 면밀하게 뽑은 금언을 평이하게 번역한 책이다.
3) https://blog.naver.com/quixcha/222290246728
4) 「미쓰코시三越, 조지야丁子兩 백화점 백열화白熱化할 상업전쟁」, 『조선일보』(1930. 8. 29).
5) 「三越のショウ·ウインドウの話」, 『朝鮮と建築』 9집 11호 (1930), p. 39.
6) 김기림, 「도시풍경일이都市風景一二 (하)」, 『조선일보』(1931. 2. 24).
7) 시마즈 마네킹은 1925년 교토에 설립된 회사이다. 원래 X선 촬영기를 비롯하여 과학 기계·기구, 인체 해부 모형을 생산하는 시마즈 제작소가 모기업이다. 처음에는 프랑스에서 수입된 밀랍 마네킹을 수리, 복원하다 패션 디스플레이용 마네킹을 제작했다. 석고와 밀랍 소재를 거쳐 이후 독자적으로 섬유 소재를 개발했고 제2차 세계대전 당시 생산이 중단되었다가 이후 오늘날 널리 쓰

이는 FRP 마네킹 생산으로 이어졌다. 1933년 오사카 아사히 회관에서 제1회 시마즈 마네킹 신작 발표전을 시작으로 매년 봄·가을 두 차례 전시회를 열었다. 처음 교토에서 열리던 것이 점차 늘어나 1935년 이후에는 홋카이도, 규슈, 조선, 만주 등에서도 개최되었다. 1934년 공장을 신축하고 본격적으로 마네킹 양산에 돌입하여 1937년 정점에 달했을 당시 종업원 200명, 연 생산량이 5,000개에 달했고 일본 내수 시장의 85퍼센트를 점유했다. 일본 마네킹 디스플레이 상공조합 Jamda, https://www.jamda.gr.jp 참조.

8) 「デパート評判」, 『朝鮮及滿洲』 제277호 (1930. 12), p. 76.

9) 「캐메라(카메라) 산보-도회의 측면에서 측면에」, 『조선일보』(1934. 7. 19).

10) 일본화된 양식을 의미한다.

11) 백화점 갤러리는 유럽 백화점에서 시작했고 우리나라는 미쓰코시에 처음 생겼다. 이후 1937년 화신 신관, 미나카이 부산점, 1939년 신축된 조지야에도 있었다. 백화점 갤러리는 새로운 전시 공간으로 부상했고 많은 작가들이 개인전 혹은 단체전을 열었다. 미술품 이외에도 공예품, 실내 장식품, 생활잡화 등 이른바 '좋은 취미의 풍류 도구'들이 전시되었고 상품 진열회, 매출 행사, 기획행사 등이 열렸다. 神野由紀, 「消費の近代化と初期百貨店」, 『Fashion talks... : the journal of the Kyoto Costume Institute : 服飾研究』 3(2016. 6), https://www.kci.or.jp/articles/; 오윤정, 「백화점, 미술을 전시하다」, 『백화점, 근대의 별천지』(부산근대역사관, 2013), pp. 218~226 참조.

12) 위의 책, p.16.

13) 히라타 백화점 광고는 1924년 무렵부터 등장한다.

14) 「삼천리기밀실」, 『삼천리』 2(1935. 2), p. 15.

15) 『동아일보』(1932. 11. 22).

16) 하야시 히로시게 지음, 김성호 옮김, 『미나카이 백화점』(논형, 2007), p. 100에서 재인용.

17) 『경성일보』(1926. 3. 29).

18) 『경성일보』(1924. 5. 16).

19) 『화신백화점-사라진 종로의 랜드마크』(서울역사박물관, 2021), p. 18. 미나카이 포목점 경성 본점은 1911년 3월 본정1정목 48번지로서 미쓰코시 포목점 경성출장소의 바로 정면에 위치했다. 하야시 히로시게 지음, 김성호 옮김, 『미나카이백화점』(논형, 2007), p. 40.

20) 위의 책, p. 19.

21) 『조지야소사』丁子屋小史는 한성 진출을 1904년으로 기록했으나 『동아일보』 1927년 5월 1일 광고에는 1905년에 진출했다고 되어 있다. 위의 책, p. 26. 1929년 현재의 롯데백화점 영플라자 자리에 건물을 신축했다.

22) 이와 관련한 에피소드를 현대어로 바꿔 적으면 다음과 같다.

『조선일보』의 최은희 기자에게 동료 남자 기자가 「최 선생 정자옥에 가서 양복 한 벌 맞추려 하는데 정자옥을 뭐라고 불러요」 「뭐겠어요 조-지야」지요. 「조-지야!」 하고 앵무새같이 한 번 받아 외우던 그 남 기자는 빙그레 웃었다. 곁에 앉았던 또 한 기자가 「응. 조-지야! 아하하하.」 그때 모였던 7, 8명 기자가 모두 박장대소하며 「조-지야! 하하하.」 처음엔 이것이 무슨 소리인지 모르고 그저 어리둥절하고 잇든 최은희 양은 그제야 이 음모陰謀가 무슨 말뜻인 줄 알고 얼굴이 홍당무같이 샛빨개지며 부끄러워 문밖으로 뛰어나가버렸다. 「三千里色刷版」, 『삼천리』 4(1935. 1), p. 123.

23) 서울역사박물관, 앞의 책, p. 28.
24) 「デパート巡リ」, 『朝鮮及滿洲』 제278호 (1931. 1), p. 119.
25) 박태원, 『여인성장』(영창서관, 1942), p. 363.
26) 정수일, 「진고개, 서울맛·서울정조情調」, 『별건곤』 23(1929. 9), p. 47
27) 「'화신 연쇄점' 장래관, 반도상계의 흥망과 화신의 비일전比一戰」, 『삼천리』 6(1934. 8), p. 77.
28) 동아부인상회를 경영한 최남이 1932년 설립한 백화점이다. 종로2정목 5번지(현재 종로타워 부근)에 지하 1층, 지상 4층의 근대식 콘크리트 건물(총 508평)로서 8인승 엘리베이터, 식당, 응접실, 대형 홀 등을 갖추었다. 최남은 당시 미국에서 성행한 '연쇄식 상점'chain store에 주목하고 오사카에 사입점을 두고 물건을 들여와 각지에 설립한 덕원상점 및 동아부인상회 지점에서 판매했다. 이 연쇄식 경영을 비롯해 정가 판매도 실시했다. 언론에 소개된 것에 따르면 최남은 최신·최대·최고의 백화점을 만들겠다는 포부를 밝히고 100여 명의 점원을 뽑아 훈련시키는 등 노력했으나 개점 6개월 만인 1932년 7월 16일 인근 화신상회에 합병되고 말았다. 부산근대역사관, 앞의 책, p. 60. ; 「북상가의 위관, 동아백화점 출현」,『동아일보』(1932. 1. 4).
29) 서울역사박물관, 앞의 책, p. 71.
30) 「휘파람」,『삼천리』 4(1932. 7), p. 11.
31) 조경란, 『백화점 그리고 사물·세계·사람』(문학동네, 2011), pp. 52~53.
32) 일기에는 없는 부분이지만 독자의 이해를 돕기 위해 백화점별 품목을 비교했다. 미쓰코시 신관은 「경성 미쓰코시 신관 안내」(1930), 조지야는 『조지야사』(1936), 화신은 『화신』(1934)의 층별 구성을 바탕으로 작성했다. 백화점의 층별 구성은 연도에 따라 다소 차이가 있지만 기본 구성은 크게 변하지 않았다. 『백화점, 근대의 별천지』(부산근대역사관, 2013) 참조.
33) '세루'는 서지serge의 일본식 표현으로 방모사 또는 견사를 사용한 능직인 천이다.
34) '네루'는 플란넬flannel의 일본식 표현으로 영국 웨일즈 지방에서 생산되기 시작한 평직이나 능직의 방모직물을 일컫는다.
35) 김종욱, 「예술담론계간지 대문」, https://blog.naver.com/daeguculture/220886526619
36) 『삼천리』 11(1936. 11), p. 206.
37) 『조선중앙일보』(1936. 1. 23); 『부산일보』(1937. 12. 1).
38) 무영당은 윤복진 작사, 박태준 작곡의 동요집 『중중떼떼중』(1929), 『양양범버궁』(1931)을 출판했다. 김종욱, 앞의 글.
39) 부산근대역사관, 앞의 책, p. 48.
40) 「체인 스토아란 무엇인가, 그 조직과 발달 상황」, 『삼천리』 6(1934. 8), p. 80.
41) 체인 스토어는 크게 보통 연쇄점과 임의 연쇄점 혹은 자유 연쇄점이 있다. 전자는 각 연쇄점의 전부가 중앙부에 통일되고 그 지배 아래 있는 것이고 후자는 각 점이 다 독립적으로 경영하지만 특정 상품에 한하여만 본사의 통제를 받는 것이다.
42) 『삼천리』 8(1934. 8), pp. 75~77.
43) 서울역사박물관, 앞의 책, p. 142.
44) 「저명상점방문기-'김재현 백화점' 편」, 『고려시보』(1937. 12. 1).
45) 「'김재현 백화점'-점포증축계획 모사, 양가구공장도 신설」, 『고려시보』(1937. 7. 16).
46) 「저명상점방문기-'김재현 백화점' 편」, 『고려시보』(1937. 12. 1).

47) 옥탑까지 치면 6층의 규모였다. 1935년 화신 평양지점으로 일신한 이후에 6층에 치과와 사진부가 들어왔다. 『조선중앙일보』(1933. 12. 14); 『동아일보』(1935. 12. 1); 『경성일보』(1935. 12. 3); 『조선중앙일보』(1933. 12. 28); 『경성일보』(1934. 6. 12).
48) 『경성일보』(1934. 6. 12).
49) 『매일신보』(1935. 1. 8).
50) 「평안 백화점은 엿재 망亡햇는가, 거대巨大한 자본중資本中 삼사십만원三四十萬圓 손실설損失說」, 『삼천리』 7(1935. 11), p. 146.
51) 『조선신문』(1935. 12. 1).
52) 『조선신문』(1935. 12. 4).
53) 위의 기사.
54) 덕영 백화점은 이우상이 1919년 창업한 이래 종로1정목 49, 종로3정목 22에도 지점이 있었다. 여환진, 「본정과 종로: 재현을 통해본 1930년대 경성 "번화가"의 형성과 변용」(연세대학교 석사학위 논문, 2010), p. 132. 같은 이름의 백화점이 1938년 함경남도 함흥부 본정2정목 190에도 설립되었다. 『조선은행회사조합요록』朝鮮銀行會社組合要錄(1939년판) 참조.
55) 다무라 백화점은 1926년 10월 개업했고 무라카미구미에서 지은 2층짜리 건물로 '10전 스토어'도 있었다. 1930년대 후반까지 영업한 것으로 보인다. 여환진, 앞의 논문, p. 132.
56) 김동규金東奎를 점주로 한 동양 백화점은 함흥부 본정2정목 190-2번지에 위치했고 1925년 잡화점으로 시작하여 1936년 백화점으로 전환했다. 「약진 함흥 소개판」, 『동아일보』(1937. 10. 31); 『조선은행회사조합요록』(1937년판) 참조.
57) 마루미 백화점은 10여 만 원의 자본으로 오규섭吳圭燮이 경영하는 백화점이었다. 「기밀실, 조선사회내막일람실」, 『삼천리』 5(1938. 5), p. 22.
58) 대동 백화점은 1938년 전춘경全春景을 대표로 하고 김주호金凋鎬, 박근실朴根實 등을 중역으로 30만 원의 자본으로 설립한 백화점으로 청진부 포항동 240번지에 위치했다. 잡지 『삼천리』에 실린 소식에 따르면 사장은 김주호(인수주 6,000주 중 1,600주)였다. 『조선은행회사조합요록』(1939년판)참조; 「기밀실機密室, 조선사회내막일람실朝鮮社會內幕一覽室」, 『삼천리』 10(1938. 5). 하지만 1937년 9월 29일자 『경성일보』에 '싸고 좋다- 서비스에 자신 있는 대동 백화점, 상품은 모두 내지에서 직수입'이라는 문구로 광고를 한 점으로 미루어 보아 1937년 9월 이전에 설립된 듯하다. 한편 경기도 안성군 안성읍에도 대동 백화점이 있었는데 이는 화신연쇄점이었다.
59) 군산 풍천 백화점은 1935년 군산부 영정1정목 49-50에 설립된 백화점이다. 전북 전주읍 대장정3정목에 지점이 있었다. 회사기업가연표, 『조선은행회사조합요록』(1935년판) 참조.
60) 「流行はキリンヤから...」, 『경성일보』(1938. 12. 11).
61) 1932년 4월 개업했고 중정仲町2정목 16번지에 있었다. 1933년 6월 27일 화재가 발생했다. 『조선신문』(1933. 6. 30).
62) 『조선신문』(1938. 12. 28).
63) 「괴산 지방 소개판」, 『동아일보』(1936. 7. 16).

1층 식품부 • 생활 잡화부

도입부

1) 「증답품의 삼박자」, 『부산일보』(1927. 12. 20).
2) 위의 기사.
3) 「백화점 범죄는 엇더케 이러나나」, 『삼천리』 7(1935. 7), p. 226.
4) 위의 글; 백화점 범죄에 관해서는 『백화점, 근대의 별천지』(부산근대역사관, 2013), pp. 215~217 참조.

완전히 새로운 식품_고급식품

1) 피에르 싱가라벨루·실뱅 브네르 엮음, 김아애 옮김, 『세계사 만물관』(윌북, 2022), p. 91.
2) 佐野宏明, 『浪漫図案』(光村推古書院, 2010), p. 133.
3) 위의 책, p. 133.
4) 주영하, 『식탁 위의 한국사』(휴머니스트, 2013), p. 224.
5) 『부산일보』(1915. 5. 27).
6) 『동아일보』(1928. 5. 23), (1929. 5. 19); 『조선중앙일보』(1936. 6. 19).
7) 조던 샌드 지음, 박삼헌 옮김, 『제국일본의 생활공간』(소명출판, 2017), p. 95.
8) 위의 책, p. 102.
9) 위의 책, p. 103.
10) 위의 책, p. 103.
11) 위의 책, p. 108.
12) 주영하, 『백년식사』(휴머니스트, 2020), p. 83.
13) 김태수, 『꽃가치 피어 매혹케 하라: 신문광고로 본 근대의 풍경』(황소자리, 2005), pp. 90~91.
14) 말장을 고구려식으로 발음한 것이 미소다.
15) 佐野宏明, 앞의 책, p. 140.
16) https://choko.co.jp/Pages/kyuusyuufood_syouyu/konpurasyouyu.php
17) http://www.eonet.ne.jp/~shoyu/mametisiki/reference-12.html
18) 『조선신문』(1934. 1. 12); 『중외일보』(1933. 8. 4).
19) 佐野宏明, 앞의 책, p. 140.
20) 주영하, 「동아시아 식품산업의 제국주의와 식민주의-깃코망형 간장, 아지노모토, 그리고 인스턴트라면」, 『아시아리뷰』(서울대학교 아시아연구소, 2015), p. 83.
21) 『매일신보』(1910. 12. 8).
22) 『매일신보』(1928. 6. 19).
23) 『매일신보』(1933. 10. 19).
24) 『매일신보』(1934. 1. 21).
25) 『매일신보』(1935. 9. 5).
26) 『조선신문』(1932. 2. 23).
27) 『동아일보』(1935. 5. 16).

28) 주영하, 앞의 글, p. 85.
29) 이규진·조미숙, 『불고기, 한국 고기구이의 문화사』(따비, 2021), p. 131.
30) 佐野宏明, 앞의 책, p. 142.
31) 『경성일보』(1927. 2. 17).
32) https://www.bulldog.co.jp/company/name.html
33) 『매일신보』(1937. 4. 15).
34) 『매일신보』(1940. 11. 17).
35) 佐野宏明, 앞의 책, p. 138.
36) 『조선신문』(1938. 8. 17).
37) 『동아일보』(1932. 4. 27); 네슬레의 이글 브랜드는 1874년 홍콩에 상표를 등록해 현재까지 생산되고 있다. https://www.nestle.com.hk/en/aboutus/eaglestory
38) 『매일신보』(1936. 10. 23).

다디단 맛의 등장_과자

1) 서정섭, 「'한과류'의 사전 뜻풀이와 방언형 고찰」『국어문학』 73(2020. 3. 30.), p. 6.
2) 안효진, 「근대 이후 한국인의 식생활 변천 연구: 1896~1995년 신문 광고를 중심으로」(경희대학교 대학원 박사학위 논문, 2015), p. 68.
3) 아메노히보코는 키키(記紀, 『古事記』와 『日本書紀』를 합쳐 부르는 말) 설화 속의 신라 왕자로 스이닌 천황 시기(실존했다면 3세기 후반~4세기 전반 무렵) 일본에 건너와 효고兵庫 현의 이즈시出石에 머물렀다고 하는 사람이다.
4) 과자 신 다지마모리와 그를 기리는 나카지마中島 신사에 대해서는 『경성일보』(1933. 4. 1) 참조.
5) 차가성, 『알수록 맛있는 음식 이야기 2』(북랩, 2021), pp. 22~23.
6) 『황성신문』(1903. 5. 18); (1907. 6. 5); (1908. 5. 6); (1908. 10. 2).
7) 『대한매일신보』(1909. 12. 21).
8) 『대한매일신보』(1910. 1. 5).
9) 『매일신보』(1915. 9. 30).
10) 『조선일보』(1930. 6. 13).
11) 佐野宏明, 『浪漫図案』(光村推古書院, 2010), p. 127.
12) 『조선일보』(1930. 7. 8).
13) 『조선신문』(1934. 4. 15).
14) 『조선신문』(1938. 1. 16).
15) 『동아일보』(1928. 12. 18).
16) 佐野宏明, 앞의 책, p. 128.
17) 사라 모스, 알렉산더 바데녹 지음, 강수정 옮김, 『초콜릿의 지구사』(휴머니스트, 2012), pp, 87~90.
18) 위의 책, p. 93.
19) Tatsuya Mitsuda, "From Reception to Acceptance: Chocolate in Japan, c.1870-1935," *Food & History 12* (2014), pp. 175~200.
20) 佐野宏明, 앞의 책, p. 130.

21) 『조선신문』(1930. 10. 1).
22) 『조선신문』(1931. 11. 22).
23) 「大野氏個展」, 『조선신문』(1931. 4. 18).
24) 「社交ダンス講習會開催」, 『조선신문』(1931. 10. 14).
25) 「ベビーゴルフ」, 『조선신문』(1931. 4. 13).
26) 「사랑을 맞추어내는 법」, 『신여성』(1931. 6), pp. 62~64.
27) 「현대 여성의 악취미」, 『삼천리』 10(1928. 8), p. 162.
28) 안효진, 앞의 논문, p. 69.
29) 『별건곤』 5(1927. 3), p.106.
30) 『매일신보』, 1928. 9. 24.
31) 『매일신보』, 1938. 8. 5.
32) 사라 모스, 알렉산더 바데녹, 앞의 책, p. 100.

모던뽀이들에게 인기 만점_맥주

1) 유모토 고이치 지음, 연구공간 수유+너머 '동아시아 근대' 세미나팀 옮김, 『일본 근대의 풍경』(그린비, 2004), p. 313.
2) 바츨라프 세로셰프스키 지음, 안상훈 외 옮김, 『코레야 1903 가을』(개마고원, 2006), p. 122.
3) 유모토 고이치, 앞의 책, p. 312.
4) 佐野宏明, 『浪漫図案』(光村推古書院, 2010), p. 100.
5) 유모토 고이치, 앞의 책, p. 313.
6) 佐野宏明, 앞의 책, p. 100.
7) 김명환, 『모던, 시크, 명랑-근대 광고로 읽는 조선인의 꿈과 욕망』(문학동네, 2016), p. 43.
8) 「경성맥주소비」, 『조선일보』(1933. 3. 16).
9) 佐野宏明, 앞의 책, p. 101; 『조선신문』(1929. 4. 7); 『매일신보』(1914. 5. 30).
10) 『조선신문』(1929. 5. 12).
11) 『조선일보』(1930. 3. 20).
12) 『조선신문』(1928. 12. 10).
13) 佐野宏明, 앞의 책, p. 101.
14) 佐野宏明, 앞의 책, p. 101.
15) 『매일신보』(1924. 11. 12); (1924. 11. 22).
16) 『매일신보』(1924. 12. 3).
17) 『매일신보』(1933. 8. 13).
18) 『매일신보』(1933. 5. 7); (1933. 12. 20).
19) 『부산일보』(1934. 8. 30); 『조선신문』(1936. 10. 2).
20) 『경성일보』(1937. 8. 19).
21) 권창규, 『상품의 시대』(민음사, 2014), pp. 344~355.
22) 『매일신보』(1939. 6. 21).
23) 「주객경성酒客京城 경음상鯨飮相」, 『조선일보』(1934. 1. 20).

일찌감치 조선에 들어온 서양 술_포도주

1) 佐野宏明, 『浪漫図案』(光村推古書院, 2010), p. 98.
2) 위의 책, p. 98.
3) 위의 책, p. 98.
4) 김준철의 와인 이야기, http://www.sommeliertimes.com/news/articleView.html?idxno=16965; 강문석 역사문화유산 칼럼, '프랑스산 포도나무를 재배하여 생산에 성공한 포도주', https://ncms.nculture.org/legacy/story/2834
5) 설혜심, 「19세기 영국 신문에 나타난 인삼」, 『영국 연구』 34(2015), pp. 23~27.
6) 설혜심, 『인삼의 세계사』(휴머니스트, 2020), p. 224.
7) 『매일신보』(1925. 5. 4).
8) 『매일신보』(1928. 8. 16); 『조선일보』(1935. 7. 25). 해방 이후에도 포항 미쓰와 포도원은 계속 포도주를 생산했는데 1952년 1월 30일자 『경향신문』의 '포항 포도주, 브란듸'라는 광고에는 '구 미츠와 포항 포도주, 브란듸 드디어 재등장. 과거 50여 년의 전통과 동양 제일의 대포도를 자랑하는 진정한 포도주 특히 사교용, 의료용, 가정용, 증답용품으로 꼭 한번 시용해 보십시오. 포항 포도원 부산 대리점 직매부'라고 홍보했다.
9) https://www.ssnp.co.jp/news/liquor/2018/01/2018-0131-1551-14.html
10) '약주'라는 말의 어원은 최남선이 언급한 대로 "술 가운데 좋고 맛난 것", 약이 될 만큼 귀하다는 뜻과 조선 시대 금주령이 내렸을 때, 술을 약으로 섭취하는 것은 허용되었기에 술 자체를 약주라고 불렀다는 등 여러 설이 있다. 명욱, 『젊은 베르테르의 술품』(박하, 2018), pp. 31~32.
11) 최남선, 『조선상식문답』(경인문화사, 2013), pp. 62~63.
12) 주영하, 『한국인은 왜 이렇게 먹을까?』(휴머니스트, 2018), pp. 342~343.
13) 『京城御案內』, 서울역사박물관 (유물번호051901).
14) 『조선일보』(1925. 6. 20).
15) https://bespokeunit.com/wine/quinquina/#what
16) 피에르 싱가라벨루·실뱅 브네르 엮음, 김아애 옮김, 『세계사 만물관』(월북, 2022), p. 245.
17) 사토 겐타로 지음, 서수지 옮김, 『세계사를 바꾼 10가지 약』(사람과 나무사이, 2018), p. 73.
18) 위의 책, p. 72.
19) 위의 책, p. 73.
20) 보건신문사, 『보건산업100년사』(보건신문사, 2016), p. 100.

민중의 녀름 친우親友_청량음료

1) 『동아일보』(1931. 6. 7).
2) 유모토 고이치 지음, 연구공간 수유+너머 '동아시아 근대' 세미나팀 옮김, , 『일본 근대의 풍경』(그린비, 2004), p. 310.
3) 佐野宏明, 『浪漫図案』(光村推古書院, 2010), p. 106.
4) 위의 책, p. 106.
5) 秋山 久美子, 「清涼飲料の近代史」, 『学苑·近代文化研究所紀要』 803 (2007), pp. 96~97.

6) 佐野宏明, 앞의 책, p. 106.
7) https://www.kirinholdings.com/en/purpose/history/; 『조선일보』(1930. 3. 30).
8) 『매일신보』(1926. 7. 22).
9) 『조선공장명부』(1932)에 따르면 일본인 히라야마 마쓰타로가 설립한 인천탄산수제조소의 설립일은 1906년 3월이다.
10) 『매일신보』(1930. 5. 25).
11) 『매일신보』(1930. 5. 30).
12) 「어떠케 알아낼까 사이다 라무네의 조코 낫븐 것은…?」, 『동아일보』(1931. 6. 7).
13) 『동아일보』(1934. 3. 30).
14) 「사이다는 품부족 라무네는 제조중지」, 『매일신보』(1938. 7. 23).
15) 「사이다 한 병도 과세」, 『매일신보』(1939. 2. 19).
16) '칠성'은 주주 7명의 '七姓'을 별처럼 회사가 빛나기를 바라면서 '七星'으로 바꿨다. https://www.joongang.co.kr/article/23679580
17) 이 라벨은 1921년부터 1933년까지 사용되었다고 한다. https://www.asahiinryo.co.jp/entertainment/history/mitsuya/history01.html
18) 『황성신문』(1909. 8. 5).
19) 小泉和子, 『台所道具いまむかし』(平凡社, 1994), p. 203.
20) 위의 책, p. 203.
21) 『조선무쌍신식요리제법』(영창서관, 2001), p. 228. 1924년 이용기가 펴낸 요리서로 영인판을 참고했다.
22) 佐野宏明, 앞의 책, p. 107.
23) 은하수 디자인의 포장지가 나온 것은 1922년부터다. 위의 책, p. 107.
24) http://blog.livedoor.jp/liveyousan/archives/23400663.html
25) https://urbanlife.tokyo/post/15486/
26) 「기호품 일람표(하)」, 『동아일보』(1930. 3. 25).
27) 『매일신보』(1928. 7. 19).
28) 「사이다 라무네 골느는법」, 『매일신보』(1938. 7. 18).
29) 『매일신보』(1923. 5. 10).
30) 『매일신보』(1939. 5. 13).
31) 『중외일보』(1928. 8. 23); 『동아일보』(1934. 7. 3).

매약전, 누구누구가 돈 모았나?_약품

1) 최규진, 『이 약 한번 잡숴 봐!』(서해문집, 2021), p. 209.
2) 신동원, 「한양 사람들은 병들면 어떻게 했을까?」, 『서울 사람들의 생로병사』(서울역사편찬원, 2020), p. 182.
3) 위의 글, p. 185.
4) 위의 글, pp. 176-179.
5) 설혜심, 『소비의 역사』(휴머니스트, 2017), p. 117 재인용.

6) 권창규, 『상품의 시대』(민음사, 2014), p. 223.
7) 「최근 매약전, 누구누구가 돈 모앗나?」, 『삼천리』 8(1936. 12), p. 62.
8) 에도 시대에는 네덜란드의 학문 '난학'蘭學이, 메이지 시기에는 독일류의 의학이 적극적으로 도입되었다. 김영수, 「메이지기 근대적 의약 담론의 성립과 '뇌병'의 치료」, 『질병 관리의 사회문화사-일상생활에서 국가정책까지』(이화여자대학교출판문화원, 2021), p. 80.
9) 佐野宏明 編, 『浪漫図案』(光村推古書院, 2010), p. 84.
10) 위의 책, p. 84.
11) https://www.jintan.co.jp/special/history/
12) 1895년에 이어 1902년, 1907년, 1909년, 1912년, 1916년, 1919년, 1920년에 유행했고 광복 이듬해인 1946년에도 크게 유행했다. 최규진, 앞의 책, p. 178.
13) 「이규태 역사 에세이」, 『조선일보』(1999. 5. 28).
14) 근대광고엿보기 블로그 https://blog.naver.com/newracer/222324322121
15) 최규진, 앞의 책, p. 236.
16) 위의 책, p. 237.
17) 위의 책, p. 237.
18) https://www.seoul.co.kr/news/newsView.php?id=20200518030002
19) 이씨 사망 후에도 화평당은 동생 이동선이 계속 운영했고 빈민 1천 명에게 감기약을 나눠 주는 등 선행도 이어 갔다. 이동선의 장남이자 이응선의 조카인 이남순은 우리나라 최초의 약학박사로 서울대 약대 교수와 성균관대 약학대학 초대 학장을 지냈다. 위의 사이트 참조.
20) 이어령, 『너 어디로 가니: 식민지 교실에 울려퍼지던 풍금 소리』(파람북, 2022), p. 154.
21) 권창규, 앞의 책, p. 221.
22) 박태원, 『박태원 단편선 소설가 구보씨의 일일』(문학과 지성사, 2005), p. 50.
23) 위의 책, p. 50
24) 위의 책, p. 50
25) 佐野宏明 編, 앞의 책, p. 76.
26) 김영수, 「이 약 한 번 잡숴봐! 서울의 신문을 메운 의약 광고」, 『서울 사람들의 생로병사』(서울역사편찬원, 2020), p. 228.
27) 최규진, 앞의 책, p. 232.
28) https://www.seirogan.co.jp/products/seirogan/various/history.html
29) 최규진, 앞의 책, p. 240.
30) 『조선신문』(1924. 9. 23).
31) 용골은 큰 포유동물의 화석화된 뼈로 주로 탄산칼슘으로 되어 있다.
32) 용뇌는 용뇌향이라는 상록교목의 가지를 증류한 결정체다.
33) https://www.ryukakusan.co.jp/history
34) 최규진, 앞의 책, p. 155.
35) 佐野宏明 編, 앞의 책, p. 79.
36) 위의 책, p. 79.
37) 스포이드로 점안하는 방식은 적량을 넣을 수 없고 비위생적이라는 점이 문제였다. https://

ja.wikipedia.org/wiki/大學目藥
38) Jean-Paul Wayenborgh, *IBBO-International Biography and Bibliography of Opthalmologists and Vision Scientists*(Iowa City: H. Stanley Thomson, 2001), p. 401.
39) 『조선신문』(1999. 5. 28).
40) 『조선시보』(1933. 4. 17).
41) 최해별, 「송대 『이견지』와 일상 속 의학 지식의 확산」, 『질병 관리의 사회문화사-일상생활에서 국가정책까지』(이화여자대학교출판문화원, 2021), p. 46.
42) 최규진, 앞의 책, p. 137.
43) 위의 책, p. 137.
44) 『조선신문』(1939. 12. 22).
45) 『매일신보』(1937. 11. 26).
46) 佐野宏明 編, 앞의 책, p. 82.
47) 김영수, 앞의 책, pp. 88~91.
48) 박태원, 「병상잡설」, 『조선문단』(1927. 3), p. 57.
49) 『경성일보』(1927. 3. 17).
50) 김영수, 앞의 책, p. 100.
51) 위의 책, p. 106.
52) 권창규, 앞의 책, p. 223.
53) 최규진, 앞의 책, p. 109.

알이 굵은 것은 위생상 조치 안습니다_치약과 칫솔

1) 『계림유사』는 1103년(숙종8) 서장관으로 사신을 수행하고 고려에 온 손목孫穆이 당시 고려의 조제朝制·토풍土風·구선口宣·각석刻石 등과 함께 고려어 약 360어휘를 채록하여 3권으로 분류, 편찬한 책이다. 외국인(중국인)인 손목이 당시의 우리말 단어를 한자의 음이나 뜻을 빌려 적은 것인데, 당시 현실음에 가장 가까운 한자를 선택하되 중국어 단어와 의미상 통할 수 있는 한자를 선택한 경향이 강하다. 따라서 '양지'의 한자에 있어서 차이가 있다. 한국민족문화대백과사전 참조.
2) 佐野宏明, 『モダン図案』(光村推古書院, 2019), p. 38.
3) 위의 책, p. 39.
4) 『동아일보』(1928. 9. 4).
5) 『매일신보』(1935. 9. 21).
6) 『매일신보』(1934. 4. 6).
7) http://eastlondonhistory.com/2011/08/16/william-addis-inventor-of-the-toothbrush/
8) https://www.lion-dent-health.or.jp/100years/article/habit/003.htm
9) 『매일신보』(1935. 9. 21).
10) 『경성일보』(1924. 9. 4).
11) 『경성일보』(1924. 7. 14).
12) 『경성일보』(1924. 9. 4).
13) 『매일신보』(1928. 2. 23).

14) 『매일신보』(1930. 7. 30).

될 수만 있으면 사철 모기장을 치고 살고 싶다_모기장

1) 「夏節의 需用期를 當해 蚊帳組合의 紛糾-장광척수, 정가의 일치를 도모하랴다 분규가 생기어」, 『시대일보』(1926. 6. 23).
2) 고부자, 『우리 생활 100년·옷』(현암사, 2001), p. 198.
3) 스테이플 파이버는 처음에는 레이온 스테이플에 붙어서 사용된 용어로 스프라고 약칭되었다. 연속 필라멘트를 일정한 방적용의 길이로 자른 섬유이다. 현재는 레이온 스테이플이라고 부르고 있다. 제1차 세계대전 무렵 독일에서 면이나 양모의 대용으로 인조 견사(레이온 필라멘트)를 절단하여 이용한 것이 시초이다. 패션전문자료사전편찬위원회, 『Fashion전문자료사전』(한국사전연구사, 1997), p. 246, p. 710.
4) 佐野宏明, 『浪漫図案』(光村推古書院, 2010), p. 90.
5) https://www.kincho.co.jp/yayoi/index.html
6) 「포문선향捕蚊線香의 상표에 주의하라」, 『매일신보』(1925. 7. 25).

가정에 없어서는 안 될 필수품_이발기

1) 영국 Burberry사의 트렌치코트를 일컫는 말.
2) https://en.wikipedia.org/wiki/Hair_clipper
3) バリカン - Wikipedia
4) 여환진, 「본정과 종로: 재현을 통해본 1930년대 경성 "번화가"의 형성과 변용」(연세대학교 석사학위 논문, 2010), p. 164.
5) 「누구나의 문제 이발소 문제」, 『별건곤』 14(1928. 7), p. 78.
6) 김영애, 「취미의 실내장식」, 『신가정』 3-5(1935), p. 127.
7) 「현상모집 이발소 투표」, 『별건곤』 14(1928. 7), p. 124.
8) 「첫번 양복 입던 때 이야기」, 『신가정』(1935. 4), p. 79.

가격이 저렴하고 향기가 잇고 맛이 좃소_연초

1) 김정화, 『담배 이야기』(지호, 2000), pp. 102~107.
2) 『황성신문』(1900. 4. 25).
3) 『제국신문』(1902. 12. 22).
4) 배성준, 『한국근대공업사 1876~1945』(푸른역사, 2021), p. 168.
5) 『매일신보』(1912. 3. 23).
6) 『매일신보』(1914. 11. 8).
7) 『매일신보』(1906. 4. 29).
8) 『매일신보』(1915. 9. 29).
9) 김정화, 앞의 책, p. 123.
10) 「經濟方面으로 爲先할 일은」, 『개벽』 8(1921. 2), p. 13.

11) 김정화, 앞의 책, p. 134.
12) 배성준, 앞의 책, p. 168.
13) 『매일신보』(1922. 1. 21).
14) 「戰爭必至論, 이리하야 戰爭은 이러나고야 만다」, 『별건곤』 57(1932. 11), p. 10.
15) 『매일신보』(1927. 3. 19).
16) 이 표현은 이서구의 소설 『염서사건』艶書事件에 등장한다. 『삼천리』 10(1938. 5). '개똥에 청보'라는 속담은 거름이나 쓸 개똥을 비단 보자기에 싼 것과 같이 격에 맞지 않는다는 의미. 겉모양은 그럴듯하게 번드르르하나 내용은 흉하거나 추잡한 것으로서 같은 뜻의 속담으로 '비단보에 개똥'이 있다.
17) 『부산일보』(1933. 1. 25).
18) 박태원, 「기호품 일람표」, 『동아일보』(1930. 3. 18).
19) 『중외일보』(1930. 9. 27).
20) 『매일신보』(1930. 6. 10).
21) 『매일신보』(1936. 12. 23).
22) 『매일신보』(1938. 4. 5~ 5. 21).
23) 『조선신문』(1932. 9. 27).
24) 『매일신보』(1932. 10. 2).
25) 『경성일보』(1932. 8. 13). 1933년 10월에는 미쓰코시와 조지야에서 연구전이, 1934년 6월에는 평양 미나카이에서 연초 전람회가 열렸다.
26) 『경성일보』, (1937. 11. 9).

조선적인 것을 손에 쥐고 식민지 조선을 기억하다_조선물산

1) 정서희, 「일제강점기 공예품 연구-관광기념품을 중심으로」(홍익대학교 석사학위 논문, 2021), p. 5.
2) 소세키는 도쿄를 출발하여 오사카-다롄-뤼순-슝웨청-잉커우-탕강즈-펑톈-푸순-하얼빈-창춘-펑톈-안둥-평양-서울-인천-개성-서울-시모노세키의 여정으로 여행했다. 정치영, 「『만한 이곳저곳』으로 본 나쓰메 소세키의 만주 여행과 만주 인식」, 『문화역사지리』 32(2020), p. 67.
3) 위의 글, p. 69.
4) 정서희, 앞의 논문, pp. 7~8.
5) 우미이치 상회는 본정2정목에 위치한 대표적인 기념품 상점으로서 1937년에 발간된 『대경성도시대관』에 따르면 1906년에 창업했다.
6) 도미타 상회는 1913년에 창업하여 삼화고려도자기, 한양고려도자기, 통영나전칠기, 진남포산 사과 등 각종 조선물산을 판매했다. 본점은 남대문통에, 출장점은 본정2정목에 위치했다. 정서희, 앞의 논문, p. 19.
7) 1932년에 발행된 『조선공장명부』에 따르면 동화상회는 1925년 3월 창립했고 공장주는 오동준, 주요 생산품은 칠기였다.
8) 정서희, 앞의 논문, p. 11.
9) 서울역사박물관 (유물번호051901).
10) 정서희, 앞의 논문, p. 32.

11) 위의 논문, p. 33.
12) 위의 논문, p. 33.
13) 위의 논문, p. 3.
14) 아베 요시시게 지음, 곽창권 옮김, 『청구잡기』(명지출판사, 1994), pp. 79~80.
15) 김동식, 「1920~30년대 대중잡지에 나타나는 음식 표상-『별건곤』과 『삼천리』를 중심으로」, 『한국학연구』44(2017), p. 671.
16) 일본인 우스다 잔운이 1904년 『조선만화』에서 언급한 내용이다. 주영하, 『식탁 위의 한국사』(휴머니스트, 2013), p. 189 재인용.

2층 화장품부 · 양품잡화부

도입부

1) 「경성 경운동 개벽사 엽서통신」京城慶雲洞開闢社 葉書通信, 『별건곤』 34(1930. 11), p. 49.
2) 双S生, 「대경성 광무곡」大京城 狂舞曲, 『별건곤』 18(1929. 1), p. 83.
3) 『백화점, 근대의 별천지』(부산근대역사관, 2013), p. 214에서 재인용.
4) 화신 백화점에서는 학력은 중등학교 졸업 이상, 신체 건강, 좋은 인상, 눈치가 빠른 사람, 결혼한 여성은 집안일까지 한꺼번에 감당하기 어려우니 미혼 여성만, 의복은 사무복을 입어야 하고 안경이나 머리를 지지거나 화장을 하는 것은 자유요, 조선 사람은 단발한 여성을 이상하게 보기에 단발만은 고려 대상이라고 밝혔다. 「여기서는 이런 여성을 뽑소」, 『조선일보』(1936. 2. 16).
5) 「거리의 여학교를 차저서, 연애금제의 화신여학교, 제복의 처녀 백사십명」, 『삼천리』 7(1935. 11), p. 103.
6) 「결혼시장을 차저서, 백화점의 미인 시장」, 『삼천리』 6(1934. 5), p. 158.
7) 앞의 글, 『삼천리』 7(1935. 11), p. 106.
8) 앞의 글, 『삼천리』 6(1934. 5), p. 158.

화장품이라 하느니보다 보건용품_비누

1) 「(김홍길의 경제이야기) 비누의 역사와 '대한민국 1호 비누' 무궁화」, 『경남일보』(2019. 6. 30).
2) 위의 글.
3) 『조선일보』(1925. 6. 27).
4) 『동아일보』(1922. 10. 22).
5) 『중외일보』(1928. 7. 13).
6) 권창규, 『상품의 시대』(민음사, 2014), p. 203.
7) 落合茂, 『花王石鹼八十年史』(花王石鹼株式会社, 1971), p. 19.
8) Gennifer Weisenfeld, "From Baby's First Bath": Kaō Soap and Modern Japanese Commercial Design", *The Art Bulletin* 86(2004), p. 575.
9) 佐野宏明 編, 『モダン図案』(光村推古書院, 2019), p. 12.
10) 권창규, 앞의 책, p. 205.
11) 佐野宏明 編, 위의 책, p.13.

12) https://www.kao.co.jp/white/history/03/
13) 佐野宏明 編,『浪漫図案』(光村推古書院, 2010), p.60.
14) 가와나베 교슈이는 메이지기에 활약한 풍속화가인 아버지 가와나베 교사이河鍋暁斎(1831~1889)의 딸이다. 일본에서 서양 건축의 아버지로 일컬어지는 조사이어 콘더Josiah Conder의 그림 스승으로 널리 알려진 아버지에게서 그림을 배웠고 그의 화풍을 충실히 따랐다. 17세에 내국공진회에서 2등상을 수상했고 1900년 일본 최초로 설립된 여성을 위한 미술 교육기관인 여자미술학교女子美術學校(여자미술대학, 일명 조시비 대학) 최초의 여교수로서 후학을 양성했다. 우리나라 최초의 서양화가로 일컬어지는 나혜석을 비롯하여 박래현, 천경자 등이 이곳에서 수학했다. 하지만 아버지의 유명세에 비해 교슈이는 그늘에 가려진 인물이다.
15) 칠복신은 7명의 일본 행운의 신으로 주로 네쓰케 조각의 주제로 등장한다. 일곱 신이 각각 상징하는 바는 이러하다.

1. 에비스惠比寿: 어부와 상인의 신.
2. 대흑천大黑天: 부와 상업 교역의 신.
3. 다문천왕毘沙門天: 사무라이 신.
4. 변재천弁財天: 지식, 예술, 미, 음악의 신.
5. 복록수福禄寿: 행복, 부, 장수의 신.
6. 포대布袋: 풍요와 건강의 살찐 행복한 신.
7. 수로인寿老人: 지혜의 신.

16)『동아일보』(1927. 10. 8).
17)『매일신보』(1935. 8. 9).
18) 국사편찬위원회,『광고, 시대를 읽다』(두산동아, 2007), p. 103.

부인 화장계에 업지 못할 패왕_백분

1) 전완길,『한국화장문화사』(열화당, 1987), p. 60.
2) 위의 책, p. 28.
3) 김태수,『꽃가치 피어 매혹케 하라』(황소자리, 2005), p. 231.
4)『매일신보』(1921. 1. 24).
5)『매일신보』(1922. 2. 16).
6)『매일신보』(1928. 9. 24).
7)『매일신보』(1934. 7. 14).
8) 보건신문사,『보건산업100년사』(보건신문사, 2016), p.149.
9)『조선일보』(1938. 8. 28), (1938. 12. 20).
10) Sarah Jane Downing, *Beauty and Cosmetics* 1550-1950 (Oxford: Shire Publications, 2012), p. 22.
11) 야마무라 히로미 지음, 강태웅 옮김,『화장의 일본사』(서해문집, 2019), p. 129.
12) 佐野宏明 編,『モダン図案』(光村推古書院, 2019), p. 58.
13) 백주현·채금석·김소희,「1920~1930년대 백분 광고 텍스트에 나타난 최상의 가치-전통미와 근대

의 과도기적 대립을 중심으로」, 『한국의류학회지』 42(2018), p. 550.
14) 주식회사로 전환하기 이전 삼성당이라는 김종식의 개인회사로서 화장품 제조 판매점이었다. 「삼호화장본포 주식회사 성립」, 『조선중앙일보』(1935. 8. 21) 서유리, 「'미적 수양'에서 '명랑한 매력'까지-『동아일보』와 『신가정』의 화장품 광고와 화장담론」, 『민족문화연구』 85(2019), p. 483.
15) 「조선 내 최초의 대화장품 회사 창립-자급자족 후엔 해외에 판매망 확충, 순조선인 손으로 경영」, 『동아일보』(1935. 8. 22).
16) 『신가정』(1935. 6).
17) 『신가정』(1933. 4).
18) 서유리, 앞의 논문, p. 483.
19) 「조선인 중심으로 화장품회사 조직」, 『중앙일보』(1932. 12. 13).
20) 야마무라 히로미, 앞의 책, pp. 130~133.
21) Sarah Jane Downing, 앞의 책, pp. 51~52.
22) 위의 책. p. 52.
23) 『동아일보』(1933. 8. 26).
24) 설문조사는 「봄을 꾸미는 마음」, 『여성』(1936. 3)에 실렸다. 서유리, 앞의 논문, p. 485.
25) 권창규, 『상품의 시대: 출세·교양·건강·섹스·애국: 다섯 가지 키워드로 본 한국 소비 사회의 기원』(민음사, 2014), p. 360.
26) 권창규, 『인조인간 프로젝트-근대 광고의 풍경』(서해문집, 2020), p. 95.
27) 최은섭·안준희, 『화장품 광고와 아름다움의 문화사』(커뮤니케이션북스, 2019), p. 21.

당신을 참으로 곱게 하는 백색 미안수_화장수

1) 「분은 발느기 전에 얼골에 화장수 칠-기름끠 만흔 안악네의 쥬의」, 『매일신보』(1928. 5. 5).
2) 佐野宏明, 『モダン図案』(光村推古書院, 2019), p. 76.
3) 「수셈이 물로 만들 수 잇는 순수한 자가용 화장수」, 『매일신보』(1936. 8. 21); 「오이로 화장수 만드는 법」, 『매일신보』(1938. 8. 17); 「수박·오이 화장수의 재료도 된다」, 『매일신보』(1938. 8. 29); 「오이와 밀감으로 화장수 맨드는 법」, 『매일신보』(1939. 8. 1); 「요새 흔한 쑤세미로 화장수 맨드는 법」, 『매일신보』(1939. 9. 8).
4) 『매일신보』(1935. 3. 24); (1935. 11. 30); 『동아일보』(1935. 3. 26).

코를 위하야는 이것이 잇소_향수

1) 이지은, 『귀족의 은밀한 사생활』(지안, 2006), p. 216.
2) https://perfumesociety.org/history/the-dawn-of-perfume/
3) http://www.sirc.org/publik/smell_attract.html
4) http://www.historyofperfume.net/perfume-history/the-first-perfume-hungary-water/
5) https://www.regain.us/advice/attraction/whats-the-most-attractive-scent-to-a-woman/
6) 위의 사이트.
7) https://perfumesociety.org/history/the-dawn-of-perfume/

8) 이지은, 앞의 책, p. 214.
9) Saskia Wilson-Brown, Froth and Folly: Nobility and Perfumery at the Court of Versailles, https://blogs.getty.edu/iris/froth-and-folly-nobility-and-perfumery-at-the-court-of-versailles/
10) 위의 글.
11) https://perfumesociety.org/history/the-dawn-of-perfume/
12) 1950년 발매된 '마담쥬쥬'는 대표적인 상품이다.
13) 최은섭·안준희, 『화장품 광고와 아름다움의 문화사』(커뮤니케이션북스, 2019), p. 36.
14) 『조선일보』(1934. 8. 8).
15) http://collectingvintagecompacts.blogspot.com/2011/05/cheramy-american-perfume-line-with.html
16) 산출 방법은 다음과 같다. 1937년 쌀 1킬로그램이 약 25전, 즉 0.25원이었고, 2023년 기준 쌀값이 1킬로그램 약 2,500원(20킬로그램 5만 원 기준)이라고 한다면 당시 130원은 1만 3,000전이므로 13,000×2500÷25=130만 원. 향수로서는 엄청난 금액이지만 오늘날 쌀 20킬로그램의 가격과 수백만 원을 호가하는 샤넬 핸드백을 생각하면 그리 다르지 않다.

거의 유일한 남성용 화장품_포마드

1) https://en.wikipedia.org/wiki/Pomade
2) 『매일신보』(1936. 9. 17); 『조선일보』(1937. 5. 12).
3) 『조선일보』(1931. 5. 9).
4) 『조선일보』(1936. 3. 21); (1936. 3. 24).
5) 소래섭, 『불온한 경성은 명랑하라』(웅진 지식하우스, 2011), pp. 44~117.
6) 知場権吉 編, 『マンダム五十年史』(株式會社マンダム, 1978), p. 50.
7) 『조선일보』(1937. 3. 23).
8) 『조선일보』(1936. 11. 7).

장안대로를 활보하는 구두! 구두! 구두!_구두

1) 「좋은 것이 바로 맞는 기계화-구두의 애용에 복음을 가져온 남대문통 조지야의 신시설」, 『조선신문』(1927. 3. 24).
2) 권윤미·이은진, 「1920~30년대 한국에서 착용된 양화의 소재와 형태」,『한국의류학회지』 41(2017), pp. 229-230.
3) 「가을철에 유행될 남녀 장신구」, 『동아일보』(1933. 9. 3).

옛날에는 없어도 살았건만_핸드백

1) 김한샘, 「신어사전에 나타난 근대 사회 문화 연구-의생활 어휘를 중심으로」, 『새국어교육』 104(2015), pp. 471~472.
2) 『동아일보』(1928. 4. 19).
3) 『조선일보』(1928. 4. 4).

4) 「가을거리의 남녀풍경」, 『별건곤』 34(1930. 11), p. 91.
5) 『매일신보』(1936. 9. 6).
6) 「엔젤 女給이 핸드빽 盜難」, 『조선중앙일보』(1936. 10. 8).
7) 「핸드빽을 노리는 백화점 스리-가을철에 더욱 만허」, 『조선중앙일보』(1934. 10. 7).
8) 『동아일보』(1937. 12. 3).
9) 『동아일보』(1934. 4. 1).

돈 만히 준다고 반듯이 조흔 것은 아니다_와이셔츠

1) '포플린'의 유래는 직물 산업이 발달한 벨기에 플랑드르 지역 '포페린허'Poperinge와 관련이 있다는 이야기도 있다. https://en.wikipedia.org/wiki/Poplin

모던의 물결을 타고 조선 사람들의 머리 위로_모자

1) 『조선중앙일보』(1935. 3. 24).
2) 『시대일보』(1924. 6. 10).
3) 『동아일보』(1924. 6. 29).
4) 『동아일보』(1935. 10. 11).
5) https://culturedarm.com/buster-keaton-and-his-pork-pie-hat/
6) 김명환, 「옛 광고를 통해 본 한국인들의 '몸 가꾸기'에 관한 소망」, 『서울민속학』 4(2017), pp. 145~146.
7) 임연철, 『(유관순 열사의 이화학당 마지막 스승) 지네트 월터 이야기』(밀알북스, 2020), p. 295.
8) 「八字 곳친 京城市內, 六大門身勢打鈴」, 『별건곤』 33(1933. 7), p. 12.

하지 안으면 문밧글 나갈 수 업습니다_넥타이

1) https://www.tie-a-tie.net/the-evolution-of-the-necktie/ 참조.
2) 이주은, 「10가지 키워드로 보는 댄디의 초상」, 『멋쟁이 남자들의 이야기 댄디즘』(이봄, 2014), p. 35.
3) 『매일신보』(1930. 6. 6).
4) 『조선중앙일보』(1934. 9. 21).
5) 『조선중앙일보』(1935. 4. 6).
6) 방청생, 「백인백태 연단 일화」, 『별건곤』 30(1930. 7), p. 144.
7) 「今夏 流行의 衣裳」, 『삼천리』 7(1935. 7), p. 205.

일본 유학파 젊은이들의 패션 아이템_스틱

1) 「녀름정취, 녀름정서」, 『별건곤』 14(1928. 7), p. 43.
2) https://www.walking-canes.net/pages/historyofwalkingcanes
3) 「今夏 流行의 衣裳」, 『삼천리』 7(1935. 7), p. 204.
4) 「문사들의 양복, 구두, 모자」, 『삼천리』 7(1935. 3), p. 150.
5) 「街頭스틱껄-경찰망에 걸린 세명」, 『동아일보』(1936. 3. 19).

6) 이광수, 「흙」, 『이광수 전집』 6(삼중당, 1963), p. 92.

겨울이 왔다, 도회 녀성이 털보가 되는 때다_목도리와 숄

1) 『신여성』(1924. 4), p. 69.
2) 『조선일보』(1931. 1. 4).
3) 『동아일보』(1938. 10. 22).
4) 피에르 싱가라벨루·실뱅 브네르 엮음, 김아애 옮김, 『세계사 만물관』(월북, 2022), p. 169.
5) 위의 책, p. 171.
6) 위의 책, p. 171.
7) 밸러리 멘데스·에이미 드 라 헤이 지음, 김정은 옮김, 『20세기 패션』(시공사, 2003), p. 68.
8) 『매일신보』(1930. 10. 14).
9) 『중앙일보』(1933. 4. 10).
10) 『동아일보』(1934. 4. 1).
11) 『매일신보』(1935. 12. 1).
12) 『조선일보』(1934. 4. 11).

언제나 우리의 손으로 만든 것을 밧고 다니게 되리오_양산

1) 한국민족문화대백과사전https://terms.naver.com/entry.naver?docId=569666&cid=46671&categoryId=46671
2) 유모토 고이치 지음, 연구공간 수유+너머 동아시아 근대 세미나팀 옮김, 『일본 근대의 풍경』(그린비, 2004), p. 304.
3) 『매일신보』(1926. 4. 3).
4) 『매일신보』(1920. 6. 5).
5) 『매일신보』(1924. 3. 23).
6) 『매일신보』(1925. 9. 17).
7) 『〈경성부대관〉과 『대경성도시대관』으로 보는 경성상점가』(서울역사박물관, 2018), p. 106.
8) 『매일신보』(1912. 3. 23).
9) 『동아일보』(1926. 4. 21).
10) 『매일신보』(1927. 3. 18).
11) 『동아일보』(1925. 8. 8).
12) 『조선중앙일보』(1933. 4. 10).
13) 「요새 조선朝鮮의 칠. 칠 불가사의七. 七不可思議!!」, 『별건곤』 5(1927. 3), p. 114.
14) 『조선중앙일보』(1936. 4. 19).
15) https://knirps.com/company/
16) 『매일신보』(1938. 3. 25).
17) 『동아일보』(1939. 4. 1).

양말을 푸대접하는 것은 온당치 못한 단장_양말과 스타킹

1) 『매일신보』(1920. 8. 6).
2) Pohl, Nicole, and Betty A. Schellenberg, "Introduction: A Bluestocking Historiography," *Huntington Library Quarterly* 65, (2002), p. 2.
3) 류현정, 『양말과 스타킹』(이담북스, 2010), p. 94.
4) 『황성신문』(1909. 5. 18).
5) 『대한매일신보』(1910. 7. 5); 『황성신문』(1910. 8. 24).
6) 황명수, 「일제하 민족기업의 발달과 양말공업」, 『경원논총』 1(1981), p. 8.
7) 『조선일보』(1925. 4. 22).
8) 황명수, 위의 논문, p. 21.
9) 『시대일보』(1925. 8. 20).
10) 『매일신보』(1926. 9. 26); 『매일신보』(1927. 11. 11).
11) 「가을거리의 남녀풍경」, 『별건곤』 34(1930. 11), p.91.
12) 「각선미와 즈타킹」, 『매일신보』(1931. 1. 26).
13) 『매일신보』(1932. 5. 12).
14) 『동아일보』(1931. 9. 29).
15) 「미의 표준은 아래로! 각선미와 스타킹」, 『조선일보』(1936. 4. 10).

모양이나 빛갈을 보아가지고 성격과 취미를 모두 알 수 잇는 것_장갑

1) Valerie Cumming, *Gloves* (London: Anchor Press, 1982), p. 55.
2) 위의 책, p. 82.
3) 『동아일보』(1926. 4. 24).
4) 『매일신보』(1930. 4. 15).
5) 『동아일보』(1929. 1. 10).

웨 손수건은 반드시 네모반듯한가?_손수건

1) 『The San Francisco Call』(1912. 2. 13). 이 기사에는 칙령 반포일을 1785년 1월 2일이라고 썼지만 이로 인해 제정된 '손수건 기념일'이 2월 2일이라고 적고 있어 같은 기사 안에서도 그 날짜는 명확하지 않다.
2) https://envisioningtheamericandream.com/2014/02/27/colds-flu-and-the-story-of-kleenex/
3) 「장식품이 된 손수건」,『매일신보』(1930. 6. 17).
4) 『동아일보』(1932. 4. 24).
5) 「가정에서 알어둘 세탁 위생학-손수건 하나에 이십구만 오천 마리의 미균이 잇서」, 『매일신보』(1931. 3. 12).
6) 「손수건 빠는 법」, 『매일신보』(1935. 10. 15).
7) 「누래진 힌 비단 손수건 다시 히게 하는 법」, 『매일신보』(1936. 12. 19).

깨끗한 카라-를 하고 당기면 더러워 보힐리 업슬것_칼라

1) Shaun Cole, *The Story of Men's Underwear*(New York: Parkstone International, 2012), p. 41.
2) Carole Turbin, "Collars and Consumers: Changing Images of American Manliness and Business," *Enterprise & Society*(Sep. 2000), p. 508.
3) 김한샘, 「신어사전에 나타난 근대 사회 문화 연구-의생활 어휘를 중심으로」,『새국어교육』 104(2015), pp. 470~471.
4) 피에르 싱가라벨루·실뱅 브네르 엮음, 김아애 옮김, 『세계사 만물관』(월북, 2022), p. 286.
5) 위의 책, p. 286.

겨우사리는 몬처 메리야쓰로부터 시작됩니다_메리야스

1) 김한샘, 「신어사전에 나타난 근대 사회 문화 연구」, 『새국어교육』 104(2009), p. 466.
2) 『매일신보』(1912. 11. 28).
3) 『시대일보』(1926. 5. 2).
4) 『조선중앙일보』(1934. 12. 12).
5) 『조선신문』(1931. 11. 22).
6) Shau Cole, *The Story of Men's Underwear*(New York: Parkstone International, 2012), p. 41.
7) 「무명 메리야스 감별법」, 『매일신보』(1927. 11. 22).

요새 신녀성들은 뿌루마-스 하나만 입고 속치마를 입을 뿐_여성 속옷

1) 윤현진·조우현, 「조선후기 여자 속옷에 관한 연구」, 『한국의상디자인학회지』 6(2004), pp. 3~7.
2) 이영아, 『예쁜 여자 만들기』(푸른역사, 2011), p. 80.
3) 위의 책, p. 80.
4) 하세가와 리사, 「근대 전기 한일 여성 속옷의 변천에 관한 연구」(성균관대학교 석사학위 논문, 2007), p. 74.
5) '빅토리아 월경대' 광고, 『경성일보』(1928. 1. 14); (1932. 12. 11).

3층 양복부

도입부

1) 곱고 보드라우며 윤이 나는 순백색 비단.
2) 크레이프, 오글오글한 비단
3) 「금하今夏 유행流行의 의상衣裳」, 『삼천리』 7(1935. 7), p. 206.
4) 「상하막론上下莫論하고 인조견전성人造絹全盛, 흰 저고리에 남슷동」, 『매일신보』(1927. 3. 20).
5) 「화신덕원和信德元 대對 미쓰코시 조지야 대백화점전大百貨店戰」, 『삼천리』 12(1931. 2), p. 53.
6) 평양 출신 기생 이금선李錦仙은 명월관의 명기로 이름을 떨쳤고 일본 부호와 결혼한 뒤 옥정(오늘날 회현동)에 문화주택을 짓고 피아노 놓고 스위트 홈을 꾸렸다. 「장안명기長安名妓 영화사榮華史, 황금黃金의 수레를 타고 영화榮華를 누리든 명기名妓 일대기一代記」, 『삼천리』 4(1932. 10), p. 81.

7) 「장한가長恨歌 부르는 박행薄倖의 가인佳人 신일선申一仙」, 『삼천리』 9(1937. 5), p. 36.
8) 앞의 기사, 『매일신보』(1927. 3. 20).

겨울은 사지로, 여름은 세루로 해 입고 양반처럼 뽐낸_양복

1) 설혜심, 『소비의 역사』(휴머니스트, 2017), pp. 27-39.
2) 『독립신문』(1899. 11. 17).
3) 김진식, 『한국양복 100년사』(미리내, 1990), p. 66.
4) 『독립신문』(1896. 5. 26).
5) 1884년 제물포에 스에나마라는 양복점이 생겼다는 이야기도 있다. 김진식, 앞의 책, p. 71.
6) 위의 책, p. 71.
7) 위의 책, p. 75.
8) 『황성신문』(1902. 11. 1); 『제국신문』(1903. 3. 31).
9) 『황성신문』(1901. 9. 30).
10) 『황성신문』(1902. 11. 8).
11) '쥬식회사'보다 앞서 1895년 백목전을 개조하여 종로1가 네거리에 백완혁에 의해 설립되었다는 한성피복회사에도 양복부가 설치되었다고 하는데 확인되는 자료가 없다. 김진식, 앞의 책, p. 72.
12) 『황성신문』(1903. 11. 4).
13) 신문에서 점포명이 확인되는 조선인 양복점은 1908년 김영주의 한성양복점, 1909년 김상렬의 대흥양복점, 강재원의 일등양복점 등이 있다. 김순영, 「한국 근대 양복점의 판매 물품과 생산 및 판매 주체」, 『복식』 67(2017), pp. 94~95.
14) 고부자, 『우리 생활 100년·옷』(현암사, 2001), p. 131.
15) Farid Chenoune, *A History of Men's Fashion*, (Paris, New York: Flammarion, 1993), p. 122.
16) 이경미, 『제복의 탄생』(민속원, 2012), pp. 185~186.
17) 위의 책, p. 186.
18) 동아시아 남성의 패션과 유럽의 모직물에 대한 연구는 변경희, 「하이브리드 댄디즘」, 『패션, 근대를 만나다』(사회평론아카데미, 2022), pp. 371~393.
19) 「宛然한 人形衣服店-통상예복고안이 수업시 온다」, 『매일신보』(1917. 2. 7).
20) 「경성 각 상점의 평판기_조지야」, 『朝鮮及滿洲』 241(1927. 12), p. 72.
21) 미국득업재봉사초빙광고米國得業裁縫師招聘廣告, 『황성신문』(1904. 12. 8).
22) 和田博文, 『三越 誕生!-帝国のデパートと近代化の夢』(筑摩選書, 2020), p. 192.
23) https://kotobank.jp/word/%E8%83%8C%E5%BA%83-548742
24) 片山淳之助, 『西洋衣食住』(1867). 쪽수는 기록되어 있지 않다.
25) 김진식, 앞의 책, p. 85.
26) 「35錢짜리 적삼」, 『별건곤』 14(1928. 7), p. 105.
27) 김주리, 「일제강점기 양복 담론에 나타난 근대인의 외양과 근대소설」, 『인문연구』 72(2014), pp. 151~152.
28) 토마스 칼라일 지음, 박지은 옮김, 『영웅숭배론/의상철학』(동서문화사, 1993), pp. 459~460.
29) 「못된류행(2) 취직도 못한 졸업생의 양복대금 백원야」, 『조선일보』(1929. 4. 7).

30) 「지상공개 폭리대취체(제2회), 견당포·셋집·양복점」, 『별건곤』 33(1930. 10), p. 100.
31) 김주리, 앞의 논문, p. 152.
32) 『국민보』(1914. 1. 17).
33) 『조선신문』(1927. 9. 1).
34) 「レデイメ-ド問答」, 『조선신문』(1928. 9. 1).
35) 피터 코리건 지음, 이성용 옮김, 『소비의 사회학』,(그린, 2001), p. 112.
36) 『조선신문』(1928. 10. 1).
37) 「大好評お博せる三中井のレデイメード」, 『부산일보』(1929. 3. 26).
38) 『백화점, 근대의 별천지』(부산근대역사관, 2013), p.92.
39) 김진식, 앞의 책, p. 103.
40) 가는 심지실과 굵은 장식실을 강한 꼬임을 주어 하나로 엮어 만든 실을 사용, 평직으로 짠 천.
41) 『조선신문』(1927. 5. 31); 『조선신문』(1928. 6. 9).
42) 빗 방향으로 능조직을 나타낸 모직물.
43) 전면적으로 기모한 모직물.
44) 영국 스코틀랜드 남쪽 지방에서 나는 면양의 털 또는 모직물.
45) 흰색 섬유와 색 섬유의 날실을 혼합한 천. 특히 검은색 또는 감색, 회색 계통의 바탕 색깔에 희고 가는 작은 점이 전면에 드문드문 있는 것.
46) 이경규·이행화, 「다이쇼 시대의 여성 복식에 나타난 서양화 현상」, 『일본근대학연구』 40(2013), p. 297.
47) 『매일신보』(1913. 5. 13).
48) 이 시기 신문, 잡지에 나타난 복식 명칭은 김은정, 「개화기부터 광복 이전까지 신문, 잡지에 기록된 외래어 복식 명칭에 관한 연구」, 『복식』 60(2010), p. 27 참조.
49) 『조선신문』(1927. 6. 24).
50) 최태영, 『나의 근대사 회고』(눈빛, 2019), p. 169. '세루'도 'serge'를 의미하지만 주로 초여름용 얇은 방모사 또는 견사를 사용해 짠 천을 의미한다.

의복은 마음의 표현, 체격과 얼녀야 한다_부인복

1) 고부자, 『우리 생활 100년·옷』(현암사, 2001), p. 145.
2) 「여학생 시대에 눈꼴 틀니든 일」, 『별건곤』 6(1927. 4), p. 57.
3) 『동아일보』(1924. 3. 4).
4) https://fashionhistory.fitnyc.edu/gigot-sleeve/
5) 「경성 여자 사회의 유행과 사치의 종종種種-미색과 분홍빛 비단 양산과 '아사' 모시 의복들이 류행」, 『동아일보』(1925. 8. 8).
6) 위의 기사.
7) 위의 기사.
8) 「신여자 백태」, 『신여성』(1924. 7). p. 69.
9) 『신여성』(1926. 7). p. 23.
10) 밸러리 멘데스·에이미 드 라 헤이 지음, 김정은 옮김, 『20세기 패션』(시공사, 2003), p. 60.

11) 신명직, 『모던뽀이, 경성을 거닐다』(현실문화연구, 2003), p. 144.
12) 조효숙·임현주, 「20세기 치마·저고리의 소재 연구」, 『복식』 62, 2012, p. 58.
13) 그 이유를 "천혜의 낙원, 역사적 원인, 예술적 천분, 재봉적 천분, 화가의 산지, 그리고 부인의 용기"라고 들었다. 『매일신보』(1930. 7. 11).
14) 「류행의 산지 파리 그들의 류행은 어데로부터 오는가?」, 『조선일보』(1931. 5. 16).
15) 방모사 또는 견사를 사용한 능직인 천 '서지'serge를 말한다.
16) '서지'와 같은 말.
17) 『매일신보』(1927. 3. 22).
18) 『경성일보』(1926. 12. 3).
19) 이는 19세기 초 김려가 편찬한 야사총서인 『한고관외사』寒皐觀外史 v40에 실려 있다. 한국학 디지털 아카이브 http://yoksa.aks.ac.kr/jsp/ab/VolView.jsp?ab20no=AB_20308_040_004
20) 조희진, 「식민지시기 생활개선 논의와 의생활강습회의 역할-총독부 정책 시행과 기술 및 지식 보급 가능성을 중심으로」, 『민속학연구』 34(2014), p. 37.
21) 조민영, 「근대 재봉틀의 보급과 생활경제의 변화」(연세대학교 석사학위 논문, 2021), pp. 39~40.
22) 조희진, 앞의 논문, pp. 48~49.
23) 위의 논문, p. 56.
24) 「부인복은 청록색 금년의 류행」, 『매일신보』(1928. 8. 26).
25) 위의 기사.
26) 밸러리 멘데스·에이미 드 라 헤이, 앞의 책, p. 61.
27) 운노 히로시, 『다이어트의 역사』(탐나는 책, 2022), p. 179.
28) 『조선신문』(1928. 6. 13).
29) 「부인양복과 선택하는 법」, 『매일신보』(1930. 3. 3).
30) 김일엽, 「의복과 미감」, 『신여성』 2(1924. 11), pp. 24-26.
31) 「장한가長恨歌 부르는 박행薄倖의 가인佳人 신일선申一仙」, 『삼천리』 9(1937. 5), p. 36.
32) J. C. Flugel, *The Psychology of Clothes*(London: The Hogarth Press, 1940), p. 137.
33) 필리프 페로 지음, 이재한 옮김, 『부르주아 사회와 패션』(현실문화연구, 2007), p. 353.
34) 질 리포베츠키 지음, 이득재 옮김, 『패션의 제국』(문예출판사, 1999), p. 54.
35) 유수경, 『한국여성양장변천사』(일지사, 1990), p. 176.
36) 『부산일보』(1932. 4. 11).
37) 「1920s Dancing Dresses」, https://www.post-journal.com/life/features/2016/04/1920s-dancing-dresses/ ; 제임스 레버 지음, 정인희 옮김, 『서양패션의 역사』(시공아트, 2005), p. 252.

도시 어린이로는 아동복 안 입은 아기가 드물다 하겠다_아동복

1) 조희진, 「식민지 시기 생활개선 논의와 의생활 강습회의 역할」, 『민속학연구』 34(2014), p. 41.
2) 「아동복 강습회」, 『매일신보』(1928. 7. 30).
3) 『경성일보』(1925. 10. 4).
4) https://www.tombow.gr.jp/uniform_museum/nihon/school.html
5) 변경희·아이다 유엔 웡 편저, 『패션, 근대를 만나다』(사회평론아카데미, 2022), p. 154.

6) 「신입생의 학용품-란도셀· 크레이용·연필·공책·필갑 등」, 『매일신보』(1940. 3. 7).
7) 林 雅代· 山田 彩佳, 「ランドセルの歴史と日本人のジェンダー観の関連に関する研究」, 『アカデミア』 24(2022), p. 185.
8) 위의 논문, p. 185.
9) 이어령, 『너 어디로 가니: 식민지 교실에 울려퍼지던 풍금 소리』(파람북, 2022), p. 138.
10) 「아동의 발육상 엇던 것이 조흘까-란도셀과 가방, 혁대와 질빵」, 『매일신보』(1937. 8. 22).
11) 이어령, 앞의 책, pp. 138~139.
12) Mary Brooks Picken, *Textiles and sewing materials: Textiles, laces, embroideries and findings, shopping hits, mending, household sewing, trade and sewing terms* (Scranton, Pa.: International textbook company,1923), p. 250.
13) Sally Dwyer-McNulty, *Common threads: a cultural history of clothing in American Catholicism*, (University of North Carolina Press, 2014), pp. 102~104.
14) https://www.tombow.gr.jp/uniform_museum/nihon/school.html
15) 고부자, 『우리 생활 100년·옷』(한국문화예술총서, 2001), pp. 188~189.
16) 『매일신보』(1939. 4. 6).
17) 「학생복으로 폭리」,『동아일보』(1939. 6. 6).
18) https://www.lib.ocha.ac.jp/archives/exhibition/da/da0024-8.html
19) 「새로 낙성된 오층루 화신백화점 구경기」, 『삼천리』 7(1935. 10), p. 143.
20) 『경성일보』(1925. 6. 7); (1929. 5. 12).
21) 공제욱, 「한말, 일제시기 의복의 변화와 생활양식-양복의 도입을 중심으로」, 『사회와 역사』(한국사회사학회, 2019), p. 154.

4층 귀금속부 · 완구부 · 주방용품부 · 문방구부

도입부

1) 1935년 화신백화점 4층의 모습이다. 「새로 낙성된 오층루 화신백화점구경기」, 『삼천리』 7(1935. 10.), p. 144.
2) 1935년 화신백화점 2층의 모습이다. 위의 글, p. 143.

조선 의복에는 당치 안흔 시계를 달고 다니지 마십시오_시계

1) 강명관, 『조선에 온 서양 물건들』(휴머니스트, 2015), p. 237.
2) 권창규, 『인조인간 프로젝트』(서해문집, 2020), p. 45.
3) 윌리엄 길모어 지음, 이복기 옮김, 『서양인 교사 윌리엄 길모어 서울을 걷다 1894』(살림출판사, 2009), p. 107.
4) 시계는 왕실의 대표적인 하사품 중 하나였으므로 오늘날의 청와대 시계처럼 오얏꽃이 시문된 시계도 대한제국 내장원에서 선물용이나 하사품으로 제작되었을 것으로 추정된다. 김수진, 「전통과 혁신: 석당 공방과 20세기 책거리의 도전」, 『미술자료』 98(2020), p. 218.

5) 게오르그 짐멜 지음, 김덕영 외 옮김, 『짐멜의 모더니티 읽기』(새물결출판사, 2005), p. 39.
6) 『경성일보』(1930. 6. 11).
7) 존 헤스켓 지음, 정무환 옮김, 『산업 디자인의 역사』(시공사, 2004), p. 58.
8) 최지혜, 「테일러상회의 무역활동과 가구-전통가구의 변화 양상을 중심으로」, 『한국근현대미술사학』 39(2020), p. 272.
9) 『동아일보』(1921. 5. 15).
10) 최태영, 『나의 근대사 회고』(눈빛, 2019), p. 125. 치마는 스위스 쇼 드 퐁Chaux de Fonds에 있는 타반사Tavannes Watch Co.에서 제작한 것으로 메이지 후기부터 일본 고베 거류지에 있었던 쉬벱 프레레Schwöb Frère 상회에서 취급했다. http://www.kodokei.com/ch_063_1.html 참조.
11) 『매일신보』(1917. 8. 3).
12) 「의복과 세간에 조선 정조를 살리자」, 『조선중앙일보』(1935. 4. 24).
13) 유모토 고이치 지음, 연구공간 수유+너머 동아시아 근대 세미나팀 옮김, 『일본 근대의 풍경』(그린비, 2004), p. 195.
14) 『경성일보』(1927. 8. 11).
15) 『화신백화점-사라진 종로의 랜드마크』(서울역사박물관, 2021), p. 133.
16) 『조선신문』(1929. 10. 4).

왜 나를 사랑한다면 따이아몬드 반지 하나에 치를 떠서요!_귀금속

1) 『매일신보』(1926. 6. 2).
2) 박진희, 「한국 근대 여성 장신구 연구」(계명대학교 박사학위 논문, 2013), p. 113.
3) 『황성신문』(1904. 10. 31). 오리이상회는 오리이 가이이치가 1882년 고향에서 시계 판매상으로 시작하여, 1894년 청일전쟁 때 고향의 상점을 폐쇄하고 경성으로 건너와 남대문통2정목에서 시계 가게를 개업한 곳이다. 이후 얼마 지나지 않아 본정의 목 좋은 곳에 대점포를 이전하고, 황금정1정목에서 오리이자동차부를 시작했다. 아울러 욱정1정목에는 악기부, 본정2정목에는 자전차부를 두어 제작과 영업으로 한때 매우 활발하게 활동했다. 한국사데이터베이스, 한국근현대인물자료 참조.
4) 홍지연·홍나연, 「1876~1945년 인쇄 매체로 분석한 한국 근대 여성 장신구의 수용과 전개」, 『조형디자인연구』 10(2007), p. 7.
5) 『경성일보』(1926. 4. 6).
6) 露木宏, 『日本装身具史』(美術出版社, 2008), p. 131.
7) 위의 책, p. 132.
8) 『매일신보』(1928. 9. 30).
9) 권보드래, 『연애의 시대』(현실문화연구, 2003), p. 242.
10) 박진희, 앞의 논문, p. 113.
11) 『매일신보』(1930. 7. 23).
12) 『만선일보』(1940. 9. 22).
13) 주경미, 「공예의 형식과 기능-한국 근대기 여성 장신구를 중심으로」, 『미술사와 시각문화』 2(2003), p. 48.

14) 露木宏, 앞의 책, p. 133. 미키모토는 1890년대부터 양식 진주 개발을 위한 실험을 계속했고 1896년 반구형 마베 진주 양식으로 특허를, 이어 1916년 완벽한 구형 양식 진주에 대한 두 번째 특허를 취득했고 1920년대에는 전 세계에 수출할 수 있을 많큼 대량의 양식 진주를 생산했다. 에이자 레이든 지음, 이가영 옮김, 『세상이 탐한 보석의 역사』(다른, 2015), pp. 351~395.
15) 『반도상보』(1927. 9), 국립민속박물관 소장.
16) 『경성일보』(1926. 7. 28).
17) 『매일신보』(1937. 12. 31).

자신의 얼골에 뎍당한 형식을 선택할 것이올시다_안경

1) 강명관, 『조선에 온 서양 물건들』(휴머니스트, 2015), p. 49.
2) 위의 책, p. 25.
3) 위의 책, pp. 53~54.
4) 위의 책, pp. 54~56.
5) www.glasseshistory.com
6) 위의 사이트.
7) https://www.heritagecostumes.com/theodore-roosevelt-pince-nez-glasses-p2397.html
8) 바츨라프 세로셰프스키 지음, 안상훈 외 옮김, 『코레야 1903년 가을』(개마고원, 2006), p. 217.
9) 「안경에 대한 지식-안경 고르는 법, 쓰는 법」, 『매일신보』(1928. 3. 29).
10) 유모토 고이치 지음, 연구공간 수유+너머 동아시아 근대 세미나팀 옮김, 『일본 근대의 풍경』(그린비, 2004), p. 299.
11) 『매일신보』(1927. 5. 11); 『중외일보』(1927. 5. 11).
12) 「금도금한 안경을 진금으로 사기」, 『동아일보』(1927. 9. 10).
13) 『대한매일신보』(1909. 1. 17).
14) 올리버 R. 에비슨 지음, 박형우 옮김, 『올리버 R. 에비슨이 지켜본 근대 한국 42년(1893~1935)上』(청년의사, 2010), pp. 341~344.
15) 「조선 초유의 안과 전문의원, 칠월 일일부터 개업」, 『매일신보』(1925. 6. 30). 일반적으로 1938년 광화문에 개원한 공병우 박사의 '공안과'가 우리나라 최초의 안과 전문병원이라는 수식어를 달고 있지만 이 기사에 따른다면 조병영은 이보다 13년이나 빠른 1925년에 개업했다. 조병영은 총독부 의원 안과에서 4년 간 근무하다 독립했고 사시 같은 어려운 것도 치료하고 친절하다는 평판이 자자하며, 많은 돈을 들여 안과 기계를 설비하여 개업했다 한다.

전 조선 각지 열광 대환영_스포츠 용품

1) 천정환, 『조선의 사나이거든 풋뽈을 차라』(푸른역사, 2010), p. 97.
2) 하웅용 외, 『스포츠문화사-땀으로 쓴 동·서양 인류 스토리』(한국학술정보, 2018), p. 295.
3) 문경연, 『취미가 무엇입니까?』(돌베개, 2019), p. 170.
4) 상무적인 성격을 띤 우리 민속놀이로는 석전, 동채싸움, 횃불놀이, 장치기 등이 있었으며 이것들은 '일반형법과 폭력 행위 등의 처벌에 관한 건'이라는 특별법령을 만들어 금지시켰다. 또한 대

동단결의 의미가 있는 줄다리기, 지신밟기, 답교놀이 등과 여성들의 놀이인 놋다리밟기, 기와밟기, 강강술래 등도 치안과 풍기를 문란하게 한다는 명분을 내세워 금지했다. 하웅용 외, 앞의 책, p. 299.

5) 김원태, 「산아이거든 풋뾜을 차라」, 『개벽』 5(1920. 11), p. 105.
6) https://time.com/5667447/tennis-clothes-history/
7) 『매일신보』(1930. 9. 9.)~(1930. 9. 17.)까지.
8) https://fashionhistory.fitnyc.edu/a-history-of-womens-swimwear/
9) 위의 사이트.
10) 위의 사이트.
11) 『조선신문』(1927. 8. 3); 『매일신보』(1929. 7. 6).
12) 『중외일보』(1928. 7. 27).
13) 『순애보』는 1939년 1월 1일~6월 17일까지 『매일신보』에 연재되었다.
14) 「西洋人 別莊地帶 風景」, 『삼천리』 6(1934. 9), p. 172.
15) 『매일신보』(1920. 7. 27).
16) 『조선신문』(1928. 9. 10).
17) 『조선시보』(1923. 5. 5).
18) https://theme.archives.go.kr/next/koreaOfRecord/Beach.do
19) 김윤정, 「일제강점기 경성부민이 여름나기-한강과 수영장을 중심으로」, 『일제강점기 경성부민의 여가 생활』(서울역사편찬원, 2018), p. 284.
20) 위의 논문, p. 284.
21) 『경성일보』(1928. 7. 21).
22) 『경성일보』(1929. 7. 7).
23) 『경성일보』(1930. 5. 28).
24) 『경성일보』(1930. 7. 26).
25) 『동아일보』(1932. 7. 9).
26) 이상은 외, 『한국 피겨스케이팅 100년』(미래사, 2003), p. 30.
27) G. W. 길모어 지음, 신복룡 옮김, 『서울풍물지』(집문당, 1999), p. 127.
28) 『매일신보』(1912. 1. 16).
29) 『매일신보』(1912. 2. 6).
30) 『매일신보』(1915. 1. 7).
31) 『매일신보』(1915. 1. 7).
32) 『동아일보』(1927. 1. 22).
33) 소래섭, 『불온한 경성은 명랑하라: 식민지 조선을 파고든 근대적 감정의 탄생』(웅진지식하우스, 2011), p. 192.
34) 위의 책, p. 193.
35) 『동아일보』(1924. 2. 3).
36) 『매일신보』(1927. 1. 18).
37) 문경연, 앞의 책, p. 185.

38) 곤도 시로스케 지음, 이언숙 옮김, 『대한제국 황실 비사』(조선신문사, 1926), p. 118.
39) 『중외일보』(1927. 12. 30).
40) 이상은 외, 앞의 책, p. 66.

인정 많은 조선 나라 아가씨님네 정다웁게 데리고 놀아주세요_인형

1) 권희주, 「제국 일본의 '인형 교류'와 식민지조선의 '인형 환영회'」, 『사총』 83(2014), p. 305.
2) 『경성일보』(1929. 2. 21).
3) 권희주, 앞의 논문, p. 313.
4) 「경성에 미국 인형 환영희 개최」, 『매일신보』(1927. 3. 14); 「인형 환영회」, 『경성일보』(1927. 9. 14).
5) 가사는 현대어로 고친 것으로, 노구치 우조가 1921년에 발표한 일본 동요의 번안곡이다. 권희주, 앞의 논문, p. 314. 신문 기사 원문은 「눈동자 새파란-미국의 인형이 조선에, 동경의 어린이의 손을 거쳐서, 세계아동친선의 사신」, 『매일신보』(1927. 2. 6).
6) 『조선신문』(1927. 2. 6).
7) 「따뜻한 정의로 그득찬 어여쁜 인형아가, 동경에 잇는 녀학생들로부터 조선 십삼도에 온다」, 『매일신보』(1931. 1. 19); 「조선 오는 인형아가 증정식 거행, 일일 동경 일비곡 공원에서 우애와 애정의 발로」, 『매일신보』(1931. 2. 1).
8) 「순정의 사자使者 인형아기 환영회 공전성황, 공회당 내에 모힌 경긔도 환영, 감동충일 화기만당」, 『매일신보』(1931. 3. 4).
9) 『조선일보』(1929. 10. 9).
10) https://ja.wikipedia.org/wiki/フランス人形
11) 김영애, 「초춘실내장식」, 『신가정』 2-3(1934), p. 104.
12) 『매일신보』(1935. 12. 21).
13) 『조선시보』(1938. 2. 20).
14) 『조선신문』(1941. 1. 11).

커피잔 골르느라 어엽븐 모던껄이 안젓다 니러낫다_주방용품

1) 『매일신보』(1928. 2. 28).
2) 『조선중앙일보』(1936. 2. 18).
3) 『동아일보』(1933. 12. 8).
4) 『조선중앙일보』(1935. 5. 12).
5) 朴浪容, 「各道女子 살님자랑」, 『별건곤』 59(1932. 12), p. 11.
6) 최경화, 「18·19세기 일본 자기의 유입과 전개양상」, 『미술사논단』 29(2009), p. 218.
7) G.W. 길모어 지음, 신복룡 옮김, 『서울풍물지』(집문당, 1999), p. 166..
8) 최경화, 앞의 논문, p. 218.
9) 『매일신보』(1928. 8. 26).
10) 엄승희, 「한양도성 출토 근대도자의 특징과 소비 형태」, 『미술사학』 40(2020), p. 166.
11) 주영하, 『한국인은 왜 이렇게 먹을까?』(휴머니스트, 2018), pp. 178-179.

12) https://gotheborg.com/marks/noritake.shtml
13) https://www.nikko-tabletop.jp/user_data/history.php#slide06
14) 전무취체역 오구로 야스오가 1919년 2월 17일자 『오사카아사히』 신문과 가진 인터뷰 내용, 김지혜, 「부산 일본경질도기주식회사(1917~1945)의 경영과 도자 생산 연구」(고려대학교 석사학위논문, 2016), p.32 재인용.
15) 배성준, 『한국 근대 공업사 1876~1945』(푸른역사, 2021), p. 255.
16) 『중앙일보』(1928. 11. 19).
17) 김지혜, 앞의 논문, p. 35.
18) 久保田厚子, 「日本の洋食器史(5)」, https://core.ac.uk/download/pdf/143362008.pdf
19) 민턴이 코글리Thomas Caughley 공방에서 1780년 무렵 이 패턴을 개발했다고 알려져 있다. 그는 이후 스포드 공방으로 이직했고 코글리 도기에는 없던 다리 모티프와 연인, 그리고 이들을 쫓는 하인(어떤 이들은 아버지라고도 해석함) 총 세 사람의 인물이 들어가 1810년 무렵 오늘날 '표준 윌로 패턴'으로 여겨지는 도안이 완성되었다. 1849년 『Family Friend』라는 잡지에 '대중적인 윌로 패턴 접시 이야기'라는 기사가 실리면서 이 패턴에 담긴 비극적 사랑 이야기가 대중에게 널리 알려졌다. 민턴은 오랜 경험을 바탕으로 1824년 민턴사Thomas Minton and Sons를 설립했고 아들 허버트 민턴이 대를 이어 19세기 영국의 대표적인 자기 회사로 성장했다.
20) 윌로 패턴에 관한 이야기는 여러 버전으로 전해지고 각각 세부적으로 약간씩 차이가 있다. 본문에는 가장 기본으로 여겨지는, 1849년 잡지 『Family Friend』에 실린 것을 바탕으로 했다. Patricia O'hara, "The Willow Pattern We Know": *The Victorian Literature of Blue Willow, Victorian Studies* 36(1993), p. 424.
21) https://www.jappi.jp/letter/pdf/201910_02.pdf
22) 双S生, 「大京城 狂舞曲」, 『별건곤』 18(1929. 1), p. 83.
23) 「새로 낙성된 오층루 화신백화점 구경기」, 『삼천리』 7(1935. 10), p. 144.
24) https://www.tbcljp.com/燕物産博物館/カトラリ-の史2/
25) 「경성 각 상점의 평판기_조지야」, 『朝鮮及滿洲』 241(1927. 12), p. 73.
26) 『조선신문』(1934. 4. 22).
27) 小泉和子, 『台所道具いまむかし』(平凡社, 1994), p. 227.
28) 劑藤 晴子·井上 曉子, 『美しい和のガラス』(誠文堂 新光社, 2016), p. 116.
29) 위의 책, p. 108.
30) 『조선일보』(1930. 7. 16).
31) 菊浦重雄, 「明治初期のガラス工業の系譜」, 『国際連合大学 人間と社会の開發プログラム研究報告』(雜貨産業研究部会, 1979), p. 14.
32) 劑藤 晴子, 앞의 책, p. 131.
33) 바츨라프 세로셰프스키 지음, 김진영 옮김, 『코레야 1903년』(개마고원, 2006), pp. 414~417.
34) 「아사히 유리의 현황」, 『부산일보』(1917. 11. 30).
35) 『매일신보』(1931. 12. 15).
36) 『조선시보』(1921. 5. 3).
37) 『조선중앙일보』(1935. 10. 4).

38) 배성준, 『한국근대공업사 1876~1945』(푸른역사, 2021), p. 254.
39) 『조선중앙일보』(1934. 7. 17).
40) 『화신백화점-사라진 종로의 랜드마크』(서울역사박물관, 2021), p. 148.
41) 『매일신보』(1936. 7. 4); (1936. 10. 1).
42) 『매일신보』(1937. 12. 31).
43) 『조선시보』(1929. 12. 9).
44) 『조선중앙일보』(1936. 1. 21).
45) 『조선중앙일보』(1936. 4. 6).
46) 『매일신보』(1939. 12. 7).
47) 도연정, 『근대부엌의 탄생과 이면』(시공사, 2020), p. 153.
48) 『매일신보』(1938. 5. 12).
49) 『매일일보』(1938. 8. 12).
50) 『매일신보』(1939. 4. 22).
51) 『조선중앙일보』(1935. 4. 24).

일일간 전 조선에서 삼천 개 이상식 외국제 만년필을 쓸내다_만년필

1) 박종진, 『만년필입니다!』(엘빅미디어, 2013), p. 32.
2) 『조선일보』(1937. 3. 10).
3) 오늘날 홍보용으로 지어낸 이야기라는 설도 있다.
4) 박종진, 앞의 책, pp. 36~37.
5) 『매일신보』(1916. 7. 19).
6) 『매일신보』(1921. 5. 9).
7) 유모토 고이치, 『일본 근대의 풍경』(그린비, 2004), p. 227.
8) 佐野宏明, 『浪漫図案』(光村推古書院, 2010), p. 154.
9) 겐코샤 편저, 부윤아 옮김, 『만년필 교과서』(디자인이음, 2015), p. 56.
10) 『조선신문』(1929. 1. 29).
11) 『조선신문』(1929. 5. 12).
12) 『조선신문』(1931. 11. 6).
13) 『조선은행회사요록』(1925년판)에 따르면 1924년에 설립된 동원상회는 만년필 제작판매, 안경판매회사였고 주소는 경성 종로 2정목 15번지이다.
14) 『조선일보』(1924. 10. 3).
15) 『동아일보』(1934. 4. 14).
16) 『조선일보』(1937. 3. 10).
17) 『조선일보』(1930. 6. 18); (1930. 7. 13).
18) 『동아일보』(1927. 10. 7); (1927. 10. 8); (1927. 10. 9).
19) 『동아일보』(1933. 8. 26).
20) 박완서는 『혼자 부르는 합창』(1977)에 실린 수필 「나의 만년필」에서 좋은 글 써달라고 신신당부한 이영도 선생에게 받은 하늘색 파카 45에 대해 썼다.

5층 가구부 · 전기 기구부 · 사진부 · 악기부

도입부

1) 화신이 동아 백화점을 인수하기 전 1932년 5월 사직동 소재 8칸 기와집을 1등 경품으로 내걸었다. 당첨자는 종로6정목 60번지 동대문유치원 보모 이명희(24세)였다.
2) 「백화점 풍경」, 『조광』(1937. 4), 김진송, 『서울에 딴스홀을 허하라』(현실문화연구, 1999), pp. 287~289 재인용.
3) 위의 글.
4) 위의 글.

돈 만히 드린 것치례보다 세간은 실용적으로_가구

1) 「모방에서 창조로 가구와 실내장치-양풍만 흉내냄은 녯일 취미와 실익본위」, 『매일신보』(1927. 11. 23).
2) 이광수, 「묵상기록」, 『동광』 30(1932. 1), pp. 44~45.
3) 채만식, 「패배자의 무덤」(1939), 『레디메이드 인생』(일신서적출판사, 1993), p. 113.
4) 小泉和子, 『家具と室内意匠の文化史』(法政大学出版局, 1979), p. 330.
5) 야광생, 「비밀가정탐방기, 변장 기자-냉면배달부가 되어서」, 『별건곤』 48(1932. 2), p. 16.
6) 이광수, 『흙』(동아출판사, 1995), p. 78.
7) 박태원, 『여인성장』(영창서관, 1942), p. 45.
8) 장주연, 「조선미술전람회 공예부에 나타난 '조선향토색' 연구」(홍익대학교 석사학위 논문, 2018), pp. 53~82.
9) https://fujikake21.co.jp/material/nashijiori/
10) 류수연, 「응접실, 접객 공간의 근대화와 소설의 장소-이광수의 『무정』과 『재생』을 중심으로」, 『춘원연구학보』(2017), p. 9.
11) 이광수, 『재생』(태학사, 2020), p. 85. 『재생』은 『동아일보』에 1924년 11월 9일부터 1925년 3월 12일까지 연재된 후, 다시 1925년 7월 1일부터 9월 28일까지 연재되었다.
12) 「우리들이 거처하는 실내는 어떠케 장식해야 할까?」, 『매일신보』(1933. 11. 16).
13) 『조선과 건축』 15(1936), p. 34.
14) 최지혜, 「제국의 감성과 문화생활의 필수품, 라탄 체어-개항 이후 국내에 유입된 등의자 연구」, 『한국근현대미술사학』, 41(2021), pp. 8~29.

요사이 사랑방에 금고를 놋는 례가 만타_금고

1) 「우리들이 거처하는 실내는 어떠케 장식해야 할까?」, 『매일신보』(1933. 11. 19).
2) 『경성일보』(1924. 6. 27).
3) 『조선신문』(1924. 9. 21).
4) 『조선신문』(1924. 5. 7).
5) 『조선신문』(1924. 7. 27).
6) 『경성일보』(1926. 4. 6).

7) 『경성일보』(1926. 8. 10).
8) 『경성일보』(1926. 4. 15).
9) 『조선신문』(1925. 8. 25).
10) 『경성일보』(1926. 11. 30).
11) 『조선신문』(1928. 7. 20).
12) 『매일신보』(1936. 1. 24).
13) 『조선시보』(1921. 10. 7).
14) http://sts.kahaku.go.jp
15) 『매일신보』(1931. 1. 14).
16) http://www.mtlo.co.jp/jp/valueone/metal/hiroshima3/hiroshima3.html
17) 『경성일보』(1924. 6. 27).

청량한 기분 도는 실내 전등 조명법_스탠드

1) Isabella Bird Bishop, *Korea and Her Neighbors*(London: John Murray, 1898), p. 24.
2) 오진석, 「한국근대 전력산업의 발전과 경성전기(주)」(연세대학교 박사학위 논문, 2006), p. 4.
3) 「電氣もの語り-朝鮮の電氣界展望」, 『경성일보』(1932. 5. 6).
4) 小泉和子, 『日本インテリアの歴史』(河出書房新社, 2015), p. 126.
5) 『경성일보』(1932. 5. 6).
6) 『매일신보』(1928. 1. 27).
7) 『매일신보』(1932. 9. 13).
8) 『매일신보』(1940. 2. 27).
9) 『매일신보』(1939. 4. 6).
10) 『동아일보』(1923. 12. 27).
11) 『매일신보』(1924. 8. 13); 『시대일보』(1924. 9. 15).
12) 『동아일보』(1924. 3. 19).

각시 맞어디릴 사람 재봉틀이 있어얄 것 아니겄소?_재봉틀

1) 앵거스 해밀튼 지음, 이형식 옮김, 『러일 전쟁 당시 조선에 대한 보고서: 1899-1905년 사이의 격동과 성장』(살림, 2010), pp. 190-191.
2) 설혜심, 『소비의 역사』(휴머니스트, 2017), p. 125.
3) 조민영, 「근대 재봉틀의 보급과 생활경제의 변화」(연세대학교 석사학위 논문, 2021), p. 16.
4) 「日本産 미싱 移入高 激增」, 『조선중앙일보』(1936. 5. 15).
5) 小泉和子, 『昭和のくらし博物館』(河出書房新社, 2000), p. 127.
6) 회사 명칭은 파인 미싱 주식회사(1929), 국산 파인 미싱 주식회사(1931), 제국 미싱 주식회사(1935)를 거쳐 이후 '쟈노메'蛇の目라는 이름을 유지한 채 쟈노메 산업 주식회사(1950), 쟈노메 미싱 공업주식회사(1954)를 거쳐 오늘날 쟈노메ジャノメ 주식회사에 이르고 있다. 쟈노메 주식회사 홈페이지 참조. https://www.janome.co.jp/company/history.html

7) 미쓰비시 미싱 광고 리플릿 참조, 『백화점, 근대의 별천지』(부산근대역사관, 2013), p. 91.
8) 조민영, 앞의 논문, p. 28.
9) 위의 논문, p. 28.
10) 「裁縫機를 騙取」, 『매일신보』(1922. 12. 7).
11) 『매일신보』(1926. 6. 30).
12) 조민영, 앞의 논문, p. 32.
13) 「여자직업탐방기(14) 기계발달이 새로 낳은 내재봉소의 직업여성(下)」 『동아일보』(1928. 3. 9).
14) 「더위와 싸호는 녀성=生活難·職業難·炎熱難-내재봉소주인공」, 『매일신보』(1930. 8. 2.).
15) 위의 기사.

우물에 담가두는 것과는 차원이 다른 방식_냉장기

1) 헬렌 피빗 지음, 서종기 옮김, 『(냉장고의 역사를 통해 살펴보는) 필요의 탄생』(푸른숲, 2017), pp.19~21.
2) 『중외일보』(1927. 5. 5).
3) 『매일신보』(1927. 7. 5).
4) 도연정, 『근대부엌의 탄생과 이면』(시공문화사, 2020), p. 135.
5) 위의 책, p. 125.
6) 조계은, 「설거질대와 상차리는 선반」, 『신가정』 1(1933. 8), p. 15.
7) 위의 논문, p. 17.
8) 『조선신문』(1933. 7. 12).
9) 『조선신문』(1935. 5. 22).
10) 『조선신문』(1936. 7. 13).
11) 하쓰다 토오루 지음, 이태문 옮김, 『백화점-도시문화의 근대』(논형, 2003), p. 128.
12) 『경성일보』(1930. 5. 26).
13) 『경성일보』(1930. 5. 26).
14) 『조선신문』(1931. 5. 22).
15) 『조선신문』(1935. 5. 19).
16) https://www.kaden-kensaku.com/blog/refrigerator-history/
17) 헬렌 피빗, 앞의 책, p. 102.

시원한 선풍기 바람도 함부로 쓰면 사람까지 죽여_선풍기

1) 중국 진晉나라의 갈홍葛洪이 전한前漢 시대의 잡사雜事를 기록한 저서.
2) 유흠 지음· 갈홍 엮음, 『서경잡기』(동서문화사, 2009), p. 92. 이 책에서 '칠륜'을 '일곱 개의 바퀴'로 해석했는데 이것은 일곱 개의 날개가 바람개비 형태로 연결된 것으로 생각된다. Lance Day, Ian McNeil ed., *Biographical Dictionary of the History of Technology*, (London: Routledge, 1996), p. 366. 여기에 실린 원문은 다음과 같다; *In the Xi Jing Za Ji* (Miscellanous Records of the Western Capital), it is recorded that Ding Huan devised an air-conditioning fan that consisted of a set of

seven fans, each 10 ft(3m) in diameter, connected so that they could be worked together by one person. The device could cool a hall so that 'people would even begin to shiver'.
3) 전기 선풍기 역사는 https://familytreemagazine.com/history/timelines/electric-fans-timeline/ 참조.
4) 「선풍기수용량」, 『매일신보』(1924. 5. 12).
5) 유모토 고이치 지음, 연구공간 수유+너머 동아시아 근대 세미나팀 옮김, 『일본 근대의 풍경』(그린비, 2004), p. 189.
6) 平野 聖·石村眞一, 「大正·昭和前期における扇風機の発達：扇風機のデザインにおける歴史的研究」, 『デザイン学研究』 55(2008), p. 30.
7) 위의 논문, p. 34.
8) 「역시 36년은 선풍기도 유선형-새 모양이 많이 나와」, 『조선중앙일보』(1936. 5. 31).

웬만한 가뎡에 뎐긔대림 하나는 잇슬것입니다_다리미

1) 『매일신보』(1924. 6. 29).

재래 조선식의 불완전함을 크게 늣겨 화덕에서 밥을 짓다_주방 화기

1) 양주삼, 「가계부를 시행」, 『별건곤』 16(1928. 12), p. 38.
2) 박길룡, 「새살림의 부엌은 이렇게 했으면」, 『여성』 1(1934. 4), p. 134.
3) 『매일신보』(1927. 7. 2).
4) 「보림조 발명-최명순 출원」, 『동아일보』(1927. 4. 10).
5) 『동아일보』(1927. 6. 1).
6) 「빈곤이 나흔 발명가-필요는 과연 발명의 모」, 『매일신보』(1926. 5. 14).
7) 『조선신문』(1923. 3. 24).
8) 『경성일보』(1928. 6. 10).
9) 『경성일보』(1930. 4. 27).
10) 『경성일보』(1929. 8. 29).
11) https://ja.wikipedia.org/wiki/焜炉
12) 「낙랑 '곤로' 신발명」, 『중외일보』(1926. 11. 29).
13) 『매일신보』(1930. 3. 23).
14) 칠륜은 '칠리'七厘라고도 하는데 이것은 음식을 익히는 데 값이 7리(리는 엔의 1/1000) 정도의 숯으로 족하다는 데에서 유래했다는 설이 일반적이다.
15) 小泉和子, 『台所道具いまむかし』(平凡社, 1994), p. 56.
16) 위의 책, p. 56.
17) 『경성일보』(1930. 3. 24).
18) 『조선신문』(1932. 7. 23).
19) 1941년에는 하루 살림살이에 8전어치 연료로 밥도 짓고 군불을 땔 수 있는 '흥아 곤로'가 대전에서 발매되었다. 『매일신보』(1941. 7. 5).

열 손가락도 모자랄 유사품이 반대로 탁월함을 증명_난로

1) 小泉和子,『日本インテリアの歴史』(河出書房新社, 2015), p. 150.
2) 위의 책, p. 150.
3) 宇田 哲雄,「福禄石炭ストーブの製品開発について」, https://slideshowjp.com/doc/2728752
4)『경성일보』(1927. 11. 17).

웬만한 집이면 유성긔를 노치 안흔 집이 없스니_축음기

1)『매일신보』(1915. 2. 14).
2)『경성일보』(1924. 2. 1).
3) 이상은 수필「산촌여정」에서 이렇게 적었다.『이상전집 4』(태학사, 2013), p. 44.

> "밤이 되었습니다. 초열흘 가까운 달이 초저녁이 조금 지나면 나옵니다. 마당에 멍석을 펴고 전설 같은 시민이 모여듭니다. 축음기 앞에서 고개를 갸웃거리는 북극 '펭귄' 새들이나 무엇이 다르겠습니까."

4) 신명직,『모던뽀이 경성을 거닐다』(현실문화연구, 2003), p. 147.
5)『경성일보』(1925. 2. 24).
6) 아자미 토시오 지음, 최혜은 옮김,「일본 레코드 산업 생성기의 견인차, 일본축음기상회의 특징과 역할」,『대중음악』13 (2014), p. 74.
7)『매일신보』(1911. 8. 12).
8)『조선시보』(1924. 1. 5).
9) https://www.gracyk.com/makers.shtml
10)『동아일보』(1928. 4. 11).
11) https://phonographia.com/Factola/Factola%20Definition.htm
12) 브랜드 순서대로『경성일보』(1924. 11. 11);『조선시보』(1924. 1. 5);『경성일보』(1924. 3. 18).
13)『조선신문』(1928. 11. 6).
14) 계림상회는 유재선이 1918년 종로2정목에 설립한 잡화점이다. 1926년 발행한『계림상회 영업목록』(서울역사박물관 소장)에는 가구, 잡화, 혼례용품과 함께 다양한 모델의 펭귄('벵긴'으로 표기되어 있음) 축음기가 실려 있다.
15) 문경연,『취미가 무엇입니까?』(돌베개, 2019), p. 203.
16)『매일신보』(1924. 6. 2), (1927. 8. 19).
17) 최혜은,「일본축음기상회의 정체성과 식민지 조선의 음반소비」,『대중음악』14(2014), p. 67.
18) 마샬 맥루한 지음, 육은정 옮김,「축음기: 국민의 가슴을 위축시킨 장난감」,『외국문학』28(1991), p. 116.

누가 와서 보드래두 라디오는 매놓케 돼야지_라디오

1) 김태수,『꽃가치 피어 매혹케 하라』(황소자리, 2005), p. 198.

2) 『매일신보』(1927. 1. 22).
3) 『매일신보』(1927. 1. 25).
4) 『매일신보』(1927. 1. 25).
5) 김영희, 「일제시기 라디오의 출현과 청취자」, 『한국언론학보』 46(2002), p. 160.
6) 『매일신보』(1927. 1. 25).
7) 김태수, 앞의 책, p. 199.
8) 춘하추동방송 블로그 https://blog.daum.net/jc21th/17780718 참조.
9) 서재길, 「JODK 경성방송국의 설립과 초기의 연예방송」, 『서울학연구』 27(2006), p. 157.; 춘하추동방송 블로그 https://blog.daum.net/jc21th/17780718 참조.
10) 「警告 女學生과 結婚하면」, 『별건곤』 10(1927. 12), p. 136.
11) 이상길, 「경성방송국 초창기 연예프로그램의 제작과 편성」, 『언론과 사회』 20(2012), p. 10.
12) 김은신, 『여러분이시여 기쁜 소식이 왔습니다』(김영사, 2008), p. 270.
13) 「商界閑話」, 『별건곤』 5(1927. 3), p. 107.
14) 남표, 『라디오 수신기의 역사』(커뮤니케이션북스, 2013), p. 15.
15) 수퍼 헤테로다인 수신기는 수신 전파를 주파수 변환기를 통해 일정한 주파수의 중간 주파수로 변환하고 증폭, 검파하여 수신하는 장치다. 라디오, 텔레비전 수신기와 대부분의 통신용 수신기가 이 방법을 쓰고 있다.
16) 『경성일보』(1929. 2. 16).
17) 에이드리언 포티 지음, 허보윤 옮김, 『욕망의 사물』(일빛, 2004), p. 17.
18) 岡部匡伸,『日本のラジオ50年史(1925-75)』, 日本ラジオ博物館, 2018, p. 9.
19) https://www.japanradiomuseum.com
20) 岡部匡伸, 앞의 책, p. 5.
21) 위의 책, p. 13.
22) '나미욘'은 3극관 2단 증폭 4구 라디오이고 '3펜'은 2개의 3극관을 5극관 한 개로 바꾼 3구식 라디오, '고이치'는 약간 고급형으로 고주파 증폭단을 가진 4구 재생식 수신기다. 위의 책, pp. 13~14.
23) 『경성일보』(1927. 5. 31); 『조선신문』(1935. 7. 10); (1935. 10. 9).
24) 『조선신문』(1935. 10. 9).
25) 앞의 사이트 참조.
26) 岡部匡伸, 『ラジオの技術·産業の百年史-大衆メディアのと變遷』勉誠出版(2020), pp. 158~159.
27) 마샬 맥루한 지음, 육은정 옮김, 「축음기: 국민의 가슴을 위축시킨 장난감」, 『외국문학』 28(1991), p. 114.
28) 김태수, 앞의 책, p. 210.
29) 요시미 슌야 지음, 송태욱 옮김, 『소리의 자본주의』(이매진, 1995), pp. 282~283.
30) 「『라디오·안테』나 위험천만-적의 비행기를 유도, 무선방송을 유선으로 계획」, 『매일신보』, 1939. 7. 9. 태평양전쟁이 발발하고 실제로 도시나 군사 기지 주위에서 전화선이나 전등선에 전파를 흘리는 유선방송이 실시되었다. 岡部匡伸, 앞의 책, p. 17.

사진엔 거저 빛을 바든 것처럼 또록또록 광채가 날 뿐_사진기

1) 박주석, 『한국사진사』(문학동네, 2021), p. 30.
2) 위의 책, p. 97.
3) 위의 책, p. 152.
4) 위의 책, p. 155.
5) 위의 책, pp. 160~167.
6) 이경민, 『카메라당과 예술사진 시대』(아카이브북스, 2010), p. 16.
7) 김현지, 「한국 근대 예술사진의 전개 양상 연구-《조선사진전람회》를 중심으로」(홍익대학교 석사 학위 논문, 2016), p. 85.
8) 『경성일보』(1927. 11. 15).
9) 『매일신보』(1936. 12. 23).
10) 「京城各商店 陳列窓品評會」, 『별건곤』 4(1927. 2), p. 132.
11) 『조선중앙일보』(1936. 1. 29).
12) 「誌上公開 暴利大取締(第三回), 電氣會社·寫眞館·精米小賣商」, 『별건곤』 34(1930. 11), p. 88.
13) 和田博文, 『三越 誕生!-帝国のデパートと近代化の夢』(筑摩選書, 2020), p. 145.
14) 마이클 프리차드 지음, 이정우 옮김, 『50 Cameras-카메라에 담긴 사진의 역사』(페이퍼스토리, 2019), p. 46.
15) 위의 책, 95.
16) 『매일신보』(1930. 6. 20).
17) 1890년에 발매한 No.5 폴딩 코닥, 1897년 발매한 폴딩 포켓 코닥 등이 주름상자를 이용해 접는 구조로 소형화한 것들이다.
18) 마이클 프리차드 앞의 책, p. 110.
19) 위의 책, p. 110.
20) 이광수, 『재생』(태학사, 2020), p. 530.
21) 三浦 康晶, 「35㎜小型精密カメラの系統化調査 - ライカから一眼レフ、その進化の系譜」, 『国立科学博物館技術の系統化調査報告』 25(2018), p. 327.
22) 위의 보고서, p. 327.
23) 마이클 프리차드, 앞의 책, p. 130.
24) 클레망 셰루·쥘리 존스 엮음, 정재곤 옮김, 『앙리 카르티에 브레송과의 대화 1951-1998』(열화당, 2019), p. 16.
25) 김현지, 「한국 근대기 예술사진의 전개와 사진공모전의 정착 - 《조선사진전람회》를 중심으로」, 『한국근현대미술사학』 34, 2017, p. 49.

얼마나 그들에게 행복을 줄까 상상만 하여도 질거웠다_피아노

1) 홍종인, 「半島 樂壇人 漫評」, 『동광』 22(1931. 6), p. 40.
2) https://en.wikipedia.org/wiki/Steinway_%26_Sons
3) 위의 사이트.

4) 피에르 싱가라벨루·실뱅 브네르 엮음, 김아애 옮김, 『세계사 만물관』(윌북, 2022), p. 151.
5) 위의 책, pp. 151~153.
6) 스튜어트 아이자코프 지음, 임선근 옮김, 『피아노의 역사』(포노, 2015), p. 30.
7) 발데사르 카스틸리오네 지음, 신승미 옮김, 『궁정론-세기를 뛰어넘는 위대한 이인자론』(북스토리, 2009), p. 310.
8) Lise Karin Meling, "'The Lady at the Piano': From Innocent Pastime to Intimate Discourse", *Music&Practice*, 5(2019), p. 3.
9) 위의 논문, p. 4.
10) 귀스타브 플로베르 지음, 진인혜 옮김, 『통상 관념 사전』(책세상, 2003), p. 102.
11) Lise Karin Meling, 앞의 논문, p. 6.
12) 스튜어트 아이자코프, 앞의 책, pp. 84~85.

참고문헌

1. 사료

〈京城御案内〉, 서울역사박물관 (유물번호051901).
『경남일보』, 『경성일보』, 『국민보』, 『대한매일신보』, 『독립신문』, 『동아일보』, 『만선일보』, 『매일신보』, 『반도상보』, 『부산일보』, 『시대일보』, 『제국신문』, 『조선시보』, 『조선신문』, 『조선일보』, 『조선중앙일보』, 『중앙일보』, 『중외일보』, 『황성신문』, 『개벽』, 『동광』, 『별건곤』, 『삼천리』, 『신가정』, 『신여성』, 『여성』, 『조선과 건축』, 『조선문단』
영창서관 편집부 편, 『조선무쌍신식요리제법』, 궁중음식연구원, 2001.
片山淳之助, 『西洋衣食住』, 1867.
『朝鮮及滿洲』
『The San Francisco Call』

2. 도록

국립고궁박물관, 『100년 전의 기억, 대한제국』, 2010.
국립현대미술관, 『신여성 도착하다』, 2017.
국립현대미술관·한미사진미술관, 『대한제국 황실의 초상 1880-1989』, 2012.
부산근대역사관, 『백화점, 근대의 별천지』, 2013.
서울역사박물관, 『화신백화점-사라진 종로의 랜드마크』, 2021.
일민미술관, 『황금광시대-근대 조선의 삽화와 앨범』, 2020.
渋沢史料館, 『日米実業史競』, 2005.
Honolulu Academy of Arts, *Taishō Chic: Japanese Modernity, Nostalgia, and Deco*, 2001.

3. 단행본

가시마 시게루 지음, 장석봉 옮김, 『백화점의 탄생: 봉 마르셰 백화점, 욕망을 진열하다』, 뿌리와 이파리, 2006.
강명관, 『조선에 온 서양 물건들』, 휴머니스트, 2015.
게오르그 짐멜 지음, 김덕영·윤미애 옮김, 『짐멜의 모더니티 읽기』, 새물결출판사, 2005.
겐코샤 편저, 부윤아 옮김, 『만년필 교과서』, 디자인이음, 2015.
고부자, 『우리 생활 100년·옷』, 현암사, 2001.
곤도 시로스케 지음, 이언숙 옮김, 『대한제국 황실 비사』, 이마고, 2007.
권보드래, 『연애의 시대』, 현실문화연구, 2003.
권창규, 『상품의 시대: 출세·교양·건강·섹스·애국: 다섯 가지 키워드로 본 한국 소비 사회의 기원』, 민음사, 2014.

______, 『인조인간 프로젝트-근대 광고의 풍경』, 서해문집, 2020.
귀스타브 플로베르 지음, 진인혜 옮김, 『통상 관념 사전』, 책세상, 2003.
국사편찬위원회, 『광고, 시대를 읽다』, 두산동아, 2007.
G. W. 길모어 지음, 신복룡 옮김, 『서울풍물지』, 집문당, 1999.
김명환, 『모던, 시크, 명랑-근대 광고로 읽는 조선인의 꿈과 욕망』, 문학동네, 2016.
김은신, 『여러분이시여 기쁜 소식이 왔습니다』, 김영사, 2008.
김정화, 『담배 이야기』, 지호, 2000.
김진식, 『한국양복 100년사』, 미리내, 1990.
김태수, 『꽃가치 피어 매혹케 하라: 신문광고로 본 근대의 풍경』, 황소자리, 2005.
나혜석 외, 서경석·우미영 엮고 씀, 『신여성, 길 위에 서다』, 호미, 2007.
남표, 『라디오 수신기의 역사』, 커뮤니케이션북스, 2013.
도연정, 『근대부엌의 탄생과 이면』, 스페이스타임(시공문화사), 2020.
류현정, 『양말과 스타킹』, 이담북스, 2010.
마이클 프리차드 지음, 이정우 옮김, 『50 Cameras-카메라에 담긴 사진의 역사』, 페이퍼스토리, 2019.
명욱, 『젊은 베르테르의 술품』, 박하, 2018.
문경연, 『취미가 무엇입니까?』, 돌베개, 2019.
바츨라프 세로셰프스키 지음, 김진영 옮김, 『코레야 1903 가을』, 개마고원, 2006.
박종진, 『만년필입니다!』, 엘빅미디어, 2013.
박주석, 『한국사진사』, 문학동네, 2021.
박태원, 『여인성장』, 영창서관, 1942.
______, 『박태원 단편선 소설가 구보씨의 일일』, 문학과 지성사, 2005.
발데사르 카스틸리오네 지음, 신승미 옮김, 『궁정론-세기를 뚜어넘는 위대한 이인자론』, 북스토리, 2009.
배성준, 『한국근대공업사 1876~1945』, 푸른역사, 2021.
밸러리 멘데스·에이미 드 라 헤이 지음, 김정은 옮김, 『20세기 패션』, 시공사, 2003.
변경희·아이다 유엔 웡 편저, 『패션, 근대를 만나다』, 사회평론아카데미, 2022.
보건신문사, 『보건산업100년사』, 보건신문사, 2016.
사라 모스, 알렉산더 바데녹 지음, 강수정 옮김, 『초콜릿의 지구사』, 휴머니스트, 2012.
사토 겐타로 지음, 서수지 옮김, 『세계사를 바꾼 10가지 약』, 사람과 나무사이, 2018.
서울역사박물관, 『〈경성부대관〉과 『대경성도시대관』으로 보는 경성상점가』, 2018.
설혜심, 『소비의 역사』, 휴머니스트, 2017.
______, 『인삼의 세계사』, 휴머니스트, 2020.
소래섭, 『불온한 경성은 명랑하라: 식민지 조선을 파고든 근대적 감정의 탄생』, 웅진지식하우스, 2011.
송인갑, 『향수』, 한길사, 2004.
스튜어트 아이자코프 지음, 임선근 옮김, 『피아노의 역사』, 포노, 2015.
신동원, 「한양사람들은 병들면 어떻게 했을까?」, 『서울 사람들의 생로병사』, 서울역사편찬원, 2020.
신명직, 『모던뽀이, 경성을 거닐다』, 현실문화연구, 2003.

신인섭·김병희, 『한국 근대 광고 걸작선 100: 1876~1945』, 커뮤니케이션북스, 2007.
앵거스 해밀튼 지음, 이형식 옮김, 『러일 전쟁 당시 조선에 대한 보고서: 1899~1905년 사이의 격동과 성장』, 살림, 2010.
야마무라 히로미 지음, 강태웅 옮김, 『화장의 일본사』, 서해문집, 2019.
에이드리언 포티 지음, 허보윤 옮김, 『욕망의 사물』, 일빛, 2004.
에이자 레이든 지음, 이가영 옮김, 『세상이 탐한 보석의 역사』, 다른, 2015.
올리버 R. 에비슨 지음, 박형우 옮김, 『올리버 R. 에비슨이 지켜본 근대 한국 42년(1893~1935)上』, 청년의사, 2010.
요시미 슌야 지음, 송태욱 옮김, 『소리의 자본주의』, 이매진, 1995.[2005??]
운노 히로시 지음, 서수지 옮김, 『다이어트의 역사』, 탐나는 책, 2022.
윌리엄 길모어 지음, 이복기 옮김, 『서양인 교사 윌리엄 길모어 서울을 걷다 1894』, 살림출판사, 2009.
유모토 고이치 지음, 연구공간 수유+너머 동아시아 근대 세미나팀 옮김, 『일본 근대의 풍경』, 그린비, 2004.
유수경, 『한국여성양장변천사』, 일지사, 1990.
유흠 지음·갈홍 엮음, 『서경잡기』, 동서문화사, 2009.
이경미, 『제복의 탄생』, 민속원, 2012.
이경민, 『카메라당과 예술사진 시대』, 아카이브북스, 2010.
이광수, 『흙』, 동아출판사, 1995.
______, 『재생』, 태학사, 2020.
이규진·조미숙, 『불고기, 한국 고기구이의 문화사』, 따비, 2021.
이상, 『이상전집4』, 태학사, 2013.
이상은 외, 『한국 피겨스케이팅 100년』, 미래사, 2003.
이어령, 『너 어디로 가니: 식민지 교실에 울려퍼지던 풍금 소리』, 파람북, 2022.
이영아, 『예쁜 여자 만들기』, 푸른역사, 2011.
이지은, 『귀족의 은밀한 사생활』, 지안, 2006.
임연철, 『(유관순 열사의 이화학당 마지막 스승) 지네트 월터 이야기』, 밀알북스, 2020.
전완길, 『한국화장문화사』, 열화당, 1987.
제임스 레버 지음, 정인희 옮김, 『서양 패션의 역사』, 시공아트, 2005.
조경란, 『백화점 그리고 사물·세계·사람』, 문학동네, 2011.
조던 샌드 지음, 박삼헌 외 옮김, 『제국일본의 생활공간』, 소명출판, 2017.
존 헤스켓 지음, 정무환 옮김, 『산업 디자인의 역사』, 시공사, 2004.
주영하, 『식탁 위의 한국사』, 휴머니스트, 2013.
______, 『한국인은 왜 이렇게 먹을까?』, 휴머니스트, 2018.
______, 『백년식사』, 휴머니스트, 2020.
쥘 바르베 도르비이 지음, 고봉만·이주은 해설, 『멋쟁이 남자들의 이야기, 댄디즘 : 최초의 멋쟁이 조지 브러멀에 대한 상세한 보고서』, 이봄, 2014.
진노 유키 지음, 문경연 옮김, 『취미의 탄생: 백화점이 만든 테이스트』, 소명출판, 2008.

질 리포베츠키 지음, 이득재 옮김, 『패션의 제국』, 문예출판사, 1999.
차가성, 『알수록 맛있는 음식 이야기2』, 북랩, 2021.
채만식, 「패배자의 무덤」(1939), 『레디메이드 인생』, 일신서적출판사, 1993.
천정환, 『조선의 사나이거든 풋뽈을 차라』, 푸른역사, 2010.
최규진, 『이 약 한번 잡숴 봐!』, 서해문집, 2021.
최남선, 『조선상식문답』, 경인문화사, 2013.
최은섭·안준희, 『화장품 광고와 아름다움의 문화사』, 커뮤니케이션북스, 2019.
최태영, 『나의 근대사 회고』, 눈빛, 2019.
클레망 셰루·쥘리 존스 엮음, 정재곤 옮김, 『앙리 카르티에 브레송과의 대화 1951-1998』, 열화당, 2019.
토마스 칼라일 지음, 박지은 옮김, 『영웅숭배론/의상철학』, 동서문화사, 1993.
패션전문자료사전편찬위원회, 『Fashion전문자료사전』, 한국사전연구사, 1997.
피에르 싱가라벨루·실뱅 브네르 엮음, 김아애 옮김, 『세계사 만물관』, 윌북, 2022.
피터 코리건 지음, 이성용 옮김, 『소비의 사회학』, 그린, 2000.
필리프 페로 지음, 이재한 옮김, 『부르주아 사회와 패션』, 현실문화연구, 2007.
하야시 히로시게 지음, 김성호 옮김, 『미나카이백화점』, 논형, 2007.
하쓰다 토오루 지음, 이태문 옮김, 『백화점-도시문화의 근대』, 논형, 2003.
한상길, 『향료와 향수』, 신광출판사, 2020.
하웅용 외, 『스포츠문화사-땀으로 쓴 동·서양 인류 스토리』, 한국학술정보, 2018.
헬렌 피빗 지음, 서종기 옮김, 『(냉장고의 역사를 통해 살펴보는) 필요의 탄생』, 푸른숲, 2017.

安倍能成, 『青丘雜記』, 명지출판사, 1994.
岡部匡伸, 『日本のラジオ50年史(1925-75)』, 日本ラジオ博物館, 2018.
________, 『ラジオの技術·産業の百年史-大衆メディアのと變遷』, 勉誠出版, 2020.
岡本文一, 『日本近世·近代のガラス論考』, 新潮社, 2020.
落合茂, 『花王石鹼八十年史』, 花王石鹼株式会社, 1971.
小泉和子, 『台所道具いまむかし』, 平凡社, 1994.
________, 『家具と室内意匠の文化史』, 法政大学出版局, 1979.
________, 『日本インテリアの歴史』, 河出書房新社, 2015.
________, 『昭和のくらし博物館』, 河出書房新社, 2000.
齣藤 晴子, 井上 曉子, 『美しい和のガラス』, 誠文堂 新光社, 2016.
佐野宏明, 『浪漫図案』, 光村推古書院, 2010.
________, 『モダン図案』, 光村推古書院, 2019.
神野由紀, 『百貨店で〈趣味〉お買う:大衆消費文化の近代』, 吉川弘文館, 2015.
知場権吉 編, 『マンダム五十年史』, 株式會社マンダム, 1978.
露木宏, 『日本装身具史』, 美術出版社, 2008.
和田博文, 『三越 誕生!-帝国のデパートと近代化の夢』, 筑摩選書, 2020.

Farid Chenoune, *A History of Men's Fashion*, Paris, New York: Flammarion, 1993.
Helen Gustafson, *Hanky Panky: An International History of the Handkerchief*, Berkeley·Toronto: Ten Speed Press, 2002.
Isabella Bird Bishop, *Korea and Her Neighbors*, London: John Murray, 1898.
J. C. Flugel, *The Psychology of Clothes*, London: The Hogarth Press, 1940.
Jean-Paul Wayenborgh, *IBBO-International Biography and Bibliography ofOpthalmologists and Vision Scientists*, Iowa City: H. Stanley Thomson, 2001.
Jordan Sand, *House and Home in Modern Japan*, Cambridge and London: Harvard University Asia Center, 2003.
Lance Day, Ian McNeil ed., *Biographical Dictionary of the History of Technology*, London: Routledge, 1996.
Sally Dwyer-McNulty, *Common threads: a cultural history of clothing in AmericanCatholicism*, University of North Carolina Press, 2014.
Sarah Jane Downing, *Beauty and Cosmetics 1550-1950*, Oxford: Shire Publications, 2012.
Shaun Cole, *The Story of Men's Underwear*, New York: Parkstone International, 2012.
Susan Stewart, *Painted Faces: A Colourful History of Cosmetics*, Gloucestershire:Amberley, 2017.
Valerie Cumming, *Gloves*, London: Anchor Press, 1982.

4. 논문

강준만, 「백화점의 '문화공학' 발달사-한국 백화점의 역사, 1932~1996」, 『인물과 사상』 9, 인물과 사상사, 2006.
고선정, 「한국 개화기 신문에서 본 남성모자광고 분석」, 『상품문화디자인학연구』 42, 한국상품문화디자인학회, 2015.
공제욱, 「한말, 일제시기 의복의 변화와 생활양식-양복의 도입을 중심으로」, 『사회와 역사』, 한국사회사학회, 2019.
권윤미·이은진, 「1920~30년대 한국에서 착용된 양화의 소재와 형태」, 『한국의류학회지』 41, 한국의류학회, 2017.
권희주, 「제국일본의 '인형교류'와 식민지조선의 '인형환영회'」, 『사총』 83, 고려대학교 역사연구소, 2014.
김동식, 「1920~30년대 대중잡지에 나타나는 음식 표상-『별건곤』과 『삼천리』를 중심으로」, 『한국학연구』44, 인하대학교 한국학연구소, 2017.
김명환, 「옛 광고를 통해 본 한국인들의 '몸 가꾸기'에 관한 소망」, 『서울민속학』 4, 서울민속학회, 2017.
김미현, 「피아노와 근대-초기 한국 피아노음악의 사회사」, 『음악학』 18, 한국음악학회, 2010.
김수진, 「전통과 혁신: 석당 공방과 20세기 책거리의 도전」, 『미술자료』 98, 국립중앙박물관, 2020.
김순영, 「한국 근대 양복점의 판매 물품과 생산 및 판매 주체」, 『복식』 67, 한국복식학회, 2017.
김영수, 「이 약 한 번 잡숴봐! 서울의 신문을 메운 의약 광고」, 『서울 사람들의 생로병사』, 서울역사편찬원, 2020.

______, 「메이지기 근대적 의약 담론의 성립과 '뇌병'의 치료」, 『질병 관리의 사회문화사-일상 생활에서 국가정책까지』, 이화여자대학교출판문화원, 2021.
김영희, 「일제시기 라디오의 출현과 청취자」, 『한국언론학보』 46, 한국언론학회, 2002.
김윤정, 「일제강점기 경성부민이 여름나기-한강과 수영장을 중심으로」, 『일제강점기 경성부민의 여가생활』, 서울역사편찬원, 2018.
김은규, 「근대 잡지를 통해 본 1920/30년대 '라디오 방송'의 수용에 관한 연구: 《별건곤》과 《삼천리》를 중심으로」, 『한국출판학연구』 41, 한국출판학회, 2015.
김은정, 「개화기부터 광복이전까지 신문, 잡지에 기록된 외래어 복식명칭에 관한 연구」, 『복식』 60, 한국복식학회, 2010.
______, 「1910-1930년대 여성잡지를 통해 본 한국과 미국의 여성복식 명칭의 비교」, 『한국의류산업학회지』 16, 한국의류산업학회, 2014.
김응화, 「근대 상품광고로 본 신소비문화와 신여성」, 『동국사학』 52, 동국역사문화연구소, 2012.
김이든, 「개항이후 남자 모자에 관한 연구」, 이화여자대학교 석사학위 논문, 2007.
김주리, 「일제강점기 양복 담론에 나타난 근대인의 외양과 근대소설」, 『인문연구』 72, 영남대학교 인문과학연구소, 2014.
김지혜, 「부산 일본경질도기주식회사(1917~1945)의 경영과 도자 생산 연구」, 고려대학교 석사학위 논문, 2016.
김지혜, 「근대 광고를 통해 본 신사의 시대」, 『대동문화연구』 114, 성균관대학교 대동문화연구원, 2021.
김춘식, 「식민지 도시 '경성'과 '모던 서울'의 표상-유리, 강철, 대리석, 지폐, 잉크가 끓는 도시」, 『한국문학연구』 38, 동국대학교 한국문학연구소, 2010.
김한샘, 「신어사전에 나타난 근대 사회 문화 연구-의생활 어휘를 중심으로」, 『새국어교육』 104, 한국국어교육학회, 2015.
김향숙, 「근대 '모던보이'와 초기 영어의 유입 양상-1920~30년대를 중심으로」, 『현대영어영 문학』 63, 한국현대영어영문학회, 2019.
김현경·임상임, 「한국여성 쓰개류의 쇠퇴와 양산, 모자의 출현에 관한 연구」, 『논문집』 22, 원광대학교 대학원, 1999.
김현지, 「한국 근대 예술사진의 전개 양상 연구-《조선사진전람회》를 중심으로」, 홍익대학교 석사학위 논문, 2016.
______, 「한국 근대기 예술사진의 전개와 사진공모전의 정착-《조선사진전람회》를 중심으로」 『한국근현대미술사학』 34, 한국근현대미술사학회, 2017.
남경미, 「한국 남자 일반 복식에 관한 연구」, 서울여자대학교 박사학위 논문, 2008.
노혜경, 「일본 백화점계의 조선 진출과 경영전략」, 『경영사학』 82, 한국경영사학회, 2017.
류수연, 「응접실, 접객 공간의 근대화와 소설의 장소-이광수의 『무정』과 『재생』을 중심으로」, 『춘원연구학보』, 춘원연구학회, 2017.
마샬 맥루한 지음, 육은정 옮김, 「축음기: 국민의 가슴을 위축시킨 장난감」, 『외국문학』 28, 열음사, 1991.
박예나·한경훈, 「라디오의 도입이 가져온 한국 근대 음반 산업의 발달과 쇠퇴 양상 연구」, 『예술인문

사회융합멀티미디어논문지』 9, 사단법인 인문사회과학기술융합학회, 2019.
박진희, 「한국 근대 여성 장신구 연구」, 계명대학교 박사학위 논문, 2013.
박채린·이경아, 「일제강점기 주택의 응접실에 관한 연구-《朝鮮と建築》의 주택 사례를 중심으로」, 『대한건축학회논문집』 37, 대한건축학회, 2021.
배개화, 「소비하는 도시와 모더니즘」, 『한국현대문학연구』 8, 한국현대문학회, 2000.
백주현·채금석·김소희, 「1920~1930년대 백분 광고 텍스트에 나타난 최상의 가치-전통미와 근대의 과도기적 대립을 중심으로」, 『한국의류학회지』 42, 한국의류학회, 2018.
변경희, 「하이브리드 댄디즘」, 『패션, 근대를 만나다』, 사회평론아카데미, 2022.
서우선, 「피아노 도입기 수용계층의 특성과 피아노의 사회문화적 의미」, 『음악과 민족』 33, 민족음악학회, 2007.
서유리, 「'미적 수양'에서 '명랑한 매력'까지-『동아일보』와 『신가정』의 화장품 광고와 화장담론」, 『민족문화연구』 85, 고려대학교 민족문화연구원, 2019.
서재길, 「JODK 경성방송국의 설립과 초기의 연예방송」, 『서울학연구』 27, 서울시립대학교 서울학연구소, 2006.
서정섭, 「'한과류'의 사전 뜻풀이와 방언형 고찰」, 『국어문학』 73, 국어문학회, 2020.
서지영, 「소비하는 여성들: 1920-1930년대 경성과 욕망의 경제학」, 『한국여성학』 26, 한국여성학회, 2010.
설혜심, 「19세기 영국신문에 나타난 인삼」, 『영국연구』 34, 영국사학회, 2015.
손정숙, 「일제시기 백화점과 일상소비문화」, 『동양고전연구』 25, 동양고전학회, 2006.
송기쁨, 「한국 근대 도자 연구」, 『미술사연구』 15, 미술사연구회, 2001.
신명직, 「안석영 만문만화 연구」, 연세대학교 박사학위 논문, 2001.
아자미 토시오 지음, 최혜은 옮김, 「일본 레코드 산업 생성기의 견인차, 일본축음기상회의 특징과 역할」, 『대중음악』13, 한국대중음악학회, 2014.
안효진, 「근대 이후 한국인의 식생활 변천 연구: 1896~1995년 신문 광고를 중심으로」, 경희대학교 박사학위 논문, 2015.
엄승희, 「서울 중구지역 유적 출토 근대 도자」, 『미술사학연구』 296, 한국미술사학회, 2017.
______, 「한양도성 출토 근대도자의 특징과 소비 형태」, 『미술사학』 40, 한국미술사교육학회, 2020.
엄현섭, 「근대 경성방송국과 여성 아나운서의 소리문화 창출」, 『커뮤니케이션학 연구』 26, 한국커뮤니케이션학회, 2018.
여환진, 「본정과 종로: 재현을 통해본 1930년대 경성 "번화가"의 형성과 변용」, 연세대학교 석사학위 논문, 2010.
오윤정, 「근대 일본의 백화점 미술부와 신충산층의 미술소비」, 『한국근현대미술사학』 23, 한국근현대미술사학회, 2012.
오진석, 「한국근대 전력산업의 발전과 경성전기(주)」, 연세대학교 박사학위 논문, 2006.
유정이, 「한국과 일본의 신여성복식 비교 연구-20세기 전반부를 중심으로」, 홍익대학교 석사학위 논문, 2007.
윤현진·조우현, 「조선후기 여자속옷에 관한 연구」, 『한국의상디자인학회지』 6, 한국의상디자인학회, 2004.

이경규·이행화, 「1920년대 일본 신여성의 서양복 수용 고찰」, 『일본근대학연구』 35, 한국일본근대학회, 2012.
__________, 「다이쇼 시대의 여성 복식에 나타난 서양화 현상」, 『일본근대학연구』 40, 한국일본근대학회, 2013.
이경훈, 「박태원의 카페, 구보의 커피」, 『현대문학의연구』 74, 한국문학연구학회, 2021.
이상길, 「경성방송국 초창기 연예프로그램의 제작과 편성」, 『언론과 사회』 20, 사단법인 언론과 사회, 2012.
이태희, 「일제시대 가구 활용을 통해 본 주거실내공간의 변화-경성 도시주거를 중심으로」, 『민속학연구』 10, 국립민속박물관, 2002.
이행화, 「여성지를 통해 본 근대 일본 신여성 복식에 관한 연구-大正期 『主婦之友』를 중심으로」, 『일본근대학연구』 45, 한국일본근대학회, 2014.
장주연, 「조선미술전람회 공예부에 나타난 '조선향토색' 연구」, 홍익대학교 석사학위 논문, 2018.
정서희, 「일제강점기 공예품 연구-관광기념품을 중심으로」, 홍익대학교 석사학위 논문, 2021.
정윤서, 「경성 미쓰코시 백화점 판매 '조선특산 나전칠기' 제작과 유통」, 『한국근현대미술사학』 42, 한국근현대미술사학회, 2021.
정치영, 「『만한 이곳저곳』으로 본 나쓰메 소세키의 만주 여행과 만주 인식」, 『문화역사지리』 32, 한국문화역사지리학회, 2020.
조민영, 「근대 재봉틀의 보급과 생활경제의 변화」, 연세대학교 석사학위 논문, 2021.
조정혜, 「의장(衣欌)의 양식 변천에 관한 연구」, 동아대학교 석사학위 논문, 1997.
조효숙·임현주, 「20세기 치마·저고리의 소재 연구」, 『복식』 62, 한국복식학회, 2012.
조희진, 「근대적 복식 유행의 출현과 사회적 수용」, 고려대학교 박사학위 논문, 2008.
_____, 「식민지시기 생활개선 논의와 의생활강습회의 역할-총독부 정책 시행과 기술 및 지식 보급 가능성을 중심으로」, 『민속학연구』 34, 국립민속박물관, 2014.
주경미, 「공예의 형식과 기능-한국 근대기 여성 장신구를 중심으로」, 『미술사와 시각문화』 2, 미술사와 시각문화학회, 2003.
주영하, 「동아시아 식품산업의 제국주의와 식민주의-깃코망형 간장, 아지노모토, 그리고 인스턴트라면」, 『아시아리뷰』, 서울대학교 아시아연구소, 2015.
최경화, 「18·19세기 일본 자기의 유입과 전개양상」, 『미술사논단』 29, 한국미술연구소, 2009.
최유경, 「일본의 시계기술유입과 와도케이 등장의 의미」, 『일본학연구』 55, 단국대학교 일본연구소, 2018.
최지혜, 「제국의 감성과 문화생활의 필수품, 라탄 체어-개항 이후 국내에 유입된 등의자 연구」, 『한국근현대미술사학』, 41, 한국근현대미술사학회, 2021.
_____, 「테일러상회의 무역활동과 가구-전통가구의 변화 양상을 중심으로」, 『한국근현대미술사학』 39, 한국근현대미술사학회, 2020.
최해별, 「송대 『이견지』와 일상 속 의학 지식의 확산」, 『질병 관리의 사회문화사-일상생활에서 국가 정책까지』, 이화여자대학교출판문화원, 2021.
최혜은, 「일본축음기상회의 정체성과 식민지 조선의 음반소비」, 『대중음악』 14, 2014.
하세가와 리사, 「근대 전기 한일 여성 속옷의 변천에 관한 연구」, 성균관대학교 석사학위 논문, 2007.

하야시 히로시게, 「경성의 5대백화점의 융성과 그것을 지탱한 대중소비사회의 검증-주로 소화 초기부터 소화 15년 전후까지」, 『한일역사 공동연구보고서』 5, 한일역사공동연구위원회, 2005.
황명수, 「일제하 민족기업의 발달과 양말공업」, 『경원논총』 1, 단국대학교 경영대학원, 1981.
홍지연· 홍나연, 「1876~1945년 인쇄매체로 분석한 한국 근대 여성 장신구의 수용과 전개」, 『조형디자인연구』 10, 한국조형디자인학회, 2007.

会田軍太夫, 「わが国における特殊ガラスの發達(II)」, 『窯業協會誌』 64, 1956.
秋山 久美子, 「清涼飲料の近代史」, 『学苑·近代文化研究所紀要』 803, 昭和女子大学, 2007.
生明俊雄, 「日本レコード産業の生成期の牽引車=日本蓄音器商会の特質と役割」, 『広島経済大学経済研究論集』 30, 2007.
足立眞理子, 「奢侈と資本とモダンガール:資生堂と香料入り石鹸」, 『ジェンダー研究：お茶の水女子大学ジェンダー研究センター年報』 9, 2006.
新井 竜治, 「昭和戦前期末の百貨店家具図の特質と背景—『近代家具装飾資料』に収録された三越·髙島屋·白木屋の家具図の比較研究—」, 『共栄大学研究論集』 17, 2019.
_______, 「昭和戦前期末の百貨店における新作家具展示会にみる家具スタイル」, 『家具道具室内史：家具道具室内史学会誌』 138-139, 2011.
_______, 「昭和戦前期から高度経済成長期までの百貨店新作家具展示会の動向」, 『デザイン学研究』 60, 日本デザイン学会, 2012.
河合 忠, 「スコッチから日本のジャパニーズ·ウイスキー(5)-独立後の激しいウイスキー戦争と輸入完全自由化」, 『モダンメディア』 56, 2006.
菊浦重雄, 「明治初期のガラス工業の系譜」, 『国際連合大学 人間と社会の開發プログラム研究報告』, 雜貨産業研究部会, 1979.
佐々木,聡, 「戦前期日本の石鹸·化粧品メーカーのマーケティング戦略の経営史的研究」 44, Meiji Repository, 2004.
袖野由紀, 「マーケティング史からみた日本の初期百貨店」, 『マーケティング史研究』 1, 2022. 「消費の近代化と初期百貨店」, *Fashion Talks* 3, 2016.
高柳美香, 「日本における香水の歴史-渡来から輸入, そして国産化へ—」, 『名古屋外国語大学論集』 4, 2019.
濱田琢司, 「工芸品消費の文化的諸相と百貨店-民芸運動とその周辺から」, 『国立歴史民俗博物館研究報告』 197, 2016.
林 雅代· 山田 彩佳, 「ランドセルの歴史と日本人のジェンダー観の関連に関する研究」, 『アカデミア』 24, 南山大学紀要, 2022.
平野 聖·石村眞一, 「大正·昭和前期における扇風機の発達:扇風機のデザインにおける歴史的研究」, 『デザイン学研究』 55, 日本デザイン学会, 2008.
藤井秀雪, 「ファッションとともに進化するマネキン-マネキンと平均的人体寸法ダミー」, 『纖維
前島正裕, 「電力技術の發達から見た我国の家庭電化に関する一考察」, 『Bulletin of the National Science Museum』 16, 1993.製品消費科学』 39, 日本纖維製品消費科学会, 1998.
三浦 康晶, 「35㎜小型精密カメラの系統化調査 - ライカから一眼レフ、その進化の系譜」, 『国立科学博物

館技術の系統化調査報告』25 国立科学博物館, 2018.
吉田正樹, 「初期電灯産業形成に果たした東京電燈の役割」, 『三田商学研究』48, 慶應義塾大学出版会, 2005.
四方田雅史, 「戦前期日本·中国におけるメリヤス製造業-市場変動·需要の多様性への対応に着目して」, 『アジア研究』53, 2007.
袁, 歆, 「近代における女性海水着の日本化」, 『日本語·日本文化研究』29, 2019.

Carole Turbin, "Collars and Consumers: Changing Images of American Manliness and Business," *Enterprise & Society*, Sep. 2000.
Gennifer Weisenfeld, "From Baby's First Bath: Kaō Soap and Modern Japanese Commercial Design", *The Art Bulletin* 86, 2004.
Lise Karin Meling, "'The Lady at the Piano': From Innocent Pastime to Intimate Discourse", *Music&Practice* 5, 2019.
Mary Brooks Picken, *Textiles and sewing materials: Textiles, laces, embroideries and findings, shopping hits, mending, household sewing, trade and sewing terms*, Scranton, Pa.: International textbook company, 1923.
Patricia O'hara, "The Willow Pattern We Know": The Victorian Literature of Blue Willow, *Victorian Studies* 36, 1993.
Pohl, Nicole, and Betty A. Schellenberg, "Introduction: A Bluestocking Historiography, " *Huntington Library Quarterly* 65, 2002.
Rika Fujioka, The Development of Department Store in Japan 1900s-1930s, *Japanese Research in Business History* 31, 2014.
Tatsuya Mitsuda, "From Reception to Acceptance: Chocolate in Japan, c.1870-1935," *Food & History*12, 2014.

5. 아카이브 및 자료

https://www.asahiinryo.co.jp/entertainment/history/mitsuya/history01.html
https://www.bulldog.co.jp/company/name.html
Saskia Wilson-Brown, Froth and Folly: Nobility and Perfumery at the Court of Versailles,
https://blogs.getty.edu/iris/froth-and-folly-nobility-and-perfumery-at-the-court-of-versailles/
https://www.contents.history.go.kr
http://www.eonet.ne.jp/~shoyu/mametisiki/reference-12.html
「1920s Dancing Dresses」,
https://www.post-journal.com/life/features/2016/04/1920s-dancing-dresses/
久保田厚子, 「日本の洋食器史(5)」, https://core.ac.uk/download/pdf/143362008.pdf
宇田 哲雄, 「福禄石炭ストーブの製品開発について」, https://slideshowjp.com/doc/2728752
춘하추동방송 블로그 https://blog.daum.net/jc21th/17780718
https://bespokeunit.com/wine/quinquina/#what

http://blog.livedoor.jp/liveyousan/archives/23400663.html
https://blog.naver.com/newracer/222324322121
https://choko.co.jp/Pages/kyuusyuufood_syouyu/konpurasyouyu.php
http://collectingvintagecompacts.blogspot.com/2011/05/cheramy-american-perfume-line-with.html
https://culturedarm.com/buster-keaton-and-his-pork-pie-hat/
http://eastlondonhistory.com/2011/08/16/william-addis-inventor-of-the-toothbrush/
https://envisioningtheamericandream.com/2014/02/27/colds-flu-and-the-story-of-kleenex/
https://en.wikipedia.org/wiki/Hair_clipper
https://en.wikipedia.org/wiki/Pomade
https://en.wikipedia.org/wiki/Steinway_%26_Sons
https://fashionhistory.fitnyc.edu/a-history-of-womens-swimwear/
https://fashionhistory.fitnyc.edu/gigot-sleeve/
https://fujikake21.co.jp/material/nashijiori/
http://www.glasseshistory.com
https://www.gracyk.com/makers.shtml
https://gotheborg.com/marks/noritake.shtml
https://www.heritagecostumes.com/theodore-roosevelt-pince-nez-glasses-p2397.html
https://www.japanradiomuseum.com
https://www.jappi.jp/letter/pdf/201910_02.pdf
https://ja.wikipedia.org/wiki/大學目藥
https://ja.wikipedia.org/wiki/フランス人形
https://ja.wikipedia.org/wiki/焜炉
https://www.jintan.co.jp/special/history/
https://www.joongang.co.kr/article/23679580
https://www.kaden-kensaku.com/blog/refrigerator-history/
https://www.kao.co.jp/white/history/03/
https://www.kincho.co.jp/yayoi/index.html
https://www.kirinholdings.com/en/purpose/history/
https://knirps.com/company/
https://kotobank.jp/word/%E8%83%8C%E5%BA%83-548742
https://www.lion-dent-health.or.jp/100years/article/habit/003.htm
http://www.mtlo.co.jp/jp/valueone/metal/hiroshima3/hiroshima3.html
강문석 역사문화유산 칼럼, '프랑스산 포도나무를 재배하여 생산에 성공한 포도주', https://ncms.nculture.org/legacy/story/2834
https://www.nestle.com.hk/en/aboutus/eaglestory
https://www.nikko-tabletop.jp/user_data/history.php#slide06
https://perfumesociety.org/history/the-dawn-of-perfume/
https://phonographia.com/Factola/Factola%20Definition.htm

https://www.post-journal.com/life/features/2016/04/1920s-dancing-dresses/
https://www.regain.us/advice/attraction/whats-the-most-attractive-scent-to-a-woman/
https://www.ryukakusan.co.jp/history
김준철의 와인 이야기, http://www.sommeliertimes.com/news/articleView.html?idxno=16965
http://sts.kahaku.go.jp
https://theme.archives.go.kr/next/koreaOfRecord/Beach.do
https://time.com/5667447/tennis-clothes-history/
https://urbanlife.tokyo/post/15486/
https://www.seirogan.co.jp/products/seirogan/various/history.html
http://www.sirc.org/publik/smell_attract.html
http://www.sommeliertimes.com/news/articleView.html?idxno=16965
https://www.ssnp.co.jp/news/liquor/2018/01/2018-0131-1551-14.html
https://www.tbcljp.com/燕物産博物館/カトラリーの歴史2/
https://www.tie-a-tie.net/the-evolution-of-the-necktie/
https://www.tombow.gr.jp/uniform_museum/nihon/school.html
한국학 디지털 아카이브 http://yoksa.aks.ac.kr/
https://www.walking-canes.net/pages/historyofwalkingcanes

찾아보기

ㅁ

ㅂ

ㅈ

ㅊ

이 책을 둘러싼 날들의 풍경

한 권의 책이 어디에서 비롯되고, 어떻게 만들어지며,
이후 어떻게 독자들과 이야기를 만들어가는가에 대한 편집자의 기록

2021년 4월. 최지혜 선생과 혜화1117의 첫 책 『딜쿠샤, 경성 살던 서양인의 옛집』을 출간하다. 이 책의 출간을 준비하는 동안 편집자는 근대의 살림살이들에 대한 선생의 식견과 원하는 정보를 찾을 때까지 포기하지 않는 집요함을 목격하다. 이를 통해 오래전부터 생각해온 기획을 실현해줄 적임자를 만났다는 생각을 갖게 되다. 이런 생각을 오래 품고 있지 못하고 마감으로 몸과 마음이 바쁜 선생에게 '이왕 1920년대 물건에 관해 살펴본 김에 그 영역을 확장해 당대 백화점에서 판매했던 물건들에 관해 써보면 어떻겠냐'고 다음 책 집필을 제안하다. 2019년 여름에 시작하여 2021년 봄까지 이어진 오랜 작업이 곧 끝난다는 홀가분함을 누리던 선생에게 새로운 숙제를 드리는 형국이었으나 확답을 받아두고 싶은 마음에 서둘러 제안을 건네다.
2021년 여름. 『딜쿠샤, 경성 살던 서양인의 옛집』 출간 이후 이어진 몇 차례의 독자와의 만남 등을 전후하여 틈날 때마다 선생에게 새 책의 집필 결심을 직간접적으로 촉구하다. 마침내 선생으로부터 해보겠다는 확답을 받다. 편집자는 선생이 확답을 미루는 동안 과연 이 일이 가능한 것인가, 과연 어느 정도의 기간을 예정해야 하는가에 대한 나름의 준비와 조사를 마쳤음을 알게 되다.
2021년 가을. 새 책의 방향에 관해 구체적으로 의논을 시작하다. 11월 9일. 선생의 서초동 작업실에서 계약서를 작성하다. 선생은 이듬해인 2022년 크리스마스 선물로 최종 원고를 보내주겠노라 약속하다. 편집자는 『딜쿠샤, 경성 살던 서양인의 옛집』을 출간하기 전인 2020년 11월 18일에도 그해 크리스마스 선물로 최종 원고를 보내주겠다던 선생의 약속을 떠올리다. 그리고 그해 크리스마스 선물로 원고가 당도했던 순간을 기억하다. 책 한 권을 함께 만들며 경험한 선생의 성정으로 미루어볼 때 그때도 그랬던 것처럼 이번에도 어김없이 마감을 지킬 것임을 믿어 의심치 않다.
2022년 2월 15일. 선생의 서초동 작업실에서 그동안 선생이 조사한 1920~30년대 백화점의 판매 물품의 목록을 점검하다. 목록에는 미쓰코시, 조지야, 화신 백화점 등의 층별 판매 물품과 이를 토대로 책에 담을 각 층별 품목 등이 빼곡하게 담기다. 근대 경성의 백화점에 관한 책을 만들고 싶다고 편집자가 처음 떠올리고 시도한 것이 무려 2015년의 일이고 보면, 무릇 일이란 때가 따로 있음을 새삼스럽게 생각하다. 아주 모호하고 불분명한 제안에도 불구하고 상상 그 이상으로 구체화된 선생의 목록을 마주하며 막연하던 일이 실현 가능한 일로 구현되어 가고 있음을 실감하며 선생에게 매우 경이로움을 느끼다.
2022년 6월 27일. 혜화1117의 한옥 대청에서 진일보한 목록을 점검하다. 품목 가운데 책에 포함할 것과 제외할 것, 각 층의 품목의 구분 기준, 각 품목별 원고 분량 및 방향 등에 관해 논의하다.
2022년 8월 9일. 선생의 서초동 작업실에서 품목 가운데 한두 꼭지의 샘플 원고 초안을 일별하다. 각 품목마다 기초 조사를 마치고, 이미 본격적인 집필이 상당히 진전되어 있음을 확인하다. 역시 예상했던 것보다 훨씬 더 흥미진진하며 이전에 볼 수 없던 내용들이 빼곡하게 정리되었음을 확인하고 편집자는 새 책에 대한 기대감으로 한껏 부풀어오르다. 그러나 선생은 파면 팔수록 끝도 없는 미로를 헤매는 것 같다며 작업의 지난함을 토로하다. 백화점에 관해서는 상업사, 문화사, 소비문화사 등 여러 측면에서 이미 상당하고도 다양한 고찰과 연구가 축적되어 있으나 그 안에서 판매하던 물건들에 관한 내용은 너무 세세하여 오히려 살펴야 할 것들이 끝도 없어 너무 방대한 대상을 잘못 건드린 것 같다고도 하다. 그러나 편집자는 결코 여기에서 포기할 선생이 아니라는 것을 알기에 가만히 듣고만 있을 뿐, 섣불리 어떤 말을 보태지 않기 위해 입술을 꼭 깨물고만 있기로 하다.
2022년 11월 25일. 드디어 선생으로부터 샘플 원고를 입수하다. 원고는 물론 본문에 들어갈 이미지 파일도 함께 받다. 이때 받은 원고는 1층의 고급식품, 3층의 양복, 4층의 스포츠용품, 5층의 축음기로 편집자는 더하고 보탤 것도 없이 이대로 되었다

고 생각하다. 이밖에 다른 원고의 집필도 거의 다 되어가고 있고, 약속한 대로 크리스마스 선물을 건넬 예정임을 선생으로부터 전달 받다. 이를 감안하여 편집자는 가능하다면 2023년 봄에 출간하기로 홀로 예정하다.

2022년 11월 26일. 원고를 일별한 뒤 전체적인 검토 의견을 정리하여 선생께 보낸 뒤 이를 바탕으로 본문 레이아웃 디자인 작업을 시작하기로 하다.

2022년 11월 27일. 디자이너 김명선에게 디자인 의뢰서를 보내다. 2023년 봄에 출간을 예정하고 있으나 내용의 방대함을 고려하여 일정을 미리 확보해야 함을 미리 예고하다.

2022년 11월 29일. 선생으로부터 책의 도입부를 좀더 흥미진진하게 쓸 계획이라는 것, 이 시기 대구의 무영당 백화점 창업자 이근무가 경성 백화점을 순례한 기록을 토대로 하여 그의 시선으로 써볼 예정임을 전해 듣다. 책은 점점 더 흥미로운 쪽으로 전진하고 있음을 직감하다.

2022년 12월 15일. 혜화1117의 소중한 저자이신 미술사학자 최열 선생의 제4회 혜곡 최순우상 시상식에 함께 참석한 뒤 송년의 의미와 원고의 마감 임박을 기념하여 시상식장인 국립중앙박물관 근처 중국집에서 조촐한 자리를 갖다. 선생과 뒤풀이를 하는 중에 디자이너 김명선이 1차 레이아웃 시안을 보내오다. 그 자리에서 휴대전화기의 작은 화면으로 선생과 함께 의견을 교환하다. 선생은 '원고일 때와 책으로 만들어지는 것은 별개의 세계처럼 여겨진다'는 감회를 내비치다.

2022년 12월 16일. 몇몇 부분의 보완 및 수정을 거쳐 본문 레이아웃 디자인을 최종 확정하다. 어느덧 혜화1117과 14권째의 작업을 이어오고 있는 디자이너와의 호흡이 안정적으로 맞춰지고 있음을 실감하다.

2022년 12월 23일. 크리스마스를 앞두고 드디어 전체 원고 및 관련 이미지 파일이 첨부된 이메일을 받다. 이미지 파일의 개수와 크기가 많고도 커서 여러 차례로 나누어 받게 되다. 이로써 2021년 여름부터 약 1년 반에 걸친 최지혜 선생의 노고가 일단락되다. 화면 초교를 시작하다.

2023년 1월 2일. 선생의 노고는 여전히 끝나지 않은 듯 지역의 백화점에 관한 내용에 평양의 평안 백화점 관련 내용이 보완된 프롤로그 원고가 다시 들어오다.

2023년 1월 3일~15일. 전체 5장으로 구성한 원고 및 이미지의 양이 방대하여 화면초교 및 이미지 선별만으로도 진행의 속도가 예상보다 지체되다. 이로 인해 조판용 원고를 디자이너에게 한꺼번에 보내지 못하고 약 보름에 걸쳐 나눠서 보내다. 이를 받아 디자이너는 순차적으로 본문 조판 작업을 시작하다.

2023년 1월 25일. 본문의 1차 조판이 완료되어 그 파일을 입수하다. 전체적으로 점검하여 몇몇 부분의 보완을 거치다.

2023년 1월 26일. 보완을 마친 뒤 선생에게 저자 교정을 요청하다. 아울러 각 층별 도입부의 원고를 추가로 요청하고, 책 뒤의 부록에 들어갈 참고문헌, 찾아보기 항목 등의 정리를 요청하다.

2023년 2월 10일. 선생의 1차 교정본을 입수하다. 그러나 이후로 일주일여에 걸쳐 추가로 수정사항 등이 계속해서 들어오다. 선생은 이를 두고 '개미지옥에 빠진 것 같다'고 진담 같은 농담을 건네다. '책을 펴내며'부터 각 층의 도입부 원고, 책 뒤의 부록까지 빠짐없이 보내오다. 모든 저자가 선생만 같으면 얼마나 좋겠는가, 하는 생각을 하게 되다.

2023년 2월 19일. 이후로부터 약 열흘에 걸쳐 추가 또는 교체할 이미지 파일이 계속해서 들어오다. 선생은 자료를 보거나 집필 도중 정리한 파일의 폴더를 열 때마다 넣었으면 하는 이미지들이 계속 나온다며 이를 두고 '갑툭튀 이미지'라고 부르다. 편집자 역시 끝도 없이 관련 이미지를 찾아 전 세계 박물관 및 미술관, 국내 주요 박물관 및 미술관, 포털의 이미지 검색창을 전전하다. 제목의 안을 고민하다. 처음 시작할 때 가제로 삼은 것은 '경성백화점 신장개업'이었으나 시대를 배경으로 한 소설 같다는 의견을 듣다. 본문 내용 중 당시 새로 문을 연 상점 등을 두고 '상업계의 일대복음'이라는 표현을 발견한 뒤 '경성 백화점, 상업계의 일대복음'으로 가제를 다시 삼고 고민을 거듭하다.

2023년 2월 22일. 초교를 완료하고 저자 교정사항을 함께 반영하여 디자이너에게 교정지를 전달하다. 전달 이후에도 수시로 이미지 등의 추가 및 교체 관련한 사항을 전달하다.

2023년 3월 20일. 초교 수정이 완료된 재교 파일을 입수하다. 수정의 내용이 방대하여 꼬박 한 달여의 시간이 소요되다.

2023년 3월 21일. 선생에게 재교 파일을 보내다. 24일부터 런던 출장이 예정되어 있던 선생은 출장 중에도 교정을 진행, 3월 30일 저자 교정을 완료하다. 프롤로그의 바탕이 된 대구 무영당 백화점 건물이 현존하고 있음을 선생으로부터 확인하고, 현재 사진을 책에 싣기 위해 대구광역시청에 문의하다. 편집자 역시 재교를 진행하다. 실질적인 내용 교정을 이 단계에서 마무리하기 위해 시간을 들여 최대한 살피다. 그러나 교정지를 볼수록 텍스트보다는 이미지의 배치 방식에 물음표가 생기다. 이전과 다른 눈으로 교정지를 보고 있자니 개별 이미지들은 매우 흥미로우나 한정된 지면에 욕심껏 넣다 보니 개별 이미지들이 작게 배치되어 오히려 도판의 흥미를 감소시키고 있음을 확인하다.
2023년 4월 6일. 선생의 서초동 작업실에서 이미지 점검에 관한 의견을 나누다. 이미지를 보완하기 위한 방안에 관해 여러 이야기를 나눴으나, 많은 이미지를 넣고 싶은 마음과 선택과 집중을 과감하게 시도하고 싶다는 마음 사이에서 결정을 내리지 못하다. 10일. 대구광역시청 담당자가 새롭게 촬영한 무영당 현재 사진을 보내오다. 이러한 수고까지 기대하지 못한 편집자는 애써주신 신희열 님께 각별한 감사의 마음을 여기에 밝히다. 본문 텍스트 교정을 마친 뒤에도 미진한 마음을 떨치지 못하다. 고심 끝에 이미지의 배치 방향을 '작지만 많이'에서 '선택과 집중' 쪽으로 정하다. 편집이란 결국 있는 것을 덜어내는 일임을 다시 한 번 생각하다. 파일 상태에서 이미지 배치를 처음부터 다시 점검하다. 이후 앞부분부터 순차적으로 다시 점검하여 교정지를 디자이너에게 전달하다.
2023년 5월 5일. 제목안 및 표지 구성의 1차 안을 선생께 보낸 뒤 협의하다. 7일. 주말 이른 오전, 선생과 문자를 주고 받으며 '경성 백화점 상품 박물지京城 百貨店 商品 博物誌-백 년 전 「데파-트」각 층별 물품들 내력과 근대의 풍경'으로 제목 및 부제를 확정하다. 그러나 표지 디자인을 진행하며 다시 한 번 점검하기로 여지를 두다. 아울러 재고가 얼마 남지 않은 『딜쿠샤, 경성 살던 서양인의 옛집』의 증쇄를 의논하다. 15일. 재교를 마친 세 번째 교정지 파일을 입수하다. 전체적인 점검을 마친 뒤 최종교를 진행하다. 19일. 선생의 마지막 점검을 요청하다. 표지 및 부속의 디자인 시안을 받고 방향을 확정하다. 이후로 디자인의 세부를 놓고 몇 번의 손질과 수정을 거듭하다. 23일. 표지 및 부속의 디자인을 확정하다. 25일. 최종 수정 및 점검을 마치다. 이로써 모든 작업을 마치다. 표지 및 본문 디자인은 김명선이, 제작 관리는 제이오에서 (인쇄 : 민언 프린텍, 제본 : 다온바인텍, 용지 : 표지 스노우120그램, 본문-클라우드80그램, 면지 -화인페이퍼110그램), 기획 및 편집은 이현화가 맡다.
2023년 6월 1일. 출간 이후 독자와의 원활한 소통을 위해 저자가 인스타그램 계정을 등록하다.
2023년 6월 10일. 혜화1117의 스물한 번째 책, 『경성 백화점 상품 박물지 -백 년 전 「데파-트」 각 층별 물품 내력과 근대의 풍경』이 출간되다.
2023년 6월 15일. 『한국일보』에 "모던뽀이'가 사랑한 맥주, 자양강장제 대접받았다고?'라는 제목으로 기사가 실리다.
2023년 6월 16일. 『서울신문』에 '100년 전 백화점을 채운 온갖 것들… 1930년대가 펼쳐진다'라는 제목으로 기사가 실리다. 『한겨레』에 '식민지 경성에 자리한 '근래의 요귀'는 지금도 살아있다'라는 제목으로 기사가 실리다. 『문화일보』에 '백년전의 백화점… 소비·유행으로 본 시대의 풍경'이라는 제목으로 기사가 실리다. 『중앙일보』에 '라무네·오리지나루 향수…1930년대 백화점 상품에 비친 경성의 욕망'이라는 제목으로 기사가 실리다. 『경향신문』에 '일제강점기 경성 백화점의 '잇템'은?'이라는 제목으로 기사가 실리다.
2023년 6월 17일. 『중앙SUNDAY』에 '라무네·오리지나루 향수…1930년대 백화점 상품에 비친 경성의 욕망'이라는 제목으로 기사가 또 한 번 실리다. 『조선일보』에 '경성에만 무려 5곳… 근대 조선인을 홀린 妖鬼 '백화점"이라는 제목으로 기사가 실리다.
2023년 6월 19일. 『한겨레21』에 '백년 전, 그 명동 백화점서 프랑스제 화장분 '코티' 팔고…'라는 제목으로 저자 인터뷰 기사가 실리다.
2023년 6월 20일. 『조선일보』 [북클럽] 읽는 마음에 책에 관한 언급이 실리다.
2023년 6월 22일. 『국민일보』에 '경성의 풍속·욕망, 100년 전 백화점 상품 통해 살핀다'라는 제목으로 기사가 실리다.
2023년 6월 23일. 출간 직후 저자는 워싱턴D.C.의 한국 국외소재문화재재단 미국 사무소의 초청으로 교포들과 현지인들을 대상으로 한 강연을 다녀오다. 특별히 이 공간은 주미대한제국공사관으로 사용하던 곳으로, 복원 당시 저자가 실내 재현을 맡은 곳이기도 하다.

2023년 6월 28일. 저자의 새 책 출간을 축하하기 위해 혜화1117의 소중한 저자이신 최열 선생과 마침 방한 중이던 로버트 파우저 선생이 저자의 작업실에서 만나다. 작업실의 와인을 시작으로 인근 카페로 다시 근처 식당으로 자리를 옮겨가며 유쾌한 시간을 갖다.

2023년 6월 30일. 『서울경제』에 '백년 전 데파-트에는 누가 다녀갔을까'라는 제목으로 기사가 실리다.

2023년 7월 7일. 새 책의 홍보를 위해 저자의 전작 『딜쿠샤, 경성 살던 서양인의 옛집』과 새 책의 본문에 수록한 다종다양한 살림살이들을 중심으로 한 스티커를 만들다. 편집자는 독자에게 증정한다는 명분을 내세우긴 했으나, 『딜쿠샤, 경성 살던 서양인의 옛집』을 만들 때부터 꼭 갖고 싶었던 굿즈였던 터라 만들어놓은 뒤 그 누구보다 좋아하고, 애용하다.

2023년 7월 14일. 교보문고 북캐스트에 '백 년 전 백화점을 채운 상품들, 상품이 품은 욕망들'이라는 제목으로 저자 인터뷰 기사가 실리다.

2023년 7월 20일. 종로문화재단 청운문학도서관에서 저자 강연이 이루어지다.

2023년 9월 16일. 경기도 안양의 동네책방 '뜻밖의여행'에서 독자와의 만남을 갖다.

2023년 10월 18일. 국회도서관 뉴스레터 '금주의 서평'에 '도시인의 근대적 욕망이 시작되는 공간, 백화점'이라는 제목의 서평이 실리다.

2023년 12월 2일. 『한국일보』 '한국출판문화상 올해의 편집' 10종 중 한 권으로 선정되다.

2023년 12월 2일. 온라인서점 '예스24'에서 주관하는 '2023 책아 미안해'에 참여하다. 이를 위해 편집자는 공들여 고른 편지지에 만년필을 동원하고, 독자들을 위해 제작한 2종 스티커를 활용하여 눈에 띄는 편지를 쓰기 위해 각별한 노력을 기울이다. 최종본에 이르기까지 약 10여 장의 편지지, 두 세트의 스티커, 두 시간 남짓의 시간을 사용하다.

2023년 12월 15일. 『문화일보』 '올해의 책' 10종 중 한 권으로 선정되다.

2023년 12월 16일. 『조선일보』 '올해의 저자' 7인 중 한 명으로 저자가 선정되다.

2023년 12월 27일. 『한겨레21』에 '옛 물건에 대한 세세한 이야기, 새로 인정받은 느낌'이라는 제목으로 저자 인터뷰 기사가 새롭게 실리다.

2023년 12월 29일. 한 해를 마감하며 다시 한 번 여러 언론과 서점 등에서 거론된 덕분에 주춤하던 판매 곡선이 상승세를 그리다. 급기야 해를 마감하는 때, 갑자기 늘어난 주문으로 재고가 부족해지다. 출간 당시 '이렇게 두껍고 값 나가는 책이니, 6개월 안에 2쇄를 찍으면 대단한 성공'이라고 여기던 편집자는 꿈처럼 여기던 바에서 한 달여 더 지난 7개월 안에 2쇄를 제작하게 된 이 순간을 몹시 뿌듯해 하다. 이 충만한 오늘을 가능하게 해준 2천여 분의 독자에게 깊이 감사하다. 2024년을 이 책의 2쇄를 준비하는 것으로 시작할 수 있게 된 것을 뜻깊게 생각하다.

2024년 1월 10일. 초판 2쇄본이 출간되다. 다른 제작의 사양은 초판 1쇄본과 동일하나 표지의 종이는 이미지의 느낌을 더 잘 구현하기 위하여 아르떼230그램으로 교체하다. 이후의 기록은 3쇄 이후 추가하기로 하다.

도시독법 - 각국 도시 생활자의 어린 날의 고향부터 살던 도시 탐구기

로버트 파우저 지음 · 올컬러 · 444쪽 · 26,000원

언어를 도구 삼아, 수많은 도시의 이면을 살피는 로버트 파우저의 도시를 읽는 법. '도시란 무엇인가', '도시는 무엇을 향해 움직이는가'를 되묻게 하는 도시 생활자, 로버트 파우저의 매우 복합적인 시선과 태도! 책을 통해 그가 던지는 도시에 관한 질문은 우리 스스로 '삶의 터전으로서의 도시' 나아가 도시 그 자체에 대해 우리가 가지고 있는 '이미지'를 다시 바라보게 한다.

도시는 왜 역사를 보존하는가

- 정통성 획득부터 시민정신 구현까지, 역사적 경관을 둘러싼 세계 여러 도시의 어제와 오늘

로버트 파우저 지음 · 올컬러 · 336쪽 · 24,000원

역사적 경관 보존을 둘러싼 전 세계 수많은 도시들의 복잡한 맥락과 그 이면을 살펴봄으로써 우리는 왜 역사적 경관을 보존해야 하며, 그것의 가치는 어디에 있는가를 되묻는 로버트 파우저의 남다른 사유!

외국어 전파담[개정판] - 외국어는 어디에서 어디로, 누구에게 어떻게 전해졌는가

로버트 파우저 지음 · 올컬러 · 392쪽 · 값 23,000원

고대부터 현대에 이르기까지 역사 전반을 무대로 외국어 개념의 등장부터 그 전파 과정, 그 이면의 권력과 시대, 문명의 변화 과정까지 아우른 책. 미국인 로버트 파우저 전 서울대 교수가 처음부터 끝까지 한글로 쓴 이 책은 독특한 주제, 다양한 도판 등으로 독자들의 뜨거운 관심을 받았다. 2018년 출간 후 개정판에 이른 뒤 현재까지 꾸준히 사랑을 받아 스테디셀러로 자리를 확고하게 잡았다.

외국어 학습담 - 외국어 학습에 관한 언어 순례자 로버트 파우저의 경험과 생각

로버트 파우저 지음 · 올컬러 · 336쪽 · 값 18,500원

"영어가 모어인 저자가 다양한 외국어의 세계를 누비며 겪은 바는 물론 언어학자이자 교사로서의 경험을 담은 책. 나이가 많으면 외국어를 배우기 어렵다는 기존 통념을 비틀고, 최상위 포식자로 군림하는 영어 중심 학습 생태계에 따끔한 일침을 놓는다. 나아가 미국에서 태어난 백인 남성이라는 자신의 위치에 대한 비판적인 인식은 특히 눈길을 끈다."

_ 김성우, 응용언어학자, 『단단한 영어 공부』, 『유튜브는 책을 집어삼킬 것인가』 저자

* 2021년 교보문고 9월 '이 달의 책' * 2022년 세종도서 교양 부문 선정
* 2023년 일본어판 『僕はなぜ一生外国語を学ぶのか』 출간

이중섭, 편지화 - 바다 건너 띄운 꿈, 그가 이룩한 또 하나의 예술

최열 지음 · 올컬러 · 양장본 · 320쪽 · 값 24,500원

"생활고를 이기지 못해 아내 야마모토 마사코와 두 아들을 일본으로 떠나보낼 수밖에 없던 이중섭은 가족과 헤어진 뒤 바다 건너 편지를 보내기 시작했다. 그 편지들은 엽서화, 은지화와 더불어 새로이 창설한 또 하나의 장르가 되었다. 이 책을 쓰면서 현전하는 편지화를 모두 일별하고 그 특징을 살폈음은 물론이다. 그러나 가장 중요한 것은 그의 마음과 시선이었다. 이를 파악하기 위해 나 자신을 이중섭 속으로 밀어넣어야 했다. 사랑하지 않으면 보이지 않고 느낄 수 없는 법이다. 나는 그렇게 한 것일까. 모를 일이다. 평가는 오직 독자의 몫이다."_최열, '책을 펴내며' 중에서

이중섭, 그사람 - 그리움 너머 역사가 된 이름

오누키 도모코 지음 · 최재혁 옮김 · 컬러 화보 수록 · 380쪽 · 값 21,000원

"마이니치신문사 특파원으로 서울에서 일하다 이중섭과 야마모토 마사코 부부에 대한 취재를 시작한 지 7년이 지났습니다. 책을 통해 일본의 독자들께 두 사람의 이야기를 건넨 뒤 이제 한국의 독자들을 만나게 되었습니다. 이중섭 화가와 마사코 여사 두 분이 부부로 함께 지낸 시간은 7년 남짓입니다. 남편이 세상을 떠나고 70년 가까이 홀로 살아온 이 여성은 과연 어떤 생애를 보냈을까요? 사람은 젊은 날의 추억만 있으면, 그걸 가슴에 품은 채로 그토록 오랜 세월을 견딜 수 있는 걸까요? 그런 생각을 하면서 읽어주시길 기대합니다."_오누키 도모코, 『이중섭, 그 사람』, '한국의 독자들께' 중에서

호텔에 관한 거의 모든 것 - 보이는 것부터 보이지 않는 곳까지

한이경 지음 · 올컬러 · 348쪽 · 18,500원

미국 미시간대와 하버드대에서 건축을, USC에서 부동산개발을 공부한 뒤 약 20여 년 동안 해외 호텔업계에서 활약한, 현재 메리어트 호텔 한국 총괄PM 한이경이 공개하는 호텔의 A To Z. 호텔 역사부터 미래 기술 현황까지, 복도 카펫부터 화장실 조명까지, 우리가 궁금한 호텔의 모든 것!

경성 백화점 상품 박물지

2023년 6월 10일 초판 1쇄 발행
2024년 1월 10일 초판 2쇄 발행

지은이 최지혜
펴낸이 이현화
펴낸곳 혜화1117 **출판등록** 2018년 4월 5일 제2018-000042호
주소 (03068)서울시 종로구 혜화로11가길 17(명륜1가)
전화 02 733 9276 **팩스** 02 6280 9276 **전자우편** ehyehwa1117@gmail.com
블로그 blog.naver.com/hyehwa11-17 **페이스북** /ehyehwa1117 **인스타그램** /hyehwa1117

ISBN 979-11-91133-10-3 03910

Publishers : HYEHWA1117 11-gagil 17, Hyehwa-ro, Jongno-gu, Seoul, 03068, Republic of Korea.
Email. ehyehwa1117@gmail.com